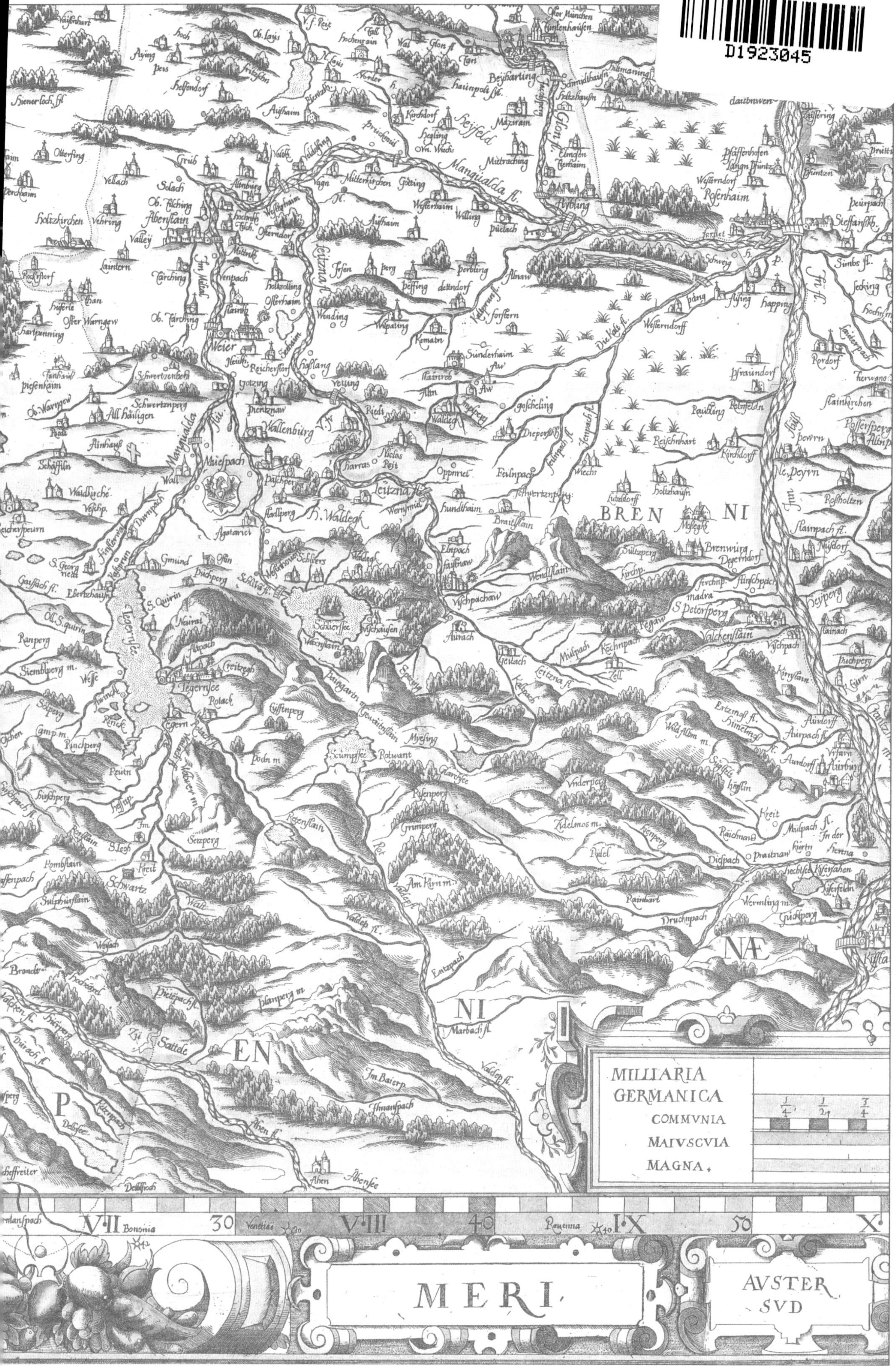
MILLIARIA
GERMANICA
COMMVNIA
MAIVSCVIA
MAGNA.
VII Bononia 30 Venetiae VIII 40 Rauenna IX 50 X
MERI
AVSTER
SVD
BREN NI
NÆ
EN
NI
P
Tegernsee
Schliersee
Miespach
Rosenhaim
Wendlstain
Valckenstain
Kufstain
Aibling
Holtzkirchen
Aurbach

Denkmäler in Bayern
Landkreis
Bad Tölz-Wolfratshausen

Denkmäler in Bayern

herausgegeben von
Generalkonservator Prof. Dr. Michael Petzet
Bayerisches Landesamt für Denkmalpflege

Die kreisfreien Städte und Landkreise in Bayern (Publikationsplan)
(Die bereits erschienenen oder unmittelbar vor Drucklegung stehenden Bände sind mit einem Sternchen gekennzeichnet.)

I OBERBAYERN

Kreisfreie Städte

1 Ingolstadt
2 München
3 Rosenheim

Landkreis

4 Altötting
5 Bad Tölz-Wolfratshausen*
6 Berchtesgadener Land
7 Dachau
8 Ebersberg
9 Eichstätt, Stadt*
Eichstätt, Landkreis
10 Erding
11 Freising
12 Fürstenfeldbruck*
13 Garmisch-Partenkirchen
14 Landsberg am Lech
15 Miesbach*
16 Mühldorf am Inn
17 München
18 Neuburg-Schrobenhausen
19 Pfaffenhofen a.d. Ilm*
20 Rosenheim
21 Starnberg*
22 Traunstein
23 Weilheim-Schongau

II NIEDERBAYERN

Kreisfreie Städte

24 Landshut*
25 Passau
26 Straubing

Landkreise

27 Deggendorf
28 Dingolfing-Landau
29 Freyung-Grafenau
30 Kelheim*
31 Landshut
32 Passau
33 Regen
34 Rottal-Inn
35 Straubing-Bogen

III OBERPFALZ

Kreisfreie Städte

36 Amberg
37 Regensburg
38 Weiden i.d. OPf.

Landkreise

39 Amberg-Sulzbach
40 Cham
41 Neumarkt i.d. OPf.
42 Neustadt a.d. Waldnaab
43 Regensburg
44 Schwandorf
45 Tirschenreuth

IV OBERFRANKEN

Kreisfreie Städte

46 Bamberg
47 Bayreuth
48 Coburg
49 Hof

Landkreise

50 Bamberg
51 Bayreuth
52 Coburg
53 Forchheim, Stadt*
Forchheim, Landkreis
54 Hof
55 Kronach
56 Kulmbach
57 Lichtenfels
58 Wunsiedel i. Fichtelgebirge

V MITTELFRANKEN

Kreisfreie Städte

59 Ansbach
60 Erlangen
61 Fürth*
62 Nürnberg
63 Schwabach*

Landkreise

64 Ansbach
65 Erlangen-Höchstadt
66 Fürth
67 Neustadt a.d. Aisch-
Bad Windsheim
68 Nürnberger Land
69 Roth
70 Weißenburg-Gunzenhausen

VI UNTERFRANKEN

Kreisfreie Städte

71 Aschaffenburg
72 Schweinfurt
73 Würzburg

Landkreise

74 Aschaffenburg
75 Bad Kissingen
76 Haßberge
77 Kitzingen
78 Main-Spessart
79 Miltenberg
80 Rhön-Grabfeld
81 Schweinfurt
82 Würzburg

VII SCHWABEN

Kreisfreie Städte

83 Augsburg*
84 Kaufbeuren
85 Kempten/Allgäu*
86 Memmingen

Landkreise

87 Aichach-Friedberg
88 Augsburg
89 Dillingen a.d. Donau
90 Donau-Ries
91 Günzburg
92 Lindau/Bodensee
93 Neu-Ulm
94 Oberallgäu
95 Ostallgäu
96 Unterallgäu

Denkmäler in Bayern

Band I.5

Georg Paula · Angelika Wegener-Hüssen

Landkreis Bad Tölz-Wolfratshausen

Ensembles · Baudenkmäler Archäologische Denkmäler

Aufnahmen von Joachim Sowieja

mit Beiträgen von Josef Katzameyer, Volker Liedke, Wilhelm Neu und Helmut Silbernagl

EDITION LIPP

Karl · M · Lipp · Verlag · München

Die Drucklegung dieses Bandes wurde durch folgende Spender ermöglicht: Kreissparkasse Wolfratshausen – Stiftung der Kreissparkasse Wolfratshausen – Stadt Bad Tölz – Stadtwerke Bad Tölz – Stadt Wolfratshausen – die Unternehmervereinigung Wirtschaftsraum Wolfratshausen e.V. mit folgenden Firmen: Firma Burgmann, Dichtungswerke GmbH & Co – Firma Cyanamid GmbH – Bürozentrum Ebner – Buchhandlung A. Fraas GmbH – Kanzlei Mosler und Schwab – Firma WSZ-Elektronik GmbH – die Industriegemeinschaft Geretsried e.V. mit folgenden Mitgliedern: Knauer GmbH, Maschinenfabrik – Krämmel Bauunternehmung GmbH & Co – Kühne Betonwerk GmbH & Co – der Handels- und Gewerbeverein Wolfratshausen – Architekturbüro Adldinger und Scharf, Wolfratshausen – Hans-Joachim Mannes, Wolfratshausen – Sepp Schwarzenbach GmbH, Wolfratshausen – Werkstätten Wiegerling, Gaißach sowie durch die großzügige Unterstützung der Messerschmitt Stiftung

Die Deutsche Bibliothek – CIP-Einheitsaufnahme

Denkmaltopographie Bundesrepublik Deutschland. – München : Lipp.
(Edition Lipp)
Auch in weiteren Verl. unter diesem Titel Veröff. für die jeweiligen Bundesländer

Denkmäler in Bayern.
Bd. 5 : 1, Oberbayern, Landkreise und kreisfreie Städte, Landkreis Bad Tölz-Wolfratshausen. – 1994

Denkmäler in Bayern : [Ensembles, Baudenkmäler, archäologische Denkmäler] / hrsg. von Michael Petzet. – München : Lipp.
(Denkmaltopographie Bundesrepublik Deutschland)
(Edition Lipp)
früher im Verl. Schnell und Steiner, München, Zürich
NE: Petzet, Michael [Hrsg.]

Bd. 5 : 1, Oberbayern, Landkreise und kreisfreie Städte,
Landkreis Bad Tölz-Wolfratshausen / Georg Paula; Angelika Wegener-Hüssen.
Aufnahmen von Joachim Sowieja. Mit Beitr. von Josef Katzameyer ... – 1994
ISBN 3-87490-573-X
NE: Paula, Georg; Sowieja, Joachim

Umschlagabbildungen:

Vorderseite: Benediktbeuern, Ansicht der Klosteranlage von Nordwesten; Luftaufnahme Karl Leidorf, 1994

Rückseite: Sankt Leonhard bei Dietramszell, hl. Leonhard im Hochaltar von Philipp Jakob Rämpl, 1770; Aufnahme Joachim Sowieja, 1994

Vorsatz vorne: Landtafeln von Philipp Apian, 1568 (Ausschnitt)

Vorsatz hinten: Verwaltungskarte von Bayern (mit freundlicher Genehmigung des Bayerischen Landesvermessungsamtes)

Erstfassung zum Entwurf der Denkmalliste des Landkreises Bad Tölz-Wolfratshausen: Dipl.-Ing. Wilhelm Neu, Dr. Bernd-Peter Schaul, Dr. Erwin Keller, Angelika Wegener-Hüssen M.A.

Redaktion und Layout: Karlheinz Hemmeter, Georg Paula, Michael Petzet

2. verb. Auflage

Gesamtherstellung: Lipp GmbH, Graphische Betriebe, München

ISBN 3-87490-573-X

Inhalt

Bichl, kath. Pfarrkirche St. Georg; Hochaltar von Johann Baptist Straub, 1752

Geleitwort

Seit Jahren ist ein nachhaltiges Interesse der Öffentlichkeit für Fragen des Denkmalschutzes und der Denkmalpflege festzustellen. Mit wachsender Sympathie werden die Bemühungen des Staates, aber auch von privaten Denkmaleigentümern beobachtet und begleitet, die sich die Wahrung unseres historischen Erbes zum Ziel gesetzt haben, zu dem in gleicher Weise die unter der Erde verborgenen Spuren menschlicher Geschichte wie die sichtbaren authentischen Zeugnisse menschlicher Kultur, also die Fülle der Bodendenkmäler wie der Baudenkmäler, gehören. Denkmäler sind mit all den Veränderungen, die sie im Laufe der Geschichte erfahren haben, Geschichtsdokumente, ja sie sind vielfach die einzige Quelle für Jahrtausende menschlicher Geschichte, aus denen es keinerlei Zeugnisse gibt. Folgerichtig versteht sich die moderne Denkmalpflege auch als eine Art angewandte Geschichtswissenschaft.

Dem Auftrag des Bayerischen Denkmalschutzgesetzes von 1973 folgend, hat das Bayerische Landesamt für Denkmalpflege ca. 110000 Baudenkmäler und ca. 10000 archäologische Geländedenkmäler, außerdem ca. 900 Ensembles in den Denkmallisten erfaßt. Diese verzeichnen nicht nur die „klassischen“ Denkmäler, wie Kirchen und Klöster, Burgen und Schlösser, Rathäuser und Stadtmauern, sondern auch das weite Feld historischer bäuerlicher und bürgerlicher Wohnbauten, Denkmäler der Technikgeschichte, volkskundliche Zeugnisse u.s.w. Sie beziehen sich auch, im Rahmen des Ensembleschutzes, auf historische Baugruppen, ja auf ganze Altstadtbereiche.

Bei den Denkmallisten handelt es sich um „offene“ Verzeichnisse, die jederzeit ergänzt und korrigiert, zu gegebener Zeit auch einem sich in Zukunft vielleicht wandelnden Denkmalverständnis angepaßt werden können. Die „Offenheit“ der Denkmalliste hat sich in den 21 Jahren seit dem Erlaß des Denkmalschutzgesetzes sehr bewährt; ihr Charakter als „Handbuch“ der Denkmalpflege hat sich mit Erfolg durchgesetzt.

Die Erstellung der Denkmallisten erfolgt in enger Kooperation mit den Gemeinden und den Unteren Denkmalschutzbehörden. Die Denkmallisten waren und sind Thema von Bürgermeisterbesprechungen, Stadtratssitzungen und Bürgerversammlungen, Thema unzähliger Einzelgespräche mit Denkmaleigentümern und Gemeindevertretern, damit im weitesten Sinn auch Öffentlichkeitsarbeit im Interesse des Denkmalschutzes. Darüber hinaus beinhaltet die Erstellung der Denkmallisten aber auch eine große wissenschaftliche Leistung. Durch die Publikation in der Reihe „Denkmäler in Bayern“ wird nunmehr auch für den Bereich des Landkreises Bad Tölz-Wolfratshausen das Ergebnis dieser wissenschaftlichen Erfassung der interessierten Öffentlichkeit zugänglich gemacht.

Der Landkreis Bad Tölz-Wolfratshausen in seinen heutigen Grenzen ist das Ergebnis der Kreisgebietsreform von 1972, die die Altlandkreise Bad Tölz und Wolfratshausen, letzteren nur teilweise, mit einem kleinen Bereich des ehemaligen Landkreises Weilheim vereinigte. Dadurch entstand ein völlig neues politisches Gebilde mit einer reichen Kunstlandschaft, deren besonderes Merkmal die Vielfalt ihrer Denkmäler und die Vielschichtigkeit künstlerischer Ausdrucksformen ist. Neben einer großen Zahl von weitgehend unversehrt erhaltenen Bauernhäusern, Stadeln und Getreidespeichern, die ländliche Kultur und Lebensart in Weilern und Dörfern über Jahrhunderte hinweg veranschaulichen, bieten so bedeutende Klosteranlagen wie Benediktbeuern, Beuerberg, Dietramszell oder Schlehdorf einen repräsentativen Querschnitt von Romanik und Gotik über Barock und Rokoko bis herauf in unsere Tage. Bei der Fülle sakraler Kunst dürfen Schlösser wie Harmating oder Reichersbeuern mit ihren wohlerhaltenen Ausstattungen nicht vergessen werden, ebensowenig die „villeggiatura“ am Ostufer des Starnberger Sees als Beispiel bürgerlichen Wohlstands sowie die Städte Bad Tölz und Wolfratshausen, deren langgezogene Straßenmärkte ihre Bedeutung als historische Herrschaftszentren und Verwaltungsmittelpunkte noch heute dokumentieren.

Der vorliegende Band der „Denkmäler in Bayern“ führt das kulturelle Erbe des Landkreises Bad Tölz-Wolfratshausen eindrucksvoll vor Augen.

Für die Praxis des Vollzugs des Denkmalschutzgesetzes in diesem Landkreis wurde damit eine wesentliche Hilfe geschaffen. Dieser weitere Band der Reihe „Denkmäler in Bayern“ kann die inzwischen vollständig vorliegende Veröffentlichung der Denkmallisten aller sieben bayerischen Regierungsbezirke durch Kommentare und eine umfassende Bilddokumentation ergänzen. Bayern leistet auf diese Weise seinen Beitrag zur „Denkmaltopographie der Bundesrepublik Deutschland“.

Wir sind sicher, daß der Band „Landkreis Bad Tölz-Wolfratshausen“ bei allen Freunden unserer bayerischen Heimat und insbesondere bei den Denkmaleigentümern großes Interesse finden wird.

Rudolf Klinger
Staatssekretär

Hans Zehetmair
Staatsminister

Wolfratshausen, kath. Stadtpfarrkirche St. Andreas; Hochaltar von Lukas Herle, Kaspar Niederreiter und Adam Griesmann, 1659 – 1661

Geleitwort

Wer mit wachen Augen durch unseren Landkreis an Isar und Loisach geht, vorbei an schmucken Bauernhäusern, malerischen Kirchen, mächtigen Klöstern und herrlichen Schlössern, erkennt schnell, daß vieles, was in vergangenen Tagen geschaffen wurde, auch heute noch erhaltenswert ist. Nicht umsonst prägen über 1500 Baudenkmäler – darunter die meisten denkmalgeschützten Bauernhäuser in ganz Oberbayern – das unverwechselbare Gesicht unserer Heimat.

Diese sichtbaren Erfolge der Denkmalpflege vor allem in den achtziger Jahren bieten gute Voraussetzungen, das reiche kulturelle Erbe dauerhaft zu bewahren. Eine Vielzahl von Baudenkmälern konnte restauriert, instand gesetzt und für die Zukunft gesichert werden. Unsere Ortschaften sind auf diese Weise aufgewertet worden. Der Landkreis hat dazu neben Bezirk und Freistaat mit seiner finanziellen Unterstützung einen wesentlichen Beitrag geleistet. Sichtbarer Beweis dafür sind die über 16 Millionen Mark, die insgesamt in den letzten 15 Jahren hierfür aufgewandt wurden. Diese Hilfen erleichtern den Eigentümern von Baudenkmälern die von ihnen zu tragenden Belastungen.

Unser erklärtes Ziel war und ist die Erhaltung der Kulturlandschaft in ihrer ganzen Breite und Vielfalt. Nicht nur den herausragenden großen Denkmälern wie Kirchen, Kapellen, Klöstern und Schlössern gilt die Aufmerksamkeit, sondern gerade auch den weniger auffälligen, aber für die Identifikation des Bürgers mit seiner Heimat genauso wichtigen Zeugen der Leistungen unserer Vorfahren.

Diese Bereitschaft ist nicht allein vom Objekt abhängig, sondern auch von seiner Umgebung. Die Möglichkeit, ein Denkmal zu nutzen, sein Verkehrswert, aber auch die Erhaltungsmotivation des Eigentümers werden vom Umfeld wesentlich mitbeeinflußt. Ortserneuerung und Denkmalpflege dürfen deshalb nicht als konkurrierende Entwicklungsziele betrachtet werden. Die beste Erhaltungsgarantie für ein Baudenkmal ist immer noch, es durch eine angemessene Nutzung mit Leben zu erfüllen. In behutsamer Weise müssen deshalb denkmalverträgliche Nutzungen und heutige Ausstattungsstandards angestrebt werden – zugegeben eine Gratwanderung, die uns aber im Landkreis bisher meist gelungen ist.

Die Bürger unseres Landkreises verstehen das kulturelle Erbe mehr und mehr als Teil ihrer persönlichen Identität. Das nun vorliegende Buch über alle Baudenkmäler im Landkreis Bad Tölz-Wolfratshausen halte ich für einen Teil des bei der Denkmalpflege so wichtigen Dialogs mit der Öffentlichkeit. Denn nur durch eine partnerschaftliche und dauerhafte Kraftanstrengung aller kann es gelingen, daß Baudenkmäler als beredte Zeugen der Vergangenheit nicht verstummen, indem sie der Spitzhacke unwiederbringlich zum Opfer fallen.

Ein herzliches Dankeschön möchte ich allen Bürgerinnen und Bürgern sagen, die sich um die Denkmalpflege im Landkreis verdient gemacht haben, ganz besonders aber den Eigentümern von Denkmälern, die oft große persönliche und finanzielle Opfer für deren Erhaltung aufbringen.

Mein Dank gilt dem Bayerischen Landesamt für Denkmalpflege für die Mitherausgabe dieses Bandes sowie der Kreissparkasse Wolfratshausen, ohne deren tatkräftige Unterstützung dieses Werk nicht hätte verwirklicht werden können. Es wird sicher dazu beitragen, geschichts- und kunstinteressierte Bürger und Besucher des Landkreises besser zu informieren und das Bewußtsein der Bevölkerung für den Denkmalschutz noch weiter zu fördern.

Bad Tölz, im Oktober 1994

Dr. Otmar Huber
Landrat des Landkreises Bad Tölz-Wolfratshausen

Benediktbeuern, Anastasiakapelle; Deckenfresko von Johann Jakob Zeiller, 1752

Vorwort

Der Freistaat Bayern hat mit der Publikation der Denkmallisten 1985/86 in den Bänden I-VII der Reihe „Denkmäler in Bayern" als erstes deutsches Bundesland ein umfassendes Verzeichnis seiner Kulturdenkmäler vorgelegt. Auf dieser Grundlage können nun die Denkmallisten der Landkreise und Städte in zusätzlichen Einzelbänden mit Kommentaren, Karten und einer umfassenden Bilddokumentation vorgestellt werden. Die Einteilung dieser nach Bedarf jeweils in enger Zusammenarbeit mit dem kommunalen Gebietskörperschaften erstellten Bände hält sich an das bereits für die Sammelbände I-VII entwickelte System mit der Numerierung 1-96 für die bayerischen kreisfreien Städte und Landkreise. Diese zusätzlichen Bände der Reihe „Denkmäler in Bayern" sind zugleich ein bayerischer Beitrag zur Reihe „Denkmaltopographie Bundesrepublik Deutschland", deren Grundsätze von einer Arbeitsgruppe der Vereinigung der Landesdenkmalpfleger entwickelt wurden.

Mit dem Inkrafttreten des bayerischen Denkmalschutzgesetzes 1973 wurden Denkmalschutz und Denkmalpflege im Freistaat Bayern auf eine neue rechtliche Grundlage gestellt. Um einen für den Bürger und die Behörden überschaubaren praktischen Vollzug zu gewährleisten, gibt das Denkmalschutzgesetz nicht nur eine Definition der Denkmäler, die in seinen Geltungsbereich fallen, sondern es enthält darüber hinaus den Auftrag, eine Denkmalliste zu erstellen. In dieses Verzeichnis sind nach Begutachtung durch das Bayerische Landesamt für Denkmalpflege „von Mensch geschaffene Sachen aus vergangener Zeit, deren Erhaltung wegen ihrer geschichtlichen, künstlerischen, städtebaulichen, wissenschaftlichen, künstlerischen, städtebaulichen, wissenschaftlichen oder volkskundlichen Bedeutung im Interesse der Allgemeinheit liegt", als Denkmäler einzutragen.

Die bayerischen Denkmallisten, die dank der umfangreichen Photodokumentationen der Bände der Reihe „Denkmäler in Bayern" auch im Bild vorgestellt werden können, haben den Charakter eines nachrichtlichen Verzeichnisses. So kann ein Objekt durchaus die Eigenschaften eines Denkmals haben und den Schutz des Gesetzes genießen, wenn es nicht in die Liste eingetragen ist. In diesem Sinn sind die Denkmallisten offen für fortlaufende Ergänzungen und Berichtigungen, wobei auch neue Erkenntnisse und Wandlungen des Denkmalverständnisses Anlaß zur Neuaufnahme oder Streichung von Objekten geben können. Durch dieses hohe Maß an Aktualisierbarkeit und Anpassungsfähigkeit ist eine sinnvolle Fortschreibung gewährleistet. Damit verfügen die beteiligten Behörden immer über eine zuverlässige Grundlage für den Vollzug des Denkmalschutzgesetzes. Man kann davon ausgehen, daß Veränderungen oder die Beseitigung von in der Liste verzeichneten Objekten der Erlaubnis der Unteren Denkmalschutzbehörde oder einer Baugenehmigung bedürfen. Im Rahmen dieser Verfahren erfolgt dann eine angemessene Abwägung der verschiedenen privaten und öffentlichen Interessen mit den Belangen des Denkmalschutzes.

Als Verwaltungsinstrumente sind Denkmallisten in Bayern bereits auf Grund von Verordnungen in den Jahren 1882, 1904 und 1908 angelegt worden. Auch die Erfassung der ca. 120 000 Baudenkmäler nach dem Inkrafttreten des Denkmalschutzgesetzes mußte nicht am Nullpunkt anfangen, sondern fußt an der seit den neunziger Jahren des vorigen Jahrhunderts vom „Kgl. Generalkonservatorium der Kunstdenkmale und Altertümer Bayerns" (seit 1917 „Landesamt für Denkmalpflege") geleisteten Inventarisationsarbeit, vor allem der mehr als hundert Bände umfassenden Großinventarreihe „Die Kunstdenkmäler von Bayern", die inzwischen als Nachdruck vorliegt und auch mit neuen Bänden weitergeführt wird. Dazu kommt die in der Nachkriegszeit erschienene und inzwischen abgeschlossene Reihe der Kurzinventare von Mittelfranken, Oberfranken und Schwaben, die in der Reihe „Bayerische Kunstdenkmale" erschienen sind. 1978 waren sämtliche Denkmallisten der 96 kreisfreien Städte und Landkreise Bayerns im Entwurf abgeschlossen. Soweit die nötigen Stellungnahmen der Städte und Gemeinden vorlagen, mußte dann das Landesamt für Denkmalpflege entsprechend den Landtagsbeschlüssen vom 11. Juli und 20. September 1978 versuchen, sich mit den Gemeinden zu einigen und die dann noch strittigen Fälle dem Landesdenkmalrat vorlegen. Die Listen wurden in enger Zusammenarbeit mit den Gemeinden, die neben Streichungen auch viele wichtige Ergänzungen in Vorschlag brachten, ständig weiter verbessert. In der Diskussion mit den beteiligten Gemeinden hat sich auch erwiesen, daß trotz gelegentlicher Meinungsverschiedenheit in der überwältigenden Mehrzahl der Fälle die fachliche Beurteilung des Landesamtes für Denkmalpflege als sachgerecht anerkannt worden ist.

Denkmäler und Ensembles, bei denen das Eintragungsverfahren noch nicht förmlich abgeschlossen ist, sind in den Bänden mit den Listen der Regierungsbezirke (Denkmäler in Bayern I-VII) besonders gekennzeichnet. Dort sind auch die in den bebilderten Einzelbänden weggelassenen Flurnummern der Objekte angegeben. In den durch Kommentare zu einzelnen Denkmälern erweiterten Bänden der einzelnen Landkreise und Städte stehen sich jeweils Text und Bilddokumentation gegenüber. Davon abgesehen bleibt die Reihenfolge der Denkmallisten die gleiche. Die Darstellung ist jeweils nach den in alphabetischer Folge aufgeführten kreisangehörigen Gemeinden geordnet. Bei den einzelnen Gemeinden erfolgt eine weitere Untergliederung nach Gemeindeteilen, denn viele Ortschaften, die als selbständige, historisch gewachsene Einheiten anzusehen sind, wurden im Lauf der Zeit in größere Gemeinden eingegliedert, insbesondere durch die Gebietsreform des Jahres 1972. Personen- und Ortsregister bieten zusätzliche Nachschlagemöglichkeiten.

Der vorliegende Band „Landkreis Bad Tölz-Wolfratshausen" behandelt die Baudenkmäler und Ensembles sowie die archäologischen Denkmäler des Landkreises und gibt damit einen umfassenden Überblick über eine der wichtigsten Kulturlandschaften des oberbayerischen Voralpengebiets.

Die umfangreiche Dokumentation wäre ohne die Unterstützung zahlreicher Behörden und Institutionen nicht zustande gekommen. Besonders zu danken ist Herrn Landrat Dr. Otmar Huber, der durch sein Engagement und Interesse maßgeblich zum Erscheinen des Bandes beigetragen hat. Auf seine Initiative hin bewilligte der Kreisausschuß die Mittel für die Bearbeitung und den Druckkostenzuschuß. Zu danken ist auch den Mitarbeitern des Landratsamtes, in erster Linie Herrn Hans Bichler und Frau Maria Mannes, die den Fortlauf der Publikation durch organisatorische und fachliche Hilfe entscheidend gefördert haben. Dank gebührt außerdem folgenden Personen und Institutionen, die in vielfältiger Form zum Gelingen des Bandes beigetragen haben: Prof. Dr.Dr.h.c. Bruno Bushart, Augsburg; M. Palmeria Heigel, Schlehdorf; Herrn Josef Katzameyer, Bad Tölz, der umfangreiches Text- und Bildmaterial zur Verfügung gestellt hat; P. Laurentius Koch OSB, Ettal; Dr. Gode Krämer, Augsburg; Herrn Gerhard Schober, Unterbrunn, für seine Informationen zu den Villen am Starnberger See; Herrn Helmut Silbernagl, der die Neuaufnahme der Almen ermöglicht und fachkundig begleitet hat; Stadtbaumeister Hannes Strunz, Bad Tölz; P.Dr.Dr. Leo Weber SDB, Benediktbeuern; der Bayernwerk AG in Altjoch, insbesondere seinem Leiter, Herrn Franz Gillhuber; den zuständigen Stellen der Diözesen Augsburg und München, vor allem Dr. Sigmund Benker, Dr. Norbert Leudemann, P.Dr. Joseph Pfab C.Ss.R und Dr. Hans Ramisch; den Museen im Landkreis; den Dekanen, Pfarrern und Ordensvertretern, den Schloßbesitzern sowie allen Denkmaleigentümern, die die kunsthistorische Bearbeitung und die begleitende Photodokumentation unterstützt haben. Zu danken ist schließlich den Kollegen vom Bayerischen Landesamt für Denkmalpflege: Dr. Karlheinz Hemmeter, Dr. Erwin Keller, Dr. Klaus Kraft, Dipl.-Ing. Friedrich Krösser, Dr. Volker Liedke, Dr. Hans-Wolfram Lübbeke, Dr. Bernd-Peter Schaul und Dr. Rainer Schmid.

Den Hauptteil der vorliegenden Publikation mit den Ensembles und Einzeldenkmälern erstellte Dr. Georg Paula. Die Bearbeitung konnte sich auf die Erstfassung der Denkmallisten von Dipl.-Ing. Wilhelm Neu und ihre Erweiterung durch Dr. Bernd-Peter Schaul stützen. Die Texte zu den archäologischen Denkmälern verfaßte Angelika Wegener-Hüssen M.A. auf der Grundlage des Inventars der archäologischen Geländedenkmäler für den Regierungsbezirk Oberbayern von Dr. Erwin Keller.

Die Abschnitte zu den Almen wurden von Dr. Hans-Wolfram Lübbeke und Dr. Bernd-Peter Schaul bearbeitet. Einführende Beiträge lieferten Josef Katzameyer, Dr. Volker Liedke, Dipl.-Ing. Wilhelm Neu und Helmut Silbernagl. Die Photographien fertigte mit wenigen Ausnahmen Joachim Sowieja. Für die Herstellung des Bandes durch den Karl M. Lipp Verlag ist besonders Frau Ingrid Friedrich zu danken.

Die erste Auflage des Bandes „Landkreis Bad Tölz-Wolfratshausen“ wurde der Öffentlichkeit mit einer Veranstaltung im Kloster Benediktbeuern am 29. November 1994 vorgestellt. Daß nun bereits nach wenigen Monaten die zweite Auflage erscheinen kann, da das Buch so viele Käufer gefunden hat, ist ein gutes Zeichen für den Erfolg der Reihe „Denkmäler in Bayern“ und zeigt das große Interesse der Bevölkerung an der Bewahrung unseres Kulturerbes.

Prof. Dr. Michael Petzet
Generalkonservator

Bad Tölz, Ansicht von Norden, Aquarell von Cantius Dillis, Mitte 19. Jh.

Der Landkreis Bad Tölz-Wolfratshausen: Naturraum, Vor- und Frühgeschichte, Herrschaftsgeschichte vom frühen Mittelalter bis zur Gegenwart

von Josef Katzameyer

Der Naturraum des Landkreises – Zwischen Hochgebirge und Endmoränen

Der zum Alpenraum gehörige Landkreis Bad Tölz-Wolfratshausen ist geologisch und geographisch kein klar umgrenzter Naturraum. Vom Aussehen und Aufbau her können wir das Gebiet in zwei Zonen unterscheiden: eine Gebirgszone (Alpen) und das Vorland (Alpenvorland).

Ein Blick vom Tölzer Kalvarienberg nach Süden gibt uns bilderbuchartig den besten Einblick in die Bergwelt, ihren Aufbau und ihre Entstehung. Die verschiedenartigen Bausteine Kalkalpin, Flysch, Helvetikum, Molasse prägen jede für sich eine Erscheinungsform der Berge. Schroff und unbewaldet, mit den Steilhängen nach Norden zeigen sich die Kalkberge im Süden des Kreises. Der Baustein, das Kalkalpin, gliedert sich in verschiedene Gesteinsarten, entstanden durch unterschiedliche und wechselnde Ablagerungsbedingungen in der Tethys (südlich der Hohen Tauern). Das eigentliche Hochgebirge, das Hochkarwendel, liegt südlich der Landkreisgrenze in Tirol. Die Kreisgrenze (Landesgrenze) verläuft auf dem mittleren Hochgebirgszug, vom Lärchkogel-Torjoch-Stierjoch zum Scharfreiter.

Nördlich des Isartales Vorderriß-Fall zieht sich der vordere Hochgebirgszug mit den höchsten Erhebungen Heimgarten-Herzogstand-Benediktenwand-Brauneck (Kochler Berge), östlich der Isar aus dem Tal wieder ansteigend über Hohenburg-Geigerstein-Fockenstein (Kreisgrenze) zum Inn (Mangfallgebirge). Nördlich endet der Zug wenige Kilometer nördlich Lenggries (Linie Sonnersbachalm-Tratenbach-Rieschenhöfe-Lexenalm). Hauptbaustein ist die sog. Lechtaldecke (kalkalpine Innenzone). Nur eine 2-3 km breiter Streifen an der Nordgrenze des Kalkalpin besteht aus der sog. Allgäuzone (kalkalpine Randzone). Daß diese Decke nach Süden reicht, zeigt ein „Fenster" südlich des Brauneck. Die Bohrung in Vorderriß 1977/78 durchteufte das ganze Kalkalpin (6142 m). Die Kalkberge sind ein Teil der östlichen Kalkalpen, Bereich Nördliche Kalkalpen. Dem Kalkgebirge unmittelbar vorgelagert ist das aus dem fossilien-

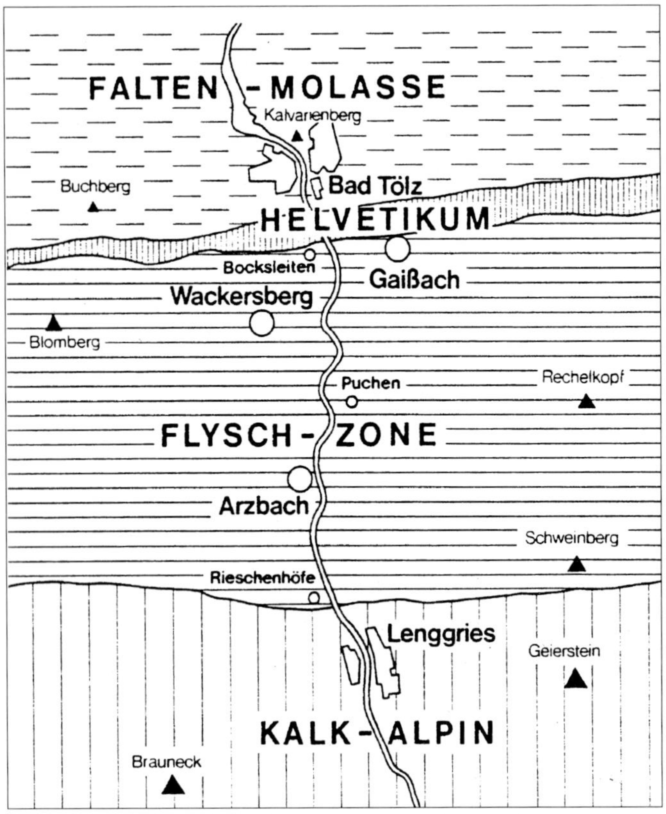

Verbreitung der geologischen Baueinheiten zwischen Bad Tölz und Lenggries

armen Flysch bestehende, rund 6000 m breite sog. hohe Mittelgebirge. Die höchsten Erhebungen sind der Rechelkopf (1328 m) im Osten und die Blomberg-Zwieselgruppe (bis 1348 m) im Westen. Eng angelehnt zieht sich an der Nordgrenze ein rund 250 m breiter Streifen des in einem Flachmeer am Südrand des damaligen europäischen Kontinents entstandenen Helvetikums (Schweizerbergschichten) durch unseren Raum. Fossilienreiche Nutzsteine sind der bekannte Enzenauer Marmor (Nummulitenkalk), der Gründsandstein und auch der sog. Tölzer Marmor. Die Nordgrenze - gekennzeichnet durch Stallauer Tal und Mariensteiner Tal - bildet den morphologischen Alpenrand.

Nördlich, bis zur Linie Taubenberg/Südhang-Piesenkam-Reutberg-Abrain-Staubachhof-Rimslrain-Peißenberg, quert die gefaltete Molasse den Landkreis von der Höhe nördlich des Kochelsee-Buchberg (855 m) bis Plattenberg (mit einer rund 7 km oberflächigen Unterbrechung). Die in einem Trog von den Alpen bis zum fränkischen Jura gebildete, weiche Molasse, die teilweise von der Alpenfaltung erfaßt wurde, bildet niedrige Höhen. Sie bergen im Inneren vielfach Pechkohlenflöze (ehem. Bergwerke Penzberg, Tölz, Hausham u.a.). Die obertägig aneinandergereihten, unterirdisch sich teilweise überlappenden Bausteine Kalkalpin, Flysch, Helvetikum und Molasse sind im Rahmen der Alpenfaltung in ihre heute Lage transportiert worden. Vor etwa 5 Millionen Jahren wurde in groben Umrissen unser Landschaftsbild geschaffen,

Geologisches Blockbild des Isarwinkels

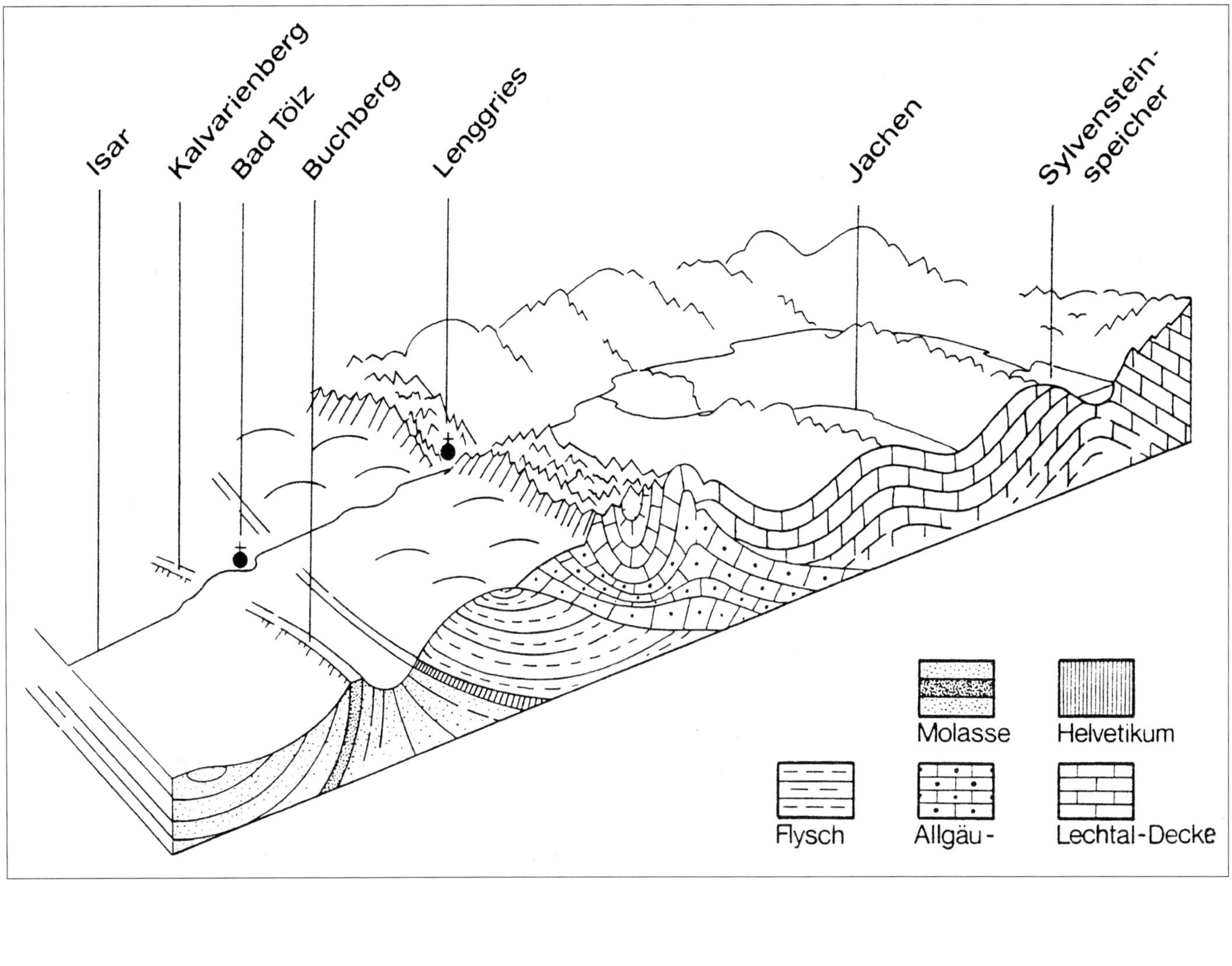

das durch die Kräfte der Abtragung und des Eiszeitalters ihren letzten „Schliff" erhalten hat.

An die genannte Nordgrenze der Faltenmolasse (geologischer Alpenrand) schließt sich das Alpenvorland an. Geographisch ist dieser Landesteil ein Ausschnitt aus der sog. „Schwäbisch-bayerischen Hochebene". Die Planer verwenden für diesen im wesentlichen von der Würm-Kaltzeit geprägten Naturraum die Bezeichnung „Voralpines Hügel- und Moorland". Es ist dies - nach Benno Hubensteiner - eine „Landschaft im Auslauf des Gebirges", das typische Beispiel einer durch Moränenhügel, Schotter, Seen und Moore gebildeten Landschaft. Die Hügel dieses Vorlandes „in all ihrer launischen Unregelmäßigkeit" bieten uns willkommene Ausschaumöglichkeiten, so die Höhen Hechenberg, Peretshofen, Dorfen, Icking, Irschenhausen, Walchstadt, Degerndorf usw., und Einblick in die verwirrende Gestaltung dieser eiszeitlich geformten, ehemals tertiären Landschaft. Mindestens viermal (Günz-, Mindel-, Riß-, Würmkaltzeiten) kamen Eismassen vom Inntal über die Sättel in unser Gebiet über Seefeld ins Isartal und teilten sich bei Wallgau/Krün. Die Hauptmasse (Loisach- bzw. Wolfratshauser-Gletscher) floß über den Walchensee in das heutige Kochelseegebiet, räumte das Starnberger-See- und das Wolfratshauser Becken – mit Zweigfurchen nach Egling u.a. – aus und endete außerhalb der Landkreisgrenze.

Gegen Ende der Eiszeit füllte Wasser die von den Gletschern geschaffenen Becken, so das Walchensee- und das einst weit größere Kochelseebecken, das Würmseebecken und das jetzt verlandete, streckenweise moorreiche Wolfratshauser Becken, das Rottacher Becken (mit der Insel Rothenrain), den Kirchsee und das Isartal südlich des durch einen Molasseriegel zwischen Buchberg-Kalvarienberg/ Tölz abgesperrten Isartales bis auf die Höhe von Fleck (Tölzer See). Relikte dieser ganz oder teilweise verlandeten Seen sind ausgedehnte Moorflächen, so im Gebiet um Kochel, Heilbrunn, Königsdorf, Ascholding/Egling und Kirchsee/Ellbachmoor.

Neben den Bergen und der sich nordwärts daran anschließenden Moränenlandschaft sind es die Gewässer, Flüsse, Bäche, Seen und Weiher, die unserem Naturraum seinen besonderen Reiz verleihen. Glanzpunkte sind dabei unsere Seen: Der 192 m tiefe Walchensee (Fläche 16,4 km^2), der jetzt nur mehr an der tiefsten Stelle des Beckens bestehende Kochelsee (Tiefe 66 m, Fläche 5,9 km^2), der (vor allem im Süden jetzt verkleinerte) Starnberger See (ehemals Würmsee genannt), dessen Ostufer zum Landkreis gehört, der Kirchsee, ferner der Buchsee und der Weiher von Deining. Künstliche, vom Menschen geschaffene Seen sind der Sylvensteinspeicher im südlichen Isartal (größte Tiefe 40 m, Fläche 6,2 km^2), der Tölzer Stausee und der Stausee in der Pupplinger Au nördlich der Loisachmündung in die Isar.

Der Hauptfluß, die Leitlinie, um die sich fast der gesamte Landkreis ausbreitet, ist die aus dem Karwendel kommende, ab Mittenwald floßbare Isar. Gegen Ende der Eiszeit, möglicherweise auch in der frühen Nacheiszeit, hat sie sich durch den das Isartal bei Tölz absperrenden Molasseriegel geschnitten und ihren alten Ablauf über Gaißachtal-Greiling-Reichersbeuern-Schaftlach-Kirchsee verlassend (mit weiterem Lauf entweder zur Mangfall oder nordwärts), den alten Tölzer See, den Rottacher See und in Verbindung mit der Loisach auch den Wolfratshauser See zum Abfluß gebracht und damit die oberbayerische Landschaft gewaltig verändert. Die Isar hat ihren Lauf nördlich Tölz somit erst gegen Ende der letzten Kaltzeit bzw. in der folgenden Frühzeit der Nacheiszeit geschaffen und fließt nun teils durch ebene Flußauen, teils durch canyonartige Eintiefungen.

Durch Wasserentzug für Kraftwerke (Walchenseekraftwerk: Isarwasserableitung bei Krün, Rißbachableitung usw.; Tiroler Kraftwerk: Ableitung von Wasser aus Isarzuflüssen; Tölzer Isarkraftwerk; Kraftwerk Mühltal) und Speicherseen (Sylvenstein, Tölz, Puppling) hat sich der ursprüngliche Charakter der Isar als Wildfluß weitgehend verändert. Die vielfachen Eingriffe haben den Wasser- und Geschiebehaushalt des Flusses stark beeinträchtigt, ja gefährdet. Der zweitgrößte Fluß unseres Naturraumes ist die aus dem tirolischen Leermooser Becken kommende, ab Garmisch floßbare Loisach, die dem südwestlichen Teil des Landkreises sein Gepräge gibt. Nach langem Lauf erreicht der Fluß über Großweil unter Verlust von 90 % des Gefälles den Kochelsee, verläßt ihn in umgekehrter Richtung wieder und fließt in vielfach gewundenem Lauf bei Wolfratshausen in die Isar. Auch dieser Fluß hat menschliche Eingriffe hinnehmen müssen, schon früh im Kochelseegebiet und nach dem Ersten Weltkrieg durch den Bau des Kanals Beuerberg-Isar bei Wolfratshausen, der wegen des vermehrten Wasserabflusses von Isarwasser und Nebenbächen über das Walchenseewerk in die Loisach Wolfratshausen vor Hochwasser schützen muß. Das Landkreisgebiet entwässert über Loisach und Isar nach Norden zur

Tektonische Übersicht der Umgebung von Vorderriß

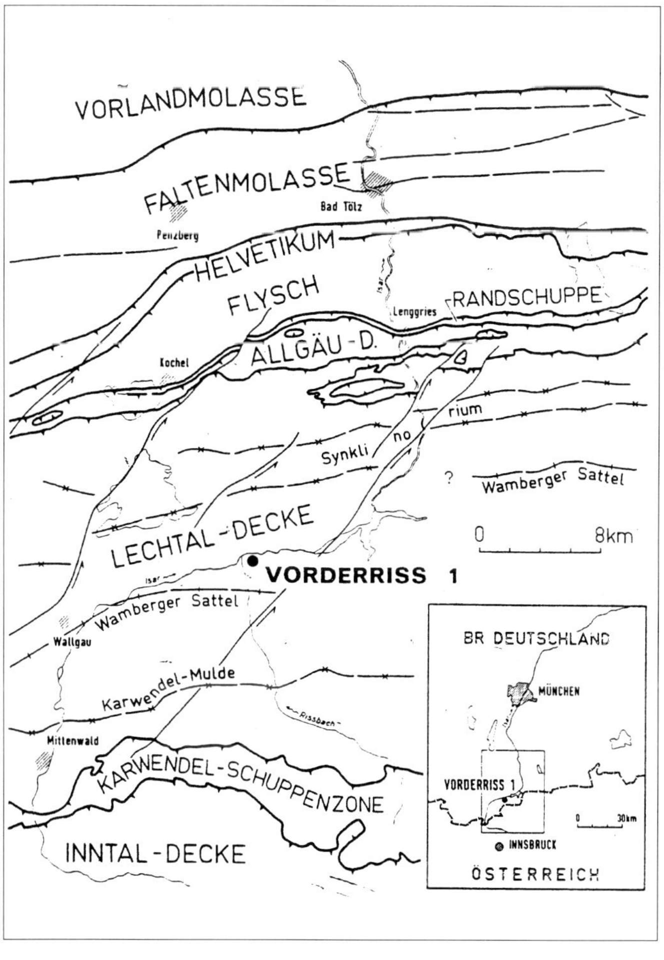

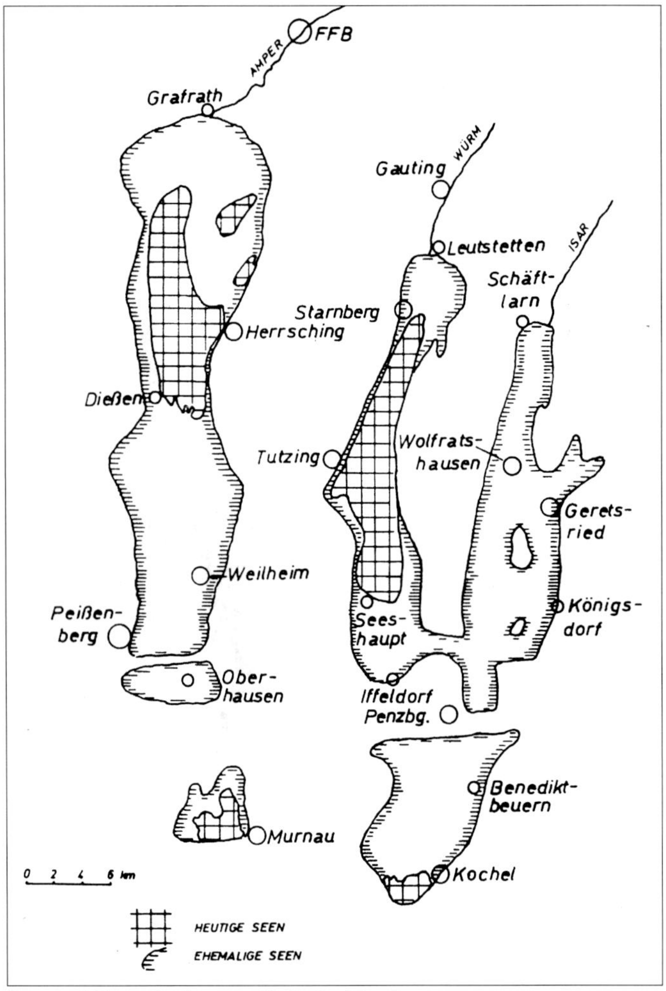

Lage und Form der Seen am Ende der Eiszeit

Donau, einzig der aus dem Kirchsee fließende Kirchseebach fließt zur Mangfall und damit zum Inngebiet. Zu erwähnen ist noch die früher teilweise floßbare Jachen als Abfluß des Walchensees.

Vor- und Frühgeschichte des Landkreises

Nach dem Ende der Eiszeit – vor ca. 10000 Jahren – hat es noch lange gedauert, bis unser zunächst kahler, wasser- und später sumpfreicher Raum für den Menschen zugänglich wurde. Den Zeitpunkt dafür kennen wir nicht. Vom Ende der Altsteinzeit (Paläolithikum, ca. 8000 Jahre v. Chr.) bis zum Ende der Mittelsteinzeit (Mesolithikum, ca. 5500 v. Chr.) gibt es Nachweise, daß Menschen sich im Land vor den Bergen aufgehalten haben. In der Jungsteinzeit (Neolithikum) wurde der Sammler und Jäger zum Bauern, zum Viehzüchter. Aus dieser Frühzeit fehlen Funde aus unserem Bereich, wir kennen solche aber aus dem Bereich Valley (Lkr. Miesbach).

Gegen Ende der Jungsteinzeit (5500-1800 v. Chr.) halten sich nachweislich Menschen im Kreisgebiet auf. Die Steinäxte von Sankt Heinrich, Wolfratshausen, Manhartshofen, Stallauer Tal und Zwergern, ferner Pfeilspitzen aus Icking und Reichersbeuern werden in der Regel als Einzelfunde (Verlustfunde) gedeutet. Zeitlich lassen sich diese Funde wegen ihrer unspezifischen Formen kaum oder nur schwer in bestimmte Abschnitte der Jungsteinzeit einfügen. Hinzu kommt, daß Steingeräte noch in der folgenden frühen Bronzezeit benutzt wurden. Ohne nähere Aufschlüsse (Fundortbesonderheiten) kann man die im Landkreisgebiet entdeckten Steingeräte nicht als Siedlungszeugnisse verwenden. Ein im Bereich des Klosters Benediktbeuern gefundenes Stück Keramik mit Ösenhenkel hätte ein solcher Siedlungshinweis sein können, wenn der Fundort gleichzeitig der ursprüngliche Lagerort gewesen wäre. Da der Scherben mit Auffüllmaterial unbekannter Herkunft an seinem Fundort gelangt ist, scheidet er für siedlungskundliche Aufschlüsse aus. Belege für Siedlungen, Häuser und Dörfer fehlen aus unserem Bereich. Wir finden sie aber auf der Roseninsel im Starnberger See, ferner Reste einer weiteren, etwas älteren Siedlung auf einer heute überfluteten Landzunge bei Kempfenhausen (Lkr. Starnberg). Es ist deshalb denkbar, daß manche „Einzelfunde" nicht Verlustfunde, sondern Siedlungshinweise sind, so die Steinbeile von Sankt Heinrich, Stallau und Zwergern. Ein Fund von zwei Steinbeilen und drei Silexbruchstücken bei Mühltal (Gde. Straßlach, Lkr. München) spricht wegen der Anzahl der Steingeräte gegen einen zufälligen Verlust, vor allem jener Teil der Funde, der aus Abfallstücken von Feuerstein besteht. Von Stallau kennen wir nur ein Steinbeil, doch der Finder berichtete von insgesamt drei Geräten, wovon zwei verloren gegangen sind. Bemerkenswert ist ferner, daß nach pollenanalytischen Untersuchungen um den Starnberger See (Allmannshausen, Bachhausen) Getreidebau bereits seit 5000 Jahren ohne Unterbrechung erfolgt sein soll. Freilich dürfen wir dieses Ergebnis und andere Annahmen nicht ohne weitere Untersuchungen auf unseren ganzen Landkreis übertragen. Die Beobachtungen insgesamt lassen es aber möglich erscheinen, daß im Kreisgebiet – wenn auch vermutlich nur in besonders geeigneten Räumen – in der Endperiode der Jungsteinzeit Menschen siedelten.

Für die Besiedlung in der frühen Bronzezeit gilt ähnliches wie für die späte Jungsteinzeit. Da die Toten zunächst in unscheinbaren Erdgräbern, später in Hockergräbern, beigesetzt wurden, sind diese bei den vielen Wäldern und Weiden im Landkreis nur schwer aufzufinden. Eine Siedlung bestand auf der Roseninsel im Starnberger See. Typische Höhensiedlungen fehlen bei uns, möglich gewesen wären sie auf der Birg bei Kochel und der Birg bei Schäftlarn, es fehlen aber Funde.

Die Bezeichnung „Hügelgräberbronzezeit" für den folgenden Abschnitt der mittleren Bronzezeit (ca. 1500 - 1200 v. Chr.) macht auf einen Kulturwandel aufmerksam, auf die Bestattung der Toten in künstlich aufgeschütteten Hügeln. Da Grabhügel aber nicht nur zu dieser Zeit, sondern auch in der jüngeren Hallstattzeit üblich waren, kann ohne Grabungen nicht immer geklärt werden, welcher Periode Grabhügel bzw. Grabhügelgruppen angehören. Man spricht in diesem Fall von „vorgeschichtlichen Grabhügeln". Wir kennen derartige Denkmale aus den Bereichen der Gemeinden Dietramszell (Gemarkungen Ascholding, Baiernrain), Egling (Gemarkungen Deining und Endlhausen), Gaißach, Greiling, Icking (Gemarkung Dorfen), Münsing, (Gemarkungen Degerndorf und Münsing), Reichersbeuern/Pfarrloh und Wolfratshausen/ Burgholz.

Luftaufnahmen haben weitere Grabhügel erkennen lassen: Bad Heilbrunn (Gemarkungen Mürnsee, Oberbuchen), Bad

Münsing, vorgeschichtliche Grabhügel auf dem „Münsinger Feld"

Tölz (Gemarkung Kirchbichl), Dietramszell (Gemarkung Linden), Egling (Gemarkungen Deining, Egling, Endlhausen, Ergertshausen), Icking (Gemarkung Icking), Münsing (Gemarkung Münsing), Reichersbeuern und Wackersberg (Gemarkung Fischbach). Die Aufstellung zeigt, daß diese Denkmale im Landkreis sehr unterschiedlich verteilt sind. Vor allem in den Gebirgstälern und in Naßgebieten (Moore) fehlen sie. Die Gräber von Reichersbeuern/Pfarrloh und Gaißach/Greiling sind die südlichsten Denkmäler dieser Art in unserem Raum.

Der mittleren Bronzezeit zuordnen können wir einen Grabhügel in der Kiesgrube Pischetsrieder westlich Icking, eine Gruppe in der Flur Pfarrloh bzw. Pfarrholz (Gemarkung Reichersbeuern) und die größte Gruppe im Kreisgebiet zwischen Gaißach und Greiling. Grabungen ergaben in Reichersbeuern/Pfarrloh ein Körpergrab, in Gaißach/Greiling ein Brandgrab. Zu den Gräbern gesellen sich Einzelfunde: Vollgriffschwerter von Ergertshausen (Gde. Egling) und vom Isaruferabhang zwischen Königsdorf und Geretsried; Oberteil eines Vollgriffschwertes von Kirchbichl; Lanzenspitze von Oswaldfeld/Mühlbach oder Rauhalpe am Seekar. Als Opfergaben deutet man in Mooren, Gewässern usw. gefundene Bronzenadeln der mittleren und der folgenden Urnenfelderzeit. Zutage kamen solche in Mürnsee (Bocksberger Filz), im Moor zwischen Kochel am See und Schlehdorf, am westlichen Isarufer nördlich Gartenberg, sowie im Bereich Wolfratshauser Forst. Opfergaben sind möglicherweise auch die beiden Schwerter von Icking und Königsdorf. Besonders bemerkenswert ist ein Fundplatz in Irschenhausen (Gde. Icking), der wegen des Vorkommens von größeren Mengen verbrannten Scherbengutes, kalzinierten Knochen vom Rind, selten von Schafen, und einem Bronzeschmelzstück als Opferplatz aus der mittleren und späteren Bronzezeit gedeutet wird. Man nutzte auch in dieser Zeit Höhen zur Anlage befestigter Siedlungen. Eine solche finden wir auf einem auf drei Seiten steil abfallenden Felskegel bei Altjoch am Kochelsee. Ein (verschollener) Bronzedolch und zwei Scherben belegen eine Nutzung in der mittleren Bronzezeit, weitere Funde weisen auf eine bis in die Urnenfelderzeit dauernde Nutzung, wobei diese aber noch vor dem Ende dieser Zeit, also vor Beginn der Hallstattzeit, abbricht. Schlackenreste und ein Bronzegußkuchenstück hängen möglicherweise mit einer örtlichen Metallverarbeitung zusammen. Das Rohmaterial wäre dann wohl aus dem Inntal hergebracht worden. Manches an dieser nicht näher untersuchten Anlage ist unklar. So hat man keine Gräber gefunden. Landwirtschaftliche Nutzung scheidet aus. Für die Nutzung nur als Fliehburg sind keine Anhaltspunkte gegeben. Wahrscheinlich ist die Deutung als Wegstation an einer Straßen-/Saumpfadverbindung des Münchener Raumes mit gleichzeitigen Siedlungen im Inntal (München-Kesselberg-Mittenwald-Zirl) zur „Kupfer-

München, Prähistorische Staatssammlung, Schwertgriff aus Bronze, gefunden in Kirchbichl

Straße" (Anschluß an die Kultur der Inntaler Urnenfeldgräber).

Bemerkenswert dazu ist, daß sich am Weg von München südwärts westlich der Isar noch eine weitere, in die Hügelgräberbronzezeit zu datierende Befestigungsanlage befindet: die Birg bei Hohenschäftlarn (Gde. Baierbrunn, Lkr. München). Tonscherben, bisher in die Hallstattzeit gesetzt, gehören richtig in die mittlere Bronzezeit, ebenso weitere Scherbenfunde (Randstück eines Topfes mit schrägen Kerben am Rand, zwei Scherben, hellbraun mit gröberer Maserung) unweit der Anlage, nächst einer Quelle, die offensichtlich zur Wasserversorgung der Birg diente, möglicherweise aber auch ein Quellenopferplatz war.

In der schon erwähnten Urnenfelderzeit (1200-750 v. Chr.) wurde die Totenverbrennung weiter geübt, doch erfolgte die Bestattung nicht mehr in Grabhügeln, sondern mittels Urnen in Flachgräbern, die wegen der Wald- und Weidewirtschaft nur schwer zu entdecken sind. Aus dem Landkreisgebiet sind bisher keine derartigen Gräber bekannt. Es muß daher offen bleiben, ob es sich um eine Forschungslücke oder eine Siedlungslücke handelt. Gegen letzteres sprechen die relativ zahlreichen Einzelfunde: Bronzebeil (Arbeitsgerät, Werkzeug) zwischen Icking und Irschenhausen, Bronzeschwert mit Antennenknauf im Schutt des Isar-Loisach-Mündungsgebietes, Lappenbeil im nach Norden gerichteten Ausläufer (Nordrand) des Münsinger Filzes, Bronzeschwert im Königsdorfer Filz, Lanzenspitze in der Arzbacher Straße in Bad Tölz, Sichelbruchstück und zwei Bronzearmringe mit dem Fundvermerk „Reichersbeuern" im Heimatmuseum Bad Tölz.

Daß damals auch die Berge begangen wurden, zeigt der Fund eines Bronzeschwertes im (tirolischen) Hinterriß. Der Fund könnte mit Erzsuche zusammenhängen (Eisenbergwerk in Hinterriß seit dem 17. Jh.).

Hallstattzeit (750-450 v. Chr.)

Unser Raum liegt in der Übergangszone vom östlichen zum westlichen Kulturkreis, inmitten dieser unterschiedlichen Zentren und deren Verbindungslinien. Für den westlichen Kreis auffallend sind die sog. Fürstensitze (Fürstengrabhügel) mit reichhaltigem Fundgut, das auf Kontakte zum Mittelmeergebiet (Griechenland, Norditalien) weist. Aus unserem Raum kennen wir keine derartigen Fundstätten, doch ist unweit der Landkreisgrenze, auf dem Kyberg in Unterhaching, ein Herrenhof ausgegraben worden.

Die Toten – zumindestens die der Oberschicht – wurden wieder in Grabhügeln (Durchmesser ca. 15 m und mehr, Höhe 1-2 m; damit größer als die bronzezeitlichen!) bestattet. Wir finden diese im Gebiet zwischen Isar und Würmsee: südöstlich Weipertshausen, östlich und südlich vom Buchsee und im Burgholz östlich von Meilenberg (bei Dorfen, Gde. Icking). Aus einem Grab östlich vom Buchsee kennen wir Reste eines vierrädrigen Wagens und Keramik bei Leichenbrand. Die Beigabe von Wagenteilen gehört nicht zur Regel. Man denkt hier deshalb an das Grab einer Person, die im Leben eine besondere Stellung innehatte. Auch Schwerter und Dolche, wie sie aus Gräber südlich Münsing bzw. südlich vom Buchsee geborgen wurden, könnten ein Hinweis für eine „Herrenschicht" sein. Ferner gehören Bronzegefäße, gefunden südlich des Buchsees, nicht zu den alltäglichen Funden. Die Fundlage ist bemerkenswert: Wir kennen bisher nur Grabfunde im Gebiet westlich der Isar zum Starnberger See hin, östlich der Isar und im südlichen Landkreis, im Raum um Tölz kennen wir keinerlei Hallstattfunde.

Die Latènezeit (450-15 v. Chr.)

Die Latènezeit ist als zweite Stufe der Eisenzeit aus der Hallstattzeit herausgewachsen, man verbindet sie mit dem Volk der Kelten (Vindeliker). Für die Frühzeit, in der die Toten noch in Grabhügeln bestattet wurden, herrscht wie für die Hallstattzeit eine auffallende Fundarmut, selbst in Gegenden, die zuvor relativ fundergiebig waren, so z.B. im Raum Münsing, im Mangfallgebiet und im Münchner Raum. Daß aber der Mensch in unserem Gebiet weilte, zeigen einige Einzelfunde. Von der Birg bei Schäftlarn, unweit der Kreisgrenze, kennen wir einen bronzenen Hohlring mit einseitig erhaltenem, plattgehämmerten Ende mit abgebrochener Öse, z.T. mit Edelpatina (wohl Halsring eines Kindes). Hinzu kommt der Fund eines Tonscherbens, eines Randstückes aus graubraunem Ton mit etwas Graphitbeimengung, bei einer Quelle rund 270 m nordwestlich der Birg. Denkbar ist damit eine Nutzung der Birg in der

Frühlatènezeit (um 400 v. Chr.). Eine ostalpine Tierkopffibel aus dem 5.Jh. wurde in Sachsenkam, nächst einer Feuerstelle gefunden, von der aber kein Zusammenhang mit der Fibel bekannt ist.

Für die folgende Mittel- und Spätlatènezeit ist der Fundbestand wieder reicher. Eine Randscherbe eines Graphittongefäßes wurde im oberen Moostal (Ortsflur Frauenreut, Gde. Waakirchen) gefunden. Aus der Nähe der Birg Schäftlarn – nächst der Quelle – stammen etliche Tonscherben mit viel Graphitbeimengungen und typischer Wandriefung.

In der Spätzeit, dem letzten Jahrhundert v. Chr., entstanden jene Anlagen, die unter dem Begriff „Viereckschanzen" („Temenos") bekannt sind. Kennzeichnend sind die Viereckigkeit, der Aufbau aus Wall und Graben, die Unterbrechung einer der vier Seiten durch ein Tor (etwa in der Mitte), das vorwiegend nach Osten gerichtet ist, seltener nach Süden oder Westen; Größe: ca. 90-100 m Seitenlänge (abweichend Schanzen von Riedhof und Deining, Gde. Egling). Im Landkreis finden wir eine Reihe derartiger Anlagen: in Egling, Deining, Geilertshausen, Moosham, Neufahrn, Riedhof und Ergertshausen (alle Gde. Egling). Der Landkreis weist damit im Nordosten eine auffällige Konzentration dieser Anlagen auf wie in keinem sonstigen Gebiet mehr. Mehr als diese sieben Anlagen waren wohl im Kreisgebiet nicht vorhanden. Auch anhand von Luftaufnahmen ließen sich keine weiteren Anlagen – auch keine zerstörten – ermitteln. Seit den Ausgrabungen von Holzhausen (Gde. Dingharting, Lkr. München) sieht man in den Viereckschanzen Kultanlagen, die in irgendeiner Weise an Menschen und ihre Wohnplätze gebunden waren. Bisher fehlen aber alle Anzeichen dafür. Nach bisheriger Kenntnis ging man davon aus, daß diese Anlagen zum größten Teil weitab der keltischen Siedlungslandschaft, günstigenfalls am Rande eines solchen Gebietes liegen.

Neuere Funde lassen es denkbar erscheinen, daß die Birg bei Hohenschäftlarn in spätkeltischer Zeit eine kleinere Stadtanlage trug, wohl als Keltenburg. Neben der schon erwähnten Graphittonkeramik beweist der Fund eines Fragmentes eines bronzenen Stabgürtelhakens mit geometrisch verziertem Tierkopf knapp 50 m hinter dem Hauptwall die Anwesenheit von Kelten auf der Birg. Stabgürtelhaken nach Art von Hohenschäftlarn wurden bisher fast nur in befestigten Bergsiedlungen im Raum Donauknie in Slavonien bis Böhmen und Bayern mit spätlatènezeitlichem Alter gefunden. Im Landkreisgebiet selbst sind keine Siedlungsspuren aus dieser Zeit bekannt, weder im Bereich der Kultorte noch im Gebiet westlich der Isar bis zum Starnberger See oder im Süden des Landkreises.

Unter der Herrschaft der Römer

Im Sommer des Jahres 15 v. Chr. eroberten die Römer den Westteil Südbayerns. Das Land wurde Teil des obergermanischen Militärbezirkes. Spätestens unter Claudius (41-54

Keltische Viereckschanze bei Neufahrn

n. Chr.) wurde eine Provinz Raetien mit der Hauptstadt Augsburg eingerichtet, zu der das Gebiet bis zum Inn, damit auch das Landkreisgebiet gehörte. Unter Claudius begann auch die Anlage von Fernstraßen, die aber unser Gebiet nicht berührten. Nördlich des Landkreises führte die Straße Augsburg-Salzburg bei Grünwald über die Isar und verlief durch den Grünwalder Forst in Richtung Helfendorf. Von dieser Kunststraße führten unbefestigte Stichstraßen ins Landesinnere, z. B. eine Straße östlich der Isar durch das Hachinger Tal-Bairawies-Tölz. Eine andere Route soll westlich der Isar von Freising herkommend über Thalkirchen-Buchenhain-Icking nach Benediktbeuern und von dort entweder über Sindelsdorf in Richtung Murnau oder über den Kesselberg Richtung Wallgau (Anschluß an die Fernstraße) geführt haben. Ob am Alpenrand eine Ost-West-Straßenverbindung (angeblich vorrömische bzw. römische Salzstraße) verlief, ist zweifelhaft.

Die Lage abseits der Fernstraße und relativ bescheidene Funde sind Belege dafür, daß in der römischen Periode unser Landkreisgebiet keine herausgehobene Rolle gespielt hat. Bemerkenswert ist aber der Fund von Körpergräbern mit Beigaben (Trachtenzubehör u. a.) in Bairawies. Die Gräber sind zwar in die Römerzeit zu datieren, doch weisen sie gegenüber anderen Gräbern dieser Zeit Unterschiede auf: Die Toten sind nicht verbrannt, die Beigaben – hier Fibeln, Ring- und Gürtelzierstücke – sind für die Zeit fremd, altertümlich, sie geben dem Fund eine unverwechselbare Note. Er gehört zu einer relativ kleinen, aber entfernungsmäßig weit verbreiteten Gruppe mit gemeinsamen Merkmalen. Zeitlich fallen sie in die Jahre 30-60 n. Chr., später ist ein Fortleben nicht mehr feststellbar.

Der Fund von Bairawies steht möglicherweise in Verbindung mit einem römischen Landgut, dessen Aufgabe es war, römische Zivilsiedlungen mit Lebensmitteln zu versorgen. Da Bairawies wegen der Lage abseits der Fernstraßen für die üblichen Lebensmittellieferungen nicht in Betracht kam, könnte man hier an Viehzucht mit möglicher Almwirtschaft denken.

Etwa im 2. Jh. erreichte die Besiedlung ihren Höhepunkt, auf dem Land entstanden Dörfer und Gutshöfe. Wir haben für diese Zeit mit einer Besiedlung zumindest im nördlichen Landkreisteil zu rechnen. Möglicherweise aus dieser Zeit stammen die Reste von drei Gebäuden (wohl Teile einer villa rustica) am südöstlichen Ortsrand von Icking. Als die Zeiten im 3. Jh. unruhiger wurden, gab man die Landgüter auf; erst im letzten Viertel des 3. Jhs. kehrte wieder Ruhe ein. In spätrömischer Zeit (306-476 n. Chr.) bestand die Fernstraße Augsburg-Salzburg weiter. In der Nähe davon entstanden neue Siedlungen, die wir durch spätrömische Bestattungsplätze erschließen können. In Degerndorf (Gde. Münsing) und Deining (Gde. Egling) kamen Körpergräber aus dieser Zeit zutage (Beigaben Lavezschalen). Knapp jenseits unserer Kreisgrenze, in Aufhausen (Lkr. Starnberg), wurden als Nachbestattungen in hallstattzeitlichen Gräbern auch Bestattungen der römischen Kaiserzeit (Brandgrab) entdeckt.

Zu den Fundstücken aus römischer Zeit im Landkreisgebiet gehören auch Münzen. Fundorte sind Bad Tölz, Achmühle, Degerndorf und Puppling. Nur wenige Münzen stammen aus der frühen Kaiserzeit, die meisten aus der späten Kaiserzeit (306-476 n. Chr.). Münzen sind für eine siedlungsgeschichtliche Auswertung nur beschränkt brauchbar, da sie ohne Zusammenhang mit einer Siedlung zu jeder Zeit verloren worden sein können. Auch die Bajuwaren kannten römische Münzen (Beigaben in Reihengräbern).

Etwa ab 400 n. Chr. begann der Zerfall des römischen Reiches, unser Gebiet blieb aber mindestens bis in die 2. Hälfte des 5. Jhs. bzw. zum 1. Viertel des 6. Jhs. nominell Teil davon. Am Ende des 5. Jhs. verließen die Römer unser Land, das aber nicht menschenleer wurde. Wir wissen nur sehr wenig über die Bevölkerung unseres Raumes in römischer Zeit. Römische Veteranen, keltische Urbevölkerung, durch die lange Römerherrschaft stark romanisiert, im Laufe des 5. und frühen 6. Jhs. zugewanderte Germanen lebten wohl mehr oder weniger verstreut im Lande. Archäologisch lassen sich diese Menschen kaum nachweisen. Man sucht ihre Spuren in bestimmten Orts- und Personennamen (Walchstadt, Irschenhausen, Königsdorf).

Die Merowingerzeit

Die Zeit vom Ende der Römerherrschaft im 5. Jh. bis zum Einsetzen nicht nur vereinzelter Schriftquellen um die Mitte des 8. Jhs. ist die Zeit der Entstehung des Baiernstammes und der Anfänge der bajuwarischen Besiedlung unseres Kreisgebietes. Es ist ein relativ wenig erhellter Zeitraum. Geschichtsquellen sind fast ausschließlich Bodenfunde, vor allem die sog. Reihengräber (Bestattungen in mehr oder minder gleichmäßigen Reihen, wobei die Toten fast ausnahmslos von West nach Ost orientiert sind, d. h., daß das Gesicht der aufgehenden Sonne zugewandt ist). Siedlungsfunde aus unserem Bereich sind nicht bekannt.

Für die geschichtliche Auswertung der Gräber sind die Beigaben (bei Männern hauptsächlich Waffen und Gürtel, bei Frauen vorwiegend Schmuck, Trachtzubehör, kleinere Gerätschaften) von Bedeutung. Die Toten hatten nach heidnischem Brauch Anspruch auf Ausstattung der Gräber mit Dingen des täglichen Lebens. Da Beigaben sich in ihren Formen veränderten, kann man sie zur Datierung von Gräbern beiziehen. Erst mit der völligen Christianisierung endet der Brauch. Die Toten wurden dann zumeist ohne Beigaben – da von der Kirche verboten – in Friedhöfen um die Kirchen bestattet. Gräber ohne Beigaben datiert man deshalb ungefähr in die Zeit ab 700 n. Chr..

In die Zeit des ersten, mit Namen bekannten bayerischen Herzogs, nämlich Garibald, und in die Zeit der ersten Erwähnung der Bajuwaren 551 n. Chr., d. h. in die Mitte des 6. Jhs. zurück, führen uns die ältesten Reihengräber von Gelting. Die meisten von ihnen stammen mit wenigen Ausnahmen aus dem 7. Jh. Nur zwei Gräber fallen aus diesem zeitlichen Rahmen: das Grab einer Frau, das in die Mitte des 6. Jhs. zu datieren ist, und das eines Mannes. Die beigegebene Tracht- und Schmuckausstattung des Frauengrabes entspricht der Mode der Zeit, ist aber – besonders für diese Gegend – nicht alltäglich. Die Frau lebte offenbar in der bäuerlichen Gemeinschaft, nahm aber eine Vorrangstellung ein. Vom gleichen Stand erscheint der bestattete Mann gewesen zu sein, der in unmittelbarer Nähe zur Frau beigesetzt worden war. Man weiß aus anderen Gräberfeldern, daß auch dort die ältesten Gräber im Verhältnis zu den jüngeren Bestattungen zahlenmäßig sehr gering sind. Man kann daher annehmen, daß es sich um die Siedlungsgründer handelt. Bei Gelting ist dabei besonders auffällig, daß es sich bei diesen beiden Gräbern um die Bestattung mit den reichsten Beigaben handelt. Die Siedlung Gelting dürfte daher kurz vorher, d.h. kurz vor der Gestattung der beiden herausragenden Gräber gegründet worden sein. Das Gräberfeld ist rund 800 m vor der Dorfkirche, also eigentlich viel zu weit von der jetzigen Siedlung entfernt, um zu ihr zu gehören. Weitere Reihengräber wurden in Gelting nur 375 m nordwestlich der Kirche entdeckt. Dieses Gräberfeld – mit jüngeren Gräbern – paßt eher als Bestattungsplatz für die Siedlung Gelting. Es muß dahingestellt werden, welches Gräberfeld nun tatsächlich zur Vorläufersiedlung des heutigen Gelting gehörte. Das rund 800 m entfernte Gräberfeld könnte zu einer heute abgegangenen Siedlung gehört haben. Die frühen Geltinger Gräber lassen erkennen, daß die von der Münchener Schotterebene südwärts verlaufende Siedlungslinie bereits am Ende des 6. Jhs. (vollständig?) ausgebildet war.

Weitere Gräber westlich der Isar kennen wir aus Degerndorf und Münsing. Im nahen Weipertshausen (Gde. Münsing) wurden auch ost-west-orientierte Körpergräber gefunden, leider ohne Beigaben, so daß offen bleiben muß, ob es sich überhaupt um Reihengräber handelt und wie alt diese sind. Aus dem Bereich Eurasburg, aus Happerg (Südhang eines Turmhügels), kennen wir Reihengräber. In Dorfen wurden Gräber dieser Zeit mit Beigaben entdeckt. In Irschenhausen (Gde. Icking) wurden in der Kirche zwei Tuffplattengräber (wohl 7./8. Jh.) aufgedeckt, die möglicherweise Teil eines Reihengräberfriedhofes waren. Die Besiedlung östlich der Isar erfolgte ebenfalls entlang der Isar von Norden. Eine wohl von Giesing ausgehende Siedlungslinie entlang des Isarhochufers führt nach Deining-Egling-Ascholding und zum etwas abseits liegenden Thanning. Reihengräber kennen wir von Deining, Egling, Puppling, Tuffplattengräber aus Sachsenhausen (Gde. Egling) und Öhnböck (Gde. Egling). Reste von Reihengräbern fanden sich in Ascholding (Gde. Dietramszell). In die frühmittelalterliche Zeit gehören wohl beigabenlose Gräber unweit von Linden (Gde. Dietramszell) und bei Erlach. Nur wenige Grabfunde aus der Merowingerzeit bzw. dem frühen Mittelalter kennen wir vom südlichen Landkreisteil. Die südlichsten Reihengräber fanden sich in Greiling und Reichersbeuern. Von beiden Orten sind keine Beigaben erhalten, sie sollen aber vorhanden gewesen und verlorengegangen sein (Perlen, Schwert u. a.). Da die Gräberfelder unkontrolliert zerstört worden sind, ist die Bedeutung für die Siedlungsgeschichte leider eingeschränkt. Sie stammen wohl aus dem 7. Jh.

Jünger als die Reihengräber sind die Tuffplattengräber (8. Jh.). 1884 wurden am Wege vom Sauersberg zur Krankenheiler-Quelle „Plattengräber mit Resten menschlicher Gerippe" entdeckt. In das frühe Mittelalter gehören wohl auch die beigabenlosen Skelettgräber aus Leitzing (Gde. Wackersberg). Siedlungen, die zu den genannten gesicherten oder vermuteten Friedhöfen des frühen Mittelalters in unserem Raum gehören, sind bis jetzt nicht entdeckt worden. Andererseits waren sie aus Holz, dessen Spuren vergangen sind. Das Landschaftsbild wurde hauptsächlich bestimmt durch zahlreiche verstreut liegende Hofgruppen, von denen später mehrere zu Dörfern zusammenwuchsen. Sie standen häufig an der gleichen Stelle wie die heutigen Dörfer.

Weitere Bodendenkmäler – zeitlich nicht so bestimmbar wie die Reihengräber – sind die Wölbäcker („Hochäcker"). Die Datierung „mittelalterlich" trifft sicher zu, nur ist dies eine lange Zeitspanne, die man nach der Meinung von Klaus Schwarz möglicherweise auf die Zeit des ersten Landesausbaues (späte Merowinger- und frühe Karolingerzeit) einschränken kann. Wir finden diese Wölbäcker im Landkreis in großer Zahl, so in den Bereichen der Gemeinden Münsing (Schwabbruck, Buchsee, Bergkramer), Geretsried (Gelting), Egling (Endlhausen), Dietramszell (Lochen, Jasberg, Baiernrain, Hechenberg), im südlichen Landkreis um Reichersbeuern, Greiling und Gaißach. Sie fehlen im Isartal südlich Tölz/Gaißach, auch im Moorgebiet des Loisachtales.

Eine weitere Möglichkeit, die Geschichte der Besiedlung des Landkreisgebietes weiter aufzuhellen, bieten uns die Siedlungsnamen. Die ältesten Ortsnamen sind die Namen mit Endung auf *-ing,* verbunden mit einem Personennamen (Grundherrn). Sie kennzeichnen die ältesten Siedlungen, wie sie vor allem im Nordteil des Landkreises, in einem Streifen vom Würmsee bis zur östlichen Kreisgrenze, z. B. Münsing, Puppling, Deining, Egling, Ascholding und Thanning vorkommen. Eine zweite jüngere Gruppe von *-ing* -Namen beginnt etwa um 700. Wir finden sie in landwirtschaftlich weniger günstigen Böden, sie sind klein und auch Weiler und Einöden (z. B. Leitzing, Podling) sind darunter. Sie sind kein Pfarrsitz, können aber auch Kirchen haben, z. B. Greiling. Zeitlich in die zweite Schicht der *-ing* -Orte zu setzen sind wohl *-buren* (von bur = Haus, so Reichersbeuern), *-hofen* und *-kofen* - Orte (Personennamen belegbar), die auf die Ausbreitung adeliger Grundherrschaften hinweisen (Siegertshofen, Peretshofen, Manhartshofen). *-Heim-* und *-kam* -Orte gehören in die Zeit um 800 und sind regelmäßig relativ kleine Orte (Norden: Attenkam, Attenham; Süden: Sachsenkam mit Piesenkam und anderen derartigen Orten im Umkreis).

Etwas jüngere sind die *-dorf*-Orte, sie gehören in der Regel in die späte Karolingerzeit. In das 8./9. Jh. zu datieren sind auch die *-hausen-* Orte, die wir im Landkreisnorden etwas gehäuft finden (Holzhausen, Weipertshausen, Herrnhausen, Sachsenhausen, Ergertshausen). Alt sind auch die *-ach-* und *-bach* -Orte (Gaißach, Ellbach, Fischbach, Ambach, Humbach), wohl vom Ende der Agilolfinger-, Anfang der Karolingerzeit. Verschiedenen Alters sind die *-ried* -Orte, die vom frühen Mittelalter bis zum Späthochmittelalter entstanden sein können. Bemerkenswert sind die Ortsnamen, die auf die einstige Bevölkerung hinweisen. Sie treten im Norden des Landkreises, wo auch römische Siedlungen bzw. Bestattungen zu finden sind, relativ geballt auf. Walchstadt und Irschenhausen, ferner Königsdorf gehen auf die Romanen-Walchen zurück, deren Anwesenheit in diesem Bereich auch durch Personennamen in den Traditionen von Freising belegt sind. Unklar ist, ob diese Siedlungen ohne Unterbrechungen vom Ende der Römerzeit bestanden haben oder erst durch Zuwanderung (Umsiedlung) in der Nach-Römerzeit entstanden sind.

Wesentlich älter als die Ortsnamen sind die Namen großer Flüsse wie Isar und Loisach. Sie sind vorgermanisch bzw. indogermanisch und gehören zur „alteuropäischen Sprachenschicht". Die Überlieferung dieser Namen zeigt, daß Südbayern im allgemeinen seit über 3000 Jahren immer besiedelt war (beschränkte Siedlungskontinuität). Der Name Isar bedeutet sich heftig, schnell bewegen (isara rapidus = reißende Isar). Der Loisach-Name bedeutet wohl „lieblicher", angenehmer Fluß.

Zusammenfassend läßt sich feststellen, daß der Landkreis mindestens seit dem Ende der Jungsteinzeit Besiedlungen aufweist, nicht immer in allen Teilen des Kreises, in bestimmten Räumen auch mit zeitlichen Unterbrechungen. Bevorzugt ist dabei der Norden des Landkreises. Dies gilt auch noch in der Merowingerzeit. Unterschiedliche natürliche Gegebenheiten sind wohl die Ursachen für abweichendes Siedlungsverhalten. Die an sich günstige südliche Lage wird durch die verhältnismäßig große Meereshöhe aufgehoben.

Das lebensnotwendige Wasser steht fast im ganzen Landkreis ausreichend und regelmäßig in nur geringer Entfernung von den (teilweise nur vermuteten) Siedlungen zur Verfügung. Landschaft, Boden und Klima ließen fast nur Wald- und Weidewirtschaft zu, Ackerbau war bzw. ist auch heute noch nur eingeschränkt möglich, im nördlichen Kreisteil eher als im Süden.

Der größte Teil des Landkreisgebietes war im frühen und hohen Mittelalter mit Wald bedeckt. Auffällig sind ausgedehnte Rodungsflächen um Münsing. Betrachtet man eine topographische Karte, so kann man deutlich erkennen, daß viele Siedlungen Rodungsinseln im Wald bilden. Der dichte Waldgürtel im Süden war wohl Ursache der späten Besiedlung. Heute noch sind rund 50 % der Landkreisfläche bewaldet. Da nach der Lex Baiuvariorum der Viehzucht eine große Bedeutung zukam, war mit zunehmender Bevölkerungszahl auch die Urbarmachung weniger günstiger Landgebiete, wie des Isarwinkels, möglich und notwendig.

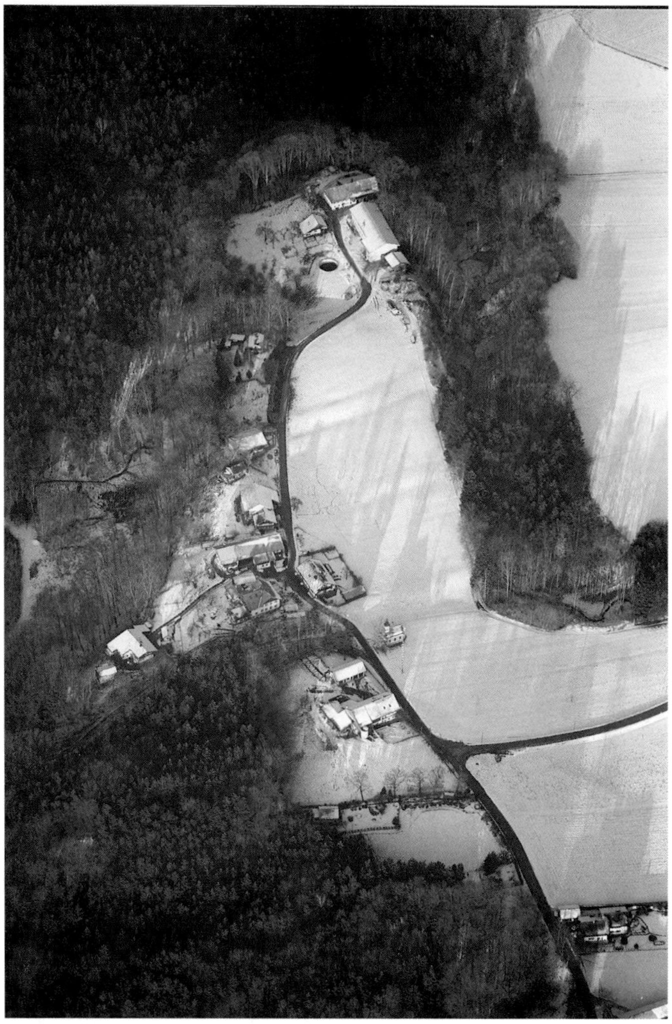

Burgstall bei Hornstein mit Graben im Süden

Das frühe Mittelalter

Um die Mitte des 8. Jhs. treten den Bodendenkmälern schriftliche Quellen zur Seite. Wir erfahren – wenn auch sehr lückenhaft – erstmals die Namen von Siedlungen und ihrer Herren, ersehen aus Rechtsgeschäften mit den Kirchen, daß schon lange vor dem Bestehen von Diözesen und Klöstern Land gerodet worden ist. Relativ wenig lernen wir von den „staatlichen" Herrschaftsverhältnissen kennen. Eine gewisse Ordnung – dem Vermögen der Zeit entsprechend nur wenig durchgebildet – war sicher vorhanden. Das bayerische Stammesgesetz (Lex Baiuvariorum) berichtet, daß an der Spitze des Landes ein Herzog stand, bis 788 aus dem Geschlecht der Agilolfinger. Es gab fünf herausgehobene Adelsgeschlechter (genealogiae), unter ihnen die Huosi, die für unseren Raum bedeutsam waren, aber auch weitere vielfach untereinander versippte Adelsverbände (kognatische Verbände), die ebenfalls Macht (potestas) ausüben konnten. Herzog und Adel waren bis zur Mitte des 8. Jhs., bis zum Auftreten kirchlicher Grundherren, die alleinigen Herren über Land und Leute; sie übten Hausherrschaft (Gerichts- und Verwaltungsrechte) über ihre Untertanen aus. In ihrem Auftrag erfolgte der Landesausbau, wurden schon vor den Klöstern Rodungen durchgeführt.

Herzogsbesitz ist bei uns kaum feststellbar. Er wurde wohl zu einem großen Teil bei Klostergründungen vergabt. Bemerkenswert ist das Vorkommen von Barschalken und sog. tributales, die man in Verbindung mit dem Herzog bringt.

Weit gestreut ist der Adelsbesitz, von dem wir aus den Urkunden allerdings nur lückenhaft Kenntnis erlangen. Herren kleiner Orte, z. B. Huppenberg, erweisen sich bei näherer Betrachtung nicht als kleine Ortsadelige, sondern als Mitglieder von mächtigen, weiträumig tätigen Sippen. Ein 848 auftretender Graf Yring, seine Frau Fridapurc und sein Sohn Meginhart – Begründer von Eurasburg – sind Mitglieder einer weitverzweigten Familie des karolingischen Reiches.

Obwohl in unserem Raum verschiedentlich Grafen als Zeugen (Luitpald) und Grundherren (Cundhart) auftreten, fehlt für unseren Raum jede Grafschaftsnennung. Die genannten Grafen lassen sich nicht als örtlich zuständige Grafen festlegen. Luitpald hatte seinen Amtsbezirk an der unteren Amper und um Freising. Es ist auch nirgends ausdrücklich erwähnt, zu welchem Gau – im Frühmittelalter wohl noch Verwaltungseinheit, später Landschaftsbezeichnung – unser Landkreisgebiet gehörte. Tegernsee lag um 900 im Sundergau, 1003 auch das Gebiet zwischen Unterhaching und Hechenberg-Huppenberg-Königsdorf. Wir gehen wohl nicht fehl mit der Annahme, daß unser Raum – ohne den Klosterbereich Benediktbeuern – im frühen Mittelalter im Sundergau lag. Belegbar ist dies nicht. Im 8. Jh. treten Hochstifte, Klöster u. a. als Grundherren auf. Das Hochstift Freising bzw. der Marienaltar im Dom ist Empfänger ausgedehnter Schenkungen (Güter in Hechenberg, Huppenberg, Helfertsried, Königsdorf, Gaißbach, Ellbach, Thankirchen, Thanning, Steingau, Puppling, Moosham, Dorfen). Vom

Hochstift Augsburg ist kein Besitz nachweisbar, was daran liegen mag, daß dessen älteste Urkunden nicht erhalten sind. Von großen Adelssippen gegründete und mit Gütern ausgestattete Klöster – entstanden zum „Seelenheil" der Stifter – lagen zwar zumeist in der Einsamkeit, doch in der Regel am Rande besiedelter Gebiete, die wirtschaftlichen Rückhalt boten. Die Mönchssiedlungen waren Glaubenszentren, lagen verkehrsgünstig, leisteten Abgaben und mußten im Krieg Hilfe leisten.

Die „Brüder" (wohl nahe Verwandte) Landfrid, Waldram und Eliland gründeten um 739 – nach anderer Meinung erst nach der Jahrhundertmitte – das Kloster Benediktbeuern. Ob verwandtschaftliche Beziehungen zu anderen Klostergründern, vor allem zu den Huosi, bestanden haben oder ob sie selbst Huosi waren, ist umstritten. Das Kloster verfügte – nach einer glaubhaften Aufzeichnung aus dem 11. Jh. – über reiche Besitzungen zwischen Isar und Würm, in den Orten Gelting, Münsing, Staudach, Bolzwang, Buchberg und Königsdorf. Im engeren Tölzer Bereich (Isarwinkel) hatte es keinen Besitz. 817 ist Benediktbeuern Reichskloster.

Gleichzeitig mit Benediktbeuern entstand in Kochel ein Frauenkloster, wohl gegründet von Gailswind, einer „Schwester" der Benediktbeuerer Gründer.

Das Kloster Schäftlarn, heute außerhalb des Landkreises gelegen, ist um 760/64 von dem Geistlichen Waltrih errichtet worden. Zur Ausstattung gehörte u. a. eine Kirche in Peipinbach (Epolding/Mühltal) und in Deining. Der umfangreiche Grundbesitz erstreckte sich vorwiegend zwischen Wolfratshausen und München beiderseits der Isar. Im Gebiet um Tölz ist kein früher Besitz nachweisbar. Schäftlarn war seit seiner Gründung Eigenkloster von Freising.

Das Kloster Schlehdorf hat seine monastischen Ursprünge in einem Kloster im Scharnitzer Wald. Das 761 (wohl) bei Klais gegründete Kloster wurde zwischen 769/772 nach Schlehdorf verlegt. Es kam schon bald in freisingische Hand und wurde Eigenkloster des Hochstifts. Nach Meinung von Meichelbeck soll die Klostergründung von Benediktbeuern aus erfolgt sein, es soll auch zu dessen Klosterverband gehört haben.

Zwar immer außerhalb des Landkreises gelegen, doch für das Kreisgebiet jahrhundertelang von Bedeutung war das um die Mitte des 8. Jhs. am Tegernsee gegründete Kloster. Aus einem Streit zwischen Freising und Tegernsee erfahren wir 804, daß zum Kloster die Kirchen in Ascholding und Thankirchen gehörten. Verlustlisten des 11. Jhs. erwähnen für die Zeit vor dem 10. Jh. weiteren Tegernseer Besitz in den Orten Föggenbeuern, Ascholding, Reichertshausen und Thanning, ferner in Rimslrain, Greiling, Reichersbeuern und Sachsenkam. Um 817 ist Tegernsee Reichskloster der ersten Klasse.

Das hohe Mittelalter

Seit Ende des 9. Jhs. und bis zum Jahre 955 lag auch unser Raum im Bereich von Raubzügen schneller ungarischer Reiterhorden. Schutz boten neben dichten Wäldern vermehrt entstehende Burgen und Befestigungsanlagen (Wälle auf der Birg bei Kochel, Birg bei Hohenschäftlarn, möglicherweise auch ein Wall im Burgbereich von Wolfratshausen). Nach der für die Bayern verlustreichen Schlacht bei Preßburg 907 stellte der bayerische Herzog Arnulf ein Reiterheer auf, zu dessen Finanzierung er (fast nur) Reichsklöstern Güter entzog und diese als Lehen an mächtige Adelige, die dafür Reitersoldaten stellen mußten, ausgab.

Nach der für die Ungarn vernichtenden Schlacht auf dem Lechfeld 955 konnte das Land sich wieder erholen. Die Bevölkerung wuchs an, es kam zu einer erneuten großen Rodungsperiode, die sich bis ins 13. Jh. erstreckte. Damals wurden auch der unmittelbare Gebirgsrand und Gebirgstäler urbar gemacht, so das Isartal südlich Tölz/Gaißach, der Wackersberg, die Gegend um Walchensee und die Jachenau. Kennzeichen dieser Siedlungen sind neben entsprechenden Ortsnamen wie *-reuth, -brand* und *-geschwend* die Einzelhof- und Weilersiedlungen.

Herrschaftsverhältnisse im Hochmittelalter

Die Herrschaftsverhältnisse formierten sich neu, wurden aber weiterhin durch den Adel geprägt. Neue Adelssippen, die nicht mit denen aus der Zeit vor Beginn des 10. Jhs. verknüpft werden können, sind nun Inhaber der Macht. Die bisherige Bußengerichtsbarkeit wird allmählich abgelöst von der Blutgerichtsbarkeit, wonach nunmehr bestimmte Verbrechen (Diebstahl, Totschlag, Notzucht) mit dem Tode bestraft wurden. Die Blutgerichtsbarkeit oblag dem Herzog und den Grafen. Für die niedere Gerichtsbarkeit waren – zumindest in der 1. Hälfte des 13. Jhs. – noch fast ausschließlich die Grundherren bzw. (bei kirchlichem Besitz) die Vögte zuständig.

Gaue und Grafschaften werden nunmehr öfter genannt und zumindest für Teile des heutigen Landkreises faßbar. Eine Königsurkunde von 1003 nennt einen Wildbannbezirk zwischen Dorfen (Wolfratshausen) und Hechenberg-Huppenberg-Königsdorf als im Sundergau gelegen. Wir können wohl davon ausgehen, daß der östliche Teil des Landkreisgebietes Teil des Sundergaues war. Anders ist es mit dem Gebiet zwischen Loisach und Würmsee, auch dem Bereich des Klosters Benediktbeuern. 1052 wird Benediktbeuern als zum Huosigau gehörend bezeichnet, ebenso 1098/1116 die Edelfreien von Eurasburg und Herrnhausen. Nur einmal, in einer gefälschten Urkunde von 1065, wird Benediktbeuern als zum Sundergau gehörig bezeichnet.

Die schon erwähnte Urkunde von 1003 lokalisiert den Wildbannbezirk als in der Grafschaft eines Friedrich liegend; Dingstätte ist Haching. Unklar sind die Grenzen dieser Grafschaft. Sie reichte südwärts sicher nicht bis zum Alpenrand. 979 ist ein Luitpald als zuständiger Graf für Tegernsee genannt, 1042/46 nennt sich ein Graf Meginhart nach Reichersbeuern. Zwischen Mangfall und Tölz/Benediktbeurer Klostergrenze erstreckte sich wohl die etwas rätselhafte Mangfallgrafschaft, in der Meginhard 1042/46 zuständiger Graf war.

Im Westen sucht man eine Grafschaft, die in der Forschung, nicht in den Quellen, als Grafschaft nördlich des Starnberger Sees bzw. als Gilchinger Grafschaft bezeichnet wird (zugehörige Orte: Aufkirchen, Gilching, Gauting und Pasing). Nach der Mitte des 11. Jhs. ist die Grafschaft in der Hand der Andechser, von denen sie als „fliegende Grafschaft" an die Wittelsbacher kam (um 1279/84 gehörten dazu u. a. die Orte Attenham und Degerndorf, beide Gde. Münsing).

Südlich bzw. südwestlich der vorgenannten Grafschaft erstreckte sich bis zum Alpenrand die Grafschaft im Huosigau, zu der u. a. Polling und wohl auch Benediktbeuern gehörten. Etwa ab der Jahrtausendwende finden wir hier die Kühbacher als Grafen, etwa ab der Mitte bis in die 90er Jahre des 11. Jhs. die nicht verläßlich an ein Geschlecht anbindbaren Sigimare. Nach den Sigimaren ist die Grafschaft und auch die Vogtei über Benediktbeuern, also fast der gesamte Westen zwischen Loisach/Isar und Lech in der Hand der Grafen von Andechs.

Der Adel im Landkreisgebiet

Mit dem Grafen Friedrich von 1003, der in Haching seinen Hauptgerichtsort hatte, greifen wir einen Mann, der im Gegensatz zu vielen genannten Adeligen des 10./11. Jhs. mit einer Familie (Sippe) verbunden werden kann. Er ist Stammvater jener Grafen, die sich nach Wolfratshausen, Dießen, Andechs u. a. nennen. Die Familie prägte rund 250 Jahre lang die Geschicke des nördlichen Landkreisteiles und war zu ihrer Zeit eine der mächtigsten Familien des Reiches, zweifellos aber von Bayern. Das Geschlecht hat eine Reihe von Heiligen und Seligen hervorgebracht, darunter die hl. Elisabeth und die hl. Hedwig.

Als Vater Friedrichs wird jener Berthold angesehen, der 977 (?) als erster Zeuge für eine Gutsvergabe in Deining auftritt (gestorben um 990). Söhne Friedrichs sind Berthold, der sich bereits Graf von Dießen nennt, und Otto (I.), der sich 1070 einmal Graf von Thanning nennt, sonst in der Regel Graf von Amras. In der Thanninger Kirche ist seine Gattin Justitia – wohl eine Babenbergerin – bestattet. In einer nicht datierten Urkunde, die in die Jahre 1098/1116 gesetzt wird, aber auch jünger sein kann, nennt sich Otto Graf von Wolfratshausen nach einer neuen Burg, die wohl von ihm auf einen Bergsporn oberhalb Weidach erbaut wurde. Der Grafensitz ist demnach zwischen 1100 und 1120 von Haching über Thanning nach Wolfratshausen verlegt worden. Dies hängt vermutlich mit einer Machterweiterung zusammen. Die um 1090 erlangte Vogtei über Benediktbeuern kann wohl nicht der Grund gewesen sein, denn diese Vogtei übte die Hauptlinie der Andechser, nicht die Wolfratshauser aus. Bedeutsam ist aber, daß Otto spätestens 1121 die Vogtei über das Kloster Tegernsee erlangte. Otto ist auch in den Tegernseer Verlustlisten des 11. Jhs. als Besitzer entfremdeter Güter aufgeführt (Greiling und Reichersbeuern). Ein weiterer Bruder Ottos war Heinrich von Regensburg, der wegen seiner Wahl mit Herzog Heinrich X. dem Stolzen in Streit stand. Dabei ging die Burg Wolfratshausen in Flammen auf. Heinrich II., Enkel Ottos, ist der letzte Graf von Wolfratshausen und nennt sich bis zu seinem Tode 1157 ausschließlich danach. Die Grafschaft fiel an die Hauptlinie der Grafen von Andechs, wurde zwar weiterhin selbständig verwaltet, bekam aber keinen eigenen Grafen mehr. Die Grafschaft war ein gefestigtes, gut organisiertes Gebilde. Es gab eine relativ moderne Verwaltung mit Richtern und Gerichtssprengeln, die von Ministerialen (in Wolfratshausen, Neufahrn, Steingau, Ascholding und Thankirchen) betreut wurden.

Ungeklärt ist die Sippenzugehörigkeit der Meginharte (Meginhart von Reichersbeuern 1042/46, Meginhart von Gilching vor 1073) und des Grafens Arnold, der 1017 als zuständiger Graf für Aufkirchen bezeugt ist. Teils werden sie als Mangfallgrafen den Pilgrimiden, teils der Sippe der Andechser zugeschrieben. Bemerkenswert ist die enge Beziehung zum Kloster Benediktbeuern. Ein Meginhart von ca. 986 und der Arnold von 1017 sind dort begraben, letzterer wird als besonderer Wohltäter des Klosters gerühmt.

Umfangreiche Besitzungen im Landkreisgebiet, aus den Entfremdungsgütern von Klöstern stammend, hatten auch die Grafen von Ebersberg, die hier aber keine Grafenrechte ausübten. Nach den Tegernseer Verlustlisten des 11. Jhs. waren in der Hand der Ebersberger Güter in Sachsenkam, Föggenbeuern, Ascholding, Rimslrain, Reichertshausen, Thanning, Berg am Würmsee, Gelting und Herrnhausen. 956/57 erwarben sie im Tauschweg Teile von Hechenberg. Im Loisachtal hatten sie das Land um das Kloster Benediktbeuern in Händen.

Der letzte Ebersberger, Adalbero II. und seine Gattin Richlint, setzten sich beim König für das Wiedererstehen des Klosters Benediktbeuern ein, gaben auch Güter dorthin. Grafen in diesem Gebiet waren aber die Kühbacher, zu denen möglicherweise auch Graf Adalbero gehörte, dem 1003 vom König der Wildbann im Gebiet zwischen Isar und Loisach verliehen worden ist. Die Hauptlinie der Ebersberger starb 1045 aus. Ein Teil des Besitzes ging auf einen Grafen Egelbert über (gestorben 1070/78), z. B. Reichersbeuern und Sachsenkam.

Rechte im Bereich des heutigen Landkreises übten auch die Grafen von Scheyern bzw. Wittelsbach aus. Im ersten Urbar von 1231/37 ist für sie zwar keinerlei Besitz bzw. Recht in unserem Raum verzeichnet, doch waren sie als Vögte von Freising (stark eingeschränkt seit 1140) und des Klosters Schäftlarn (mindestens seit 1180) an der Herrschaft beteiligt.

Die Edelfreien

Neben den Grafengeschlechtern treten in Urkunden noch eine Reihe von nobiles auf, die Edelfreien bzw. Hochfreien, die von Geblüt den Grafen ebenbürtig waren, aber weniger Macht und Einfluß hatten. Sie sind Inhaber von Lehen der Dynasten, Teilvögte von Klöstern usw. Im Kreisgebiet finden wir ab dem 10. Jh. bis spätestens zum 13. Jh. eine Reihe dieser Edelfreien, so die Herren von Hechenberg-Reginried, Hohenburg-Hoheneck-Tölz, von Sachsenkam, von Eurasburg, ferner in Eulenschwang, Linden, Lochen, Oberherrnhausen, Siegertshofen, Steingau, Tattenkofen und Königsdorf.

Eine eigene Herrschaft aufbauen konnten die Edelfreien von Hechenberg-Reginried-Hohenburg-Hoheneck-Tölz. Der Anfang dieses Geschlechtes liegt im Dunkeln. Ein Richer von Hohinperc (=Hechenberg) ist um 970 Zeuge einer Urkunde. Um 1068 nennt sich ein anderer Richer neben Thann auch nach Reginried (Reinried), einem Stadtteil von Tölz (Am Ried). Diesem Richer gelang es durch umfangreiche Rodungen im Isartal südlich Tölz/Gaißbach, eine allodiale Herrschaft aufzubauen. Neuer Herrschaftssitz wurde um 1100 Hohenburg. Nach rund 100 Jahren kam mit Heinrich von Döllnitz, der die letzte Hohenburgerin heiratete, aus der Oberpfalz neues Blut in die Familie. Heinrich baute sich am Ausgang der Isar aus dem Gebirge eine Burg, die seinen Namen erhielt; bei ihr entstand eine landwirtschaftlich-gewerbliche Siedlung (Mühlfeld/Gries). Ein Sohn Heinrichs, Konrad, stieg zum Reichsfürsten auf und war von 1230-1258 Bischof von Freising. Er stiftete eine Anzahl Schwaigen süd-

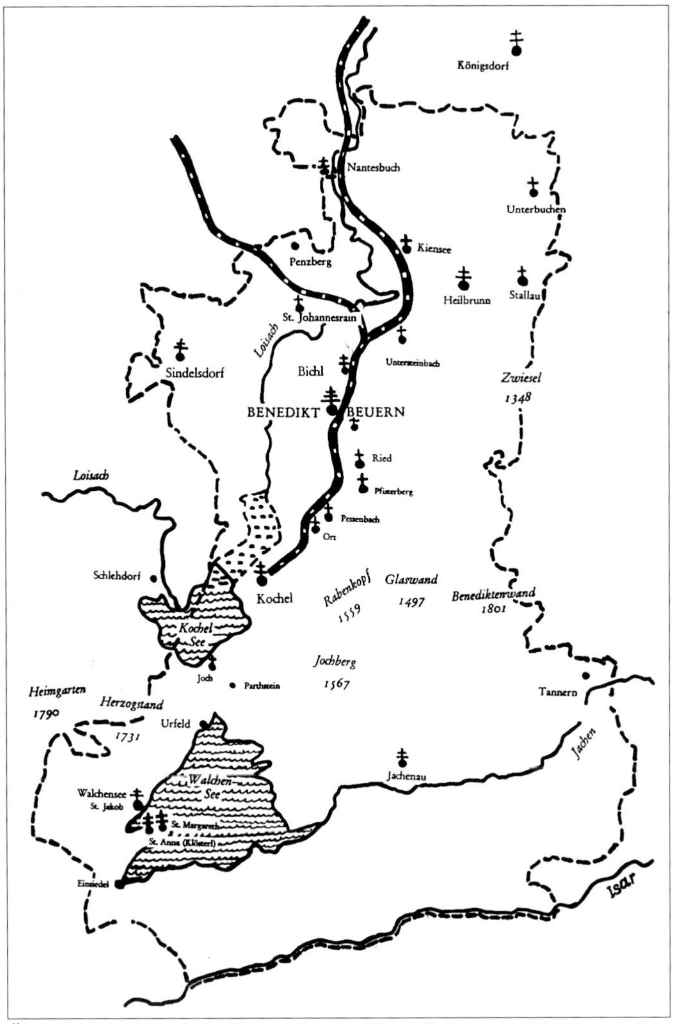

Übersicht über die ehemals zum Kloster Benediktbeuern gehörigen Gebiete und Orte

lich Lenggries und einige Ausbaugüter südlich von Königsdorf für die von ihm gegründete Paulinische Meßstiftung im Dom zu Freising. Mit Gebhart, der sich 1257 „von Gottes Gnaden" nennt, stirbt um 1262 das Geschlecht nach rund 250 Jahren aus. Machtmittel der Familie waren neben Allode wohl auch (Teil-) Vogteien von Tegernsee und Freising. Von einer Verwaltungsorganisation der Tölzer ist zwar nichts überliefert, doch war sie sicher vorhanden.

Im 11. Jh. spielten auch Edelfreie, die sich nach Sachsenkam nannten, in unserem Raum eine bedeutende Rolle. Sachsenkam gehörte vor dem 10. Jh. zum Kloster Tegernsee. Nach den Verlustlisten des 11. Jhs. besaßen es die Grafen von Ebersberg bzw. nach 1045 ein Graf Engelbert. Der um 1020 erstmals auftretende Adalbero von Sachsenkam war ein Ebersberger Vasalle. Er, der um 1055 schon tot ist, hatte einen Sohn Noppo, der sich aber nie nach Sachsenkam nannte. Dem letzten Sachsenkamer Bernhard, Sohn Adalberos, glückte es, in der Familie den höchsten Rang zu erreichen: Er wurde (Teil-) Vogt von Tegernsee und ist in diesem Amt bezeugt bis um 1102. Das weitverzweigte Geschlecht hatte vielfältige und enge Beziehungen zu Südtirol. Die Verwandtschaftsverhältnisse werden unterschiedlich dargestellt. Beziehungen bestanden aber sicher zu den Herren von Weilheim, auch zu dem Vogt Rupert von Schleißheim.

Die Herren von Eurasburg gehen auf Irinc, den ersten, 824 greifbaren Vertreter der Familie zurück. Von ihm führt – besitzgeschichtlich erfaßbar – der Weg zu den hochmittelalterlich Eurasburgern. Sie waren die Gründer des Klosters Beuerberg, auch dessen Vögte. Das Geschlecht starb um bzw. kurz nach 1200 aus. Der Besitz fiel wohl an den Herzog. In späterer Zeit finden wir hier die Familie der Thorer, die im späten Mittelalter wichtige Herrschaftsträger im Raum waren.

Die geistlichen Herrschaften

Das klösterliche Leben hatte gegen Ende des 9. und Anfang des 10. Jhs. einen Niedergang erlebt. Die Säkularisation Arnulfs im 1. Viertel des 10. Jhs. brachte schließlich manchem Kloster den Untergang, teils zeitweise, teils endgültig.

Das Kloster Benediktbeuern wurde in der Ungarnzeit zerstört. Es löste sich auf, ein Kanonikatsstift hielt das religiöse Leben aufrecht. Um 1030 wurde das Kloster als Benediktinerabtei wieder errichtet. Im Investiturstreit wurde das Kloster in die Kämpfe zwischen der päpstlichen und der kaiserlichen Partei hineingezogen. Zwischen 1116 und 1133 war es der Domkirche in Augsburg zugeordnet und 1136 wieder als Reichskloster bestätigt. Nach der Wiedererrichtung begann eine intensive Rodungstätigkeit, so in der Walchenseegegend, im Jachenauer Tal (Tal „Nazareth"), aber auch im östlichen Gebiet, gegen Bichl und Heilbrunn zu. Im Zusammenhang damit steht wohl die Wiederentdeckung der Jodquelle in Heilbrunn. Im Isarwinkel konnte Benediktbeuern erst spät Besitzungen erwerben: 1317 Schwaige im Wiedmoos (Gde. Gaißach), 1377 Niederschwaige am Sauersberg (Gde. Wackersberg), 1477 Mühltal/Gambs in Unterleiten (Gde. Dietramszell), 1588 Huppenberg, nach 1588 Aug (beide Gde. Wackersberg), nach 1580 Arnoldshof (heute Bairahöfe, Gde. Lenggries). Das Frauenkloster Kochel am See wurde im Ungarnkrieg zerstört und nicht wieder errichtet.

Schlehdorf überstand die Ungarnzeit, wenn auch nicht als Benediktinerkloster, so doch als Heimat von Säkularkanonikern. Um 1100 rodete es am Westufer des Walchensees. Angeblich 1140 führte Bischof Otto von Freising – dessen Eigenkloster es war – in Schlehdorf die Augustiner-Chorherren ein. Sichere Nachrichten fehlen aber.

Als erstes Kloster nach den Wirren des 10. Jhs. entstand 979 das Kloster Tegernsee wieder, das als mönchische Einrichtung nie ganz untergegangen war. Es hat wohl einen Teil seiner Besitzungen bewahren, aber auch neue (Traditionen seit 1003) hinzugewinnen können. In der 2. Hälfte des 12. Jhs. kann das Kloster im Isarwinkel Fuß fassen: Adalbero von Hohenburg und seine Gattin Agnes überlassen Tegernsee Besitzungen in Reginried (heute Stadtteil Am Ried von Bad Tölz) und bei Nagebach, möglicherweise auch weitere Güter, so im Bereich um Neuburg und am Wasen im Bereich Lenggries, die später im Amt Neuburg (fälschlich als Schellenburg bezeichnet) verwaltet wurde. Die Mühle am Einbach verkaufte Tegernsee 1473 an den Markt Tölz. Das älteste Urbar des Klosters von 1289 – möglicherweise auf älteren Grundlagen fußend – verrät reichen Besitz Tegernsees im Landkreisgebiet, der vor allem in den Ämtern Warngau und Linden organisiert war.

Das Kloster Schäftlarn, wie Tegernsee außerhalb des Kreisgebiets gelegen, war im 10. Jh. ganz eingegangen; Besitz und wesentliche Funktionen wurden von Freising übernommen. Erst 1140 wurde Schäftlarn wieder Glaubensstätte, Prämonstratenser aus Ursberg zogen in das Kloster ein. Das neue Kloster wurde in der Folge durch zahlreiche und umfassende Schenkungen und auch Rodungen ein bedeutender Grundherr zwischen Königsdorf und Perlach. Um 1150/58 überließ der Freisinger Bischof Otto dem Kloster den „nemus, quid dicitur Wacchersberch", den Wald „genannt Wackersberg" bei Tölz. Ungeklärt ist, wie Otto in den Besitz kam. Durch Rodungen schuf sich das Kloster hier einen ausgedehnten Besitz. Der Bau und die Weihe der Kirche, die Verleihung von pfarrlichen Rechten um 1200 bezeichnen wohl einen bestimmten Abschluß der Rodungen in diesem Raum. Im Isarwinkel selbst erwarb Schäftlarn noch Besitzungen in Mühlberg bei Tölz und in Letten. Auch Schäftlarn hatte seine Besitzungen in Ämtern organisiert. Im Urbar von 1313 sind die Güter aus unserem Raum unter den Ämtern „circa isarum" erfaßt. Einen Überblick über die Besitzungen bietet auch das Zehentverzeichnis und ein Steuerverzeichnis, jeweils von 1313. Im Hochmittelalter ist für Bayern eine Klostergründungswelle festzustellen. Um 1121 wurde von den Herren von Eurasburg als adeliges Familienkloster in der Rechtsform als Chorherrenstift das Kloster Beuerberg gegründet. Die Gründerfamilie übte bis zu ihrem Aussterben um 1200 die Vogtei aus. Besitzmäßig und wirtschaftlich – aber nicht kulturell – blieb das Kloster im Schatten der älteren Einrichtungen. Das Kloster war landsässig.

Um die Wende vom 11. zum 12. Jh. wurde als Stiftung des Klosters Tegernsee auf dessen Boden das Chorherrenstift Dietramszell errichtet. Es war und blieb Eigenkloster von Tegernsee, unterstand auch dessen Vogt. Wirtschaftlich konnte Dietramszell nicht die Bedeutung der alten Klöster erlangen.

Das schon im Frühmittelalter in unserem Raum besitzreiche Hochstift Freising konnte seinen Besitz ins Hochmittelalter übertragen. Es eignete sich auch ehem. Klosterbesitz an. Das älteste Urbar von etwa 1180 verzeichnet Besitzungen aus dem Landkreisgebiet im Amt Schlehdorf und im Amt des Fraters Wolfher. Aus der mehrfach erwähnten Königsurkunde von 1003 ergibt sich, daß Freising im Wildbannbereich zwischen Wolfratshausen/Dorfen und Hechenberg-Huppenberg-Königsdorf Besitz hatte (Reichskirchengüter).

Nach dem Urbar von 1305/15 bestand in Gaißach ein bischöfliches Güterverwaltungsamt. Statt des Amtes Schlehdorf gibt es zu dieser Zeit ein Amt Werdenfels, das auch Güter aus unserem Raum erfaßte. Ein Güterverwaltungsamt ist auch für Tölz erwähnt.

Das Gebiet des ehem. Landgerichts Tölz

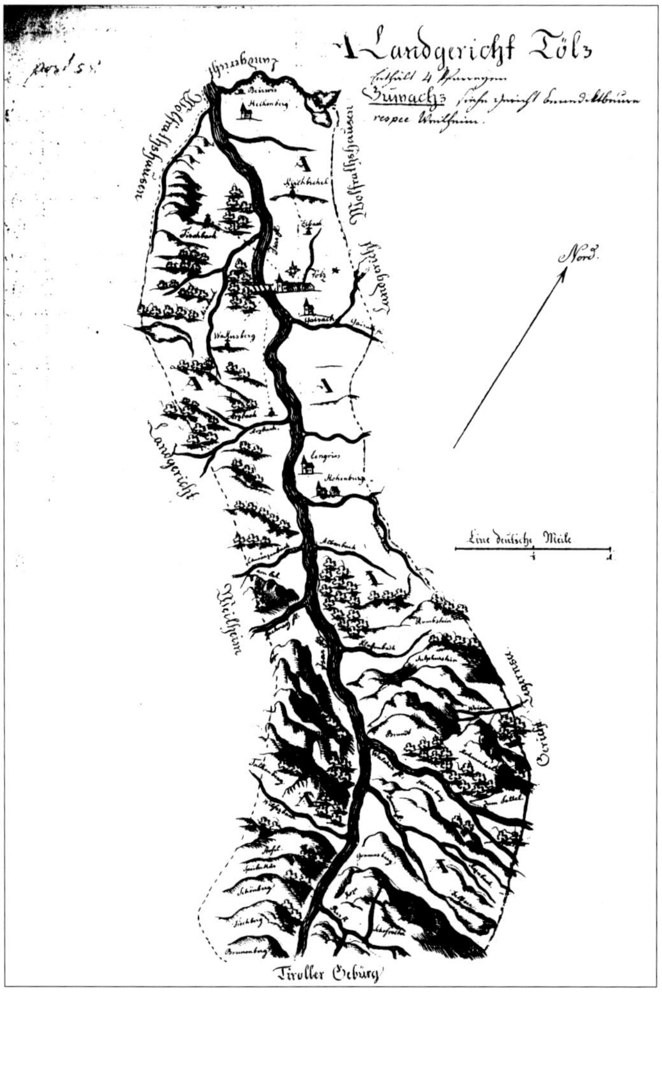

Spätes Mittelalter und frühe Neuzeit

Die Wittelsbacher ordnen das Land

Auch nach der Übertragung des Herzogsamtes in Bayern an die Wittelsbacher im Jahre 1180 waren diese nicht die alleinigen Machthaber im Land. Vor allem Adel und Kirche waren starke Machtfaktoren. Erst nach harten Auseinandersetzungen, z. B. ab 1208 mit den Andechsern, konnten sie unter Ausnutzung aller Machtmittel ihre Herrschaft ausbauen. Zuhilfe kam ihnen das Aussterben zahlreicher Adelsgeschlechter (1248 Andechser, um 1262 Edelfreie von Tölz u. a.), deren Besitzungen der Herzog an sich zog. Der Herzog gab die ihm zugefallenen Rechte und Besitzungen nicht mehr als Lehen aus – ausgenommen Hohenburg –, sondern schuf Güterverwaltungs- sowie Gerichts- und Verwaltungsbereiche mit Beamten an der Spitze. Als Verwaltungssitze dienten in der Regel Burgen, so in Wolfratshausen und Tölz.

Die erste faßbare, herzogliche Organisation im Landkreisgebiet sind die Urbarämter Tölz und Wolfratshausen, die wir aus dem zweiten Urbar von 1279/84 kennen lernen. Es sind Güterverwaltungsämter, die nicht für Verwaltung und Gerichtsbarkeit zuständig waren. Das Urbaramt Tölz war im Westen eingeschränkt, dehnte sich aber weiter nach Osten aus, umfaßte auch die „Einkünfte der Güter Ruperts von Hadmarigen" (=Harmating). Bemerkenswert ist, daß im Amt Tölz ein (kleines) Amt Hohenburg eingeschlossen war. Das Amt Wolfratshausen hatte ebenfalls Grenzen, die später verändert wurden. Für die Landkreisentwicklung von Bedeutung ist das Amt Pähl, in dem eingeschlossen war ein Amt Antdorf, zu dem die Vogtei über das Kloster Benediktbeuern gehörte. Für uns von Bedeutung ist dabei, daß die Klostervogtei über Benediktbeuern aufgespalten war in ein Amt Hochstadt (Besitzungen zwischen Ammer- und Würmsee) und ein „Officium infra pontem Achprukke", dem Amt innerhalb der Achbrücke, das etwa den Umfang des späteren Klostergerichtes Benediktbeuern hatte.

Im Urbar genannt ist auch die „fliegend grafschaft", zu der u. a. die heutigen Landkreisorte Attenkam und Degerndorf (beide Gde. Münsing) gehörten. Sie ist wohl im wesentlichen identisch mit der Grafschaft nördlich des Starnberger Sees bzw. mit der Grafschaft der Gilchinger, teilweise wohl auch mit der späteren Herrschaft der Baierbrunner. Die innere Gliederung der Urbarämter ist kaum bekannt. Der Name taucht später auch nicht mehr auf. Ihre Aufgaben haben Kastenämter übernommen, die teils dem Landgericht direkt unterstanden, teils als selbständige Ämter tätig waren. Für Wolfratshausen galt die Sonderregelung der Zuordnung zum Hofkastenamt München.

Das Gerichtswesen (Landgerichte, Pflegämter bzw. Pfleggerichte)

Neben den Urbarämtern bestand – aus vielen Hinweisen im Urbar bestätigt – eine Gerichts- und Verwaltungsorganisation, die organisatorisch und räumlich aber erst später faßbar wird. Danach stand an der Spitze des Amtes ein Pfleger (höherer Turnieradel), der Vertreter des Landesherrn, Burghüter, militärischer Befehlshaber usw. war. Ein Landrichter besorgte die Gerichtsbarkeit (Hochgerichtsbarkeit), die Niedergerichtsbarkeit jedoch nur für die Bereiche, die keinem anderen Gerichtsherrn unterstanden. Helfer waren die Schergen, denen aufgabenmäßig und räumlich bestimmte Bereiche unterstanden (Schergenämter bzw. Unterämter). Unterste Einheiten der herzoglichen Verwaltung waren die sog. Haupt- oder Oberleute. Neben militärischen Angelegenheiten (Aufgebot zu Musterungen) waren sie auch zuständig für Steuer- und Scharwerksangelegenheiten sowie in polizeilichen Angelegenheiten.

Landgemeinden im heutigen Sinne mit Bürgermeister und Gemeinderat gibt es erst seit dem 19. Jh. Selbstverwaltung gab es zuvor nur für Bewohner von Städten und Märkten. Ein beschränktes Mitwirkungsrecht bestand auf dem Land nur im Rahmen der Kirchenverwaltung (Kirchenpflegschaft) und der Gmain, also den dörflichen Nutzungsgenossenschaften, die die Nutzung von Gemeinschaftsvermögen regelten. Das Recht der Mitwirkung an Rechtssprechung und Rechtsanweisung haben die Bauern in der frühen Neuzeit verloren. Mit der Beteiligung an der Verwaltung der Kirchenstiftung bekamen die Landbewohner auch Einfluß auf das landwirtschaftliche Kreditwesen. Freie Bauern gab es sehr wenig (z. B. auf dem Sauersberg, in Dorfen und in Egling).

Das Landgericht Wolfratshausen entsprach im Umfang nicht dem Urbaramt. Es hatte einen Sprengel, der vom Kloster Tegernsee im Süden bis kurz vor die Tore Freisings reichte. Der Osten der Stadt München war Teil des Landgerichts. Orte, die 1279/84 beim Amt Tölz aufgeführt sind (z. B. Dingharting, Sauerlach und Harmating) gehörten nun zum Landgericht, andere Orte wie Perlach kamen vom Amt Kirchheim nach Wolfratshausen.

Auch später sind Veränderungen erfolgt, vor allem für den westlichen Bereich des heutigen Landkreises. Die Grenze gegen Westen (Landgericht Pähl und Starnberg) war lange Zeit fließend. Das Landgericht Starnberg wurde erst unter Kaiser Ludwig dem Bayern (1314-1347) von Pähl abgetrennt.

Das Landgericht war in fünf Ämter unterteilt (Anfang des 16. Jhs. ist von vier Schrannen die Rede). Heutiges Landkreisgebiet umfaßten die Ämter Münsing, Thanning (zuvor Dingharting, 1531-1534 in Baiernrain, dann nach Thanning verlegt), und Königsdorf (bis 1491/92, dann zusammen mit dem Amt Münsing dem Marktamt Wolfratshausen zugeschlagen). Das Marktamt Wolfratshausen war wohl zunächst nur für den Markt zuständig und wurde dann erweitert auf die westlich der Isar liegenden Ämter Münsing und Königsdorf.

Das Gebiet des ehem. Landgerichts Wolfratshausen

Für die an die Ostseite des Starnberger Sees angrenzenden Orte des Landgerichts Wolfratshausen war auch das Seerichteramt in Starnberg von Bedeutung. Der Landrichter von Starnberg übte die Gerichtsbarkeit über die gesamte Seefläche, aber auch über alle Fischer aus. Es war zuständig für alle mit der Fischerei auf dem Würmsee zusammenhängenden gerichts- und verwaltungsmäßigen Aufgaben.

Das Landgericht Tölz hat gegenüber dem Urbaramt eine weitgehende räumliche Veränderung erfahren (Verkleinerung im Osten, Westen und Norden) und umfaßte in der Hauptsache einen nicht allzu breiten Streifen beiderseits der Isar, etwa das Gebiet der ehem. bzw. teilweise jetzigen Gemeinden Lenggries, Gaißach, Greiling, Kirchbichl, Unter- und Oberfischbach (ohne Buchberg), Wackersberg und den Markt Tölz. Dieser Umfang blieb im wesentlichen bis zum Anfang des 19. Jhs. unverändert.

Zum Landgericht Weilheim gehörten aus dem heutigen Landkreisgebiet das Gebiet des ehem. Klostergerichtes Benediktbeuern, die Hofmark Schlehdorf und der Ort Sankt Heinrich.

Die Hofmarken und Sedel

Der Landrichter bzw. Pfleger war zwar in seinem Bereich ein mächtiger Herr, doch in der Hand von Adeligen und Kirchen befindliche Niedergerichte (Hofmarken, Sedel) schränkten seine Macht rechtlich und räumlich ein. Den Herren dieser Gerichte standen Rechte etwa im Umfang von Landratsamt, Amtsgericht, Finanzamt, Notariat und Musterungsbehörde zu. Die Hofmarken waren damit Staaten im Staate und können als Modell einer Feudalherrschaft dienen. Die Hofmarksherren verkörperten für ihre Untertanen die niedere „staatliche Hoheit", waren dazu vielfach auch Grundherr und Leibherr. Die Edelsitze (Sedel) hatten Hofmarksrechte, aber nur bis zur Dachtraufe, d. h. nicht über das eigene Hofgebäude hinaus. Der Vertreter des Landesherrn, der Landrichter bzw. Pfleger und seine Beamten durften dienstlich die Hofmarken nicht betreten. Übeltäter, die wegen der Art ihres Verbrechens mit der Todesstrafe zu rechnen hatten, mußten dem Landgericht an der Hofmarksgrenze (Hohenburg: Steinbach, Gde. Gaißach) übergeben werden.

Teilweise ungeklärt ist die Grundlage für die Hofmarken: Es könnte sich um Adelsimmunität, Vogtei und Privilegien handeln. Manche Klöster führen ihre Niedergerichtsrechte auf das sog. Immunitätsprivileg Kaiser Ludwigs des Bayern vom 24. April 1330 zurück.

Im Kirchenbesitz befindliche Hofmarken (Niedergerichte) gab es im Landgericht Wolfratshausen drei (Dietramszell, Hornstein, Königsdorf), im Tölzer Land keine, nur den Sitz Arnolfshof (heute Bairahöfe, Gde. Lenggries). Zum Landgericht Weilheim gehörten das Klostergericht Benediktbeuern (Gerichtsrechte seit mindestens 1325) und die Klosterhofmark Schlehdorf (seit 1597). Eine besonders herausgehobene Stellung besaß das Klostergericht Benediktbeuern. Das Kloster verstand es, ein Privileg Kaiser Ludwigs des Bayern von 1332, das ihm die Aburteilung aller Straftaten außer Diebstahl, Notzucht und Totschlag zugestand, so auszulegen, daß nach Erweiterung der Zahl der todeswürdigen Verbrechen das Kloster nur die Verbrecher an das Landgericht übergab, die des Diebstahls, der Notzucht und des Totschlags beschuldigt waren, die übrigen Fälle urteilte es selbst ab. 1785 erhielt das Kloster den gesamten Blutbann übertragen. Es war damit auch rechtlich einem Landgericht gleichgestellt und hatte teilweise sogar mehr Rechte als dieses.

Innerhalb seiner Grenzen, die im Hochmittelalter beschrieben wurden, aber möglicherweise in die Zeit der Klostergründung zurückgehen, gab es keine fremden Gerichte. Ein Klosterrichter übte die Gerichtsbarkeit aus und war u. a. militärischer Führer. Schon aus dem Urbar von 1279/84 erfahren wir von einer Gliederung des Gebietes. Um 1300 existiert ein Amt Altheim, zu dem Güter in Punding, Bairawies, Humbach, Erlach und Grafing gehörten. Um 1496 gibt es ein Amt Benediktbeuern (Regionen „Gebiet innerhalb der Achbrücke" und Besitzungen in Gerichten der Umgebung). Der engere Klosterbezirk war schon 1688 in Ob- bzw. Hauptmannschaften unterteilt. Um 1692 entstand ein Amt Jachenau.

Eine Reihe von Burgen und Schlösser sind Zeugen einstigen herrschaftlichen Lebens adeliger Grund- und Gerichtsherren im Landkreis. Außer diesen Gebäuden und Grabsteinen in den Kirchen ist von dieser Herrlichkeit nur mehr wenig übrig. Der Adel war der eigentliche Herrschaftsstand im Land, der die Führungskräfte für Staat, Heer und Verwaltung sowie die Mitglieder des Ritterstandes in der bayerischen Landschaft (Landtag) stellte. Manche Vertreter dieses Standes haben in der Verwaltung des Landes eine herausragende Rolle gespielt, so die Herwarth von Hohenburg bei Lenggries (Herzogliche Kämmerer, Pfleger, Geheimer Rat, Oberstkanzler u. a.).

Verwaltung und Gerichtsbarkeit der Märkte

Im zweiten Urbar von 1279/84 werden Wolfratshausen und Tölz als forum (=Markt) bezeichnet, beide Orte waren städtische Siedlungen, herausgehoben aus den Landsiedlungen. Auch nach der Gründung beider Märkte unterstanden sie dem Marktherrn, konnten von ihm verkauft und verpfändet werden und mußten Abgaben und Wehrdienst leisten. Unter Aufsicht des herzoglichen Beamten hatten sie eine beschränkte Selbstverwaltung. Vom Marktherrn verliehene Privilegien (Steuerrecht, Abhaltung von Jahrmärkten) bestimmten die weitere Entwicklung rechtlicher und wirtschaftlicher Art. Im Laufe der Entwicklung trat an die Stelle des herzoglichen Beamten als Leiter der Selbstverwaltung der Bürgermeister, der an der Spitze eines Rates stand und für Tölz und Wolfratshausen 1362 nachgewiesen ist. Der Rat spaltete sich schließlich in einen inneren Rat, der in Tölz vier Mitglieder hatte, die abwechselnd als Bürgermeister fungierten, und in den äußeren Rat.

Die Märkte konnten im Gegensatz zu heute auch Gerichtsbarkeit ausüben, hatten auch Beurkundungsrechte. 1312 erhielt Wolfratshausen, Tölz wohl 1366 dieses Recht. Zeitweise versah der Landrichter auch das Amt des Marktrichters. Nach der Übernahme der Rechtssprechung durch den Markt kam es wiederholt zu Kompetenzstreitigkeiten zwischen Landrichter und Markt. Der räumliche Umfang der Gerichtsbarkeit war durch den ausgewiesenen Burgfrieden gekennzeichnet.

Die Landschaft (Landstandschaft) – Die Ständevertretung

Um die Wende vom 13. zum 14. Jh. mußte der Herzog wegen ständigen Geldmangels den Adel an der Landesregierung beteiligen. 1302 wurde dieses Recht und auch das Steuerbewilligungsrecht vom Herzog anerkannt. Zu diesem „Ritterstand" gehörten adelige Personen, die im Lande einen festen Sitz hatten und „Herrschaft" ausübten (Hofmarksinhaber). Das Landstandsrecht verband sich mit den Burgen und Schlössern der Adeligen, verzeichnet wurden sie in sog. Landtafeln. Vom heutigen Landkreisgebiet finden wir im Landtag die Herren von Harmating, Greiling/Reichersbeuern/Sachsenkam, Ascholding, Hechenberg, Königsdorf, Hohenburg und Hornstein/Aufhausen.

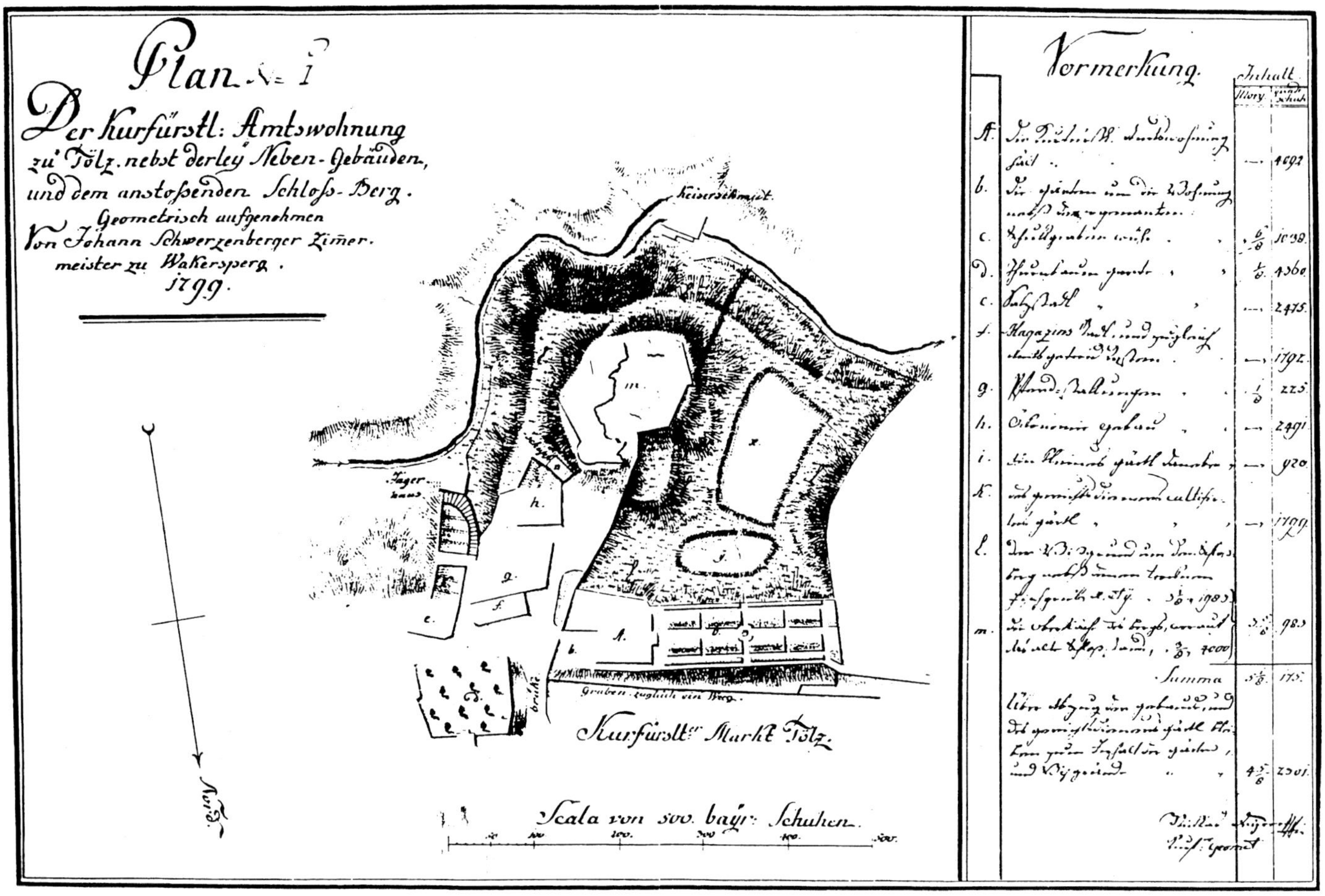

Plan „der kurfürstlichen Amtswohnung zu Tölz“, Zeichnung von Johann Schwarzenberger, 1799

Im 13./14. Jh. kamen auch die Prälaten, die Herrschaftsrechte ausübten, Benediktiner, Zisterzienser, Augustinerchorherren und Prämonstratenser als zweiter Stand in die Landschaft.

Als letzter, als dritter Stand, kamen die Städte und Märkte in diesen Stände-Landtag. Tölz ist für 1374 als Landstand bezeugt, Wolfratshausen zwar erst 1470, doch durfte es mindestens so früh wie Tölz in diesem Gremium vertreten gewesen sein. Die Sitzungen fanden nur bei Bedarf an verschiedenen Orten statt, Sitzungsgelder gab es nicht.

1669 wurde der letzte gesamte Landtag einberufen und die Geschäfte einem ständigen Ausschuß – in dem auch der Prälat von Benediktbeuern, aber nicht unsere Märkte vertreten waren – übertragen. 1808 wurde diese Form des Landtages aufgelöst.

Das Landkreisgebiet im 19. und 20. Jahrhundert

Die napoleonischen Kriege brachten Bayern einen starken Gebietszuwachs, die Säkularisation von 1803 veränderte die Verhältnisse im Innern. Einer einheitlichen Verwaltung wegen und auch um die gestiegenen Aufgaben bewältigen zu können, mußte die Staatsorganisation – die weitgehend noch aus mittelalterlichen Einrichtungen bestand – auf neue Grundlagen gestellt werden. Dem Landgericht Tölz wurde der östlich der Loisach gelegene Teil des ehem. Klostergerichtes Benediktbeuern zugeschlagen. Das bisher kirchliche Eigentum im Landgericht Tölz wurde der Verwaltung und dem Gericht des Kurfürsten (ab 1806 König) unterstellt. Der Markt Tölz verlor 1806/08 seine sämtlichen Privilegien, das übergroße Landgericht Wolfratshausen das Amt Perlach (den Süden und Osten Münchens), das Amt Warngau die Hofmarken Reichersbeuern und Sachsenkam. Es verblieben noch die Ämter Münsing, Thanning und der Markt Wolfratshausen, der aber ebenso wie Tölz seine Privilegien einbüßte. Die Hofmarksrechte der Klöster Beuerberg und Dietramszell gingen auf das Landgericht Wolfratshausen über. In den Landgerichten bestanden nur noch die Niedergerichte des Adels (Patrimonialgerichte), die nunmehr im Auftrag des Staates tätig wurden. Im Landgericht Tölz bestanden Adelsgerichte nur noch in Hohenburg und Greiling, zwischen 1825 und 1831 kamen noch Reichersbeuern und Sachsenkam hinzu. In Benediktbeuern bestand 1815/18 ein Ortsgericht. Im Landgericht Wolfratshausen bestanden Adelsgerichte noch in Ascholding, Aufhofen, Dietramszell, Eurasburg und Harmating. Aus dem Kastenamt Tölz wurde das nun selbständige Rentamt Tölz, in Wolfratshausen wurde ein Rentamt neu errichtet.

Die Gemeinden

Im Rahmen der Neuorganisation des Staates wurden 1808/18 als unterste Einrichtungen bisher nicht bestehende politische Gemeinden geschaffen.

Im Landgericht Tölz bestanden 1811 folgende Gemeinden: Markt Tölz, Laimgruben/Benediktbeuern (Laimgruben, Bichl), Steinbach/Bad Heilbrunn (Steinbach, Oberbuchen, Schönrain, Heilbrunn), Kochel (Kochel, Ort, Ried, Walchensee), Jachenau, Oberfischbach (Oberfischbach, Buchberg), Unterfischbach (Rimslrain), Kirchbichl (Ellbach, Kirchbichl, Hechenberg), Gaißach (Ober- und Unter-Gaißach, bis 1818 auch Greiling), Wackersberg (Arzbach, Wackersberg), Lenggries (Lenggries, Anger, Riß, Wegscheid, Schlegldorf). 1831 kamen Greiling und Reichersbeuern als Gemeinden zum Landgericht Tölz.

Landgericht Wolfratshausen (soweit heute Kreisgebiet): Gemeinden Ascholding, Aufhofen (Thanning), Baiernrain, Beuerberg, Deining, Degerndorf (Teile des Steuerdistrikts kamen bzw. bildeten die Gemeinde Eurasburg), Dietramszell, Dorfen, Egling (Thanning), Endlausen, Ergertshausen, Eurasburg (Degerndorf, Holzhausen/Grasmühle), Föggenbeuern, Gelting, Holzhausen am Starnberger See (Steingrub zu Schallenkam, Gde. Eurasburg, Grasmühle zu Eurasburg), Icking, Königsdorf (Niederham und Osterhofen zur Gde. Osterhofen), Linden, Manhartshofen, Moosham, Münsing, Neufahrn (Ascholding und Haarschwaige zur Gde. Ascholding), Osterhofen (Teil von Königsdorf), Thanning (Aufhofen nun Gde. Aufhofen), Egling (eigene Gemeinde), Weidach (Wolfratshausen), Wolfratshausen (ohne Nantwein und Weidach).

Beim Landgericht Weilheim wurden aus dem Steuerdistrikt Großweil die Gemeinden Großweil und Schlehdorf gebildet. Sankt Heinrich und Ammerland kamen 1816 zu Wolfratshausen. Bei der Hast, mit der die Gemeinden gebildet wurden, mußte es später zu Veränderungen kommen. 1822 wurde Bichl als eigene Gemeinde von Laimgruben abgetrennt. Schönrain und Oberbuchen wurden 1828 selbständig (bisher Steinbach). Auch andere Gemeindeteile versuchten von ihrer zuständigen Gemeinde abgetrennt zu werden (Ried/Pfisterberg, Ellbach, Schlegldorf u. a.). Ein Relikt der „Gemeindeformation" waren die z. T. umfangreichen ausmärkischen, d. h. gemeindefreien Gebiete. 1987 waren es noch 7,98 ha. Die Selbstverwaltungsrechte der Gemeinde waren zunächst noch sehr eingeschränkt. Gemeindevorsteher, ab 1869 Bürgermeister und Beisitzer, seit 1918 Gemeinderäte, waren die Verwaltungsorgane. Die Gemeinden sind heute nach Bund und Land die „dritte Säule" unserer politischen Ordnung.

Zwischen Revolution 1848 und Ende des Ersten Weltkriegs

Die Revolution von 1848 bewirkte einige Fortschritte. Bayern blieb Monarchie, erhielt aber nunmehr eine echte Volksvertretung mit vom (besitzenden) Volk indirekt über Wahlmänner gewählten Abgeordneten (1848/49-1869 Ignaz Doppelhammer/Tölz, 1869-1899 Ignaz Pauli/Tölz). Ein Tölzer, Prof. Dr. Sepp, war Mitglied der in Frankfurt am Main tagenden, erstmals gesamtdeutschen Nationalversammlung. Alle gerichtlichen Aufgaben waren nun beim Landgericht konzentriert. 1848 wurden die Patrimonialgerichte aufgelöst. Ein neues Vereinsrecht erleichterte die Gründung politischer Vereine (Tölz: 1850 „Verein für konstitutionelle Monarchie und religiöse Freiheit", 1872 Katholisches Männercasino, 1876 Liberaler Verein, 1893 Arbeiterverein, 1904 wieder Liberaler Verein, 1907 Zweigverein der Sozialdemokratischen Partei Deutschlands in Tölz und Wolfratshausen).

1857 wurden Bezirksgerichte errichtet: Tölz kam zu Weilheim, Wolfratshausen zu München rechts der Isar. Zum 1. Juli 1862 wurde die Verwaltung von der Gerichtsbarkeit getrennt. Für die Verwaltungsgeschäfte wurden Bezirksämter errichtet. Das Amt Tölz unternahm den Bereich des bisherigen Landgerichts und der Bezirk Wolfratshausen wurde zum Bezirksamt München geschlagen. Auch die Rentamtsgeschäfte von Wolfratshausen wurden nun in München erledigt. Zum 1. Juli 1862 entstanden in Tölz und Wolfratshausen als eigene Beurkundungsämter die Notariate. Die Reichsgründung 1871 war Ursache für manche Neuerungen, neue Gesetze, eine neue Währung (Mark statt Gulden), und neue Maße (Zentner, Kilo u. a.). Seit 1879 heißen die früheren Landgerichte nun Amtsgerichte. Mit dem Distriktsratgesetz vom 28. Mai 1852 beginnt die Geschichte des Landkreises als Selbstverwaltungskörper. Für überörtliche Aufgaben (Krankenanstalten, Straßen etc.) konnten übergemeindliche Körperschaften eingerichtet werden. Eine neue Gemeindeordnung 1869 brachte eine Erweiterung der Selbstverwaltung.

Die Weimarer Zeit

Wenige Tage vor dem Ende des Ersten Weltkriegs, in der Nacht vom 6. auf 7. November 1918, wurde in Bayern durch Revolution die Monarchie beseitigt und Bayern zur Volksrepublik (Freistaat) erklärt. Arbeiter-, Bauern- und Soldatenräte übernahmen die Macht, die erst allmählich – teils blutig – gebrochen werden konnte. Im Januar fanden Wahlen zum Landtag und zur verfassungsgebenden deutschen Nationalversammlung statt. Erstmals galt ein rein demokratisches Wahlrecht, konnten Frauen wählen und gewählt werden. Das Gemeinderecht wurde neu gestaltet, das Selbstverwaltungsrecht erweitert (Gesetz vom 22. Mai 1919). Anstelle des bisherigen Zweikammersystems für Städte und Märkte – Magistrat und Gemeindekollegium – wurde nun ein Stadtrat gewählt. In Tölz wurde eine Frau Stadträtin (Elise Heufelder von der Bayerischen Volkspartei). 1919 wurden aus den Rentämtern nach der Eingliederung in die Reichsfinanzverwaltung Finanzämter (Bad Tölz und Wolfratshausen). 1932 gab es Bestrebungen, das Bezirksamt Wolfratshausen, das erst 1902 wiedererrichtet worden war, aufzulösen. Dies konnte noch abgewendet werden.

Der Landkreis im Dritten Reich (1933-1945)

Die Gemeindeordnung von 1935 brachte das Führerprinzip, der Stadtrat verlor seine Funktionen, Parteistellen kontrollierten und befahlen. Zum 1. Januar 1939 wurden die bisherigen Bezirksämter in Landratsämter umbenannt, der bisherige Bezirksamtmann hieß nun Landrat. Aus dem Kreis Oberbayern wurde der Regierungsbezirk Oberbayern, aus dem Bezirk Tölz der (Land-) Kreis Bad Tölz. Hitler stellte die Wehrhoheit wieder her, für das neue Heer wurden in Bad Tölz und Lenggries Kasernen errichtet. Mit dem am 1. September 1939 beginnenden Zweiten Weltkrieg wurde das Ende der Nazi-Herrschaft eingeleitet. Nach Erfolgen kam es zu Rückschlägen und zu verlustreichen Niederlagen. Ende April 1945 standen die Amerikaner vor den Grenzen des

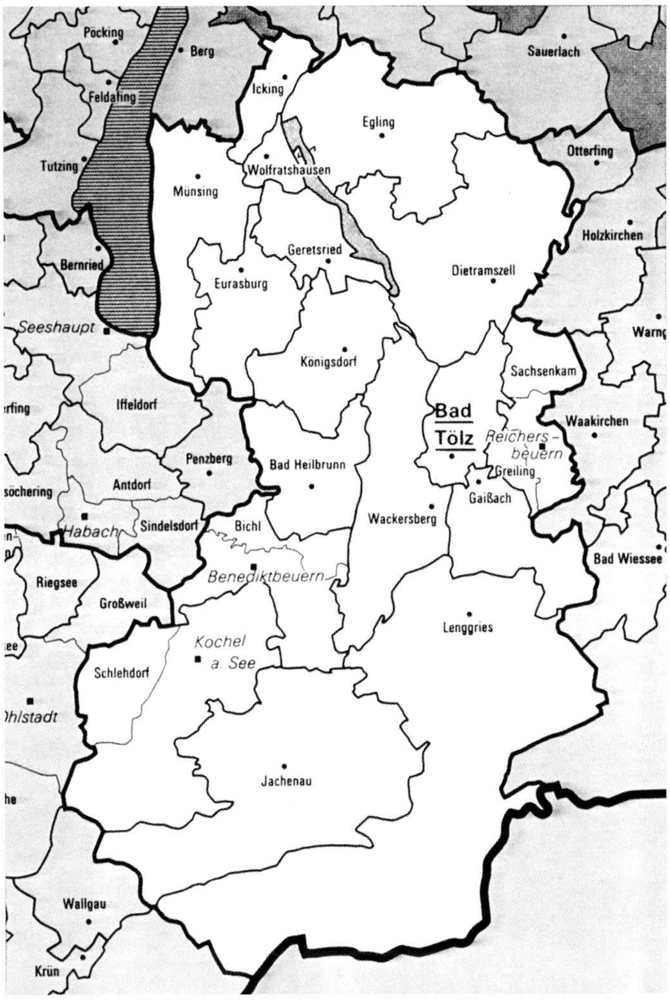

Der Landkreis Bad Tölz-Wolfratshausen mit seinen Gemeindegrenzen

Landkreises. Am 30. April wurde Wolfratshausen, in der Nacht vom 2/3. Mai auch Tölz eingenommen, südlich davon kam es noch tagelang zu Kämpfen.

Die Zeit nach dem Zweiten Weltkrieg - Die Demokratie etabliert sich

Mit der Besetzung des Kreisgebietes Anfang Mai 1945 übernahmen die Amerikaner die uneingeschränkte Macht, ausgeübt zunächst vom Militärbefehlshaber, dann von Militärregierungen in Tölz und Wolfratshausen. Bürgermeister wurden entlassen und eingesetzt. Beiräte wirkten statt der bisherigen Gemeinde- und Stadträte. Die Amerikaner begannen, wieder eine demokratisch legitimierte Verwaltung aufzubauen. Im Herbst 1945 wurden wieder Parteien gegründet. Am 27. Januar 1946 fanden Gemeindewahlen, am 28. April 1946 Kreistagswahlen statt. 1946 erhielt Bayern eine neue Verfassung, einen gewählten Landtag. 1949 wurde das Kreisgebiet über das Land Bayern Teil der Bundesrepublik Deutschland. 1952 endete in Tölz die Militärregierung, 1955 die Besatzungszeit.

Die Landkreisverwaltung erfuhr eine Veränderung. Seit 1952 wird der Landrat direkt von den Kreisbürgern gewählt. Er ist nicht nur Leiter der staatlichen Behörde, sondern auch Vorsitzender des Kreistages, des Parlamentes des Landkreises, auch Leiter einer ausgedehnten Landkreisselbstverwaltung (öffentliche-rechtliche Gebietskörperschaft). Räumlich haben sich die Landkreise Tölz und Wolfratshausen bis in die 70er Jahre kaum verändert. Mit der Landkreisreform von 1972 wurde der Landkreis Wolfratshausen aufgelöst, der nördliche Teil (Gemeinden nördlich Icking/Egling) kam zum Landkreis München, die Gemeinde Otterfing zum Landkreis Miesbach und die Gemeinden Höhenrain und Bachhausen zum Landkreis Starnberg.

Die Gemeinden Icking und Egling und der südlich angrenzende Landkreisteil, sowie die Gemeinde Schlehdorf vom Landkreis Weilheim wurden dem ansonsten unverändert gebliebenen Landkreis Bad Tölz zugeschlagen, der mit Sitz in Bad Tölz den Doppelnamen Landkreis Bad Tölz-Wolfratshausen führt. Für den Landkreis wurde Wolfratshausen Sitz des Amtsgerichtes, ebenso des Finanzamtes.

Nach dem Zweiten Weltkrieg kam es im Gemeindewesen zu umfangreichen räumlichen Veränderungen. Eine Nachkriegsbildung ist die Stadt Geretsried. Die namengebende Siedlung bestand bis ins Dritte Reich nur aus einigen Bauern, einer Gastwirtschaft und einer Kapelle. Nach 1933 entstand unweit davon ein riesiger Rüstungsbetrieb. Nach 1945 wurden Teile gesprengt, erhalten gebliebene Teile aber 1946 von Flüchtlingen bewohnt und ausgebaut. Zum 1. April 1950 entstand die neue Gemeinde Geretsried (Ortsteile Geretsried, Gartenberg und Stein), 1970 wurde sie Stadt und 1978 wurde Gelting, die frühere Muttergemeinde, eingegliedert.

Rund 150 Jahre nach der Gemeindebildung 1808/18 wurde eine Reform eingeleitet und durchgeführt. Auf freiwilliger Basis schloßen sich 1971 Ober- und Unterfischbach zur Gemeinde Oberfischbach zusammen. Im gleichen Jahr vereinigte sich Oberbuchen mit Bad Heilbrunn. Aus den bisherigen Gemeinden Ascholding, Baiernrain, Föggenbeuern, Linden, Manhartshofen und Dietramszell entstand zum 1. Januar 1972 die Großgemeinde Dietramszell (Gemeindesitz). Es folgte die zwangsverordnete Neuorganisation, die zum 1. Mai 1978 in Kraft trat. Von den bisherigen 33 Gemeinden verschwand rund ein Drittel, es blieben noch 21 übrig. Sieben Gemeinden bilden zusammen drei Verwaltungsgemeinschaften (Sitze Kochel am See, Benediktbeuern und Reichersbeuern). Die flächenmäßig größte Gemeinde ist Lenggries (24555 ha), gefolgt von Jachenau mit 12893 ha; kleinste Gemeinde ist Bichl mit 1391 ha. Den Einwohnerzahlen nach (Stand 31. Dezember 1993) ist Geretsried die größte Gemeinde (22108 Einwohner), gefolgt von Wolfratshausen mit 15963 und Bad Tölz mit 16031 Einwohnern. Kleinste Gemeinden sind Jachenau mit 871 und Sachsenkam mit 867 Einwohnern.

Die kirchlichen Verhältnisse

Die katholische Kirche

Das Landkreisgebiet ist in zwei Bistümer geteilt, der größte Teil gehört zum Erzbistum München-Freising, ein westlicher Teilbereich zum Bistum Augsburg. Die Grenze verläuft am Ostufer des Starnberger Sees, biegt nach Osten, läuft durch das Moosgebiet der Loisach östlich nach Nantesbuch-Oberbuchen, schwenkt südlich um und folgt über Zwiesel-Benediktenwand den westlichen Grenzen der Gemeinden Wackersberg-Lenggries, erreicht über Letten den Ausgang der Jachenau, stößt nach Fall vor, folgt der Isar nach Westen bis zur Landkreisgrenze gegen Garmisch-Partenkirchen bei Wallga und verläßt unser Gebiet wieder. Die direkte Verbindung zu Werdenfels bzw. Rottenbuch schafft nur ein schmaler Korridor im Isartal. Diese Grenze geht – wohl mit leichten Veränderungen – bis in 8./9. Jh. zurück.

Bistum Freising:

Über die frühe Organisation des 739 von Bonifatius errichteten Bistums ist wenig bekannt. Seit 798 gehört das Bistum zum Metropoliten in Salzburg. Im Land gab es zahlreiche, von Grundherren erbaute Eigenkirchen, die nicht direkt dem Bischof unterstanden. Seit dem 8. Jh. bringen die Traditionen Nachrichten über Kirchen. Erwähnt werden u. a. die Kirchen Ascholding, Egling, Gaißach und Piesenkam. 855 ist für Thankirchen ein Chorbistum erwähnt, zu dem zwei nicht genannte Kirchen gehörten. Um 1219 erhielt das Kloster Schäftlarn für seine Rodung Wackersberg pfarrliche Rechte für die dortige Kirche. Die Konradinische Matrikel aus dem Jahr 1315 bezeugt erstmals eine durchgehende Organisation der Kirche in Archidiakonate, Dekanate und Pfarreien mit Filialen und Nebenkirchen. Die meisten Kirchen unseres Gebietes werden hier erstmals genannt. Sie sind in zwei Dekanaten organisiert: Dekanat Wolfratshausen, das sich von Baierbrunn im Norden bis Fall/Vorderriß im Süden erstreckte, und Dekanat Großhartpenning mit den zur Pfarrei Westerwarngau gehörigen Filialkirchen Reichersbeuern und Greiling. Schlehdorf – rundum von der Diözese Augsburg eingeschlossen – gehörte immer zur Diözese Freising (Eigenkloster!); es ist aber bis zum 18. Jh. keine Dekanatszugehörigkeit bezeugt. Erst die Matrikel von 1738/40 führt die Klosterpfarrei unter dem Dekanat Wolfratshausen auf.

Wie weit die in der Matrikel von 1315 festgehaltene Organisation zurückreicht, ist unbekannt. Sie war für das Landkreisgebiet im wesentlichen bis in die 1. Hälfte des 19. Jhs. gültig. Die Dekanate wechselten bis etwa Mitte des 18. Jhs die Namen (nach Dekanssitz!). Tiefen und nachhaltigen Einfluß auf das religiös-kirchliche Leben hatte die Säkularisation von 1803. Eingriffe in das religiöse Brauchtum und die Aufhebung von Klöstern schlugen tiefe Wunden. Als Folge der Säkularisation kam es auch zu Bewegungen in der kirchlichen Organisation, so z. B. bei den bisher von Klöstern betreuten Pfarreien. Im südlichen Teil des Dekanates wurden die tirolischen Teile Hinterriß von Lenggries abgetrennt und zur Diözese Brixen (jetzt Innsbruck) geschlagen. Das tirolische Achental gehörte immer zu

Ansicht des Walchensees mit dem Klösterl auf der Halbinsel Zwergern, Lithographie von Joseph Anton Sedlmayr, 2. Viertel 19. Jh.

Wolfratshausen, Ansicht von Nordosten, Aquarell von Ludwig Neureuther, um 1820/30

Säben/Brixen/Innsbruck. 1827 wurde das große Dekanat Wolfratshausen geteilt. Neugebildet wurde ein Dekanat Tölz mit den Vikariaten bzw. (ab 1837) Pfarreien Dietramszell, Gaißach, Hechenberg, Königsdorf mit Huppenberg und Oberbuchen, Lenggries, Wackersberg. Fischbach war und blieb Filiale von Tölz.

Schlehdorf wurde nach Aufhebung des Klosters Pfarrei, seit 1827 gehörte es zum Dekanat Werdenfels. St. Margareth in Zwergern am Walchensee, das zu Schlehdorf gehörte, kam 1827 zur Pfarrei Walchensee (Bistum Augsburg). Es wurde vorher schon einige Zeit von dort aus betreut.

Im 20. Jh. erfolgten weitere organisatorische Veränderungen. 1904 wurde Wackersberg Pfarrei. 1925 kam die Pfarrei Reichersbeuern (mit Filiale Greiling) zum Dekanat Bad Tölz, zum 1. April 1969 auch die Pfarrei Sachsenkam mit der Filiale Piesenkam.

Der Bevölkerungsanstieg nach 1945 machte weitere Reformen nötig. In Bad Tölz entstand eine zweite Stadtpfarrei Hl. Familie (1959 Filialkirchenstiftung, 1964 Pfarrei). In Wolfratshausen kam es ebenfalls zur Bildung einer zweiten Stadtpfarrei St. Josef der Arbeiter (1956/57 Kuratie, 1965 Pfarrei). Geretsried, ursprünglich nur mit einer Filialkirche St. Nikolaus, entwickelte sich zur großen Stadt, die heute zwei Pfarreien aufweist: Pfarrei Hl. Familie (Gartenberg) und Pfarrei Maria Hilf (Geretsried).

Der immer stärker sich auswirkende Priestermangel zwang zur Bildung von Pfarrverbänden, so in Bad Tölz (seit 1989) und Egling (seit 1974), denen jeweils Kirchen bzw. Pfarreien der Umgebung angeschlossen sind.

Zum Dekanat Miesbach gehört nur die Kuratie St. Martin in Steingau (Gde. Dietramszell) mit den Beiorten Baiernrain und Jasberg. 1908 wurde aus den Orten Steingau, Erlach, Jasberg, Thalham, Dietenhausen (alle Pfarrei Otterfing), Baiernrain und Berg (Pfarrei Endlhausen) die Expositur Steingau errichtet.

Bistum Augsburg:

Nicht zum bayerischen Kirchenverband, sondern zum 780 gegründeten Metropolitanverband Mainz gehörte das Bistum Augsburg, von dem bekannt ist, daß es bereits vor 739 bestand, aber nicht, wann es errichtet wurde. Um 739 wurde für die Teile, die zum Herzogtum Bayern gehörten (z. B. das Klostergebiet Benediktbeuern) ein eigenes Bistum errichtet, dessen Sitz entweder in Neuburg/Donau oder Neuburg im Staffelsee war. In der Karolingerzeit (um bzw. nach 800) gelangte dieses Teilbistum wieder zu Augsburg. Die heutige Bistumsgrenze ist wohl beeinflußt von der Grenzziehung des Teilbistums Neuburg. Möglicherweise war das Gebiet von Benediktbeuern auch ein bistumsfreier Klosterbezirk. Auch die Diözese Augsburg war unterteilt in Archidiakonate, Dekanate (Landkapitel) und Pfarreien. Die Wurzeln dafür reichen in die Karolingerzeit zurück. Dekane sind für das 10. Jh. bezeugt.

Ende des 12./Anfang des 13. Jhs. ist Benediktbeuern als Pfarrei im Dekanat Pähl bzw. Weilheim genannt. Im Klosterbereich bildeten sich zwei Pfarreien heraus: Benediktbeuern mit den Filialen Bichl und Heilbrunn (einschließlich des Gebietes südlich von Schönrain), ferner eine Pfarrei Kochel mit den Filialen Walchensee, Jachenau, Weil (Groß- und Kleinweil), dazu die Weiler Ort und Pessenbach. Diese Organisation bestand im wesentlichen bis zur Klosteraufhebung 1803.

Nach der Säkularisation kam es auch hier zu Veränderungen in den Pfarrverhältnissen. 1806 wurden die Pfarreien Benediktbeuern, Heilbrunn (unter Einschluß von Teilen der Pfarrei Königsdorf in der Diözese Freising), Jachenau und Walchensee errichtet. Kochel wurde zunächst Expositur, 1847 selbständige Kuratie und 1893 wieder Pfarrei.

Mit Wirkung vom 1. Oktober 1921 wurde das große Dekanat Weilheim geteilt. Das neugebildete Dekanat Benediktbeuern bekam zwölf Pfarreien zugeteilt, u. a. Bad Heilbrunn, Benediktbeuern mit Bichl, Jachenau, Kochel, Seeshaupt (mit Sankt Heinrich) und Walchensee. 1974 kam das Dekanat Benediktbeuern zur Region II Weilheim des Bistums. Die Seelsorge in der Pfarrei obliegt seit 1966 den Salesianern Don Boscos vom Kloster Benediktbeuern.

Im Bereich des Landkreises befinden sich sieben Klöster: Benediktbeuern (Salesianer), Beuerberg und Dietramszell (beide Salesianerinnen), Schlehdorf (Dominikanerinnen), Bad Tölz (Franziskaner) und Reutberg (Franziskanerinnen).

Die Evangelisch-Lutherische Kirche

Die Reform Luthers von 1517 hat im Landkreisgebiet kaum Spuren hinterlassen. Besonders nach dem Konzil von Trient (1545/63) wurde das Land bald wieder rein katholisch. Bemerkenswert aber ist, daß sich um 1710 in Wolfratshausen ein „Lutherischer Friedhof“ befand.

Erst nach den Reformen zu Anfang des 19. Jhs. (Bayerisches Religionsedikt 1803, Verfassung 1818 u. a.) konnten sich in unserem Raum evangelische Christen niederlassen und eigene Kirchengemeinden bilden. Die Organisation hat sich von München aus entwickelt. Ausgangspunkt war die 1806 in München errichtete, evangelische Stadtpfarrei, zu der fast alle Protestanten in Oberbayern gehörten.

Mit dem 1. Juli 1849 begann der Einsatz eines Reisepredigers in Oberbayern. 1859 folgte ein zweiter (Sitz München, ab 1871 Rosenheim, Bezirk östlich der Isar), der auch nach Tölz kam, in dem sich wegen des Bades relativ viele Protestanten zumindest zeitweise aufhielten. 1893 wurde mit Sitz Tölz eine weitere Reisepredigerstelle geschaffen. Dem Geistlichen oblag die Betreuung des Isarwinkels und des Tegernseer Tales. Tölz hat seit 1879/80 eine evangelische Kirche, 1922 wurde es Pfarrei. 1908 wurde eine Reisepredigerstelle Wolfratshausen geschaffen. Nach der heutigen Kirchenorganisation sind für den Landkreis zwei Dekanate zuständig: Rosenheim und Weilheim, beide zum Kirchenkreis München gehörig. Zum Dekanat Rosenheim gehören u. a. die Pfarreien Bad Tölz mit Bad Heilbrunn und Lenggries, zum Dekanat Weilheim die Pfarreien Ebenhausen mit Icking, Geretsried und Wolfratshausen.

München, Bayerische Staatsgemäldesammlungen, Porträts der Gründeräbte von Kloster Benediktbeuern, ehem. Predellenbild des Benediktbeurer Hochaltars von Jan Polack, 1498

Die Kunst im Landkreis Bad Tölz-Wolfratshausen von der Jahrtausendwende bis zum Beginn des Dreißigjährigen Kriegs

von Volker Liedke

Herrschaftsstruktur

Tölz wird erstmals 1180 als Burgort im Besitz des Heinrich von Tol(e)nze, der Markt hingegen zum ersten Mal 1281 urkundlich erwähnt. Eine förmliche Marktrechtsverleihung durch Kaiser Ludwig den Bayern ist für das Jahr 1331 belegt; eine Erweiterung der Marktrechte erfolgte 1366.

Die Gerichtsherren von Tölz waren ab etwa 1180 die Burgherren aus dem Geschlecht der Herren von Tol(e)nze. Nach 1265 treten die Herzöge von Oberbayern in ihre Rechte ein und bestellen ihrerseits Pfleger. Von 1315 bis vor 1328 war die Blutgerichtsbarkeit zwischenzeitlich an den Bischof von Freising verpfändet.

Der Markt Tölz, ein herzoglicher Bannmarkt mit Niedergerichtsbarkeit, gehörte nach 1265 zum Herzogtum Oberbayern, ab 1505 zum vereinigten Herzogtum Baiern und zählte zum Verwaltungsbezirk des Rentamtes Oberland, ab 1507 nach der Neugliederung der Rentamtsbezirke zum Rentamt München, ab 1623 zum Kurfürstentum Baiern, ab 1806 zum Königreich Bayern (seit 1808 zum Isar-Kreis) und ab 1919 zum Freistaat Bayern (Regierungsbezirk Oberbayern).

Die Entstehung des Marktes Wolfratshausen unter der Burg erfolgte im 13. Jh. Ein „Alter Markt“ befand sich auf der Anhöhe nordwestlich des heutigen Marktes. Marktgründer und Marktherren waren die Grafen von Dießen-Andechs, nach ihrem Aussterben 1248 die Herzöge von Oberbayern. Das Wolfratshauser Marktrecht fußt auf dem Münchner Recht. Die Erhebung zur Stadt erfolgte per Dekret erst im Jahr 1961.

Bei der Neuordnung der Rentämter im Herzogtum Baiern nach dem Kölner Spruch von 1505 wurde das bislang zum Gericht Pähl gehörende Gebiet zwischen der Loisach und dem Würmsee (Starnberger See) dem Gericht Wolfratshausen zugeschlagen. Der sehr umfangreiche Gerichtsbezirk reicht auf dem linken Isarufer bis an den Rand des Erdinger Mooses. 1319 wurde davon die Grafschaft Ismaning an das Hochstift Freising abgetreten. Aus verwaltungstechnischen Gründen ist dann 1612 noch das Gericht ob der Au vor den Toren Münchens neugebildet und gebietsmäßig aus dem Landgericht Wolfratshausen ausgegliedert worden. Zum Gericht Wolfratshausen gehörten auch die aus der Vogtei über das Benediktinerkloster Tegernsee entspringenden Rechte, wie z. B. die Vogtschranne zu Warngau oder die Zölle an Isar und Loisach sowie am Achenpaß bei Kreuth. Bürgermeister und Rat von Wolfratshausen bemühten sich zwar seit dem Ende des 18. Jh. um die Anerkennung eines eigenen Marktgerichts mit Niedergerichtsbarkeit, doch gelang es ihnen letztlich nicht, da der kurfürstliche Landrichter in Personalunion zugleich diese Funktion ausübte.

Profanbau

Dem Adelsgeschlecht der Winzerer gehörte früher das stattliche Eckhaus an der Marktstraße 59 in Bad Tölz. Bauherr war Kaspar II. Winzerer. Einem Datum im Giebel des Hauses zufolge soll es im Jahr 1485 fertiggestellt worden sein. Das Wappen der Winzerer ist am Erker aufgemalt. Der Besitz kam 1542 durch Einheirat in den Besitz der Thorer. Im Inneren des Hauses sind noch einige Bauteile aus der Erbauungszeit vorhanden.

Ansicht des ehem. Schlosses in Wolfratshausen, Kupferstich nach Michael Wening, um 1703

Im Jahr 1906 lieferte Gabriel von Seidl Entwürfe zur Neugestaltung der Fassaden. Nach ihnen malte dann Martin Herz das große Wandbild nach der Hindenburgstraße zu, das den Gekreuzigten zwischen Hans Jörg von Thor und seiner Gemahlin Maria Winzerer zeigt. Sie stammte aus der zweiten Ehe von Kaspar III. Winzerer, die dieser mit Ursula von Bubenhofen eingegangen war.

Auch das Weinhaus Höckh in der Marktstraße 41 von Bad Tölz geht im Kern noch auf die Spätgotik zurück. Es soll nach dem großen Marktbrand von 1453 erbaut worden sein. Im 15. Jh. befand es sich im Besitz der Familie Heigl und gelangte 1575 durch Einheirat an Thomas Höckh. Herzog Wilhelm V. von Baiern verlieh ihm 1581 Wappen und Siegel.

Burgen- und Schloßbau

Dieser Untergruppe des Profanbaus muß hier ein eigenes Kapitel eingeräumt werden. Stolze, wehrhafte Burgen gab es früher einmal sowohl in Tölz als auch in Wolfratshausen. Das rührt daher, daß der Ursprung dieser ehemaligen Marktorte auf die Herrschaft bedeutender Adelsfamilien zurückzuführen ist. Fangen wir hier mit der Beschreibung der mittelalterlichen Burganlage von Wolfratshausen an.

Marktgründer und Marktherr von Wolfratshausen war das mächtige Dynastengeschlecht der Grafen von Dießen-Andechs. Graf Otto I., aus einer Seitenlinie dieses Geschlechts, soll um 1100 die Burg über dem Markt Wolfratshausen erbauen haben lassen. Nach dem Aussterben dieser hochadeligen Familie – ihr letzter Sproß war der streitbare Bischof von Regensburg, Graf Heinrich I. von Wolfratshausen – fiel die Grafschaft an das Stammhaus der Grafen von Dießen-Andechs zurück.

Bei den kriegerischen Auseinandersetzungen der Andechser mit den baierischen Herzögen im 12. und 13. Jh. spielte die wehrhafte Burg zu Wolfratshausen eine wichtige Rolle, wurde aber mehrfach eingenommen, gebrochen und schließlich doch wieder aufgebaut. Mit dem Tod des letzten Andechser Grafen Otto VIII. fiel das ganze Gebiet der Grafschaft mitsamt der Burg und dem Markt Wolfratshausen, der erstmals 1280 urkundlich Erwähnung findet, an die Herzöge von Oberbayern. Fortan war Wolfratshausen Sitz des herzoglichen Pflegers und Landrichters. Eine Pulverexplosion, gezündet durch Blitzschlag, zerstörte schließlich im Jahr 1734 die Schloßgebäude, deren Ruinen dann nach und nach abgetragen wurden.

Auf dem Kupferstich von Michael Wening aus dem Jahr 1701 können wir noch recht gut den Baubestand der Burg zu Wolfratshausen erkennen. Etwa parallel zum Isarhang stand früher ein zweigeschossiges, langgestrecktes Gebäude mit steilem Satteldach. Drei Erker waren der Ost-, also der Flußseite zugewandt. Eine Schildmauer verband dieses Gebäude mit dem zinnenbekrönten Bergfried an der Südseite der Burganlage. Ein Gebäude mit Krüppelwalm diente als Torbau und stand an der Holzbrücke über dem tiefen Graben. An der Südwestecke ist außerdem noch ein mittelalterlicher Wehrturmstumpf zu erkennen. Zwischen dem großen Hauptbau und dem Satteldachbau mit Dachreiter – wohl die Schloßkapelle – war an der Nordostecke der Befestigungsanlage noch eine hohe Wehrmauer angeordnet. Die ältere Ansicht der Burg zu Wolfratshausen aus der Zeit um 1585, die sich als Deckenfresko im Antiquarium der Münchener Residenz findet, zeigt in stark reduzierter Darstellungsweise eine ganz ähnliche Anordnung der verschiedenen Gebäudeteile der Burg von Wolfratshausen.

Die ältere Burg des edelfreien Geschlechts der Herren von Tol(e)nze in Tölz soll sich ursprünglich westlich der Pfarrkirche an der Stelle des späteren Metzgerbräus befunden haben. Die Keller dieses Wirtshauses könnten noch ein letzter Rest der Burganlage sein. Nach dem Aussterben der Herrschaftsinhaber 1265 kam die Burg mitsamt dem Herrschaftsgebiet – wohl als heimgefallenes Lehen – an Herzog Ludwig II. von Oberbayern. Fortan diente die Burg als Sitz der herzoglichen Pfleger, d.h. in jenen Zeiten, wenn nicht das Gericht Tölz an die Bischöfe von Freising oder den Ritterorden von Ettal verpfändet war. Diese ältere Burg zu Tölz dürfte wohl bei dem großen Marktbrand von 1453 ein Raub der Flammen geworden sein.

Das jüngere Schloß zu Tölz, so wie es sich auf dem Deckenfresko von Hans Donauer (um 1585) oder auch noch auf dem Kupferstich von Matthäus Merian von 1644 präsentiert, war demnach ein recht stattlicher Bau mit hohem Krüppelwalmdach und zwei Rundtürmen. Das Schloß soll schon ab 1478 bewohnt gewesen sein und wurde im Jahr darauf mitsamt dem Markt und Gericht Tölz an Herzog Sigismund von Österreich verpfändet.

Herzog Wilhelm V. wohnte noch des öfteren im Schloß zu Tölz, das an der Stelle des heutigen Schloßplatzes auf dem Schloßberg stand. Seine Nachfolger sollen jedoch weniger Gefallen an dieser mittelalterlichen Behausung gefunden haben. Zuletzt weilte Kurfürst Ferdinand Maria von Baiern am 14. Mai 1660 zu Gast mit seinem Gefolge. In der Folgezeit verfiel das Schloß aber immer mehr. Am 20. Juli 1770 stürzte es schließlich zum größten Teil ein. Ein Hochwasser des Ellbachs, der im sog. Rehgraben unterhalb des Schloßberges vorbeifließt, soll die Ursache für den Einsturz gewesen sein.

Auch der Adel besaß in den Gerichtsbezirken von Tölz und Wolfratshausen wehrhafte Burgen, Schlösser oder nur schlichte Edelsitze, die z.T. noch aus Holz gezimmert waren.

Im Gericht Tölz befand sich lediglich die Hohenburg mit der Hofmark Lenggries. Auf dem Holzschnitt Jost Amanns erkennen wir zwei mächtige Ecktürme von quadratischem Grundriß, zwischen denen eine hohe Wehrmauer eingespannt ist. Die Wohngebäude waren wohl an die Außenmauern der Burg angebaut und dem Innenhof zugekehrt. Man kann sich gut vorstellen, daß die wehrhafte Burg auf dem hohen steil abfallenden Burgberg für jeden Feind bei der Belagerung nur schwer einnehmbar war. Die 1707 abgebrannte Burganlage wurde nicht wieder aufgebaut. Statt dessen hat man dann in den Jahren zwischen 1712 und 1718 das heutige Schloß etwa 300 Meter weiter westlich errichtet. Hohenburg gehörte um 1540 Wolf von Schellenberg. Von 1566 bis etwa 1880 war es dann Stammsitz der angesehenen adeligen Beamtenfamilie der Herwarth (Hörwart), die ursprünglich aus Augsburg stammte.

Im großen Gerichtsbezirk von Wolfratshausen gab es natürlich ebenfalls eine größere Zahl von Burgen, Schlössern und Edelsitzen des Adels. In der altbairischen Landtafel von etwa 1470 werden hier folgende Niedergerichtsbezirke aufgeführt:

Erasmus und Eberhard die Thorer zu Eurasburg
Herr Hanns von Thor zu Hornstein
Sebald Eglinger zu Harmating
Ulrich Adelzhofer der Jüngere zu Schwärzenbach
Christoph Landsiedler zu Humbach
Hanns Stöckel zu Rottbach
Georg Taufkirchner zu Tegernsee
Hanns Taufkirchner zu Taufkirchen
Caspar und Heinrich die Höhenkircher zu Königsdorf
Peter Michlspeck und sein Sohn zu Reichersbeuern
Georg Fueßstainer zu Dingharting
Hanns Padein zu Ascholding
Friedrich Aichstetter zu Sauerlach
Martin Pichler zu Arget
Georg Türndl zu Mühlberg und
Ulrich Spiegl (zu Wolfratshausen).

Ansicht der ehem. Hohenburg bei Lenggries, Holzschnitt von Jost Amman, erschienen 1568 in Philipp Apians Landtafeln

Außer den Märkten Wolfratshausen und Holzkirchen zählten auch noch das Klostergericht Tegernsee sowie die Klosterhofmarken Beuerberg, Dietramszell und Schäftlarn zum Gerichtsbezirk Wolfratshausen. Mit einem Wort: Tölz war ein sehr kleines und Wolfratshausen ein sehr großes Gericht.

Im Mittelalter muß auch Reichersbeuern eine wehrhafte Veste gewesen sein; sie wird erstmals 1350 urkundlich erwähnt. Die Hofmark mit Niedergerichtsbarkeit war später mit Sachsenkam verbunden und meist im Besitz bedeutender Adelsfamilien. Das Aussehen der Burg in der Zeit um 1563 vermittelt uns ein Holzschnitt von Jost Amann. Es war demnach eine wohl von allen Seiten mit hohen Mauern oder Gebäudeteilen eingefaßte Burganlage mit drei runden eingebauten Ecktürmen und einem hohen Bergfried. Die Schloß-

Ansicht von Tölz, Kupferstich nach Matthäus Merian, um 1700

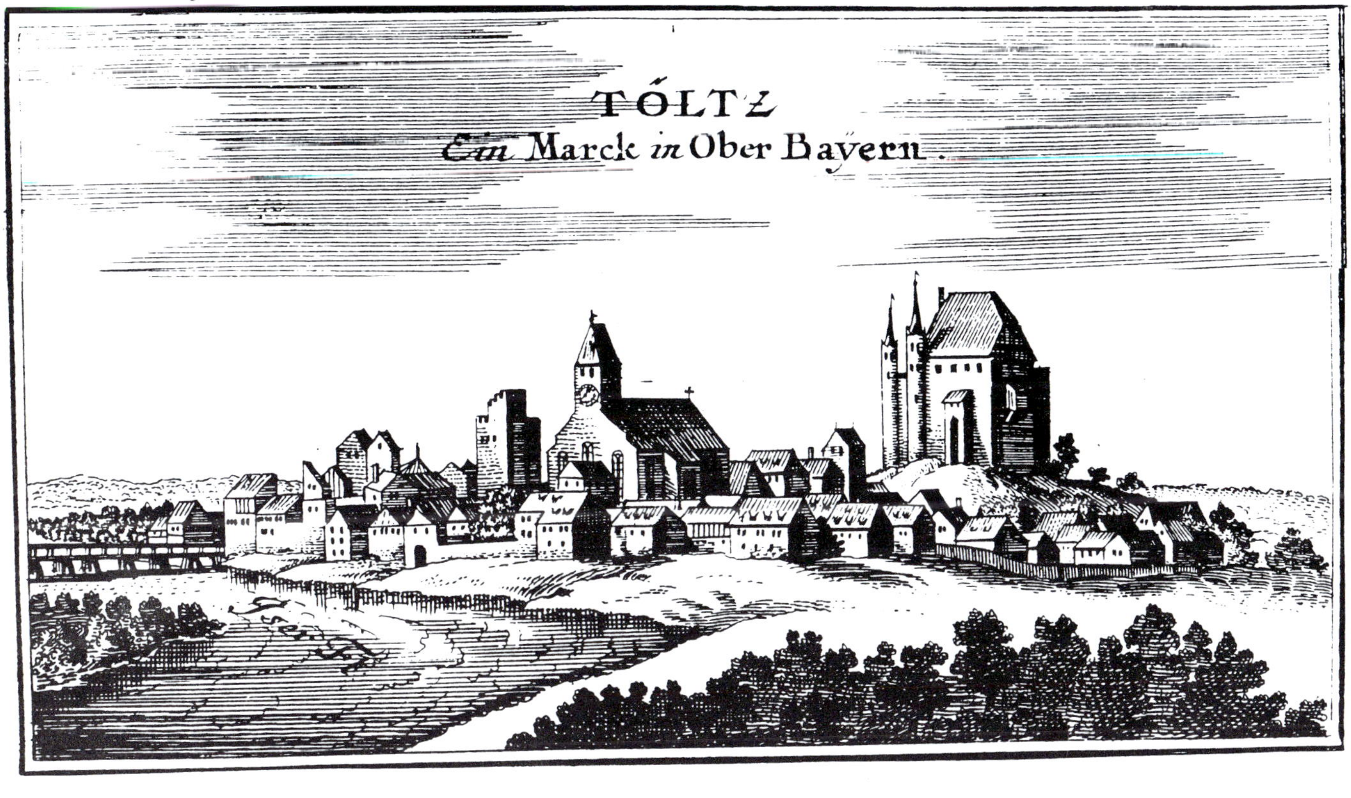

Ansicht von Schloß Reichersbeuern, Holzschnitt von Jost Amman, erschienen 1568 in Philipp Apians Landtafeln

kapelle ist heute noch vorhanden. Bis ins 18. Jahrhundert war das Schloß Reichersbeuern mit einem Wassergraben umgeben. Bemerkenswert ist hier ein dem hl. Martin geweihter Renaissance-Altar in der Schloßkapelle mit dem Allianzwappen von Pienzenau/von Closen. Besondere Beachtung verdienen jedoch vor allem die guterhaltenen spätgotischen Innenräume mit den geschnitzten und verzierten Holzdecken. Wir finden hier die Wappen der Tänzl von Tratzberg sowie der Pienzenauer, und zwar jeweils mit zwei Wilden Männern als Schildhalter.

Die Vesten Hornstein und Eurasburg hatte im Mittelalter lange Zeit das bedeutende Turnieradelsgeschlecht der Thorer in ihrem Besitz. Grabsteine dieser Familie finden sich heute noch in der Pfarrkirche von Deining, wo sich die Grablege der jüngeren Linie zu Hornstein dieses Adelsgeschlechts befand.

Die Burg Hornstein ist längst verschwunden, von Eurasburg, wo die Thorer 1322 durch Einheirat in den uralten Besitz der Iringe (schon seit 833 bekannt) gelangen konnten, ist heute nur noch der Schloßbau der Spätrenaissance erhalten. Nachdem die Thorer 1609 ihren Besitz zu Eurasburg an Herzog Wilhelm V. von Baiern verkauft hatten, ließ dieser die verfallene mittelalterliche Burganlage abtragen und dafür weiter östlich ein neues Schloß – angeblich nach Plänen von Peter Candid – in den Jahren von 1626 bis 1630 errichten. Dieser Schloßbau wurde erst 1976 durch einen Brand bis auf die Außenmauern vernichtet.

In überaus reizvoller landschaftlicher Lage steht Schloß Harmating, das Jahrhunderte hindurch dem Münchener Patriziergeschlecht der Barth gehörte, die sich nach ihrem Besitztum „Barth von Harmating" nannten. In einer Beschreibung der Hofmarken, Edelmannssitze und Sedelhöfe des Gerichts Wolfratshausen von 1567 heißt es: „Harmadting. Ain grosser hocher vieregckheter gemauerter thurn oder behausung, Doctor Jörgen Part und seinen prudern zuegehörig."

Sakralbau

Das älteste und mit Abstand ehrwürdigste Kloster im Tölzer Kreisgebiet ist das von Benediktbeuern, der Tradition nach eine Stiftung der drei „Brüder" Landfrid, Waldram und Eliland, neben denen im frühen Mittelalter noch ein vierter Stifter namens Cundhram genannt wird. Der hl. Bonifatius weihte 740 die erste Klosterkirche. Die „Brüder" gelten auch als die Stifter weiterer Klöster in der Nachbarschaft von Benediktbeuern, so z. B. von Schlehdorf, Wessobrunn und Polling. Die Geschichte des Klosters Benediktbeuern liegt dann bis zum Ungarneinfall von 955 ganz im Dunkel der Geschichte.

Um 970 soll der Priester Wolfold die Ordensniederlassung erneuert haben, die zunächst unter Säkularklerikern stand. Die Einführung der Benediktinerregel erfolgte 1031. Abt Ellinger kam damals mit elf Brüdern aus dem Benediktinerkloster Tegernsee, das kurz zuvor von Niederalteich aus reformiert worden war. Unter Abt Gothelm (1032-1062) kam es dann zu einer lebhaften wissenschaftlichen Tätigkeit im Kloster und zur Translatio der Reliquien der hl. Anastasia. Damals soll auch ein Neubau der Klosterkirche im Gange gewesen sein. Unter der Herrschaft des Abtes Walter fand schließlich am 22. Oktober 1143 die Weihe der neuen Klosterkirche und von drei Altären statt, wobei der Hochaltar zu Ehren der hll. Benedikt und Ulrich, der Altar hinter dem Hochaltar zur Ehre der hl. Anastasia und außerdem noch ein Altar zur Ehre des hl. Papstes Sixtus geweiht wurden.

Vom Jahr 1183 hören wir, daß vier weitere Altäre in der Klosterkirche von Benediktbeuern ihre Weihe erhielten. Der erste zu Ehren der Mutter Gottes, der hll. Jakobus und Scholastika, in welchem auch nunmehr die Reliquien der hl. Anastasia sowie einer Begleiterin der hl. Ursula verwahrt wurden, der zweite zu Ehren des hl. Sixtus, der an eine andere Stelle transloziert worden war, der dritte zu Ehren der hll. Nikolaus und Ägidius sowie der vierte zu Ehren der hll. Maria Magdalena und Oswald. Der Brand vom 10. Februar 1248 zerstörte die Kirche und das Kloster. Schon fünf Jahre später konnten aber am 28. September in der wiederhergestellten Klosterkirche vier Altäre konsekriert werden, und zwar zu Ehren des Hl. Kreuzes, des hl. Johannes Baptist, des hl. Nikolaus und der hl. Maria Magdalena sowie am folgenden Tag noch zu Ehren der hll. Benedikt und Anastasia. An jenem Tag erfolgte auch die Weihe des Oratoriums abbatiale zu Ehren des Erzengels Michael.

Die Klosterkirche blieb aber auch in der Folgezeit nicht von Unheil verschont. Am 4. Februar 1288 stürzte die Klosterkirche ein und am 7. März desselben Jahres fand man im Bauschutt in drei loculis die Leiber der drei Stifter. Die Weihe der daraufhin wiedererrichteten Klosterkirche setzt Meichelbeck in seiner Chronik des Klosters Benediktbeuern für das Jahr 1291 an.

Einen tiefen Einschnitt in der Klostergeschichte bedeutete der große Brand vom 11. Mai 1490, wo der Überlieferung nach das ganze Kloster Benediktbeuern ein Raub der Flammen wurde. Der tatkräftige Abt Narziß Paumann ging sofort an die Wiederherstellung. Noch im selben Jahr konnte er wenigstens die St.-Leonhards-Kapelle, die man später zum Hl. Kreuz nannte, wiederherstellen lassen. Im Jahr 1492 waren dann auch die übrigen Bauten des Klosters soweit wieder aufgeführt und ausgestattet, so daß sämtliche Brüder, die mittlerweile in anderen Klöstern Zuflucht gefunden hatten, nach Benediktbeuern zurückkehren konnten. Die Klostergebäude waren nun nicht mehr aus Holz gezimmert, sondern aus Ziegelsteinen aufgemauert. Auch die Klosterkirche ging 1492 ihrer Vollendung entgegen. 1517 legte man schließlich den Grundstein zur neuen Pfarrkirche in dem nahen Dorf Laimgruben und ließ 1606 zu Ehren der hl. Anastasia eine eigene neue Kapelle errichten.

Das Kloster Dietramszell, ein Augustinerchorherrenstift, war ebenfalls einstmals ein wichtiger kultureller Mittelpunkt. 1098 gründete hier der Tegernseer Mönch Dietram eine Zelle bei Eglingerfurt, die man aber schon bald wegen Wassermangels weiter nach Westen an den heutigen Standort von Dietramszell verlegen mußte. Hier entstand dann eine dem hl. Martin geweihte Kapelle mit einem Kloster, auf das 1147 der Name des Gründers überging.

Die Klosterbauten von Dietramszell sollen das Mittelalter gut überstanden haben. Erst im Dreißigjährigen Krieg drangen schwedische Kriegsvölker auch in die Abgeschiedenheit des Zeller Walds vor und suchten das in einer Talsenke versteckt liegende Kloster heim. Sie plünderten und raubten, dann steckten sie die Gebäude in Brand. Im Jahr 1636 waren aber die Klosterbauten bereits notdürftig wiederhergestellt.

Im alten Gerichtsbezirk von Wolfratshausen verdient natürlich auch das Kloster Beuerberg besondere Beachtung. Es wurde um 1120 von Otto von Iringesburg (= Eurasburg) und dessen Brüdern Konrad und Eberhard zum Gedenken an ihren Vater Albert, der als Gefolgsmann Heinrichs IV. im Bann gestorben war, bei der Cella Buribergensis des Einsiedlers Heinrich, der später auch der erste Propst des Augustinerchorherrenstifts Beuerberg wurde, gegründet. Die päpstliche Bestätigung durch Calixt II. erfolgte 1121.

Aber auch noch des ehem. Augustinerchorherrenstifts Schlehdorf muß hier gedacht werden. Es wurde zwischen 732 und 740 als Benediktinerkloster unter dem Patrozinium des hl. Dionysius von der bayerischen Uradelssippe der Huosi gegründet. 772 erfolgte dann unter Abt Atto eine Änderung des Patroziniums, da er von Papst Hadrian I. die Reliquien des römischen Märtyrerpriesters Tertulin erhielt. Arbeo und Atto, die ersten Äbte von Schlehdorf, wurden später Bischöfe von Freising. Das Kloster Schlehdorf war dann in der Folgezeit bischöflich-freisingisches Eigenkloster, das durch Bischof Otto I. von Freising wieder zu neuem Leben erweckt und nun mit Augustinerchorherren besetzt wurde.

Schließlich bedürfen hier aber auch noch zwei weitere kleinere Klöster kurz der Erwähnung. 1624 erfolgte die Stiftung des Franziskanerklosters in Bad Tölz, und zwar auf dem linksseitigen Isarhochufer gegenüber der Tölzer Pfarrkirche.

Baugeschichtlich bedeutender ist das Kloster Reutberg bei Sachsenkam auf einem Hügel über dem flachen Moor des nahegelegenen Kirchsees. Der Gebäudekomplex mit der Klosterkirche wurde auf dem eigens zu diesem Zweck gerodeten Hügel, dem „Reutberg", errichtet, auf dem zuvor schon seit 1606 eine Loretokapelle gestanden hatte. Im Jahr 1615 stifteten der Hofmarksherr von Reichersbeuern, Graf Johann Jakob Papafava, und seine Gemahlin Anna, geb. von Pienzenau, hier das Kapuzinerinnenkloster Reutberg.

Die bedeutendste spätgotische Kirche im Kreisgebiet ist zweifellos die Tölzer Pfarrkirche Mariä Himmelfahrt; sie wurde nach dem Brand von 1453 erbaut. Eine Jahreszahl im Chor, 1494, bezog sich auf den Abschluß der Chorwölbung. An der Nordostseite des Chorhaupts wurde später noch die 1513 von Kaspar II. Winzerer. gestiftete Kapelle angefügt. Die dreischiffige Hallenkirche zu vier Jochen mit überhöhtem Mittelschiff, eingezogenem Chor mit Fünfachtelschluß und eingebautem Westturm wurde 1612 teilweise umgestaltet und schließlich in den Jahren nach 1854 im Stil der Neugotik überformt. Der neugotische Turmbau von 1876/77 verdrängte den spätgotischen Satteldachturm.

München, Bayer. Staatsbibliothek, Kloster Benediktbeuern von Norden, 1594

Reutberg, Ansicht des Klosters von Südwesten

Die noch erhaltenen spätgotischen Landkirchen sind meist recht schlicht im Grundriß und in der baulichen Ausführung. Bemerkenswert ist hier vor allem der Typus der „Chorturmkirche" im nördlichen Teil des Tölzer Kreisgebiets. Charakteristische Beispiele liefern hierfür die Kirchen von Neufahrn bei Egling und, jenseits der Landkreisgrenze, die Kirchen von Großdingharting und Oberhaching bei Deisenhofen. In Linden ist andererseits der heutige Westturm der Kirche einstmals ihr Chorturm gewesen, wobei sich das Langhaus weiter westlich anschloß.

Den Namen eines spätgotischen Baumeisters (Werkmeisters) erfahren wir durch eine am Chorbogen der kath. Filialkirche von Rampertshofen aufgemalte Inschrift. Hier hat sich ein „Maister Gaspar" im Jahr 1472 durch seinen Namenszug verewigt. Der schlichte Kirchenbau besitzt einen eingezogenen Chor mit dem üblichen Fünfachtelschluß.

Lochen, kath. Filialkirche St. Magdalena, Bauinschrift über dem Chorbogen

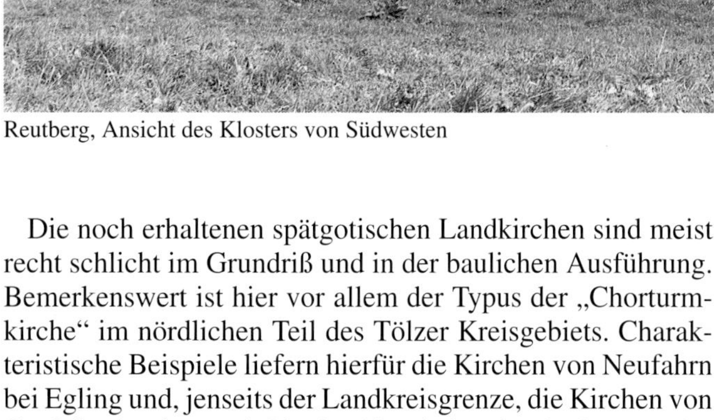

Baugeschichtlich interessanter ist da schon die kath. Filialkirche St. Magdalena in Lochen. Auch hier am Chorbogen eine Meisterinschrift, wir lesen: Thoman Gugler. Dabei das Steinmetzzeichen des Meisters und daneben auf einem aufgemalten Täfelchen die Jahreszahl „1520" sowie ein beigefügter Wappenschild, geteilt, mit drei Sternen belegt, darunter zwei gekreuzte Beile und die beigefügten Großbuchstaben B:M. Sie dürften sich wahrscheinlich auf den Zimmermeister des Dachstuhls beziehen.

Die Gugler waren eine im oberbayerischen Voralpenland weitverzweigte Baumeisterfamilie. Wir kennen von ihr Meister Michel Gugler, Baumeister zu Tölz (urk. 1462 und 1463). Sein gleichnamiger Sohn erscheint 1479 am Bau der Kirche von Schaftlach, Lkr. Miesbach. Die andere Linie dieses Baumeistergeschlechts geht auf Alex Gugler zurück, der am Schifferstein in Tegernsee zu Hause war und urkundlich für die Zeit zwischen 1462 und 1468 faßbar wird. Er war mit am Bau der Kirche von Schaftlach tätig. 1498 führte er das Sakramentshaus in der Klosterkirche von Benediktbeuern aus. Jörg Gugler (urk. 1472-1478) war sein (wohl jüngerer) Bruder, der vielfach mit diesem zusammen an Bauten für das Kloster Tegernsee tätig war. Darüber hinaus besaß Alex Gugler auch noch einen Sohn Thoman Gugler (urk. 1481-1520), dem wir, durch Bauinschrift belegt, den Kirchenbau von Lochen zuschreiben dürfen.

Wandfresken

Von überregionaler Bedeutung ist der bemerkenswert gut erhaltene Freskenzyklus in der kath. Filialkirche zur Schmerzhaften Muttergottes in Linden. Vom früheren mittelalterlichen Kirchenbau ist hier nur mehr der ehem. Chorturm erhalten geblieben. Dies ist der jetzt westlich an den späteren Kirchenbau angefügte Kirchturm. In seinem kreuzrippengewölbten Untergeschoß – nunmehr die Vorhalle der Kirche – haben sich Wand- und Deckenfresken aus der Zeit zwischen 1400 und 1440 erhalten. Gemäß dem Patrozinium des Gotteshauses finden wir hier Szenen aus dem Marienleben. Im Gewölbe sind die vier Evangelisten mit ihren Symbolen aufgemalt und an den Wänden erkennt man: (östlich) die Verkündigung an Maria, (südlich) die Geburt des Kindes und die Darstellung im Tempel, (westlich) die Anbetung der Könige und (nördlich) den Tod Mariens. In den Fenstergewänden treffen wir (östlich) die hll. Margaretha und Katharina, (südlich) die hl. Veronika mit dem Schweißtuch Christi und in der Chorbogenlaibung die klugen und die törichten Jungfrauen an.

Es stellt sich natürlich die Frage, warum sich gerade an dieser Stelle im Turmuntergeschoß solch schöne Fresken finden? Sie ist leicht zu beantworten, wenn man sich die frühere liturgische Handlung an diesem Ort vorstellt.

Das Untergeschoß des Chorturms bildete früher in dieser Gegend stets den Altarraum der Kirche. Anstatt eines geschnitzten Retabels mit gemalten Flügeln gab es im 14. und wohl noch in der 1. Hälfte des 15. Jhs. in den Landkirchen im Altarraum nur einen Altarstein, auf dem wahrscheinlich meist eine Pietà aus Stein oder Holz stand, die in der Regel gefaßt war. Zur besonderen Zierde schmückte man den Altarraum darüber hinaus noch mit Fresken aus, die dem Gläubigen Szenen aus der Passionsgeschichte Christi oder dem Marienleben vor Augen führten. Manchmal fügte man auch noch Heilige oder gar die vier Evangelisten bei. Dieser Bilderzyklus ist manchmal in recht naiver volkstümlicher Darstellungsweise ausgeführt worden, entsprach damit aber dem religiösen Verständnis der damaligen Menschen in ganz vortrefflicher Weise. Wurden die Fresken mit der Zeit durch Verschmutzung oder infolge von Feuchtigkeit unansehnlich oder gar „unmodern", so hat man sie einfach übertüncht und die freiwerdenden Flächen erneut bemalt. Bei Freilegungen findet man so des öfteren mehrere Malschichten übereinander.

In Peretshofen, in der kath. Filialkirche St. Maria, haben sich im Turmuntergeschoß des Chorturms ebenfalls noch mittelalterliche Fresken erhalten, die 1963 freigelegt und restauriert werden konnten. Hier im Altarraum beginnt der Zyklus östlich mit Mariä Geburt, es folgt der Tempelgang Mariens, dann südlich die Vermählung Mariens und die Verkündigung durch den Engel des Herrn, westlich am Chorbogen die Anbetung der Könige sowie noch nördlich der Tod Mariens.

In dieser Bildlegende aus dem Marienleben fehlt heute offensichtlich die Geburt des Kindes. Die Wandfresken dürfen um 1430 zu datieren sein. Einer späteren Ausmalung des Gotteshauses gehören hingegen die Fresken im Chor und Langhaus an; sie sind wohl Ende des 15. Jhs. einzuordnen. Sie sind aber künstlerisch weniger bedeutend und liegen in einer Malschicht über den älteren Wandmalereien aus der Zeit des Weichen Stils.

Linden, kath. Filialkirche zur Schmerzhaften Muttergottes, Verkündigung Mariä, Malerei an der Ostwand des ehem. Chorturms

In Neufahrn bei Egling, in der kath. Filialkirche St. Johannes Baptist, treffen wir auf den dritten bedeutsamen Freskenzyklus der Spätgotik im Tölzer Kreisgebiet. Hier haben sich die wohl ursprünglich auch im Chor vorhanden gewesenen Fresken nicht mehr erhalten. An der östlichen Langhauswand ist dafür ein eindrucksvoller – wenngleich auch stark restaurierter – Freskenzyklus in unserer Zeit wieder freigelegt worden. Er gliedert sich in drei übereinanderliegende Zonen: In der oberen Reihe und in der mittleren Zone sehen wir ein Jüngstes Gericht. Darunter in der unteren Zone eine Schutzmantelmadonna und eine Kreuzigungsgruppe mit den hll. Ursula, Vitus, Barbara, Katharina und Magdalena.

Linden, kath. Filialkirche zur Schmerzhaften Muttergottes, Anbetung der Könige, Malerei an der Westwand des ehem. Chorturms

Neufahrn, kath. Filialkirche St. Johannes d.T., Jüngstes Gericht, Wandmalerei südlich des Chorbogens

In Oberherrnhausen, in der kath. Filialkirche St. Valentin, sind an der nördlichen Langhauswand noch Malereifragmente vom Ende des 15. Jhs. erhalten geblieben. Es handelt sich dabei um einen hl. Vitus im Kerker. Recht naive Wandmalereien finden sich auch im Chor der kleinen kath. Filialkirche von Geilertshausen, hier eine Pietà mit dem hl. Leonhard und einem hl. Bischof. Daneben im nächsten Joch der Kampf des hl. Georg mit dem Drachen.

Nicht übersehen werden dürfen die reizvollen Fresken am Eingang zur Winzererkapelle in der Pfarrkirche von Tölz. Wir erkennen die hl. Anna selbdritt, flankiert von den Pestheiligen Sebastian und Rochus sowie in der Lunette eine Thronende Muttergottes zwischen dem Stifter und seiner Gemahlin, begleitet von den hll. Jakobus d.Ä. und Bartholomäus. Nach Westenrieder sollen die Fresken von dem Münchener Maler Caspar Maleskircher stammen, der ein Sohn des bekannten Malers Gabriel Maleskircher war. Er bekam in dessen Nachfolge den Edelsitz zu Kempfenhausen am Starnberger See zu Lehen. Caspar Maleskirchers Gemahlin Veronika war eine geborene Barth und entstammte einem angesehenen Münchener Patriziergeschlecht, das sich nach Harmating nannte.

Von Interesse sind auch die Wandfresken im Chor der kath. Filialkirche St. Magdalena in Lochen. Hier haben wir eine Schutzmantelmadonna vor uns, gestiftet von Hans Stoln (Reuter zu Stollnreuth) und seiner Gemahlin sowie ein Jüngstes Gericht, gestiftet von Hans Vischer zu Baiernrain. Auch die Auftraggeber der Fresken sind mit ihren Frauen und Kindern dargestellt; es ist ein eindrucksvolles Zeitdokument für die 2. Hälfte des 16. Jhs.

Glasgemälde

Nennenswerte Reste von Glasgemälden finden sich nur mehr in der kath. Stadtpfarrkirche Mariä Himmelfahrt in Bad Tölz. In den jeweils beiden östlichen Fenstern der Seitenschiffe haben sich recht qualitätvolle Glasgemälde des frühen 16. Jhs. erhalten. Sie waren einstmals in einem Chorfenster vereint und wurden 1909 durch Franz Xaver Zettler restauriert und ergänzt. So finden wir nordöstlich eine Darstellung der Verkündigung, darunter das Wappen der Herzöge von Baiern, seitlich davon die hll. Sebastian und Georg, Herzog Albrecht IV. von Baiern (1465-1508) mit dem Evangelisten Johannes sowie Herzog Wilhelm IV. (1508-1550) mit dem hl. Bartholomäus. Darunter sind Löwen mit Inschriften erkennbar.

Südöstlich finden wir in der Mitte eine Monstranz, zu deren Seiten Engel mit Spruchbändern. In der unteren Reihe dagegen einen betenden Stifter und eine betende Stifterin, jeweils beschützt von ihren Schutzpatronen, die sich dem Allerheiligsten empfehlen. In der Mitte dazwischen, ganz unpassend hier eingefügt, die Halbfigur eines (ursprünglich sicher nicht zugehörigen) hl. Bischofs.

Das erstgenannte Glasgemälde war offenbar eine Stiftung des baierischen Herzogshauses, zu deren Herrschaftsgebiet der Markt und das Gericht Tölz gehörten. Denkbar wäre eine Stiftung des Glasgemäldes nach den Verwüstungen des Landshuter Erbfolgekriegs von 1504, wobei Herzog Wilhelm IV. als der eigentliche Auftraggeber zu werten ist.

Kleinere Glasgemälde finden sich noch in der Pfarrkirche von Hechenberg, so eine Wappenscheibe mit dem Allianzwappen des Stifterpaares Oswald Roll und seiner Gemahlin Clara Engelharzhofer von 1491. In Harmating begegnen wir dem Wappen des Münchener Patriziergeschlechts der Barth von Harmating, datiert 1511.

Altäre

Wie in Altbaiern ganz allgemein, so haben sich im Tölzer Kreisgebiet kaum noch komplette Altäre aus der Zeit vor dem Beginn des Dreißigjährigen Kriegs, d.h. vor 1618, erhalten. Wir können hierzu bedauerlicherweise eigentlich nur mehr deren zwei benennen: Der eine, ein Martinsaltar, steht in der Schloßkapelle von Reichersbeuern, der andere – er ist auf das Jahr 1546 datiert – ist in der kath. Filialkirche St. Quirin in Jasberg; ein dritter befand sich früher in der Kirche von Reichertshausen und wird heute im Diözesanmuseum Freising aufbewahrt. Alle Retabel sind natürlich nicht unbeschadet auf uns gekommen, sondern haben im Laufe der Jahrhunderte so manche kleine Veränderung, Ergänzung, Neufassung und Restaurierung über sich ergehen lassen müssen. Doch seien wir dennoch froh, daß uns wenigstens noch diese erhalten geblieben sind. Nicht zu vergessen ist natürlich auch der sehr schöne Verkündigungsaltar in Mörlbach, Lkr. Starnberg, der wahrscheinlich mit den Thorern von Eurasburg in Verbindung zu bringen ist. Wir dürfen hier kurz auf ihn eingehen. Benno Constantin Gantner hat ihm erst in jüngster Zeit eine ausführliche Besprechung gewidmet. Er schreibt:

„Relativ sicher ist, daß der Altar in seiner heutigen ikonographischen Aussage nur noch fragmentarisch erhalten ist. Seitliche Schreinwächter oder Standflügel fehlen, zwei Einzelbilder zum Altar sind noch vorhanden, doch ihre ursprüngliche Zusammenstellung ist unklar. Die Predellenzone, ein zur Wand zurückschwingender Sockelbereich, überragt die Schreinbreite und besitzt außen nach hinten abgeschrägte Enden. Dies könnte auf einen ursprünglichen Nischeneinbau hinweisen. Über diesem Sockel befindet sich der Schrein (200 x 133 x 29), der als Wohnraum mit zwei Fenstern und Gewölbe gestaltet wurde. In diesem Raum kniet die Figurengruppe der Verkündigung; rechts der Engel, links Maria, über dem Schrein erhebt sich ein fialenartiges Astwerk. Auf den beweglichen Flügeln befinden sich die Bilder zum Leben Mariens."

Und weiterhin meint Gantner: „Die hohe Qualität und die für unsere Kunstregion ungewöhnliche Art der Malerei, insbesondere der Bildkomposition, bewegt die Forschung seit längerem.“ Die letzte größere Untersuchung vor Gantner verdanken wir Andrea E. Zwicker-Bois, die Motivbezüge zum Werk von Martin Schongauer und zu Rogier van der Weyden konstatierte. Daß der Meister der Malereien des Mörlbacher Verkündigungsaltars niederländische Vorbilder gekannt hat, ist wohl unbestritten, dennoch war er sicher kein Wanderkünstler, wie es manchmal heißt, sondern ein Münchener Maler, der beispielsweise auch den Katharinenaltar für das Kloster Attel ausführte.

Der Reichersbeurer Martinsaltar ist andererseits, wie eine neuere genaue Untersuchung in den Restaurierungswerkstätten des Bayerischen Landesamts für Denkmalpflege in Gauting ergeben hat, im Laufe der Zeit mehrfach Veränderungen unterworfen gewesen. Die beigefügten Wappen beziehen sich auf Christoph von Pienzenau, den Hofmarks- und Schloßherrn von Reichersbeuern, sowie seine Gemahlin Sophia, die dem angesehenen niederbayerischen Turnieradelsgeschlecht der Closen zu Gern entstammte.

Das Reichertshausener Renaissance-Retabel ist klein und recht schlicht. In der Mitte finden wir hier einen Gnadenstuhl vor.

Mörlbach, Lkr.Starnberg, kath. Filialkirche St. Stephan, Verkündigungsaltar, um 1490

Jasberg, kath. Filialkirche St. Quirin, Hochaltar von 1546

An dem Retabel in Jasberg bei Otterfing ist auffallend das lange Festhalten an dem damals eigentlich längst „unmodern" gewordenen Formengut der Spätgotik. So konservativ präsentiert man sich anderswo in Altbaiern zu dieser Zeit – man bedenke im Jahr 1546! – doch nirgendwo mehr.

Der Jasberger Altar zeigt im Schrein die hll. Quirinus, Katharina und Augustinus. An den Flügeln erkennen wir Darstellungen aus dem Leben des hl. Quirinus, dessen Gebeine in der Klosterkirche von Tegernsee besondere Verehrung gefunden haben. Im einzelnen handelt es sich um folgende Darstellungen: Quirinus vor dem Statthalter Aurelian – Quirinus im Gefängnis – Quirinus wird gegeißelt – Quirinus wird enthauptet.

Die Rückseite des Retabels weist ein Jüngstes Gericht auf. Im Zuge der Restaurierung von 1857 wurde der Altar im Stil der Neugotik überarbeitet und teilweise ergänzt.

Der Altar in der kath. Filialkirche St. Anna in Humbach bei Dietramszell ist natürlich nicht mehr spätgotisch, sondern neugotisch, d.h. er stammt aus dem 19. Jh. Nur mehr die hl. Anna selbdritt im Schrein ist noch alt, Anfang 16. Jh.

Tafelgemälde

Sehr zu beklagen ist das fast völlige Fehlen mittelalterlicher Tafelgemälde im Kreisgebiet. Von den vielen spätgotischen Altären in den Marktkirchen von Tölz und Wolfratshausen sowie in den Landkirchen des Umlandes hat sich praktisch nichts mehr erhalten. Nur in Dorfen bei Wolfratshausen finden sich noch in der dortigen kath. Filialkirche St. Johannes d.T. kümmerliche Reste eines früheren Retabels. Gemeint sind damit zwei Bretter mit fragmentarischen Darstellungen der Wetterheiligen Johannes und Paulus vom Ende des 15. Jhs. Die bemalte Predella des südlichen Nebenaltars der kath. Filialkirche St. Bartholomäus in Walchstadt mit Darstellung der Vierzehn Nothelfer – angeblich aus der Wallfahrtskirche von Aufkirchen am Starnberger See stammend – ist gleichfalls in das Ende des 15. Jhs. zu datieren.

Das bedeutende Tafelgemälde einer Kreuzigung aus dem Benediktinerkloster Benediktbeuern gelangte im Zuge der Säkularisation in bayerischen Staatsbesitz und zählt heute

München, Bayerische Staatsgemäldesammlungen, Kalvarienberg, Meister der Benediktbeurer Kreuzigung, um 1445/50

München, Bayerische Staatsgemäldesammlungen, Maria mit dem Kind, Meister der Benediktbeurer Madonna, 1.Viertel 14. Jh.

zum Bestand der Bayerischen Staatsgemäldesammlungen. Das große Tafelbild wird allgemein in die Zeit um 1430 datiert. Im Jahr 1956 konnte diese weltberühmte Sammlung nach „jahrelangem Werben", wie Ernst Buchner einstmals schrieb, das außerordentlich qualitätvolle Tafelgemälde einer Madonna erwerben, das sich noch vor 1803 im Prälatenzimmer des Klosters Benediktbeuern befunden hatte. Es gehörte zwischenzeitlich zur Sammlung Joseph Thiersch (München), dann zu der von Sepp (München). Die mit Leinwand bezogene Lindenholztafel „Madonna mit Kind" hat das Format von 43,9 x 33,8 cm. Maria hält auf dem linken Arm das Kind, das mit spielerischer Gebärde nach dem großen rotbackigen Apfel in der Hand seiner Mutter greift. Das Antlitz Mariens wird von rötlichblondem Haar gerahmt. Die hohe Stirn verleiht ihr einen hoheitsvollen Gesichtsausdruck. An ihrer Stirnpartie sind Spuren einer aufgesetzten Krone sichtbar, die heute aber fehlt, und unterhalb des Halses erkennt man die Konturen eines einstmals plastisch gearbeiteten Medaillons. Maria – gemalt vor goldenem Hintergrund – ist in ein weites blaues Gewand gehüllt, das mit einem kaminroten Futter versehen ist.

Die Frage nach der Provenienz dieses schönen Bildes konnte bislang noch nicht eindeutig geklärt werden. Man dachte zunächst vor allem an München als dem Sitz der Werkstatt des gesuchten Meisters, und Pinder sprach gar von einem „echt böhmischen Bild". Er sprach sich dafür aus, daß das Tafelgemälde für den Meister die Kenntnis der Breslauer „Schönen Madonna" voraussetzt. Nach neueren Forschungen des Verfassers spricht aber eigentlich viel dafür, daß jener uns noch mit Namen unbekannte Maler, der zugleich Bildschnitzer in Augsburg war und großartige Madonnen aus Ton formte, wie sie sich beispielsweise in Augsburg bei St. Peter am Perlach oder in der Pfarrkirche von Buxheim bei Memmingen finden, auch jenes Brustbild der Muttergottes gemalt haben dürfte.

Der bedeutendste Altar des Mittelalters im Tölzer Kreisgebiet muß zweifellos der Hochaltar der Klosterkirche von Benediktbeuern gewesen sein. Den ehrenvollen Auftrag erhielt der bekannte Münchener Stadtmaler Jan Polack übertragen. Er führte ihn, nach dem großen Klosterbrand vom 11. Mai 1490, wohl in den Jahren zwischen 1492 und 1494 aus. Erhalten hat sich von dem Altar nur mehr die 1494 datierte Predella mit den Darstellungen der Brustbilder der ersten Äbte Landfrid, Waldram und Eliland. Das Tafelgemälde wird heute in den Bayerischen Staatsgemäldesammlungen aufbewahrt (Abb. S. XXXV). Eine Kopie davon, gemalt um 1682/83 von Georg Asam, ist dagegen jetzt im Konventbau zu finden.

Nicht unerwähnt sollte schließlich bleiben, daß das Porträtbild des Benediktbeurer Abtes Narziß Paumann, das sich in der Sammlung Thyssen-Bornemisza (früher Castagnola, Schweiz) befindet, gleichfalls Jan Polack ausführen durfte. Narziß Paumann ist es wohl auch zu verdanken, daß dem Münchener Maler die Ausführung des neuen Hochaltars der

Sammlung Thyssen-Bornemisza, Porträt des Benediktbeurer Abts Narziß Paumann, 1484 von Jan Polack

Benediktbeurer Klosterkirche übertragen wurde. Archivalisch nachweisbar ist, daß Jan Polack auch Seitenaltäre für Benediktbeuern ausgeführt hat, so 1495 den Sebastiansaltar, 1496 den Innozenzaltar und 1497 ein Tafelbild für den Sixtusaltar.

Vom früheren spätgotischen Choraltar der kath. Pfarrkirche St. Jakobus in Lenggries haben sich noch die Sitzfigur eines hl. Jakobus im dortigen Gotteshaus sowie in der Marienkapelle, die dicht daneben steht, zwei Tafelgemälde erhalten, die Szenen aus der Vita und Leidensgeschichte des hl. Jakobus bringen. Berthold Riehl hat sie im Kunstdenkmälerinventar für das Bezirksamt Tölz, das 1895 im Druck erschienen ist, recht ausführlich und wohl auch ganz zutreffend beschrieben, so daß wir ihn hier zitieren dürfen:

„Im Chor der Marienkapelle sind zwei Gemälde auf Holz (Altarflügel) um 1500 entstanden, 1,75 m hoch, 0,82 m breit, im oberen Abschluß zeigen sie spätgotisches Ornament in Gold mit schwarzer Zeichnung ausgeführt. Das erste stellt dar die Enthauptung des hl. Jakobus. Im Vordergrunde kniet betend Jakobus, hinter dem der Richter mit dem Schwert steht, neben diesem rechts zwei Männer, welche den Jakobus verhöhnen, links einer, der sein Schwert in der Scheide stecken hat. Hintergrund einfache Landschaft, durch einen Fluß und See belebt, in derselben links ein Haus, in dem ein Mann und eine Frau bei Tische sitzen; zwei junge Pilger verlassen dieses Haus, dem einen steckt die Frau ein Päckchen in die Pilgertasche.

Das Bild, das sehr stark gelitten und infolgedessen eine starke Restauration erfahren hat, ist eine mäßige Arbeit der oberbayerischen Schule."

Und Berthold Riehl meint weiterhin: „Das zweite Bild stellt dar, wie die Leiche des hl. Jakobus von zwei wüthenden Stieren, die auf Geheiß der Schüler des Apostels ruhig den Wagen ziehen, nach dem Schloße der Gräfin Lupa in Spanien gebracht und dort im Schloßhofe beigesetzt wird."

Der hl. Jakobus der Ältere, der Bruder des Apostels Johannes, wurde um Ostern des Jahres 44 n. Chr. in Jerusalem enthauptet. Seine Gebeine gelangten nach der Eroberung Jerusalems im 7. Jh. nach Santiago de Compostela in Nordspanien. Der Ort wurde im Mittelalter zu einem überaus beliebten Wallfahrtsort, zu dem auch Pilger aus Altbaiern kamen. Die Lenggrieser Tafelgemälde werden auf Anfang des 16. Jhs. datiert und dürften der Werkstatt des Münchener Stadtmalers Jan Polack zuzuschreiben sein.

Kulturhistorisch enge Beziehungen zu Wolfratshausen weist der Verkündigungsaltar in der kath. Filialkirche St. Stephanus in Mörlbach auf. Er scheint sich ursprünglich in der heute nicht mehr vorhandenen Schloßkapelle von Bachhausen befunden zu haben. In diesem Zusammenhang interessiert uns vor allem das an diesem Altar vorkommende Tafelbild „Flucht aus Ägypten". Es ist an der Innenseite des linken Flügels zu sehen und zeigt im Hintergrund eine Flußlandschaft des bayerischen Voralpenlandes. Die Ansicht der Burg auf dem Berg und der Ansiedlung am Flußufer zeigt Ähnlichkeit mit Wolfratshausen, so wie es im letzten Viertel des 15. Jhs. ausgesehen haben mag. Zu beachten auch die beiden Flüsse, die hier zusammenfließen, wohl Isar und Loisach. Am rechten Flußufer erkennt man außerdem ein angelandetes Floß.

Lenggries, kath. Friedhofskapelle Maria Hilf, Enthauptung des hl. Jakobus d.Ä., Werkstatt von Jan Polack, um 1515

Figürliche Gruppen und Reliefs

Spätgotische figürliche Gruppen haben sich im Tölzer Umland nur ganz vereinzelt erhalten. Dies gilt auch für Reliefs, die einstmals oft die Seitenflügel eines Retabels zierten. Zu nennen wäre hier eigentlich nur ein beschnittenes, fragmentiertes Ölbergrelief in der Kapelle St. Petrus in Abrain bei Kirchbichl und ein Marientod im Franziskanerkloster von Bad Tölz.

Mörlbach, Lkr.Starnberg, kath. Filialkirche St. Stephan, Verkündigungsaltar, Flügel mit Darstellung der Flucht nach Ägypten, um 1490

Eine Kuriosität ist die Jahreszahl „1433" auf einem Pietà-Relief in der kath. Filialkirche St. Johannes d. T. in Fischbach bei Tölz. Die angebrachte Jahreszahl ist sicher auf eine Verschreibung anläßlich einer späteren Restaurierung zurückzuführen, wobei der Kirchenmaler die Jahreszahl nicht mehr richtig entziffern konnte und dann einfach „1433" aufmalte. Dem stilistischen Befund nach müßte hier vielmehr richtig „1533" stehen.

Einzelfiguren

Man muß sich im klaren darüber sein, daß die meisten Heiligenfiguren aus Holz, die man heute vielfach beziehungslos längs den Innenwänden einer Kirche aufgereiht findet, ursprünglich zu einem Retabel auf dem Hochaltar oder auf einem Seitenaltar in diesem Gotteshaus gehörten. Wir dürfen jedoch froh sein, daß sich wenigstens noch dieser letzte Rest der ursprünglichen mittelalterlichen Kirchenausstattung erhalten hat. Meist sind die Heiligenfiguren in späterer Zeit roh gefaßt, manchmal gar in der Barockzeit überschnitzt oder im Attribut verändert worden. Die zu den Retabeln zugehörigen Altarflügel, die meist bemalt waren oder an der Innenseite geschnitzte Reliefs aufwiesen, fehlen hingegen heute fast immer. Die Farbschichten auf den Tafelgemälden haben sich in den feuchten und ungelüfteten Kirchenräumen im Laufe der Jahrhunderte oft vom Malgrund abgelöst und so wurden die Gemälde in ihrem äußeren Erscheinungsbild mit der Zeit immer unansehnlicher. Da man sich die Mühe einer fachmännischen Restaurierung nicht unterziehen wollte, und zumal sicher auch die hohen Kosten dafür gescheut hätte, warf man sie meist aus Anlaß der Einbringung einer neuen Innenausstattung der Kirchen einfach weg. So sind sie für alle Zeit vernichtet.

Aus der romanischen Stilperiode gibt es nur mehr ganz wenige Beispiele im Tölzer Kreisgebiet. Ein Kruzifix am Altar der Friedhofskapelle Hl. Kreuz in Schlehdorf soll noch romanisch sein. Die derbe volkstümliche Art der Ausführung läßt jedoch Zweifel aufkommen, ob es sich hierbei nicht vielmehr um eine Replik aus späterer Zeit handelt. Dem Kruzifix könnte ein älteres, heute vielleicht verlorengegangenes Vorbild aus romanischer Zeit, das beim Volk besondere Verehrung genoß, wie z.B. das bekannte Forstenrieder Kreuz, als Vorlage gedient haben.

Mehr Vertrauen für eine zeitgemäße Ausführung darf man wohl dem kleinen frühgotischen Kruzifix in der Sakristei der kath. Pfarrkirche von Sachsenkam entgegenbringen, das heute zwischen zwei kleinen spätgotischen Figuren der hll. Maria und Johannes seine Aufstellung gefunden hat. Also wohl noch 14. Jh., immerhin, und recht beachtlich für die ländliche Gegend am Alpenrand um Tölz.

Edel, ja man kann fast sagen von höfischer Vornehmheit, dagegen eine Hausmadonna des 14. Jhs. in Zwergern am Walchensee, und zwar in Privatbesitz. Die Provenienz ungeklärt, doch sicher nicht ursprünglich aus der Tölzer Gegend stammend. Derb, fast grobschlächtig, andererseits eine Pietà in der kath. Filialkirche zur Schmerzhaften Muttergottes in Linden. Angeblich noch 14. Jh., doch man hat Mühe solch einer Datierung die schuldige Anerkennung zu zollen. Der volkstümliche Charakter spricht eigentlich mehr für eine zeitliche Verspätung, wohl 15. Jh., eine genauere Fixierung der Entstehungszeit ist aber kaum möglich.

Ein sehr erfreulicher Anblick dagegen die hoheitsvolle Statue einer Stehenden Madonna im nördlichen Seitenaltar der kleinen kath. Filialkirche St. Andreas in Geilertshausen bei Egling. Das Patrozinium der Kirche, wie gesagt St. Andreas. Eine entsprechende spätgotische Andreasfigur ist dort auch noch als Mittelfigur des Choraltars vorhanden. Doch wie dann der frühere Zusammenhang?

Für einen Seitenaltar dieser kleinen Filialkirche ist die stattliche Marienfigur viel zu groß und zu monumental. Sie entspricht vielmehr in ihren Abmessungen der Mittelfigur eines Hochaltars mit einem Drei-Figuren-Schrein, also einem sog. Triptychon. Man geht wohl in der Annahme nicht fehl, wenn man davon ausgeht, daß die Marienfigur erst in späterer Zeit in das Gotteshaus von Geilertshausen gelangt ist.

Die Geilertshauser Madonna beschreibt Berthold Riehl 1895 in seinem Kunstdenkmälerinventar für das Bezirksamt München II mit folgenden Worten:

„Linker Seitenaltar, Mitte des 17. Jhs.; in demselben Maria stehend, in der Rechten das Szepter, in der Linken das Kind, das mit beiden Händen einen Apfel hält. Die treffliche

Zwergern, Privatbesitz, Muttergottes, 14. Jh.

In der Franziskanerklosterkirche von Bad Tölz bemerkt man beim Eintritt in das Gotteshaus am südlichen Seitenaltar eine Stehende Muttergottes mit Kind. Die Figur kann hier nicht autochthon sein, denn die hiesige Klostergründung ist erst 1624 erfolgt. Woher mögen die Patres sie mitgebracht haben?

Bemerkenswert ist, daß auch der berühmte Bildschnitzer Erasmus Grasser im Tölzer Kreisgebiet mit einer Arbeit vertreten ist. In seiner Werkstatt wurde die Hochaltarfigur des hl. Valentin für die kath. Pfarrkirche von Endlhausen ausgeführt, oder besser gesagt, geschnitzt. Um 1490 sollte man meinen. Die Figur war natürlich einst Bestandteil des Hochaltars dieser Kirche, alle übrigen Teile des Altars sind aber offenbar leider verlorengegangen.

Einzelfiguren der 2. Hälfte des 15. Jhs. nehmen in den Landkirchen zwar der Zahl nach zu, doch ihre Qualität bleibt meist unter dem Niveau vergleichbarer Holzskulpturen in anderen altbairischen Kirchen. Man spürt deutlich das Fehlen tüchtiger einheimischer Werkstätten, sei es in Tölz oder in Wolfratshausen.

Erwähnenswert vielleicht eine hl. Maria Magdalena in Lochen, die hll. Wolfgang und Margaretha in Bichl, eine hl. Elisabeth in Siegertshofen und noch aus der Zeit um 1500 die

Geilertshausen, kath. Filialkirche St. Andreas, Muttergottes im nördlichen Seitenaltar, Mitte 15. Jh.

bemalte Holzfigur biegt stark nach der linken Seite aus, sie ist eine sehr interessante Arbeit der ersten Hälfte des 15. Jhs."

Die Datierung bedarf wohl einer kleinen Korrektur: Mitte 15. Jh. soll hier eigentlich die Datierung von Riehl lauten! Daß die Geilertshauser Madonna „vortrefflich" ist, wird man dagegen sicher nicht in Abrede stellen wollen.

Eine Sitzmadonna in Lochen, im Stil der Mitte des 15. Jhs., ist recht grob geschnitzt und ausgesprochen volkstümlich im Charakter, so daß auch hier eine genaue Datierung Probleme macht. Auf jeden Fall werden wir mit einer zeitlichen Verschiebung von etwa zwanzig Jahren gegenüber dem Zeitstil zu rechnen haben. Merkwürdig unproportioniert die Thronende Madonna in der Filialkirche St. Anian in Irschenhauen bei Icking im Isartal. Die Figur war früher in einem Raum über der Sakristei untergebracht, ist jedoch jetzt an der Nordinnenwand des Langhauses aufgestellt worden. Die Datierung im Dehio-Kunstführer: Letztes Viertel 14. Jh. Gleich nebenan in Icking, in der Kirche Hl. Kreuz, die etwa halblebensgroße Holzfigur von Christus am Kreuz, derb und volkstümlich, wohl nicht mehr 14. Jh., wie es dazu im Kunstdenkmälerband heißt, so doch wohl noch 1. Hälfte 15. Jh.

Endlhausen, kath. Pfarrkirche St. Valentin, hl.Valentin im Hochaltar, um 1490 von Erasmus Grasser

Jahr 1503 der unglückselige Landshuter Erbfolgekrieg. Kaiser Maximilian I., der Schwager von Herzog Albrecht IV., der in München residierte, mischte sich in den Konflikt ein und besetzte Kufstein. Den Schloßhauptmann Hanns von Pienzenau ließ er voll Ingrimm nach Einnahme der dortigen Feste einfach enthaupten. Das Land stand weithin im Aufruhr und überall dort, wo die Kriegshorden hinkamen, hinterließen sie Verwüstung, Not und Elend. Im Kölner Spruch vom Jahr 1505 wurde schließlich der Zwist beigelegt. Die Herzöge von Bayern-München verloren ihre wichtigen Ämter und Gerichte Kufstein, Rattenberg und Kitzbühel an den Kaiser, der damit sein Herrschaftsgebiet in Tirol abrunden und vor allem die einträglichen Bergwerke an sich bringen wollte. Das Tölzer Hinterland jenseits der Berge war dadurch mit einem Schlag zum „Ausland“ geworden. Wäre nicht noch die einträgliche Flößerei mit Bauholz, Stein- und Kalklieferungen für die mächtig aufstrebende Stadt München gewesen, wo der Landesherr residierte, dann wäre es sicher schlecht um den Handel in Tölz und Wolfratshausen bestellt gewesen.

Nach 1505 setzte in Altbaiern ganz allgemein ein starker wirtschaftlicher Aufschwung ein. Viele Landkirchen wurden in der Zeit um 1510/20 völlig neu gebaut oder baulich verändert und erweitert. Das brachte Arbeit für Maler, Bildhauer und Kistler, denen die Altäre zur Ausschmückung der Gotteshäuser in Auftrag gegeben wurden. Die Meister hatten jedoch in der Regel nicht ihre Werkstätten in den Weilern und

zwei hl. Johannes d. T. in Dorfen bei Icking und in Neufahrn bei Egling. Schlicht, doch nicht ohne künstlerischen Reiz, die Pietà im Hochaltar der Kirche von Linden.

In Neufahrn sind die beiden Johannes und ein Papst Silvester vom früheren spätgotischen Hochaltar dieser Kirche noch erhalten, also ursprünglich einem Drei-Figuren-Schrein zugehörig. Eine lokale Kuriosität daneben die beiden Heiligenfiguren in der Kirche von Walchstadt, gemeint sind damit die Wetterheiligen Johannes und Paulus in vornehmer, man kann fast sagen höfischer Tracht. Die Figuren wirken fremdländisch, wo mögen sie einstmals geschnitzt worden sein? Sicher nicht im Kreisgebiet. Ein Hinweis: Auch die übrige Ausstattung der kleinen Filialkirche ist nicht autochthon, sondern vielmehr das Produkt der Sammelleidenschaft eines Gläubigen – oder des Pfarrers selbst dieser Pfarrgemeinschaft? –, dem wir auf diese Weise wenigstens die Erhaltung einiger künstlerisch recht ansprechender Figuren verdanken.

Wir müssen uns in Erinnerung rufen: 1492 wilde Plünderung des Marktes Tölz durch die sich mit dem Landesherrn im Streit befindenden wittelsbachischen Herzöge Wolfgang und Christoph, dann die schlimmen Tage der Pestzeit von 1495/96. Das „grozze sterben“ ging um und die „pestilenz“ wütete im ganzen Land. Viele flohen in fremde Länder, aus denen sie nie mehr zurückkehren sollten. Handel und Gewerbe lagen darnieder und auch für die Bau- und Kunsthandwerker war eine arge Notzeit angebrochen. Erst um 1500 trat langsam wieder eine wirtschaftliche Erholung ein, doch dann kam mit dem Tod von Herzog Georg dem Reichen im

Walchstadt, Filialkirche, hl.Paulus am Hochaltar, um 1500

Walchstadt, Filialkirche, hl.Johannes am Hochaltar, um 1500

Beuerberg, Klosterkirche St. Peter und Paul, hl.Anna selbdritt im Anna-Altar, um 1520

Egling, kath. Wallfahrtskirche St. Sebald, hl.Sebald im südlichen Seitenaltar, um 1525

Dörfern auf dem Land, sondern saßen in den Märkten Tölz und Wolfratshausen und bedurften einer Gerechtsame zum Treiben des Handwerks. Die Wolfratshauser Werkstätten nahmen dabei die führende Rolle ein. Allein schon das große Hinterland, bedingt durch den großen Gerichtsbezirk, sorgte für viele Aufträge. Das Liefergebiet umfaßte im Norden die Kirchen bis vor die Tore Münchens und reichte im Süden bis zum Alpenrand, ja sogar bis weit in das Tegernseer Tal hinein.

Der Tölzer Gerichtsbezirk nahm sich dagegen bescheiden aus und umfaßte nur das Isartal, im Norden etwa auf der Höhe von Hechenberg beginnend, dann bis zur Jachenau und nach Fall im südlichen Isartal. Es waren alles nur Bauerndörfer, wenige Adelssitze und kein einziges Kloster befanden sich darunter. Ganz anders im Fall des Gerichts Wolfratshausen: Hier die Klöster Beuerberg und Dietramszell und dann noch die angrenzenden großen Klostergerichte Tegernsee und Benediktbeuern. Man muß sich dies einmal alles ganz klar vor Augen führen, wenn man die historischen Zusammenhänge und die künstlerische Entwicklung im heutigen Tölzer Kreisgebiet zu Anfang des 16. Jhs., d.h. an der Wende vom Mittelalter zur Neuzeit, sich vorstellen möchte und dies alles auch zu begreifen versucht.

In die Zeit kurz nach 1505 dürfen die Heiligenfiguren Pankratius und Kilian in Bad Heilbrunn sowie eine Thronende Madonna in Lenggries zu datieren sein; letztere ist leider in späterer Zeit überarbeitet worden. Dann von einem früheren Triptychon die hll. Maria Margaretha und Barbara in Ergertshausen, die sicher einstmals dem früheren Hochaltar dieses Gotteshauses angehört haben sowie ein Thronender hl. Ulrich von einem Seitenaltar. In Dettenhausen begegnen wir andererseits einer recht qualitätvollen Marienfigur aus der Zeit um 1515/20.

Wolfratshausen muß in den Jahren um 1515/20 eine überaus produktive Bildschnitzerwerkstatt besessen haben, der die Schaffung einer Reihe von recht qualitätvollen Arbeiten zu verdanken ist. Hierzu zählen beispielsweise die früheren Hochaltarfiguren Rathard und Mechthild für die Klosterkirche von Dießen (jetzt in Untereberfing bei Weilheim), dann die Figuren der hll. Petrus und Paulus in der ehem. Schloßkapelle von Haarkirchen am Starnberger See, die hll. Ägidius und Michael in der Pfarrkirche von Gmund am Tegernsee, ebenda zwei Reliefs der Geburt Christi bzw. der Anbetung des Kindes, ferner die großartige Kreuzigungsgruppe in Haslach bei Glonn und der hl. Papst Silvester in der Pfarrkirche von Unterhaching bei München. Die Werke dieses Bildschnitzers zählen mit zum besten, was im 1. Viertel des 16. Jhs. in Altbaiern geschaffen wurde, und sind den Arbeiten des Wasserburger Malers und Bildschnitzers Wolfgang Leb, dem Meister des Hochaltars von Rabenden im Chiemgau, fast ebenbürtig an die Seite zu stellen. Vielleicht ist die schöne Madonna im Kloster Benediktbeuern ein reifes Spätwerk jenes uns mit Namen noch unbekannten Wolfratshausener Bildschnitzers.

Originell, frisch und fast derb bäuerlich dagegen die hll. Florian und Christophorus in der Kirche von Lochen, um

Benediktbeuern, Kloster, Muttergottes, um 1520

1525 entstanden, desgleichen auch das Kruzifix mit den spiralförmig eingedrehten Enden des Lendentuchs. Die Figuren stehen am Endpunkt einer künstlerischen Entwicklung, die dann außerhalb Altbaierns durch die Lehren Martin Luthers und den Bildersturm ein jähes Ende fand.

Eine kleine künstlerische Rarität bedarf noch der Erwähnung: Von vielen kaum bemerkt, in der abseits der Straße und des Pfarrdorfs Egling stehenden Kirche St. Sebald am nördlichen Seitenaltar eine Thronende Mutter Anna vom Typ der Annaselbdrittfiguren, doch dann am südlichen Seitenaltar dieses Gotteshauses, welch eine Überraschung und Entdeckung, ein Thronender hl. Sebald voll jugendlicher Frische. Der Heilige gekleidet wie ein Edelmann in ein Gewand mit reichem Faltenwurf, so gekonnt gestaltet und geschnitzt, daß man vor dieser wunderschönen Figur stundenlang verweilen möchte. Man betrachte nur die feingliedrigen Hände, das kluge Gesicht und die Anmut seiner Handbewegung. Wir kennen den ausführenden Meister, besser gesagt den „Künstler" nicht, der sie so vortrefflich geschnitzt hat. Um 1525 die vorzuschlagende Datierung. Wir stehen nunmehr an der Schwelle einer neuen Zeit, der Neuzeit, es kommt die Renaissance, die das „finstere" Mittelalter ablöst. Lassen wir unsere Betrachtung hier mit einem Blick noch auf die schöne Annaselbdrittfigur im Psallierchor von Kloster Beuerberg ausklingen. Um 1520, eingefügt in einem Altar, der aber erst 1620 von Propst Eberhard Mayr gestiftet wurde. Tüchtige Arbeit, ob aber im Kreisgebiet entstanden, bedarf noch der näheren Untersuchung.

Sepulkralskulptur

Berthold Riehl schrieb im Jahr 1895 anläßlich der Herausgabe der Kunstdenkmälern des damaligen Bezirksamtes Tölz: „Von Werken der Steinplastik hat sich wenig Nennenswerthes erhalten, viel war hier sicher auch nie vorhanden, aber ein so stattliches Kloster wie Benediktbeuern hat einst doch gewiss eine Reihe tüchtiger Grabmonumente besessen."

Riehl meint dann weiterhin bei seinem Einleitungsbeitrag zu den Kunstdenkmälern des Bezirksamtes München II, wozu früher u.a. auch Wolfratshausen gehört hatte: „Die Steinplastik, wie in den vorausgehenden Perioden ausschließlich auf Grabsteine beschränkt, hat auch im 16. Jh. und, um dies gleich hier anzufügen, ebenso im 17. Jh. nur sehr wenig Bedeutendes geschaffen."

Riehl hat mit seinem Urteil leider recht gehabt. Mittelalterliche Grabsteine fehlen im Kreisgebiet fast völlig, wenn man hier zunächst einmal von dem schlichten Wappengrabstein für den 1406 verstorbenen Thorer zu Hornstein absieht, der übrigens nicht die Arbeit eines einheimischen, sondern eines Münchener Meisters ist. Die überaus produktive Steinmetzwerkstatt der Haldner in München lieferte andererseits die Wappengrabsteine für Sigmund Eglinger († 1472) im Vorzeichen der Pfarrkirche von Egling, für Hanns von Thor zu Hornstein († 1440) in der Pfarrkirche von Deining – die Grabplatte dürfte aber erst nach 1450 ausgeführt worden sein – sowie die Wappengrabplatte für Konrad Spiegl († 1491), der wohl Inhaber einer gefreiten Behausung im Markt Wolfratshausen war. Auch die ziemlich abgetretene figürliche Grabplatte für den Pfarrer Georg Eglinger († 1450) dürfte wohl noch der Münchener Haldner-Werkstatt zuzuordnen sein. Wie man sieht, fehlt eine einheimische Steinmetzwerkstatt vor 1500 im Kreisgebiet völlig, in der Grabplatten für den Adel oder den Klerus hätten ausgeführt werden können.

Historisch bemerkenswert ist der Gedenkstein von 1492, den Herzog Albrecht IV. von Baiern aus Anlaß des von ihm veranlaßten Ausbaus der Kesselbergstraße (zwischen dem Kochel- und dem Walchensee) in Auftrag gab. Die schlichte Platte zeigt unter einer Kreuzigungsgruppe in flachem Relief eine zehnzeilige Inschrift. Das Original dieser Platte aus Rotmarmor wird jetzt zum Schutz vor den schädlichen Einflüssen der Witterung im Bayerischen Nationalmuseum in München aufbewahrt.

Zu beklagen ist vor allem der Verlust der früher sicher einmal vorhandenen Abtgrabsteine in der Klosterkirche von Benediktbeuern sowie der heute ebenso fehlenden Propstgrabsteine in den Klosterkirchen von Beuerberg und Dietramszell. Sie dürften einerseits in Benediktbeuern schon beim Brand von 1490 dem Wiederaufbau der Klosterkirche und andererseits in Beuerberg und Dietramszell im Zuge der Barockisierung dieser Gotteshäuser entfernt und vernichtet worden sein.

Eigentlich kaum erwähnenswert ist der sehr schlichte Wappengrabstein von 1540 am Chor der Pfarrkirche von Bad Heilbrunn. Aus jener Zeit stammt auch das bedeutendste Werk der Sepulkralskulptur im Kreisgebiet: Gemeint ist damit das monumentale Epitaph für den Landsknechtführer Kaspar Winzerer, der 1542 im Turnier gegen Jörg von Frundsberg d.J. zu Brannenburg bei ritterlichem Spiel zu Tode kam. Sein Grabmonument in der Pfarrkirche von Bad Tölz zeigt den Verstorbenen in voller Rüstung mit aufgeschlagenem Visier. Über dem Gedenkstein ist eine Inschrift-

Bad Tölz, kath. Stadtpfarrkirche Mariä Himmelfahrt, Epitaph für Kaspar III. Winzerer (†1542)

tafel angebracht, die ihn als herzoglich bairischen Rat und Pfleger zu Tölz tituliert.

Von Interesse ist auch ein kleines Bronze-Epitaph für Caspar von Avis († 1551) in der Tölzer Pfarrkirche, wo sich im Inneren sowie an den Außenwänden auch noch eine Reihe weiterer Epitaphien findet. Zu erwähnen hiervon das Epitaph für Hans Jörg von Thor († 1571) mit Darstellung einer Auferstehungsszene, desgleichen für Ludwig von Thor zu Eurasburg († 1586). In Endlhausen befindet sich in der Pfarrkirche die stark abgetretene Grabplatte für den Pfarrer Anton Wiedmayr († 1580).

Ähnlich dem Typus, was auf die Ausführung in derselben Werkstatt schließen läßt, die Gedenksteine für den herzoglich baierischen Rat Johann Baptist Cavalchini Guidoboni, Freiherr zu Lichtenberg, Herr von Carbonara und Sarzona, zu Reichersbeuern und Sachsenkam, Obristhofmeister der Herzogin in Baiern († 1603), sowie seiner Gemahlin, der Anna von Pienzenau, nachmals Gräfin von Carrara und Aquilava († nach 1600).

Auch in der Pfarrkirche von Königsdorf stoßen wir auf einige bemerkenswerte Epitaphien aus der Zeit um 1600, so für die dortigen Hofmarksherren, den herzoglich baierischen

Bad Tölz, kath. Stadtpfarrkirche Mariä Himmelfahrt, Inschrifttafel über dem Epitaph für Kaspar III. Winzerer (†1542)

Rat und Pfleger Bernhard Höhenkircher zu Königs- und Iffeldorf (um 1600) sowie für Wolf Joseph Höhenkircher zu Königs- und Iffeldorf († 1607). Man wird künstlerisch gesehen hier wohl an die Ausführung der beiden Gedenksteine in einer Münchener Bildhauerwerkstatt denken dürfen. Der Vollständigkeit halber seien in diesem Zusammenhang auch noch die schlichten Epitaphien für Anna Katharina Seehofer († 1611) und Alexander Seehofer zu Hohenberg († 1630) in der Pfarrkirche von Hechenberg sowie das vor allem kostümgeschichtlich bemerkenswerte Epitaph für Elisabeth von Seiboldsdorf zu Hornstein, geb. von Leonrodt († 1617), in der Pfarrkirche von Deining erwähnt.

Eine Kuriosität stellt der Gedenkstein für den seligen Nantwein in der kath. Filialkirche St. Laurentius in Nantwein bei Wolfratshausen dar. Der Stein in Form einer Tumbadeckplatte ist eine naive volkstümliche Arbeit von eigentümlichen Reiz, die der Person des sagenhaften, heiligen Mannes, der einstmals hier gelebt haben soll, sicher besser gerecht wird, als jede andere überaus kunstvoll gemeißelte Gedenkplatte.

Sakramentshäuschen und Taufsteine

Sakramentshäuschen hat es im Mittelalter allenthalben in den Kirchen gegeben, doch haben sie sich im Tölzer Kreisgebiet nur in geringem Umfang erhalten. Wir dürfen auf entsprechende Vorkommen im Chor der Filialkirche von Lochen und in der von Neufahrn bei Egling verweisen. Sie sind beide äußerst schlicht und rein handwerklich gestaltet.

Es fällt ferner auf, daß sich in der Tölzer und der Wolfratshauser Gegend praktisch keine mittelalterlichen Taufsteine mehr erhalten haben, wohl ein untrügliches Zeichen dafür, daß die heimische Steinmetzkunst nicht sonderlich entwickelt war. Dies hängt z. T. natürlich auch damit zusammen, daß hier in der Gegend abbauwürdige Rotmarmorvorkommen fehlten, ein Steinmaterial, das damals bevorzugt für das Meißeln von Taufsteinen, aber auch Grabsteinen, Verwendung fand.

Steinkreuze und Martersäulen

In Roßwies, an der Straße nach Bad Tölz, steht ein schlichtes Steinkreuz, das mit der Jahreszahl 1564 bezeichnet ist. Ob es sich dabei um ein Sühnekreuz handelt, ist nicht bekannt. Von größerem Interesse sind dagegen zwei ziemlich ähnlich gestaltetet Martersäulen. Die ältere von ihnen steht in Lochen und stammt vom Jahr 1616, die andere befindet sich in Eurasburg und trägt die Jahreszahl 1634. Martersäulen wurden früher meist an markanten Punkten im Gelände oder an Straßengabelungen aufgestellt. Sie sollten den Wanderer zum kurzen Verweilen und zum Sprechen eines Gebetes veranlassen. Zugleich hatten diese Martersäulen die Aufgabe, Hofmarks- oder Herrschaftsgrenzen anzudeuten und dienten dem Amtmann (= Gerichtsdiener) als „Antwortstelle". Gemeint sind damit jene Stellen an einer Straße, wo der Amtmann aus dem Niedergerichtsbezirk, z. B. einer Hofmark, den inhaftierten Delinquenten dem Amtmann des Landgerichts „ausantwortete" (= übergab).

Meisternamen

Im Jahr 1494 wird ein Meister Lorenz, Schnitzer zu Tölz, urkundlich erwähnt, und 1526 fertigte Meister Hanns Bockschütz, „pildschnitzer" zu Tölz, für das Kloster Polling eine Marienfigur, eine Pietà und einen hl. Johannes. Sein Sohn Georg Bockschütz war gleichfalls Bildschnitzer und Schreiner. Dieser führte bekanntlich 1561 das inschriftlich beglaubigte Altärchen aus Buchsbaumholz aus, das sich heute im Bayerischen Nationalmuseum in München befindet. Die Schreinerfamilie Bockschütz kommt in den Tölzer Pfarrmatrikeln auch noch im 17. und 18. Jh. vor.

Aus den Rechnungsbüchern des Klosters Beuerberg hören wir unter dem Jahr 1556, daß „dem alten pildhauer von Thölcz umb die neu pildnüs unseres Herren auffart sampt den zway änglen" 7 1/2 Gulden bezahlt wurden.

In Tölz war durch sechs Generationen hindurch die Malerfamilie Morzer ansässig. Stammvater war ein Christoph Morzer (urk. 1587). Er besaß zwei Söhne: Wolfgang Morzer (urk. 1619, † um 1626/27) starb schon in jungen Jahren; seine Witwe heiratete daraufhin am 29. Juni 1627 den Maler Hans Engelschalk. Wolfgangs Bruder war der Maler Daniel Morzer (urk. 1612-1624). Dieser hatte einen Sohn mit Namen Hans Jakob Morzer (1614 - um 1671). Dessen gleichnamiger Sohn Hans Jakob Morzer (1638 -1707) hatte noch einen Bruder, der Joseph Morzer (1663 - vor 31.7.1713) hieß. Johann Peter Morzer (1691 - 1730), ein Sohn von Hans Jakob Morzer d. J., war in der fünften Generation Maler in Tölz. Mit dessen Sohn, dem Maler Leonhard Morzer (1715 - 1783), scheint schließlich die Malersippe am Ort ausgestorben zu sein.

Benediktbeuern, Ansicht der Klosteranlage von Nordwesten

Die Kunst im Landkreis Bad Tölz-Wolfratshausen vom Dreißigjährigen Krieg bis zum 20. Jahrhundert

(mit einem Verzeichnis der im Landkreis tätigen Künstler, Handwerker und Ingenieure)

von Georg Paula

Will man die kunsthistorische Entwicklung eines Gebietes über einen bestimmten Zeitraum hinweg skizzieren, so sind besonders die soziologischen Strukturen und ihre kausalen Zusammenhänge, Wechselwirkungen und Divergenzen zu hinterfragen. Dabei ist primär zu berücksichtigen, welche größeren Orte oder Städte zu einer eigenständigen „Kunstszene" fähig waren und ihre Produkte auf das Umland verteilen konnten und ob Bürgertum und Patriziat stets die sehr unterschiedlichen Äußerungen des „goût moderne" akzeptierten und sie bereitwillig in ihre Privaträume eindringen ließen. Außerdem wie es um Klerus und Adel als maßgebliche Auftraggeberschicht stand, und als entscheidendes Kriterium, wieviele Zeugnisse vergangener Jahrhunderte die Wechselfälle der Geschichte überstanden haben und ob sie überhaupt noch einen unverfälschten Einblick in den oft sehr spezifischen Gestaltungswillen einstiger Tage gewähren können.

Die bäuerlich geprägte Landschaft, die sich zwischen Schlehdorf und Reichersbeuern, zwischen Icking und der Grenze zu Tirol ausbreitet, konnte sich zu keiner Zeit dem Einfluß der Residenzstadt München entziehen. Dies liegt einerseits daran, daß bis zum Beginn dieses Jahrhunderts nicht ein einziger Ort das Stadtrecht besaß: Tölz durfte sich 1906, also nach der Erhebung zum Bad, Wolfratshausen 1961 und das bis wenige Jahre vor dem Zweiten Weltkrieg völlig unbedeutende Dorf Geretsried gar erst 1970 Stadt nennen. Andererseits war das künstlerische Potential, das sich im Umfeld der Wittelsbacher angesammelt hatte, derart umfassend, daß der Adel, der wie die Barth in Harmating fast ohne Ausnahme zu den alten Patriziergeschlechtern Münchens gehörte, selbstverständlich auf jene Künstler zurückgriff, die vom kurfürstlichen Hof her bekannt waren oder von anderer Seite empfohlen wurden. Vergleichbares trifft auf mächtige Abteien wie Benediktbeuern mit ihrem weitverzweigten Verbindungsnetz und selbst auf weniger begüterte Klöster wie Dietramszell oder Schlehdorf zu, die, wenn schon einmal die finanziellen Mittel vorhanden waren, für die großen Aufgaben etablierte, erfahrene Architekten und Maler verpflichteten und an einheimische Handwerker lediglich zweitrangige Aufträge vergaben.

Am Beginn unserer Betrachtung steht ein Sonderfall. Acht Jahre nach dem Prager Fenstersturz 1618, also zu einer Zeit, da sich der Dreißigjährige Krieg, erste Spuren hinterlassend, nach Norddeutschland zurückgezogen hatte, begann Propst Eberhard Mayer (1619-1634) im Augustinerchorherrenstift Beuerberg mit dem durchgreifenden Umbau der mittelalterlichen Basilika. Jüngere Forschungen, die einen wesentlich früheren Baubeginn bzw. einen vollständigen Neubau mit dem Datum 1620 am Anna-Altar verbinden wollen und eine Vollendung des Ostabschnitts bis spätestens 1621 ansetzen, sind, solange konkrete Archivalien fehlen, nur schwer nachvollziehbar. Gleiches gilt für die Nachricht, der Weilheimer Bildhauer Bartholomäus Steinle habe das Projekt geleitet. Überliefert ist dagegen die Tatsache, daß die Kirche am 13.November 1628 eingestürzt ist und daß wenige Tage später der Münchener Hofbaumeister Heinrich Schön und der Stukkator Isaak Bader dem Kurfürsten Bericht über die Unglücksursache erstattet haben. Beide Künstler dürften, vielleicht mit Unterstützung von Hans Krumper, für jene Baupläne verantwortlich gewesen sein, die der Wessobrunner Jonas Schaidhauf dann von der Grundsteinlegung am 15.März des folgenden Jahres bis zur Weihe am 4.April 1635 ausgeführt hat.

Typologisch setzt die trotz aller Weiträumigkeit behäbig wirkende Wandpfeileranlage von Beuerberg die Tradition der konzeptionell für den süddeutschen Bereich fundamentalen Jesuitenkirchen in München (1583ff. von Friedrich Sustris) und Dillingen an der Donau (1610ff. von Johann Alberthal) fort. Sie vertritt damit eine Architekturform, die bis ins 18.Jahrhundert für Sakralbauten mittlerer Größe allgemein und für die wichtigsten Klosterkirchen des Kreisgebietes im besonderen wegweisend war. Obwohl die Unterteilung der Abseiten durch Freipfeiler, die hier auch im Erdgeschoß in Arkaden gegen das Chorquadrum geöffnet sind, der Dillinger Chorlösung entspricht, ist der gesamte Bau im Gegensatz zu seinen wesentlich bekannteren Vorläufern durch den Verzicht auf Langhausemporen architektonisch weitaus strenger durchgebildet. Maßgeblich bestimmt wird das frühbarocke Bild des Raums von der ungewöhnlich einheitlichen und stilreinen Ausstattung, die paradigmatisch für die Kunsttätigkeit in Bayern während des Dreißigjährigen Krieges steht. Sie setzt in der fast ausschließlich in Weiß gehaltenen Raumschale die farbigen Hauptakzente, wobei visueller Höhepunkt zweifellos der machtvolle Hochaltar ist. Er war bereits 1626/27 vermutlich nach Entwürfen Bartholomäus Steinles ausgeführt worden, hatte 1628 den Kircheneinsturz nahezu unbeschadet überstanden und kam 1639 an seinen heutigen Platz. Große Figuren der Apostelfürsten, die aus der Werkstatt Steinles stammen, und gedrehte, rankenumwundene Säulen flankieren das langbahnige Gemälde der Kreuzabnahme, das Elias Greither d.Ä. 1645 einem Fresko Daniele da Volterras von 1541 in der römischen Kirche SS. Trinità dei Monti nachempfunden hat und das als Hauptwerk des Weilheimer Malers gilt. Wie der Choraltar blieben auch die übrigen Altäre weitgehend unverändert erhalten, so daß sich an ihnen der allmähliche Stilwandel in der Altarbaukunst zwischen 1620 und 1650 anschaulich nachvollziehen läßt.

Die großzügig dimensionierte Klosterkirche in Benediktbeuern, die 1671 durch Caspar Feichtmayr d.Ä. begonnen wurde und an der ab 1673 Henrico Zuccalli und Markus Schinnagl beteiligt waren, erweitert – vermutlich unter dem Einfluß der Vorarlberger Schule – das Beuerberger Wandpfeilerschema. Erneut schließt sich an ein kastenförmiges Langhaus ein wenig eingezogener Rechteckchor mit schauwandartigem Altarabschluß an, wiederum rhythmisieren Pfeilerkapellen die Horizontale des Baus, abermals erhält das Raumgefüge durch die Farbe Weiß seine festliche Überhöhung. Doch lassen sich auch einige bemerkenswerte Neuerungen feststellen. Über den kreuzgratgewölbten, in breiten Rundbogen gegen das Langhaus und das westliche Chorjoch geöffneten Annexen sitzen nun niedrige Emporen, die das für die Gewölbezone des Schiffs wichtige Licht dämpfen und die geräumigen Kapellen gegen den Hauptraum „abriegeln". Somit entstehen scheinbar in sich ruhende Kompartimente, deren Eigenständigkeit durch das spezifische ikonologische Programm der jeweiligen Marmoraltäre, Stukkaturen und Fresken hervorgehoben wird. Ebenso hat sich die Konzeption des vergleichsweise dunklen Deckenbereichs geändert. Die Stukkaturen, die an Arbeiten Giovanni Niccolo Pertis in der Münchener Theatinerkirche (1674) bzw. im Zisterzienserkloster Fürstenfeld (1696f.) erinnern, haben an Volumen kräftig zugenommen, jedoch die Flächigkeit von Beuerberg verloren. Dafür sind nicht allein die zahlreich eingestreuten Stuckfiguren und die schweren Früchte- und Blumenfestons verantwortlich, sondern vor allem die fensterartigen Aufbrüche im Deckenscheitel mit den farbenprächtigen Malereien Georg Asams von 1683-1687. Sie bilden den eigentlichen Auftakt zur barocken Großmalerei auf bayerischem Boden und zeigen deutlich den unterschiedlich gelungenen Versuch, die Ergebnisse des italienischen Illusionismus zu adaptieren, d.h. zu verinnerlichen und in eigene Ausdrucksformen umzusetzen.

Auch Benediktbeuern kann eine einheitliche Ausstattung aus der Bauzeit vorweisen. Lediglich die Gemälde einiger Altäre wurden im 18.Jahrhundert gegen Arbeiten von Lucas Zais, Joseph Weiß und Martin Knoller, der zu den wichtigsten Vertretern des Klassizismus im süddeutschen Raum gehört, ausgetauscht. Zum riesigen, 1788 entstandenen Hochaltarbild mit der Vision des hl. Benedikt vom Tod seiner Schwester Scholastika (Abb.S.121) schrieb der Jesuit Franz von Paula Schrank in seinem 1793 erschienenen Buch „Reise nach den südlichen Gebirgen von Baiern ... im Jahre 1788": „Das neue Altarblatt hat H.Knoller gemalt, eben der, der das Hochaltarblatt und den Hintergrund des Chors zu Ettal gemalt hat. Auch hier verkennt man den Pinsel und den feinen Geschmack des Künstlers nicht. Das Altarblatt sollte die Mutter Gottes und den heil. Benedict vorstellen; dieß war die Aufgabe, gerade der Gedanke, den Günther in dem Altarblatte ausgeführt hatte, aber nach meinem Geschmacke sehr schlecht, indem man vor Menge der Nebenpersonen kaum die Hauptpersonen wahrnimmt; auch weis man nicht, was die mit ihrem göttlichen Sohne dem heil. Benedict erscheinende Mutter Gottes eigentlich da zu thun habe. (Gemeint ist wohl Matthäus Günther, dessen Tätigkeit für Benediktbeuern damit erstmals überliefert ist; Anm. d.Verf.) Aber Knollers Genie wußte beydes vortrefflich in Verbindung zu bringen. Die unnüzen Nebenpersonen, die nur die Aufmerksamkeit zerstreuen, ließ er weg; Benedict ist ohne Stralenteller, mit einem Ausdrucke hoher Andacht in seinen Augen, die er gegen den göttlichen Sohn, der ihm aus den Armen seiner

△ Beuerberg, Klosterkirche St. Peter und Paul, Inneres nach Osten

Benediktbeuern, Klosterkirche St. Benedikt, Inneres nach Osten ▽

Mutter entgegen kömmt, hin richtet, und in einer Stellung, obwohl aufrecht, die tiefe Ehrfurcht anzeigt, der göttliche Sohn, zwar in Knabengestalt, aber fast mit einer übernatürlichen Würde, die durch eine unbeschreibliche Holdseligkeit gemildert wird, reicht ihm einen Stralenteller, der Vater der Lichter das Zeichen seiner seligmachenden Gnade; und man glaubt es der jungfräulichen Mutter anzusehen, mit welcher Theilnehmung sie Zeuginn dieser erhabenen Handlung sey. Aber dieser Stralenteller, der ganz der Meisterhand des Künstlers würdig ist, dürfte an dem künftigen Standorte des Bildes (ich sah es noch nicht am Altare) die herrliche Wirkung nicht thun, die er auf mich in der Nähe that; allerdings hat Knoller, ihn zu malen, seinen Pinsel in einen Sonnenstral eingetaucht, man glaubt wahres, nicht gemaltes Licht zu sehen; allein da sich der volle Schein eines Sonnenstrales nicht malen läßt, so hat er ihn gemildert, und so zu sagen, bescheiden gemacht, und eben diese Schwächung dürfte ihn in einer Entfernung unmerklich machen. Aber das ist eine Bedenklichkeit, die vielleicht nicht Grund genug hat, und von der Erfahrung wird widerlegt werden. Wie es immer seyn mag, die Ausführung des Thema ist unverbesserlich, und das Kostum der Religion, wenn ich mich so ausdrücken darf, vortreflich angebracht; ..."

Auf Benediktbeuern folgte ab 1729 die Stiftskirche der Augustinerchorherren von Dietramszell. Der nicht gesicherte Baumeister – genannt wurde u.a. Johann Michael Fischer, möglich erscheinen Magnus Feichtmayr und Lorenz Sappel – nahm den schlichten, rechteckigen Typus der beiden älteren Anlagen nochmals nahezu unverändert auf, was nicht zu Unrecht als überholt und rückschrittlich angesehen wurde. Erstaunlich, doch nicht unverständlich ist die enge Verwandtschaft mit der genau ein Jahrhundert älteren Kirche in Beuerberg. In der Gesamtlänge des Grundrisses sogar maßgleich, sind die Dietramszeller Proportionen in der Breite etwas großzügiger genommen und in der Höhe beträchtlich gesteigert, wobei aber eine ungehemmte Vertikalentwicklung wie in Benediktbeuern durch die eingespannten Abseitenemporen aufgefangen wird. Auf einen daraus geschlossenen Wandel des Stil- und Formgefühls sind sowohl die zweireihige Anordnung der Fenster, die eine außergewöhnliche Lichtfülle in den Raum lassen, als auch die völlig andersgeartete Gewölbebehandlung zurückzuführen, die in erster Linie dem Genius Johann Baptist Zimmermanns zu verdanken ist. Die von ihm und seiner Werkstatt modellierte, zarte Stuckdekoration im Wechselspiel mit seinen duftigen Fresken gehört ebenso zu den charakteristischen Eigenschaften einer veränderten Vorstellungswelt wie die Beschwingtheit der reichen Rokoko-Ausstattung von Franz Xaver Schmädl und Philipp Jakob Rämpl. All diese Einzelaspekte führen zu einer geschmeidigen Homogenität von Raumbild und Bildraum und dadurch zu jener für diese Zeit symptomatischen, da vordergründig optisch beeindruckenden Gesamterscheinung.

Den Schlußakkord setzt die Klosterkirche der Schlehdorfer Augustinerchorherren, die zwar 1726, also noch vor Dietramszell, begonnen wurde, deren Ausstattung aber erst ein halbes Jahrhundert später fertiggestellt werden konnte. Nicht nur die Straffheit und Flächigkeit der Außengliederung, auch die kühle Großartigkeit des Inneren reiht den streng-monumentalen Bau unter die bezeichnenden Beipiele des frühen Klassizismus ein. Gleichwohl lassen sich an der unterschiedlichen Ausstattung und an der formalen Durchgestaltung von Chor und Langhaus die Bauunterbrechungen und der aus der langen Bauzeit resultierende Geschmackswandel, d.h. der Übergang von der „Geziertheit" des Rokoko zu den klassizistischen Idealen von „schlichter Einfalt und edler Größe" klar ablesen. Der Raum selbst wirkt als durchgehende Wandpfeilerhalle mit hohen, flachen Kapellennischen beiderseits des vierjochigen Langhauses, dessen Gliederung und Dekor weitaus sparsamer gehalten ist als im Chor.

Bis in Details steht Schlehdorf völlig konträr zu Dietramszell, in mancher Hinsicht auch zu Benediktbeuern: hier eine Reduktion auf das gestalterisch Notwendige, dort eine bewußte Übersättigung des Auges durch differenteste Zierformen, hier (wie auch in Benediktbeuern) eine vorsätzliche Ausgrenzung, Fixierung der Fresken innerhalb einer regelmäßigen Kuppelabfolge, um zu vermeiden, daß der Blick beim „Lesen" der Heiligenvita auf schmückendes Beiwerk abgleitet, dort eine vorsätzliche Verschleifung der Gewölbegrenzen zugunsten einer raumimmanenten Einheitlichkeit, hier eine Anordnung der Altäre entlang der Außenwände im Sinne einer „raumumfassenden" Programmatik, dort eine der Horizontale des Kirchenschiffs folgende Sequenz als Manifestation künstlerischen Variationsreichtums. Andererseits schlägt Schlehdorf durch die Preisgabe der Kapellenemporen, an deren Stelle ein hochliegender Architrav getreten ist, und durch die uneingeschränkte Belichtung des Hauptraums den Bogen zurück zu Beuerberg, also zu den Anfängen des Wandpfeilersystems im Kreisgebiet.

Nachdem die Aufgaben für die Baumeister, Maler, Schreiner und Bildhauer innerhalb des unmittelbaren Klosterbereichs gewöhnlich nur temporär waren, übertrug man ihnen häufig, nachdem man ihre Fähigkeiten und ihre Arbeitsweise nun genau kannte, auch die Neubauten, Umgestaltungen und Ausstattungen der zugehörigen Pfarr- und Filialkirchen. So lieferte der vielseitige Benediktbeurer Klosterschreiner Michael Ötschmann zahlreiche Pläne für sein „Hausstift" (1708/12 Meierhof, 1717 Jägerhaus in Voglherd und „Schweinehütte", um 1722 Bibliothek, 1726 Gastbau und 1737 Gartenpavillon) sowie 1725 für die Pfarrkirche in Bad Heilbrunn, wo er 1726 auch den Hochaltar entwarf. So führten Aufträge den Maler Johann Baptist Bader oder die Wessobrunner Stukkatoren Thassilo Zöpf und Franz Edmund Doll an mehrere, zu Beuerberg und Dietramszell gehörige Orten (1758/59 Sankt Heinrich(?), 1767 Berg, 1769 Sankt Leonhard) und so arbeiteten die in Bichl ansässigen Architekten und Stukkatoren Joseph und Markus Hainz sowohl in Benediktbeuern selbst (1708ff. Meierhof, 1728ff. Gastbau), als auch in Jachenau (1718) oder Bad Heilbrunn (1727/28). Im Jahre 1728 erhielt Joseph Hainz den Zuschlag für die Neuausstattung der Annakapelle, die in das ehemals von Eremiten bewohnte Klösterl auf der Halbinsel Zwergern im Walchensee integriert ist. Er leitete dabei nicht nur den tiefgreifenden Um- bzw. Erweiterungsbau, sondern überzog auch den Deckenbereich mit dünnen Ranken- und Bandelwerkstukkaturen, die Fresken des Benediktbeurer Fraters Lucas Zais rahmen. In den Altar von 1689 setzte man damals ein neues Gemälde ein, das thematisch ganz auf das Patrozinium der Kapelle bezogen ist.

In der Mitte thront die hl. Mutter Anna auf einem niedrigen Podest und blickt erstaunt, die Linke emphatisch erhoben, zum Himmel empor, wo Gottvater, von Putten und einem großen Engel umringt, auf Wolken schwebt. Der überirdischen Erscheinung ungeachtet, beugen sich Joachim und seine Tochter über ein weit geöffnetes Buch, das in Annas Schoß liegt. Der Vater hat dabei jene Seite mit den Worten des Propheten Isaias aufgeschlagen, auf denen geschrieben steht,

△ Dietramszell, Klosterkirche Mariä Himmelfahrt, Inneres nach Osten

Schlehdorf, Klosterkirche St. Tertulin, Inneres nach Osten ▽

Ansicht des Walchensees mit dem Klösterl (rechts), Gemälde von Johann Jakob Dorner d.J., 1819

daß Maria als Jungfrau empfangen und einen Sohn namens Immanuel gebären wird. Im Mittelgrund sind zwei Engel in ein Gespräch vertieft, rechts verfolgt eine Dienerin gebannt das Geschehen. Sie wird von einem Tischchen, dessen Platte ein Knabe atlasähnlich stützt, und von einem Strauß Rosen halb verdeckt. Darüber deuten architektonische Versatzstücke, die mit zwei reliefierten Putten verziert sind, einen hinteren Raumabschluß an.

Daß das großformatige Gemälde von Cosmas Damian Asam stammt, lassen schon die Typisierung der Figuren, die Physiognomien und die lebhaften Gesten erkennen. Der stattliche Engel oben mit den großen, gespreizten Flügeln beispielsweise ist den himmlischen Geschöpfen in den Seitenaltarblättern von Metten (Rosenkranzspende, um 1726) und Osterhofen (Schutzengel, um 1730/35) sehr verwandt. Die Putten unterhalb von Gottvater sind in ähnlicher Weise im Marientod von etwa 1720 in der Zellerkapelle der Straubinger Pfarrkirche St.Jakob wiederzufinden, in Asams Fresken tauchen sie so oder variiert hundertfach auf. Ebenso entsprechen die Köpfe mit ihrer Lockenpracht und die teilweise kantige Art der Gesichtsbildung Asams Stil vollständig. Zu seinen unverwechselbaren Eigenheiten gehört ferner die betonte Monumentalität der Gestalten, hervorgerufen durch einen breiten Körperbau und voluminöse Stoffbahnen, die ohne den eigentlichen Formen zu folgen um den Leib drapiert sind und eine offenbar körperunabhängige Eigenbewegung entfalten. Das sorgsam durchmodellierte Manteltuch der hl. Anna besitzt jenen seidigen, matten Glanz, der auf Asams ständiges Bestreben hinweist, der Gewandbehandlung einen besonderen Stellenwert einzuräumen. Zur Schwere der Figuren kommen die bekannten raumfordernden und variantenreichen Gebärden von überraschender Vitalität, die neben der Sprache der sanften, ruhigen Gesichtszüge, neben dem Beugen, Strecken und Drehen der Körper und neben den unterschiedlichen Beinstellungen von sicherem Formgefühl und unbestreitbarem Gestaltungsvermögen zeugen. Weitere typische Merkmale sind koloristischer und kompositioneller Art. Die vorwiegend flächenbezogene Bewegung erhält durch das ausgesprochen atmosphärische Kolorit, d.h. durch plötzliche Helldunkelkontraste und durch sparsame Verwendung von Buntfarben, vermischt mit gedämpftem Rot, Blau und Goldgelb, räumliche Tiefe, was – gleichsam als Nebeneffekt – zu einer Sensibilisierung des äußerlichen Pathos führt. Auch in der Komposition waltet ein eigenwilliges Prinzip. Wie in den um 1720 entstandenen Tittmoninger Gemälden haben „zickzackartig gebrochene Diagonalen ... die Aufgabe, die ... Haupt- und Nebenmotive miteinander zu verbinden und die thematischen Zusammenhänge zu verdeutlichen. Gewandbahnen, Faltenknoten, Blicke und Gesten ergeben ein dichtes Netz von Bewegungsbezügen. Parallelzüge verstärken die Richtung der Diagonalen, doch auch das Achsenkreuz der Horizontalen und Vertikalen behält, wenngleich kaum merkbar, seine Gültigkeit. Dadurch wird das Bildgefüge straff gegliedert und sinnvoll geordnet, zugleich indessen von vehementen Energien belebt und ineinander verzahnt." (Bruno Bushart)

Asams Beziehungen zu Benediktbeuern waren grundlegender Natur, nachdem er am 28.September 1686 im nahen Laimgruben (dem heutigen Dorf Benediktbeuern) geboren worden war, also während sein Vater Georg Asam mit der

Ausmalung der Abteikirche beschäftigt war. Obwohl Cosmas Damian im Alter von drei Jahren nach Tegernsee umziehen mußte, kam er mit Sicherheit auch in späteren Jahren öfter an seinen Geburtsort zurück und erhielt bei dieser Gelegenheit den Auftrag für das Altarblatt in Zwergern. Wie seine Biographie und sein künstlerischer Werdegang belegen, stand Asam 1728 auf dem Höhepunkt seiner Laufbahn. Er schuf folglich das Bild zu einem Zeitpunkt, als er in adeligen und geistliche Kreisen allgemein anerkannt war und er bereits zu den renommiertesten Repräsentanten der süddeutschen Barockmalerei zählte.

Mitte des 18.Jahrhunderts entstanden in Benediktbeuern und in dessen nächster Nähe zwei Kirchenbauten, deren überregionale Bedeutung unbestritten ist. Nach mehreren vergeblichen Anläufen hatte es Abt Leonhard Hohenauer (1742-1758) endlich geschafft, mit Johann Michael Fischer den richtigen Architekten für den Neubau der Anastasiakapelle an der Nordseite der Klosterkirche zu verpflichten. Am 6.Mai 1750 wurde der Grundstein gelegt, am 19.Juli 1758 konnte das vollendete Werk konsekriert werden. Fischer konzipierte einen innen und außen in sich stimmigen, tiefovalen Zentralbau von seltener Reinheit, der wegen seiner einzigartigen Verbindung von Architektur und Ausstattung zu den glücklichsten Schöpfungen des bayerischen Rokoko gehört. Während die kreisbogigen Schmalseiten von dem gefühlvoll einkomponierten Hochaltar Johann Michael Feichtmayrs und Johann Georg Üblhers bzw. von der nicht minder elegant gelösten Eingangssituation mit dem kunstvoll geschmiedeten Gitter von Martin Jaud und der darüber dezent vorschwingenden Empore geprägt werden, liegen in den Flankenmitten zwei nischenartige, für die architektonische Effizienz des Raums scheinbar nebensächliche „Querarme", deren tieferer Sinn darin liegt, die prachtvollen Altäre Ignaz Günthers aufzunehmen. Als überhöhender Faktor wirkt das große Deckenfresko Johann Jakob Zeillers, das Maria und die Trinität in Erwartung der im Hochaltar zum Himmel auffahrenden hl. Anastasia zeigt. Die warmtonigen Altarbilder, die ursprünglich alle von dem Italiener Jacopo Amigoni stammten und um 1720/25 ältere Gemälde in der Kapelle (darunter das Hochaltarblatt von Elias Greither) ersetzt hatten, waren in den Neubau übernommen worden und blieben mit Ausnahme des südlichen Gemäldes in situ erhalten. Die „Taufe Christi" wurde 1802 im Zuge der Säkularisation entfernt und kam über München und das Augsburger Katharinenkloster 1833 als Leihgabe in die evang.-luth. Pfarrkirche von Holzschwang im Lkr.Neu-Ulm. An ihre Stelle trat eine Darstellung des Schutzengels, die Johann Baptist Zimmermann 1724 für die (abgebrochene) Pfarrkirche gemalt haben soll, neuerdings aber dem jungen Martin Knoller zugewiesen wird.

Das Gespann Fischer/Zeiller, das damals auf dem Höhepunkt seines Schaffens stand und (zusammen mit Feichtmayr) parallel zu Benediktbeuern mit der Abteikirche des „schwäbischen Escorial" Ottobeuren beschäftigt war, zeichnete auch für die zeitgleiche Pfarrkirche im nahen Bichl verantwortlich. Besonders im Inneren offenbart sich trotz oder gerade wegen der bescheidenen Dimensionen seine vollkommene Meisterschaft. Der Münchener Architekt entwarf eine dreiteilige Raumfolge, bei der auf ein querrechteckiges Eingangsjoch ein ausladender, quadratischer Gemeinderaum folgt, dessen runde Ecknischen von kräftigen Pilastern gerahmt werden. Daran schließt sich der in der Breite dem Westabschnitt analoge, jedoch quadratische Chor mit abgeschrägten, erneut pilasterbesetzten Ecken an. Überspannt werden die einzelnen Teilbereiche von einem in perfektem Illusionismus gemalten Dekorationssystem, das farbenprächtige Szenen aus dem Leben des hl. Georg umgibt und neben der Kuppel der Ettaler Klosterkirche (1748/50) Zeillers aufwendigste, stilistisch von Österreich und Oberitalien beeinflußte „Quadratura" in Oberbayern ist. Als perfekter Ableger der Anastasiakapelle wäre Bichl anzusehen, wenn nicht Ignaz Günther durch seinen Lehrer Johann Baptist Straub ersetzt worden wäre. Dieser schuf mit der lebhaft bewegten, vollplastischen Figur des Kirchenpatrons, der hoch zu Roß den Drachen niederringt, ganz in jesuitischer Tradition eines der signifikantesten Zeugnisse des theatrum sacrum im barocken Bayern (Abb. S. VI).

Frömmigkeitsgeschichtlich nicht weniger bemerkenswert sind die Kalvarienberge von Lenggries und Tölz. Die weitläufige Lenggrieser Anlage (Abb.S.396ff.) geht auf eine Stiftung des Hohenburger Schloßherrn, Graf Ferdinand Joseph Herwarth, von 1694 zurück und wurde im 18.Jahrhundert systematisch ausgebaut. Der Zugang erfolgt von Westen, wo eine Steintreppe in zwei, von Stationskapellen begleiteten Läufen den steilen Berg hinaufführt. Sie endet oben an der Hl. Stiege, die dem berühmten Vorbild in Rom nachempfunden ist und in die abschließende Hl.-Kreuz-Kapelle, einen kreuzförmigen, tonnengewölbten Bau, übergeht. An dessen Stelle stand bereits 1665 die überlebensgroße Kreuzigungsgruppe,

Zwergern, Annakapelle im Klösterl, Maria mit ihren Eltern, Hochaltarblatt von Cosmas Damian Asam, um 1728

Benediktbeuern, Anastasiakapelle, Immaculata, nördliches Seitenaltarblatt von Jacopo Amigoni, um 1720/25

die heute den stimmungsvollen, ummauerten Platz auf dem Plateau beherrscht. Die Südseite des Areals nimmt die Hl.-Grab-Kapelle von 1698 und die daran anschließende Arme-Seelen-Kapelle, die Nordseite das erst um 1865 errichtete Benefiziatenhaus ein.

Etwas anders gestaltet ist der Tölzer Kalvarienberg, der sich eine Anhöhe nördlich des Ortskerns zur Hl.-Kreuz-Kirche hinaufzieht. (Abb.S.30ff.) Historischer Ausgangspunkt war 1711 die Aufstellung eines Kreuzes durch den kurfürstlichen Salz- und Zollbeamten Friedrich Nockher, der auch den weiteren Ausbau förderte. 1718 stiftete er sieben Wegkapellen für die Darstellung der „Sieben Fälle Christi" als Vorgänger der Kreuzwegandacht mit 14 Stationen, dazu eine Hl.Stiege unter freiem Himmel und eine Kapelle. Später überbaute man die Hl.Stiege und setzte ihr 1723-1726 die schon erwähnte Kreuzkirche vor, die ihre landschaftsprägende Doppelturmfassade erst 1732 erhielt. Komplettiert wurde die Abfolge von Kapellen und Kirchen 1735 durch den Golgathahügel, unter dem sich zwei kryptenartige, durch düstere, schmale Treppenaufgänge erreichbare Räume mit figürlichen Darstellungen des Geißelchristus und des Gekreuzigten befinden. Erst um 1895 kam noch der Ölberg am Beginn des Aufstiegs hinzu. Die auf freiem Gelände westlich der Hl.Stiege stehende, mit einer eisernen Kette umgürtete Leonhardskapelle wurde 1705 in der Sendlinger Bauernschlacht von Tölzer Zimmerleuten gelobt, doch erst 1718 errichtet und 1726 zusammen mit der Kreuzkirche geweiht.

Wie bereits angedeutet, holten die Klöster ihre Künstler vorwiegend aus München. So malte Thomas Christian Wink 1781 für Schlehdorf das Gemälde des nordöstlichen Langhausaltars (Abb.S.479), 1788 ein kleines Andachtsbild für Reutberg (Abb.S.471) und 1795 – als eines seiner letzten Werke – den bis heute wenig beachteten Kreuzweg in Benediktbeuern (Abb.S.121). Die Deckenbilder und Altarblätter in der Königsdorfer Pfarrkirche führte er 1785/87 für das Hochstift Freising aus. (Abb.S.361) Bereits 1769 hatte ihm das Kloster Dietramszell die Freskierung der idyllisch gelegenen, von dem Münchener Architekten Leonhard Matthäus Gießl errichteten Wallfahrtskirche St.Leonhard übergeben, der 1777 die Ausmalung der im Kern mittelalterlichen Filialkirche St.Katharina zu Thankirchen folgte. Für beide Kirchen legte Wink umfangreiches Entwurfsmaterial in Form von detailliert ausgearbeiteten Ölskizzen vor, an beiden Orten wurde er von dem Wolfratshausener Bildhauer Philipp Jakob Rämpl kongenial ergänzt, dessen zierliches Modell für den Thankirchener Altar sich heute im Bayerischen Nationalmuseum zu München befindet.

Taufe Christi, ehem. südliches Seitenaltarblatt der Benediktbeurer Anastasiakapelle, um 1720/25 von Jacopo Amigoni, jetzt in der evang.-luth. Pfarrkirche St. Georg zu Holzschwang, Lkr. Neu-Ulm

Rämpl, der hauptsächlich im nördlichen Kreisgebiet nachweisbar ist und der in den meisten seiner Werke eine Inspiration durch Johann Baptist Straub und Ignaz Günther durchblicken läßt, ist als letzter bedeutender Vertreter der seit dem frühen 17. Jahrhundert blühenden Wolfratshausener Werkstätten anzusehen. Diese Betriebe waren von Anfang an derart straff und zugleich vielseitig organisiert, daß Maler wie Stephan Engelschalk, Leonhard Griesmann und Christoph Pföderl, Bildhauer wie Christoph Graf, Wilhelm Polz oder Georg Wunderl und Kistler wie Caspar Polz, Hans Wolf, Balthasar und Wolf Wolfahrt Hand in Hand arbeiten und damit selbst umfangreichere Aufträge wie die hochwertige Ausstattung der Kirche zu Nantwein (1613/19) in relativ kurzer Zeit erledigen konnten. Trotz großer Rückschläge durch den Dreißigjährigen Krieg bildeten sich auch in der zweiten Jahrhunderthälfte neue Arbeitsgemeinschaften, aus denen Lukas Herle und Georg Wunderl durch künstlerische Solidität und Schaffenskraft herausragen. Mehr als 30 Jahre dominierten ihre streng architektonisch aufgebauten Säulenaltäre, die mit kraftvollen, in dichte Stoffbahnen gehüllten Figuren bestückt sind, die Altarbaukunst an der Loisach und ließen anderen Werkstätten wie jener des Kaspar Niederreiter in Dietramszell nur ein eingeschränktes Betätigungsfeld.

Was für Wolfratshausen und den nördlichen Landkreis die Herle und Krinner waren, bedeuteten für Tölz und die Gegend südlich davon die Fröhlich, deren Genealogie und

München, Kunsthandel, Ölskizze für das Chorfresko von Thankirchen, um 1777 von Thomas Christian Wink

Thankirchen, kath. Filialkirche St. Katharina, Hl. Dreifaltigkeit, Chorfresko von Thomas Christian Wink, 1777

Thankirchen, kath. Filialkirche St. Katharina, Hochaltar von Philipp Jakob Rämpl, 1777

Werdegang bis heute zahlreiche Widersprüche aufweist. Stammvater war jedenfalls der Schreiner und Bildhauer Franz Fröhlich, der Ende des 17.Jahrhunderts von Innsbruck nach Tölz gezogen war und 1750 verstorben ist. Sein 1707 geborener Sohn Joseph Anton Fröhlich ließ sich zunächst in Erding nieder, kam aber später wieder nach Tölz zurück, um den väterlichen Betrieb weiterzuführen. Nach seinem Tod 1787 übernahm sein Sohn Franz Anton, der am 7.Januar 1770 in Erding getauft worden war, die Werkstatt. Franz Anton Fröhlich, dessen biederes Aussehen uns durch ein eigenhändiges Porträt im Tölzer Museum (Abb.S.LXXX) überliefert ist, betätigte sich nicht nur als Schreiner, Bildhauer und Maler, sondern auch als Architekt und als Bewahrer des Ortbildes: 1798 meißelte er den Grabstein für den Tölzer Bürgermeister Franz Paul Mathis in der Franziskanerkirche, 1813 malte er zusammen mit Matthias Schmaunz das langgestreckte Fresko der Auferstehung Christi über der Hl.Stiege auf dem Kalvarienberg (Abb.S.34) nach einem Entwurf des Münchener Akademieprofessors Joseph Hauber, 1819 lieferte er Pläne zum Wiederaufbau des niedergebrannten Khanturms am Ostende der Marktstraße und 1823 schnitzte er die erste Krippe für die Stadtpfarrkirche.

Obwohl im 18.Jahrhundert geboren, war Fröhlich, der erst 1841 starb, ein typischer Vertreter des von der Aufklärung geprägten Bürgertums im Tölz des 19.Jahrhunderts. Man gewann allmählich jenes Selbstbewußtsein zurück, das nach der verheerenden Niederlage in der Sendlinger Bauernschlacht 1705 heftig gelitten hatte und das nun zu jeder Gelegenheit, besonders aber in zahlreichen Standesporträts, lebendigen Ausdruck fand. Die Folge war auch ein neues Verhältnis zur Kunst. Das Patriziat übernahm nun verstärkt eine Rolle, die bisher der Adel – sein letzter bedeutender Bau war das 1712-1718 errichtete Schloß der Augsburger Familie Herwarth (Hörwart) in Hohenburg bei Lenggries gewesen (Abb. S.392ff.) –, in erster Linie aber der Klerus gespielt hatte. Die Geistlichkeit war auf Jahre hinaus durch die staatliche Willkür der Säkularisation und deren katastrophale Auswirkungen wie gelähmt und schied zwangsläufig für längere Zeit als potentielle Auftraggeberschicht aus. Ansprechendstes Beispiel für das wiedererlangte Selbstverständnis des Bürgertums war die noble Ausstattung des sog. Höckhhauses (Marktstraße 41), in dem sich 1705 die Tölzer vor dem Marsch gegen die Österreicher versammelt hatten. Wertvolles Mobiliar, eine Fülle von Gemälden und Gebrauchsgegenständen des täglichen Lebens und sogar eine eigene Hauskapelle mit Meßgewändern zeugten, über Generationen hinweg beim Ankauf akribisch inventarisiert, von bürgerlicher Wohnkultur und Lebensart vergangener Jahrhunderte. (Abb.S.70f.)

Im sakralen Bereich gab es nur ein einziges Projekt, das umfangreichere Veränderungen mit sich brachte: Ab 1854 wurde die 1612 teilweise barockisierte Pfarrkirche in Tölz einer tiefgreifenden Regotisierung unterzogen, bei der man u.a. die Säulen verstärkte, die Mariahilf- und Sebastians-

Augsburg, Städtische Kunstsammlungen, Barockgalerie, Entwurf für das Hochaltarblatt in Nantwein, 1632 von Leonhard Griesmann

Nantwein, kath. Filialkirche St. Laurentius, Hochaltar, 1619/72

Bad Tölz, Heimatmuseum, Innenansicht der Stadtpfarrkirche, um 1870 von H. Seeberger

kapelle beiderseits des Chors umbaute, darüber Oratorien einzog und die Ausstattung durch Georg Schneider und Georg Meindl in neugotischen Formen erneuern ließ. Erst 1876/77 erhielt der Westturm durch Matthias Steinbrecher anstelle eines niedrigen Satteldachs seinen steil aufragenden, schlanken Aufsatz, der von einem durchbrochenem Spitzhelm bekrönt wird.

Dem Tölz des ausgehenden 19. und des frühen 20.Jahrhunderts drückte der Münchener Architekt Gabriel von Seidl seinen Stempel auf. Ausgestattet mit ungeheuerem Formgefühl und unterstützt von dem tüchtigen einheimischen Baumeister Peter Freisl gab er der Marktstraße ihre noch heute gültige Struktur. Indem er Häuser umbaute (Rathaus, Marktstraße 48) und Fassaden neu gestaltete (Marienstift, Marktstraße 1), setzte er die Akzente in einem Ort, der als Kurbad aufgeblüht war und nicht erst seit der Stadterhebung 1906 ein entsprechendes Profil zu gewinnen versuchte.

Der damaligen baulichen Entwicklung in Tölz vergleichbar sind lediglich die Schlösser und Villen am Ostufer des Starnberger Sees, die auch in unserer Zeit noch ein anschauliches Bild der Lebenskultur um die Jahrhundertwende vermitteln. In dieser „villeggiatura", an deren Vielfalt Emanuel von Seidl maßgeblichen Anteil hatte, reicht die Spanne vom stadtnahen, einfachen Sommerhaus (Villa Riedel in Ambach, Seeuferstraße 3) über die reich ausgestattete Künstlerresidenz, die als Refugium abseits des großstädtischen Betriebs fungierte (Villa Rösl in Ammerland, Siegleweg 10), und den schloßartigen, mit einer ausgedehnten Ökonomie verbundenen Landsitz (Gutshof in Oberambach) bis hin zur späthistoristischen Luxusvilla, die vor dem Hintergrund ländlichen Lebens zum Wohnsitz mit Repräsentationscharakter wurde (Schloß in Weidenkam). Das zum See hin abfallende Gelände bot den meisten Villen zwei Möglichkeiten zur Situierung: entweder errichtete man sie in unmittelbarer Nähe des Ufers (Ambach, Seeuferstraße 26) oder an erhöhter Stelle mit freiem Blick auf den See (Seeheim, Am Waldweg 26), stets jedoch auf Grundstücken von beträchtlichen Ausmaßen. In jeder Beziehung ungewöhnlich ist die auf einer bewaldeten Anhöhe über der Uferstraße gelegene „Seeburg", die Julius Hofmann unter dem Eindruck von König Ludwigs II. Schloß Neuschwanstein, an dem der Münchener Architekt beteiligt gewesen war, für Theodor Höch entwarf. 1902 ging die imposante Anlage in den Besitz des Augsburger Majors Peter Göring über, der sie durch Friedrich von Thiersch umbauen ließ. Teils aus sichtbar belassenen Betonwerksteinen, teils aus Sichtbeton ohne Fugenteilung entstand ein eigentümliches, burgartiges Gebilde, dessen vier Flügel einen langgestreckten, unregelmäßigen Hof umschließen.

Die „Villenkolonie" am Starnberger See war die letzte vornehme Aufgabe für Baumeister und Ausstattungskünstler, die zuvorderst aus dem uneingeschränkten Bedürfnis nach den Annehmlichkeiten des Lebens in Beschaulichkeit und Ruhe erwachsen war. Die Abgeschiedenheit und Stille der Bergwelt suchten und fanden die Begründer der Künstlervereinigung „Der Blaue Reiter", Wassily Kandinsky, Franz Marc und Gabriele Münter in der Umgebung von Kochel. Franz Marc ließ sich für wenige Jahre in Ried nieder, bis er 1916 bei Verdun fiel und auf dem Friedhof seiner Wahlheimat begraben wurde. In ihm wie in allen Künstlern vergangener Jahrhunderte offenbaren sich jene drei Dinge, die den Menschen ein Leben lang bewegen: die Erinnerungen, die er mit sich trägt, die Träume, die er webt, und die Sehnsüchte, die ihn treiben.

Verzeichnis der im Landkreis tätigen Künstler, Handwerker und Ingenieure

15. Jahrhundert

Architekten und Baumeister

Gugler, Alexander [Tegernsee]
Um 1490 Benediktbeuern/Klosterkirche, Wiederaufbau (mit Jakob Moosmiller)
Gugler, Michael d. J. [Tölz]
1498 Benediktbeuern/Klosterkirche, Sakramentshaus

Zimmermeister

Moosmiller, Jakob [Wessobrunn]
Um 1490 Benediktbeuern/Klosterkirche, Wiederaufbau (mit Alexander Gugler)

Steinmetzen

Haldner, Hans und Matthäus [München]
Um 1450 Bad Tölz/Pfarrkirche, Grabstein für Pfarrer Georg Eglinger
Um 1450 Deining/Pfarrkirche, Grabstein für Hanns von Thor zu Hornstein
Um 1472 Egling/Pfarrkirche,Grabstein für Sigmund Eglinger (Werkstatt)
Um 1491 Wolfratshausen/Pfarrkirche, Grabstein für Conrad Spiegl

16. Jahrhundert

Architekten und Baumeister

Egkl, Christoph [München (?)]
Um 1534 Wolfratshausen/Schloß , Reparaturen (?)
Gugler, Thoman [Tegernsee]
Um 1520 Lochen/Filialkirche, Neubau
Obermair, Michael
Um 1534 Wolfratshausen/Schloß , Reparaturen (?)

Maler

Mäleßkircher (Maleskircher), Kaspar [München]
Um 1513 Bad Tölz/Pfarrkirche, Malereien am Eingang zur Winzererkapelle (?)
Mielich, Hans [München]
1539 Benediktbeuern/Klosterkirche, Epitaph für Lienhard Auffleger (Zuschreibung)
Polack, Jan [München]
1498 Benediktbeuern/Klosterkirche, Hochaltar
Um 1515 Lenggries/Mariahilfkapelle, ehem. Altarflügel (Werkstatt?)

Bildhauer und Schreiner

Bockschütz, Johann [Tölz]
1530/40 Reichersbeuern/Schloßkapelle, Altar (Zuschreibung)
1532 Beuerberg/Klosterkirche, hl. Anna selbdritt (?) im Anna-Altar
Grasser, Erasmus [München]
Um 1500 Endlhausen/Pfarrkirche, hl. Valentin im Hochaltar

17. Jahrhundert

Architekten und Baumeister

Bader, Isaak d.Ä. [München]
1628 Beuerberg/Klosterkirche, Gutachten (mit Heinrich Schön) und Pläne zum Neubau
Candid, Peter [München]
1626ff. Eurasburg/Schloß, Pläne zum Neubau (?)
Feichtmayr, Caspar d.Ä. [Bernried]
1669ff. Benediktbeuern/Konventbau, Erweiterung und Barockisierung (mit Markus Schinnagl)
1670ff. Kochel am See/Pfarrkirche, Turmoktogon (Zuschreibung)
1671ff. Fischbach/Filialkirche, Neubau (Zuschreibung)
1672 Bichl/Pfarrkirche, Turm
1672/73 Benediktbeuern/Klosterkirche, Neubau (unter Beteiligung (?) von Henrico Zuccalli und Markus Schinnagl)
1676 Fischbach/Filialkirche, Turmoktogon
1683ff. Ammerland/Schloß, Neubau (Zuschreibung)
1683ff. Ammerland/Schloßkapelle, Neubau (Zuschreibung)
Um 1685 Königsdorf/Pfarrkirche, Turmoktogon
1688ff. Kochel am See/Pfarrkirche, Langhaus (Zuschreibung)
Graf, Georg [München]
1621ff. Wolfratshausen/Pfarrkirche, Neubau
Hammerl, Georg [Wolfratshausen]
1604ff. Nantwein/Filialkirche, Neubau (Zuschreibung)

Bad Heilbrunn, Pfarrhaus, Jüngstes Gericht, Kopie des frühen 17. Jhs. nach einem um 1580/90 entstandenen Gemälde von Christoph Schwarz

Reutberg, Kloster, Ecce Homo, 1607

Haunstötter, Hans [?]
1680/85 Harmating/Leonhardskapelle, Neubau
Höck, Melchior [Holzkirchen]
1629/30 Linden/Filialkirche, Wiederaufbau
Kreuter, Quirin [Schliersee]
1653 Lenggries/Pfarrkirche, Erweiterung
Krumper, Hans [München]
1628ff. Beuerberg/Klosterkirche, Beteiligung an den Neubauplänen (von Isaak Bader d.Ä.)
Leitner, Johann [Tölz]
1617/18 Bad Tölz/Franziskanergasse, Neubau der ehem. Friedhofskapelle
März, Michael [Bichl]
1606ff. Benediktbeuern/Anastasiakapelle, Neubau (Zuschreibung)
Um 1615 Benediktbeuern/Klosterkirche,Umgestaltung des Innern
Mitlmayr, Michael [Wolfratshausen]
1644 Wolfratshausen/Rathaus, Neubau
Putzenlechner, Michael [Beuerberg]
1643ff. Beuerberg/Friedhofskirche, Neubau (mit Martin Zäch)
Schaidhauf, Jonas [Wessobrunn]
1629ff Beuerberg/Klosterkirche, Neubau
Schinnagl, Markus (Marx) [München]
1669ff. Benediktbeuern/Konventbau, Erweiterung und Barockisierung (mit Caspar Feichtmayr d.Ä.)
1672ff. Benediktbeuern/Klosterkirche, Neubau (mit Henrico Zuccalli (?) und Caspar Feichtmayr d.Ä.)
Schön, Heinrich [München]
1628 Beuerberg/Klosterkirche, Gutachten (mit Isaak Bader d.Ä.)
Steinle, Bartholomäus [Weilheim]
1626ff. Beuerberg/Klosterkirche, Umbau
Zäch, Martin [Weilheim]
1643ff. Beuerberg/Friedhofskirche, Neubau (mit Michael Putzenlechner)
Zellermair, Georg [Wolfratshausen]
1631ff. Gelting/Filialkirche, Neubau

Zuccalli, Henrico [München]
1672ff. Benediktbeuern/Klosterkirche, Neubau (mit Markus Schinnagl (?) und Caspar Feichtmayr d.Ä.)
1686/88 Benediktbeuern/Gastbau, erster Entwurf (Zuschreibung)
Um 1695 Benediktbeuern/Gastbau, weitere Entwürfe (Zuschreibung)

Zimmermeister

Scheifler, Matthias [Benediktbeuern]
1671ff. Fischbach/Filialkirche, Neubau

Stukkatoren

Feichtmayr, Caspar d.Ä. [Bernried]
1671ff. Fischbach/Filialkirche, Stukkaturen (Zuschreibung)
Um 1673 Benediktbeuern/Klosterkirche, Stukkaturen in Sakristei und Psallierchor
Perti, Giovanni Niccolo [München]
Um 1682 Benediktbeuern/Klosterkirche, Stukkaturen (Zuschreibung)
Schön, Heinrich [München]
1629ff. Beuerberg/Klosterkirche, Stukkaturen (Beteiligung?)
Steinle, Bartholomäus [Weilheim]
1629ff. Beuerberg/Klosterkirche, Stukkaturen

Maler und Freskanten

Albrecht, Kaspar [Wolfratshausen]
1680ff. Wolfratshausen/Pfarrkirche, Gemälde der unteren Emporenbrüstung
Amort, Caspar d.Ä. [München]
M.17.Jh. Ort/Kapelle, ehem. Altarbild (Zuschreibung)
M.17.Jh. Walchensee/Alte Pfarrkirche, ehem. Hochaltarblatt
Asam, Georg [Benediktbeuern]
1682 Oberbuchen/Filialkirche, Fahnenbild (verschollen)
1682ff. Benediktbeuern/Konvent- bzw. Gastbau, Abtporträts und Klosteransichten

Reutberg, Kloster, Maria und Johannes, 1607

1683ff. Benediktbeuern/Klosterkirche, Fresken
1683/88 Benediktbeuern/Klosterkirche, Gemälde des Leonhardsaltars (Zuschreibung)
1709 Benediktbeuern/Klosterkirche, Gemälde des Antoniusaltars (Zuschreibung)

Briederl, Johann [München]
Um 1630 Beuerberg/Klosterkirche, Gemälde: Ecce Homo und Mater Dolorosa (Zuschreibung)
1630ff. Eurasburg/Schloß, Deckenbilder des ehem. Saals

Fischer, Thaddäus [Rosenheim]
E.17.Jh. Benediktbeuern/Klosterkirche, Gemälde des Sebastiansaltar

Franck, Hans Ulrich [Kaufbeuren]
Um 1630 Linden/Filialkirche, Seitenaltarblätter (in der Art)
1636/38 Beuerberg/Klosterkirche, Gemälde des Weihnachts-, Oster-, Hl. Geist- (?) und Augustinusaltars, Bild der Rosenkranzbruderschaft (Zuschreibung)

Greither, Elias d.Ä. [Weilheim]
1630/40 Beuerberg/Klosterkirche, Gemälde des Sebastiansaltars, Auszüge des Schutzengel- und Antoniusaltars (Zuschreibung)
1634 Bichl/Pfarrkirche, Votivtafel (in der Art)
Um 1635 Beuerberg/Klosterkirche, Hochaltarblatt und Gemälde des Nothelferaltars (verschollen)

Griesmann, Adam [Wolfratshausen]
1653 Nantwein/Filialkirche, Epitaph der Barbara Keller
1659ff. Wolfratshausen/Pfarrkirche, Hochaltarblatt

Griesmann, Leonhard [Wolfratshausen]
1632 Nantwein/Filialkirche, Hochaltarblatt

Hoffmann, Thomas [München]
1635 Beuerberg/Klosterkirche, Gemälde des Kreuzaltars

Irnkauf, Johann Georg [Wolfratshausen]
1682 Kirchbichl/Filialkirche, Hochaltarblatt

Kager, Johann Matthias [Augsburg]
Um 1610 Benediktbeuern/Klosterkirche, Gemälde: Martyrium der hl. Anastasia (Afra?)

Kessler, Michael [Brixen]
Um 1675 Benediktbeuern/Konventbau, Deckengemälde im Alten Festsaal (mit seinem Vater Stephan)

Kessler, Stephan [Brixen]
Um 1675 Benediktbeuern/Konventbau, Deckengemälde im Alten Festsaal (mit seinem Sohn Michael)

Loth, Johann Carl [München]
Um 1696 Benediktbeuern/Klosterkirche, Gemälde des Katharinen- und Dreikönigsaltars

Loth, Johann Ulrich [München]
1634 Bad Tölz/Pfarrkirche, Gemälde: St. Sebastian, Rochus und Benedikt (?)
M.17.Jh. Arzbach/Filialkirche, Gemälde: Anbetung des Kindes (in der Art)

Onghers, Oswald [Mecheln]
1680 Benediktbeuern/Konventbau, Gemälde: Darstellung im Tempel

Sandrart, Joachim von [Nürnberg]
Um 1680 Berg/Filialkirche, Hochaltarblatt

Schönfeld, Johann Heinrich [Augsburg]
1660/70 Bad Tölz/Pfarrkirche, Gemälde: Fürbitte der Muttergottes und des hl. Laurentius (Umkreis)

Schwarz, Christoph [München]
Um 1600 Eurasburg/Schloßkirche, ehem. Altarblatt

Steidl, Melchior [München]
1691 Harmating/Schloß, Fresken im Kanzlerzimmer
A.18.Jh. Dietramszell/Kloster, Hochaltarblatt im ehem. Psallierchor (in der Art)

Trubillio, Giovanni [München]
1692/94 Benediktbeuern/Verbindungsgang vom Konvent- zum Gastbau, Vorstudien zu Gemälden in der Münchener Residenz

Wolff, Andreas [München]
1680/90 Benediktbeuern/Klosterkirche, ehem. Hochaltarblatt
Um 1686 Benediktbeuern/Konventbau, Deckengemälde des ehem. Kapitelsaals
1702 Benediktbeuern/Gastbau, Gemälde: hl. Benno und hl. Bonifatius

Bad Tölz, kath. Stadtpfarrkirche Mariä Himmelfahrt, die hll.Benedikt, Sebastian und Rochus, 1634 von Johann Ulrich Loth

Um 1708 Harmating/Schloßkapelle, Passionsbilder (Zuschreibung)

Zäch, Johann [München]
1684 Schlehdorf/Klosterkirche, Fassung der Muttergottes auf dem nördlichen Choraltar

Bildhauer und Schreiner

Ableithner, Balthasar [München]
Um 1686 Benediktbeuern/Klosterkirche, Hochaltarfiguren (Zuschreibung)

Bader, Tobias [München]
1684 Schlehdorf/Klosterkirche, Muttergottes im nördlichen Choraltar

Burkhardt, Matthäus [Eglfing]
1620 Beuerberg/Klosterkirche, Anna-Altar (mit Rudolph Zwinck)

Degler, Ambrosius [Weilheim]
1672 Nantwein/Filialkirche, Seitenfiguren des Hochaltars

Degler, Hans [Weilheim]
1620/30 Pessenbach/Kapelle, Muttergottes und zwei Engel
Um 1641 Dietramszell/Klosterkirche, Muttergottes im Rosenkranzaltar (Nachfolge)

Graf, Christoph [Wolfratshausen]
1613/19 Nantwein/Filialkirche, Altäre (Zuschreibung)

Guggemoos, Johann Georg [Benediktbeuern]
1686 Benediktbeuern/Klosterkirche, Hochaltar und Altäre der östlichen Seitenkapellen

Herle, Lukas [Wolfratshausen]
1649f. Ascholding/Georgskapelle, Altar (Zuschreibung)
1653 Gelting/Filialkirche, Hochaltar (Zuschreibung)
1657 Egling/Pfarrkirche, Hochaltar
1659ff. Wolfratshausen/Pfarrkirche, Hochaltar
1660 Feldkirchen/Filialkirche, Hochaltar (Zuschreibung)

1662 Egling/Pfarrkirche, Seitenaltäre
1665 Gelting/Filialkirche, südlicher Seitenaltar (Zuschreibung)
1665 Steingau/Filialkirche, Hochaltar
1667/69 Egling/Wallfahrtskirche, nördlicher Seitenaltar
1668 Gelting/Filialkirche, nördlicher Seitenaltar (Zuschreibung)
1672 Nantwein/Filialkirche, Umgestaltung des Hochaltars und Schnitzereien an der Brüstung der Westempore
1675/80 Neufahrn/Filialkirche, Hochaltar (Zuschreibung)
1680/85 Steingau/Filialkirche, südlicher Seitenaltar
1680/90 Icking/Filialkirche, Hochaltar
Um 1685 Walchstadt/Filialkirche, Hochaltar (Zuschreibung)

Herle, Stephan [Wolfratshausen]
Um 1670 Baiernrain/Filialkirche, Hochaltar (mit Georg Wunderl)

Krinner, Johann [Tölz]
M.17.Jh. Gelting/Filialkirche, Apostel (Zuschreibung)
1680/85 Steingau/Pfarrkirche, Figuren des südlichen Seitenaltars (Werkstatt)
1680/90 Wolfratshausen/Pfarrkirche, Apostel (Zuschreibung)

Luidl, Lorenz [Landsberg a.Lech]
1680/90 Endlhausen/Pfarrkirche, Muttergottes im nördlichen Seitenaltar (Zuschreibung)

Mittermayer, Georg [Holzkirchen]
1645 Dietramszell/Kreuzbichlkapelle, Seitenaltäre
Um 1651 Geilertshausen/Filialkirche, Altäre (Zuschreibung)

Niederreiter, Kaspar [Dietramszell]
M.17.Jh. Deining/Pfarrkirche, Engel des Hochaltarauszugs (Zuschreibung)
Um 1640 Humbach/Filialkirche, hl. Bischof (Zuschreibung)
1640/50 Rampertshofen/Filialkirche, Hochaltar (Zuschreibung)
1645 Dietramszell/Kreuzbichlkapelle, Figuren der Seitenaltäre und Kreuzigungsgruppe (Zuschreibung)
Um 1651 Geilertshausen/Filialkirche, Altarfiguren (Zuschreibung)
1655/60 Dietramszell/Klosterkirche, Muttergottes im Rosenkranzaltar (Zuschreibung)
1659ff. Wolfratshausen/Pfarrkirche, Hochaltarfiguren

Pessenbach, kath. Kapelle, Muttergottes, um 1620/30 von Hans Degler

1665 Steingau/Filialkirche, Figuren des Hochaltars und des nördlichen Seitenaltars (Zuschreibung)
1680/90 Wolfratshausen/Pfarrkirche, hl. Petrus und hl. Paulus

Ostner, Hans [Tölz]
1644 Ergertshausen/Filialkirche, südlicher Seitenaltar

Polz, Kaspar [Wolfratshausen]
1613/19 Nantwein/Filialkirche, Altäre (Zuschreibung)

Schmid, Georg [Tölz]
1688 Wackersberg/Pfarrkirche, ehem. Seitenaltäre

Schwanthaler, Thomas [Ried]
1679 Bad Tölz/Franziskanerkirche, Figuren am Kanzelkorb (Zuschreibung)

Steinle, Bartholomäus [Weilheim]
Um 1610 Benediktbeuern/Gastbau, Kruzifix im Fürstensaal (Zuschreibung)
1611 Bad Tölz/Pfarrkirche, Himmelfahrtsmaria
Um 1615 Benediktbeuern/Neue Pfarrkirche, Chorkruzifix (Zuschreibung)
1615/18 Bichl/Pfarrkirche, hl. Benedikt und hl. Scholastika (Zuschreibung)
1619/20 Benediktbeuern/Klosterkirche, Grabchristus des Gruftaltars (Zuschreibung)
Um 1620 Benediktbeuern/Klosterkirche, Seitenfiguren an den Altären der Kreuz- und Antoniuskapelle (Zuschreibung)
Um 1625 Beuerberg/Klosterkirche, Entwurf und Seitenfiguren des Hochaltars (Zuschreibung)

Streicher, Martin [Habach]
1660 Benediktbeuern/Klosterkirche, Schrankwerk der Sakristei (Zuschreibung)

Wunderl, Georg [Wolfratshausen]
M.17.Jh. Ambach/Seeuferstraße 31, Gottvater (Zuschreibung)
Um 1640 Reichertshausen/Kapelle, Hochaltarfiguren (Zuschreibung)
1640/50 Egling/Pfarrkirche, Rosenkranzmadonna (Zuschreibung)
1640/50 Egling/Wallfahrtskirche, Mittelfigur im Hochaltar, südlicher Seitenaltar und Michaelsgruppe (Zuschreibung)
1640/50 Peretshofen/Filialkirche, Hochaltarkruzifix
1640/50 Walchstadt/Filialkirche, Rosenkranzmadonna
1644 Ergertshausen/Filialkirche, Figur im Auszug des Hochaltars, Seitenfiguren des südlichen Nebenaltars, und Rosenkranzmadonna (Zuschreibung)
1645 Gelting/Filialkirche, Epitaph für Margarethe Mezger
1649/50 Ascholding/Georgskapelle, Altarfiguren, Kruzifix und Schmerzhafte Muttergottes (Zuschreibung)
Um 1650 Eulenschwang/Kapelle, Büste im Hochaltarauszug (Zuschreibung)
1650/60 Holzhausen a. Starnberger See/Pfarrkirche, Muttergottes im nördlichen Seitenaltar (Zuschreibung)
1650/60 Hornstein/Kapelle, hl. Sebastian und hl. Georg (Zuschreibung)
1653 Gelting/Filialkirche, Figuren des Hochaltars (Zuschreibung)
1655/60 Gelting/Filialkirche, Kruzifix und Schmerzhafte Muttergottes (Zuschreibung)
1657 Egling/Pfarrkirche, Hochaltarfiguren
1660 Feldkirchen/Filialkirche, Hochaltarfiguren (Zuschreibung)
1660/70 Aufhofen/Filialkirche, Dachungsengel am Hochaltar (Zuschreibung)
1662 Egling/Pfarrkirche, Seitenaltarfiguren
1665 Gelting/Filialkirche, Figuren des südlichen Seitenaltars (Zuschreibung)
1668 Gelting/Filialkirche, Figuren des nördlichen Seitenaltars (Zuschreibung)
Um 1670 Baiernrain/Filialkirche, Hochaltar (mit Stephan Herle), Ecce Homo, hl. Sebastian und hl. Rochus
1670/80 Ascholding/Pfarrkirche, Seitenfiguren am Hochaltar (Zuschreibung)
1675/80 Neufahrn/Filialkirche, Büste im Hochaltarauszug (Zuschreibung)
1680/90 Wolfratshausen/Pfarrkirche, hl. Matthäus und hl. Jakobus (Zuschreibung)

Zwink, Rudolph [Weilheim]
1620 Beuerberg/Klosterkirche, Anna-Altar (mit Matthäus Burkhardt)

Maria-Elend, kath. Wallfahrtskirche Maria im Elend

18. Jahrhundert

Architekten und Baumeister

Daubenberger, Joseph [Tölz]
- 1759 Bad Tölz/Mariahilfkirche, Wiederaufbau des Turms (mit Lorenz Sappel)

Diesel, Matthias [München]
- Um 1718 Hohenburg/Schloß, Gartenanlagen

Ettenhofer, Johann Georg [München]
- 1715 Schlehdorf/Kloster, Pläne zum Neubau

Feichtmayr, Magnus [Bernried]
- 1729ff. Dietramszell/Klosterkirche, Neubau (Zuschreibung)

Fischer, Johann Michael [München]
- 1724/25 Schlehdorf/Kloster, Palier beim Neubau
- 1750ff. Benediktbeuern/Anastasiakapelle, Neubau
- 1751ff. Bichl/Pfarrkirche, Neubau
- 1755/56 Endlhausen/Pfarrkirche, Pläne zum Neubau

Geiger, Augustin [Murnau]
- 1719 Unterau/Filialkirche, Umbau

Gießl, Leonhard Matthäus [München]
- 1765ff. St. Leonhard/Wallfahrtskirche, Neubau
- 1777/78 Thankirchen/Filialkirche, Umbau (?)

Gräz, Urban [Kempfenhausen]
- 1724 Wolfratshausen/Pfarrkirche, Erweiterung der Westempore (mit Benedikt Schafstetter)

Gunetzrhainer, Ignaz Anton [München]
- 1740 Schallenkam/Kapelle, Pläne und Leitung der Instandsetzung

Hainz, Joseph [Bichl]
- 1708ff. Benediktbeuern/Meierhof, Neubau (mit Markus Hainz nach Plänen von Michael Ötschmann)
- 1711ff. Oberbuchen/Filialkirche, Umbau und Verlängerung
- 1718 Jachenau/Pfarrkirche, Neubau des Chors
- 1726/27 Bad Heilbrunn/Pfarrkirche, Neubau
- 1728 Zwergern/Klösterl, Umbau der Annakapelle (Zuschreibung)
- 1728ff. Benediktbeuern/Gastbau, Errichtung des südlichen Traktes (mit Markus Hainz nach Plan von Michael Ötschmann)
- 1737 Oberbuchen/Filialkirche, Erhöhung der Mauern

Hainz, Markus (Marx) [Bichl]
- 1708ff. Benediktbeuern/Meierhof, Neubau (mit Joseph Hainz nach Plänen von Michael Ötschmann)
- 1712ff. Walchensee/Alte Pfarrkirche, Umbau (nach Plänen von Lucas Zais)
- 1728ff. Benediktbeuern/Gastbau, Errichtung des südlichen Traktes (mit Joseph Hainz nach Plänen von Michael Ötschmann)

Holzleithner, Frater Aichardus [Tölz]
- 1733ff. Bad Tölz/Franziskanerkirche, Pläne zum Neubau

Krinner, Matthias [München]
- 1773ff. Schlehdorf/Klosterkirche, Neubau des Langhauses (?)

Lettner, Georg [Wolfratshausen]
- 1751 Endlhausen/Pfarrkirche, Pläne zum Neubau (nicht ausgeführt)

Mayr, Johann d.J. [München]
- 1717ff. Schlehdorf/Kloster, Neubau (nach Plänen von Johann Georg Ettenhofer)

Beuerberg, Kloster, Kreuzigung, Ölskizze nach dem Hochaltarblatt des Martin Johann Schmidt, gen. Kremser Schmidt, von 1774 im Dom zu Vác (Ungarn)

1728ff. Dorfen/Filialkirche, Pläne zum Neubau

Mörz, Lukas [Weidach]
1728ff. Dorfen/Filialkirche, Neubau (Beteiligung)

Natter, Michael [Diessen]
1715 Schlehdorf/Kloster, Pläne zum Neubau (nicht ausgeführt)

Ötschmann, Michael [Benediktbeuern]
1708/12 Benediktbeuern/Meierhof, Pläne zum Neubau
1717 Benediktbeuern/Utzschneiderstraße 1, Pläne zur Erweiterung der „Schweinehütte"
1717 Voglherd/Jägerhaus, Pläne zum Neubau
Um 1722 Benediktbeuern/Klosterbibliothek, Pläne zum Neubau
1725 Bad Heilbrunn/Pfarrkirche, Pläne zum Neubau
1726 Bad Heilbrunn/Pfarrkirche, Entwurf zum Hochaltar
1726 Benediktbeuern/Gastbau, Umbau der Brauerei und Planung des südlichen Traktes
1737 Benediktbeuern/ehem. Gartenpavillon, Pläne zum Neubau

Pernlocher, Johann [München]
1757/58 Thanning/Pfarrhaus, Neubau (mit Lorenz Sappel und Balthasar Trischberger)
1760 Thanning/Pfarrstadel, Neubau (mit Lorenz Sappel und Balthasar Trischberger)

Plank, Frater Philipp [Ingolstadt]
1716ff. Dietramszell/Kloster, Pläne zum Neubau (Zuschreibung)
1717 Dietramszell/Pfarrkirche, Beteiligung am Neubau (Zuschreibung)

Poschenrieder, Joseph [Eurasburg]
1709 Schallenkam/Kapelle, Instandsetzung (mit Johann Pföderl)

Reiser, Peter [Wolfratshausen]
1785ff. Thanning/Pfarrkirche, Neubau und Turmaufsatz

Reiter, Lorenz [Tölz]
1735ff. Bad Tölz/Mühlfeldkirche, Neubau (nach Plänen von Joseph Schmuzer)

Rienshofer, Franz [Ellbach (?)]
1791ff. Luitpolder/Haus Nr.49, Neubau

Sappel, Lorenz [München]
1729ff. Dietramszell/Klosterkirche, Neubau (Zuschreibung)
1757/58 Thanning/Pfarrhaus, Neubau (mit Johann Pernlocher und Balthasar Trischberger)
1759 Bad Tölz/Mühlfeldkirche, Wiederaufbau des Turms (mit Joseph Daubenberger)
1760 Thanning/Pfarrstadel, Neubau (mit Johann Pernlocher und Balthasar Trischberger)

Schafstetter, Benedikt [Wolfratshausen]
1697 Wolfratshausen/Pfarrkirche, Sakristeianbau
1724 Wolfratshausen/Pfarrkirche, Erweiterung der Westempore (mit Urban Gräz)

Schmidt, Adam [München]
1721/22 Lenggries/Pfarrkirche, Neubau

Schmuzer, Joseph [Wessobrunn]
1735ff. Bad Tölz/Mühlfeldkirche, Pläne zum Neubau (Zuschreibung)

Streicher, Melchior [München]
1750ff. Benediktbeuern/Anastasiakapelle, Neubau (nach Plänen von Johann Michael Fischer)
1755/56 Endlhausen/Pfarrkirche, Neubau (nach Plänen von Johann Michael Fischer)

Trischberger, Balthasar [München]
1757/58 Thanning/Pfarrhaus, Neubau (mit Johann Pernlocher und Lorenz Sappel)
1760 Thanning/Pfarrstadel, Neubau (mit Johann Pernlocher und Lorenz Sappel)
1773ff. Schlehdorf/Klosterkirche, Neubau des Langhauses (?)

Vogt, Pater Christoph [Ottobeuren]
1708 Benediktbeuern/Meierhof, Berater beim Neubau

Westermeier, Frater Gebhard [Tölz]
1729ff. Reutberg/Kloster, Neubau
1733ff. Reutberg/Klosterkirche, Neubau

Würstl, Johann [Eurasburg]
1714 Schallenkam/Kapelle, Instandsetzung (mit Joseph Mayer und Johann Pföderl)

Zais, Frater Lucas [Benediktbeuern]
Um 1710 Benediktbeuern/Anastasiakapelle, Pläne zum Neubau (Zuschreibung)
1712ff. Walchensee/Alte Pfarrkirche, Pläne zum Umbau

Zimmermann, Johann Baptist [Wessobrunn]
1724 Benediktbeuern/ehem. Pfarrkirche U.L.Frau, Erweiterung

Zimmermeister

Joher, Clemens [Ohlstadt]
1791ff. Luitpolder/Haus Nr.49, Neubau

Mayer, Joseph [Eurasburg]
1714 Schallenkam/Kapelle, Instandsetzung (mit Michael Pföderl und Johann Würstl)

Pföderl, Johann [Bernried]
1709 Schallenkam/Kapelle, Instandsetzung (mit Joseph Poschenrieder)
1719 Unterau/Filialkirche, Dachstuhl
1740 Schallenkam/Kapelle, Instandsetzung (mit Michael Pföderl)

Pföderl, Michael [Eurasburg]
1714 Schallenkam/Kapelle, Instandsetzung (mit Joseph Mayer und Johann Würstl)
1740 Schallenkam/Kapelle, Instandsetzung (mit Johann Pföderl)

Schmidt, Johann [Wolfratshausen (?)]
1766 Nantwein/Filialkirche, Turmhaube

Stukkatoren

Doll, Franz Edmund [Wessobrunn]
1765/70 Münsing/Pfarrkirche, Stukkaturen (in der Art)

Um 1780 Kochel am See/Pfarrkirche, Überarbeitung und Ergänzung der Stukkaturen
1780 Beuerberg/Friedhofskirche, Stukkaturen im Langhaus
1780 Beuerberg/Kloster, Stukkaturen in der Prälatenkapelle
1784 Beuerberg/Friedhofskirche, Seitenaltarentwürfe
1785 Königsdorf/Pfarrkirche, Stukkaturen
1787 Jachenau/Pfarrkirche, Stukkaturen
1787 Thanning/Pfarrkirche, Stukkaturen, Altäre und Kanzel (?)
1788 Benediktbeuern/Klosterkirche, Ornamente am Hochaltar
Um 1790 Benediktbeuern/Klosterkirche, Gruftaltar
Um 1790 Benediktbeuern/Konventbau, Stukkaturen der ehem. Winterabtei (Zuschreibung)
1790 Benediktbeuern/Klosterkirche, Stukkaturen an den Chorseitenwänden und an der Brüstung der oberen Westempore
1790 Benediktbeuern/Klosterkirche, Ornamente des Kreuz- und Antoniusaltars
1790/91 Benediktbeuern/Klosterkirche, Stuckportal, Empore und Sockel bzw. Wandschmuck des Johann-Nepomuk-Altars in der Leonhardskapelle
1790/91 Maria-Elend/Wallfahrtskirche, Stukkaturen (Zuschreibung)
Um 1791 Dietramszell/Kloster, Stukkaturen in der ehem. Bibliothek
1791 Beuerberg/Klosterkirche, Stukkaturen der Westempore

Feichtmayr, Johann Michael [Augsburg]
1752 Benediktbeuern/Anastasiakapelle, Stukkaturen und Hochaltar

Günther, Matthäus [Augsburg]
1737 Bad Tölz/Mühlfeldkirche, Stukkaturen (?) im Chor

Hainz, Joseph [Bichl]
1712ff. Walchensee/Alte Pfarrkirche, Stukkaturen
1718 Jachenau/Pfarrkirche, Stukkaturen
1722ff. Benediktbeuern/Konventbau, Stukkaturen im ehem. Schlafzimmer
1726 Bad Heilbrunn/Pfarrkirche, Stukkaturen
1728 Zwergern/Klösterl, Stukkaturen in der Annakapelle (Zuschreibung)
1737 Oberbuchen/Filialkirche, Stukkaturen

Schmuzer, Joseph [Wessobrunn]
1735ff. Bad Tölz/Mühlfeldkirche, Stukkaturen im Chor (Zuschreibung)

Üblher, Johann Georg [Augsburg]
Um 1752 Benediktbeuern/Anastasiakapelle, Hochaltarfiguren (Zuschreibung)

Zimmermann, Dominikus [Landsberg a.Lech]
1709 Benediktbeuern/Klosterkirche, Antependium des Kreuz- und Antoniusaltars (in der Art)

Zimmermann, Johann Baptist [Wessobrunn]
1724 Benediktbeuern/Klosterbibliothek, Stukkaturen
1726 Dietramszell/Pfarrkirche, Stukkaturen (Werkstatt)
Um 1730 Benediktbeuern/Gastbau, Stukkaturen
1741 Dietramszell/Klosterkirche, Stukkaturen
1742/43 Dietramszell/Kloster, Stukkaturen
1756 Endlhausen/Pfarrkirche, Stukkaturen (Werkstatt, nicht erhalten)

Zöpf, Thassilo [Wessobrunn]
Um 1758 Beuerberg/Kloster, Stukkaturen im Festsaal (Zuschreibung)
1758/59 St. Heinrich/Filialkirche, Stukkaturen im Chor (Zuschreibung)
1769 St. Leonhard/Wallfahrtskirche, Stukkaturen (Zuschreibung)
1779/80 Beuerberg/Friedhofskirche, Stukkaturen im Chor
Um 1780 Benediktbeuern/Gastbau, Stukkaturen im Audienzzimmer der ehem. Sommerprälatur (Zuschreibung)
Um 1780 Beuerberg/Friedhofskirche, Hochaltar
Um 1780 Schlehdorf/Klosterkirche, Nebenaltäre im Chor

Maler und Freskanten

Albrecht, Balthasar Augustin [München]
1734/35 Reutberg/Klosterkirche, Gemälde des südlichen Seitenaltars

Amigoni, Jacopo [Venedig]
1720/25 Benediktbeuern/Klosterkirche, Fresken beiderseits des Gruftaltars (Zuschreibung)
1720/25 Benediktbeuern/Klosterkirche, Gemälde: hl. Apollonia und hl. Barbara (Werkstatt)
1720/25 Benediktbeuern/Anastasiakapelle, Altarbilder
1720/25 Benediktbeuern/Konventbau, Gemälde: Flucht nach Ägypten (Zuschreibung)
1720/25 Benediktbeuern/Gastbau, Gemälde im Treppenhaus mit Szenen aus dem Leben Abrahams
1720/25 Kochel am See/Pfarrkirche, Gemälde: Schweißtuch der hl. Veronika (Zuschreibung)

Anwander, Franz Anton [Landsberg a.Lech]
1779 Benediktbeuern/Klosterkirche, Fassung des Orgelgehäuses

Asam, Cosmas Damian [München]
1728 Zwergern/Klösterl, Hochaltarbild der Annakapelle (Zuschreibung)

Baader, Johann Baptist [Lechmühlen]
1767 Berg/Filialkirche, Seitenaltarbilder
1779/80 Beuerberg/Friedhofskirche, Chorfresken
1779/80 Schlehdorf/Klosterkirche, Langhausfresken
1780 Beuerberg/Kloster, Fresken der Prälatenkapelle (Zuschreibung)

Baldauf, Ignaz [Inchenhofen]
1780/81 Schlehdorf/Klosterkirche, Fresko über der Westempore

Bergmüller, Johann Georg [Augsburg]
1750/60 Benediktbeuern/Klosterkirche, Altaraufsatz: hl. Benno (Umkreis)

Breymeyer, Julian [Tölz]
Um 1737 Oberbuchen/Filialkirche, Chorfresko (Zuschreibung)
1740 Bad Tölz/Franziskanerkirche, Auszugbild des südöstlichen Langhausaltars
1747 Lenggries/Friedhofskapelle, Fresken (Zuschreibung)
1748 Reichersbeuern/Pfarrkirche, Langhausfresken
1765 Zwergern/Klösterl, Kreuzweg der Annakapelle

Schlehdorf, Klosterkirche St. Tertulin, hl.Jakobus d.Ä., Fresko von Johann Baptist Baader, 1779/80

Bad Tölz, Franziskanerkloster, hl.Antonius von Padua als Patron der Notleidenden, um 1750/60 von Joseph Christ(?)

Bad Tölz, Franziskanerkloster, Szene aus dem Leben des hl.Antonius von Padua(?), um 1750/60 von Joseph Christ(?)

1766 Bad Tölz/Kalvarienberg, Kreuzweg der Kreuzkirche
1770 Aufhofen/Filialkirche, Fresken (in der Art)
1771 Lenggries/Mariahilfkapelle, Gemälde: hl. Julia über Lenggries

Christ, Joseph [Augsburg]
1750/60 Bad Tölz/Franziskanerkloster, Gemäldezyklus mit Szenen aus dem Leben des hl. Antonius von Padua (Zuschreibung)

Croce, Johann Nepomuk della [Burghausen]
1792 Benediktbeuern/Klosterkirche, Auszug des Leonhardsaltars

Fett, Johann Adam Anton [Tölz]
Um 1722 Lenggries/Pfarrkirche, Fresken (?)
1736/38 Gaißach/Pfarrkirche, Fassung des ehem. südlichen Seitenaltars

Fett, Wilhelm Anton [Tölz]
Um 1761 Reichersbeuern/Pfarrkirche, Chorfresko (Zuschreibung)
1761 Greiling/Filialkirche, Chorfresko (Zuschreibung)
Um 1762 Bairawies/Pestkapelle, Fresken (Zuschreibung)
1768 Wackersberg/Pfarrkirche, Chorfresken (zerstört)
1780 Grafing/Kapelle, Fresken (Zuschreibung)
1798 Bad Tölz/Franziskanerkirche, Fassung der Grabplatte für Franz Paul Mathis
1798 Bad Tölz/Bruderhaus, Fassadenmalerei

Fux, Johann Georg [Eurasburg]
1748 Berg/Filialkirche, Kreuzweg
1762 Schallenkam/Kapelle, Hochaltarblatt

Gaibler, Alois [Kaufbeuren]
1780 Beuerberg/Friedhofskirche, Langhausfresken
1784 Beuerberg/Friedhofskirche, Seitenaltarbilder
1787 Jachenau/Pfarrkirche, Fresken

Günther, Matthäus [Augsburg]
1737 Bad Tölz/Mühlfeldkirche, Chorfresko

Guglhör, Philipp [Wolfratshausen]
Um 1725 Beuerberg/Klosterkirche, Gemälde des Bruderschaftsaltars
1726/27 Lenggries/Pfarrkirche, Gemälde der Kapellenaltäre
1728 Bad Tölz/Franziskanerkirche, Kreuzweg
1730 Dorfen/Filialkirche, Fassung und Evangelistenbilder der Kanzel
1730/35 Dorfen/Filialkirche, Hochaltarblatt (Zuschreibung)
1735/36 Nantwein/Filialkirche, Kreuzweg (Zuschreibung)
1736 Harmating/Leonhardskapelle, Altarfassung
1741 Schallenkam/Kapelle, Kanzelfassung

Heigl, Martin [München]
1758 Beuerberg/Kloster, Fresko im Festsaal
1758 Dietramszell/Klosterkirche, Gemälde des Achatiusaltars
1758 Endlhausen/Pfarrkirche, Fresken (zerstört) und Seitenaltarauszüge (Zuschreibung)

Heigl, Michael [Wolfratshausen]
1770 Kochel am See/Pfarrkirche, Fassung und Auszugbild (?) des Hochaltars

Hettinger (Höttinger), Joseph Anton [Rosenheim]
Um 1780 Schlehdorf/Klosterkirche, Gemälde des südöstlichen Langhausaltars (Zuschreibung)

Horemans, Peter Jakob [München]
1755 Beuerberg/Kloster, Altarblatt der Prälatenkapelle

Jaud, Sebastian [Wessobrunn]
Um 1780 Schlehdorf/Klosterkirche, Gemälde des südwestlichen Langhausaltars (Zuschreibung)
1796 Jachenau/Pfarrkirche, Hochaltargemälde

Karner, Franz [Mittenwald]
1760/70 Ort/Ortererstraße 5, Zuhaus, Fassadenmalereien (?)
1789 Hinterbichl/Haus Nr.24, Fassadenmalereien
1794 Vorderriß/Haus Nr.6, Fassadenmalereien

Knoller, Martin [Mailand]
1750/60 Benediktbeuern/Anastasiakapelle, Gemälde des südlichen Seitenaltars (?)
1788 Benediktbeuern/Klosterkirche, Hochaltarblatt
1789 Benediktbeuern/Klosterkirche, Gemälde des Sakraments- und Josephsaltars

Kürzinger, Franz [München]
1762 Ascholding/Pfarrkirche, Hochaltarbild (Zuschreibung)
1784 (?) Schlehdorf/Friedhofskapelle, Fresken
1794 Schlehdorf/Klosterkirche, Gemälde des nordwestlichen Langhausaltars
E.18.Jh. Dietramszell/Kloster, Gemälde im Refektorium

Maisthuber, Pater Simeon und Pater Aventin [Tölz]
1738/39 Bad Tölz/Franziskanerkirche, Auszugbilder der Seitenaltäre und des südwestlichen Langhausaltars

Bad Tölz, Mühlfeldkirche, Selbstporträt von Matthäus Günther im Chorfresko, 1738

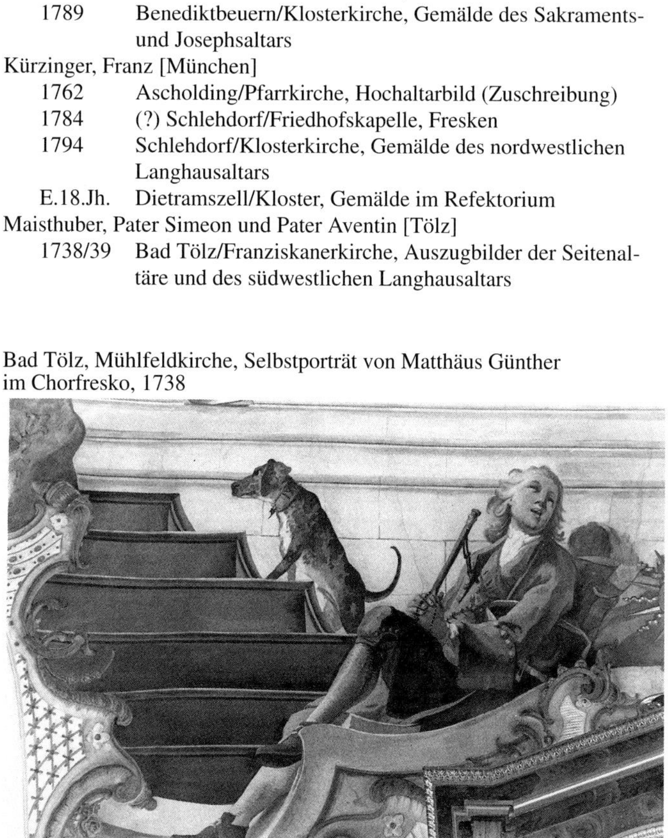

Mayr, Christoph Anton [Schwaz]
1761/64 Gaißach/Pfarrkirche, Chorfresken (Zuschreibung)
Müller, Johann Nikolaus [Erding]
1736 Reutberg/Klosterkirche, Kreuzweg
Oefele, Franz Ignaz [München]
Um 1780 Walchensee/Alte Pfarrkirche, Hochaltarblatt
Öttl, Abt Eliland [Benediktbeuern]
Um 1700 Benediktbeuern/Klosterkirche, Entwurf zum Tabernakel des Hochaltars
Ott, Joseph Matthias [München]
1785 Bad Tölz/Kalvarienberg, Fresken der Kreuzkirche
Puchner, Melchior [Ingolstadt]
1725/30 Kochel am See/Pfarrkirche, Fresken (Zuschreibung)
1734 Gelting/Filialkirche, Fresken (Zuschreibung)
Seidl, Andreas [München]
1791 Benediktbeuern/Klosterkirche, Aufsätze des Dreikönigs- und Sebastiansaltars
Ströbele, Joseph [Sachsenkam]
1797 Siegertshofen/Kapelle, Fresken
Tiefenthaler, Georg [Ascholding]
1797 (?) Ascholding/Georgskapelle, Fresken
Troger, Johann Sebastian [Weilheim]
1791 Maria-Elend/Wallfahrtskirche, Fresken
Untersteiner, Johann Baptist [München]
1701 Weipertshausen/Kapelle, Seitenaltarbilder (nicht erhalten)
1704 Schallenkam/Kapelle, Seitenaltarbilder
1709 Beuerberg/Klosterkirche, Gemälde des Schutzengel- und Antoniusaltars, Auszug des Sebastiansaltars (Zuschreibung)
Vischer, Pater Nicephorus [Reutberg]
1737/38 Reutberg/Klosterkirche, Fresken
Weidinger, Caspar [Vagen?]
1787 Sachsenkam/Pfarrkirche, Fresken
Weiß, Joseph [München]
M.18.Jh. Benediktbeuern/Klosterkirche, Gemälde des Schutzengelaltars
Wenzl, A.I. [?]
Um 1745 Dietramszell/Klosterkirche, Medaillons des Rosenkranzaltars
Wink, Thomas Christian [München]
1769 St. Leonhard/Wallfahrtskirche, Fresken
1777 Thankirchen/Filialkirche, Fresken und Gemälde der Seitenaltarauszüge
1781 Schlehdorf/Klosterkirche, Gemälde des nordöstlichen Langhausaltars
1785 Königsdorf/Pfarrkirche, Fresken
1785/86 Königsdorf/Pfarrkirche, Hochaltarblatt
1787 Königsdorf/Pfarrkirche, Seitenaltarbilder
1788 Reutberg/Kloster, Gemälde: hl. Jakobus vor der Muttergottes del Pilar
1795 Benediktbeuern/Klosterkirche, Kreuzweg
Winter, Franz Joseph [München]
1737 Bad Tölz/Franziskanerkirche, Gemälde des Hochaltars
Winter, Joseph (Georg?) [München]
1773/77 Schlehdorf/Klosterkirche, Fresko der Vierungskuppel (mit Franz Joseph Zitter)
Zais, Frater Lucas [Benediktbeuern]
1709 Benediktbeuern/Klosterkirche, Gemälde des Kreuzaltars (nach Johann Carl Loth)
1712ff. Walchensee/Alte Pfarrkirche, Fresken, Entwürfe, Fassung und Gemälde der Seitenaltäre
Um 1718 Benediktbeuern/Meierhof, Fresko im Wohnbau
1720 Benediktbeuern/Konventbau, Gemälde in einer Zelle des zweiten Obergeschosses (Zuschreibung)
1722/23 Benediktbeuern/Klosterbibliothek, Fassadenmalereien
1722ff. Benediktbeuern/Konventbau, Deckenbilder im ehem. Schlafzimmer (Zuschreibung)
Um 1726 Bad Heilbrunn/Pfarrkirche, Hochaltarblatt
1726 Bad Heilbrunn/Pfarrkirche, Fresken
1728 Zwergern/Klösterl, Fresken der Annakapelle (Zuschreibung)
Um 1730 Benediktbeuern/Gastbau, Supraporten

Beuerberg, Kloster, Mariä Himmelfahrt, Altarblatt in der Prälatenkapelle, 1755 von Peter Jakob Horemans

Zeiller, Johann Jakob [Reutte]
1752 Benediktbeuern/Anastasiakapelle, Fresken
1752/53 Bichl/Pfarrkirche, Fresken
Zick, Johann [München]
1735 Schlehdorf/Klosterkirche, Hochaltarblatt
1738 Bad Tölz/Franziskanerkirche, Auszugbild des nordwestlichen Langhausaltars
Ziegl, Stephan [?]
1736 Reutberg/Klosterkirche, Gemälde des nördlichen Seitenaltars
Zimmermann, Johann Baptist [Wessobrunn]
1724 Benediktbeuern/ehem. Pfarrkirche U.L.Frau, teilweise Ausmalung und Altarblatt
1724 Benediktbeuern/Klosterbibliothek, Fresken
1726 Dietramszell/Pfarrkirche, Fresken
1728 Unterau/Filialkirche, Hochaltarblatt
Um 1730 Benediktbeuern/Konventbau, Fresko in einer Zelle des ersten Obergeschosses (Werkstatt)
Um 1730 Benediktbeuern/Gastbau, Fresken (größtenteils Werkstatt)
1733 Humbach/Filialkirche, ehem. Altarblatt (Zuschreibung)
1741 Dietramszell/Klosterkirche, Fresken
1742/43 Dietramszell/Kloster, Gemälde im Refektorium (Werkstatt)
1745 Dietramszell/Klosterkirche, Hochaltarblatt
1757 Dietramszell/Klosterkirche, Gemälde des Augustinus-, Monika- und Magdalenenaltars
Zimmermann, Johann Joseph [München]
Um 1730 Benediktbeuern/Gastbau, Deckengemälde
Zitter, Franz Joseph [München]
1773/77 Schlehdorf/Klosterkirche, Fresko der Vierungskuppel (mit Joseph (Georg?) Winter)
Zwinck, Johann Joseph [Oberammergau]
1726/35 Schlehdorf/Kloster, Fresken im ehem. Psallierchor und im ehem. Refektorium
1750/60 Schlehdorf/Kloster, Fresken in der ehem. Bibliothek

Sankt Leonhard, kath. Wallfahrtskirche St. Leonhard, St.Leonhard als Patron der Notleidenden und des Viehs, Deckenfresko von Thomas Christian Wink, 1769

Bildhauer und Schreiner

Abraham, Matthias [Tölz]
1736/38 Gaißach/Pfarrkirche, ehem. südlicher Seitenaltar
Boos, Roman Anton [München]
1789 Benediktbeuern/Klosterkirche, Putten auf dem Tabernakel des Hochaltars und hl. Franz Xaver im Leonhardsaltar
Dietrich, Johann Joachim [München]
Um 1736 Reutberg/Klosterkirche, Figuren des südlichen Seitenaltars
Dirr, Martin [Weilheim]
1732 Unterau/Filialkirche, Hochaltarfiguren (Zuschreibung)
Eberl, Joseph [Grünwald]
1759 Endlhausen/Pfarrkirche, Kanzel
Faistenberger, Andreas [München]
1725 Benediktbeuern/Anastasiakapelle, Modell für die Reliquienbüste der hl. Anastasia (Umkreis)
Fröhlich, Franz [Tölz]
1730 Bad Heilbrunn/Pfarrkirche, Seitenaltäre mit Figuren
Fröhlich, Joseph Anton [Tölz]
1734/35 Reutberg/Klosterkirche, Auszugengel des südlichen Seitenaltars
Um 1735 Bad Tölz/Kalvarienberg, Figuren der Kerker- oder Gruftkapelle und der Kreuzannagelungskapelle
1736/38 Gaißach/Pfarrkirche, Figuren des ehem. südlichen Seitenaltars
1738ff. Bad Tölz/Franziskanerkirche, Figuren und Reliefs der Seitenaltäre
M.18.Jh. Bad Heilbrunn/Pfarrkirche, Kruzifix (Zuschreibung)
1759 Wackersberg/Pfarrkirche, Figuren des ehem. Hochaltars
1760/70 Bad Heilbrunn/Pfarrkirche, Figuren der Seitenaltarauszüge
1760/70 Bad Tölz/Bildstock an der Säggasse, Figur des hl. Johann Nepomuk
1770 Kochel am See/Pfarrkirche, Hochaltarfiguren
Um 1773 Bad Tölz/Kalvarienberg, Ölbergjünger
1773 Jachenau/Pfarrkirche, Figuren am Hochaltar
Groff, Guillielmus de [München]
1730/40 Beuerberg/Kloster, Relief der Pietà (in der Art)
Günther, Ignaz [München]
1752ff. Benediktbeuern/Anastasiakapelle, Seitenaltäre
1760/70 Ort/Kapelle, Putten im Hochaltar (in der Art)
Hainz, Joseph [Bichl]
1737/38 Oberbuchen/Filialkirche, ehem. Seitenaltäre (mit Joseph Pock)
Hammerl, Martin [Tölz]
1721 Bad Tölz/Kalvarienberg, Kruzifix auf dem Golgathahügel
Heigl, Martin [Benediktbeuern]
Um 1752 Bichl/Pfarrkirche, Seitenaltäre
1770 Kochel am See/Pfarrkirche, Stuhlwangen und ehem. Seitenaltäre
1777/79 Bad Heilbrunn/Pfarrkirche, Gestühl
Jani, Johann [Wolfratshausen]
1730 Dorfen/Filialkirche, Kanzeldeckel
Krinner, Anton [Wolfratshausen]
Um 1685 Walchstadt/Filialkirche, Dachungsengel des Hochaltars (Zuschreibung)
Um 1690 Gelting/Filialkirche, Kanzelfiguren (Zuschreibung)
E.17.Jh. Attenhausen/Kapelle, Figuren der Wetterheiligen Johannes und Paulus (Zuschreibung)

E.17.Jh. Neufahrn/Filialkirche, Rosenkranzmadonna (Zuschreibung)
Um 1700 Ergertshausen/Filialkirche, Hochaltarfiguren und Figur im Auszug des südlichen Seitenaltars (Zuschreibung)
A.18. Jh. Egling/Pfarrkirche, Engel auf dem Orgelprospekt (Zuschreibung)
1703 Wolfratshausen/Pfarrkirche, Ornamente der Kanzel
Um 1715 Wolfratshausen/Dreifaltigkeitskapelle, Altarfiguren (Zuschreibung)
Um 1715 Wolfratshausen/Kalvarienberg, Ölberggruppe in der zweiten Stationskapelle (Zuschreibung)

Krinner, Joseph [Wolfratshausen]
A.18.Jh. Attenhausen/Kapelle, Kruzifix und Schmerzhafte Muttergottes (Zuschreibung)
A.18.Jh. Ergertshausen/Filialkirche, Figuren im nördlichen Seitenaltar (Zuschreibung)
Um 1730 Beuerberg/Klosterkirche, hl. Joseph und hl. Johann Nepomuk (Zuschreibung)
Um 1730 Dorfen/Filialkirche, Kruzifix

Krinner, Joseph d.J. [Wolfratshausen]
1753 Weipertshausen/Kapelle, Figur des hl. Koloman
1757/62 Schallenkam/Kapelle, Hochaltarfiguren

Künpauer, Benedikt [Eurasburg]
1741 Schallenkam/Kapelle, Kanzel

Mangold, Gallus [München]
1701 Schallenkam/Kapelle, Apostel und Kruzifix

Miller, Johann Georg [Kleinweil]
1770 Kochel am See/Pfarrkirche, Hochaltar
1773 Jachenau/Pfarrkirche, Hochaltar, Seitenaltäre (?) und Kanzel (?)
1775/80 Schlehdorf/Klosterkirche, Langhausaltäre
1776 Walchensee/Alte Pfarrkirche, Kanzel
Um 1779 Benediktbeuern/Klosterkirche, Orgelgehäuse (Zuschreibung)
Um 1780 Bad Heilbrunn/Pfarrkirche, Hochaltartabernakel
Um 1780 Benediktbeuern/Klosterkirche, Altar im Psallierchor
1780 Walchensee/Alte Pfarrkirche, Hochaltar
1782 Beuerberg/Klosterkirche, Kanzel
1782 Zwergern/Filialkirche, Kanzel und Gestühl
1784 Beuerberg/Friedhofskirche, Seitenaltäre (Zuschreibung)
1787 Königsdorf/Pfarrkirche, Hochaltar und Seitenaltäre

Niederreiter, Jakob [Benediktbeuern]
1740 Bad Heilbrunn/Pfarrkirche, Hochaltar

Ötschmann, Michael [Benediktbeuern]
1749 Unterau/Filialkirche, nördlicher Seitenaltar

Pock, Joseph [Benediktbeuern]
1737/38 Oberbuchen/Filialkirche, ehem. Seitenaltäre (mit Joseph Hainz)

Rämpl, Philipp Jakob [Wolfratshausen]
1760/70 Ascholding/Pfarrkirche, Immaculata und hl. Johann Nepomuk (Zuschreibung)
1760/70 Hornstein/Kapelle, Kruzifix und Muttergottes (Zuschreibung)
1762 Ascholding/Pfarrkirche, Hochaltar
Um 1764 Endlhausen/Pfarrkirche, Hochaltarfiguren, hl. Antonius von Padua und hl. Johann Nepomuk (Zuschreibung)
1767 Egling/Wallfahrtskirche, hl. Joseph (Zuschreibung)
1767 Harmating/Leonhardskapelle, Überarbeitung des Altars
1770/80 Wolfratshausen/Pfarrkirche, Kruzifix an der südlichen Außenwand (Zuschreibung)
1770/71 St. Leonhard/Wallfahrtskirche, Altäre und Kanzel
1772 Dietramszell/Klosterkirche, Altarfiguren im vierten Langhausjoch
1774 Egling/Pfarrkirche, Halbfiguren der Apostelfürsten
1776 Dietramszell/Klosterkirche, Altarfiguren im dritten Langhausjoch
1777/78 Thankirchen/Filialkirche, Hochaltar
Um 1778 Lochen/Filialkirche, Schmerzhafte Muttergottes (Zuschreibung)
1778 Dietramszell/Klosterkirche, Altäre der Chorabseiten
Um 1780 Ergertshausen/Filialkirche, Kanzelfigur
1790/91 Maria-Elend/Wallfahrtskirche, Altar (Zuschreibung)
1796 Nantwein/Filialkirche, Mater Dolorosa
1797 Nantwein/Filialkirche, hl. Joseph und Apostel
1800 Peretshofen/Filialkirche, hl. Johannes d.T.
1802 Lochen/Filialkirche, Kanzelfiguren

Schlehdorf, Klosterkirche, Hochaltarblatt von Johann Zick, 1735

Dietramszell, Klosterkirche, Hochaltarblatt von J.B. Zimmermann, 1745

Dietramszell, Klosterkirche Mariä Himmelfahrt, südöstlicher Langhausaltar, um 1745 von Franz Xaver Schmädl

Sämmerer, Balthasar [Eurasburg]
1701 Weipertshausen/Kapelle, Seitenaltäre (nicht erhalten)
1704 Schallenkam/Kapelle, Seitenaltäre
Sämmerer, Dionysius [Eurasburg]
1757/62 Schallenkam/Kapelle, Hochaltar
Schmädl, Franz Xaver [Weilheim]
1735 Benediktbeuern/Klosterkirche, Figurengruppe des Johann-Nepomuk-Altars in der Leonhardskapelle (Zuschreibung)
Um 1745 Dietramszell/Klosterkirche, Hochaltar, Altäre der östlichsten Langhauskapellen und Kanzel sowie hl. Joseph (Zuschreibung)
1757/58 Dietramszell/Klosterkirche, Altäre des zweiten Langhausjochs (Zuschreibung)
1760/65 Dietramszell/Klosterkirche, hl. Johann Nepomuk und hl. Petrus Forerius
Schmid, Johann [Tölz]
1757 Oberbuchen/Filialkirche, Hochaltar
1759 Wackersberg/Pfarrkirche, ehem. Hochaltar
Sporer, Franz Xaver [?]
1790 Thanning/Pfarrkirche, Kostenvoranschlag für die Altäre
Stadler, Frater Simon [Tölz]
1734/35 Reutberg/Klosterkirche, Seitenaltäre
1737ff. Bad Tölz/Franziskanerkirche, Altäre
Steinhauser, Johann [Anger]
1726/27 Lenggries/Pfarrkirche, Kapellenaltäre und Kanzel
Straub, Johann Baptist [München]
1750/60 Königsdorf/Pfarrkirche, hl. Petrus und hl. Maria Magdalena (in der Art)
1752 Bichl/Pfarrkirche, Hochaltar
Stumbeck [Tirol]
1722 Lenggries/Pfarrkirche, Apostelfiguren
Troger, Simon [München]
1750/60 Harmating/Schloßkapelle, Apostelreliefs (Zuschreibung)
Verhelst, Aegid [Augsburg]
1740/41 Benediktbeuern/Klosterkirche, Grabmal für Abt Magnus Pachinger (Zuschreibung)
Ziegler, Joseph [Aibling]
1736 Harmating/Leonhardskapelle, Altar (mit seinem Bruder Sebastian Ziegler)
Ziegler, Sebastian [Dietramszell]
1736 Harmating/Leonhardskapelle, Altar (mit seinem Bruder Joseph Ziegler)

Orgelbauer

Kölbl, Jakob [Wessobrunn]
1793/94 Beuerberg/Klosterkirche, Orgel

Steinmetzen

Birkl, Kaspar [München]
1775/80 Schlehdorf/Klosterkirche, Hochaltar

Schmiede und Spengler

Jaud, Martin [Dürnhausen]
Um 1753 Benediktbeuern/Anastasiakapelle, Eingangsgitter
Schilcher, J. [Beuerberg]
1750 Beuerberg/Klosterkirche, Gitter unter der Westempore
1779 Beuerberg/Klosterkirche, Opferstöcke
Weber, Hieronymus [Tölz]
1757 Bad Tölz/Kalvarienberg, Turmhelme der Kreuzkirche

Goldschmiede

Großauer, Joseph [München]
1725 Benediktbeuern/Anastasiakapelle, Silberbüste der hl. Afra
Streissel, Johann Peter [München]
1795 Benediktbeuern/Klosterkirche, Armreliquiar des hl. Benedikt
Walch, Ignaz [Tölz]
Um 1781 Bad Tölz/Mühlfeldkirche, Votivtafel am Hochaltar

19. Jahrhundert

Architekten und Baumeister

Deiglmayr, Ludwig [?]
1885 Ambach/Seeuferstraße 26, Umbau
Eichner [Maxkron]
1882 Kiensee/Kapelle, Erweiterung
Fröhlich, Franz Anton [Tölz]
1819 Bad Tölz/Marktstraße, Pläne zum Wiederaufbau des sog. Khanturms
Hofmann, Julius [München]
1888 Weipertshausen/Seeburg, Neubau
Karg [München]
1865 Endlhausen/Pfarrkirche, Pläne zum Neubau (nicht ausgeführt)
1872 Feldkirchen/Filialkirche, Neubau des Turms
Klingholz, Fritz [Berlin]
1898 Raut/Haus Nr.30, Neubau
Kramer, Jakob [Tölz]
1829 Wackersberg/Pfarrkirche, Neubau des Langhauses
Marggraff, Johann [München]
1870/71 Hechenberg/Pfarrkirche, Ausstattungsentwürfe
Mößmer [Weilheim]
1893 Raut/Haus Nr.15, Neubau
Schneider, Georg [München]
1854/57 Bad Tölz/Pfarrkirche, Entwürfe für die Seitenaltäre
1866 Bad Tölz/Pfarrkirche, Entwurf für den Hochaltar
1872 Wackersberg/Pfarrkirche, Entwurf für den ehem. Hochaltar

Steinbrecher, Matthias [Tölz]
1876/77 Bad Tölz/Pfarrkirche, Turmausbau
1880 Bad Tölz/Kalvarienberg, Entwurf zum Hochaltar der Kreuzkirche
Trischberger, Georg [Lenggries]
1866 Vorderriß/Kapelle, Neubau

Zimmermeister

Heufelder, Joseph [Lenggries]
1866 Vorderriß/Kapelle, Beteiligung am Neubau
Sappel, Joseph [Wolfratshausen]
1845 Dorfen/Filialkirche, Turmhelm (?)
1846 Beuerberg/Konventkirche, Neubau
1865 Endlhausen/Pfarrkirche, Restaurierungskonzept
Schwarzenberger, Paulus [Lenggries]
1870 Jachenau/Petereralm, Neubau

Stukkatoren

Alseß, Leopold [München]
1894 Endlhausen/Pfarrkirche, Stukkaturen

Maler und Freskanten

Andersag, Michael [Südtirol]
1844 Reichersbeuern/Pfarrkirche, Hochaltarblatt
Barth, Anna [?]
1893 Ambach/Kapelle, Kreuzweg
Benz, Severin [München]
1863 Kochel am See/Pfarrkirche, Seitenaltarbilder
Briendl, Th. [München]
1859 Humbach/Filialkirche, Kreuzweg
Burmeister, Heinrich [München]
1868 Vorderriß/Kapelle, Glasmalereien
Corinth, Lovis [München]
1897/98 Bad Tölz/Evang.-Luth.Pfarrkirche, Hochaltarblatt
Dirnberger, Alois [Miesbach]
1865 Wolfratshausen/Pfarrkirche, Fresken der Nebenaltäre im Chor
1880 Bad Tölz/Kalvarienberg, Entwürfe zu den Wandfresken der Kreuzkirche
Eder, Anton [München]
1856 Huppenberg/Filialkirche, Hochaltarbilder
1858 Geretsried/Kapelle, Hochaltarblatt
Faustner, Leonhard [München]
Um 1854 Ambach/Kapelle, Altarblatt
Fröhlich, Franz Anton [Tölz]
E.18.Jh. Bad Tölz/Marktstraße 41, Altarblatt der Hauskapelle (Zuschreibung)
1813 Bad Tölz/Kalvarienberg, Fresken der Hl. Stiege (mit Matthias Schmaunz)
Glink, Franz Xaver [München]
Um 1850 St. Heinrich/Filialkirche, Seitenaltarbilder
Glötzle, Ludwig [München]
1869 Endlhausen/Pfarrkirche, Kreuzweg (1919 abgegeben)
1872 Wackersberg/Pfarrkirche, Gemälde des ehem. Hochaltars
1909 Eurasburg/Schloßkirche, Hochaltarblatt
Graf, Johann [Grafing]
1856 Huppenberg/Filialkirche, Fassung der Altäre und Kanzel
Grübl, Joseph [Feldkirchen]
1860 Kalvarienberg/Kreuzkapelle, Seitenaltarbilder
Hauber, Joseph [München]
1812 Bad Tölz/Kalvarienberg, Entwurf zum Hauptfresko über der Hl. Stiege
Hitzinger, Joseph [Teisendorf]
1886 Humbach/Filialkirche, Altarflügel
1890 Maria-Elend/Wallfahrtskirche, Kreuzweg
1893 Lochen/Filialkirche, Restaurierung der Altäre und der Kanzel
1894 Lochen/Filialkirche, Kreuzweg
Holzmaier, Joseph [München]
1852 Lenggries/Pfarrkirche, Seitenaltarbilder

Dietramszell, Klosterkirche Mariä Himmelfahrt, hl.Paulus am Magdalenenaltar, 1776 von Philipp Jakob Rämpl

Huber, Max [München]
1866 Bad Tölz/Pfarrkirche, Gemälde des Hochaltars
Jacobs, Emil [München]
1825/26 Bad Tölz/Pfarrkirche, Kreuzweg (Beteiligung)
Kaspar, Johann Baptist [Obergünzburg]
Um 1855 Ellbach/Kapelle, Altarbilder (Zuschreibung)
1855 Ellbach/Filialkirche, Gemälde des Hochaltars
Klass. L. [?]
1859 Wolfratshausen/Pfarrkirche, Kreuzweg
Kraus, Joseph [?]
1879 Wackersberg/Pfarrkirche, Kreuzweg
Löffler, August [München]
1863 Kochel am See/Pfarrkirche, Landschaften der Seitenaltarbilder
Mangold, Joseph [Unterpeißenberg]
1873 Geilertshausen/Filialkirche, Kreuzweg und Restaurierung des Hochaltars
1877 Bairawies/Filialkirche, Altarbilder
1878 Linden/Filialkirche, Kreuzweg
Mayr, Johann Alois [München]
1825/26 Bad Tölz/Pfarrkirche, Kreuzweg (Beteiligung)
Moser, Anna Maria [Schwaz]
Um 1813 Reichersbeuern/Pfarrkirche, Kreuzweg
Müller, Johann Baptist [München]
1837 Wolfratshausen/Pfarrkirche, Gemälde der Seitenschiffaltäre
Müller, Joseph [?]
1864 Baiernrain/Filialkirche, Kreuzweg
Riedel, August [München]
1825/26 Bad Tölz/Pfarrkirche, Kreuzweg (Beteiligung)

Schäfer, Joseph [München]
1882 Bad Heilbrunn/Pfarrkirche, Langhausfresken
Schmaunz, Matthias [Garmisch]
1813 Bad Tölz/Kalvarienberg, Fresken der Hl. Stiege (mit Franz Anton Fröhlich)
Schulze, August [München]
1868 Vorderriß/Kapelle, Glasmalereien
Stattler, Joseph [Tölz]
1871 Bad Tölz/Kalvarienberg, Gemälde der Kreuzannagelungskapelle
1880 Bad Tölz/Kalvarienberg, Wandfresken und Erneuerung des Chorfreskos der Kreuzkirche
Steigenberger, Sebastian [Ried]
Um 1840 Ried/Kapelle, Fresko
Steiner, J. [?]
1892 Kiensee/Kapelle, Fresko
Weiß, B.Caspar [München]
1825/26 Bad Tölz/Pfarrkirche, Kreuzweg (Beteiligung)
Weiß, Ludwig Caspar [München]
1825/26 Bad Tölz/Pfarrkirche, Kreuzweg (Beteiligung)
Wittmer, Johann Michael d.J. [München]
1825/26 Bad Tölz/Pfarrkirche, Kreuzweg (Beteiligung)

Bildhauer und Schreiner

Abraham, Anton [Tölz]
1833 Bad Tölz/Pfarrkirche, Altar der Winzererkapelle
1851ff. Bad Tölz/Mühlfeldkirche, Altäre und Kanzel (mit Georg Meindl)
Entres, Joseph Otto [München]
1835 Bad Tölz/Kalvarienberg, Ölbergchristus
Fröhlich, Franz Anton [Tölz]
Um 1790 Bad Heilbrunn/Pfarrkirche, Seitenfiguren am Hochaltar (Zuschreibung)
1798 Bad Tölz/Franziskanerkirche, Grabstein für Franz Paul Mathis
E.18.Jh. Bad Heilbrunn/Pfarrkirche, Taufbecken (Zuschreibung)
E.18.Jh. Bad Tölz/Marktstraße, Figur des Marienbrunnens
Um 1800 Bad Tölz/Museum, Selbstporträt
1823 Bad Tölz/Pfarrkirche, erste Altarkrippe
1824 Hechenberg/Pfarrkirche, Verkündigungsgruppe (Zuschreibung)
1833 Bad Tölz/Pfarrkirche, Entwurf für den Altar der Winzererkapelle
Um 1835 Bad Tölz/Kalvarienberg, Engel des Ölbergs (Modell 1822)
Gebhard, Michael [Wolfratshausen (?)]
1897 Wolfratshausen/Pfarrkirche, Ergänzung des Hochaltars
Kaindl, Anton [München]
1880/90 Kochel am See/Schmied-von-Kochel-Denkmal, Modell der Figur
Kiene, Saturnin [Holzkirchen]
1872 Bad Tölz/Kalvarienberg, Golgathahügel, Assistenzfiguren
1880/90 Kochel am See/Schmied-von-Kochel-Denkmal, Guß der Figur
Mayersche Kunstanstalt [München]
19.Jh. Bichl/Pfarrkirche, Mittelfiguren der Seitenaltäre
1856 Huppenberg/Filialkirche, Muttergottes im südlichen Seitenaltar
1868 Bad Tölz/Marktstraße, Figur des Marienbrunnens
Um 1902 Thanning/Pfarrkirche, Kreuzwegreliefs
1914 Bad Tölz/Marktstraße, Figur des Marienbrunnens
Meindl, Georg [Tölz]
1851ff. Bad Tölz/Mühlfeldkirche, Altäre und Kanzel (mit Anton Abraham)
1854/57 Bad Tölz/Pfarrkirche, Seitenaltäre (Zuschreibung)
Um 1860 Bad Tölz/Pfarrkirche, Kanzel, Chorgestühl und ehem. Kommunionbank
1866 Bad Tölz/Pfarrkirche, Hochaltar (Zuschreibung)
Miller, Ferdinand d.J. [München]
1887 Bad Tölz/Winzererdenkmal, Guß der Figur und der Reliefs
Rämpl, Joseph Bernhard [Wolfratshausen]
1819 Wolfratshausen/Pfarrkirche, Hochaltartabernakel
1824 Wolfratshausen/Pfarrkirche, Umgestaltung der Kanzel

Bad Tölz, Heimatmuseum, Selbstporträt des Franz Anton Fröhlich, um 1800/10

Rechl, G. [?]
1868 Peretshofen/Filialkirche, Muttergottes des nördlichen Seitenaltars
Renn, Joseph [München]
1872 Wackersberg/Pfarrkirche, Figuren des ehem. Hochaltars
Schwarzgruber, F. [?]
Um 1887 Bad Tölz/Winzererdenkmal, Modell der Figur
Sickinger, Anselm [München]
1863 Kochel am See/Pfarrkirche, Kruzifix und Schmerzhafte Muttergottes
Vordermayer, Hans [München]
1872 Bad Tölz/Kalvarienberg, Golgathahügel, Figurenentwürfe
Weiß, Paul [Landshut]
1860 Bad Tölz/Kalvarienberg, Golgathahügel, Schächer

20. Jahrhundert

Architekten und Baumeister

Bauer, Karl [Ulm]
1905 Eurasburg/Schloß, Neubau des Nebengebäudes (?)
1908 Eurasburg/Schloß, Umbau (?)
1908/09 Eurasburg/Schloßkirche, Neubau
Um 1910 Irschenhausen/Zeller Weg 27, Neubau (Zuschreibung)
1911ff. Weidenkam/Schloß, Umbau und Erweiterung
1913 Holzhausen am Starnberger See, Kirchbergstraße 13, Neubau der Schule
Buchner, Georg [München]
1923/24 Lenggries/Bahnhof, Neubau
1925/30 Bad Tölz/Bahnhof, Neubau
Debold, Ludwig [München]
1908/09 Eurasburg/Schloßkirche, Neubau (nach Plänen von Karl Bauer)

Deines, J.W. [?]
- 1929 Oberambach/Schloß, Neubau des Ökonomiegebäudes

Egenberger, Sigmund [Tölz]
- 1909 Bad Tölz/Heißstraße 31, Neubau

Elsner, Joseph [München]
- 1878/85 Fischbach/Filialkirche, Entwürfe für Altäre und Kanzel (beseitigt)
- 1892 Oberherrnhausen/Filialkirche, Hochaltarentwurf
- 1901 Wolfratshausen/Pfarrkirche, Umgestaltung der Seitenschiffaltäre
- 1906 Wackersberg/Pfarrkirche, Umgestaltung von Hochaltar und Kanzel
- 1906 Wolfratshausen/Pfarrkirche, Entwürfe zur Stuckdekoration
- 1908 Arzbach/Kapelle, Umgestaltung des Innern
- 1909 Dorfen/Filialkirche, Seitenaltäre
- 1910 Gaißbach/Pfarrkirche, Altarentwürfe

Fabbro, Domini del [Bernried]
- 1903 Happerg/Kapelle, Neubau

Fischer, Theodor [München]
- 1904/07 Wolfratshausen/Evang.-Luth.Pfarrkirche, Pläne zum Neubau (nicht ausgeführt)

Freisl, Peter [Tölz]
- 1903/04 Bad Tölz/Rathaus, Umbau (nach Plänen von Gabriel von Seidl)
- 1905 Bad Tölz/Marienstift, Umbau (nach Plänen von Gabriel von Seidl)
- 1905/06 Bad Tölz/Waldfriedhof, Konzeption und Pläne für die Gebäude
- 1911 Bad Tölz/Marktstraße, Erneuerung des Marienbrunnens

Gassner, Otto [?]
- 1922 Seeheim/Seeleitn 35, Umbau

Gebauer, Wolfgang [Hechenberg]
- 1978/79 Beuerberg/Konventkirche, Umgestaltung

Geiger [Schlehdorf]
- Um 1900 Pessenbach/Ötzschlößl, Neubau

Grässel, Hans [München]
- 1922 Bad Tölz/Waldfriedhof, Entwürfe für die Grabmäler der Familien Höfter und Höfter-Artmann

Groethuysen, H. [?]
- 1971ff. Geretsried/Pfarrkirche Hl. Familie, Pläne zum Neubau (mit D. Schreiber)

Gschwandtner, Max [Unterenzenau]
- 1913/14 Bad Heilbrunn/Badstraße 1, Neubau (nach Plänen von Gabriel von Seidl)

Haindl, Friedrich [München]
- 1948 Wegscheid/Kapelle, Dachreiter
- 1950 Geretsried/Pfarrkirche Maria Hilf, Pläne zur Notkirche

Hart, Franz [München]
- 1947ff. Niedernach/Kraftwerk, Pläne zum Neubau

Haßlauer, Oskar [München]
- 1949/50 Arzbach/Filialkirche, Pläne zum Neubau

Hierl, Fritz [Murnau]
- 1962 Benediktbeuern/Neue Pfarrkirche, Pläne zum Neubau

Hillerbrand, Joseph [München]
- 1930 Bad Tölz/Marktstraße 59, Pläne zum Umbau
- 1946/48 Bad Tölz/Marktstraße 17, Pläne zum Wiederaufbau

Hörmann [?]
- 1941 Schlegldorf/Kapelle, Neubau

Holzmeister, Clemens [Wien]
- 1958ff. Walchensee/Neue Pfarrkirche, Pläne zum Neubau

Hugo, Hans [?]
- 1966ff. Wolfratshausen/Untermarkt 7/9, Umbau

Jakob von Kochel
- 1913/14 Kochel am See/Evang.-Luth.Pfarrkirche, Neubau (nach Plänen von Karl Selzer)

Kergl, Karl [München]
- 1923 Lenggries/Postamt, Pläne zum Neubau (mit Robert Vorhoelzer)

Klein [München]
- 1904 Degerndorf/Pfarrkirche, Pläne zum Neubau des Turms

Knappe, Karl [München]
- 1958ff. Walchensee/Neue Pfarrkirche, Gestaltung der Taufkapelle

Kranendick, Paul [Tölz]
- 1958 Fall/Kirche, Pläne zum Neubau

Lanzinger, Nikolaus [Wolfratshausen]
- 1908/09 Wolfratshausen/Evang.-Luth.Pfarrkirche, Neubau

Lichtblau, Franz [München]
- 1966 Icking/Evang.-Luth.Auferstehungskirche, Pläne zum Neubau

Littmann, Max [München]
- 1928ff. Bad Heilbrunn/Pfarrkirche, Pläne zur Langhauserweiterung

Mayer, Wolfgang [München]
- 1953 Icking/Pfarrkirche, Pläne zum Neubau

Miller, Oskar von [München]
- 1919ff. Altjoch/Walchenseekraftwerk, Pläne zum Neubau

Neuhaus, Hermann [Wolfratshausen]
- 1907 Wolfratshausen/Evang.-Luth.Pfarrkirche, Überarbeitung der Baupläne von Theodor Fischer

Rosenthal, John Herbert [München]
- 1907 Oberambach/Schloß, Neubau des Herrenhauses
- 1909 Oberambach/Schloß, Umbau der Stallgebäude

Schedl, Hans [München]
- 1962 Geretsried/Pfarrkirche Maria Hilf, Pläne zum Neubau

Schreiber, D. [?]
- 1971ff. Geretsried/Pfarrkirche Hl. Familie, Pläne zum Neubau (mit H. Groethuysen)

Schurr, Hans [München]
- 1926/27 Schlehdorf/Kloster, Neubau des Nordflügels

Seidl, Emanuel von [München]
- 1884 Ammerland/Südliche Seestraße 31, Umbau
- 1885 Ambach/Seeuferstraße 25, Neubau (?)
- 1892 Ammerland/Südliche Seestraße 31, Erweiterung
- 1894 Ambach/Seeuferstraße 3, Neubau
- 1900 Ammerland/Südliche Seestraße 29, Erweiterung
- 1907 Ammerland/Nördliche Seestraße 19, Neubau
- 1910 Ammerland/Südliche Seestraße 31, Erweiterung, Parkanlage und Neubau des Teehauses
- 1912/13 Bad Tölz/Kurhaus, Vollendung des Neubaus (nach Plänen von Gabriel von Seidl)

Seidl, Gabriel von [München]
- 1896 Bad Tölz/Marktstraße 17, Umbau
- Um 1900 Bad Tölz/Arzbacherstraße 18, Neubau seines Landhauses
- 1900/01 Oberhof/Haus Nr. 1, Pläne zum Neubau
- 1903/04 Bad Tölz/Rathaus, Pläne für den Umbau und die Fassadengestaltung
- 1904 Bad Tölz/Marktstraße 41, Neugestaltung der Fassade
- 1904/05 Bad Tölz/Marktstraße 43, Umbau und Fassadengestaltung
- 1905 Bad Tölz/Marienstift, Umbau
- 1906 Bad Tölz/Marktstraße 17, Neugestaltung der Fassade
- 1906 Bad Tölz/Marktstraße 59, Neugestaltung der Fassade
- 1909 Bad Tölz/Marktstraße 1, Pläne zum Umbau
- Um 1910 Bad Tölz/Kogelweg 10, Pläne zum Neubau (Zuschreibung)
- 1911 Reut/Haus Nr. 3, Pläne zum Neubau
- 1912/13 Bad Heilbrunn/ehem. Landhaus Höck, Pläne zum Neubau
- 1912/13 Bad Tölz/Kurhaus, Neubau (vollendet von Emanuel von Seidl)

Seidl, L. [?]
- 1926/27 Bad Tölz/Ludwigstraße 18, Pläne zum Neubau

Selzer, Karl [München]
- 1913/14 Kochel am See/Evang.-Luth.Pfarrkirche, Pläne zum Neubau

Steidl [München]
- Um 1920 Jachenau/Pfarrkirche, Entwurf der Kriegergedächtniskapelle
- 1945/46 Beuerberg/Klosterkirche, Entwurf zum Hochaltartabernakel

Strunz, Fritz [Tölz]
- 1959/60 Bad Tölz/Pfarrkirche Hl. Familie, Pläne zum Neubau

Thiersch, Friedrich von [München]
- 1902 Weipertshausen/Schloß Seeburg, Umbau und Hafenanlage am See

Tuffentsammer [Wolfratshausen]
- 1907 Wolfratshausen/Evang.-Luth.Pfarrkirche, Überarbeitung der Baupläne von Theodor Fischer

Vorhoelzer, Robert [München]
- 1923 Lenggries/Postamt, Pläne zum Neubau (mit Karl Kergl)

Wenz, Paul [?]
1939/40 Geretsried/Rathaus, Neubau

Ingenieure

Donat, Fedor Maria von [?]
1904 Altjoch/Walchenseekraftwerk, drittes Projekt
Dyckerhoff [Nürnberg]
1908/09 Altjoch/Walchenseekraftwerk, Entwürfe
Jaquel, J. [?]
1904 Altjoch/Walchenseekraftwerk, zweites Projekt
Kinzer [Wien]
1908/09 Altjoch/Walchenseekraftwerk, Entwürfe
Maschinenfabrik Augsburg-Nürnberg
1908/09 Altjoch/Walchenseekraftwerk, Entwürfe
Miller, Oskar von [München]
1918ff. Altjoch/Walchenseekraftwerk, Neubau
Reichel [Berlin]
1908/09 Altjoch/Walchenseekraftwerk, Entwürfe
Schmick [?]
1904 Altjoch/Walchenseekraftwerk, zweites Projekt
Siemens-Schuckert [Berlin]
1908/09 Altjoch/Walchenseekraftwerk, Entwürfe
Widmann [Nürnberg]
1908/09 Altjoch/Walchenseekraftwerk, Entwürfe

Stukkatoren

Killer [?]
1942 Fleck/Kapelle, Deckenstuck
Schier, Karl [München]
1906 Wolfratshausen/Pfarrkirche, Überarbeitung der Stukkaturen (nach Entwurf von Joseph Elsner)
1911 Bad Tölz/Mühlfeldkirche, Langhausstuck
Schuler, J. [München]
1909 Eurasburg/Schloßkirche, Stukkaturen

Bad Tölz, Privatbesitz, Ansicht der Marktstraße 1800, kolorierte Zeichnung

Maler und Freskanten

Albrecht, Joseph [München]
1932 Wackersberg/Pfarrkirche, Langhausfresken
Baer, C.F. [?]
1930 Helfertsried/Haus Nr. 381, Fassadenmalereien
Baumgartner, Th. [?]
1957 Dietramszell/Gruftkapelle, Altarbild
Bickel, Heinrich [Garmisch]
1928 Bad Tölz/Marktstraße 39, Fassadenmalereien
1954 Hinterbichl/Haus Nr.24, Restaurierung der Fassadenmalereien
Demmel [Königsdorf]
1935 Bad Tölz/Marktstraße 19, Fassadenfresko
1968 Bad Tölz/Marktstraße 17, Erneuerung der Fassadenmalereien
Distler, Hubert [?]
1970 Bad Tölz/Evang.-Luth.Pfarrkirche, Deckenbemalung
Drewes [Tölz]
1930 Bad Tölz/Marktstraße 9, Fassadenfresko
1931 Bad Tölz/Marktstraße 49, Fassadenfresko
Egger [Tölz]
1975 Bad Tölz/Ellbachzeile 4, Fassadenfresko
Fugel, Gebhard [München]
1915/16 Lenggries/Pfarrkirche, Entwürfe für die Chorfenster
1926 Bad Tölz/Kalvarienberg, Kreuzwegbilder
Graßl, Otto [München]
1940 Bad Heilbrunn/Pfarrkirche, Kreuzweg
Hagn, M. [Rottach-Egern]
1987 Benediktbeuern/Dorfplatz 1, Fassadenfresko
Haugg, Gebrüder [Ottobeuren]
1925 Bad Tölz/Fritzplatz 1, Fassadenmalereien
Hausinger, Sebastian [München]
1946 Linden/Filialkirche, Fresken
Heidelmann, Max [MÜnchen]
1932 Wackersberg/Pfarrkirche, Chorfresko
Heim, Luitpold [Augsburg]
1909 Steingau/Filialkirche, Restaurierung und Fresko außen an der Langhaussüdseite (Zuschreibung)
Herterich, Ludwig [München]
1906 Bad Tölz/Marktstraße 17, Fassadenmalereien
Herz, Martin [München]
1906 Bad Tölz/Marktstraße 59, Fassadenmalereien
1909 Bad Tölz/Marktstraße 1, Fassadenmalereien
Heydt, A. von der [München]
1919 Münsing/Pfarrkirche, Glasmalereien
Hillerbrand, Joseph [München]
1910 Bad Tölz/Römergasse 6, Fassadenfresko
1921 Bad Tölz/Marktstraße 57, Fassadenfresko
Holzner, Richard [München]
1946 Beuerberg/Klosterkirche, Gemälde des Nothelferaltars
Huber, Hans [?]
1983 Schlehdorf/Kocheler Straße 34, Fassadenmalerei
Kolmsperger, Waldemar [München]
1907 Bad Tölz/Marktstraße 75, Fassadenmalereien
Lessig [?]
1917/18 Happerg/Kapelle, Fresken und Altargemälde
Locher, Bonifaz [München]
1909 Eurasburg/Schloßkirche, östliches Seitenaltarblatt
Marc, Franz [München]
1907/08 Jachenau/Bergstaffelalm, Wandmalereien
Marchner, Franz Xaver [München]
1973 Benediktbeuern/Klosterkirche und Konventbau, Fassadenmalereien an der Westseite
Neuhaus, Hermann [Wolfratshausen]
1908ff Wolfratshausen/Evang.-Luth.Pfarrkirche, Ausmalung
Niedermaier, Anton [München]
1912 Geilertshausen/Filialkirche, Langhausfresken
1913 Endlhausen/Pfarrkirche, Fresken (mit Robert Rupp)
Pacher, Augustin [München]
1920 Lenggries/Mariahilfkapelle, Entwürfe für die Glasgemälde der Fenster
Paulus, F. [?]
1972 Deining/Hornsteiner Straße 2, Fassadenmalereien

Bad Tölz, Ansicht der Marktstraße von Südwesten

Ranzinger, Anton [München]
1906 Wackersberg/Pfarrkirche, Hochaltargemälde
1911 Bad Tölz/Mühlfeldkirche, Langhausfresken

Rinner, Franz [?]
1903/94 Bad Tölz/Rathaus, Giebelfresken

Rupp, Robert [Hohenbrunn]
1913 Endlhausen/Pfarrkirche, Fresken (mit Anton Niedermaier)

Schellinger, Hans [München]
1939/40 Wegscheid/Kapelle, Restaurierung und Entwürfe für neue Seitenaltäre

Schleibner, Kaspar [München]
1902 Thanning/Pfarrkirche, Fresken
1909 Eurasburg/Schloßkirche, westliches Seitenaltarblatt

Selzer, Karl [München]
1913/14 Kochel am See/Evang.-Luth.Pfarrkirche, Hochaltarbild

Sonner, Karl [Olching]
1928 Bad Tölz/Marktstraße 60, Fassadenfresko

Wahler, Karl [Stuttgart]
1903/04 Bad Tölz/Rathaus, Fassadenmalereien
1904 Bad Tölz/Marktstraße 41, Fassadenmalereien
1905 Bad Tölz/Marienstift, Fassadenmalereien

Wasmeier, Günther [Schliersee]
1981 Bad Tölz/Marktstraße 75, Restaurierung der Fassadenmalereien
1982 Bad Tölz/Marktstraße 39, Restaurierung der Fassade

Weingartner, Michael P. [Pfaffenhofen a.d.Ilm]
1969 Thanning/Pfarrkirche, Restaurierung der Fresken und neues Hochaltarblatt

Winterholler [Garmisch]
1974 Bruckmaier/Haus Nr.1, Erneuerung der Fassadenmalereien

Xavereith, Jürgen [Metz]
1902 Bad Tölz/Waldfriedhof, Altarblatt der Friedhofskirche

Zettler, Franz Xaver [München]
1909 Bad Tölz/Pfarrkirche, Ergänzung und Neuzusammenstellung der spätgotischen Glasgemälde
1909 Eurasburg/Schloßkirche, Glasgemälde
Um 1920 Egling/Pfarrkirche, Glasgemälde

Bildhauer und Schreiner

Abt, Xaver [Mindelheim]
1913 Bad Tölz/Waldfriedhof, Grabmal Familie Böck

Bauer, A. [?]
o.J. Häusern/Kapelle, Putzrelief

Buscher, Thomas [München]
1917 Thankirchen/Filialkirche, Figur im nördlichen Seitenaltar

Diamant, Bruno [München]
1922 Bad Tölz/Waldfriedhof, Grabmäler der Familien Höfter und Höfter-Artmann (nach Entwürfen von Hans Grässel)

Griebl [?]
1942 Fleck/Kapelle, Immaculata

Heilmaier, Max [München]
1909 Eurasburg/Schloßkirche, Apostelfiguren des Hochaltars

Henselmann, Joseph [München]
1948 Bad Tölz/Marktstraße, Marienbrunnen (mit Joseph Hillerbrand)

Hillerbrand, Joseph [München]
1948 Bad Tölz/Marktstraße, Marienbrunnen (mit Joseph Henselmann)

Hirschmann, Albert [?]
1970 Humbach/Filialkirche, Seitenfiguren am Hochaltar

Hofer [München]
1942 Fleck/Kapelle, hl. Anna selbdritt im Hochaltar

Hoser, Franz [München]
Um 1920 Jachenau/Pfarrkirche, Pietà der Kriegergedächtniskapelle
1926 Bad Tölz/Kalvarienberg, Entwürfe zu den Wegkapellen
Kömpel, Joseph [München]
1904 Thanning/Pfarrkirche, Hochaltartabernakel (mit Joseph Scheel und Joseph Schmid)
Köpf, Joseph [München]
1909 Eurasburg/Schloßkirche, Kreuzigungsgruppe, Muttergottes im Südgiebel, Brunnen an der westlichen Außenseite, Entwürfe für die Portale, die Stukkaturen, die Altäre und den Orgelprospekt
Negretti, Angelo [München]
1914 Bad Tölz/Waldfriedhof, Grabmal Prof.Gustav Ruhland
Port, Karl [Augsburg]
1909 Eurasburg/Schloßkirche, Gestühl und Rahmen des Kreuzwegs
Rehle, J. [Tölz]
1906 Bad Tölz/Waldfriedhof, Figuren der Friedhofskirche und des Wohngebäudes
Saumweber, Georg [Günzburg]
1909 Eurasburg/Schloßkirche, Altäre
Scheel, Joseph [München]
1904 Thanning/Pfarrkirche, Hochaltartabernakel (mit Joseph Kömpel und Joseph Schmid)
Schmid, Joseph [München]
1904 Thanning/Pfarrkirche, Hochaltartabernakel (mit Joseph Kömpel und Joseph Scheel)
Schmitt, Karl [München]
1945/46 Beuerberg/Klosterkirche, Hochaltartabernakel
Schmuck, Johann [München]
Um 1950 Attenham/Kapelle, Umbau des Altars
Schwegerle, Hans [München]
1933 Urfeld/Goethedenkmal, Büste
Wachter, Hans [Kempten]
1973 Benediktbeuern/Klosterkirche, Volksaltar
Widmer, Philipp [München]
1909 Eurasburg/Schloßkirche, Bronzereliefs und Bildhauerarbeiten des Hochaltars, Entwurf zur Kanzel

Winkl, Gde. Eurasburg, Haus Nr. 1

Das alte Bauernhaus im Landkreis Bad Tölz-Wolfratshausen

von Wilhelm Neu

Der Landkreis Bad Tölz-Wolfratshausen steht, gemessen an der Zahl seiner denkmalwürdigen, bäuerlichen Altbauten, mit an der Spitze in Oberbayern; die Anzahl der noch erhaltenen unverkleideten Blockbauten – etwa 420 – wird sogar von keinem oberbayerischen Kreis übertroffen. Das Gebiet gehört der großen Hofererschen Hauslandschaft des „Südbayerischen Einhauses" an, d.h., es herrscht durchwegs der Einfirsthof vor, bei dem Wohn- und Wirtschaftsteil (Stall, Tenne und Bergeraum) unter einem Dach vereinigt sind. Nebengebäude, wie Schupfen, Badstube (keine Beispiele mehr im Gebiet), Kornkasten und vereinzelt das Austragshäusl, kamen bei größeren Anwesen dazu.

Rudolf Hoferer (1892-1943), der „Altmeister der bayerischen Bauernhausforschung", hatte erstmals den Begriff der „Hauslandschaft" (Hausformenlandschaft) geprägt und damit eine grobe, aber einprägsame Einteilung getroffen. Versuche, diese bewährte Gliederung in Frage zu stellen, müssen heute schon vielerorts aus Mangel an erhaltenen Hausbeispielen scheitern. Eine etwas genauere Definition dieser „Hauslandschaften" und ihrer Merkmale hätte sich allerdings die südbayerische Bauernhausforschung längst gewünscht.

Im Landkreis Bad Tölz-Wolfratshausen sind wichtige Verbreitungsgrenzen solcher Hausformenlandschaften heute noch deutlich erkennbar: einmal eine Linie, etwa auf Höhe der alten Landgerichtsgrenze Wolfratshausen-Tölz verlaufend, die den Wohnteilgrundriß betrifft, zum anderen eine Abgrenzung gegen den westlich benachbarten Haustyp, die etwa mit der heutigen, westlichen Kreisgrenze übereinstimmt. Es braucht wohl nicht eigens erwähnt zu werden, daß Verbreitungsgrenzen von Hauslandschaften nicht – oder höchstens rein zufällig – mit unseren kommunalen Gebietsgrenzen zusammenfallen. Der Landkreis – das wurde einleitend schon angedeutet – besitzt noch so viele, gut erhaltene (und in den letzten Jahren wiederhergestellte) Altbauernhäuser, daß solche Merkmale ablesbar geblieben sind. Dies hat unser Gebiet mit allen anderen, randalpinen Kreisen Südbayerns gemeinsam.

Einprägsame Siedlungsformen zeigen vor allem der Nordosten des Kreisgebiets mit seinen Rodungsdörfern im Endmoränengebiet (Haufendorfanlagen), wie Endlhausen, Baiernrain, Linden und Lochen, und der Isarwinkel im Süden mit den charakteristischen Waldhufensiedlungen, bestehend

Bauernhaus in Thankirchen, Zeichnung von Lorenzo Quaglio, 1837

aus stattlichen Höfen auf dem Hochufer beiderseits des Flußtals, deren Besitzgrenzen gegen den Berghang verlaufend durch Baumreihen und Hecken markiert werden. Auf der untersten Isarterrasse liegen hier einige weitverzweigte Streusiedlungen, wie Anger, Arzbach, Schlegldorf und Wegscheid, die durch einen eigenen Kleinbauernhaustyp geprägt sind. Eine weitere Siedlungsform im Gebiet, das „Klosterdorf", ist eher geschichtlich als hauskundlich bedeutsam und zählt zum Typus größerer Haufendörfer. Beispiele wie Schlehdorf, Benediktbeuern (früher „Laimgruben") und Schönegg bei Dietramszell gehören dazu. Einige Orte mit überdurchschnittlich hohem Altbaubestand und/oder auffälliger Siedlungsstruktur sind als Ensembles im Sinne des Bayerischen Denkmalschutzgesetzes ausgewiesen: Ascholding im Norden als einzigartige „Bachzeilen-Dorfanlage", der 1762 nach Brand wieder aufgebaute Ortskern von Greiling und Schlehdorf, das ebenfalls nach einem Großbrand 1836 in seiner strengen, staatlich verordneten Regelhaftigkeit wieder neu entstand (man vergleiche dazu die alte Flurkarte vor dem Brand!). Auf weitere, noch als Ensembles erhaltene Dörfer wie Ried, Gde. Kochel am See, Deining und Thanning, beide Gde. Egling, Humbach, Gde. Dietramszell oder Wackersberg wäre hinzuweisen.

Zum typischen Erscheinungsbild des alten Bauernhauses im Landkreis gehört, neben anderen einprägsamen Merkmalen, auf die später eingegangen wird, vor allem die Dachform: ein etwa 20 bis 22 Grad geneigtes, ehemals legschindelgedecktes Flachsatteldach. Während in der Jachenau noch einige wenige Legschindeldächer auf Kleinhäusern „in situ" erhalten sind, kann man diese Altform der ehemals ortsüblichen Deckung nur noch im nahen Freilichtmuseum des Bezirks Oberbayern studieren, dessen Gelände zu einem kleineren Teil auf Kreisgebiet liegt. Von seiner Konstruktion her handelt es sich um einen Pfettendachstuhl mit aufgelegten Rafen (wie hier die Sparren bezeichnet werden), die am First mittels Holznagel verbunden und damit gegen das Abrutschen gesichert sind; zur Aussteifung dienen Binder mit Firstsäulen und Spannriegel, die durch Kopf- und Fußbänder verstrebt werden.

Die Wände am Wohnteil des einheimischen alten Bauernhauses sind – wie heute noch in großen Teilen Ober- und Niederbayerns, im Oberallgäu und darüber hinaus im gesamten Alpenraum – als Blockbau konstruiert, der seine große Haltbarkeit über Jahrhunderte aus sorgfältig behauenen, zu einer ganz bestimmten Jahreszeit gefällten Baumstämmen bezieht. „Wer sein Holz um Christmett' fällt, dem sein Haus wohl zehnfach hält", sagt der Volksmund. Doch überwachte die Grundherrschaft schon seit dem 16. Jahrhundert die Zuteilung der Bauhölzer und versuchte, den Verbrauch einzuschränken oder wenigstens nur einen gezimmerten „Kammerstock" (Obergeschoß) zu gestatten: „So wird mit den zwiegädigen gezimmerten paurn heusern vil holtz verschwent ... dan bey denen gemaurten heusern vil holtz zu ersparn ist...", so die Bayerische Forstordnung von 1568. Zwei Jahrhunderte mußten aber noch vergehen, bis sich diese Forderung durchsetzte; tatsächlich lassen sich erst seit dem letzten Drittel des 18. Jahrhunderts fast keine Neubauten in Ganzblockbau mehr feststellen. Blockwände kommen mit ganz wenigen Ausnahmen (so z.B. am Wirtschaftsteil von Haus Ortererstraße 20 in Ort bei Kochel) nur am Wohnteil eines Bauernhauses vor. An den Außenkanten sind die Blockbalken schwalbenschwanzförmig verkämmt (verschränkt, verzinkt); die Zwischenwände sind bündig durchgesteckt, das Hirnholz oftmals kunstvoll ausgeformt („Malschrot"). Ist das Gefüge einer Blockwand an sich schon nahezu unverschieblich verzimmert, so wurden die einzelnen Balken noch zusätzlich durch Holznägel miteinander verdübelt. Zur Wahrung einer umlaufend gleichen Wandhöhe wurden die leicht konisch behauenen Balken jeweils gegenläufig verlegt. Die Holzwände am Ökonomieteil – genauer, am Bergeraum über dem gemauerten Stall – sind in Ständerbauweise mit eingenuteten Schalbrettern errichtet, die mit ornamental ausgesägten Lichtöffnungen versehen wurden. Hier findet sich vor allem im nördlichen Kreisgebiet einfaches, aber kraftvolles Bundwerk aus wandhohen oder halbwandhohen Andreaskreuzen. Die Wetterseiten zeigen eine überlukte Verbretterung, der Dachüberstand ist knapp, um dem Wind keine Angriffsfläche zu bieten. – Einzelne Getreidekästen in Blockbau weisen ein Alter von weit über 400 Jahren auf (siehe unten), doch gehen auch die ältesten Bauernhäuser nach ihrer (z.T. erneuerten) Datierung ins frühe 17. Jahrhundert zurück, wie z.B. Haunleiten, Gde. Wackersberg (neu bez. 1610), Rauchenberg (neu bez. 1615) und Seiboldhöfe Nr. 5 (1618), beide Gde. Lenggries. Aus der 2. Hälfte des 16. Jahrhunderts

Bauernhaus in Lenggries, Zeichnung von Lorenzo Quaglio, 1846

dürfte sogar noch eines der ältesten Bauernhäuser im Gebiet, Haus Nr. 123 in Kiefersau, Gde. Wackersberg, stammen.

Während sich das Erscheinungsbild der Altbauten im Süden und Norden äußerlich gleicht, besteht der oben schon angedeutete Unterschied in der Grundrißeinteilung der Wohnräume: Rudolf Hoferer weist auf diese beiden Umstände hin und teilt die südliche Hälfte des heutigen Landkreises der Hauslandschaft 2 a („Nordost-Tiroler Haus") und den Norden der Hauslandschaft 2 b („Haus des Alpenvorlandes südlich München") zu. So sind die Altbauten südlich der alten Landgerichtsgrenze Wolfratshausen-Tölz (der späteren Altlandkreisgrenze) überwiegend giebelseitig erschlossene Mittelflurhäuser; die im nördlichen Bereich sind als Seitenflurhäuser mit traufseitigem Eingang zu bezeichnen. Im Flur (Flöz, Hausgang) liegt die Treppe zum Obergeschoß, rechts vom Eingang die Stube mit zwei zu zwei Fenstern, dahinter die Küche mit dem ehemals offenen Herd (mit Rauchkutte und „Hur", dem kastenförmigen Rauchabzug in den Dachraum), wie er nur noch im Freilichtmuseum zu sehen ist. Über dem Stall befindet sich bei größeren Anwesen die längs oder quer erschlossene Hochtenne, während Kleinbauernhäuser eine ebenerdige Tenneneinfahrt haben, die das Bild des „Einhauses" (Einfirsthofes) abrunden. Die Kleinanwesen im Isarwinkel sind nur zweiraumtief als Handwerker-, Flößer- oder Kalkbrennerhäusl mit einer bescheidenen Landwirtschaft errichtet.

Das alte Bauernhaus im Landkreis und in seiner östlichen Nachbarschaft wurde um die Jahrhundertwende – völlig zu Unrecht – als das „Oberbayerische Bauernhaus" schlechthin bezeichnet; daraus resultiert seine Beliebtheit bis heute, die sich in zahllosen, meist völlig falsch verstandenen Kopien im sog. „Jodler- oder Lederhosenstil" dokumentiert, bei der aber oft nicht einmal die Dachneigung stimmt. Vorläufer dieses Begriffs waren in der 2. Hälfte des vorigen Jahrhunderts der „Gebirgsstyl", um 1900 dann der „Alpenländische Heimatstil", den die bekannten Architekten Friedrich und August von Thiersch, Emanuel und Gabriel von Seidl und vor allem Franz Zell mit vielen ihrer Werke (auch im Kreisgebiet) sozusagen „hoffähig" gemacht haben.

Eines der auffälligsten Merkmale unserer bäuerlichen Altbauten ist die schon angesprochene Dachform mit ihren weiten Überständen auf beiden Traufseiten und der vorderen Giebelseite. Der seitliche Dachvorsprung ergibt sich aus den frei überstehenden Rafenenden, die auf einer Flugpfette aufliegen, welche wiederum den auskragenden Dachbalkenköpfen aufgekämmt ist; das giebelseitige Vordach entsteht durch zwei ca. 1,5-2,0 m weit über den Pfettenvorstößen aufliegende Rafenpaare. Die malerisch-einprägsame „Schauseite" zeigt ein verschaltes Giebelfeld mit dahinter liegender Hochlaube, die – vom Dachraum aus zugänglich – durch eine meist nur kleine, ausgeschnittene Öffnung beleuchtet wird; bei größeren Gebäuden nimmt die Laubenöffnung das mittlere Drittel des Giebeldreiecks ein. – Das wohl auffälligste Bauglied ist die dreiseitig umlaufende „Lab'm" (Laube, Balkon), die in dieser Form überwiegend nur in unserem Bereich und im benachbarten Landkreis Miesbach vorkommt (und deswegen bei landwirtschaftlichen Neubauten auch nur hier stilistisch richtig ist). Die Altform der Laubenbrüstung ist die Verbretterung, die noch recht zahlreich vorhanden ist; die zeitlich folgenden Brettbaluster, die echten Baluster des späten 18. Jahrhunderts, dann biedermeierliche Formen und schließlich die Laubsägearbeiten der Spätzeit spielen hier nur eine untergeordnete Rolle. – Weniger ins Auge fallende,

Wirtschaftsteil eines Bauernhauses in Obermurbach, Zeichnung von Sigmund Egenberger, 1933

dafür aber für eine Datierung wichtige Details am Blockbau sind die geschnitzten Laubenstützen, die profilierten Türstürze (vor allem am Kornkasten) und besonders die mit dem Ziehmesser bearbeiteten, überstehenden Balkenköpfe. Nach ihren vielfältigen Zierformen, die sich deutlich in einzelne Bauperioden seit Mitte des 16. bis ins frühe 19. Jahrhundert einordnen lassen, vermag der Kundige ihre Entste-

Kornkasten bei Rieschenhöfe, Zeichnung von Sigmund Egenberger, 1920

Bad Tölz, Heimatmuseum, Bauernmöbel

hungszeit auf etwa 20 Jahre genau zu datieren. – Die ursprüngliche Fensterform am Blockbau war eine niedrige, querrechteckige Wandöffnung für einen Blockzargenrahmen mit festem Mittelstück, um das Wandgefüge nicht übermäßig zu schwächen. Die zugehörigen Brettläden mit Einschubleisten bleiben vor der Blockwand ungestrichen, wie überhaupt alle alten Holzbauten von alters her unbehandelt geblieben sind, was ihre natürliche, unverwechselbare Farbtönung ausmacht. – Eine Bemalung einzelner Holzteile, wie z. B. an der Fase des Kranzbalkens oder an der Laubenbrüstung, war ursprünglich sicher häufig; sie mag von geschmackvoller Wirkung gewesen sein, ist aber heute völlig verblaßt und nur noch an schwachen Farbkrusten erkennbar. Am gemauerten Erdgeschoß bzw. am Massivbau findet sich vereinzelt Architekturmalerei in Form von Eckquaderungen oder Fensterumrahmungen (weitaus ältestes Beispiel von 1677 in Schnaitt nördlich von Bad Tölz); kunstgeschichtlich bedeutsamer sind einige gute Beispiele von figürlichen Fassadenmalereien („Lüftlmalerei") des Mittenwalders Franz Karner aus dem späten 18. Jahrhundert, so in der Jachenau, in Vorderriß und an einem Zuhäusl in Ort bei Kochel.

Bei der Vielzahl wirklich gut erhaltener, ja ausgesprochen „gepflegter" Altbauernhäuser im Landkreis ist die Nennung herausragender Objekte kaum möglich, zumal sich der Leser an Hand der Abbildungen in dem Band ausreichend informieren kann. Ein paar besonders charakteristische Beispiele aus dem Raum Bad Tölz-Lenggries sollen aber doch herausgestellt werden: Ein gut erhaltener Ganzblockbau mit Bretterlaube ist Haus Nr. 5 in Winkel und ein stattlicher, urtümlicher Obergeschoßblockbau (von 1615) der Rauchenbergerhof auf dem jenseitigen Isarufer, beide Gde. Lenggries. Den absoluten Höhepunkt kunstvoller, bäuerlicher Bautätigkeit des späten 18. Jahrhunderts in weitem Umkreis stellt der 1783 errichtete Hof zum „Oberjäger" in Mühlbach dar: Reiche Zierformen, guter Erhaltungszustand und die eindrucksvolle Stattlichkeit des Hauses verbinden sich hier mit dem Traditionsbewußtsein der alteingesessenen Besitzer zu einer seltenen Einheit. – Nahezu einmalig in Oberbayern ist der malerische Obergeschoß-Blockbau in Straß, Gde. Wackersberg, mit seiner Hauskapelle an der Nordostecke: Dem Bauernhaus aus dem frühen 17. Jahrhundert wurde etwa 80 Jahre später eine barocke Kapelle „untergeschoben". – Eine geschmackvolle Überformung im ländlichen Biedermeierstil unter Beibehaltung des Flachsatteldaches zeigt das stattliche Anwesen beim „Holzerbauer" in Langau, Gde. Bad Heilbrunn. Ein gutes Beispiel aus der Spätzeit, aus dem Jahr 1876, ist der auffällig situierte Einzelhof Obermühlberg östlich von Bad Tölz.

Anschließend sei kurz die bauliche Entwicklung am Bauernhaus im Lauf des 19. Jahrhunderts angedeutet, wie sie auch in den benachbarten Regionen zu beobachten ist. Häufig wurde damals das Erdgeschoß abgemauert, das Blockwand-Obergeschoß verschalt, überputzt, übertüncht oder gar mit Ölfarbe gestrichen – alle Arten einer Verkleidung oder falschen Oberflächenbehandlung sind hier zweifellos schädlich. Auch das Hausdach unterlag im 19. Jahrhundert einer mehrfachen Veränderung: Zuerst, und vor allem mit dem Aufkommen der Falzziegel, wurde das Legschindeldach durch ein „Plattendach" ersetzt – feuerpolizeiliche Gründe gaben hierfür den Ausschlag. Um Bergeraum zu gewinnen bzw. um den Dachraum besser nutzen zu können, wurde früher der Dachstuhl manchmal über einem Kniestock mittels „Hebmandl'n" aufgeschraubt, oder später dann – wenn auch nicht sehr häufig im Gebiet – wesentlich steiler aufgebaut. Gleichlaufend mit dieser, für das „alpenländische" Erscheinungsbild doch recht einschneidenden Maßnahme erfolgte meistens eine Fenstervergrößerung in Form sechsteiliger Kastenfenster mit gestemmten Brettläden. Schon um die Mitte des vorigen Jahrhunderts wurde der „Deutsche Kamin" in der Küche durch einen „Russischen" ersetzt, d.h., an die Stelle der ursprünglichen Rauchkutte über dem offenen Herd trat ein geschlossener Schornstein, der über das Dach hinaus führte. Nach einem großen zeitlichen Abstand zu den genannten baulichen Veränderungen sollen einige ansprechende landwirtschaftliche Neubauten aus der Zeit nach dem Zweiten Weltkrieg nicht unerwähnt bleiben. In der Gegend um Benediktbeuern-Kochel, aber auch anderswo im Landkreis, entstanden damals einige stattliche Aussiedlerhöfe in der so viel zitierten und so wenig praktizierten, landschaftsgebundenen Bauweise der Umgebung. – Als eine der ganz wenigen oberbayerischen Landgemeinden hat sich die Gemeinde Egling vor einigen Jahren eine eigene, überörtlich gültige Baufibel geschaffen, worauf ihre augenscheinlich guten Erfolge in der Ortsbildpflege und am bäuerlichen Einzelgebäude zurückzuführen sind.

Zum Abschluß muß auf ein unscheinbares, aber haus- und volkskundlich bedeutsames Nebengebäude – den Getreidekasten – näher eingegangen werden, von dem es noch an die 100 Exemplare im Landkreis gibt – beinahe so viele, wie im westlich benachbarten Landkreis Weilheim-Schongau, der noch die meisten dieser Objekte in Oberbayern besitzt. Erstaunlich ist für das südliche Alpenvorland die Tatsache, daß früher schon jedes mittelgroße Anwesen ein solches Speichergebäude besaß, was auf einen ehemals viel intensiveren Getreideanbau wie heute in dieser Region schließen läßt. – Der eigentliche Kornkasten ist entweder eingadig (oftmals wurde das Oberteil später abgenommen), zweigadig oder geständert; vereinzelt findet man Doppelkästen mit zwei Räumen nebeneinander, ganz selten ist auch eine heizbare Kastenkammer, wie in Hohenleiten, Gde. Eurasburg, (1592), nachgewiesen. Der sorgfältig aufgezimmerte, auf hohe Eichenschwellen gestellte Blockbauwürfel hat ein durchschnittliches Außenmaß von 5-6,5 m im Quadrat, den Schutz vor der Witterung übernimmt ein sog. Überbau, ein Ständergerüst mit Verbretterung, umlaufender Laube und seitlichen Unterstellräumen. In den meisten Fällen wurde der ursprünglich giebelseitig zum Haus stehende Überbau später gedreht und verlängert, wodurch der eigentliche

△ Hofstätt, Gde.Bichl, Haus Nr. 3

Unterenzenau, Gde.Bad Heilbrunn, Haus Nr. 1 ▽

Kasten von außen fast nicht mehr sichtbar oder sogar völlig eingebaut ist. Die Schmuckformen sind die gleichen wie am Bauernhaus (siehe oben), am Kasten jedoch wegen des Wetterschutzes meist besser erhalten: ornamentale Malereien, ja sogar nachgotische Flachschnitzereien am Kranzbalken, verzierte Balkenköpfe und vor allem ein reich profilierter Türsturz in seiner Hauptform als „gebrochener Eselsrücken". Der Innenraum, heute meist zweckentfremdet, ist auf drei Seiten durch Gefache für die einzelnen Getreidesorten („Koascht" im Dialekt genannt) unterteilt. Die ältesten Beispiele im Landkreis gehen in die Mitte des 16. Jahrhunderts zurück: Münsing und Oberfeld, Gde. Eurasburg, beide bez. 1558, oder Ambach, Gde. Münsing, bez. 1578; knapp 30 Prozent der Gesamtzahl sind original datiert. Die meisten und ansehnlichsten dieser durchwegs gut erhaltenen, weil ringsum vor Witterungseinflüssen geschützten Speicherbauten stammen aus den Jahren um 1580 bis 1625, ihr Verbreitungsgebiet liegt vor allem im Westen des Kreises. Aus der Vielzahl der erhaltenen Objekte, darunter viele noch unter einem alten Flachsatteldach-Schupfen, sollen einige herausgehoben werden: ein großer, zweigeschossiger Kasten mit altem Überbau in Steingau, Gde. Dietramszell, erbaut 1645; die beiden malerischen, nahe beieinander stehenden Kästen in Kiefersau, Gde. Wackersberg, beide noch 16. Jahrhundert; der stattliche Doppelkasten von 1580/90 als Bestandteil einer großen Einzelhofanlage in Winkl, Gde. Eurasburg, und zuletzt – in einer Form, wie man sich einen ursprünglich erhaltenen Traidkasten vorzustellen hat – das Beispiel „beim Sighardt" in Holzhausen, Gde. Münsing, wo über der Tür der Bauherr „W S", Walthauser (Balthasar) Schmidtner, das Baujahr 1605 und der unbekannte Zimmermeister „W K" verewigt sind.

Lärchkogel-Niederleger, Gesamtansicht gegen Schömer und Kohlhauf

Die Almen im Landkreis Bad Tölz-Wolfratshausen

von Helmut Silbernagl

Namhafte Wissenschaftler sind der Überzeugung, daß unsere Almweiden mit zu den ältesten Kulturlandschaften im Alpenraum zu zählen sind. Dabei werden die freien Matten über der Waldgrenze schon länger beweidet als die tiefer gelegenen Almflächen. Diese mußten erst mühsam durch Rodung aus geeigneten Waldgebieten geschaffen werden. Über den Zeitpunkt können Almnamen einigen Aufschluß geben. Namen wie Delps, Ludern, Rappin, Walchen, Achala oder Scharnitz rechnet man noch den keltischen Sprachwurzeln zu. Die meisten übrigen Almen aber haben ihren bayerischen Namen entweder vom nächsten markanten Berg – Grasberg, Lärchkogl, Kotzen, Staffel, Roßstein, Schönberg, Seekar – oder aber vom Namen des Hofes, von dem die Rodung ausging. Seit vor Jahrhunderten die Futterbasis für das Vieh im Tal zu knapp wurde, markierte die Sippe, die Großfamilie, die Gemaine ein weites Gebiet in den Bergen für sich, um mit mehr Vieh alle Familienmitglieder satt zu bekommen. Seit die Almen bestehen, gehören sie oft zum gleichen Hof, wie beispielsweise die Tanneralm zum Hof Tannern, die Orterer Alm nach Ort, die Hintere- und Vordere Scharnitzalm nach Höfen (mit Ausnahme vom Peterer Irgl, der sein Almrecht auf der Petereralm verkauft und den Karlbauernanteil von Höfen erworben hat), die Bichleralm zu den beiden Anwesen in Bichl, die Petereralm zum Peterer-Kaspar, die Laineralm zum Lainer, die Hintergraberalm zum Hintergraber, die Krainbauernalm zum Krain, die Lexenalm zum Lexen, die Brunnlochneralm zum Brunnlochner, die Gaberhellalm zum Gaberhell, die Paunalm zum Paun, die Erbhoferalm zum Erbhofer, die Sachenbacheralm zum Irglbauern nach Sachenbach und die Luitpolderalm zum Luitpolder. Noch ausgeprägter ist es beim Demelbauern in Gilgenhöfe. Seit die an die zehn Gehstunden vom Hof entfernten Flächen ganz hinten im bayerischen Teil des Bächentales vom Demel aus für Almzwecke gerodet wurden, gibt es den Demelniederleger auf 1000 m Höhe und gleich anschließend auf 1500 m den Demelhochleger. Das Weiderecht reicht herunten von der Dürrach auf 850 m bis hinauf zum 1924 m hohen Demeljoch – und hier hat der Hofname Demel nicht nur der Alm, sondern auch dem Berg noch den Namen verliehen.

Graberalm am Rauchenberg, Zeichnung von Sigmund Egenberger, 1934

Das ist Almgeschichte! Ganze Almbauerndynastien, bester Isarwinkler und Jachenauer Almbauernadel haben dieses Land geprägt und erhalten dieses Land heute noch – während die meisten Adeligen vom Namen her sich schon lange von ihrem Grundbesitz getrennt haben.

Damals und auch heute noch bedeutet der sommerliche Almbetrieb eine merkliche Erweiterung der Futterbasis – bis zu 25 % – des dazugehörigen Hofes drunten im Tal. Auch eine moderne Viehzucht kann auf die Almwirtschaft nicht verzichten. In diesem extremen Klima mit merklichen Temperaturschwankungen werden die Tiere vernünftig abgehärtet, haben viel Bewegung in der sauerstoffreichen Luft (bis sie jeden Tag in kleinen Bissen um die 30-50 kg Gras vom Hang heruntergerupft und noch an den Tränken ihren Durst mit 30-50 l Wasser gestillt haben, war jeder Muskel angestrengt und sie haben mit dem 5-8 km langen Weg buckelauf und buckelab eine sportliche Leistung hinter sich), bilden durch die Sonneneinstrahlung mehr Vitamin D und können obendrein noch ihre natürlichen artgemäßen Verhaltensweisen ausleben.

Dazu kommt noch ein enorm vielseitiges Futter. Wenn auf einer Wiese drunten im Tal so um die 25 bis 40 unterschiedliche Gräser, Kräuter und Kleearten zur Verfügung stehen, so sind es oben am Berg auf steinigen Sonnseitweiden zwischen 80 und 120 verschiedene Arten und noch darüber (auf der Hausstattalm unter der Benediktenwand gezählte 211 Pflanzenarten). Da ist alles dabei, was ein Pflanzenfresser braucht; für unsere Rinder, Pferde, Schafe und Geißen ist das Medizinalfutter – man kann auch heute Vollwertkost sagen. Viele alpine Pflanzen und seltene Tiere verdanken nur den Almwiesen ihre Lebensgrundlage – ihr Schicksal ist an das der Almen gebunden.

Inneres der Graberalm am Rauchenberg, Zeichnung von Sigmund Egenberger, 1934

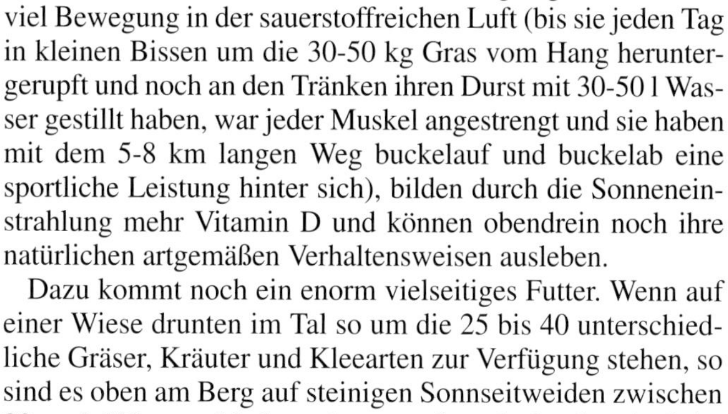

So vielfältig wie die Almlandschaften sind auch deren Zentren, die Almgebäude. Viele Almbauern haben diese eigene Baukultur über ein oder zwei Jahrhunderte und noch länger bewahrt und wenn nur das Baumaterial verwendet oder erhalten wurde, das am Berg vorkommt – Holz oder Stein –, so fügen sich diese Gebäude harmonisch in die Landschaft ein. Da gibt es dann den typischen, breit hingelagerten oberbayerischen Baustil mit geringer Dachneigung, früher geschützt durch ein steinebeschwertes Legschindeldach. Anderswo – das hing u. a. von der Exposition zur Hauptwindrichtung und den verfrachteten Schneemassen ab – bevorzugte der Bauer ein steileres Dach mit genagelten Schindeln (Scharschindeln). In der Jachenau deuten einige vom gewöhnlichen Baustil abweichende Almhütten wie die Bergstaffelalm unterm Rabenkopf vom Lang in Berg und die gegenüberliegende Gopperalm vom Gopper in Mühle auf Baumeister hin, die aus Kloster Benediktbeuern gekommen sein dürften.

Alm- und baugeschichtlich interessant ist auch, daß im Isarwinkel und in der Jachenau Hütte und Stall (zum Stall sagt man dort Hof) häufiger als sonst getrennt sind. Eine kleine Hütte mit Wirtschafts-, Wohn- und Schlafraum, dazu ein kleiner Keller für die Almprodukte und den eigenen Lebensmittelvorrat. Daneben dann der Hof für das Weidevieh – entweder als schmaler und länglicher Längsstall (das Vieh ist mit dem Kopf zur Wand angehängt, der Schorgang (Mistgang) in der Mitte unter dem Firstbaum) oder als breiter, raumsparender Querstall. Ein wenig umständlich ist diese bauliche Anordnung auf zwei Gebäude schon. Zu den Melkzeiten und zum Nachschauen, wenn das Vieh im Hof angehängt war, mußte die Sennerin bei jedem Wetter oft am Tage hin und her pendeln, die ermolkene Milch vom Hof zur Hütte tragen und die Magermilch zum Kälbertränken wieder zurück in den Hof. Diese baulichen Besonderheiten sind schon um die 200 Jahre alt und sind vorzufinden beim Bichler Michl und beim Bichler Kastl auf der Bichleralm, beim Peterer Irgl auf der Vorderen Scharnitz, beim Achner auf dem Staffel, beim Zach auf der Nieders, beim Eham auf Ludern, beim Gaisreiter auf Garland, beim Melchern auf der Hinteren Fellahn, beim Schömer auf Krotten und Düft und beim Gaberhell auf der Gaberhellalm. Auf dem Boaraipl vom Grasmüller und auf den Zotenlegern von Pföderl ist auch so gebaut – aber das sind ja die Isarwinkler Vorposten jenseits der Landesgrenze in Tirol.

Zur gleichen baulichen Besonderheit gehören die Stickl- und Seekaralm von den Hohenburgern. Hier weiß man, daß diese 1870 so gebaut wurden, um (nach Prof. Dr. Johann Feser) Butter und Käseprodukte der über 60 Almkühe zu verbessern. Dort wurden auch die Erkenntnisse und Erfahrungen der Veterinäre aus den durch all die Jahrhunderte gehenden schlimmen Milzbrandseuchenzügen praktisch angewendet: die gemauerten Höfe mit angebauten festen Dungstätten und undurchlässigen Jauchegruben auf Stickl, Seekar und Mühltal sind die ersten augenfälligen Dokumentationen einer geregelten Düngewirtschaft.

Etwas „personalfreundlicher" ist eine Reihe von Almgebäuden, die zwar auch Hütte und Stall getrennt haben, zwischen denen aber ein schützendes Dach angebracht ist. So konnte das Almpersonal bei Schlechtwetter ohne Wettermantel zwischen Hütte und Hof gehen und bei heißem Wetter hatte man einen schattigen Arbeitsplatz. Zu diesen Bautypen gehören der Demelniederleger, die Weißenhütte am Lärch-

Kälber vor der Kohlhaufhütte auf dem Lärchkogl

gieren hinauftragen und die Magermilch noch kuhwarm zu den Kälbern halsbrecherisch wieder hinunterschleppen mußte.

Recht anschaulich kann die frühere Hirtenkultur auf der Grundnerhütte am Lärchkogl dargestellt werden. Wie fast überall sonst in Oberbayern ist die Sennerin oder der Almerer mit dem anvertrauten Vieh unter einem Dach. Das verbindet, das gibt vertraute Zusammengehörigkeit in oft schwierigen Situationen, das macht die gegenseitige Abhängigkeit von Mensch und Tier oben am Berg deutlich. Und in dieser Hütte sind vier Türen angebracht. Die erste an der Stirnseite natürlich für die Leute. An der Rückseite eine Tür zum Pferdestall (die Pferde mögen es nicht, wenn sie schon angebunden im Stall stehen und Kälber und Kühe später von der Weide kommen und an ihrem Hinterteil allzu nahe vorbeitrotten), daneben eine Stalltüre für die Kühe und Kalbinnen. Weil die Kälber einen anderen Tagesrhythmus haben als die anderen Viehgattungen, haben sie auch hier noch an der Stirnseite einen eigenen Eingang zu einem abgeteilten warmen Stallabteil. Die Sennerin hatte nur noch einen kurzen Weg mit der Tränke vom Separator im Wohnteil zu ihren Kälbern. Da kann man direkt nachfühlen, wie der Almbauer dem Zimmerermeister nahegebracht hat, arbeitswirtschaftlich sinnvoll und doch auch tiergerecht zu bauen. Ähnlich ist es beim Schömer auf Lärchkogl und beim Gopper.

Eine wahre Passion muß ein alter Luitpolder für seine Alm entwickelt haben. Die hölzerne Hütte mit Hof und den Heustadl riß er ab und ließ 1840 eine stabile gemauerte Hütte (inmitten eines riesigen Waldgebietes!) für 30 Stück Vieh

kogl, die Hauserbauern-, Pfund-, Seibold-, Dulau-, Adlwarth-, Brunnlochner-, Klasenfilz-, Lexen- und Probstbauernalm. Diesen überdachten Zwischenraum nennt man Durchfahrt, wobei bei einigen dieser Almen heute noch kein Fahrzeug hinführt und zumindest beim Bau noch kein Fahrweg bestanden hat. Wahrscheinlich wurde die Bezeichnung in Anlehnung an ähnliche bauliche Situationen im Talanwesen verwendet.

Daneben gibt es noch mehrere Almen, auf denen ein zusätzlicher Hof etwas abseits vom Kuhstall für das Jungvieh errichtet wurde. Dort wurde das Jungvieh tagsüber aufgestallt, wenn es in der ungezieferreichen Zeit (der Darrzeit) zu den abgedunkelten Stallungen drängte. Diese fast ausschließlich Isarwinkler und Jachenauer Besonderheiten finden wir auf der Rauhalm beim Oswald, Steinhauser und Herrnbauern, beim Pfund auf dem Bärenhaupt, beim Demelhochleger, auf Roßstein, Tiefental, Hirschen und Brauneck.

Weitere bemerkenswerte Baudenkmäler, die in dieser Häufigkeit nur im Isarwinkl angetroffen werden, hat der Steffl-bauer auf Roßstein, der Kohlhauf auf Lärchkogl, der Schaurer auf Mooslahner, der Demel am Demelniederleger, der Bachbauer auf der Gaßenhoferalm, der Gaisreiter auf Garland und der Moigenbauer auf seinem Wiesbauernhochleger aufzuweisen. Diese sieben Hütten sind zweigeschossig. Da ist unten der wärmende Stall, oben sind die Wirtschaftsräume und das Heulager. Alles unter einem kleinen Dach arbeitssparend und kostengünstig angeordnet – bis auf die steile Treppe vom Wirtschaftsraum runter zum Stall. Da wird manche Sennerin gestöhnt haben, wenn sie zweimal am Tag die ganze Milch nach dem Melken über die Stiege zum Zentrifu-

Sennerin Anni Oswald auf der Rauhalm

Ansicht der Ludernalm, Gde.Lenggries

bauen. Heu- und Streustadl sind ebenfalls aus Mauerwerk. Die große behäbige Almhütte weist einige Besonderheiten auf, die auf keiner oberbayerischen Alm sonst anzutreffen sind. Er hat auch einen Hof mit Längsaufstallung gebaut – aber die gehackten Barren der beiden Kuhreihen mit eigener Fressmulde für jedes Stück schauen in die Mitte zu einem mit Brettern ausgelegten Futtergang. Die Sennerin bereitete den Käse ebenfalls im Stall in einem Kupferkessel an einem schwenkbaren Galgen über dem offenen Feuer. Der unmittelbare Bereich um die Feuerstelle war mit Steinen ausgelegt. Völlig einmalig ein Kreister (Bettstelle) im Stall. Er ist über vier bis fünf Staffeln zu erreichen und thront auf etwa 1,50 m Höhe im Stall über dem Vieh wie eine Kanzel in der Kirche. Für den Hüter wird es in dem „zachen“ Bett nicht so angenehm gewesen sein, aber das Almvieh war in Stallnächten in bester Obhut und der „gute Hirt“ seiner anvertrauten Herde nah.

Dieser Luitpolder konnte, wie aus Urkunden ersichtlich, auch schon gut lesen und schreiben. Darum ließ er Sinnsprüche an den Fenstern anbringen, die in jeder Zeit gültig sind wie „Steh früh auf am Tage, die Faulheit wird dir selbst zur Plage“ oder das Schicksal des guten Arbeitstieres Ochs, zwar lapidar aber treffend in 4 Zeilen festgehalten: „Der Ochs der ziagt und hilft zum Brot, man macht ihn fett und schlagt in tot“. So ist halt das Leben.

Über dem Türbalken des Hofes vom Demelniederleger ist die Jahreszahl 1789 eingelassen. Nicht nur das nötigt Respekt ab, sondern die ganzen Bauteile sind Heimatgeschichte. Da steht der Hof für die Kühe, gleich daneben ein hohes zweistöckiges Gebäude mit dem Wohn- und Wirtschaftsteil oben und darunter der Stall für die Kälber und Pferde (oder den letzten Muli – bis ihn 1969 der Blitz erschlagen hat). Der Almanger (abgezäunte Fläche zur Heugewinnung für Notzeiten) aber ist umsäumt von zehn riesigen Eschen. Das Laub davon wurde bis vor kurzer Zeit noch ans Vieh verfüttert, genau wie in Südtirol – und von der anderen Seite des Brenner sind jene Maurer hergekommen, die die Demelalm wieder neu aufgebaut haben.

Seit der Währungsreform am 20. Juni 1948 hat es in der Geschichte der Landwirtschaft nie tiefgreifendere Veränderungen gegeben, vorwiegend unten im Tal. Auf den Almen wirschaftet der Bauer oft noch so ähnlich wie früher: kaum Maschineneinsatz, keine Intensivierung, dafür viel teure Handarbeit und für die Almleute Entbehrung, Mühe, hohe Verantwortung und keine geregelte Arbeitszeit. Der Auftrieb an Kühen ist stark zurückgegangen (sie müssen zweimal am Tag gemolken und die Milch dann sofort verarbeitet werden; sie sind eigentlich asoziale Arbeitspartner), gleichlaufend dazu die Anzahl der schutz- und pflegebedürftigen Kälber. Die Jungviehherden sind dafür im gleichen Umfang gewachsen.

Dank dem Traditionsbewußsein und dem Selbstbehauptungswillen der Almbauern und dank staatlicher Hilfen hat sich die Zahl der Almen während der vergangenen, agrarpolitisch schwierigen 40 Jahre kaum verändert. Wir müssen unsere Almen auch lebendig erhalten – Museen oben am Berg entsprechen nicht mehr der bäuerlichen Kultur. Und ohne Almen, ohne die dazugehörigen Menschen mit ihrem Vieh, ohne die altehrwürdigen Almhütten hätte Bayern in den Bergen seine Seele verloren.

Ensembles und Einzeldenkmäler

Landkreis Bad Tölz-Wolfratshausen

Ansicht von Bad Heilbrunn, Stahlstich von K.Gunkel, Mitte 19.Jh.

Gemeinde Bad Heilbrunn

Baudenkmäler

Bad Heilbrunn

Die heilkräftige Jodquelle wurde 1159 unter dem Benediktbeurer Abt Walther freigelegt. Obwohl sie schon damals benützt wurde, lagen Kirche und Brunnen bis ins späte 19.Jh. nahezu einsam, lediglich ein Hof und einige Badegebäude, darunter das 1659 für die bayerische Kurfürstin Adelaide erbaute, große Badehaus standen nordöstlich in der Nähe. Bis 1934 hieß der Ort „Steinbach", danach gab der „Heilbrunnen" auch dem Dorfkern, der sich im frühen 20.Jh. entwickelt hatte, seinen Namen. Das schlichte Brunnenhaus unmittelbar nördlich der Kirche wurde 1964 anstelle eines aus dem 19.Jh. stammenden Rundbaus errichtet.

Kath. Pfarrkirche St. Kilian. Neubau 1726/27 von Michael Ötschmann und Joseph Hainz, 1931/32 erweitert; mit Ausstattung.

Ursprünglich Filiale von Benediktbeuern, seit 1805 Pfarrkirche. Während der 1253 geweihte, romanische Vorgängerbau nach Norden zur Quelle hin ausgerichtet war, lag bereits die spätgotische Kirche in der noch heute gültigen Ostwestrichtung. 1726/27 Neubau durch Joseph Hainz nach Plänen des Benediktbeurer Schreiners Michael Ötschmann von 1725; erst 1742 geweiht. 1928 Beschluß zur Kirchenerweiterung und Planungsauftrag an Max Littmann. Von den beiden Projekten, die 1930 dem Landbauamt Weilheim vorlagen, fiel die Wahl auf Version II, die zwei deutlich abgesetzte Achsen im Westen vorsah; sie wurde 1931/32 ausgeführt. 1937 Vergrößerung der Sakristei. 1981ff. Gesamtrestaurierung. – Geräumiges, einschiffiges Langhaus mit Stichkappentonne und ausgerundeten Ostecken; doppelte Westempore. Der wenig eingezogene Chor gehört mit seinem außen polygonalen, innen hufeisenförmigen Grundriß zu den Charakteristika des Benediktbeurer Bautrupps; darüber längsovale Flachkuppel, in die kleine Stichkappen einschneiden. Östlich quadratischer Turm mit Oktogon und Zwiebelhaube.

Flächige Stukkaturen mit zartem Laub-, Bandel- und Gitterwerk, 1726 von Hainz; über dem Chorbogen Chronostichon und Wappen des Benediktbeurer Abts Magnus Pachinger (1707-1742), im Westen Konventwappen. – Die gleichzeitigen Chorfresken von Frater Lucas Zais: in der Mitte der Gekreuzigte als Brunnen des Heils (nach einem Stephan Kessler zugeschriebenen Deckengemälde von 1674/75 im Alten Festsaal des Klosters Benediktbeuern), in den Kartuschen Engel mit Arma Christi. Die Langhausbilder mit Szenen aus dem Leben des Titelheiligen 1882 von Joseph Schäfer (wohl auf der Grundlage der ursprünglichen Kompositionen von Zais) neu gemalt; in den Kartuschen wird das Christus-Brunnen-Thema in biblisch-historischen und symbolischen Darstellungen allegorisch weitergeführt.

Der viersäulige, von der Benediktbeurer Klosterwerkstatt nach Entwurf von Ötschmann ausgeführte Hochaltar wurde 1740 durch Jakob Niederreiter aufgestellt. Gemälde um 1726 von Zais: hl. Kilian, im Auszug Gottvater. Tabernakel nach

Bad Heilbrunn, Pfarrkirche, Inneres nach Westen

Bad Heilbrunn, Pfarrkirche, Chorgewölbe

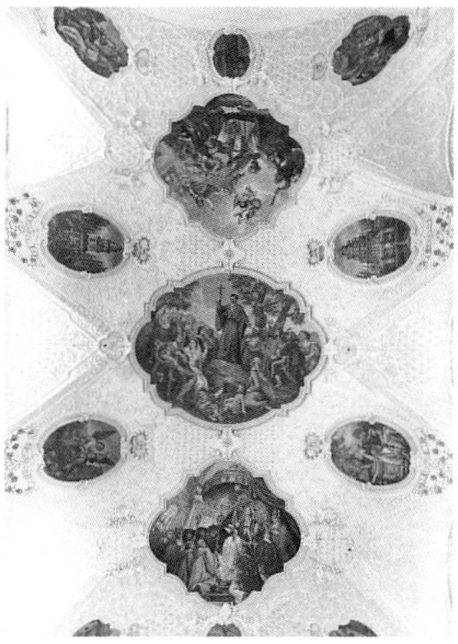

Bad Heilbrunn, Pfarrkirche, Langhausgewölbe

Bad Heilbrunn, Pfarrkirche, Inneres nach Osten

Bad Heilbrunn, Pfarrkirche, Grabstein für Ursula Kräler († 1540)

Bad Heilbrunn, kath. Pfarrkirche St.Kilian

Bad Heilbrunn, Pfarrkirche, Nordportal

1780 von Johann Georg Miller. Über den seitlichen Durchgängen Figuren der hll. Ursula und Elisabeth, wohl um 1790 aus der Tölzer Werkstatt des Franz Anton Fröhlich. – Nebenaltäre 1730 von Franz Fröhlich, der auch die Seitenfiguren schnitzte: nördlich die hll. Benedikt und Ottilia, südlich die hll. Magnus und Leonhard. Die Skulpturen der Auszüge Joseph Anton Fröhlich zugewiesen, um 1760/70: nördlich die hll. Florian und Donatus(?), südlich das Jesuskind zwischen den hll. Sebastian und Pankraz(?). Im Mittelschrein: nördlich Muttergottes, Ende 17. Jh., aus dem Kunsthandel erworben; südlich hl. Joseph, Mitte 18. Jh. – Kanzelkorb wohl um 1726; Schalldeckel 1764. – Klassizistisches Taufbecken mit Figur des Jesusknaben, Ende 18. Jh., vielleicht von Franz Anton Fröhlich. – Gestühl 1777/79 von Martin Heigl.
Gemälde: Kreuzigung, Ende 17. Jh. Anbetung der Könige, um 1720/30. Kreuzweg, 1940 von Otto Graßl, bez. – Figuren: hl. Kilian, um 1500, ehemals im spätgotischen Hochaltar, dessen Flügelbilder 1670 nach Innsbruck verkauft wurden. Papst Urban und hl. Pankraz, um 1470/80. Kruzifix, Mitte 18. Jh., Joseph Anton Fröhlich zugeschrieben; die Schmerzhafte Muttergottes darunter um 1700. – Außen nordöstlich am Chor Wappengrabstein für Ursula Kräler († 1540), Frau des Münchener Bürgermeisters Kräler. – Im ehem. Südeingang (vermauert) Pfeiler- und Rippenfragmente der spätgotischen Kirche.

Bad Heilbrunn, Pfarrkirche, nördlicher Seitenaltar

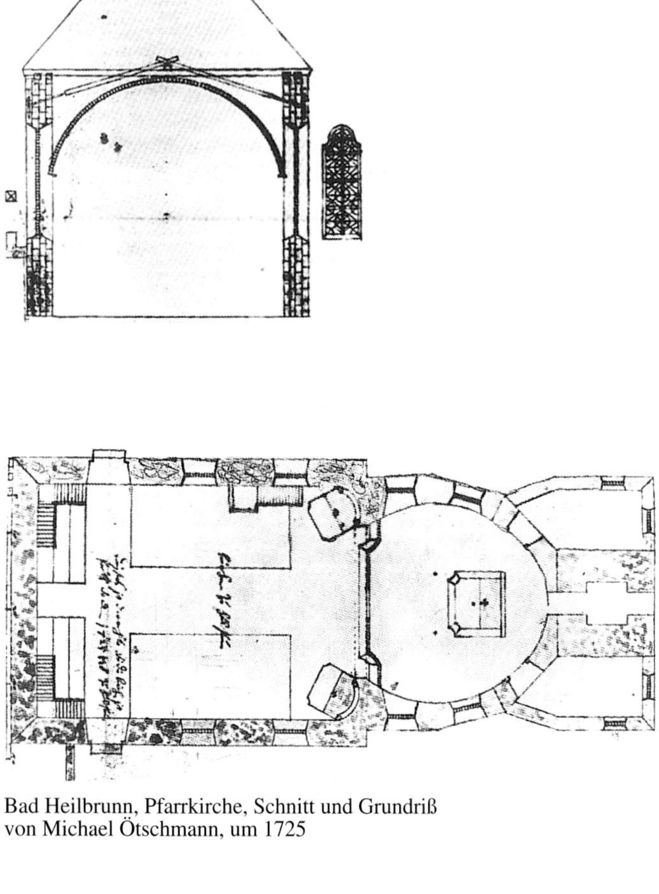
Bad Heilbrunn, Pfarrkirche, Schnitt und Grundriß von Michael Ötschmann, um 1725

Bad Heilbrunn, Pfarrkirche, südlicher Seitenaltar

Bad Heilbrunn, Pfarrkirche, hl. Kilian, um 1500

Bad Heilbrunn, Pfarrkirche, Hochaltar

Bad Heilbrunn, Pfarrkirche, Taufbecken

Bad Heilbrunn, Pfarrkirche, hl. Pankraz, um 1470/80

Bad Heilbrunn, Pfarrkirche, Kruzifix, Mitte 18.Jh., und Schmerzhafte Muttergottes, um 1700

Bad Heilbrunn, Pfarrkirche, Papst Urban, um 1470/80

Bad Heilbrunn, Pfarrkirche, Kreuzigung, Ende 17.Jh.

Bad Heilbrunn, Pfarrkirche, Anbetung der Könige, um 1720/30

Adelheidstraße 2 (Seppenbauer). Wohnteil eines ehem. Bauernhauses mit Blockbau-Obergeschoß, Kern 2. Hälfte 17. Jh., Dach später.

Badstraße 1. Ehem. Landhaus Höck; erbaut 1913/14 nach Plänen von Gabriel von Seidl.

Das 1913/14 von Max Gschwandter nach Plänen Seidls († 1913) in historisierenden Formen errichtete ehem. Landhaus Höck, jetzt Villa Grundler, ist der bedeutendste Villenbau im Gemeindebereich. Bezeichnend die repräsentative Eingangssituation mit der breiten, korbbogigen Öffnung im Osten und der Rundturm vor der Südfront mit seiner gedrückten Zwiebelhaube. An der Südostecke Figur des hl. Georg auf hoher Säule.

Bierhäuslweg 11. Gasthaus Bierhäusl; zweiflügeliger Bau mit Halbwalmdächern, vom Kloster Benediktbeuern im 18. Jh. erbaut.

Ehemals Taferne des Klosters Benediktbeuern. Das bereits im 13. Jh. erwähnte Anwesen ging um 1530 an Pantaleon Bronner, den Leibarzt Herzog Wilhelms IV., über, wurde aber bereits 1541 durch Abt Matthias wieder zurückgekauft. Bronner hatte dem Hof inzwischen die Verleihung des Schankrechts erwirkt und für die Gäste des Bads kleine Holzhäuser, sog. Badkästen, errichten lassen, die vom Kloster weiter unterhalten wurden. Während diese mit dem Neubau des großen kurfürstlichen Badehauses bei der Pfarrkirche 1659 überflüssig wurden, blieb das Gasthaus bestehen. – Abseits südöstlich des Ortskerns gelegenes, winkelförmiges Gebäude zu zwei Geschossen mit Halbwalmen.

St. Kilian-Platz 3. Pfarrhaus mit Halbwalm, um 1810.

Um 1810 unter Pfarrer Jakob Gattinger, ehem. Stiftsökonom in Beuerberg, unter Verwendung von Teilen des Badehauses von 1659 errichtet. 1980 außen restauriert. – Stattlicher, zweigeschossiger Bau nördlich der Kirche. – Vortreffliches Tafelbild des Jüngsten Gerichts, Kopie des frühen 17. Jhs. nach einem Gemälde, das Christoph Schwarz um 1580/90 für die bayerische Herzogin Renata geschaffen hatte.

Achmühl

Haus Nr. 1a (Achmüller). Bauernhaus mit verputztem Blockbau-Obergeschoß und aufgesteiltem Satteldach, um 1850/60 als Erweiterung eines Kernbaus des 17. Jhs. – Zugehörig zweigeschossiger Getreidekasten, Ende 16. Jh.

Baumberg

Haus Nr. 2 (Gstoager). Zugehörig obergeschossiger Getreidekasten, 17./ 18. Jh., Überbau 1. Hälfte 19. Jh.

Hinterstallau

Haus Nr. 1 (Hanslbauer). Zugehörig obergeschossiger Getreidekasten, 2. Hälfte 16. Jh.

Haus Nr. 2 (Reiser). Bauernhaus mit Blockbau-Obergeschoß, Ende 17. Jh., Dach später.

Bad Heilbrunn, Adelheidstraße 2

Bad Heilbrunn, Badstraße 1

Bad Heilbrunn, Bierhäuslweg 11

Bad Heilbrunn, St.Kilian-Platz 3, Pfarrhaus

Achmühl, Haus Nr. 1a, Getreidekasten

Achmühl, Haus Nr. 1a

Baumberg, Haus Nr. 2, Getreidekasten

Hinterstallau, Haus Nr. 1, Getreidekasten

Hinterstallau, Haus Nr. 2

Hub

Haus Nr. 3. Zugehörig obergeschossiger Getreidekasten, Ende 16. Jh.

Kiensee

Kath. Kapelle. Erbaut 1878, erweitert 1882; mit Ausstattung.

Am 22. September 1878 geweiht. Bereits 1882 um das Doppelte nach Südwesten erweitert; die Pläne lieferte der Zimmermeister Eichner aus Maxkron. 1987 außen, 1993 innen restauriert. – Neuromanischer Bau auf einem kleinen Hügel nördlich außerhalb des Orts. Außengliederung durch Lisenen und Rundbogenfriese. Über dem Nordostgiebel großer, vierseitiger Dachreiter mit geknicktem Spitzhelm. Einschiffiges Langhaus unter Flachtonne. Im eingezogenen, dreiseitig geschlossenen Chor Kappengewölbe. – Deckenbild im Schiff: Mariä Himmelfahrt, 1892 von J. Steiner. – Altar wohl neurokoko mit Figuren des 18. Jhs.: in der Mitte Muttergottes, im Auszug Trinität; Antependiumsrelief mit Anbetung der Hirten. – Geißelchristus und hl. Petrus, Holz, gefaßt, um 1720/30.

Haus Nr. 1 (Roaner). Bauernhaus mit Blockbau-Obergeschoß und verschaltem Vordach, 2. Hälfte 18. Jh., am Wirtschaftsteil Traufbundwerk.

Haus Nr. 2 (Seidl). Ehem. Kleinbauernhaus mit Blockbau-Obergeschoß, 1. Hälfte 18. Jh., restauriert.

Haus Nr. 8. Bauernhaus mit Blockbau-Obergeschoß, verschaltem Vordach und Bretterlaube, Mitte 17. Jh., Traufbundwerk Ende 18. Jh.

Langau

Haus Nr. 3 (Holzer). Bauernhaus mit Blockbau-Obergeschoß, verschaltem Vordach und Traufbundwerk, 2. Hälfte 18. Jh., Vordach und Laube 19. Jh. – Zugehörig obergeschossiger Getreidekasten, bez. 1752.

Linden

Haus Nr. 6 (Hammerl). Einzelhof; Bauernhaus mit Blockbau-Obergeschoß, 1. Hälfte 18. Jh., Dach später.

Haus Nr. 7 (Bach). Einzelhof; Bauernhaus mit Blockbau-Obergeschoß, Ende 17. Jh., Dach 19. Jh.

Die Giebelverschalung und die umlaufende Laube wurden bei der Instandsetzung 1987 größtenteils erneuert.

Haus Nr. 8 (Vogl). Traufbundwerk am Bauernhaus, Ende 18. Jh.

Nantesbuch

Kath. Kapelle. 2. Hälfte 17. Jh.; mit Ausstattung.

Nach Süden gerichteter, kleiner Bau am nördlichen Ortsrand mit eingezogen rundbogigem Schluß.

Hub, Haus Nr. 3, Getreidekasten

Kiensee, kath. Kapelle

Kiensee, Kapelle, Inneres nach Südwesten

Kiensee, Kapelle, Geißelchristus, um 1720/30

Kiensee, Kapelle, hl. Petrus, um 1720/30

Kiensee, Haus Nr. 1

Kiensee, Haus Nr. 2

Kiensee, Haus Nr. 8

Langau, Haus Nr. 3

Linden, Haus Nr. 6

Linden, Haus Nr. 7

Langau, Haus Nr. 3, Getreidekasten

Linden, Haus Nr. 8, Traufbundwerk

Nantesbuch, kath. Kapelle

Oberbuchen

Kath. Filialkirche St. Maria. Im Kern 1636, erweitert 1711-13 von Joseph Hainz, erhöht 1737; mit Ausstattung.

Die Kirche liegt malerisch auf einem Hügel nördlich außerhalb des Orts und wurde 1636 auf dem Begräbnisplatz von über 300 Opfern der damaligen Pestepidemie errichtet. 1711-1713 durch Joseph Hainz umgestaltet und um ein Joch nach Westen verlängert; zugleich Anbau der Sakristei. 1737 Erhöhung der Mauern, ebenfalls durch Hainz. 1849 Erweiterung des Langhauses nach Westen. 1973 Restaurierung, vgl. Datum über dem Chorbogen. – Einschiffige Anlage mit eingezogenem, halbrund geschlossenem Chor; Stichkappentonnen. Quadratischer Südturm mit Oktogon und Zwiebelhaube. – Stukkaturen 1737 von Hainz: im Langhaus schlichte Rahmen mit Engelsköpfchen, im Chor Laub- und Rankenwerk. – Das gleichzeitige Chorfresko der Verkündigung vermutlich früheste Arbeit von Julian Breymeyer, der sich 1737 in Tölz niederließ und das Meisterrecht erhielt. – Hochaltar, 1757 von dem Tölzer Schreiner Johann Schmid, mit Dreifaltigkeitsgruppe im Auszug; im Mittelschrein thronende Muttergottes, Holz, gefaßt, Ende 17. Jh. – Tafelgemälde der hll. Katharina und Elisabeth, 1650 von Hans Matheis aus Oberspiegel gestiftet. Ein 1682 von Georg Asam gemaltes Fahnenbild verschollen. – Figuren der Pestheiligen Rochus und Sebastian, ehemals in Seitenaltären, die Hainz zusammen mit Joseph Pock 1737/38 geschaffen hat. Büste des hl. Korbinian, Mitte 18. Jh.

Haus Nr. 11. Traufbundwerk am Bauernhaus, Ende 18. Jh.

Heiligenhäuschen. Ende 19. Jh.; mit Ausstattung; am westlichen Ortsende.

Backsteingehäuse mit rundbogiger Nische. Unter dem Kruzifix aus der Erbauungszeit eine Muttergottesfigur des 18. Jhs.

Oberenzenau

Bahnhofweg 4 (Specker). Zugehörig erdgeschossiger Getreidekasten, 16./17. Jh.

Bahnhofweg 10 (Bernwieser). Bauernhaus mit Putzverzierungen am Erdgeschoß, erbaut 1901.

Das Erdgeschoß in Rauhputz mit Eckrustika und aufwendig gerahmten Fenstern bzw. Eingängen. Das (erneuerte) Datum 1901 befindet sich oben im Giebel.

Oberbuchen, kath. Filialkirche St. Maria

Oberbuchen, Filialkirche, Inneres nach Osten

Oberbuchen, Filialkirche, Chorgewölbe

Oberbuchen, Filialkirche, Inneres nach Westen

Oberbuchen, Filialkirche, Muttergottes im Hochaltar

Oberbuchen, Filialkirche, Tafelbild von 1650

Oberbuchen, Filialkirche, hl. Sebastian, 1737/38

Oberbuchen, Filialkirche, hl. Rochus, 1737/38

Oberbuchen, Filialkirche, hl. Korbinian, Mitte 18. Jh.

Oberbuchen, Heiligenhäuschen

Oberbuchen, Haus Nr. 11, Traufbundwerk

Oberenzenau, Bahnhofweg 4, Getreidekasten

Oberenzenau, Bahnhofweg 10

Obersteinbach

Kath. Kapelle. Erbaut 1909; mit Ausstattung.

Der schlichte, dreiseitig geschlossene Bau liegt erhöht am östlichen Ortsrand. Am quadratischen Unterbau des Dachreiters Kreuz, Anker und Herz als Symbole der göttlichen Tugenden, darüber Oktogon (mit dem Baudatum 1909) und Spitzhelm. – Neuromanischer Altar wohl aus der Erbauungszeit mit Kruzifix des 18. Jhs.; die gleichzeitige Muttergottes am Kreuzesfuß im Typus des Gnadenbildes in der Münchener Herzogspitalkirche. – Hl. Michael als Seelenwäger, Holz, gefaßt, um 1700.

Haus Nr. 2 (Straßl). Kleinbauernhaus mit Flachsatteldach und verputztem Blockbau-Obergeschoß, Mitte 18. Jh.

Haus Nr. 3 (Wagner). Bauernhaus mit Traufbundwerk, um 1840.

Haus Nr. 5 (Rabl). Bauernhaus mit Blockbau-Obergeschoß, 1. Hälfte 18. Jh., Traufbundwerk Anfang 19. Jh., Dach später.

Haus Nr. 13 (Fest). Zugehörig obergeschossiger Getreidekasten auf Feldsteinunterbau, 2. Hälfte 16. Jh.

Ehem. **Dörrhütte.** Bruchsteinbau, 1. Hälfte 19. Jh.; am südlichen Ortsrand.

Ramsau

Haus Nr. 6. Gasthaus mit Blockbau-Obergeschoß, 18. Jh., Dach später.

Das Gasthaus liegt reizvoll unmittelbar neben dem Stallauer Bach und wurde wohl 1894 (vgl. Datum an der Eingangstür) teilweise verändert.

Haus Nr. 16 (Lederer). Zugehörig zweigeschossiger Getreidekasten mit altem Überbau, 2. Hälfte 17. Jh.

Wegkreuz. Gußeisen, bez. 1906.

Reindlschmiede

Haus Nr. 8½. Gasthaus mit Halbwalmdach, 2. Viertel 19. Jh.

Das ursprünglich fünfachsige Gebäude wurde später um zwei Achsen nach Westen erweitert. Die ornamentalen Malereien am Erdgeschoß neu.

Schönau

Haus Nr. 2 (Feicht). Stattliches Bauernhaus mit z.T. verputztem Blockbau-Obergeschoß, um 1700. – Zugehörig zweigeschossiger Getreidekasten, Erdgeschoß 16./17. Jh., Obergeschoß bez. 1777.

Wegkreuz. Gußeisen, Anfang 20. Jh.; bei Haus Nr. 2.

Unterenzenau

Haus Nr. 1 (Urban). Bauernhaus mit Blockbau-Obergeschoß, 1. Hälfte 18. Jh., Dach später.

Stattlicher, zweigeschossiger Bau unmittelbar an der Straße von Bad Heilbrunn nach Bad Tölz. Das reich geschnitzte Balkongitter mit Ranken und kleinen, weiß gefaßten Engeln in der Mitte; vgl. Benediktbeuern, Bahnhofstraße 46.

Obersteinbach, kath. Kapelle

Obersteinbach, Kapelle, Inneres nach Osten

Obersteinbach, Haus Nr. 2

Obersteinbach, Haus Nr. 3

Obersteinbach, Haus Nr. 5

Obersteinbach, Haus Nr. 13, Getreidekasten

Obersteinbach, ehem. Dörrhütte

Ramsau, Wegkreuz

Ramsau, Haus Nr. 6

Ramsau, Haus Nr. 6, Eingangstür

Ramsau, Haus Nr. 16, Getreidekasten

Reindlschmiede, Haus Nr. 8 1/2

Schönau, Haus Nr. 2

Schönau, Haus Nr. 2, Getreidekasten

Schönau, Wegkreuz

Unterenzenau, Haus Nr. 1

Untersteinbach

Kath. Kapelle. Anfang 19. Jh.; mit Ausstattung.

Nach Westen gerichteter Rechteckbau am westlichen Ortsrand mit kleinem, verschindeltem Dachreiter. Im Innern moderne, hölzerne Felderdecke. – Auf dem Altar Kruzifix und Statuetten der Pestheiligen Sebastian und Rochus, alle 18. Jh.

Voglherd

Haus Nr. 1. Ehem. Jägerhaus des Klosters Benediktbeuern; im Kern 1717, in der 1. Hälfte des 19. Jhs. verändert.

Benediktbeuern unterhielt hier eine Vogeltenne zum Fang von Krammetsvögeln. 1717 entwarf der Klosterschreiner Michael Ötschmann das kleine Jägerhaus mit Küche, Kammer und Stube sowie einem Stall und einem Raum für die Haltung der Lockvögel. In der 1. Hälfte des 19. Jhs. zu einem Kleinbauernhaus umgebaut.

Weiherhäusl

Haus Nr. 10½. Ehem. Fischerhaus des Klosters Benediktbeuern, mit Blockbau-Obergeschoß, Kern Mitte 17. Jh.

Das Haus liegt unmittelbar südlich der Straße von Bad Heilbrunn nach Oberbuchen am Hang über dem Heubach.

Wörnern

Haus Nr. 5 (Wörner). Zugehörig zweigeschossiger Getreidekasten, beide Geschosse zweiräumig, Ende 16. Jh.; alter Überbau.

Wegkreuz. Kruzifix, 18. Jh.; am Ostrand des Weilers.

Das Gehäuse des Wegkreuzes und der Corpus Christi wohl noch 18. Jh.; Stamm 1984 erneuert.

Wörnern, Wegkreuz

Archäologische Denkmäler

Gemarkung Mürnsee

TK 8234; Flurkarte SW 18-05.
Verebnete vorgeschichtliche *Grabhügel* im Luftbild.
Ca. 3000 m nordnordwestlich der Kirche von Bad Heilbrunn.

TK 8234; Flurkarte SW 18-05; Flur „Bocksberger Filz".
Eine spätbronzezeitliche *Nadel* mit verziertem Kugelkopf beim Torfstechen im Bocksberger Filz.
Ca. 1100 m nordnordwestlich der Kirche von Mürnsee.

Gemarkung Oberbuchen

TK 8234; Flurkarte SW 17-03.
Luftbildbefund mit unklaren Strukturen; möglicherweise verebnete vorgeschichtliche *Grabhügel.*
Ca. 1850 m nordnordöstlich der Kirche von Oberbuchen.

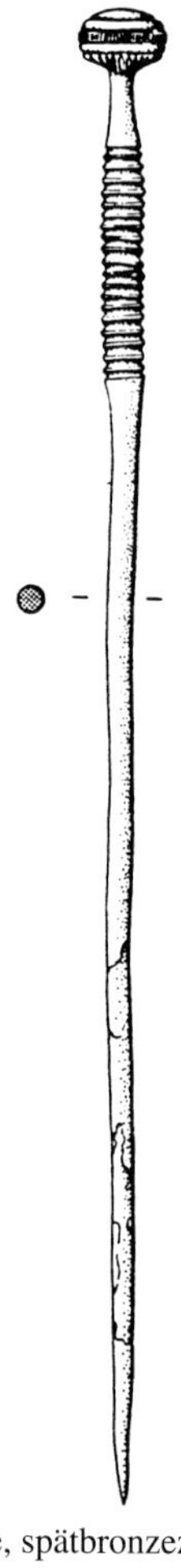

Mürnsee, spätbronzezeitliche Nadel

Untersteinbach, kath. Kapelle

Untersteinbach, Kapelle, Inneres nach Westen

Voglherd, Haus Nr. 1

Weiherhäusl, Haus Nr. 10 ½

Wörnern, Haus Nr. 5, Getreidekasten

Mürnsee, verflachte Grabhügelgruppe

Stadt Bad Tölz

Baudenkmäler

Bad Tölz

Tölz entwickelte sich aufgrund seiner Lage am Schnittpunkt der Isar mit einer Salzstraße zu einem der wichtigsten Orte des Oberlandes. Die älteste Siedlungsgeschichte ist unbekannt, erst um 1180 wird ein Heinrich von Tolnze, der aus dem oberpfälzischen Döllnitz stammte, urkundlich erwähnt. Berühmtester Sproß der Herren von Tölz war der 1230 gewählte Freisinger Bischof Konrad I. Nach dem Aussterben des Geschlechts vor 1262 übernahm der bayerische Herzog das Gebiet. Obwohl schon 1281 „Markt" genannt – die damit bezeichnete Siedlung lag an der Isar und auf dem sog. Mühlfeld -, wurde Tölz erst 1331 durch Kaiser Ludwig dem Bayern Markt- und Bannrecht verliehen. Bereits Mitte des 15. Jhs. hatte der Ort seine bis zum Ende des 18. Jhs. maßgebliche Größe erreicht, noch bevor ihn 1453 ein verheerender Brand zusammen mit Burg und Pfarrkirche fast vollständig zerstörte. Der Wiederaufbau erfolgte mit Unterstützung von Herzog Albrecht III. Ab 1483 Wohnsitz des ersten Pflegers Kaspar Winzerer, dessen gleichnamiger Enkel einen abenteuerlichen Lebenslauf hatte (vgl. Marktstraße, Winzerer-Denkmal), wurde es ab Mitte des 17. Jhs. zunehmend vernachlässigt und stürzte schließlich 1770 ein. Während die Bevölkerung 1632 nicht verhindern konnte, daß Tölz von den Schweden geplündert wurde, schloß sie sich im Spanischen Erbfolgekrieg dem Aufstand gegen die österreichische Besatzung an. Am 18.Dezember 1705 erfolgte die Gründung der „Kurbayerischen Landesdefension des Oberlandes". Das „Tölzer Patent" rief am nächsten Tag alle „Landespatrioten"

Ansicht von Tölz, Fresko von Hans Donauer im Antiquarium der Münchener Residenz, um 1585

Ansicht von Tölz, Kupferstich von Matthäus Merian, 1644

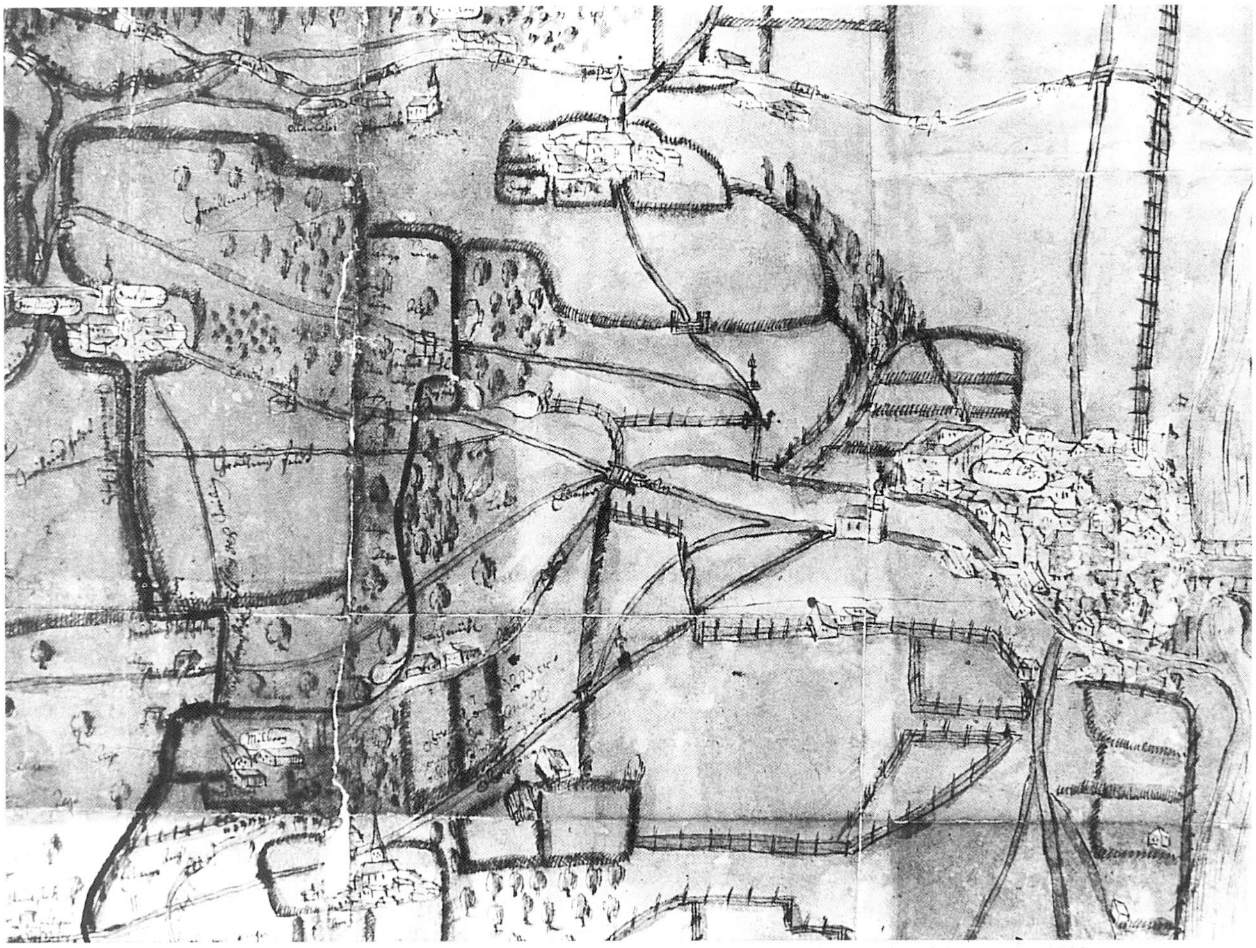

Landschaftsskizze des Gebietes zwischen Tölz und Greiling, Gaißach und Kirchbichl, kolorierte Federzeichnung, um 1700

Bad Tölz, Luftaufnahme von Norden, um 1974

Ansicht von Tölz, Kupferstich von Michael Wening, 1701

nach Hohenschäftlarn, wo jener bewaffnete Bauernaufstand seinen Anfang nahm, der am Weihnachtsabend in der Sendlinger Schlacht blutig niedergeschlagen wurde. Großbrände 1634, 1709 und 1884 vernichteten immer wieder Teile der Marktstraße. 1846 führte der Fund einer Quelle am Sauersberg und die Konstatierung ihres Jodgehalts durch den Münchener Universitätsprofessor Dr.Otto Sendtner zur Gründung des Bades Krankenheil am westlichen Isarufer. Als Kurort gewann Tölz (seit 1893 Bad Tölz) rasch an Bedeutung und wurde 1906 zur Stadt erhoben.

Die Situation der Stadt ist durch die geologische Besonderheit eines Molasserückens in Verbindung mit einer Schotteranschwemmung, außerdem durch die Verkehrslinien einer West-Ost-Straße und der nach Norden führenden Flößerei auf der Isar bestimmt. Für den Straßenabstieg aus dem Oberland zur Überquerung des Flusses bot sich der mäßig abfallende Hügelrücken der späteren Marktstraße, der von zwei Bächen flankiert wird: nördlich von dem sanften Krottenbach und südlich von dem wasserreichen Ellbach, der in den anstehenden Tuffstein ein schluchtartiges Bett eingegraben hatte. Eine halbinselförmige Schleife dieser Schlucht gab den idealen Platz für die Errichtung einer Burg im 12. Jh. Damit waren die klassischen Voraussetzungen „Fluß-Straßenübergang-Burg" für die Gründung einer Siedlung erfüllt, die zunächst vermutlich oberhalb des Burghalsgrabens durch die Herren von Reginsried am heute noch so benannten Ried erfolgte. Nach

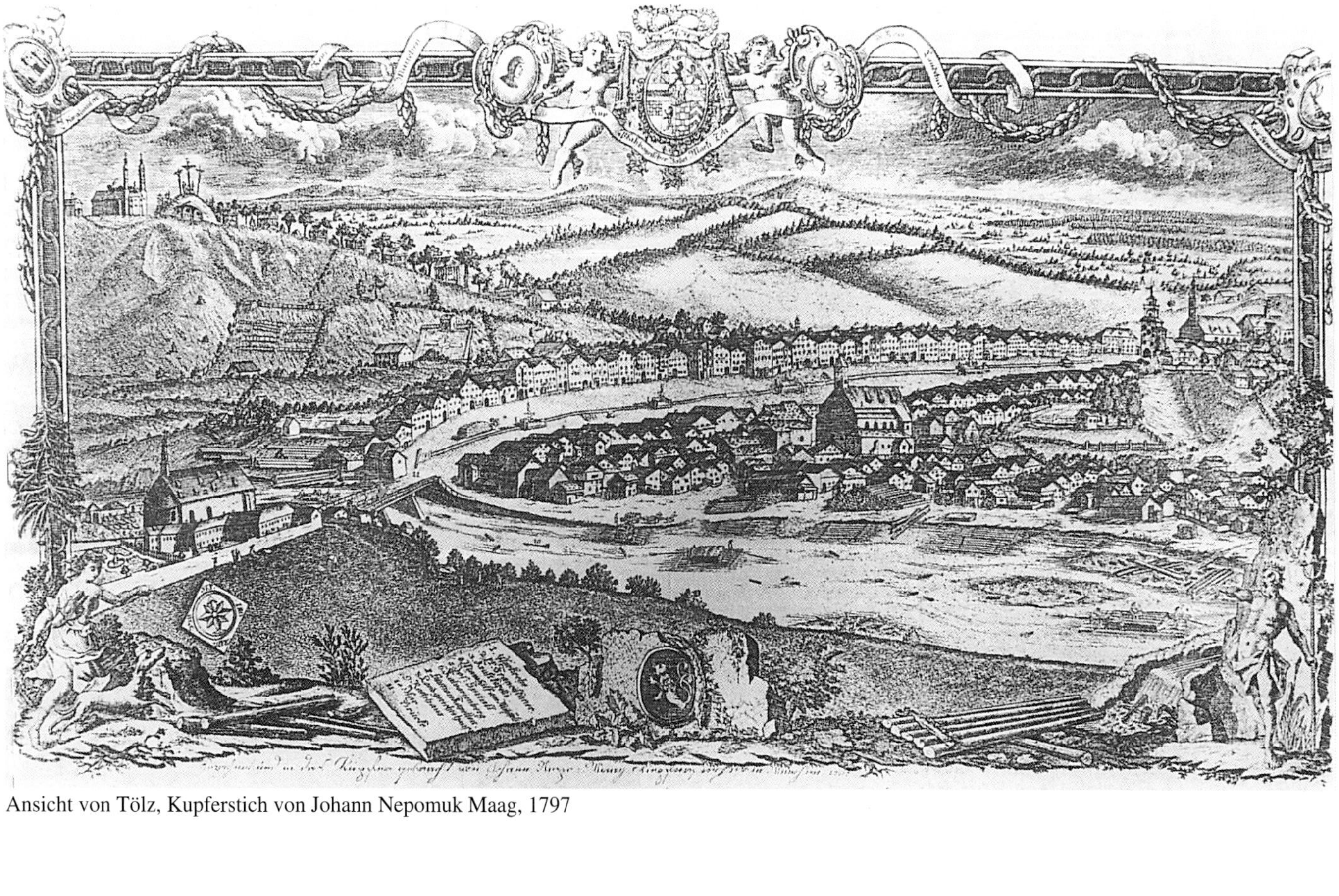
Ansicht von Tölz, Kupferstich von Johann Nepomuk Maag, 1797

Ansicht von Tölz, Stahlstich von K.Gunkel nach einer Zeichnung von Eberhard Emminger, Mitte 19. Jh.

Ansicht von Tölz, Aufnahme aus der Mitte des 19. Jhs.

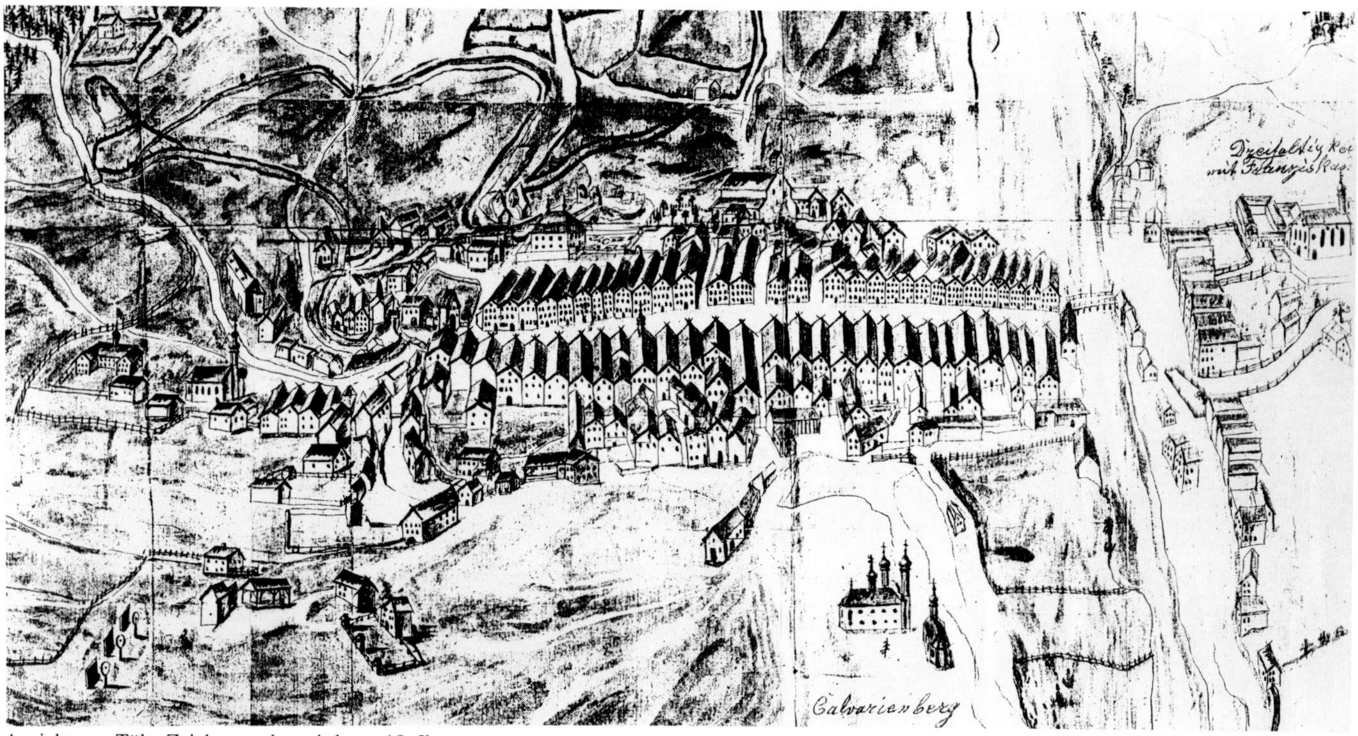

Ansicht von Tölz, Zeichnung des mittleren 18. Jhs.

dem Übergang der Burg von den Reginsriedern über die Hohenburger und Tölzer an die Wittelsbacher legten diese die Marktstraße zum Zweck der Landesorganisation, Herrschaftsfestigung und Einnahmensteigerung planmäßig entlang dem Hügelrücken an.

Ensemble Marktstraße. – *Umgrenzung: Marktstraße 1-75, Schulgasse 1 und Hindenburgstraße 2.* – Auch heute noch bildet die Marktstraße, die zu den eindrucksvollsten Straßenzügen Oberbayerns gehört, den Kern der gesamten Ortsanlage, mit der sie städtebaulich-funktionell mehrfach und eng verzahnt ist. In ihrer nach Osten hin ansteigenden Führung und in ihrer Bebauung mit stattlichen Bürgerhäusern bzw. mit zahlreichen für das öffentlich-städtische Leben maßgeblichen Gebäuden ist sie der Reichsstraße in Donauwörth vergleichbar, die zu den bedeutendsten Leistungen deutscher Stadtbaukunst gezählt wird. Im Gegensatz dazu erhielt der vorwiegend aus dem 15.-18. Jh. stammende Tölzer Baubestand erst in den Jahren nach 1900 seine Einheitlichkeit durch die teils restaurierenden, teils historisierenden Maßnahmen des Münchener Architekten Gabriel von Seidl. Dieser ließ die Eleganz eines barocken Straßenbildes wieder erstehen, das glücklicherweise von den Zerstörungen des Zweiten Weltkriegs verschont, bis in unsere Tage weitgehend unversehrt erhalten blieb. Beispielhaft war 1903/04 die Umgestaltung des ehem. Bürgerbräus (Nr. 48) zum Rathaus, bei der Seidl dem Traufseitbau zwei Parallelgiebel mit vorstehenden Flachsatteldächern und einen Dachreiter – als Gegenstück zum Zwiebeltürmchen des Alten Rathauses (Nr. 43) – aufsetzte, die Fassade mit zwei Kastenerkern gliederte und mit Stuck, Lüftlmalerei, Sinnsprüchen, sowie einer Stunden- und einer Mondzeituhr schmückte. Der Rückblick in die eigene Ortsgeschichte wurde zu einer allgemeinen festlichen Repräsentation, als man die gegen Ende des 19. Jhs. renovierungsbedürftigen Häuser wieder mit den charakteristischen Flachsatteldächern und jener Farbigkeit herrichtete, die ein Aquarell als Zustand von etwa 1800 festgehalten hatte; zusätzlich bereicherte man die Fassaden durch ein Relief von Stuckornamenten, die in der Technik von Schablonenputz appliziert wurden.

Der rund 400 m lange Straßenzug ist leicht gekrümmt und im oberen bzw. unteren Drittel durch sanfte Bogenlinien verbreitert, während er sich an den Enden wieder auf die halbe Breite verengt. In der oberen Erweiterung wurde 1887 das Denkmal für die Gefallenen von 1870/71, das sog. Winzerdenkmal, in der unteren Erweiterung die Mariensäule aufgestellt. Das östliche Ende der Straße begrenzt seit dem 14./15. Jh. ein Marktturm, der eine Zäsur zum oberen Vormarkt am Ried und am Mühlfeld bildete (Salzstraße, Ellbachzeile und die 1925 abgetragene Mariahilfzeile). Eine Marktummauerung gab es ebensowenig wie einen Turm am unteren Ende bei der Isarbrücke, wo der Blick ungehindert über die Franziskanerkirche hinweg in das Hügelland westlich des Flusses ging. In dem planmäßig und maßstäblich angelegten Verlauf der Marktstraße ist die Durchschnittsbreite zugleich die Durchschnittstiefe der beidseitigen Häuserzeilen. Die Querachse schneidet genau durch das Alte Rathaus im Norden und durch den Hochaltar der kath. Stadtpfarrkirche im Süden. Die Kirche selbst steht hinter der südlichen Häuserreihe und ist damit zwar vom unmittelbaren Geschehen auf dem Markt isoliert, war aber durch die genau auf das Nordportal zuführende Kirchgasse stets mit ihm ver-

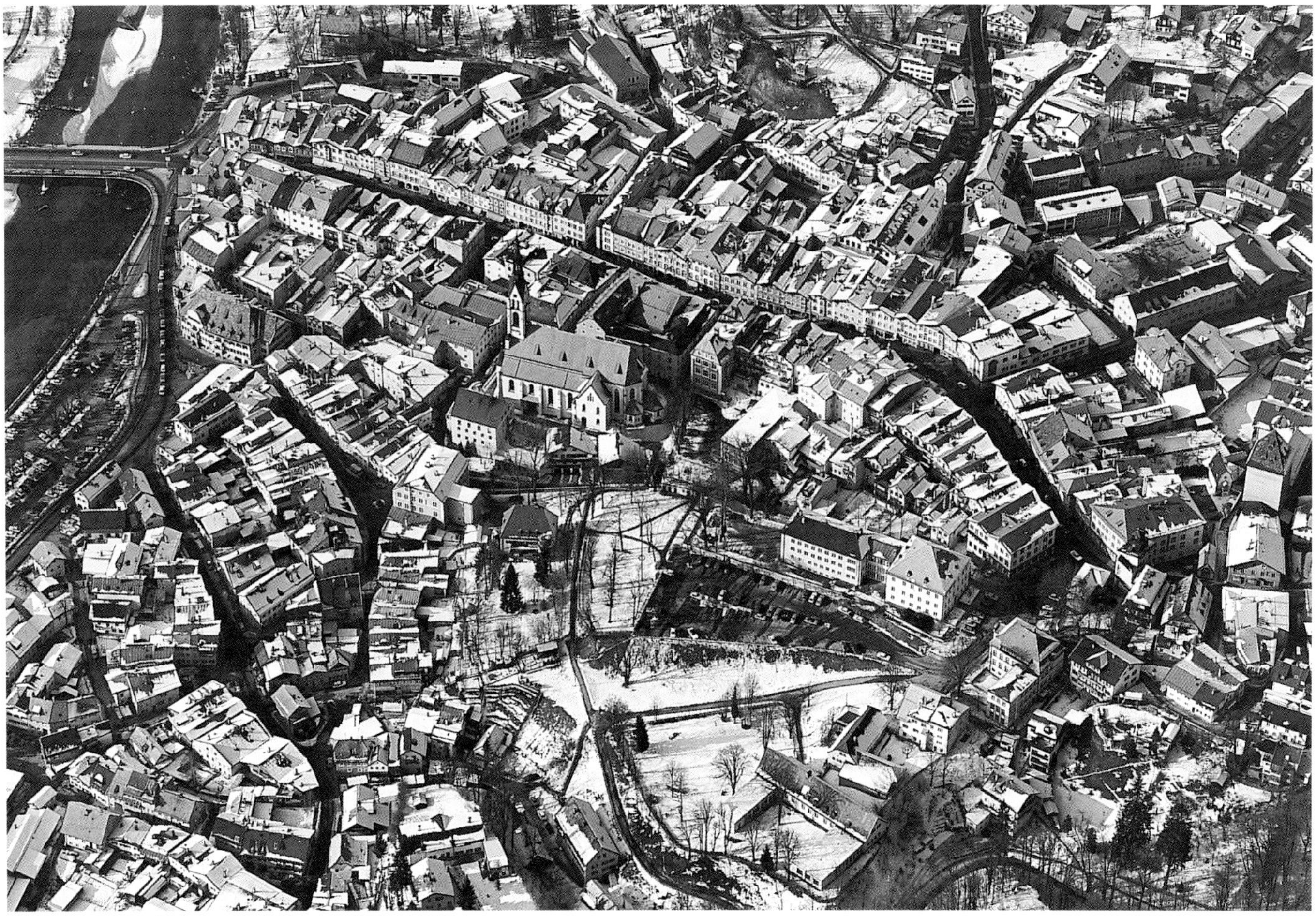

Bad Tölz, Luftaufnahme von Südosten, 1983

Bad Tölz, Ansicht der Marktstraße von Westen, Aufnahme um 1860/70

Bad Tölz, Ensemble Marktstraße, Ansicht von Westen

Bad Tölz, Ansicht der Marktstraße von Osten, Aufnahme um 1860/70

Bad Tölz, Ensemble Marktstraße, Ansicht von Osten

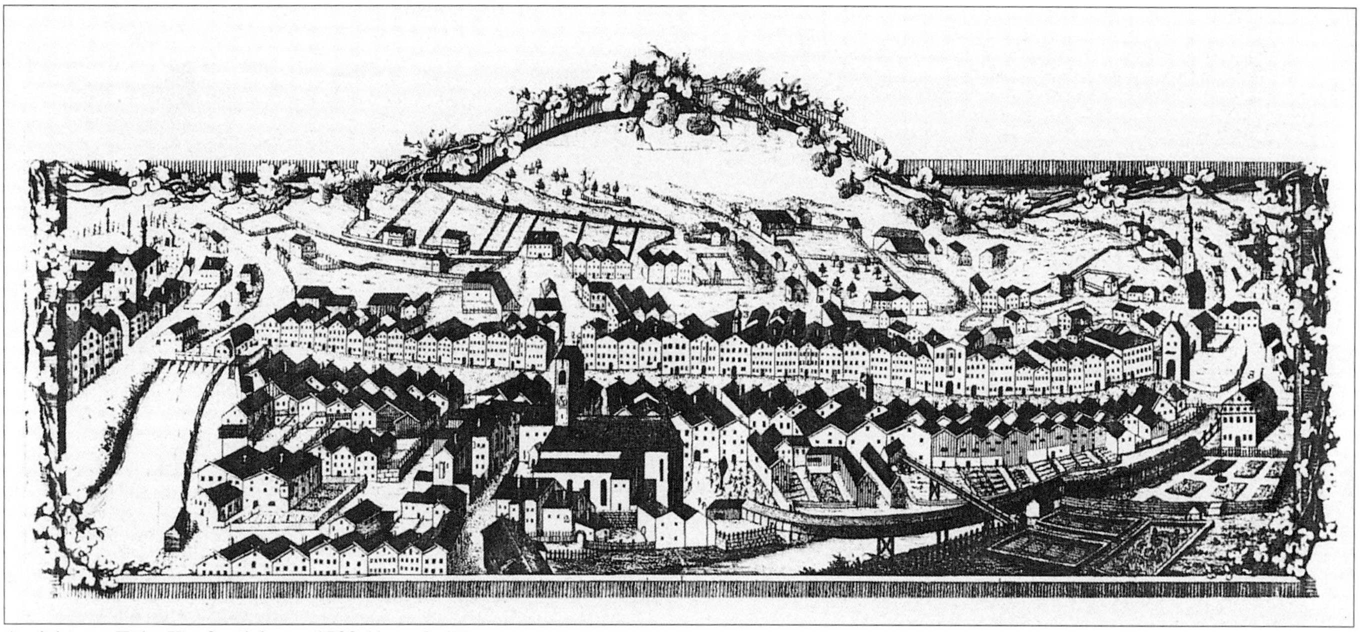

Ansicht von Tölz, Kupferstich, um 1780 (Ausschnitt)

bunden; erst 1874 ermöglichte der Abbruch des Tanzhauses die zweite Zufahrt durch die Schulgasse. Im selben Jahr erfolgte auch der Durchbruch nach Nordosten an der damaligen Bahnhofs-, heute Hindenburgstraße, wodurch der Endbahnhof der Strecke Holzkirchen-Tölz an die Marktstraße angebunden wurde. 1924/25 kam die Bahnstation mit der Weiterführung der Trasse nach Lenggries an ihren heutigen Platz.

Wohl in der 2. Hälfte des 12. Jhs. hatten die Bürger als technische Großleistung die für sie wichtige Umleitung des Ellbaches durchgeführt. Im nordöstlichen Ellbacher Moor entspringend, war dieser trotz gleichbleibend großer Durchflußmengen als Triebwasser nicht geeignet, da in seiner engen Schlucht keine Betriebe angesiedelt werden konnten, ausgenommen einer einzigen Waffenschmiede an ihrem Ausgang. Im nördlichen Krottenbachtal hingegen wären geeignete Plätze zur Triebwerksansiedlung gewesen, wenn der Krottenbach nicht eine zu unregelmäßige Wasserführung gehabt hätte. Um beide Mängel auszugleichen, wurde ein Teil des Ellbachwassers am oberen Ende des Rehgrabens abgefangen, in ausgeklügelter Kanalführung über das Mühlfeld umgeleitet und oberhalb des Markts aufgeteilt in den Marktbach und in den Mühlbach. Ersterer wurde mitten durch die Marktstraße geleitet und mit fünf oder sechs Röhrenbrunnen kombiniert; bis 1890 verlief er offen, erst 1964 wurde er beseitigt. Der nach Norden steil abfallende Mühlbach hatte zunächst vier Mühlen zu betreiben, ehe er hinter der Einmündung in das Krottenbachbett ein Triebwerk nach dem andern bedienen mußte und von da ab die nördliche Grenze der Marktstraßenbebauung bildete. Die Triebwerksanlagen und Wirtschaftshöfe am Bach waren von der Marktstraße her durch gewölbte Durchfahrten im Erdgeschoß der fast lückenlos gereihten Wohnhäuser zugänglich, wobei diese Zugänge vorbei an Zwischenhöfen mit schmäleren seitlichen Verbindungsbauten samt Altanen, Ställen, Stadeln und Brauereien (von denen es im alten Tölz nicht weniger als 22 gab) führte. Die wenigen Anwesen nördlich des Bachs, wie z.B. das Gerberhaus (Jägergasse 2) oder die Häuser am südlichen Hangfuß des Kalvarienbergs (Nockhergasse 1-17 ungerade Nummern), wurden durch die schmale Lederer-, heute Jägergasse, die Mühlgasse und die sie verbindende heutige Nockhergasse erschlossen, die auch als Anfahrt zum Kalvarienberg, zu den Grundstücken am Hintersberg, entlang dem Krottenbach und zur Schießstatt diente; eine untere Anbindung an die Marktstraße wie durch die heutige Säggasse gab es früher nicht. Die Anordnung der Anwesen in der südlichen Marktzeile ist spiegelbildlich. Wenn auch hier kein Bach verlief, so ist die Grenze dennoch durch den tief eingeschnittenen Hohlweg des heutigen Schulgrabens mit seiner unteren Fortsetzung als Römergasse vorgegeben. Dort hinunter führen außerdem die beiden Ausfallstraßen dieses Bereichs, die Lenggrieser Straße, früher Reitschmidgasse, und die Klammer-, früher Pudlgasse, als Landstraßenanbindung nach Lenggries (am Kapellengasteig bestand vor 1905 nur eine Stiege) bzw. als Verbindungsgasse in das Gries.

Ensemble Im Gries. – *Umgrenzung (im Uhrzeigersinn ab Jungmayrplatz im Norden): Jungmayrplatz 1,3a/b,5,7,9,11, 13,15, 17,19,19a/b, Schulgraben 2, Jungmayrplatz 21,23, Konradgasse 1,1a/b,3,5,7,9,11,13,13½,15b,19, Am Graben 3, Konradgasse 6,8, Am Graben 8a/b, Krankenhausstraße 23,25,27, 29,31,42a/b, Fischergasse 16,14½,14,12,10,8,6, 4,2, Botengasse 2, Geigergasse 6, Lenggrieser Straße 21,19, 17,15,13, 11,9,7, Am Bache 2, Krankenhausstraße 4,2,1, Lenggrieser Straße 5,3.* – Die Siedlung Im Gries entspricht in ihrer Einmaligkeit der Bedeutung der Stadt Tölz. Wohl kaum sonst wo in Bayern findet sich noch eine so große, komplett erhaltene und weitgehend ungestörte Handwerker- und Herbergssiedlung. Wenn auch derzeit nicht feststeht, ob sie früher, gleichzeitig oder nach der Marktstraßenanlage zu datieren ist, so ist sie von der Entstehung her trotzdem ihre

Bad Tölz, Ansicht der Marktstraße von Osten, Zeichnung von Gabriel von Seidl (wohl nach älterer Vorlage), um 1910

Bad Tölz, Ensemble Marktstraße, Nordseite

Bad Tölz, Ensemble Marktstraße, Südseite

Bad Tölz, Marktstraße, Ansicht des Ostabschnitts, Aufnahme um 1910/20

Bad Tölz, Ensemble Marktstraße, Südseite

notwendige Ergänzung: die Handwerker, Flößer, Kalkbrenner, Köhler und Fischer, die ein eigenes Heim anstrebten, obwohl sie weniger begütert waren, durften hier am Kiesanschwemmland bauen. Sie waren zwar dort gelegentlich von Isarhochwassern betroffen, hatten ansonsten aber die wärmste, da fast allseitig durch ansteigende Höhen windgeschützte Lage zur Verfügung. Bei aller Beliebigkeit des Bauens läßt sich auch hier ein übergreifendes Ordnungsschema erkennen. Die früheste Bebauung dürften die Hauszeilen an den Hangkanten nördlich des Jungmayrplatzes und nordöstlich der Konradgasse gewesen sein, wo das Gelände aus der Griesniederung einerseits zum Markt und andererseits zur Burg ansteigt, beides sonnenseitige und hangwärts geschützte Bauplätze. In der weiteren Folge wurde diesen beiden Hangzeilen eine konvex gekrümmte Bauzeile gegenübergestellt, wodurch der Jungmayrplatz und seine trichterförmige Fortsetzung in die Konradgasse entstanden. Dieser von Nordwest nach Südost führenden Erschließungsachse wurde eine parallele Trasse, die heutige Krankenhausstraße, vorgeschaltet; mit ihr sollten die nächsten Bebauungsabschnitte bis hin zum Rehgraben, dem Unterlauf des vor seiner Verlegung hier aus der Schlucht heraustretenden Ellbachs erschlossen werden. 1498 entstand als größtes Gebäude das Bruderhaus (Krankenhausstraße 32). Bei weiterem Baulandbedarf wurde später auch jenseits des Bachs gebaut und eine zusätzliche Ost-West-Erschließungsachse angelegt. Im Gegensatz zu dem südlich der Fischergasse und der Lenggrieser Straße in neuere Bebauung übergehenden äußeren Gries zeigt das innere Gries noch einen oval geschlossenen, durch die Hangkanten, den Bachlauf und das ehem. Isar-Wildufer bestimmten Umriß; dieser weist durch seine beiden Längsstraßen und eine schräg verlaufende Querstraße, die Botengasse, eine sinnvolle Unterteilung auf. Durch den Nord-Süd-Straßenzug der ins äußere Gries verlängerten Botengasse mit der Fortsetzung in die Klammergasse wird die direkte Verbindung aus dem Gries mit der Marktstraße erreicht. Die abgewinkelten Begrenzungslinien der Botengasse offenbaren den Widerstreit zwischen individueller, sparsamster Grundstücksnutzung und übergreifendem Planungsanspruch, bei dem letzterer doch maßgeblich blieb. Wo die Botengasse die beiden Längsstraßen schräg überquert, ist z.B. jeweils eine platzartige Erweiterung entstanden, die bezeichnenderweise noch heute mit je einem Röhrenbrunnen besetzt ist. Die Grundstücksgröße ist im Gries naturgemäß erheblich geringer, d.h. sie beträgt durchschnittlich nur ein Viertel von der Fläche der Grundstücke an der Marktstraße. Manche Gebäude sind außerdem als Doppel-, Dreifach- oder gar als Vierfachhäuser ausgewiesen, wobei die Unterteilung in unterschiedlicher

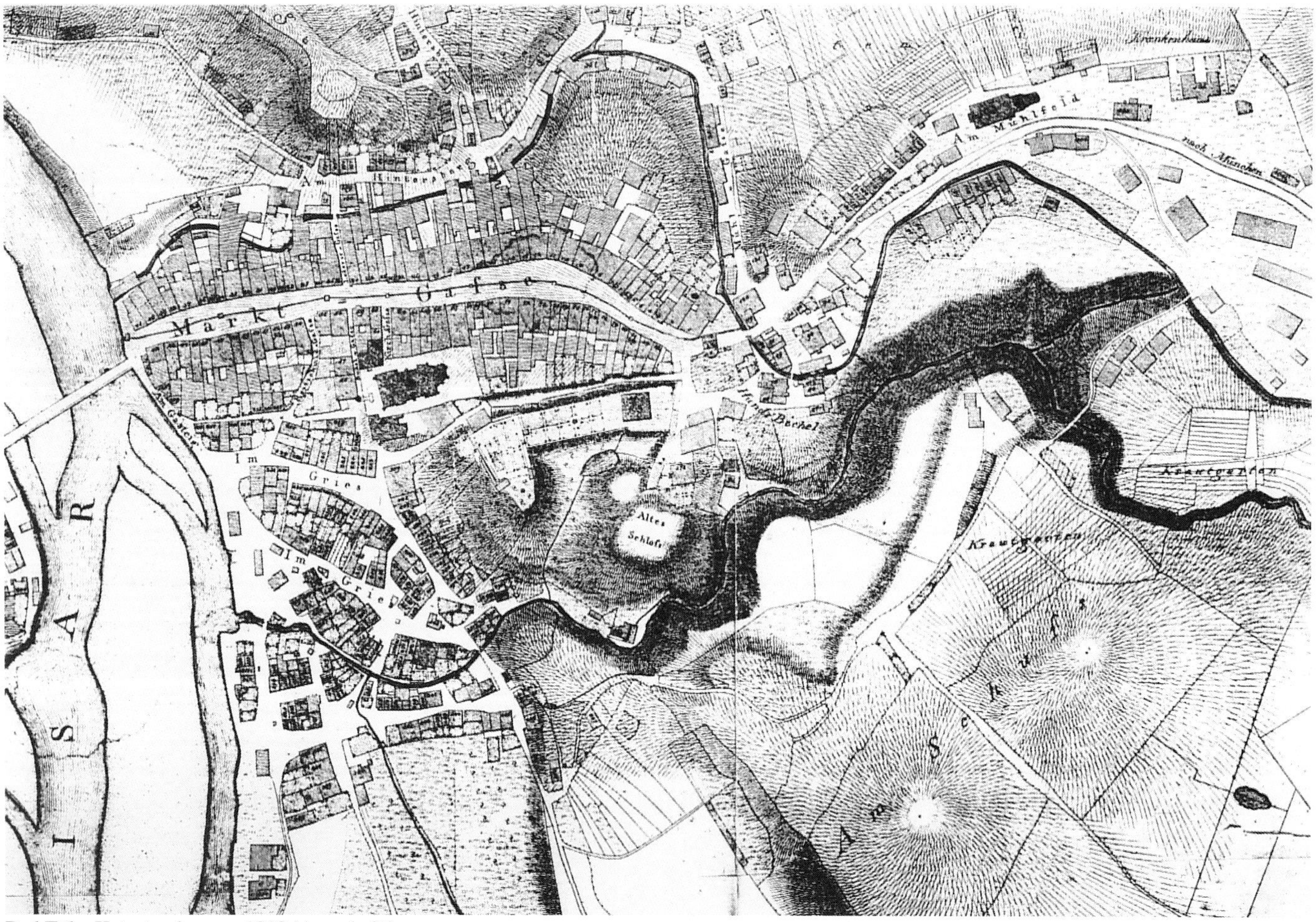

Bad Tölz, Katasterplan von 1812 (Ausschnitt)

Bad Tölz, Ensemble Im Gries, Bruderhausstraße/Konradgasse

Bad Tölz, Ensemble Im Gries, Botengasse/Krankenhausstraße

Bad Tölz, Ensemble Im Gries, Konradgasse

Bad Tölz, Ensemble Im Gries, Bruderhausstraße/Konradgasse

Bad Tölz, Ensemble Im Gries, Jungmayrplatz, Nordseite

Bad Tölz, Ensemble Im Gries, Jungmayrplatz, Südseite

Bad Tölz, Ensemble Im Gries, Jungmayrplatz, Südwestabschnitt

Weise entweder firstparallel, giebelparallel oder geschoßweise erfolgte und sich nicht selten in verschiedener Fassadenzier bzw. -färbung ablesen läßt. Auch die hölzernen Außenstiegen in die einzelnen Eigentümer-Stockwerke oder die nebeneinander liegenden doppelten Haustüren erklären sich daraus. Der Hausstil ist ähnlich, jedoch schlichter als an der Marktstraße; wie dort werden die aus Stein errichteten Bauten von einem vorstehenden Flachsatteldach gedeckt. Allerdings sind die Geschoßhöhen geringer, so daß hier in der üblichen Zweigeschoßhöhe drei Stockwerke untergebracht werden konnten, das oberste freilich mit seitlicher Dachabschrägung. Putzornamentik ist teilweise vorhanden, gelegentlich dazu Fresken, aber erheblich einfacher als bei den Fassaden in der Marktstraße; die meist quadratischen Fenster sind relativ klein, die Dachgiebel häufig verbrettert.
Die beschriebene sozialgeschichtliche Situation begründet den malerischen Reiz des Viertels, der in seiner geringen Maßstäblichkeit, in den einfühlsamen Proportionen der Häuser und im Wechselspiel zwischen Individualität und Gesamtordnung liegt. Besonders auffällig sind neben der Geschlossenheit des Jungmayrplatzes die Blickachsen der auf den Turm der kath. Stadtpfarrkirche zustrebenden Botengasse und der auf die Doppelturmfassade der Kalvarienbergkirche ausgerichteten Konradgasse, da beide durch diese sakralen Festarchitekturen gleichsam überhöht werden.

Alter Bahnhofplatz 15. Wohnhaus, unverputzter Backsteinbau mit Gurtgesims und Stichbogenfenstern, letztes Viertel 19. Jh.

Am Bache 1,3. Vgl. Ensemble Im Gries.

Am Bache 5. Wohnhaus mit Flachsatteldach, im Kern 18. Jh.

Am Bache 7a/b,9. Vgl. Ensemble Im Gries.

Am Bache 11a/b. Wohnhaus mit Flachsatteldach, wohl 2. Hälfte 19. Jh.

Am Graben 1/3 (mit Konradgasse 6,8). Vgl. Ensemble Im Gries.

Am Graben 2,4,6a/b,8a/b. Vgl. Ensemble Im Gries.

Am Graben 11. Ehem. Hammerschmiede; Wohnhaus mit Mansard-Halbwalm, im Kern 2. Hälfte 18. Jh.

Am Kalkofen 4. Zugehöriger Kalkofen, ursprünglich um 1650, letzte Erneuerung des kegelförmigen Oberbaus aus Ziegelmauerwerk 1928, Schutzdach 1985; betriebsfähig.

Amortplatz 1. Ehem. Gasthaus Bruckbräu, jetzt Geschäftshaus; stattlicher, mehrgliederiger Bau mit Stichbogenfenstern, im Kern Mitte 18. Jh., um 1870/80 und modern überarbeitet.

Am Ried 2. Wohnhaus mit Flachsatteldach und altem Fresko, 2. Hälfte 18. Jh.

An der östlichen Traufseite Fresko der Taufe Christi, 1987 restauriert.

Bad Tölz, Ansicht der Krankenhausstraße von Norden, Aufnahme um 1860/70

Bad Tölz, Ensemble Im Gries, Krankenhausstraße von Norden

Bad Tölz, Ensemble Im Gries, Krankenhausstraße von Nordosten

Bad Tölz, Ansicht der Krankenhausstraße von Nordosten, Aufnahme um 1860/70

Bad Tölz, Alter Bahnhofplatz 15

Bad Tölz, Am Bache 5

Bad Tölz, Am Bache 11a/b (mit Nr. 9)

Bad Tölz, Am Graben 11, Aufnahme um 1900

Bad Tölz, Am Graben 11, ehem. Hammerschmiede von Osten

Bad Tölz, Am Graben 11

Bad Tölz, Am Kalkofen 4

Bad Tölz, Am Kalkofen 4, Inneres

Bad Tölz, Am Kalkofen 4, Aufnahme von 1984

Bad Tölz, Amortplatz 1

Bad Tölz, Am Ried 2

Bad Tölz, Am Ried 2, Fresko an der Ostseite

Am Ried 4. Kleines Wohnhaus mit Mansard-Walmdach, gegen 1900.

Am Ried 6. Wohnhaus mit Flachsatteldach, Bodenerker und Fresko, 1. Hälfte 18. Jh.

Der westliche Bodenerker mit 1985 erneuertem Wandbild der von Engeln umgebenen Muttergottes.

Am Ried 8. Wohnhaus mit Flachsatteldach, im Kern 18. Jh.

Am Schloßplatz 1. Ehem. Landgerichtsgebäude, jetzt Rathaus; stattlicher Bau mit Zeltdach, im Kern 1772, mehrfach erneuert.

1772 errichteter Zeltdachbau. 1779 ff. Landgericht, 1862 ff. Bezirksamt und Amtsgericht. Um 1790/1800 Erhöhung um das oberste, dritte Geschoß. 1936 Umbau zum Landratsamt, seit 1979 Rathaus.

Am Schloßplatz 2. Ehem. Benefiziatenhaus, jetzt zum Finanzamt gehörig; erbaut um 1835, erneuert.

Das große Fresko am Obergeschoß der Nordseite zeigt hoch zu Roß Herzog Albrecht III. Über dem Eingang befindet sich eine 1939 angebrachte Gedenktafel zur Erinnerung an die Verleihung von Marktrechten vor 600 Jahren durch Kaiser Ludwig den Bayern.

Am Schloßplatz 5. Finanzamt; Gebäude mit Mansard-Walmdach und Putzgliederung, neuklassizistisch, Anfang 20. Jh.

Nobles, zweigeschossiges Gebäude mit durchgehendem, geschwungen übergiebeltem Westerker.

Am Stein 4. Wohnhaus mit Flachsatteldach, im Kern 18. Jh.

Die Rokokomalereien der Fassade stammen aus neuerer Zeit.

Am Stein 6. Haus Isarblick; Landhaus mit Flachsatteldach und vier Giebeln, breite Ecklisenen, Spätmaximilianstil, um 1855/65.

An der Osterleite 25. Ehem. Schloßbräukeller; Wohnhaus mit Halbwalm, 2. Viertel 19. Jh, über gewölbter Kelleranlage.

An der Osterleite. Grünerbräukeller; Satteldachbau mit Giebeltüren, 18. Jh.

An der Osterleite. Lagerhaus (ehem. Mühle?) mit Steilsatteldach und giebelseitiger Einfahrt, 18. Jh.; an der Einmündung Gaißacher Straße.

Annastraße 1. Villa Anna; Landhaus mit asymmetrischem Turm und Putzgliederung, gegen 1900.

Arzbacher Straße 12. Villa Bartholomäus; Bau mit Zwerchgiebel und aufgebrettertem Fachwerkgeschoß, gegen 1900.

Arzbacher Straße 18. Landhaus Gabriel von Seidls; mit zwei parallelen Steilsatteldächern, Balkonnische und erkerartigem Ausbau, Anfang 20. Jh.

Der Münchener Architekt errichtete um 1900 das stattliche, mit seinen beiden parallelen Steilsatteldächern auffällige Gebäude als sein privates Landhaus an der Wackersberger Leite, vgl. die Ansicht auf dem Relief des Hauses Marktstraße 1.

Bad Tölz, Ried 4, 6 und 8

Bad Tölz, Am Schloßplatz 1

Bad Tölz, Am Schloßplatz 2

Bad Tölz, Am Schloßplatz 5

Bad Tölz, Am Schloßplatz 5

Bad Tölz, Am Stein 4

Bad Tölz, Am Stein 6

Bad Tölz, An der Osterleite 25

Bad Tölz, An der Osterleite, Grünerbräukeller

Bad Tölz, An der Osterleite, Lagerhaus

Bad Tölz, Annastraße 1

Bad Tölz, Arzbacher Straße 12

Bad Tölz, Arzbacher Straße 18

Bad Tölz, Ansicht des Kalvarienbergs, Kupferstich, um 1780 (Ausschnitt)

Aufgang zum Kalvarienberg 20. Kath. Doppelkirche Hl. Kreuz, 1723/26, mit Hl. Stiege; mit Ausstattung. – Kath. Leonhardskapelle, 1718, mit Kette umgürtet; mit Ausstattung. – Kath. Kerkerkapelle mit Annagelungskapelle, um 1735; mit Ausstattung. – Kalvarienberg-Kreuzgruppe; Kruzifix 1721, Assistenzfiguren und Schächer 1860/72; oberhalb der Kerkerkapelle. – Fünf Stationskapellen, 1926. – Ölberganlage, um 1895; unterhalb der Kreuzwegstationen.

Neben dem Kalvarienberg bei Lenggries ist die Tölzer Anlage eine der bedeutendsten und ausgedehntesten ihrer Art in Bayern. Sie zieht sich eine steile Anhöhe nördlich des Ortskerns hinauf und prägt mit der weithin sichtbaren Doppelturmfassade der bekrönenden Hl.-Kreuz-Kirche die Flußlandschaft. Historischer Ausgangspunkt war 1711 die Aufstellung eines Kreuzes durch den kurfürstlichen Salz- und Zollbeamten Friedrich Nockher, der auch den weiteren Ausbau vorantrieb. 1718 stiftete er sieben Wegkapellen für die Darstellung der „Sieben Fälle Christi“ als Vorgänger der Kreuzwegandacht mit 14 Stationen, dazu eine Hl. Stiege unter freiem Himmel und eine abschließende Kapelle mit Kreuzigungsgruppe. Später überbaute man die Hl. Stiege und setzte ihr 1723-1726 die heutige Kreuzkirche vor, wodurch eine Doppelkirche entstand. 1726 Weihe, vgl. die Inschrift über dem Portal. 1732 Errichtung der beiden Türme und Aufschüttung eines neuen Kreuzhügels. 1757 Turmhelme von Hieronymus Weber. 1763-1804 beherbergte der östliche Anbau der Kirche ein Eremitenkloster.

Ölberg am Beginn des Anstiegs, um 1895. Figuren: Christus, 1835 von Joseph Otto Entres; Engel nach Modell des Franz Anton Fröhlich von 1822; Apostel vor 1773 von Joseph Anton Fröhlich. – Fünf Wegkapellen, 1926 nach Entwurf von Franz Hoser durch den zwei Jahre zuvor gegründeten „Verein zur Erhaltung des Kalvarienbergs“ wiederaufgebaut. Kreuzwegbilder von Gebhard Fugel.

Golgathahügel. Als Eingang zu den Kapellen dreibogiger Säulenportikus. – Im Erdgeschoß Kerker- oder Gruftkapelle, um 1735. Von Säulen getragene, düstere Grotte mit Figuren von Joseph Anton Fröhlich: Kerkerchristus zwischen den hll. Büßern Petrus und Maria Magdalena, in den „Seitenschiffen“ Schmerzhafte Muttergottes und hl. Dismas sowie Engel. – Im Obergeschoß Kreuzannagelungskapelle, um 1735. Niedriger, pilastergegliederter Raum, durch Öffnungen in der Decke und im Norden belichtet. An den Wänden Fres-

Bad Tölz, Aufgang zum Kalvarienberg 20, Ölberg

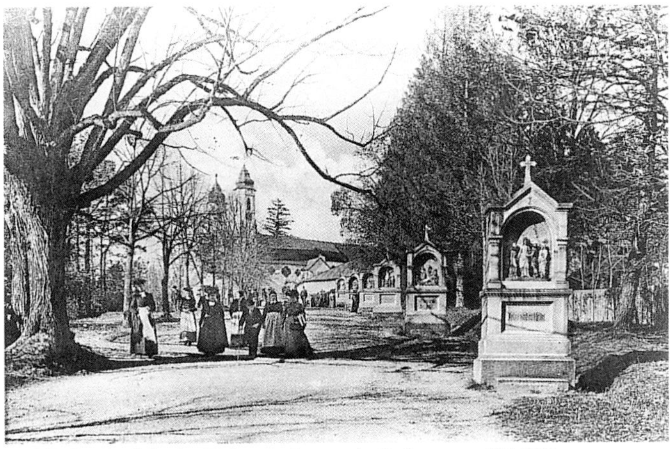

Bad Tölz, Ansicht des Kalvarienbergs, Aufnahme um 1910/20

Bad Tölz, Aufgang zum Kalvarienberg 20, Wegkapellen

Bad Tölz, Kalvarienberg, Ölbergchristus

Bad Tölz, Aufgang zum Kalvarienberg 20, Golgathahügel mit Kerker- und Kreuzannagelungskapelle

Bad Tölz, Kalvarienberg, Kreuzannagelungskapelle, Inneres nach Norden

Bad Tölz, Kalvarienberg, Ölberg, schlafender Jünger

Bad Tölz, Kalvarienberg, Kerkerkapelle

ken des mittleren 18. Jhs. und Ölbilder mit Passionszenen, 1871 von Joseph Stattler. Am Boden großes Kruzifix und Figuren Mariä und des Evangelisten Johannes, wohl ebenfalls von Fröhlich. – Auf dem Hügel monumentale Kreuzigungsgruppe: Kruzifix 1721 von Martin Hammerl, 1734 hier neu aufgestellt; Schächer 1860 von Paul Weiß; Maria, Johannes und Maria Magdalena 1872 von Saturnin Kiene nach Entwurf von Hans Vordermayr.

Kath. Doppelkirche Hl. Kreuz. Langgestreckte, nach Norden gerichtete Anlage. Die einzelnen Bauabschnitte außen gut ablesbar: nördlich die überbaute Hl. Stiege mit einer zweifachen Reihe von rundbogigen Fenstern und zwei leicht eingezogenen, dreiseitig geschlossenen „Chorkapellen" übereinander, im Süden die Kreuzkirche mit einer dreifachen Reihe unterschiedlicher Fensteröffnungen und reich gestalteter, im Mittelabschnitt risalitartig vorgezogener Fassade zwischen unten quadratischen, oben oktogonalen Türmen.

Kreuzkirche. Etwa quadratischer Saal unter Muldengewölbe, gegliedert durch je drei Bogenstellungen an den vier Seiten. Südlich einjochiger Vorraum mit Orgelempore. Nördlich erhöhter, quadratischer Chor mit dem Kreuzaltar und darunter der Grabkapelle, seitlich Treppenabgänge zur Hl. Stiege. Ost- und Westseite von schmalen, zweigeschossigen Raumabschnitten ummantelt, die im Obergeschoß als Oratorien dienen. – Fresken 1785 von Joseph Matthias Ott: Engelskonzert und Verehrung der Kreuzreliquie, Verherrlichung des Kreuzes, in Medaillons Szenen aus dem Marienleben. Das Chorfresko mit dem Apokalyptischen Lamm 1880 durch Joseph Stattler erneuert, der auch die Wandbilder mit der Kreuzeslegende nach Entwürfen von Alois Dirnberger malte. – Hochaltar, 1880 von Matthias Steinbrecher entworfen, mit der Kreuzreliquie. Auf den Seitenaltären Reliquienschreine der hll. Regina und Thekla, 1787; darüber Gemälde der Pietà und Kreuzabnahme, um 1720. – Hl. Grab mit Grabchristus und Seitenfiguren des Nikodemus und des Joseph von Arimathia. Darunter die Eremitengruft. – Der 1766 von Julian Breymeyer gemalte Kreuzweg wurde im 19. Jh. in die Kapelle des Krankenhauses übertragen.

Hl. Stiege. Kastenförmiger Raum mit Flachdecke über schräger Voute. Analog dem römischen Vorbild sind die Seitentreppen mit ihren 28 Stufen dem Auf- und Absteigen, der Mittelteil jedoch dem Gebet auf Knien vorbehalten; auf den beiden Geländern Engel mit Arma Christi. Im Obergeschoß umlaufende Empore. – An der Stiegenunterseite und in den Kapellen Rankenstukkaturen um 1726. – Das langgestreckte Hauptfresko der Auferstehung Christi 1813 von Franz Anton Fröhlich und Matthias Schmaunz nach Entwurf von Joseph Hauber (1812); in Medaillons Evangelisten. Das Kapellenfresko der Trinität wohl um 1720 entstanden und 1813 von

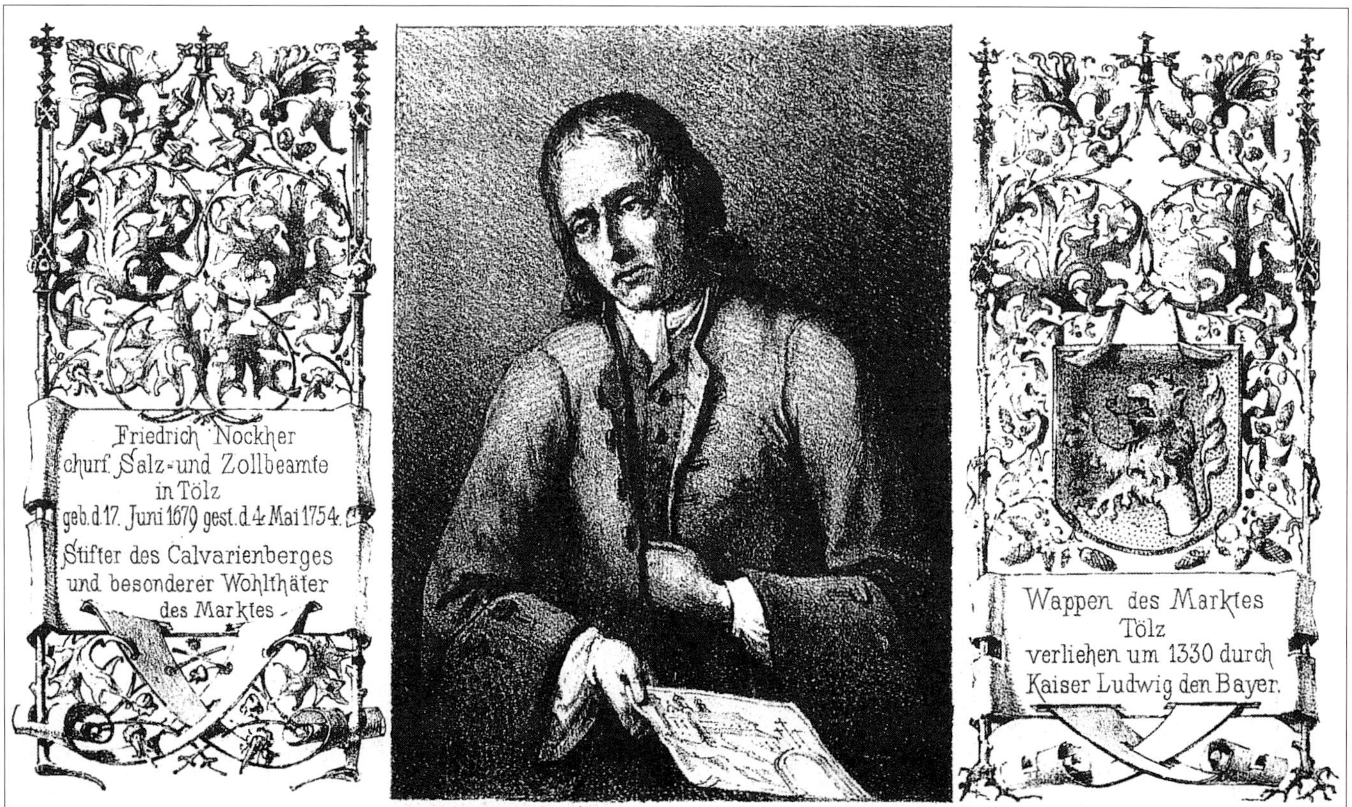

Bad Tölz, Porträt des Friedrich Nockher, Stahlstich, um 1870

Bad Tölz, Kalvarienberg, Kreuzigungsgruppe auf dem Golgathahügel

Bad Tölz, Aufgang zum Kalvarienberg 20, kath. Doppelkirche Hl. Kreuz

Bad Tölz, Kalvarienberg, Kreuzkirche, Inneres nach Norden

Bad Tölz, Kalvarienberg, Kreuzkirche, Hl. Stiege nach Norden

Bad Tölz, Kalvarienberg, Kreuzkirche, Deckenbild

Bad Tölz, Kalvarienberg, Kreuzkirche, Hl. Stiege, Stukkaturen an der Unterseite mit Epitaph für Friedrich Nockher

Bad Tölz, Kalvarienberg, Kreuzkirche, Hl. Stiege nach Süden

Fröhlich überarbeitet. – Auf der Galerie Gemälde der sechs Leidensgänge Christi auf der Stiege, 1729. – In der oberen Kapelle Altar um 1726 mit Figur des Schmerzensmannes. Auf der Mensa hervorragende, ausdrucksstarke Pietà, um 1760/70. – Der Altar der unteren Kapelle mit Figurengruppe des Abschieds Jesu von seiner Mutter, um 1726. Gegenüber Epitaph für den Stifter des Kalvarienbergs, Friedrich Nockher (†1754), umrahmt von einem Fresko mit Darstellung der Humilitas und Pietas(?), wohl 1813 von Fröhlich. Dazu Gemälde des Verstorbenen auf der Totenbahre, 1754.

Kath. Leonhardskapelle westlich der Kreuzkirche. 1705 in der Sendlinger Bauernschlacht von Tölzer Zimmerleuten gelobt, doch erst 1718 errichtet und 1726 zusammen mit der Kreuzkirche geweiht. 1743 mit der eisernen Votivkette umgeben. Seit 1856 Ziel des alljährlichen Leonhardiritts. – Einschiffiger, nach Westen gerichteter Bau mit dreiseitigem Schluß und Stichkappentonne. Oktogonaler Dachreiter mit Zwiebelhaube. – Altar der Erbauungszeit mit Figuren: Schmerzhafte Muttergottes zwischen den hll. Joseph und Johannes d.T., im Auszug Gottvater; auf der Mensa hl. Leonhard.

Badstraße 10. Wohn- und Geschäftshaus mit überstehendem Schopfwalm und Eckerker, Anfang 20. Jh.

Badstraße 18. Wohnhaus mit Gaststätte, stattlicher Eckbau mit Zwerchgiebel, Rauhputzgliederung, Korbbogenfenstern und Balkonen, Anfang 20. Jh.

Bahnhofplatz 8. Bahnhof; sehr stattlicher Walmdachbau mit Uhrturm, um 1925/30 von Georg Buchner, München.

Nüchterner, langgestreckter Zweckbau zu zwei Geschossen mit dreiseitig vortretendem Uhrenturm in der Mitte der nördlichen Traufseite.

Bahnhofstraße 1. Wohnhaus mit Halbwalmdach, Ende 19./Anfang 20. Jh.

Bahnhofstraße 10. Vermessungsamt; neubarocker Bau mit Walmdach, bez. 1939.

Repräsentatives, zweigeschossiges Gebäude mit Eckrustika und Portalädikula; über dem Eingang das Baudatum 1939. Die Fassaden haben seit der Restaurierung 1987 wieder ihre ursprüngliche Farbigkeit.

Bad Tölz, Kalvarienberg, Kreuzkirche, Hl. Stiege, Deckenbild

Bad Tölz, Kalvarienberg, Kreuzkirche, Hl. Stiege, Pietà in der oberen Kapelle, um 1760/70

Bad Tölz, Kalvarienberg, Kreuzkirche, Hl. Stiege, Obere Kapelle

Bad Tölz, Kalvarienberg, Kreuzkirche, Hl. Stiege, Untere Kapelle

Bad Tölz, Aufgang zum Kalvarienberg 20, kath. Leonhardskapelle

Bad Tölz, Kalvarienberg, Leonhardskapelle, Inneres nach Westen

Bad Tölz, Kalvarienberg, Kreuzkirche und Leonhardskapelle

Bad Tölz, Badstraße 10 (rechts) und 18 (links)

Bad Tölz, Bahnhofplatz 8

Bad Tölz, Bahnhofstraße 1

Bad Tölz, Bahnhofstraße 10

Bairawieser Straße 2. Siehe Nockhergasse 29.

Bairawieser Straße 3. Wohnhaus mit Flachsatteldach und Laube, Kern 18. und 19. Jh.

Das Gebäude wurde 1986/87 instandgesetzt.

Bairawieser Straße. Städtischer Waldfriedhof mit Gebäuden; angelegt 1905/06 durch Stadtbaurat Peter Freisl, erweitert 1949/50 und 1964/65.

Der 1905/06 angelegte Waldfriedhof gehört zu den schönsten Anlagen dieser Art in Bayern; sein Initiator und Architekt, der Tölzer Stadtbaurat Peter Freisl (1874-1945), ist selbst im östlichen Bereich der Südmauer bestattet. Obwohl in die Ummauerung mehrere repräsentative Grabkapellen eingestellt sind, wird das ursprüngliche Friedhofsareal von dem bogenförmigen, überdachten Gang mit den Grabstätten zahlreicher Tölzer Bürger bestimmt. Hervorzuheben sind folgende Grabmäler von Norden nach Süden: Familie Böck, mit Figur des segnenden Christus, 1913 von Xaver Abt aus Mindelheim; Prof. Gustav Ruhland, mit Genius, 1914 von Angelo Negretti; Familie Höfter, mit Muttergottes, 1922 von Hans Grässel entworfen und von Bruno Diamant ausgeführt; ebenso das Pendant der Familie Höfter-Artmann, mit segnendem Christus. – Im Süden anschließend die ebenfalls von Freisl entworfene Friedhofskirche, vgl. die Inschrifttafel innen neben dem Eingang. An beiden Schmalseiten dreiseitig geschlossener, einschiffiger Bau in Ost-West-Richtung mit Stichkappentonne auf Engelskonsolen; geschwungene Ostempore. Außen über dem Portal Relief Gottvaters, 1906 von J.Rehle. Dachreiter. Im neubarocken Altar Gemälde der Kreuzigung, 1902 von Jürgen Xavereith, bez. Kreuzweg, Mitte 18. Jh. – Südlich der Kapelle die Leichenhalle und das Wohnhaus des Friedhofswärters; hier im Giebel steinerne Muttergottes, wohl 1906 von Rehle.

Benediktbeurer Straße 2. Ehem. Sägmühle (Hanfstängl-Haus); mit Mansard-Halbwalm, Putzgliederung und alten Türen, 1.Drittel 19. Jh.

Behäbiger Bau unmittelbar an der Westseite der Straße; über dem Eingang Medaillon mit Gemälde der hl. Familie (sog. hl. Wandel).

Benediktbeurer Straße 7. Gasthof Zollhaus mit Flachsatteldach, Biedermeiertür und eisernem Balkon, 3.Viertel 19. Jh.

Bergweg 6. Pensionsvilla mit Walmdach und Giebelrisalit, Erkerturm und rückseitigem Treppenturm, um 1900.

Bergweg 11. Kurpension; Gruppenbau mit Risaliten, weit überstehenden Halbwalmdächern und Neurokoko-Stuckdekor, um 1900.

Das Gebäude wurde 1985 restauriert und ein späterer Annex abgebrochen.

Bad Tölz, Bairawieser Straße 3

Bad Tölz, Waldfriedhof, Nordabschnitt des Arkadengangs

Bad Tölz, Bairawieser Straße, Städtischer Waldfriedhof

Bad Tölz, Waldfriedhof,
Grabstätte für Peter Freisl

Bad Tölz, Waldfriedhof, Friedhofskirche und Leichenhalle

Bad Tölz, Waldfriedhof,
Grabstätte der Familie Böck

Bad Tölz, Waldfriedhof, Grabstätte
der Familie Höfter-Artmann

Bad Tölz, Waldfriedhof, Friedhofskirche, Inneres nach Westen

Bad Tölz, Waldfriedhof,
Grabstätte der Familie Höfter

Bad Tölz, Waldfriedhof,
Grabkapelle der Familie Höfter

Bad Tölz, Benediktbeurer Straße 2

Bad Tölz, Benediktbeurer Straße 7

Bad Tölz, Bergweg 6

Bad Tölz, Bergweg 11

Bockschützstraße 2a/b/c/d. Wohnhaus (4/4-Haus) mit Flachsatteldach, 18. Jh.

Bockschützstraße 4. Wohnhaus mit Flachsatteldach und kleinem Medaillonfresko, Anfang 19. Jh.

Das Fresko mit dem Innsbrucker Maria-Hilf-Bild wurde weitestgehend erneuert.

Botengasse 3a. Kleines Wohnhaus mit Flachsatteldach, 2. Hälfte 18. Jh.

Botengasse 3b,5,6. Vgl. Ensemble Im Gries.

Botengasse 7. Wohnhaus mit Flachsatteldach, 18. und 19. Jh.

Botengasse 8-10. Vgl. Ensemble Im Gries.

Botengasse 12. Vgl. Krankenhausstraße 28 und Ensemble Im Gries.

Botengasse 13, 14, 15a/b. Vgl. Ensemble Im Gries.

Botengasse 16a/b. Wohnhaus mit Laden und Flachsatteldach, 2. Hälfte 18. Jh.

Das Gebäude wurde laut Giebelinschrift 1981 restauriert.

Botengasse 17-20. Vgl. Ensemble Im Gries.

Botengasse 22. Eckhaus mit Laden, am Erdgeschoß Putznuten und Korbbogentor mit Scheitelstein, Anfang 19. Jh.

Außen 1985 restauriert. An der Nordostecke neugotische Gußfigur der Immaculata, Ende 19. Jh.

Bruderhausstraße 1. Wohnhaus mit Flachsatteldach, Eckerker, Hochlaube und Putzverzierungen, 2. Hälfte 17. Jh., Dach Ende 18. Jh.

Bruderhausstraße 2. Vgl. Ensemble Im Gries.

Bruderhausstraße 3a/5a/b. Wohnhaus (3/3-Haus) mit Flachsatteldach, Kern 2. Hälfte 18. Jh.

Nr. 3a mit leerer, neugotischer Figurennische. Über dem Eingang zu Nr. 5b kleines Halbfigurenrelief des segnenden Christus, wohl 19. Jh.

Bruderhausstraße 7. Vgl. Ensemble Im Gries.

Brünnlfeldstraße 1. Stattliches Landhaus mit Halbwalm, Laube, Zwerchbau und Spalier, Anfang 20. Jh.

Eichenstraße 2. Landhaus mit Zwerchgiebel, Mansard-Satteldach und Eckerker, Anfang 20. Jh.

Ellbachzeile 4. Wohnhaus in Traufstellung, Erdgeschoß rustiziert, geschnitzte Haustür, um 1840.

Am Obergeschoß Fresko des hl. Valentin, 1975 von Egger.

Ellbachzeile 5. Wohnhaus mit Laden, Flachsatteldach, 1. Hälfte 19. Jh. und 20. Jh.

Ellbachzeile 6. Wohnhaus mit Laden, Flachsatteldach, im Kern 18. Jh.

Ellbachzeile 7. Wohnhaus mit Flachsatteldach, im Kern 18. Jh.

Ellbachzeile 8. Stattliches, traufständiges Wohnhaus, 2. Hälfte 18. Jh.

Bad Tölz, Bockschützstraße 2a/b/c/d und 4

Bad Tölz, Botengasse 3a/b und 5

Bad Tölz, Botengasse 7

Bad Tölz, Botengasse 14 und 16a/b

Bad Tölz, Bruderhausstraße 1, 3a/5a/b und 7

Bad Tölz, Botengasse 22

Bad Tölz, Brünnlfeldstraße 1

Bad Tölz, Bockschützstraße 4, Fassadenfresko

Bad Tölz, Ellbachzeile 2-7

Bad Tölz, Eichenstraße 2

Bad Tölz, Ellbachzeile 2-7

Bad Tölz, Ellbachzeile 8-10

Ellbachzeile 9/9a/10. Wohnhaus (3/3-Haus) mit Flachsatteldach und Putzdekor, 18. und 19. Jh.

Fischergasse 1. Vgl. Ensemble Im Gries.

Fischergasse 2. Wohnhaus mit Steilsatteldach und Rauhputzquaderung, 3. Viertel 19. Jh.

Fischergasse 3,4,5. Vgl. Ensemble Im Gries.

Fischergasse 6. Wohnhaus mit Flachsatteldach, 2. Hälfte 18. Jh.

Fischergasse 7. Vgl. Ensemble Im Gries.

Fischergasse 8/10. Doppelhaus mit Flachsatteldach und drei Fresken, 2. Hälfte 18. Jh.
Themen der Fresken: St. Michael als Seelenwäger und Bezwinger des Teufels, Immaculata, Schutzengel.

Fischergasse 9,11. Vgl. Ensemble Im Gries.

Fischergasse 12/14. Doppelhaus mit Flachsatteldach, Kern 18. Jh., erneuert.

Fischergasse 13,15,17a/b. Vgl. Ensemble Im Gries.

Franziskanergasse 1. Franziskanerklosterkirche Hl. Dreifaltigkeit, 1733-35 von Fr. Aichardus Holzleithner; mit Ausstattung. – Klostergebäude etwa gleichzeitig. – Ummauerung des ehem. Friedhofs. – Denkmal für Gustav Höfler, Pfeiler mit Büste, 1882; südlich im Kurpark Franziskanergarten. – Kriegerdenkmal.

Klosterkirche. 1624 Gründung der Franziskanerniederlassung bei dem wenige Jahre zuvor auf der Anhöhe westlich der Isar angelegten Friedhof, dessen von Johann Leitner errichtete Kapelle zunächst als Klosterkirche genutzt wurde. Nachdem diese aus Platzgründen 1660/61 nach Osten erweitert worden war, mußte sie 1733-1735 einem vollständigen Neubau weichen, an dem Frater Aichardus Holzleithner maßgeblich beteiligt gewesen sein dürfte. 1802 durch die Säkularisation vertrieben, kehrten die Franziskaner bereits 1829 auf Initiative von Ignaz Anton Niggl nach Tölz zurück. 1974ff. Restaurierung.
Wirkungsvoller städtebaulicher Gegenakzent zur kath. Stadtpfarrkirche am anderen Flußufer. Die steil aufragende Ostfassade von Doppellisenen flankiert und durch Gruppen unterschiedlich hoher Rundbogenfenster aufgelockert. Die Mittelachse hervorgehoben durch die Säulenädikula des Portals und das aufwendig gerahmte Fresko der Trinität mit der Jahreszahl 1735 im Giebel. In kleinen Nischen Figuren der Muttergottes und der hll. Franziskus und Dominikus. Über dem Chor quadratischer Dachreiter mit Oktogon und Spitzhelm, 1974 erneuert. – Weiträumige einschiffige Wandpfeilerkirche zu sechs Jochen unter schlichter Stichkappentonne; in den Abseiten Quertonnen. Der nicht eingezogene Rechteckchor durch den Chorbogen vom Langhaus abgesetzt. Die halbrunde Apsis hinter dem Hochaltar dient unten als Sakristei und oben als Psallierchor.
Die reiche Altarausstattung, intarsiert mit marmorierten Säulen, stammt von Frater Simon Stadler; die Langhausaltäre an den Außenwänden aufgestellt. – Mächtiger Hochaltar von 1737 mit Gemälden der Dreifaltigkeit von Franz Joseph Winter. Über den Türen zur Sakristei die hll. Bonaventura und Petrus von Alkantara. – Seitenaltäre 1738. Figuren: südlich Muttergottes, Ende 15. Jh.; nördlich Anbetung der Könige, von Joseph Anton Fröhlich. Auszugbilder wohl

Bad Tölz, Ellbachzeile 9/9a/10, Aufnahme von 1987

Bad Tölz, Ellbachzeile 9/9a/10, Aufnahme von 1992

Bad Tölz, Fischergasse 2

Bad Tölz, Fischergasse 6

Bad Tölz, Fischergasse 8/10 und 12/14

Bad Tölz, Fischergasse 8/10

Bad Tölz, Blick von der Marktstraße auf die Franziskanerkirche, Aufnahme um 1910/20

Bad Tölz, Blick vom Kapellengasteig auf die Franziskanerkirche

Bad Tölz, Franziskanergasse 1, Kath. Klosterkirche Hl.Dreifaltigkeit

Bad Tölz, Blick vom Kalvarienberg auf die Franziskanerkirche

Bad Tölz, Franziskanerkirche, Choransicht

Bad Tölz, Franziskanerkirche, Inneres nach Westen

von Pater Simeon und Aventin Maisthuber: südlich hl. Anna mit Maria, nördlich hl. Joachim. – Westliche Langhausaltäre 1739 mit vielfigurigen Reliefs von Fröhlich: südlich St. Franziskus als Einsiedler, nördlich St. Antonius von Padua als Fürbitter der Notleidenden. Auszugbilder: südlich hl. Johann Nepomuk, vielleicht von den Brüdern Maisthuber, nördlich hl. Michelina, 1738 von Johann Zick. – Östliche Langhausaltäre 1740. Südlich Hochrelief der hl. Margareta von Cortona, die vor Christus kniet, von Fröhlich. Nördlich Kruzifix und Schmerzhafte Muttergottes. Auszugbilder: südlich hl. Ludwig, von Julian Breymeyer; nördlich hl. Michael. – Kanzel 1679 für die Sebastianskirche von Aurolzmünster in Oberösterreich gefertigt, 1958 hierher übertragen; am Korb Statuetten der Evangelisten, vielleicht von Thomas Schwanthaler. – Im Chor Tafelbilder des Ecce Homo und Mariä mit Johannes, bez. 1608. Kreuzweg, 1728 von Philipp Guglhör. – Grabplatte für den Bürgermeister Franz Paul Mathis (†1798), von Franz Anton Fröhlich, gefaßt von Wilhelm Anton Fett.

Kloster. Die etwa gleichzeitig mit der Klosterkirche errichteten Konventbauten später verändert bzw. modernisiert. – Dreigeschossige Anlage um einen kleinen rechteckigen Hof an der Südseite der Kirche. Der Südflügel um zwei Achsen nach Westen, der Osttrakt mit seinen nach Osten vorspringenden Kopfbauten um sieben Achsen nach Süden verlängert. – Unter den zahlreichen, in den Gängen aufgehängten Gemälden des 17.-19. Jhs. hervorzuheben ein umfangreicher, monochromer Zyklus mit Darstellungen aus dem Leben des hl. Antonius von Padua, vorzügliche Arbeiten um 1750/60 in

Bad Tölz, Franziskanerkirche, Inneres nach Osten

Bad Tölz, Franziskanerkirche, Muttergottes im südlichen Seitenaltar, Ende 15. Jh.

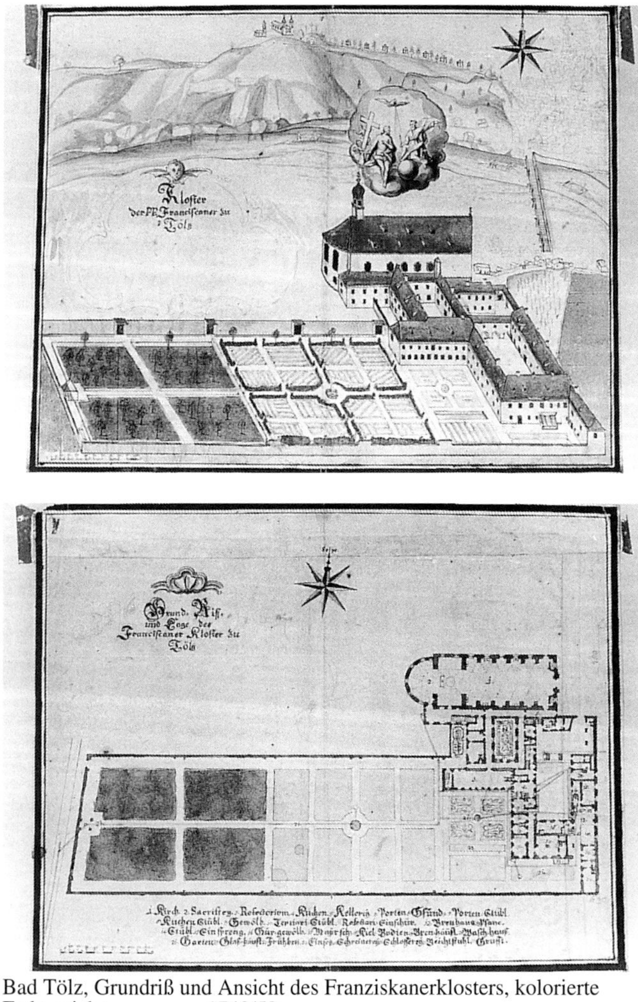

Bad Tölz, Grundriß und Ansicht des Franziskanerklosters, kolorierte Federzeichnungen, um 1740/50

Bad Tölz, Franziskanerkirche, Figuren am Kanzelkorb

Bad Tölz, Franziskanerkirche, Ecce Homo, 1608

Bad Tölz, Franziskanerkirche, südöstlicher Langhausaltar

Bad Tölz, Franziskanerkirche, Maria und Johannes, 1608

Bad Tölz, Franziskanerkirche, nördlicher Seitenaltar

Bad Tölz, Franziskanerkirche, nordwestlicher Langhausaltar

Bad Tölz, Franziskanerkirche, nordöstlicher Langhausaltar

Bad Tölz, Franziskanergasse 1, Ansicht der Klostergebäude von Südwesten

Bad Tölz, Franziskanerkirche, südwestlicher Langhausaltar

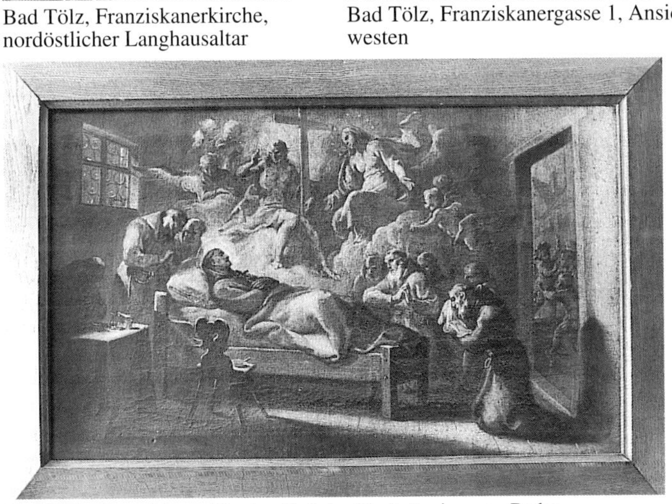

Bad Tölz, Franziskanerkloster, Tod des hl. Antonius von Padua, um 1750/60 von Joseph Christ(?)

Bad Tölz, Franziskanerkloster, Tod Mariens, Ende 15.Jh.

der Art des Joseph Christ. – Relief des Marientodes, Ende 15. Jh.
Im Winkel zwischen dem Chor der Kirche und dem südlichen Klostertrakt kleiner Konventfriedhof. – Westlich die Kriegergedenkstätte von 1927 und nördlich davon der ummauerte, 1922 aufgelassene ehem. Friedhof, jetzt Franziskanergarten, in dem das 1882 an der Schützenstraße errichtete Denkmal für den Tölzer Medizinalrat und Kreisarzt Gustav Höfler (*1809) neu aufgestellt wurde.

Frauenfreithof 1. Kath. Stadtpfarrkirche Mariä Himmelfahrt; erbaut 1453ff., überarbeitet 1854ff., der neugotische Westturm 1876/77; mit Ausstattung.

Tölz wurde seit dem 13. Jh. von der Mutterpfarrei Königsdorf aus vikariert und war 1450 Wohnsitz von Georg Eglinger, der als erster Königsdorfer Pfarrer hier lebte; vgl. seinen Grabstein in der Kirche. Erst um 1550 verlegte der gebürtige Tölzer Peter Demmel den Pfarrsitz endgültig in seinen Heimatort. – Nachdem die mittelalterliche Kirche 1453 abgebrannt war, errichtete man den heute noch bestehenden Bau, in dem ab 1466 Gottesdienste abgehalten wurden. 1490 dürfte auch die Ausstattung vollendet gewesen sein. 1612 teilweise Barockisierung. 1854ff. tiefgreifende Regotisierung, bei der u.a. die Säulen verstärkt, die Oratorien eingezogen, die Mariahilf- und Sebastianskapelle erweitert und die Ausstattung erneuert wurden. 1876/77 neugotischer Ausbau des Turms durch Matthias Steinbrecher, der das alte Satteldach durch einen schlanken Aufsatz mit Eckstreben und durchbrochenem Spitzhelm zwischen Dreiecksgiebeln ersetzte. 1978f. Restaurierung.
Dreischiffige Halle zu vier Jochen mit überhöhtem Mittelschiff, das im Westen den quadratischen Turmunterbau umschließt. Doppelte Empore, die obere von 1854/60. Der fünfseitig geschlossene Chor in Mittelschiffbreite, in den beiden westlichen Achsen flankiert von der Mariahilfkapelle (nördlich) und der Sebastianskapelle (südlich), beide mit darüberliegenden, geräumigen Oratorien; nordöstlich die Winzererkapelle. In allen Raumteilen netzförmige Rippengewölbe, im Chor auf Wanddiensten, in den Kapellen bzw. im Mittelschiff auf originellen Figurenkonsolen. – In den jeweils beiden östlichen Fenstern der Seitenschiffe qualitätvolle Glasgemälde des frühen 16. Jhs., die ursprünglich in einem Chorfenster vereint waren und 1909 durch Franz Xaver Zettler restauriert und ergänzt wurden. Nordöstlich Verkündigung, darunter das bayerische Wappen; seitlich die hll. Sebastian und Georg, Herzog Albrecht IV. (1465-1508) mit dem

Bad Tölz, Kloster, Adalbert und Otkar als Stifter von Kloster Tegernsee

Bad Tölz, Franziskanergasse 1, Denkmal für Gustav Höfler

Bad Tölz, Ansicht des Franziskanerklosters mit dem alten Friedhof, Aufnahme um 1910/20

Bad Tölz, Franziskanergasse 1, Kriegergedenkstätte

Ansicht von Tölz um 1590 mit Pfarrkirche und Schloß, Stahlstich nach einer Zeichnung Carl August Lebschées von 1867

Bad Tölz, Ansicht der Stadtpfarrkirche, Aufnahme um 1860/70

Bad Tölz, Frauenfreithof 1, kath. Stadtpfarrkirche Mariä Himmelfahrt

Bad Tölz, Stadtpfarrkirche, Inneres nach Westen

Bad Tölz, Stadtpfarrkirche, Inneres nach Osten

Evangelisten Johannes und Herzog Wilhelm IV. (1508-1550) mit dem hl. Bartholomäus, unten Löwen mit Inschriften. Nordwestlich Geburt Christi und Anbetung der Könige. Südöstlich Engel in Verehrung einer Monstranz; darunter hl. Bischof zwischen Stifterehepaar mit den hll. Jakobus und Nikolaus. Südwestlich der Kirchenvater Hieronymus zwischen den hll. Erasmus und Andreas.
Mächtiger, neugotischer Hochaltar, 1866 von Georg Schneider entworfen und wohl von Georg Meindl ausgeführt, mit Gemälde der Himmelfahrt Mariä von Max Huber; auf den Flügelaußenseiten Reliefs der „bayerischen Apostel" Korbinian bzw. Rupert (nördlich) und Maximilian bzw. Bonifatius (südlich). Seitenfiguren: innen die hll. Elisabeth und Notburga (nördlich) und die hll. Mathilde und Afra (südlich), außen unter Fialenbaldachinen die hll. Valentin und Heinrich (nördlich) und Wolfgang und Severin (südlich). Im Auszug zwischen Erzengeln Dreifaltigkeitsgruppe. Der Schrein dient als Bühne für Krippen- und Passionsdarstellungen des einheimischen Bildhauers Franz Anton Fröhlich, der 1823 seine erste Altarkrippe aufgestellt hatte. – Die Seitenaltäre Schneiders und Meindls von 1854/57 ausschließlich mit Schnitzarbeiten: nördlich hl. Familie zwischen David und Jesaias, südlich Kreuzigung zwischen Jeremias und Daniel. – Kanzel von Meindl. Am Korb Statuetten der Evangelisten; auf dem Schalldeckel die Kirchenväter, oben Salvator Mundi. – Auf der südlichen Chorempore zwei beachtliche Gemälde: St. Sebastian, Rochus und Benedikt(?), 1634 von Johann Ulrich Loth, bez.; Fürbitte der Muttergottes und des hl. Laurentius für die Armen Seelen, um 1660/70 aus dem Umkreis von Johann Heinrich Schönfeld. Große Kreuzwegstationen, 1825/26 von Mitgliedern der Münchener Akademie: J(ohann

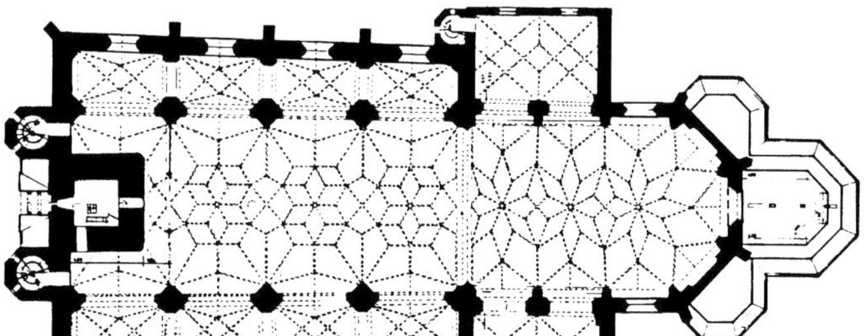

Bad Tölz, Grundriß der Stadtpfarrkirche

Alois?) Mayr (Nr. 1,2,4), August Riedel (Nr. 3,8,14), Ludwig Caspar Weiß (Nr. 5,6,9,12), B. Caspar Weiß (Nr. 7), Johann Michael Wittmer d.J. (Nr. 10) und Emil Jacobs (Nr. 11,13). – Im Chorbogen Himmelfahrtsmaria, 1611 von Bartholomäus Steinle, mit freigelegter Originalfassung. Auf Konsolen im Mittelschiff die hll. Leonhard und Ottilie, um 1720/30. – Im Boden des Mittelschiffs Grabplatte für Pfarrer Georg Eglinger (†1450). An der Nordwand Bronze-Epitaph für Caspar Avis (†1551). Daneben Grabstein für Hans Jörg von Thor (†1571) und seine Ehefrau Maria, geb. Winzerer (†1572), mit Relief der Auferstehung Christi. An der Südwand bemerkenswerter Rotmarmorstein für Ludwig von Thor zu Eurasburg (†1586), mit Relief der unter dem Kreuz betenden Familie. Daneben Epitaph für den Tölzer Bürgermeister Johann

Bad Tölz, Stadtpfarrkirche, Gewölbekonsole in der nördlichen Chorkapelle

Bad Tölz, Stadtpfarrkirche, Gewölbekonsole im Mittelschiff

Bad Tölz, Stadtpfarrkirche, nordöstliches Seitenschiffenster

Bad Tölz, Stadtpfarrkirche, nördliche Chorkapelle

Bad Tölz, Stadtpfarrkirche, südliche Chorkapelle

Bad Tölz, Stadtpfarrkirche, nördlicher Seitenaltar

Bad Tölz, Stadtpfarrkirche, südwestliches Seitenschiffenster

Bad Tölz, Stadtpfarrkirche, südlicher Seitenaltar und Kanzel

Bad Tölz, Stadtpfarrkirche, Muttergottes und hl. Laurentius, um 1660/70

Bad Tölz, Stadtpfarrkirche, Himmelfahrtsmaria, 1611 von Bartholomäus Steinle

Bad Tölz, Stadtpfarrkirche, Kreuzwegstation, 1825/26

Bad Tölz, Stadtpfarrkirche, hl. Ottilie, um 1720/30

Bad Tölz, Stadtpfarrkirche, hl. Leonhard, um 1720/30

Bad Tölz, Stadtpfarrkirche, Epitaph für Hans Jörg von Thor († 1571)

Bad Tölz, Stadtpfarrkirche, Epitaph für Caspar Avis († 1551)

Bad Tölz, Stadtpfarrkirche, Epitaph für Ludwig von Thor († 1586)

Schwagerl (†1653) und seine Frau, mit Schutzmantelmadonna. Im südöstlichen Chorschluß querrechteckige Platte für Hans Georg von Nußdorf (†1573) mit kräftigem Relief des Gekreuzigten zwischen der knienden Familie des Verstorbenen.

Winzererkapelle. 1513 von dem herzoglichen Pfleger und Rentmeister Kaspar II. Winzerer gestiftet. In der aufwendigen Rahmenarchitektur des Eingangs Wandmalereien der Erbauungszeit, angeblich von Mächselkircher (= Kaspar Mäleßkircher?): hl. Anna selbdritt, flankiert von den Pestheiligen Sebastian und Rochus, in der Lunette thronende Muttergottes zwischen dem Stifter und seiner Gemahlin, begleitet von den hll. Jakobus d.Ä. und Bartholomäus. Neben dem Eingang Rotmarmorgrabstein für Kaspar III. Winzerer (†1542) mit imposanter Ganzfigur des Heerführers; darüber Inschriftplatte. – Neugotischer Altar, 1833 von Anton Abraham (wohl nach Entwurf von Franz Anton Fröhlich), ungewöhnlich frühes Beispiel dieser retrospektiven Stilrichtung. In der Mitte Mondsichelmadonna des späten 15. Jhs., ehemals Gnadenbild der Gruftkapelle, die unmittelbar neben der Pfarrkirche stand, in der Säkularisation aufgelassen und 1828 abgebrochen wurde. Die hll. Dominikus und Katharina von Siena seitlich erinnern an die 1628 gegründete Rosenkranzbruderschaft. Auf der Mensa Pietà des mittleren 15. Jhs. – An den Wänden Wappengrabsteine: westlich für Johann Baptist Cavalchini Guidoboni (†1603), östlich für seine Frau Anna von Carrara, Gründerin des Klosters Reutberg.

Fritzplatz 1. Großer Baukomplex (mit Kapellengasteig 3 und Römergasse 2,4); Wohn- und Geschäftshaus im barockisierenden Jugendstil, mit Halbwalmdach nach Osten und Putzdekor, 1. Viertel 20. Jh.

Umfassender Komplex, der sich aus unterschiedlichsten Gebäuden mit geschwungenen Giebeln, Erkern, Dachgauben, Vor- und Rücksprüngen und einem überkuppelten Turm zusammensetzt und damit den Bereich zwischen Isar und kath. Stadtpfarrkirche dominiert. An den Außenwänden mehrere Malereien, 1925 von den Gebrüdern Haugg, z.T. modern erneuert: im Westgiebel Medaillon mit hl. Florian, an der Südseite Sonnenuhr (bez. 1925), im Ostgiebel ein weiteres Medaillon mit dem Innsbrucker Maria-Hilf-Bild, an der Römergasse hl. Quirin(?).

Bad Tölz, Stadtpfarrkirche, Epitaph für Hans Georg von Nußdorf (†1573)

Bad Tölz, Stadtpfarrkirche, Eingang zur Winzererkapelle

Bad Tölz, Stadtpfarrkirche, Winzererkapelle, Votivtafel von 1653 mit Ansicht der ehem. Gruftkapelle

Bad Tölz, Pfarrkirche, Epitaph für Anna von Carrara, († nach 1600)

Bad Tölz, Pfarrkirche, Epitaph für Joh. Bapt. Cavalchini Guidoboni († 1603)

Bad Tölz, Stadtpfarrkirche, Altar der Winzererkapelle

Bad Tölz, Stadtpfarrkirche, Epitaph für Kaspar III. Winzerer († 1542)

Bad Tölz, Ansicht von Fritzplatz und Kapellengasteig, Aufnahme um 1880/90

Bad Tölz, Fritzplatz 1

Bad Tölz, Fritzplatz 1

Bad Tölz, Fritzplatz 1, Ansicht um 1920/30

Fritzplatz. Floriansbrunnen mit Figur aus Eisenguß, 3. Viertel 19. Jh.

[Fröhlichgasse 4/6. Ehemals Wohnhaus des Bildhauers und Malers Franz Anton Fröhlich (1770-1841).]

Fröhlichgasse 5. Hotel Kolbergarten; stattlicher Bau mit Halbwalm, Eckerker, Balkonen und bemalter, geschweifter Dachuntersicht, 1905.

Das Gebäude wurde laut Inschrift an der westlichen Dachuntersicht 1905 durch Ant. und A.Roth errichtet.

Gabriel-von-Seidl-Weg 1. Siehe Arzbacher Straße 18.

Gaißacher Straße 2. Ehem. Grünerbräu; Satteldachhaus mit Giebeltor, Kern 2. Hälfte 18. Jh.

Gaißacher Straße 9. Kleines Wohnhaus mit Mansard-Walm, Blankziegelbau mit Werksteingliederungen, bez.1890.

Geigergasse 1a/b,2,3,4a/b,5,5a/b. Vgl. Ensemble Im Gries.

Geigergasse 6. Eckhaus mit Flachsatteldach, Trauf- und Giebellaube, Kern 2. Hälfte 18. Jh.

Heißstraße 7. Ehem. Villa von Hüls; mit flachem Halbwalm, Risalit mit Gartensaal, seitlichem Turm, Loggien und Veranden, erbaut 1898; mit Parkanlage.

Das in einem weitläufigen Garten 1898 errichtete, zweigeschossige Haus prägen großflächige Fenster und zahlreiche Lauben und Giebel. Die Veranda wurde 1988 verändert.

Heißstraße 31. Landhaus des Dichters Thomas Mann; Walmdachbau mit Dachaufbau, Balkonvorbau über Arkaden, bez.Th.M.1909, Architekt Sigmund Egenberger. – Parkanlage mit Auffahrtsallee; hölzernes Gartenhäuschen, um 1909. – St.-Josephs-Heim der Armen Schulschwestern; dreigeschossig mit Putzgliederung und überstehendem Satteldach, Giebelfront durch Erker, hölzerne Balkone und Zierbundwerk betont, um 1925 als Jugendheim erbaut, 1931 nach Norden verlängert.

Die 1909 durch Sigmund Egenberger errichtete, zweigeschossige Villa diente dem Schriftsteller Thomas Mann bis 1917 als ländlicher Wohnsitz. Über dem Eingang befinden sich im Oberlichtgitter das Baudatum und seine Initialen. Heute ist das Gebäude Teil des St.-Josephs-Heims.

Hindenburgstraße 2. Vgl. Ensemble Marktstraße.

Hindenburgstraße 21. Ehem. Amtsgericht, jetzt Stadtbücherei und Archiv; stattlicher Satteldachbau mit Eckrisaliten, Stichbogenfenstern, Gurtgesims und Eckquaderung aus Haustein, 1898/99.

Das Gebäude wurde 1987 zur Stadtbücherei umgebaut.

Hindenburgstraße 21a. Eckhaus mit Flachsatteldach, am Giebel Rauhputzdekor, 2.Viertel 19. Jh. (ohne rückseitigen Anbau).

Hindenburgstraße 23. Stattliches Landhaus mit Walmdach über Kastengesims, Schrägerkern und Putzdekor, Anfang 20. Jh.

Hindenburgstraße 30. Forstamt; stattlicher Bau mit Mansard-Halbwalmdach, Balkonen und Eckerker, z.T. Korbbogenfenster, Anfang 20. Jh.

Bad Tölz, Fritzplatz, Figur des Floriansbrunnens

Bad Tölz, Fröhlichgasse 5

Bad Tölz, Fröhlichgasse 4/6, ehem. Wohnhaus des Bildhauers und Malers Franz Anton Fröhlich

Bad Tölz, Gaißacher Straße 2

Bad Tölz, Gaißacher Straße 9

Bad Tölz, Heißstraße 7

Bad Tölz, Geigergasse 6

Bad Tölz, Heißstraße 31, Landhaus von Thomas Mann

Bad Tölz, Heißstraße 31, Landhaus, Oberlichtgitter der Eingangstür

Bad Tölz, Heißstraße 31, Gartenhäuschen

Bad Tölz, Heißstraße 31, St.-Josephs-Heim

Bad Tölz, Hindenburgstraße 21

Bad Tölz, Hindenburgstraße 21a

Bad Tölz, Hindenburgstraße 30

Bad Tölz, Hindenburgstraße 23

Höckhstraße 10. Ehem. Kursanatorium, jetzt Wohnhaus, stattlicher Bau mit Mansard-Walm und profiliertem Gesims, um 1925.

Jägergasse 2. Ehem. Gerberhaus, viergeschossig mit Holzgalerie, Glattputzbänderung und Halbwalmdach, 2. Hälfte 18. Jh. und 3. Viertel 19. Jh.

Jungmayrplatz 1. Vgl. Ensemble Im Gries.

Jungmayrplatz 2/4. Doppelhaus mit Flachsatteldach, 2. Hälfte 18. Jh., restauriert.

Über dem 1.Obergeschoß Relief der Muttergottes, wohl 19. Jh.

Jungmayrplatz 3a/b. Wohnhaus mit Putzdekor, genutetem Erdgeschoß und Figurenerker über Strebepfeiler, 18. und 1. Hälfte 19. Jh.

1987 restauriert. Über dem Strebepfeiler neugotische Nische mit Figur der Schmerzhaften Muttergottes aus dem 18. Jh.; zugehörig das Kruzifix darüber.

Jungmayrplatz 5. Halbhaus mit Pultdach, Laden und Stichbogenfenstern, 19. Jh.

Jungmayrplatz 6. Wohnhaus mit Flachsatteldach, Kern 18. und 19. Jh.

Jungmayrplatz 7. Wohnhaus mit Flachsatteldach und Stichbogenfenstern, Mitte 19. Jh., Kern älter.

Jungmayrplatz 8/9. Vgl. Ensemble Im Gries.

Jungmayrplatz 10. Wohnhaus mit Flachsatteldach und Eisenbalkon, Kern 18. Jh.

Jungmayrplatz 11. Wohnhaus mit Laden und Erker, bez. 1912.

Jungmayrplatz 12. Wohnhaus mit Flachsatteldach, 18. und 19. Jh.

Jungmayrplatz 13. Wohnhaus mit Flachsatteldach und Hochlaube, 1. Hälfte 19. Jh.

Jungmayrplatz 14. Wohnhaus mit Flachsatteldach, 18. und 19. Jh.

Jungmayrplatz 15. Wohnhaus mit Flachsatteldach, 1. Hälfte 19. Jh.

Jungmayrplatz 16a/b. Halbhaus mit Pultdach, Kern 18. und 19. Jh.

Jungmayrplatz 17. Wohnhaus mit Flachsatteldach und Laden, 18./19. Jh.

Jungmayrplatz 18a/b. Vgl. Ensemble Im Gries.

Jungmayrplatz 19a/b. Eckhaus mit Flachsatteldach und übergangenem Fresko, im Kern noch 17. Jh.

An der Ostseite Wandbild eines hl. Bischofs und des hl. Florian, 18. Jh., 1984 restauriert.

Jungmayrplatz 20a/b/c. Vgl. Ensemble Im Gries.

Jungmayrplatz 21. Vgl. Ensemble Im Gries.

Bad Tölz, Höckhstraße 10

Bad Tölz, Jägergasse 2

Bad Tölz, Jungmayrplatz 2/4

Bad Tölz, Jungmayrplatz 6

Bad Tölz, Jungmayrplatz 1-9 (ungerade Nrn., v.l.n.r.)

Bad Tölz, Jungmayrplatz 3a/b, 5 und 7

Bad Tölz, Jungmayrplatz 11 und 13

Bad Tölz, Jungmayrplatz 12 und 14

Bad Tölz, Jungmayrplatz 10

Bad Tölz, Jungmayrplatz 16a/b mit 18a/b

Bad Tölz, Jungmayrplatz 13-19a/b (ungerade Nrn., v.l.n.r)

Bad Tölz, Jungmayrplatz 21 und 23

Jungmayrplatz 22a/b/c/d. Ehem. Herberge, Wohnhaus mit Flachsatteldach, 18. und 19. Jh.

Jungmayrplatz 23,24,26. Vgl. Ensemble Im Gries.

Jungmayrplatz 28. Traufhaus mit Laden, Stichbogenfenstern, 3. Viertel 19. Jh.

Über dem 1. Obergeschoß erneuertes Medaillonfresko der Muttergottes.

Jungmayrplatz 30,32. Vgl. Ensemble Im Gries.

Jungmayrplatz. Nagelschmiedbrunnen; Brunnenfigur in Eisenguß, 3. Viertel 19. Jh.

Kapellengasteig 2. Eckbau im Anschluß an das Marienstift, mit Mansard-Walmdach und Eckerker, um 1910; siehe auch Marktstraße 2.

Am nördlichen Teil modernes Wandbild des hl. Joseph.

Kapellengasteig 3. Siehe Fritzplatz 1.

[**Kardinal-Wendel-Platz 6.** Kath. Pfarrkirche Hl. Familie, 1959/60 nach Plänen des einheimischen Architekten Fritz Strunz erbaut.]

Kirchgasse 2. Wohnhaus mit Laden, Flachsatteldach, Kern 18. Jh.

Kirchgasse 4a/b. Stattliches Wohnhaus mit Laden, flaches Walmdach, 1. Hälfte 19. Jh.

Der Inschrift zufolge starb hier „verunglückt im Kirchendienst der verdienstvolle Mesner und Chorregent Christoph Heiß 1817-1868, hochgeschätzt als Tonkünstler."

Klammergasse 2. Wohnhaus mit Flachsatteldach und Korbbogentor, Kern 2. Hälfte 17. Jh.

Klammergasse 4. Metzgerbräu; stattlicher Bau mit spätgotischen Rippengewölben, rustiziertem Barockportal und Flachsatteldach, Kern 15. Jh. und 2. Hälfte 17. Jh.

Klammergasse 8. Kleinhaus mit Flachsatteldach, Eckquaderung, Putzdekor und Eckpfeilern, 18. und 1. Hälfte 19. Jh.

Königsdorfer Straße 7. Wohnhaus mit Flachsatteldach, 2. Hälfte 18. Jh.

Königsdorfer Straße 9/11. Doppelhaus mit Flachsatteldach, Kern 18./19. Jh.

In der Nische von Nr. 11 Figur einer Schwarzen Muttergottes, wohl 18. Jh.

Königsdorfer Straße 17. Wohnhaus mit Flachsatteldach, im Kern 18. Jh.

Bad Tölz, Jungmayrplatz 16-26 (gerade Nrn., v.r.n.l.)

Bad Tölz, Jungmayrplatz 28

Bad Tölz, Jungmayrplatz, Nagelschmiedbrunnen

Bad Tölz, Kapellengasteig 2

Bad Tölz, Kirchgasse 2

Bad Tölz, Kirchgasse 4a/b

Bad Tölz, Kardinal-Wendel-Platz 6, kath. Pfarrkirche Hl.Familie

Bad Tölz, Pfarrkirche, Inneres nach Osten

Bad Tölz, Klammergasse 2

Bad Tölz, Klammergasse 4

Bad Tölz, Klammergasse 4, Portal

Bad Tölz, Klammergasse 8

Bad Tölz, Klammergasse 4, Kellergewölbe

Bad Tölz, Königsdorfer Straße 7

Bad Tölz, Königsdorfer Straße 9/11

Bad Tölz, Königsdorfer Straße 17

Königsdorfer Straße 21. Wohnhaus mit Flachsatteldach und Fresko, Ende 18. Jh.

Das aus dem späten 18. Jh. stammende Fresko zeigt den hl. Antonius von Padua vor der Muttergottes.

Königsdorfer Straße 27. Wohnhaus mit überstehendem Walmdach, 2.Viertel 19. Jh.

Königsdorfer Straße 29. Stattlicher Bau mit Mansard-Walm, geschweiftem Zwerchgiebel und spätgründerzeitlicher Gliederung, Ende 19. Jh.

Das im Erdgeschoß und an den Lisenen rustizierte Haus setzt eine wesentliche Zäsur, indem es die Gleichförmigkeit der Häuserzeile unterbricht.

Königsdorfer Straße 31. Kruzifix, lebensgroße, gefaßte Holzskulptur, wohl 17. Jh.

Königsdorfer Straße 43/45/47/47a. Stattliches Wohnhaus (4/4-Haus) mit Flachsatteldach, Rauhputzdekor und Figurennische, 1. Hälfte 19. Jh.

In der Mittelachse Figurennische mit Schwarzer Madonna des 18. Jhs.; darüber Putzfelder und Jesusmonogramm.

Kogelweg 6. Pensionsvilla mit Mansard-Schopfwalmdach, Erkerrisalit und seitlichen Risaliten, Putzdekor, Anfang 20. Jh.

Kogelweg 10. Pensionsvilla mit Walmdach und Vorbauten, um 1910 wohl von Gabriel von Seidl.

Kogelweg 14. Landhaus, breitgelagerter Bau mit Flachsatteldach im Heimatstil, Giebellaube über Balkonvorbau und seitlicher Gartenpavillon, um 1910.

Kohlstattstraße 2. Wohnhaus mit vorstehendem Halbwalm, seitlichem Anbau und Putzdekor, um 1900.

Kohlstattstraße 8a. Wohnhaus mit Flachsatteldach, 18. Jh.

Kohlstattstraße 8b. Wohnhaus mit Steilsatteldach, im Kern 18. Jh.

Kohlstattstraße 13/15/17/19/21. Langgestreckter, einfirstiger Bau mit Flachsatteldach, 18.-19. Jh.; ehem. Gasthaus „Zur Schoatn“ (Nr. 21) durch Umbau 1993 eingreifend erneuert.

Kohlstattstraße 25. Kleinhaus mit Steilsatteldach und verschaltem Vordach, 2. Hälfte 18. Jh.

Kohlstattstraße 31/33a/b. Wohnhaus (3/3-Haus) mit Herbergsteilung, Flachsatteldach, im Kern 18. Jh.

Kohlstattweg 1. Wohnhaus mit Halbwalmdach, 1.Drittel 19. Jh.

Kohlstattweg 4. Stattliches Wohnhaus mit Flachsatteldach und verschaltem Vordach, im Kern 1. Hälfte 18. Jh.

Bad Tölz, Königsdorfer Straße 21

Bad Tölz, Königsdorfer Straße 31, Kruzifix, wohl 17.Jh.

Bad Tölz, Königsdorfer Straße 27

Bad Tölz, Königsdorfer Straße 29

Bad Tölz, Königsdorfer Straße 43/45/47/47a

Bad Tölz, Kogelweg 6

Bad Tölz, Kogelweg 10

Bad Tölz, Kogelweg 14

Bad Tölz, Kohlstattstraße 2

Bad Tölz, Kohlstattstraße 8a und 8b

Bad Tölz, Kohlstattstraße 25

Bad Tölz, Kohlstattstraße 13/15/17/19/21

Bad Tölz, Kohlstattweg 1

Bad Tölz, Kohlstattstraße 31/33a/b

Bad Tölz, Kohlstattweg 4

Konradgasse 1a/b. Doppelhaus mit Flachsatteldach und Flacherker, Kern 18. Jh.

Konradgasse 2. Kleines Wohnhaus mit Flachsatteldach, im Kern 18. Jh.

Konradgasse 3. Traufständiges Wohnhaus mit Rundbogeneingang, gegen Mitte 19. Jh.

Konradgasse 5. Traufständiges Wohnhaus mit korbbogigem Eingang, Mitte 19. Jh.

Konradgasse 7, 9, 11. Vgl. Ensemble Im Gries.

Konradgasse 6, 8. Siehe Am Graben 1, 3.

Konradgasse 13/13 ½. Zweigiebeliges Doppelhaus, Nr. 13 ½ mit Rauhputzfassade, im Kern 18. Jh.

Konradgasse 15a/b/17. Doppelhaus mit Flachsatteldach und Herbergsteilung, 2. Hälfte 18. Jh.

Konradgasse 19. Vgl. Ensemble Im Gries.

Krankenhausstraße 1, 2. Vgl. Ensemble Im Gries.

Krankenhausstraße 3. Wohnhaus mit Laden, Flachsatteldach, im Kern 18. Jh.

Krankenhausstraße 4. Vgl. Ensemble Im Gries.

Krankenhausstraße 5/7. Stattliches Doppelhaus mit Flachsatteldach und Aufzugöffnung, 2. Hälfte 18. Jh.

Krankenhausstraße 6/8. Vgl. Ensemble Im Gries.

Krankenhausstraße 9/11a/b. Stattliches Doppelhaus mit verschaltem Vordach, im Kern 18. Jh.

Krankenhausstraße 10-14. Vgl. Ensemble Im Gries.

Krankenhausstraße 15. Wohnhaus mit Putzverzierungen und Stichbogenfenstern, geknickter Grundriß, Mitte 19. Jh. (mit Botengasse 13).

Krankenhausstraße 16. Wohnhaus mit Flachsatteldach, Kern 18. Jh.

Krankenhausstraße 17. Vgl. Ensemble Im Gries.

Krankenhausstraße 18. Wohnhaus mit geschlepptem Flachsatteldach, 18. Jh.; barocke Hausfigur des hl. Johann Nepomuk.

Am Obergeschoß in stichbogiger Nische große Figur des hl. Johann Nepomuk, 2. Viertel 18. Jh.

Krankenhausstraße 19. Vgl. Ensemble Im Gries.

Krankenhausstraße 20/22. Doppelhaus mit Flachsatteldach, Nr. 20 mit Aufzugöffnung, 18. Jh.

Krankenhausstraße 24/26. Schmales Doppelhaus mit Flachsatteldach, 18. Jh.

Krankenhausstraße 28. Wohnhaus mit Flachsatteldach, Mitte 18. Jh. (mit Botengasse 12).

Krankenhausstraße 30. Vgl. Ensemble Im Gries.

Bad Tölz, Konradgasse 1a/b und 3

Bad Tölz, Konradgasse 2

Bad Tölz, Konradgasse 5-9 (ungerade Nrn., v.l.n.r.)

Bad Tölz, Konradgasse 11-17 (ungerade Nrn., v.l.n.r.)

Bad Tölz, Krankenhausstraße 3 und 5/7

Bad Tölz, Krankenhausstraße 9/11a/b

Bad Tölz, Krankenhausstraße 15

Bad Tölz, Krankenhausstraße 14-28 (gerade Nrn., v.r.n.l.)

Bad Tölz, Krankenhausstraße 16 und 18

Bad Tölz, Krankenhausstraße 18, hl. Johann Nepomuk, 2.Viertel 18.Jh.

Bad Tölz, Krankenhausstraße 20-30 (gerade Nrn., v.r.n.l.)

Bad Tölz, Krankenhausstraße 20/22 und 24/26

Krankenhausstraße 32. Ehem. Bruderhaus; Wohnhaus mit Flachsatteldach und geohrten Fensterumrahmungen, 1. Hälfte 18. Jh.

Das ehem. Bruderhaus wurde 1498 durch den Tölzer Pfarrvikar Peter Salbernkircher (Salmazkircher) als Herberge für bedürftige Wandersleute gegründet und diente von 1822 bis 1861 als Krankenhaus. Danach war es Armenhaus, bis es 1958 zum städtischen Altenwohnheim umgestaltet wurde. – Breitgelagerter, zweigeschossiger Satteldachbau; über dem Portal Okulus. Am Giebel querrechteckiges Fresko des barmherzigen Samariters, 1798 von Wilhelm Anton Fett, Spätwerk des Tölzer Malers.

Krankenhausstraße 34/36/38. Wohnhaus (3/3-Haus) mit Flachsatteldach, 2. Hälfte 18. Jh.; Nr. 36/38 mit originellen Rauhputzverzierungen.

[Krankenhausstraße 37. Altes Krankenhaus. 1860/61 erbaut und 1882 durch zwei Flügel erweitert. 1889 erhöht.]

Krankenhausstraße 40a/b. Doppelhaus mit Flachsatteldach und geknicktem Grundriß, 18. Jh.

Krankenhausstraße 42. Wohnhaus mit Flachsatteldach und giebelseitigem Vorbau, 18. Jh.

Krankenhausstraße. Gockelbrunnen, 3. Viertel 19. Jh.

Lenggrieser Straße 1. Siehe Römergasse 6.

Lenggrieser Straße 2. Wohnhaus mit überstehendem Schopfwalmdach und Fenstereinfassungen, um 1900.

Dreigeschossiger Bau der Jahrhundertwende über abgewinkeltem Grundriß.

Lenggrieser Straße 3/5. Vgl. Ensemble Im Gries.

Lenggrieser Straße 6. Wohnhaus mit Flachsatteldach, Kern 18. Jh., Gliederung 2. Hälfte 19. Jh.

Lenggrieser Straße 13. Wohnhaus mit Flachsatteldach und Eisenbalkon, Putzdekor, Mitte 19. Jh.

Lenggrieser Straße 22. Eckhaus mit reichen Fensterumrahmungen, Gurtgesims und Keilsteinen, 3. Viertel 19. Jh.

Lenggrieser Straße 26. Wohnhaus mit Flachsatteldach und Putzdekor, Kern 18. Jh. und 19./20. Jh.

Das dreigeschossige Gebäude mit Figurennischen; darin am 1. Obergeschoß Muttergottes des frühen 18. Jhs. im Typus der Madonna im Münchener Herzogspital, im 2. Obergeschoß hl. Joseph neueren Datums.

Lenggrieser Straße 28,28a/b/c/d. Stattliche Häuserreihe mit fünf Flachsatteldächern im späten Tölzer Heimatstil, mit Putzdekor, erbaut 1924; das nördliche Eckhaus mit Erker.

Bad Tölz, Krankenhausstraße 32 und 34/36/38

Bad Tölz, Krankenhausstraße 37

Bad Tölz, Krankenhausstraße 40a/b

Bad Tölz, Krankenhausstraße 42

Bad Tölz, Krankenhausstraße, Gockelbrunnen

Bad Tölz, Lenggrieser Straße 2

Bad Tölz, Lenggrieser Straße 6

Bad Tölz, Lenggrieser Straße 13

Bad Tölz, Lenggrieser Straße 28c/d

Bad Tölz, Lenggrieser Straße 22-28d (gerade Nrn., v.r.n.l.)

Bad Tölz, Lenggrieser Straße 22

Bad Tölz, Lenggrieser Straße 26

Bad Tölz, Lenggrieser Straße 28/28a/b/c/d

Ludwigstraße 14. Ehem. Villa Herder, jetzt Kurverwaltung der Jod AG; gegliederter Bau mit mittelsteilem, überstehendem Satteldach, Kern 3. Viertel 19. Jh., erneuert 1934.

Die Villa Herder war ehemals Wohnsitz des Karl Raphael Herder aus Freiburg im Breisgau, der sich im 19. Jh. als Besitzer der Tölzer Jodquellen um die erste Entwicklung des Badeorts sehr verdient gemacht hat. Das elegante Gebäude mit Zwerchgiebel ist durch einen überdachten Gang mit der runden Trinkhalle verbunden, an die sich wiederum nach Norden die Wandelhalle und der geräumige Konzertsaal anschließt; vgl. Ludwigstraße 14 ½.

Ludwigstraße 14½. Kuranlage mit Trink- und Konzert- bzw. Wandelhalle; Rundbau, dreiseitig von Wandelgängen umgeben, angeschlossen großer Saalbau mit Walmdach, um 1929/30.

Ludwigstraße 18. Ehem. Landhaus, jetzt Haus des Gastes; erdgeschossiger Bau mit Mansard-Walmdach, symmetrisch mit Dachgauben und Kaminen, 1926/27 von L. Seidl.

Ludwigstraße 25. Kurhaus; Langtrakt mit ausladendem Rundsaal und Arkadenvorhalle, rückwärts offene Loggien, Walmdach mit Belvedere-Türmchen, 1912/13 von Gabriel von Seidl. – Kurparkanlage, Ende 19. Jh. – Musikpavillon; Holzbau, wohl um 1912/13.

Architektonisch vorzüglich gelöster Gruppenbau am Rand des Kurparks, der 1912/13 von Gabriel von Seidl entworfen und begonnen, jedoch von seinem Bruder Emanuel von Seidl vollendet wurde. Der Nordeingang leitet zur lisenengegliederten Rotunde über, die von einem (1980 erneuerten) Dachreiter bekrönt wird. Nach Süden schließt sich ein rechteckiger Abschnitt an, der nach Osten im Erdgeschoß Säulenarkaden, darüber Pfeileröffnungen aufweist und im Osten eine geräumige Veranda besitzt.

Maierbräugasteig 3. Kleines Wohnhaus mit Flachsatteldach und geknicktem Grundriß, 2. Hälfte 18. Jh.

Maierbräugasteig 5. Wohnhaus mit Flachsatteldach, Mitte 18. Jh.

Maierbräugasteig 7. Schmalhaus mit Flachsatteldach, Mitte 18. Jh.

Maierbräugasteig 9. Wohnhaus mit Flachsatteldach und geknicktem Grundriß, Anfang 19. Jh.

Maierbräugasteig 13. (Wohnhaus); Oberlichtgitter bez. 1815.

Bad Tölz, Ludwigstraße 14

Bad Tölz, Ludwigstraße 14 ½

Bad Tölz, Ludwigstraße 18

Bad Tölz, Ludwigstraße 25, Kurpark

Bad Tölz, Ludwigstraße 25, Kurhaus

Bad Tölz, Ludwigstraße 25, Musikpavillon

Bad Tölz, Maierbräugasteig 3

Bad Tölz, Maierbräugasteig 3

Bad Tölz, Maierbräugasteig 5-9 (ungerade Nrn., v.l.n.r.)

Bad Tölz, Maierbräugasteig 13, Oberlichtgitter

Marktstraße 1. Wohn- und Geschäftshaus mit Flachsatteldach und Erker an der Ecke, Kern 17. Jh., 1909 nach Entwurf von Gabriel von Seidl erneuert.

Ehemals Nieslhaus, seit 1885 Sitz des Tölzer Kuriers; hier brach 1453 das Feuer aus, das den Markt bis zum Khanturm im Osten einäscherte. Der dreigeschossige, im Kern wohl aus dem 17. Jh. stammende Bau am nordwestlichen Ende der Marktstraße wurde 1909 nach Entwürfen von Gabriel von Seidl erneuert. Der zweigeschossige, rechteckige Erker an der Südwestecke ist durch profilierte Gesimse gegliedert. Wandmalereien von Martin Herz: südlich der Erfinder des Buchdrucks, Johannes Gutenberg (1394/99-1468), westlich Zunftwappen. Am nordwestlichen Anbau bemerkenswertes Relief, das an den 60.Geburtstag Gabriel von Seidls am 9.Dezember 1908 erinnern soll: Ein vierspänniger Prunkwagen, der seine Initialen und die Jahreszahl 60 trägt, transportiert Modelle wichtiger Bauten in der Marktstraße (darunter der Khanturm und die Doppelgiebelfassade des ehem. Rathauses), an deren Umbau bzw. Erhalt der Münchener Architekt beteiligt war. Im Vordergrund hält eine junge Frau sein Porträtmedaillon, im Hintergrund sieht man sein Tölzer Landhaus an der Arzbacher Straße.

Marktstraße 2. Marienstift; gegliederter Baukomplex mit Kapellenvorbau und Giebelrisalit am Kapellengasteig, 1905 von Gabriel von Seidl als Umbau eines älteren, zuletzt neugotisch überformten Gebäudes; mit reichen Fassadenmalereien. – Südlich anschließend Doppelgiebelhaus mit Hochlauben, um 1910 mit älterem Kern; siehe auch Kapellengasteig 2.

1475 wird hier bereits eine Weinwirtschaft, 1577 der Kruglededererbräu und 1750 eine Gerberei erwähnt. 1816 Geburtshaus des Historikers und Politikers Johann Nepomuk Sepp († 1909), dessen Schwester Anna Barbara Merz zwischen 1868 und 1876 ein älteres Gebäude zur bestehenden, ausgedehnten Anlage in neugotischen Formen mit zinnenbekrönten Erkern und Giebeln erweitern ließ. Seit 1892 Marienstift; 1905 nach Plänen Gabriel von Seidls durch Peter Freisl vor allem im äußeren Erscheinungsbild vollkommen verändert. – Das mächtige, drei- bzw. viergeschossige Gebäude beherrscht mit seiner abgewinkelten, durch hohe Erker in Teilabschnitte aufgelösten Front den Kapellengasteig über dem Isarufer und setzt damit einen entscheidenden Akzent am Westeingang der Marktstraße. Geänderte Fensterformen und der zierliche Giebelreiter auf dem vortretenden Krüppelwalmdach kennzeichnen die Lage der Hauskapelle in dem zur Brücke ausgerichteten, turmartigen Haupterker. Die reichen, von Karl Wahler gemalten Fassadenfresken setzen sich aus Lisenen, Fensterfaschen, Girlanden, Kränzen und figürlichen Motiven, darunter der berühmte Schmied von Kochel, der Tölzer Weinwirt Johannes Jäger und Kurfürst Max Emanuel mit seinen beiden Söhnen Karl Albrecht und Clemens August, zusammen. Die Szenen unter und über der Hochlaube zeigen die Vorbereitungen und den Zug der Tölzer zur Sendlinger Bauernschlacht 1705.

Marktstraße 3. Wohn- und Geschäftshaus (Kolpinghaus) mit Erker und Flachsatteldach, im Kern 18. und 19. Jh.

Vierachsiger, 1949 veränderter (vgl. das Datum im Oberlichtgitter der Eingangstür) Satteldachbau mit dreiseitigem Erker über dem rundbogigen Portal.

Bad Tölz, Luftaufnahme von Nordosten, 1917

Bad Tölz, Ansicht der Marktstraße von Westen, Aufnahme um 1910/20

Bad Tölz, Marktstraße 1

Bad Tölz, Marktstraße 1, Relief zum 60. Geburtstag Gabriel von Seidls 1908

Bad Tölz, Marktstraße 2, Aufnahme um 1850

Bad Tölz, Marktstraße 2, Aufnahme um 1870/75

Bad Tölz, Marktstraße 2, Aufnahme um 1900

Bad Tölz, Marktstraße 2, Marienstift

Bad Tölz, Marienstift, Hauskapelle, Mariä Tempelgang, Ende 19.Jh.

Bad Tölz, Marienstift, Hauskapelle

Bad Tölz, Marienstift, Hauskapelle, Pietà, 18.Jh.

Bad Tölz, Marktstraße 1 und 3, Aufnahme um 1910/20

Bad Tölz, Marktstraße 1-7 (ungerade Nrn., v.l.n.r.)

Marktstraße 4. Gasthaus Starnbräu; mit gewölbter Durchfahrt, Kern 2. Hälfte 17. Jh., Gliederung Mitte 19. Jh.; altes Tor.

Marktstraße 5. Wohn- und Geschäftshaus mit Flachsatteldach und Fensterbekrönungen, Kern 18. Jh. und 19. Jh. (Abb. S. 65)

Im Erdgeschoß moderne Ladeneinbauten. Über den breiten Rahmen der Obergeschoßfenster fächerförmige Palmetten.

Marktstraße 6. Vgl. Ensemble Marktstraße.

Am 1.Obergeschoß erneuertes Freskomedaillon mit dem Innsbrucker Maria-Hilf-Bild.

Marktstraße 7. Wohn- und Geschäftshaus mit Flachsatteldach und Rauhputzumrahmungen, 18. und 19. Jh. (Abb. S. 65)

Marktstraße 8. Gasthaus Grünerbräu; Traufhaus mit gewölbter Durchfahrt, Erker und neubarocken Fensterumrahmungen, Kern 17. Jh., Fresken modern.

Die Fresken zeigen am Erker die Jünger auf dem Weg nach Emmaus und das Emmausmahl, sowie östlich die Immaculata über dem Zeichen der Brauer.

Marktstraße 9. Wohn- und Geschäftshaus mit Flachsatteldach, Erker und Rauhputzrahmung, Kern 18. Jh., 1947 überarbeitet.

Am dreiseitigen Erker, der die Mittelachse der beiden Obergeschosse zusammenfaßt, Wandmalereien von 1947 mit Landleuten und zwei Winzern, die eine große Traube tragen. Im Giebel über dem Datum 1947 ein 1930 von Drewes ausgeführtes Freskomedaillon mit Darstellung einer Mandoline und mehrerer Gläser.

Marktstraße 10/12/14. Zusammengehörige Baugruppe mit drei Flachsatteldächern, Wohn- und Geschäftshäuser, mit Fresken und gemalten Umrahmungen und Bekrönungen, 2. Hälfte 18. Jh. und modern.

Die ursprünglich aus der 2. Hälfte des 18. Jhs. stammenden und teilweise erneuerten Fassadenmalereien bilden einen einheitlichen Zyklus, dessen Themen ausschließlich dem Alten und Neuen Testament entnommen sind; über den Fenstern von Nr. 12 u.a.: Opfer Abrahams, Judith und Holophernes, Samson und Delila; Nr. 10/14: Szenen aus dem Leben Christi und Mariä; in der Mittelachse der drei Häuser: Reliquiar, thronende Muttergottes und Gottvater.

Marktstraße 11. Wohn- und Geschäftshaus mit Flachsatteldach und Stichbogenfenstern, Kern 18. Jh. und 3.Viertel 19. Jh.

1860 erwarb Karl Raphael Herder, der Begründer des Bades Krankenheil, das Anwesen und ließ hier die ersten Bäder für Heilkuren verabreichen. Bereits 1874 wurde das Gebäude an den Buchhändler Ernst Stahl verkauft.

Marktstraße 13. Wohn- und Geschäftshaus mit flachem Walmdach und reichen Stuckverzierungen, wohl um 1800 und Anfang 20. Jh.

Die Fenster der drei Obergeschosse in klassizistischen Stuckrahmen, verbunden durch Girlanden und bekrönt von Palmetten und kleinen Vasen.

Marktstraße 15, 15½. Wohn- und Geschäftshaus mit Flachsatteldach und Erker, Kern Ende 17. Jh.

Marktstraße. Marienbrunnen, 1948 von Joseph Hillerbrand und Joseph Henselmann; vor Nr. 15.

Der Marienbrunnen gehört seit jeher zum Bild der Marktstraße. 1868 wurde eine Ende des 18. Jhs. von dem Tölzer Bildhauer Franz Anton Fröhlich geschnitzte Muttergottes durch eine Zinkgußfigur aus der Mayerschen Kunstanstalt in München ersetzt. Erneuerung der gesamten Anlage 1911 unter der Leitung von Peter Freisl. 1914 Zerstörung der Figur und Neuanschaffung bei der Mayerschen Kunstanstalt. Der heutige steinerne Brunnen stammt 1948 von Joseph Hillerbrand und Joseph Henselmann.

Marktstraße 16. Wohn- und Geschäftshaus mit Flachsatteldach und Putzdekor, 2. Hälfte 18. und Anfang 20. Jh.

Im Giebelmedaillon erinnern das Wappen der Bäckerinnung und das Datum 1322 an den Einsatz der Münchener Bäcker, durch den die Gefangennahme Ludwigs des Bayern nach der Schlacht bei Mühldorf verhindert wurde, worauf er der Zunft das Privileg verlieh, den kaiserlichen Doppeladler im Wappen zu führen.

Marktstraße 17. Wohn- und Geschäftshaus, traufständig, am Obergeschoß Stichbogenfenster, um 1870/80, Fassade mit neubarocker Stuckgliederung, 1906 von Gabriel von Seidl entworfen.

Enzianbrennerei, Weinhandlung und Weinstube Max Schwaighofer. Um 1870/80 errichtet, 1896 von Gabriel von Seidl zur Weinstube umgestaltet, nach Zerstörung im Zweiten Weltkrieg 1946/48 nach Plänen von Joseph Hillerbrand wiederhergestellt. Dreigeschossiger Traufseitbau; über dem stichbogigen Portal originelle Kombination von Stuck und Fresko, 1906 von Gabriel von Seidl entworfen: auf flach reliefierten Konsolen stehen von Ludwig Herterich gemalte (und 1968 von Maler Demmel erneuerte) Figuren eines Weinwirts und eines Zechers, zwischen beiden eine Inschriftkartusche.

Marktstraße 18. Wohn- und Geschäftshaus mit flachem Walmdach und kräftigen Fensterumrahmungen, um 1840.

Marktstraße 19. Wohn- und Geschäftshaus, schmaler Bau mit Flachwalm, Mitte 19. Jh.

Das geschoßübergreifende, 1935 von dem Königsdorfer Maler Demmel ausgeführte Fresko zeigt die Erscheinung des Engels vor den Hirten.

Marktstraße 20. Wohn- und Geschäftshaus mit Flachsatteldach und übergangenen Fresken, geputzte Fensterumrahmung, Ende 18. Jh.

Die Fresken weitgehend erneuert: unten hl. Familie (sog. hl. Wandel), bez. „Lechner", oben Gottvater.

Marktstraße 21. Ehem. Marktmühle; Flachsatteldach, großes Christophorusbild und andere Fresken, Spruchkartuschen, Kern 1. Hälfte 18. Jh.

Die schon vor 1273 bestehende, ehem. Marktmühle bzw. Schretzenstallersche Kunstmühle brannte 1709 nieder. Die Malereien der Obergeschosse von etwa 1760/70 wurden z.T. stark übergangen: Maria als Braut des Hl. Geistes, hl. Christophorus über Inschriftkartusche, hl. Joseph.

Bad Tölz, Marktstraße 4-20 (gerade Nrn., v.r.n.l.)

Bad Tölz, Marktstraße 12, Fassadenmalereien

Bad Tölz, Marktstraße 4

Bad Tölz, Marktstraße 16

Bad Tölz, Marktstraße 10/12/14

Bad Tölz, Marktstraße, Marienbrunnen

Bad Tölz, Marktstraße 13

Bad Tölz, Marktstraße 17, Fassadendekoration

Bad Tölz, Marktstraße, Figur des Marienbrunnens

Bad Tölz, Marktstraße 9-15, 15 ½ (ungerade Nrn., v.l.n.r.)

Bad Tölz, Marktstraße 17-21 (ungerade Nrn., v.l.n.r.)

Marktstraße 22. Wohn- und Geschäftshaus, Eckhaus mit Eckerker und Gurtgesims, 2. Hälfte 19. Jh.

Marktstraße 23. Wohn- und Geschäftshaus mit Flachsatteldach und originellen Stuckbandverzierungen, Kern 18. Jh. und Anfang 20. Jh.

1984 nach Befund restauriert. Die Fenster der beiden Obergeschosse werden von auffälligen, mäandrierten Stuckbändern aus dem frühen 20. Jh. eingefaßt. In einer kleinen Figurennische Schmerzhafte Muttergottes, wohl 18. Jh.

Marktstraße 24. Wohn- und Geschäftshaus mit Flachsatteldach und Putzfelderung, wohl Anfang 19. Jh.

1980 instandgesetzt. Fresko der Immaculata, wohl aus der Bauzeit; darunter Medaillon mit Wappen und Inschrift: „zum Biberglaser renoviert ab 1898."

Marktstraße 25. Ehem. Benefiziatenhaus; traufständig mit Fresko, wohl Anfang 19. Jh.

Die gesamte Fassadengliederung des dreiachsigen Traufseitbaus al fresco ausgeführt: Fenster in geohrten Faschen; zwischen den beiden Obergeschossen Anbetung der Könige und Putten mit Früchten; über dem oberen Mittelfenster Hostienkelch.

Bad Tölz, Brand in der Marktstraße 1709, Votivtafel in der Leonhardskapelle auf dem Kalvarienberg

Marktstraße 26/28. Doppelhaus mit Flachwalm, Putzdekor und Erker, modern bez. 1883.

Das Datum befindet sich oben an der Ostseite.

Marktstraße 27. Wohn- und Geschäftshaus, traufständig, Anfang 19. und Anfang 20. Jh., Putzbänderung.

In der Stuckbekrönung des mittleren Fensters im 1. Obergeschoß Figurennische. Das oberste, vierachsige Geschoß dürfte im frühen 20. Jh. aufgesetzt worden sein.

Marktstraße 29. Ehem. Alte Posthalterei, jetzt Gasthof Kolberbräu; im Kern um 1600, später aus zwei Häusern zusammengebaut und gegliedert, Ende 19. Jh.

Das langgestreckte, rustizierte Gebäude mit dem breiten Zwerchgiebel über den drei risalitartig leicht vorgezogenen Mittelachsen stammt im Kern aus dem frühen 17. Jh. und setzt sich aus zwei ursprünglich eigenständigen Häusern zusammen; vgl. die drei schmäleren östlichen Fensterachsen. Seit 1664 ist hier ein Bierbräu nachgewiesen. Nach dem Brand von 1884 Umbau zur bestehenden Anlage durch den damaligen Besitzer Franz Roth. 1908ff. Posthalterei. 1970 und 1987 weitere Veränderungen. Im Erdgeschoßgang mehrere gußeiserne Ofenplatten des 18./19. Jhs.

Marktstraße 30. Ehem. Klammerbräu; Eckhaus mit Gesimsgliederung und geschnitztem Tor um 1820, Kern älter.

1981 außen restauriert. Am 1. Obergeschoß Freskomedaillon mit Halbfigur der Schmerzhaften Muttergottes.

Marktstraße 31. Wohn- und Geschäftshaus, spätgotischer Bau mit Bogenfries und neugotischem Staffelgiebel.

Das hohe 1. Obergeschoß des Eckhauses wird von einem Rundbogenfries auf Spitzkonsolen abgeschlossen; zwischen den beiden östlichen Fensterachsen befindet sich das Wappen des Bürgermeisters Adam Reiffenstuel, in dessen Besitz das Gebäude 1721ff. war. Am 2. Obergeschoß traufseitig zwei 1993 erneuerte Fresken der Trinität und der Muttergottes.

Marktstraße 32. Eckhaus mit Flachwalm, Erdgeschoß rustiziert, 1. Hälfte 19. Jh.

1984 Restaurierung und Erneuerung der Obergeschoßfenster. Die Nordostecke der Gebäudes ziert eine Figur der Schwarzen Muttergottes aus dem 18. Jh., die von einem Stuckbaldachin bekrönt wird.

Marktstraße 33,34. Vgl. Ensemble Marktstraße.

Nr. 33 war im 17./18. Jh. Besitz der Familie Nockher, zu der auch der Stifter des Kalvarienbergs, der kurfürstliche Salzbeamte Friedrich Nockher, gehörte.

Marktstraße 35. Alte Hofapotheke; Traufhaus mit Gliederung der 2. Hälfte 19. Jh., Fresken mit Ortsansichten, Anfang 19. Jh.

Ursprünglich Gerstlacherbräu. Nach der Aufhebung Benediktbeuerns 1803/04 verlegte der Klosterapotheker Gualbert Salcher seine Apotheke nach Tölz und später in das Gebäude an der Marktstraße, das den Titel „Großherzoglich-Luxemburgische Hofapotheke" erhielt. Zwischen den beiden Obergeschossen Ansichten von Kloster Benediktbeuern und Tölz.

Marktstraße 36. Geschäftshaus, langgestreckter Bau mit Eckerker, Stichbogenfenstern und neugotischem Dekor, um 1870.

Beim Umbau 1981/82 wurde das Gebäude weitgehend entkernt, wobei eine wohl spätmittelalterliche Wendeltreppe verloren ging; zugleich wurde die Fassade restauriert. Bemerkenswert die Fenster des 1. Obergeschosses im Stil der Maximilianszeit.

Marktstraße 37. Wohnhaus und Café, traufständig mit Rauhputzgliederung, 1. Hälfte 19. Jh.

1981 nach Befund instandgesetzt. Schmaler, dreiachsiger Bau mit modernem Freskomedaillon des Guten Hirten.

Marktstraße 38. Wohn- und Geschäftshaus mit Flachsatteldach, ab 2. Obergeschoß über Stichbogen vorkragend, Kern wohl 2. Hälfte 16. Jh.

Bad Tölz, Marktstraße 22

Bad Tölz, Marktstraße 23-27 (ungerade Nrn., v.l.n.r.)

Bad Tölz, Marktstraße 29, Durchgang

Bad Tölz, Marktstraße 24 und 26/28

Bad Tölz, Marktstraße 29 und 31

Bad Tölz, Marktstraße 30

Bad Tölz, Marktstraße 30, Portal

Bad Tölz, Marktstraße 32

Bad Tölz, Marktstraße 38

Bad Tölz, Marktstraße 33-37 (ungerade Nrn., v.l.n.r.)

Bad Tölz, Marktstraße 36

Marktstraße 39. Gasthaus Tölzer Hof; mit Flachsatteldach, Stuckdekor am Erdgeschoß und moderner Bemalung, Kern 18. Jh.

Das stichbogige Portal des viergeschossigen Hauses von rustizierten Stuckpilastern flankiert. Die Fassadenmalereien, d.h. die Fensterrahmen, die Eckrustika und das große Giebelfresko des Gekreuzigten mit dem hl. Longinus, 1928 von Heinrich Bickel, 1982 durch Günther Wasmeier restauriert.

Marktstraße 40. Schmales Wohn- und Geschäftshaus mit Flachsatteldach, Erker und Stuckdekor, 1. Viertel 19. Jh.

Marktstraße 41. Weinhaus Höckh; im Kern 15./16. Jh., Gliederung und Flachwalm gegen Mitte 19. Jh., Fassade 1904 nach Entwürfen von Gabriel von Seidl verändert, später vereinfacht; mit historischer Ausstattung.

Das stattliche, viergeschossige Traufseithaus wurde nach dem Brand von 1453 wiedererbaut. Im 15. Jh. Besitz der Familie Heigl, kam es 1575 durch Heirat an Thomas Höckh, dem Herzog Wilhelm V. 1581 Wappen und Siegel verlieh, und im 17. Jh. erneut durch Heirat an Johannes Jäger. Sein 1667 geborener gleichnamiger Sohn wurde als einer der Anführer des Volksaufstandes 1706 in München hingerichtet, vgl. Inschrifttafel an der Fassade. Ab 1748 gehörte das Haus dann wieder den Höckh, deren damaliger Sproß, Johann Friedrich Höckh, hier eine Wachszieherei und Lebzelterei einrichtete. Auf die 1904 unter dem damaligen Eigentümer Joseph Lechner nach Entwürfen Gabriel von Seidls durch Karl Wahler ausgeführte reiche Fassadengestaltung gehen nur noch die (erneuerten) Hauswappen am Erker und die geohrten Fensterrahmen zurück. Späteren Datums sind die große Muttergottes und der Marsch der Oberländer darunter. 1988/89 wurde eine spätgotische Gaststube im südöstlichen Teil des Erdgeschosses zu einem Laden umgebaut. – Die weitgehend unverändert erhaltenen Räume der Obergeschosse vermitteln einen einzigartigen Eindruck von der großbürgerlichen Lebens- und Wohnkultur im Tölz des 18./19. Jhs. Im 1. Obergeschoß östlich des tonnengewölbten Gangs ein dreiachsiger Raum mit spätgotischer Balkendecke. Das gegenüberliegende Zimmer mit hervorragender Ausstattung des frühen 19. Jhs. und anschließender Hauskapelle, dessen Altarblatt mit dem Emmausmahl von Franz Anton Fröhlich stammen könnte.

Marktstraße 42/44. Wohn- und Geschäftshaus mit Flachsatteldach, Erdgeschoß rustiziert, Gliederung Mitte 19. Jh., Kern älter.

Marktstraße 43. Altes Rathaus; Wohn- und Geschäftshaus, Kernbau nach 1634, durch Gabriel von Seidl 1904/05 umgebaut, reiche „Tölzer" Stuckgliederung, erneuerter Dachreiter.

Ein Rathaus in Tölz wird an dieser Stelle 1476 erstmals urkundlich erwähnt. 1634 brannte es nieder und wurde wiedererrichtet. Seit 1903 in Privatbesitz. 1904/05 gestaltete Gabriel von Seidl das dreigeschossige, von einem oktogonalen Dachreiter mit Zwiebelhaube bekrönte Satteldachhaus um; auf den Münchener Architekten dürfte auch die reiche, doch etwas schematische Stuckdekoration der Fassade zurückgehen. Das Innere wurde am 10./11. Juli 1993 durch einen Brand verwüstet.

Bad Tölz, Ansicht der Marktstraße von Südwesten

Bad Tölz, Marktstraße 37 und 39

Bad Tölz, Marktstraße 41, Aufnahme um 1910/20

Bad Tölz, Marktstraße 39 und 41

Bad Tölz, Marktstraße 41, Raum im 1. Obergeschoß

Bad Tölz, Marktstraße 41, Südostzimmer im 1.Obergeschoß

Bad Tölz, Marktstraße 41, Südwestzimmer mit Kapelle im 1. Obergeschoß

Bad Tölz, Marktstraße 43

Bad Tölz, Marktstraße 40-46 (gerade Nrn., v.r.n.l.)

Bad Tölz, Marktstraße 43,
Rückseite

Marktstraße 45. Sporrerhaus; Wohn- und Geschäftshaus, mit Flachsatteldach und reicher Fassadenmalerei auf alter Grundlage, Torarchitektur, im Kern 18. Jh.

Ehem. Restbräu, nach dem Brand von 1634 wiederaufgebaut. Themen der (erneuerten) Fresken: hl. Florian – Szenen aus dem Leben des hl. Antonius Eremita – Lamm Gottes – Verkündigung Mariä und Beweinung Christi – Innsbrucker Maria-Hilf-Bild (seitenverkehrt).

Marktstraße 46. Vgl. Ensemble Marktstraße.

Marktstraße 47. Wohn- und Geschäftshaus mit Flachsatteldach, reichem Bandstuck, Erker und altem Fresko, Mitte 19. Jh., im Kern älter.

Das Fresko mit Darstellung von Abrahams Opfer wurde auf alter Grundlage erneuert.

Marktstraße 48. Ehem. Rathaus (vor 1903 Bürgerbräu), jetzt Heimat- und Bürgerhaus, Heimatmuseum; mit zwei Flachsatteldachgiebeln, Erker, spätbarocken Portalen, Pilastergliederung und reicher Bemalung, z.T. im Jugendstil, 3.Viertel 18. Jh., umgebaut 1903/04 nach Plänen von Gabriel von Seidl; mit Dachreiter.

1602ff. Bürgerbräu, 1903-1979 Rathaus, jetzt Heimat- und Bürgerhaus sowie Museum. Sein beeindruckendes Äußeres verdankt das viergeschossige, durch kolossale Kompositpilaster rhythmisierte Doppelhaus, das von zwei, leicht achsenverschobenen Flachsatteldächern mit Türmchenaufbauten abgeschlossen wird, der Umgestaltung 1903/04 durch Peter Freisl nach Entwürfen Gabriel von Seidls. Die Malereien der durchfensterten Geschosse führte Karl Wahler, die Giebelkartuschen mit der Trinität und den Engeln beiderseits einer Uhr Franz Rinner aus. – Im 3.Stock ehem. Hauskapelle, die der Tölzer Bürgermeister Franz Paul Mathis Mitte des 18. Jhs. eingerichtet hatte und für die ihm 1760 die Meßerlaubnis erteilt wurde. 1887 zerstörte ein Brand diese Kapelle, deren Altar jedoch von den damaligen Besitzern, den Geschwistern Faist, bei der Wiederherstellung erneut verwendet wurde.

Marktstraße 49. Wohn- und Geschäftshaus mit Flachsatteldach, im Kern 18. Jh., Putzrahmungen Anfang 20. Jh.

Das dreigeschossige Gebäude wurde 1832 und 1948 verändert. Das Fresko des hl. Eligius am rechteckigen Mittelerker schuf 1931 der Tölzer Maler Drewes.

Marktstraße 50. Wohn- und Geschäftshaus, traufständig, Rahmungen in Rauhputz, 1. Hälfte 19. Jh.

Marktstraße 51. Ehem. Schaftlerbräu; Bau mit Flachsatteldach, erbaut 1651 (modern bez.), Giebelfresko, Portal bez. 1831, reiche Stuckfassade Anfang 20. Jh.

Laut Inschrifttafel über dem im Scheitelstein 1831 datierten Portal „einst Brauerei und Gaststätte Oberland, 1651 erbaut, 1976 renoviert“. In der Figurennische des 1.Obergeschosses Muttergottes im Stil des 18. Jhs. Im Giebel erneuerte Malereien: Trinität, darunter Engel mit den Herzen Josephs, Mariä und Jesu.

Marktstraße 52. Wohn- und Geschäftshaus mit Flachsatteldach, Kern 18. Jh.

Bad Tölz, Marktstraße 45-49 (ungerade Nrn., v.l.n.r.)

Bad Tölz, Marktstraße 45, Portal

Bad Tölz, Marktstraße 51, Durchgang

Bad Tölz, Marktstraße 49-53 (ungerade Nrn., v.l.n.r.)

Bad Tölz, Marktstraße 50-56 (gerade Nrn., v.r.n.l.)

Bad Tölz, Marktstraße 48

Bad Tölz, Marktstraße 48, Hauskapelle

Bad Tölz, Marktstraße 48, Kriegswahrzeichen

Bad Tölz, Marktstraße 48, ehem. Hauskapelle des Josephsstiftes

Bad Tölz, Marktstraße 48, Sitzungssaal

Marktstraße 53. Wohn- und Geschäftshaus mit Flachsatteldach, Kern 18. Jh., originelle Fensterrahmungen Anfang 20. Jh., 1948 erneuert.

Marktstraße 54. Wohn- und Geschäftshaus mit Flachsatteldach und großem Fresko St. Michael, 2. Hälfte 18. Jh. und modern übergangen.

Marktstraße 55. Ehem. Oswaldbräu; mit Flachsatteldach, Korbbogentor und altem Fresko, 2. Hälfte 18. Jh.

1987 Instandsetzung der Fassade. Die Darstellung des Freskos (Evangelist?) ist nicht eindeutig identifizierbar.

Marktstraße 56. Wohn- und Geschäftshaus, schmal, mit Flachsatteldach, kleinem Medaillonbild und Putzdekor, 18. und Anfang 20. Jh.

Das kleine Tafelbild zeigt die hl. Familie, den sog. hl. Wandel.

Marktstraße 57. Moralthaus; stattlicher Bau mit Flachsatteldach (Untersicht kassettiert), Korbbogentor, zwei Erkern und modernem Giebelfresko, Kern 18. Jh., 1921 umgebaut.

Der ehem. Gasthof zur Post, heute Moralthaus, wurde 1832/33 bzw. 1921 umgebaut und teilweise erneuert. Die Fenster der beiden Obergeschosse mit reichen Stuckrahmen. Das große Giebelfresko mit historisch-heimatlichen Motiven (Floßfahrt, Krieg und Frieden) sowie den hll. Johann Nepomuk und Nikolaus malte 1921 Joseph Hillerbrand.

Marktstraße 58. Wohn- und Geschäftshaus mit Flachsatteldach, Gewölbe im Obergeschoß, 16./17. Jh., Gliederung 3. Viertel 19. Jh.

Marktstraße 59. Pflegerhaus mit Flachsatteldach, großem Wandfresko von 1906 im Stil des 16. Jhs., Bodenerker und Eingang, erbaut 1485, überarbeitet 1906 von Gabriel von Seidl.

Das schlichte, dreigeschossige Eckhaus wurde 1485 durch Kaspar II. Winzerer erbaut (vgl. das erneuerte Datum im Giebel und das Wappen der Familie Winzerer am Erker) und kam 1542 durch Heirat in den Besitz der Familie von Thor. 1906 lieferte Gabriel von Seidl Entwürfe zur Neugestaltung der Fassaden, nach denen Martin Herz das große Wandbild an der Hindenburgstraße im Stil des 16. Jhs. neu malte; es zeigt den Gekreuzigten zwischen Hans Jörg von Thor und seiner Gemahlin Maria von Winzerer, Tochter aus der zweiten Ehe des Kaspar III. Winzerer mit Ursula von Bubenhofen. 1930 fand ein weiterer Umbau nach Plänen von Joseph Hillerbrand statt.

Marktstraße 60. Wohn- und Geschäftshaus mit Flachsatteldach, kleinem Giebelfresko und Putzrahmung, Kern 18. und Anfang 20. Jh.

Das Fresko des hl. Eligius, 1928 von Karl Sonner, wohl bei der Restaurierung 1984 erneuert.

Marktstraße 61/61a. Eckhaus mit Flachsatteldach, Kern 18. und Anfang 20. Jh.

Bad Tölz, Marktstraße 51-55 (ungerade Nrn., v.l.n.r.)

Bad Tölz, Marktstraße 50-56 (gerade Nrn., v.r.n.l.)

Bad Tölz, Marktstraße 56-60 (gerade Nrn., v.r.n.l.)

Bad Tölz, Marktstraße 61/61a und 63

Bad Tölz, Marktstraße 53-59, Aufnahme um 1910/20

Bad Tölz, Marktstraße 57 und 59, Aufnahme um 1910/20

Bad Tölz, Ansicht der Marktstraße von Südosten

Bad Tölz, Marktstraße 57, Portal

Bad Tölz, Marktstraße 57 und 59

Bad Tölz, Marktstraße 59,
Wandbild an der Ostseite

Marktstraße 62. Wohn- und Geschäftshaus mit Flachsatteldach, Gliederung im späten Maximiliansstil um 1860, Kern älter.

Marktstraße 63. Wohn- und Geschäftshaus, niedriger Flachsatteldachbau, im Kern 18. Jh.

Marktstraße 64. Wohn- und Geschäftshaus mit Flachsatteldach, Putzrahmung und schmiedeeisernem Ausleger, Anfang 19. Jh.

Marktstraße 65. Wohn- und Geschäftshaus, traufständig mit Gurtgesims, Mitte 19. Jh.

Marktstraße 66. Wohn- und Geschäftshaus mit Flachsatteldach, letztes Viertel 18. Jh.

Marktstraße 67. Wohn- und Geschäftshaus, traufständig mit Fresko, Mitte 19. Jh.

1987 instandgesetzt. Das moderne Fassadenbild stellt den hl. Crispinus in der Werkstatt dar.

Marktstraße 68. Doppelhaus mit Nr. 66, Flachsatteldach, letztes Viertel 18. Jh.

Marktstraße 69. Wohn- und Geschäftshaus mit Flachsatteldach, Kern 18. Jh., Gliederung Mitte 19. Jh.

Marktstraße 70. Vgl. Ensemble Marktstraße.

Marktstraße 71. Wohn- und Geschäftshaus, traufständig mit Flachwalmdach und geschweiften Rahmungen, 2. Viertel 19. Jh.

Marktstraße 72. Vgl. Ensemble Marktstraße.

Marktstraße 73. Wohn- und Geschäftshaus mit Flachsatteldach, Kern 18. Jh., Gliederung 3. Viertel 19. Jh.

Das Giebelfresko mit einer Darstellung der Isarflößerei steht stilistisch dem Wandbild bei Nr. 57 (von Joseph Hillerbrand) sehr nahe.

Marktstraße 74. Vgl. Ensemble Marktstraße.

Marktstraße 75. Ehem. Haus „Zum Herrn unterm Turm"; Wohn- und Geschäftshaus, stattliches Traufhaus mit Rauhputzrahmen und moderner Bemalung, 1. Viertel 19. Jh.; zwei spätbarocke Oberlichtgitter. – Rückwärts Nebenhaus mit Mansard-Satteldach, 1. Hälfte 19. Jh.

Seit dem 16. Jh. Besitz der Familie Khyrein, kam das Haus 1791 durch Heirat an den späteren Bürgermeister Anton Niggl, brannte 1819 bei einem Brand im angrenzenden Turm fast vollständig nieder und wurde 1842 Eigentum des Kaufmanns Anton Khan. Die Wandbilder der Fassaden, die 1907 Waldemar Kolmsperger gemalt hatte, wurden 1981 durch Günther Wasmeier erneuert: südlich Regina coeli, östlich hl. Joseph. In der (1979 eingebauten) Schalterhalle Stichkappentonne; auf den Zwickeln gemalte Landschaften und Trachten.

Marktstraße. Winzerer-Denkmal, zugleich Kriegerdenkmal für die Gefallenen von 1870/71; Gußfigur und vier Relieftafeln am Sockel, 1887 von Ferdinand Miller d.J.; vor dem ehem. Rathaus.

Kaspar III. Winzerer (1465-1542) war herzoglicher Pfleger in Tölz und zugleich „einer der bedeutendsten Männer Bayerns zur Zeit der Reformation" (Westermayer). Nach dem Sieg über die Böhmen wurde er 1504 von König Maxi-

Bad Tölz, Marktstraße 75

Bad Tölz, Marktstraße 75, Oberlichtgitter

Bad Tölz, Marktstraße 75, Deckenbild in der Schalterhalle

Bad Tölz, Marktstraße 75, Deckenbild in der Schalterhalle

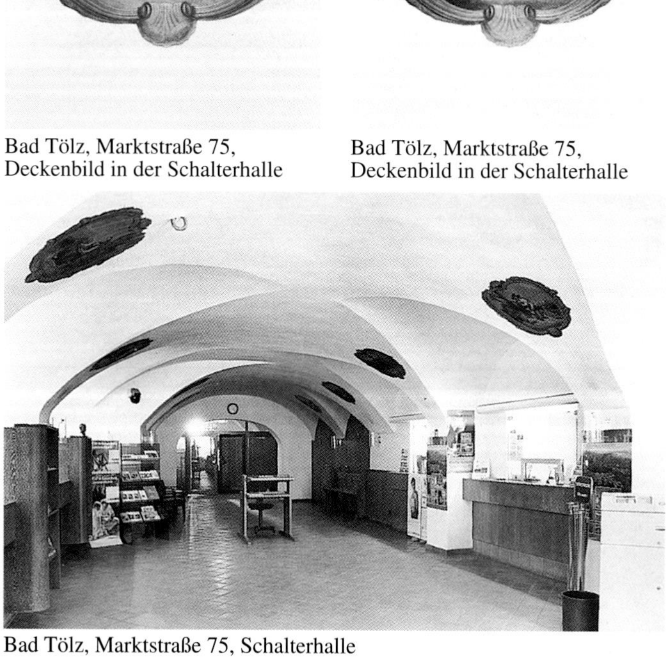

Bad Tölz, Marktstraße 75, Schalterhalle

Bad Tölz, Marktstraße 61-67 (ungerade Nrn., v.l.n.r.)

Bad Tölz, Marktstraße 69-73 (ungerade Nrn., v.l.n.r.)

Bad Tölz, Marktstraße 64-72 (gerade Nrn., v.r.n.l.)

Bad Tölz, Marktstraße 58-62 (gerade Nrn., v.r.n.l.)

Bad Tölz, Ostabschnitt der Marktstraße

Bad Tölz, Marktstraße 75, Wandfresko an der Ostseite

Bad Tölz, Marktstraße 64, Ausleger

Bad Tölz, Marktstraße, Winzererdenkmal

milian zum Ritter geschlagen und führte seitdem den Titel „miles auratus". Die Sockelreliefs des Denkmals zeigen Szenen aus seinem Leben: nördlich seine Teilnahme am Turnier Kaiser Maximilians I. 1515 in Wien, östlich die Gefangennahme des französischen Königs Franz I. 1525 in der Schlacht von Pavia unter Georg von Frundsberg und südlich seinen Tod 1542 im Kampfspiel mit Jörg Frundsberg d.J. zu Brannenburg. Das vierte Relief an der Westseite mit der Gefangennahme Kaiser Napoleons III. bei Sedan 1870 weist das Monument zugleich als Kriegerdenkmal für die Gefallenen des Frankreichfeldzugs 1870/71 aus. Die stolze Figur Winzerers auf dem hohen Sockel goß 1887 Ferdinand Miller d.J. nach einem Modell von F.Schwarzgruber, bez. an der Plinthe.

[Marktstraße/Salzstraße. Der Turm, der den oberen charakteristischen Abschluß der Marktstraße bildet und 1453 im Besitz der Gemeinde erwähnt wird, erhielt seine Namen vom jeweiligen Eigentümer des angrenzenden Hauses „Zum Herrn unterm Turm" (Marktstraße 75). Ursprünglich ein niedriges, eingeschossiges Gebäude mit Satteldach, wurde er 1800 verbreitert und dreigeschossig mit einer großen zwiebelförmigen Laternenhaube ausgebaut. Nach einem Brand 1819, dem auch einige benachbarte Anwesen zum Opfer fielen, erfolgte der Wiederaufbau nach Plänen von Franz Anton Fröhlich. 1903 kaufte Gabriel von Seidl den Turm und sicherte dadurch seinen Fortbestand. 1969 wurde schließlich der Bau aus verkehrstechnischen Gründen abgebrochen und weitgehend in der alten Form, jedoch mit einer erweiterten Durchfahrt neu errichtet.]

Messerschmiedgasse 1. Wohnhaus mit Flachsatteldach und bemalten Pfettenköpfen, Mitte 19. Jh.

Messerschmiedgasse 3a/b. Wohnhaus mit Flachsatteldach, im Giebel altes Fresko, 2. Hälfte 18. Jh.

Im Giebel Fresko der Marienkrönung aus der 2. Hälfte des 18. Jhs.

Mühlgasse 2. Wohnhaus mit Flachsatteldach und profilierten Balkenköpfen, 1. Hälfte 19. Jh.

Nockhergasse 1/3. Doppelhaus mit Flachsatteldächern; Nr. 1 mit gestuftem Grundriß, 18. Jh., Nr. 3 mit Putzdekor und kleinem Fresko, um 1800.

Das kleine Fresko vom Ende des 18. Jhs. an Nr. 3 stellt die hl. Sippe dar.

Nockhergasse 9. Halbhaus mit Pultdach, 18./19. Jh.

Nockhergasse 11. Schmales Wohnhaus mit Flachsatteldach, 18. und 19. Jh.

Nockhergasse 13. Wohnhaus mit Laden, Flachsatteldach, 18. und 19. Jh.; mit Kruzifix und trauernder Maria, wohl Ende 17. Jh.

Am Obergeschoß großes Kruzifix des ausgehenden 17. Jhs. und Schmerzhafte Muttergottes im Typus des Münchener Herzogspitals.

Nockhergasse 15. Stattliches Wohnhaus mit Laden, Flachsatteldach, 18. und 19. Jh.

Bad Tölz, Marktstraße, Winzererdenkmal, Turnier Kaiser Maximilians I. 1515

Bad Tölz, Marktstraße, Winzererdenkmal, Gefangennahme des französischen Königs Franz I. 1525

Bad Tölz, Marktstraße, Winzererdenkmal, Tod von Kaspar III. Winzerer 1542

Bad Tölz, Marktstraße/Salzstraße, Torturm

Bad Tölz, Messerschmiedgasse 1 und 3a/b

Bad Tölz, Nockhergasse 9-15 (ungerade Nrn., v.l.n.r.)

Bad Tölz, Mühlgasse 2

Bad Tölz, Nockhergasse 1/3, Aufnahme um 1900

Bad Tölz, Nockhergasse 1/3

Bad Tölz, Marktstraße/Salzstraße, Torturm, Aufnahme von 1963

Nockhergasse 21. Wohnhaus mit Flachsatteldach, 1. Hälfte 19. Jh.

Im Giebel modernes Fresko der Muttergottes.

Nockhergasse 23. Wohnhaus mit Flachsatteldach, 1. Hälfte 19. Jh.

Nockhergasse 29. Eckhaus mit Flachsatteldach, Erker und Fresko, 1. Hälfte 18. Jh. (mit Bairawieser Straße 2).

Das Wandbild des Gekreuzigten an der Bairawieser Straße wurde vollkommen erneuert.

Römergasse 2,4. Siehe Fritzplatz 1/Kapellengasteig 3.

Römergasse 3. Wohnhaus mit Laden, Flachsatteldach und Putzdekor, 2. Hälfte 18. Jh.

Zwischen den beiden Obergeschossen Fresken mit Darstellung des hl. Joseph und der Muttergottes.

Römergasse 5. Wohnhaus mit Laden, Flachsatteldach, Putzdekor und Eckpfeiler, 2. Hälfte 18. Jh.; gegenüber „Ochsenstand" (Beschlagstand), 19. Jh.

Römergasse 6. Eckhaus (Doppelhaus mit Lenggrieser Straße 1), alte Fenster und Tür, bez. 1829.

Die Nordtür bez. 1829. Ebenda Fresko des hl. Egidius, 1910 von Joseph Hillerbrand. Im Anwesen Lenggrieser Straße 1 wurde 1731 Amandus Fritz geboren, der von 1784 bis zu seinem Tod 1790 vorletzter Abt in Benediktbeuern war.

Säggasse. Gemauerter Bildstock mit Figur des hl. Johann Nepomuk, 1865.

Die große Figur des Flößerpatrons Johann Nepomuk dürfte um 1760/70 Joseph Anton Fröhlich geschnitzt haben; sie wurde durch eine Kopie ersetzt und befindet sich heute im Heimatmuseum.

Salzstraße 1. Am Haus Fresko, 2. Hälfte 18. Jh.

Am Obergeschoß Darstellung des hl. Michael, weitgehend erneuert.

Salzstraße 2. Wohnhaus mit Mansard-Halbwalmdach, Kern 2. Viertel 19. Jh., Rauhputzgliederung bez. 1906.

Das Datum befindet sich im Oberlichtgitter des Eingangs.

Salzstraße 3. Wohnhaus mit Flachsatteldach und hohem Untergeschoß, 18. Jh.

Salzstraße 4. Wohn- und Geschäftshaus mit Steilsatteldach, modern bez. 1720.

Das modern erneuerte Datum 1720 über dem Wappen an der Ostseite des Hauses.

Salzstraße 15. Wohnhaus mit Flachsatteldach und kleinem Ölbild an der Fassade, 2. Hälfte 18. Jh.

Das mit Ölfarben auf Blech gemalte Bild der Muttergottes neugotisch, 2. Hälfte 19. Jh.

Salzstraße 17. Wohnhaus mit Flachsatteldach, 2. Hälfte 18. Jh.

Salzstraße 19/21. Doppelhaus mit Flachsatteldach, 2. Hälfte 18. Jh.

In der Giebelmitte des Doppelhauses winzige Nische mit Halbfigur des Schmerzensmannes, wohl 19. Jh.

Bad Tölz, Nockhergasse 21 und 23

Bad Tölz, Nockhergasse 29

Bad Tölz, Römergasse 3 und 5

Bad Tölz, Römergasse 5, Beschlagstand

Bad Tölz, Römergasse 6,
Eingangstür auf der Nordseite

Bad Tölz, Römergasse 6

Bad Tölz, Säggasse, Bildstock

Bad Tölz, Ansicht der Salzstraße von Westen, Aufnahme um 1900

Bad Tölz, Ansicht der Salzstraße von Westen

Bad Tölz, Salzstraße 1,
Fassadenfresko

Bad Tölz, Salzstraße 1

Bad Tölz, Salzstraße 3

Bad Tölz, Salzstraße 2 und 4 (mit Torturm)

Bad Tölz, Salzstraße 15-21 (ungerade Nrn., v.l.n.r.)

Salzstraße 23. Wohnhaus mit Flachsatteldach, 1. Hälfte 19. Jh.

Salzstraße 25. Wohnhaus mit Flachsatteldach, 1. Hälfte 19. Jh.

Salzstraße 27. Wohnhaus mit Flachsatteldach, 1. Hälfte 19. Jh.

Neugotische Fassadenfigur des Herz Jesu, 2. Hälfte 19. Jh.; die Engelskonsole und der Baldachin zeitgleich.

Salzstraße 31. Gasthof Zantl; stattlicher Bau mit Stichbogenfenstern, um 1860.

Salzstraße 33. Zugehöriger Stadel mit Giebeltor, um 1908/10.

Salzstraße 35. Kath. Filialkirche Maria Hilf (Mühlfeldkirche); Neubau 1735-37 von Lorenz Reiter, Turmoberbau 1759 von Lorenz Sappel; mit Ausstattung.

Auf dem 1392 erstmals urkundlich erwähnten Mühlfeld wurde im 16. Jh. zunächst eine Kapelle errichtet, die man 1654 erneuerte. Die blühende Wallfahrt führte 1735-1737 zu einem vollständigen Neubau durch Lorenz Reiter, dem Entwürfe von Joseph Schmuzer vorgelegen haben dürften. Der 1755 durch Blitzschlag zerstörte Turm wurde 1759 durch Lorenz Sappel und Joseph Daubenberger wiederaufgebaut und das einsturzgefährdete steinerne Langhausgewölbe ein Jahr später durch ein hölzernes ersetzt. Erst 1783 Weihe der Kirche. 1851/54, 1910/12 und 1961 restauriert. 1972/74 wegen Einsturzgefährdung gesperrt, die darauffolgende Sanierung 1977 abgeschlossen. – Der wohlproportionierte, pilastergegliederte Bau bildet den würdigen östlichen Abschluß der Salzstraße. In die Westfront eingestellt der steil aufragende Turm; über dem quadratischen Unterbau von 1686 leitet ein geschwungenes, kräftig verkröpftes Gesims zu dem eleganten, an den Ecken abgeschrägten Aufsatz mit seiner Doppelzwiebelhaube über. – Das saalförmige Innere weiträumig und durch hohe, rundbogige Fenster voll durchlichtet. Der eingezogene, halbrund geschlossene Chor wie das Langhaus von einer Stichkappentonne überwölbt; Pilastergliederung, im Schiff verdoppelt. Zweifache Westempore.
Im Chor Wessobrunner Stuck in beginnenden Rokokoformen, laut Baurechnung 1737 von Matthäus Günther, der aber wohl nur die Aufsicht über die Ausführung (durch Joseph Schmuzer?) hatte. Eigenhändig jedoch das Fresko mit der Muttergottes als Helferin der Kranken und der Tölzer Pestprozession von 1634, bez. „M. Ginther pinxit 1737". – Stukkaturen des Langhauses 1911 von Karl Schier. Die gleichzeitigen Fresken von Anton Ranzinger mit Szenen aus dem Marienleben orientieren sich kompositionell und stilistisch an Werken von Günther; vgl. vor allem die Evangelisten und Kirchenväter in den Kartuschen. – Altäre in merkwürdigen nachklassizistisch-neuromanischen Mischformen, 1851-1854 von Georg Meindl und Anton Abraham. Im Hochaltar von 1851 das alte Gnadenbild, eine bekleidete Muttergottesfigur des 17. Jhs.; im Auszug der Evangelist Johannes, Mitte 17. Jh.; auf der Mensa zwei silberne Votivtafeln, die eine um 1781 von Ignaz Walch gefertigt, die andere 1800 datiert. Seitenaltäre 1854; Gemälde: nördlich hl. Rochus als Helfer der Pestkranken, im Auszug hl. Sebastian, südlich Kreuzabnahme, im Auszug Papst Silvester.

Bad Tölz, Salzstraße 23-31 (ungerade Nrn., v.l.n.r.)

Bad Tölz, Salzstraße 33

Bad Tölz, Salzstraße 35, kath. Filialkirche Maria Hilf (Mühlfeldkirche)

Bad Tölz, Mühlfeldkirche, Inneres nach Osten

Bad Tölz, Mühlfeldkirche, Chorfresko von Matthäus Günther, 1737

Bad Tölz, Mühlfeldkirche, Inneres nach Westen

Bad Tölz, Mühlfeldkirche, nördlicher Seitenaltar

Bad Tölz, Mühlfeldkirche, Sakristei

Bad Tölz, Mühlfeldkirche, silberne Votivtafel von 1800

Schießstattstraße 6/8. Doppelhaus mit Halbwalmdach, 2.Viertel 19. Jh.

[**Schützenstraße 12.** Evang.-Luth. Pfarrkirche. Der 1879/80 als älteste evang.-luth. Kirche des Oberlandes errichtete „Betsaal", ein einschiffiger, neuromanischer Bau mit eingezogener, halbrunder Apsis und Glockentürmchen über dem Südgiebel, wurde bereits 1896 um eine (querschiffartige?) Achse nach Norden erweitert; außerdem erhielt die Kirche neugotische Rippengewölbe und anstelle des Türmchens einen quadratischen Giebelreiter mit Spitzhelm zwischen Dreiecksgiebeln. Eine zweite, durchgreifende Vergrößerung erfolgte 1925/26; dabei ersetzte man die Seitenwände durch Betonsäulen, fügte beiderseits Seitenschiffe an, die den Grundriß des Langhauses zum Quadrat ergänzten, zog Balkendecken und umlaufende Emporen ein und leitete durch ein schmales Vorjoch in Mittelschiffbreite zum stark eingezogenen Rechteckchor und der dahinterliegenden, halbrund geschlossenen Sakristei über. Bei der Restaurierung 1970 wurden die nördlichen Abschnitte des Baus zugunsten eines externen Querraums abgemauert, die seitlichen Emporen beseitigt, die Holzdecke durch Hubert Distler bemalt und die Ausstattung erneuert. – Hervorzuheben ist das ehem. Altarblatt mit einer dramatisch-expressiven Darstellung der Kreuzigung, das Lovis Corinth 1897/98 im Alter von 39 Jahren in München gemalt hat und 1901 als Schenkung des Fabrikanten Ernst Heckert in die Kirche kam.]

Schulgasse 1. Ehem. Mädchen-Schulhaus; mit Halbwalm, Mitte 19. Jh., Stuckfelderung Anfang 20. Jh.

Ursprünglich Radlbräu. 1843 erwarb die Gemeinde das Haus, in dem Arme Schulschwestern dann die Mädchen unterrichteten; zur Schulgeschichte vgl. auch Schulgraben 2. Das langgestreckte Gebäude zeichnet sich durch den reichen neubarocken Stuckdekor an der Marktstraße aus.

Schulgraben 2. Ehem. Knaben-Schulhaus; stattlicher Bau mit Halbwalm und Eckquaderung, 1892, Keller mit Gratgewölben, 16./17. Jh.

Die Schule des Markts befand sich bis ins 18. Jh. im Obergeschoß des Gemeindebads. Später war sie im Pflegerhaus und im aufgehobenen Franziskanerkloster untergebracht und wurde dann in das neue Schulhaus verlegt, das 1829 anstelle der Gruftkapelle nördlich der Pfarrkirche erbaut wurde. 1892 kam sie schließlich in das bestehende, neu errichtete Gebäude, das 1988/89 zu einem Verlagshaus umgestaltet wurde.

Wachterstraße 6. Wohnhaus, Satteldachbau mit Quergiebel, Eckerker, Putzrahmungen und Balkonen, um 1900.

Wachterstraße 21. Tölzer Bräustüberl; modern barocker Bau mit Schopfwalm, bez. 1925.

Zweigeschossiges Haus mit Eckrustika und Girlanden bzw. Rosen aus Stuck, bez. 1925 über dem Westeingang.

Wilhelmstraße 8. Landhaus, Eckbau mit zwei Flügeln und Walmdach, am Obergeschoß Rundbogenfenster, um 1910.

Bad Tölz, evang.-luth. Pfarrkirche, Inneres nach Norden

Bad Tölz, evang.-luth. Pfarrkirche, ehem. Altarbild von Lovis Corinth, 1897/98

Bad Tölz, evang.-luth. Pfarrkirche, Inneres nach Süden

Bad Tölz, Schützenstraße 12, evang.-luth. Pfarrkirche

Bad Tölz, Schießstattstraße 6/8

Bad Tölz, Schulgasse 1

Bad Tölz, Schulgraben 2

Bad Tölz, Schulgraben 2, Kellergewölbe

Bad Tölz, Wachterstraße 6

Bad Tölz, Wachterstraße 21

Bad Tölz, Wilhelmstraße 8

Zollhausweg 5. Landhaus mit Veranda, Halbwalmdach und geschweiftem Zwerchgiebel, Anfang 20. Jh.

Zollhausweg. Hölzerner Bildstock, bez.1721 und 1871; an der Einmündung der Benediktbeurer Straße.

Kaiserquelle. 1890 eröffnet, ursprünglich integriert in Kreidebergwerk (bis 1914), ca.40 m langer gewölbter Stollen und Quellgrotte; westlich der Straße nach Bocksleiten.

Abrain

Kath. Kapelle Unserer Lieben Frau. 1648; mit Ausstattung.

1648 wohl anstelle einer einfachen Wegkapelle errichtet. 1986ff. restauriert. – Nach Norden gerichteter, einschiffiger Bau mit eingezogenem Rechteckchor. Die Eingangsfront durchfenstert, oben Aufzugsgaube. Verschindelter Dachreiter mit geknicktem Zeltdach. – An den Stichkappentonnen und Wänden Malereien, die Stuckornamente des mittleren 18. Jhs. imitieren und bei der letzten Restaurierung stark erneuert wurden; im Langhaus Mariä Verkündigung, 2. Hälfte 19. Jh. – Hochaltar 2. Hälfte 19. Jh. mit Figuren aus verschiedenen Zeiten: in der Mitte Muttergottes, wohl 2. Hälfte 17. Jh., die hll. Antonius von Padua und Leonhard seitlich und Gottvater im Auszug Mitte 18. Jh., die Pestheiligen Sebastian und Rochus über den Durchgängen Anfang 18. Jh., die Statuetten der hll. Benno und Bernhard um 1600. – In den zugesetzten Fensteröffnungen der Westwand Gemälde der hll. Joseph, Notburga und Isidor, 2. Hälfte 19. Jh. – Spätgotisches Ölbergrelief, um 1520/30, laut Inschrift 1637 von Balthasar Berhamer(?) aus Abrain gestiftet und 1760 im Auftrag von Bartholomäus Hofberger restauriert. Kruzifix, Ende 17. Jh.; Assistenzfiguren wohl um 1600. In den Nischen der östlichen Langhausecken Schmerzhafte Muttergottes und Wiesheiland (mit natürlichem Haar), Mitte 18. Jh. – Holzepitaph aus der 1. Hälfte des 17. Jhs., 1741 im Auftrag von Sebastian und Barbara Disl restauriert, mit Gemälde der Rosenkranzspende an die hll. Dominikus und Katharina von Siena, im Auszug hl. Barbara.

Haus Nr. 4 (Bader). Bauernhaus-Wohnteil, Ganzblockbau, 1. Hälfte 18. Jh.

Ansprechendes Beispiel eines Ganzblockbaus mit durchgehender Laube im Osten und Süden sowie originaler Sterntür an der Südseite.

Haus Nr. 10 (Kernzl). Bauernhaus-Wohnteil mit Blockbau-Obergeschoß, letztes Viertel 18. Jh.

Bad Tölz, Zollhausweg 5

Abrain, kath. Kapelle Unserer Lieben Frau

Bad Tölz, Zollhausweg, Bildstock

Abrain, Kapelle, Disl-Epitaph, 1. Hälfte 17. Jh.

Abrain, Kapelle, Kreuzigungsgruppe, 17. Jh.

Abrain, Haus Nr. 4, Laube

Abrain, Kapelle, Inneres nach Norden

Abrain, Kapelle, Inneres nach Süden

Abrain, Kapelle, Ölbergrelief, um 1520/30

Abrain, Haus Nr. 4

Abrain, Haus Nr. 10

Ellbach

Bachstraße 4 (Meser). Kleinbauernhaus mit Blockbau-Obergeschoß und Bretterlaube, 1. Hälfte 18. Jh.

Kirchstraße 2 (Bei). Bauernhaus mit Blockbau-Obergeschoß, 3. Viertel 18. Jh.

Die Verbretterung wurde 1986 im Zuge einer Instandsetzung und Dachanhebung erneuert, vgl. Datum im Giebel.

Kirchstraße 6. Kath. Filialkirche St. Martin; Ende 15. Jh., nach 1631 und 1855 verändert; mit Ausstattung. – Friedhofsmauer, 18. Jh.

Im Kern spätgotische Anlage des ausgehenden 15. Jhs.; nach dem großen Dorfbrand von 1631 wiederhergestellt bzw. barockisiert und 1855 regotisiert. 1984f. restauriert. – Die Stichkappentonne des einschiffigen Langhauses mit aufgelegtem Rippennetz. Wenig eingezogener, fünfseitig geschlossener Chor unter Netzrippengewölbe. An der Südseite quadratischer Turm mit Spitzhelm über Dreiecksgiebeln. – Einheitliche neugotische Ausstattung um 1855. Gemälde des Hochaltars von Johann Baptist Kaspar: Jesus erscheint dem römischen Soldaten Martin, seitlich die hll. Petrus und Paulus. Im Auszug Schnitzgruppe der Trinität. – Kreuzwegbilder bez. 1957. – Kruzifix, Holz, gefaßt, Anfang 18. Jh. Muttergottes, 2. Hälfte 18. Jh. – Aufsatz des Sakristeischranks bez. 1702.

Schulstraße 2 (Schuster). Traufbundwerk am Bauernhaus, bez. 1834.

Wegkreuz. 17. Jh.; in der Ortsmitte.

Das Wegkreuz wurde mit Ausnahme des Corpus vom Ende des 17. Jhs. erneuert.

Kath. Kapelle. Im Kern 18. Jh., im 19. Jh. verlängert; mit Ausstattung; am südöstlichen Ortsausgang.

Die Kapelle bestand ursprünglich nur aus dem wohl im 18. Jh. errichteten heutigen Chor und wurde vermutlich um 1855 nach Süden erweitert; vgl. die Spitzbogenfenster seitlich des Eingangs. – Tonnengewölbter, rechteckiger Bau mit innen leicht eingezogenem Chor. – Neugotischer Altar, um 1855.; in der Mitte Schmerzhafte Muttergottes, frühes 18. Jh.; seitlich kleine Gemälde der hll. Martin und Joseph, in der Art des Johann Baptist Kaspar.

Feichten

Haus Nr. 2 (Hasn). Wohnteil eines ehem. Bauernhauses, malerischer Ganzblockbau mit verbretterter Laube, 2. Hälfte 17. Jh.

Ellbach, Bachstraße 4

Ellbach, Kirchstraße 6, kath. Filialkirche St.Martin

Ellbach, Kirchstraße 2

Ellbach, Filialkirche, Inneres nach Osten

Ellbach, Filialkirche, Inneres nach Westen

Ellbach, Filialkirche, hl. Antonius von Padua, um 1855

Ellbach, Filialkirche, Muttergottes, 2.Hälfte 18.Jh.

Ellbach, Wegkreuz

Ellbach, kath. Kapelle

Ellbach, Kapelle, Altar

Ellbach, Schulstraße 2

Feichten, Haus Nr. 2

Kirchbichl

Münchner Straße 1. Kath. Filialkirche St. Peter und Paul; erbaut 1497, barockisiert 2. Hälfte 17. Jh.; mit Ausstattung.

1497 errichtet, vgl. Inschrift hinter dem Hochaltar: „Jörg Schweins... tuet 1497“. Um 1670/80 umgestaltet, ebenso angeblich um 1750. Restaurierungen 1883, 1935 und 1974ff. – Einschiffiger Bau mit eingezogenem, fünfseitig geschlossenem Chor und Stichkappentonnen; das Rippennetz am Langhausgewölbe wohl von 1883. Im Westen Vorhalle unter niedriger Stichkappentonne. Im südlichen Chorwinkel quadratischer Turm mit Spitzhelm über Dreiecksgiebeln. – Altäre um 1670/80. Der 1883 und 1974/76 veränderte Hochaltar mit bemerkenswertem Gemälde der Beweinung Christi, 1682 von Johann Georg Irnkauf; seitlich Figuren der Apostelfürsten. Seitenaltarblatt: Drachenkampf des hl. Georg, um 1670/80, im Auszug Herz Mariä, 1883. – An der Brüstung der Westempore Tafelbilder mit Szenen aus dem Marienleben, wohl um 1670/80. Hl. Petrus, wohl 18. Jh.; auf der Rückseite Mondsichelmadonna, bez. 1592. – Figuren: Rosenkranzmadonna, Kruzifix und Schmerzhafte Muttergottes, 2. Hälfte 17. Jh. Hl. Leonhard und hl. Rochus, um 1720/30. – Votivbild der Barbara Walter von Rain (Abrain?), 1701.

Mühlberg

Obermühlberg 1 (Sappl). Stattliches Bauernhaus, bez. 1876.

Das auf einem Hügel weithin sichtbare, wohlproportionierte Gebäude wurde 1876 von Martin Sappel errichtet; vgl. die Giebelinschrift, ebenso die Initialen im Gitter der zweiflügeligen Eingangstür sowie im schmiedeeisernen Gitter des repräsentativen Aufgangs.

Obermühlberg 2. Wohnhaus mit Schopfwalmdach, 18./19. Jh., restauriert.

Das außen stark erneuerte Haus liegt versteckt östlich von Nr. 1.

Oberhof

Haus Nr. 1. Gutshof mit Nebengebäuden, erbaut 1900/01 von Gabriel von Seidl.

Weitläufiges Gelände an der Westseite der Straße nach Ellbach, 1900/01 nach Plänen des Münchener Architekten Gabriel von Seidl im Auftrag des damaligen Gutsbesitzers Roeckl bebaut. Das Gutshaus, ein zweigeschossiger Walmdachbau mit auffälligen Fensterfaschen, halbrundem Balkon im Osten und mehreren Gauben (westlich großes Zwerchhaus), wird von einem quadratischen Firstreiter mit geschwungenem Helm bekrönt. An der Südseite überdachter, stichbogiger Eingang mit geschmiedetem Oberlichtgitter in Form von bäuerlichem Gerät. – Der Dachstuhl der parallel westlich zum Wohnhaus stehenden Nebengebäude (Abb. S. 92) wurde 1985 im Zuge einer Instandsetzung erneuert. Die südliche Front mit Figuren wohl des 18. Jhs.: Kruzifix und Schmerzhafte Muttergottes (im Typus des Münchener Herzogspitals) sowie hl. Antonius von Padua. – Weit abseits der Hauptgebäude am Südende des Parks das erdgeschossige Gärtnerhaus (Abb. S. 92).

Kirchbichl, Filialkirche, Hochaltar

Kirchbichl, Filialkirche, Südostecke des Langhauses

Kirchbichl, Filialkirche, Inneres nach Osten

Kirchbichl, Filialkirche, Inneres nach Westen

Kirchbichl, Münchner Straße 1, kath. Filialkirche St. Peter und Paul

Mühlberg, Obermühlberg 1

Mühlberg, Obermühlberg 1, Eingang

Mühlberg, Obermühlberg 2

Oberhof, Haus Nr. 1, Gutshaus

Oberhof, Haus Nr. 1, Gutshaus, Eingangstür

Feldkapelle. Um 1920; 500 m nördlich am Waldrand.

Um 1920 zur Erinnerung an den Ersten Weltkrieg errichtet. 1988 restauriert. – Nach Norden gerichteter, dreiseitig geschlossener Bau mit südlicher Vorhalle, die an drei Seiten in Spitzbogen geöffnet ist. – Der Flügelaltar wurde 1921 von Heinrich und Louise Roeckl zum Dank für die glückliche Rückkehr ihrer Söhne Heinrich und Gabriel aus dem Krieg gestiftet: in der Mitte Kriegsszene, auf den Flügeln die Namenspatrone der Söhne.

Ratzenwinkl

Haus Nr. 1 (Holzer). Bauernhaus mit Blockbau-Obergeschoß, 2. Hälfte 17. Jh., Dach später.

Das zweigeschossige Gebäude wurde 1978 instandgesetzt.

Reut

Haus Nr. 3. Landhaus Martini; zweigeschossiger, kubischer Bau mit steilem Zeltdach, Fassaden durch barockisierende Motive differenziert, südseitig vorgelegt Terrasse, 1911 (bez.) von Gabriel von Seidl.

Roßwies

Steinkreuz. Bez. 1564; Nähe Hauptstraße nach Bad Tölz.

Schnaitt

Haus Nr. 2. Ehem. Kleinbauernhaus mit Blockbau-Obergeschoß, am gemauerten Erdgeschoß Architekturmalerei, bez. 1677. – Zugehörig ehem. Brechlbad mit Flachsatteldach, 18./19. Jh.

Die über der Nordtür und an der Westseite (hier kaum lesbar) mit 1677 datierten, doch erneuerten Architekturmalereien des gemauerten Erdgeschosses beschränken sich auf Eckrustika und bäuerliche Fensterrahmen. Das Blockbau-Obergeschoß mit umlaufender Laube. – Das zugehörige ehem. Brechlbad steht südlich im Garten. Es diente als Badehaus und zugleich als Flachsdörre.

Archäologische Denkmäler

Gemarkung Kirchbichl

TK 8135; Flurkarte SO 17-01.
Bruchstück eines bronzezeitlichen *Vollgriffschwerts.*
400-500 m nordnordöstlich der Kirche von Kirchbichl auf dem Köglbichl.

TK 8235; Flurkarte SO 17-01.
Verebnete vorgeschichtliche *Grabhügelgruppe.*
Ca. 620 m nordöstlich der Kirche von Ellbach.

TK 8235; Flurkarte SO 18-01.
Unklarer Luftbildbefund; möglicherweise vorgeschichtliche *Grabhügelgruppe.*
Ca. 450 m südsüdwestlich der Kirche von Ellbach.

Oberhof, Haus Nr. 1, Nebengebäude

Oberhof, Haus Nr. 1, Gärtnerhaus

Oberhof, Feldkapelle

Oberhof, Feldkapelle, Flügelaltar

Ratzenwinkl, Haus Nr. 1

Reut, Haus Nr. 3

Roßwies, Steinkreuz

Schnaitt, Haus Nr. 3

Schnaitt, Haus Nr. 3, ehem. Brechlbad

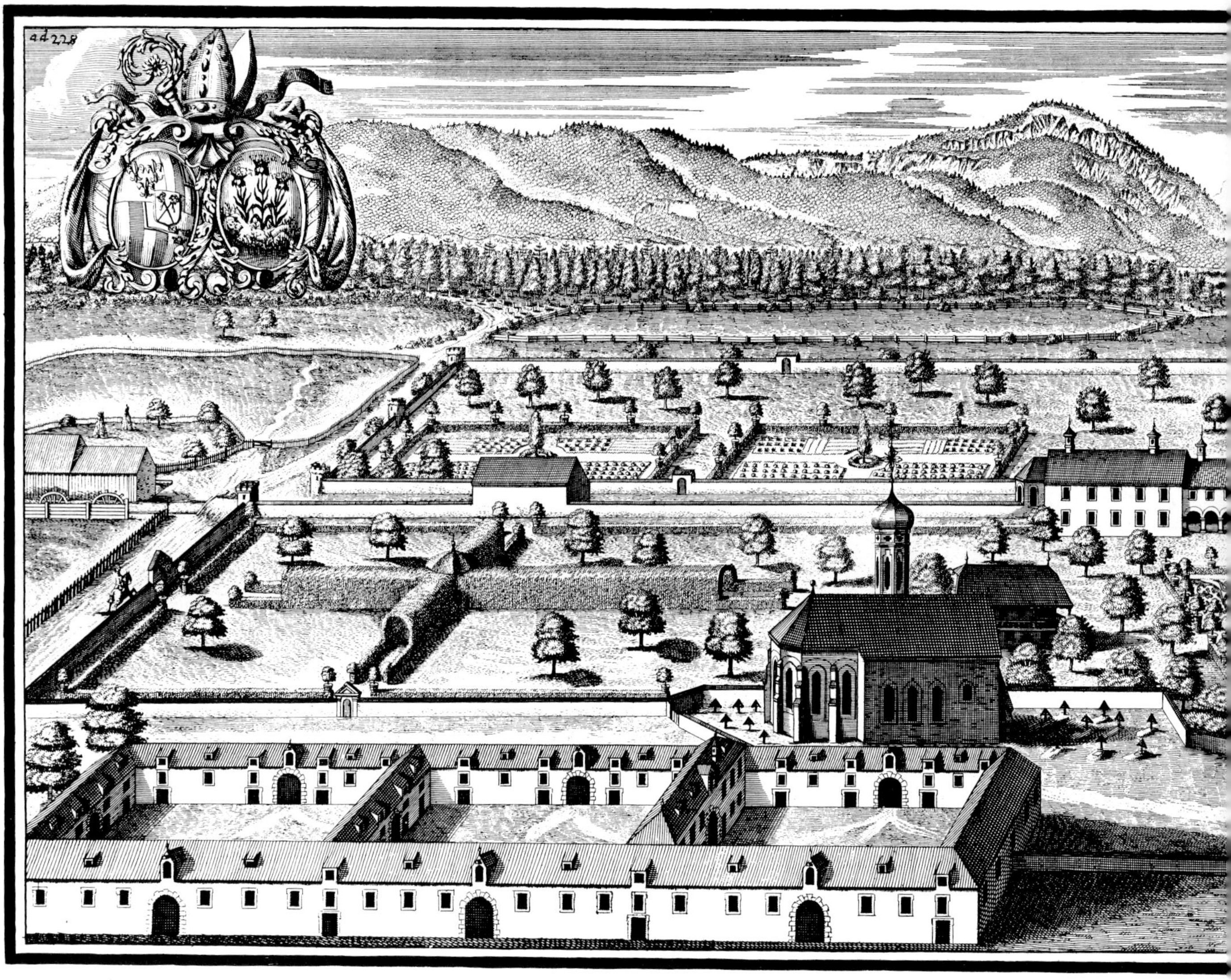

Ansicht von Kloster Benediktbeuern, Kupferstich von Michael Wening, 1701

Gemeinde Benediktbeuern

Baudenkmäler

Benediktbeuern

Der Überlieferung des im 11. Jh. lebenden Mönchs Gotschalk zufolge wurde Benediktbeuern um 739/40 von einer Teilsippe der Huosi mit Unterstützung des hl. Bonifatius gegründet und ist damit als eines der ältesten Urklöster des Voralpenlandes bzw. Bayerns überhaupt anzusehen. Während die Huosi, aus deren Haus die ersten drei Äbte, die „Brüder" Landfried, Waldram und Eliland, stammten, mit der Gründung die Absicht verbanden, das dünn besiedelte Moorgebiet der oberen Loisach wirtschaftlich zu erschließen, war sie für Bonifatius Teil seiner Bistumsorganisation von 739. So wie er in Freising, Regensburg und Salzburg dem Domstift eine Benediktinerabtei als wirtschaftliche Stütze zuordnete, scheint Benediktbeuern rechtlich an das Bistum Staffelsee gebunden gewesen zu sein. Jedenfalls war das Kloster in der 2. Hälfte des 8. Jhs. Mittelpunkt der weiteren Huosistiftungen Kochel, Schlehdorf, Staffelsee und Polling. Die Schenkung der Speiche vom rechten Unterarm des hl. Benedikt um 790 führte später nicht nur zur Änderung des Patroziniums (ursprünglich St. Jakobus), sondern wirkte sich auch auf den Namen von Kloster und Ort aus (ursprünglich Buron, dann Benedictoburanum). Um 800 kam Benediktbeuern zum Bistum Augsburg, dessen Bischof Ulrich nach den Ungarnstürmen 955 ein Stift für Regularkanoniker errichtete.

Die Wiederbesiedelung 1031 durch Benediktiner aus Tegernsee und der Anschluß an die Hirsauer Reform hatten im 12./13. Jh. eine hohe Blüte des Klosters zur Folge. Unter Abt Engelschalk (1123-1125) erlangte es freie Abt- und Vogtwahl und 1275 die Reichsunmittelbarkeit, die allerdings Anfang des 14. Jhs. wieder verlorenging. Eine der bekanntesten Lyriksammlungen des Mittelalters, die „Carmina Burana", wurde um 1230/50 wahrscheinlich in Südtirol niedergeschrieben und hier bis zur Säkularisation aufbewahrt. Nach dem Dreißigjährigen Krieg erlebte Benediktbeuern erneuten Aufschwung. Eine vorbildliche Wirtschaftsführung und fortschrittliche Schuleinrichtungen brachten bedeutende wissenschaftliche Leistungen mit sich, unter denen die Arbeiten des Chronisten Pater Karl Meichelbeck (†1734) und des Pasto-

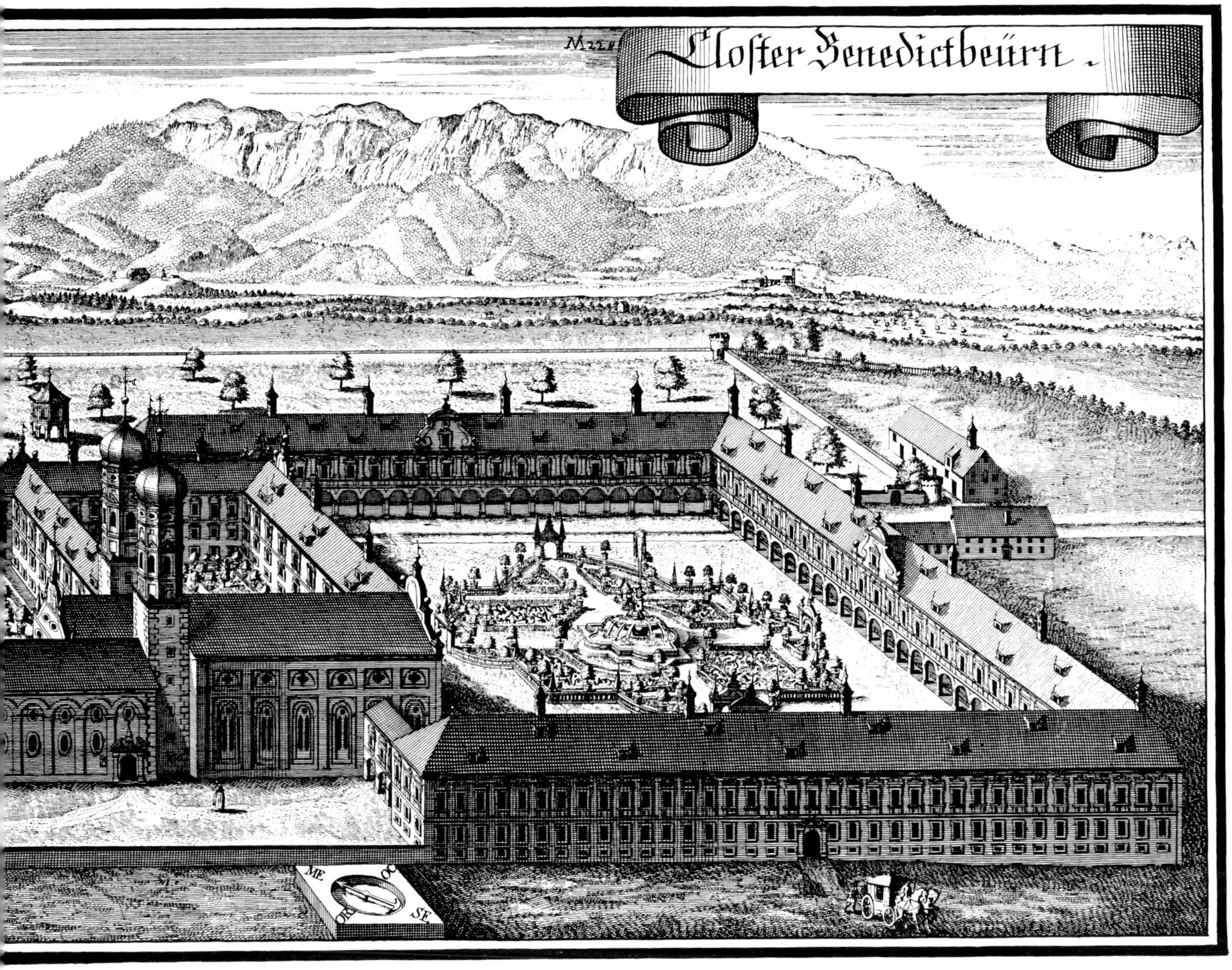

Benediktbeuern, Ansicht der Klosteranlage von Norden

Benediktbeuern, Dorfstraße, Ansicht von Osten

raltheologen Pater Ägidius Jais (†1822) herausragen. Im Zuge der Klosteraufhebung 1803 wurde die wertvolle Kunstsammlung weitgehend verschleudert und die umfangreiche Bibliothek mit ihren Handschriften größtenteils nach München transferiert. Die Klostergebäude erwarb 1807 Joseph von Utzschneider (1763-1840), der mit Joseph von Fraunhofer (1787-1826) eine Glasschmelze und ein mathematisch-optisches Institut einrichtete. 1819ff. durch den bayerischen Staat als Kaserne, Invalidenhaus und Militärfohlenhof genutzt, kam die gesamte Anlage 1930 an die Salesianer Don Boscos und dient seitdem als Philosophisch-Theologische Hochschule.
Das namengebende Kloster bildet einen eigenständigen Komplex im Westen außerhalb des Orts und ist durch die Bahnhofstraße mit ihm verbunden. Zentrale Achse des Dorfs, das erst aus den alten Siedlungen Laimgruben, Häusern und dem seit dem 17. Jh. gerodeten Gschwend zusammenwachsen mußte, ist die von stattlichen Bauernhäusern begleitete Dorfstraße, die westlich in den sog. Dorfplatz mündet. Nachdem dieser sein ursprüngliches Gepräge durch den Straßen- bzw. Kreuzungsausbau weitgehend verloren hatte, versuchte man 1962ff. mit der Errichtung der kath. Pfarrkirche Mariä Himmelfahrt an seiner Südseite dem Ort einen neuen architektonischen Mittelpunkt zu geben.

Alexander-Thalhuber-Straße 2 (Draxl). Ehem. Kleinbauernhaus, verputzter Blockbau, Kern 2. Hälfte 17. Jh.

Asamstraße 28 (Daubenschuster). Bauernhaus, im Kern alter Blockbau, seitlich beiderseits Bundwerk, 1.Drittel 19. Jh. (ohne Ausbau).

Verputzter Blockbau mit neuerem Anbau an der Westseite. Bemerkenswert die drachenförmigen Pfettenköpfe, die vom selben Schnitzer wie bei Asamstraße 30 und Bahnhofstraße 5 gefertigt worden sein könnten.

Asamstraße 30 (Obersattler). Reich bemalte Pfettenköpfe, 1.Drittel 19. Jh.

Pfetten in farbig gefaßter Drachenkopfform, vgl. Asamstraße 28 und Bahnhofstraße 5.

Bahnhofplatz 5. Bahnhof, Ende 19. Jh.; Stationsgebäude zweigeschossig mit Schopfwalmdach, Bruchsteinmauerwerk und Klinkergliederung, angeschlossen Schalter- und Wartehalle. – Zugehörig zwei erdgeschossige Nebengebäude.

Die Fassaden des zweigeschossigen Gebäudes mit Schopfwalmdach und nördlich anschließender Wartehalle wurden 1987 instandgesetzt. Ein ähnlich konzipierter Bahnhof befindet sich in Kochel am See.

Bahnhofstraße 5. Bemalte Pfettenköpfe, 1.Drittel 19. Jh.

Pfetten drachenkopfartig mit teilweise verwitterter Fassung, vgl. Asamstraße 28 und 30.

Bahnhofstraße 23. Ehem. Gasthaus zum Bernecker; Wohnhaus mit Halbwalm, vor Mitte 19. Jh.

Bahnhofstraße 26. Ehem. Gerichtsschreiberhaus, jetzt Forstamt; mit Halbwalmdach, um 1732.

Langgestrecktes, zweigeschossiges Gebäude mit Schopfwalmdach. Nach 1972 wurden zwei Schleppgauben an der Südseite beseitigt und 1987 die Fassaden instandgesetzt; die dabei erneuerten Architekturmalereien, bestehend aus Gesimsen, Fensterädikulen und Eckrustika, lockern den blockhaften Baukörper auf.

Bahnhofstraße 46 (Koch). Ehem. Kleinbauernhaus mit Blockbau-Obergeschoß, Ende 17. Jh., geschnitzte Laube, Ende 19. Jh.

Auffälligster Teil des zweigeschossigen Flachsatteldachhauses ist das reich geschnitzte Laubengitter, das mit seinen kleinen, weiß gefaßten Engeln jenem von Haus Nr. 1 in Unterenzenau, Gde. Bad Heilbrunn, eng verwandt ist. Am Erdgeschoß moderne Fresken des hl. Florian (südlich) und einer Bäuerin mit Kind (östlich). 1992 Innenumbau.

Bonifatiusstraße 41. Siehe unter Gschwendt.

Benediktbeuern, Alexander-Thalhuber-Straße 2

Benediktbeuern, Asamstraße 28

Benediktbeuern, Asamstraße 30

Benediktbeuern, Bahnhofplatz 5

Benediktbeuern, Bahnhofstraße 5

Benediktbeuern, Bahnhofstraße 23

Benediktbeuern, Bahnhofstraße 26

Benediktbeuern, Bahnhofstraße 46

Ansicht von Kloster Benediktbeuern, aquarellierte Federzeichnung von Philipp Apian, um 1560

Don-Bosco-Straße 1 (alt 124½). Konventbau; Dreiflügelanlage um Kreuzganghof, bez.1669, 1670 und 1671; mit Ausstattung; südlich der Klosterkirche.

Standort und Ausrichtung der Konventgebäude des 8. Jhs., die 955 durch die Ungarn zerstört wurden, behielten alle Nachfolgebauten bei. 1248, 1316, und 1377 schwere Schäden durch Brände. 1491ff. Instandsetzung nach dem verheerenden Feuer des Vorjahres; 1493 Vollendung des West- und Südflügels mit dem noch bestehenden Refektorium an der Südostecke. 1496 Errichtung des Ostflügels. Unter Abt Amand Thomamiller (1661-1671) grundlegende Barockisierung durch Caspar Feichtmayr d.Ä. wohl unter anfänglicher Beteiligung des Münchener Hofbaumeisters Markus (Marx) Schinnagl. Dabei wurden die Mauern und Gewölbe des Erdgeschosses in allen Trakten beibehalten und um zwei Geschosse erhöht; die Inschriftplatte mit dem Datum 1669 an

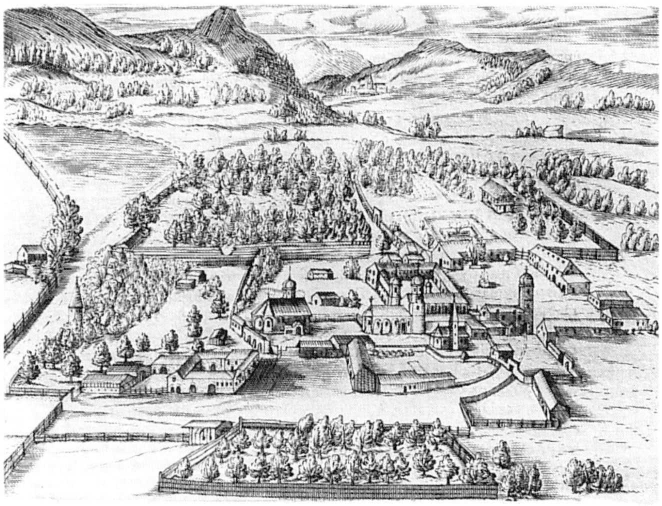

Ansicht von Kloster Benediktbeuern, Kupferstich, 1619

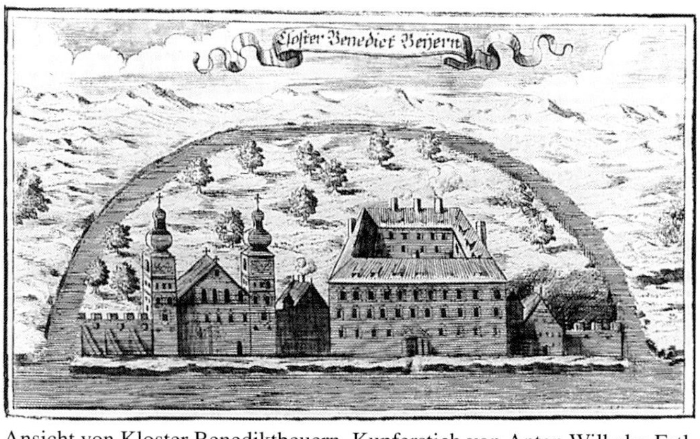

Ansicht von Kloster Benediktbeuern, Kupferstich von Anton Wilhelm Ertl, 1687

Ansicht von Kloster Benediktbeuern, Kupferstich von Matthäus Merian, 1644

Benediktbeuern, Ansicht der Klosteranlage von Südosten

Benediktbeuern, Don-Bosco-Straße 1, Konventbau von Südwesten

Benediktbeuern, Konventbau von Osten

Benediktbeuern, Konventbau, Innenhof

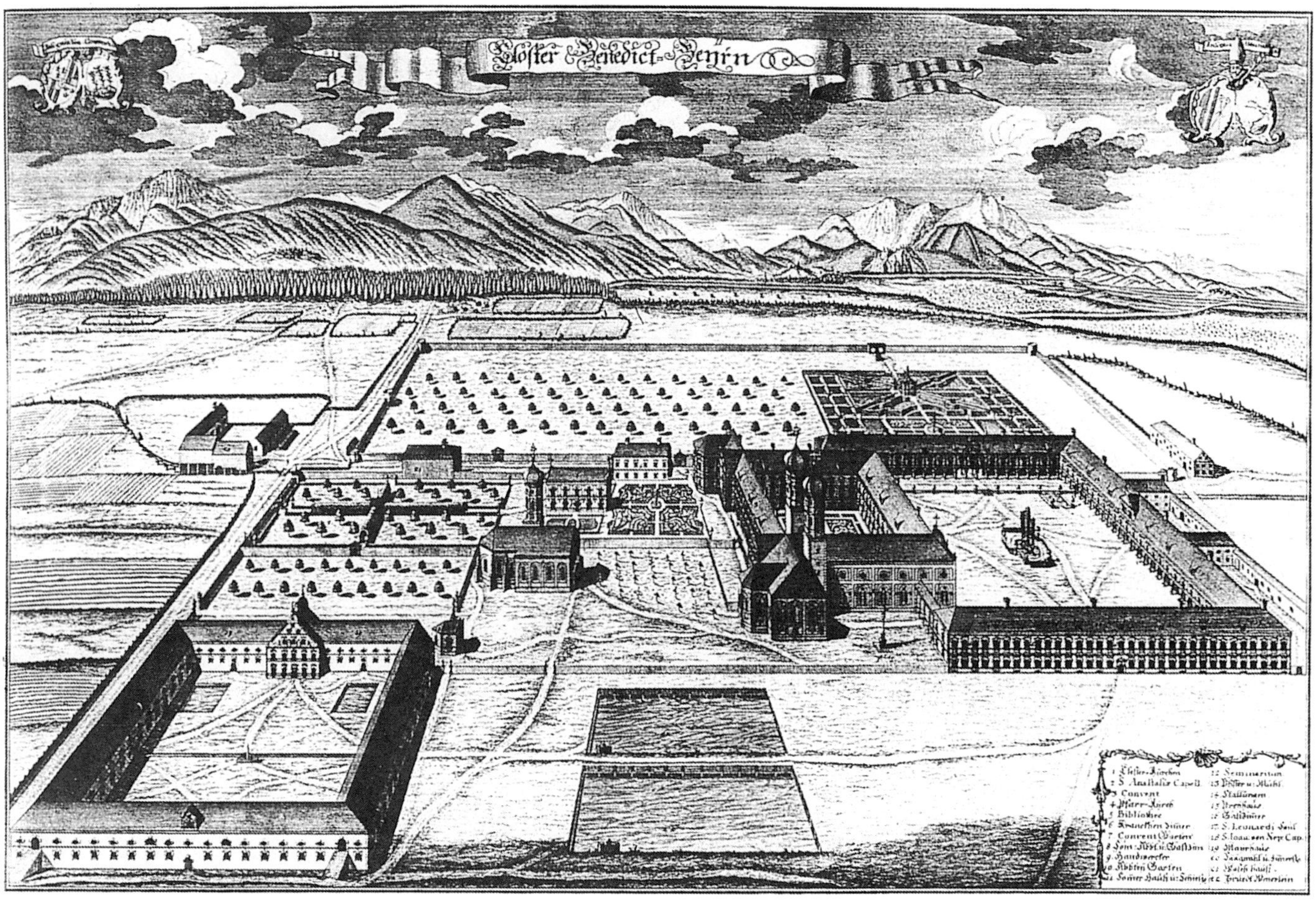

Ansicht von Kloster Benediktbeuern, Kupferstich von Johann Ferdinand Ledergerber, um 1740

der Außenwand des Refektoriums markiert den Arbeitsbeginn am Südflügel. 1670 Erhöhung des Westbaus (vgl. Inschrifttafel neben der Klosterpforte) und 1671 des Osttraktes (vgl. die Inschrift auf der dritten Steinplatte an der Ostseite). 1672 Abschluß der Arbeiten. 1681 Abbruch des nördlichen Kreuzgangflügels im Rahmen des Kirchenneubaus. 1968ff. Gesamtrestaurierung.

Dreigeschossige Dreiflügelanlage um einen rechteckigen Hof südlich der Kirche. Über beiden Enden des südlichen Traktes und über der Südmauer des Ostflügels hohe, gestufte Zwerchgiebel, die den Abschlüssen der Basilika angeglichen sind und somit zu einer Vereinheitlichung des Komplexes beitragen. Am 1.Obergeschoß des Westflügels zwei polygonale Erker: der eine zum Gastbau, der andere zum Kreuzhof ausgerichtet. Die gemalte Architektur der Pforte 1973 von Franz Xaver Marchner.

Erdgeschoß. Im Kreuzgarten und im Kreuzgang, der an drei Seiten umläuft, wurden Mauerreste des karolingischen Klosters freigelegt. Die gotischen Gewölberippen 1669ff. abgeschlagen und durch Stuckleisten mit Akanthus, Perl- und Eierstab ersetzt. – In der Südostecke das spätgotische ehem. Refektorium. Vierachsiger Saal mit kunstvoll geschnitzter Balkendecke auf drei achtkantigen Stützen; die Schnitzereien der Außenkehlen 1976/77 teilweise ergänzt. – Im Ostflügel der ehem. Kapitelsaal, ein niedriger Rechteckraum zu zwei Jochen. An der von Gurtbögen unterteilten Stichkap-

Benediktbeuern, Konventbau, Porträts der aus Tegernsee stammenden Äbte Ellinger, Gothelm und Megingoz, 1682/83 von Georg Asam

Benediktbeuern, Konventbau, Ansicht der Klosteranlage von 1594, um 1686/88 von Georg Asam

Benediktbeuern, Konventbau, Ansicht der Klosteranlage von 1669 ff., um 1686/88 von Georg Asam

Benediktbeuern, Konventbau, Ostflügel des Kreuzgangs

Benediktbeuern, Konventbau, Südflügel des Kreuzgangs

Konventbau, Porträt von Abt Amand Thomamiller (1661 - 1671)

Benediktbeuern, Konventbau, ehem. Refektorium

Konventbau, ehem. Refektorium, Detail der spätgotischen Decke

Benediktbeuern, Konventbau, ehem. Kapitelsaal

Benediktbeuern, Konventbau, ehem. Kapitelsaal, Stuckdetail

pentonne schwere Akanthusstukkaturen um 1686 mit üppigen Frucht- und Blattgehängen sowie Putten; in den Schildbögen der Stichkappen Reliefs der Kardinaltugenden. Die beiden in die Decke eingelassenen Leinwandbilder Andreas Wolff zugeschrieben: St. Benedikt als Ordensstifter und als Lehrer der Völker.

Die Gänge der beiden Obergeschosse, die von korbbogigen, stuckierten Stichkappentonnen überwölbt werden, verlaufen genau über dem Kreuzgang. An den Wänden hängen zahlreiche Gemälde des 17./18. Jhs., darunter ein 1680 von Oswald Onghers signiertes ehem. Altarblatt mit der Darbringung im Tempel, eine Flucht nach Ägypten, die Jacopo Amigoni um 1720/25 zuzuschreiben ist, sowie Georg Asams historische Ansichten der Klosteranlage und ein Teil seiner berühmten Porträtreihe der Benediktbeurer Äbte von 1682ff. (darunter die Kopie nach dem Predellenbild von 1494 mit den drei „Brüdern" Landfried, Waldram und Eliland, das sich ehemals im spätgotischen Choraltar von Jan Polack befand und heute zum Fundus der Bayerischen Staatsgemäldesammlungen in München gehört).

1. Obergeschoß. Ungefähr über dem Kapitelsaal ehem. Zelle mit Fresko des hl. Joseph, um 1730 wohl von der Werkstatt Johann Baptist Zimmermanns ausgeführt. – Im Westflügel ehem. Winterabtei, jetzt Zimmer des Direktors, mit Stukkaturen um 1790, Franz Edmund Doll zuzuweisen. Stuck im Erker um 1670.

2. Obergeschoß. Im Westtrakt der 1672-1675 von Caspar Feichtmayr d.Ä. gestaltete sog. Alte Festsaal; Auftraggeber war Abt Amand Thomamiller, vgl. sein Wappen an der Decke. Langgestreckter, sechsachsiger Saal mit Flachdecke auf trapezförmigen geraden Abschrägungen, überzogen von einem doppelten System geometrisch organisierter Leisten und aufgelegtem, bewegtem Knorpelwerkstuck. Das Hauptbild wurde früher Caspar Amort d.Ä. († 1675) zugeschrieben, doch stammt es vermutlich von Stephan Kessler aus Brixen, der zusammen mit seinem Sohn Michael auch die Nebenszenen und die Monatsdarstellungen und Allegorien gemalt und mehrfach bezeichnet hat. Thematisch geht der Zyklus auf eine Dissertation der Brüder Sebastian Franz und Philipp Constanz von Taxis an der Universität Dillingen an der Donau zurück, die 1664 mit Kupferstichen von Matthäus Küsel nach Entwürfen von Johann Christoph Storer erschienen ist. Diese wurden teils frei, teils bis ins Detail übernommen. Die Gemälde des Deckenspiegels und der Schrägenmitten bilden als „theatrum mundi" ein in sich geschlossenes Programm: Die vier Elemente und das Reich der Metalle bzw. Planeten, symbolisiert durch antike Göttergestalten, sowie die Erde als Welt der Pflanzen und Lebewesen zu Land und zu Wasser werden als Erscheinungsformen systematisiert und gleichzeitig in Verbindung mit christologischen Darstellungen als Zeugen der Größe Gottes überhöht. Das allegorische Mittelbild mit dem „Triumphwagen der anima rationalis" ist dabei dem Menschen als Krone der Schöpfung gewidmet, dessen wechselnden Lebenslauf das Rundbild über der zweiten, südlichen Fensterachse mit dem „circulus vicissitudinis" veranschaulichen soll. Hier sind um eine große Kugel als Zeichen der Fortuna und der Welt die Allegorien der Armut und Demut, des Friedens, Reichtums und Hochmuts, des Neids und Kriegs versammelt. Allesamt werden sie nochmals in Einzeldarstellungen gewürdigt, die wiederum auf eine Serie von Kupferstichen nach Maerten de Vos zurückgehen. In den querrechteckigen Monatsbildern ist

Benediktbeuern, Konventbau, ehem. Kapitelsaal, östlicher Gewölbeabschnitt

Konventbau, Südflügel des Gangs im 1. Obergeschoß

Benediktbeuern, Konventbau, Erker der ehem. Winterabtei

Benediktbeuern, Konventbau, Westflügel des Gangs im 2. Obergeschoß

Das Reich der Pflanzen, Kupferstich von Matthäus Küsel, 1664

Konventbau, Flucht nach Ägypten, um 1720/25 wohl von Jacopo Amigoni

Benediktbeuern, Konventbau, Porträts der Gründeräbte Landfried, Waldram und Eliland, 1682/83 von Georg Asam

Benediktbeuern, Konventbau, Alter Festsaal

Benediktbeuern, Konventbau, Alter Festsaal, Fresko mit allegorischer Darstellung des Pflanzenreichs

Benediktbeuern, Konventbau, Alter Festsaal, Mittelbild am Gewölbe

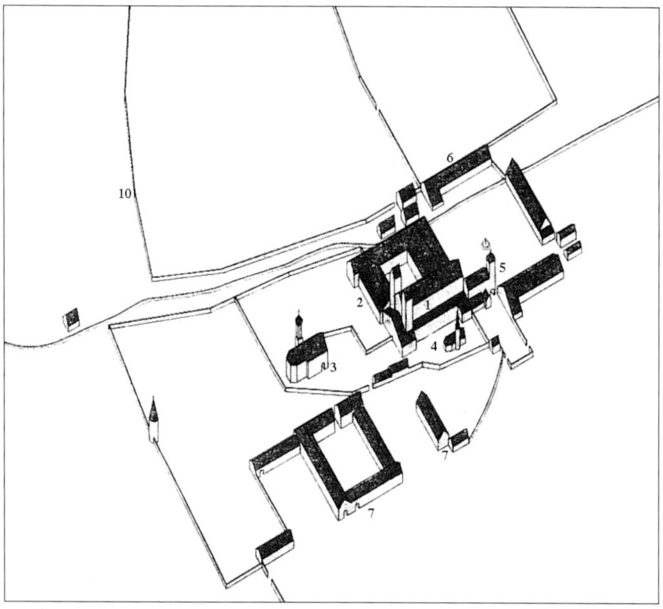

Ansicht von Kloster Benediktbeuern um 1594

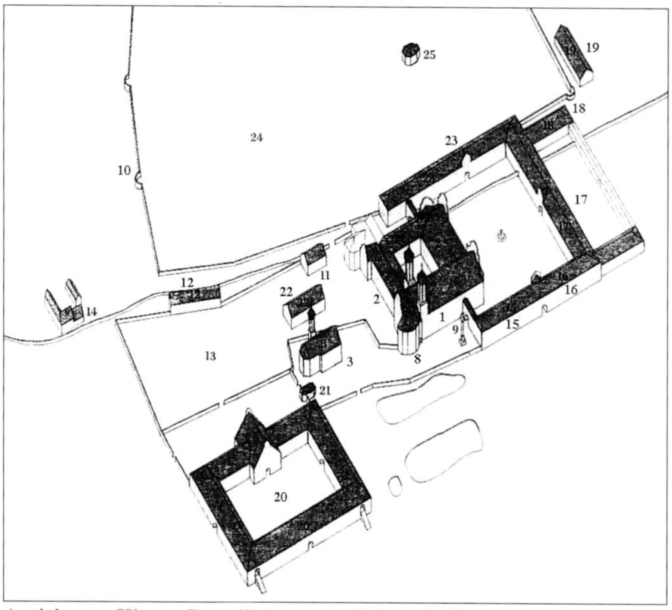

Ansicht von Kloster Benediktbeuern zwischen 1763 und 1784

1 Klosterkirche St. Benedikt – 2 Konventbau – 3 Pfarrkirche U. L. Frau – 4 Laurentiuskapelle – 5 Torturm (?) – 6 (altes) Gästehaus (?) – 7 (alte) Gesinde- und Ökonomiebauten – 8 Anastasiakapelle – 9 Leonhardisäule – 10 Klostermauer – 11 Krankenhaus – 12 Waschhaus – 13 Konventgarten – 14 Sägemühle – 15 Gästehaus – 16 Bräuhaus – 17 Seminar – 18 Pfisterei und Mühle – 19 Schweinehütte – 20 Meierhof – 21 Johann-Nepomuk-Kapelle – 22 Bibliothek – 23 Gastbau – 24 Hofgarten – 25 Gartenpavillon

schließlich das menschliche Leben in den Jahresablauf eingebunden und damit sinngemäß dem Hauptprogramm zugeordnet. Bemerkenswert sind auch die Kachelöfen und die mit Stuck und Scagliola-Einlagen verzierten Portalumrahmungen. An der Ostwand Gemälde der Marienkrönung von 1659. – Südlich des Saals ehem. Schlafzimmer, jetzt Büroraum. Stuck 1722/24 von Joseph Hainz; in der Hohlkehle Wappen von Abt Magnus Pachinger (1707-1742). Die gleichzeitigen Gemälde vielleicht von Lucas Zais: Immaculata, in den Ecken Embleme. – Im Osttrakt ehem. Zelle mit Deckenbildern, 1720 von Lucas Zais: Monogramm und fünf Wunden Jesu.

Don-Bosco-Straße 1 (alt 126). Ehem. Gast- und Seminartrakte; Dreiflügelbau mit Arkaden, 1695-1732; mit Ausstattung; drei Anbauten nach Westen und südliche Gartenmauer, 17.-20. Jh.

Das Areal westlich der Klosterkirche dürften seit der Wiederbesiedelung im 11. Jh. Gebäude unterschiedlicher Funktion umgeben haben. 1686/88 Entwurf von Henrico Zuccalli(?) für ein Studiengebäude, das an die Stelle des alten Gästehauses(?) an der Südseite treten sollte. Erst 1695 Grundsteinlegung durch Abt Eliland Öttl (1689-1707) zum neuen sog. äußeren Kloster, für dessen Projektierung wohl erneut Zuccalli verantwortlich war; Baubeginn mit dem westlichen Abschnitt des Nordtraktes, der Brauerei. 1698 Vollendung des Nordflügels mit den Unterrichtsräumen für das studium commune. 1726 Umbau der Brauerei und Planung des noch fehlenden Südflügels, dem sog. Neugebäude oder Fürstentrakt, durch Michael Ötschmann, den Markus und Joseph Hainz 1728ff. errichteten. 1731 war der Westhof geschlossen, die Ausstattungsarbeiten im Gange. 1763 Bau eines Bräuhauses im Anschluß an die bestehende Brauerei und Verlängerung des Pfisterei- bzw. Mühltraktes; beide Gebäude sollten einen zweiten Westhof an den Schmalseiten begrenzen, dessen westlicher Querriegel mit Torbau allerdings nur in der Nordhälfte ausgeführt wurde. 1979ff. nach Brand im Nordflügel Wiederaufbau und Restaurierung.
Die langgestreckten, zweigeschossigen Flügel umgeben den weiten Hof an der Westseite von Kirche und Konventbau. Das Erdgeschoß ist in rundbogigen Arkaden geöffnet, die Fenster des pilastergegliederten Obergeschosses werden von alternierend dreieckigen und segmentbogigen Giebeln bekrönt. Über den drei Mittelachsen befindet sich jeweils ein großer, geschwungener Zwerchgiebel mit einer Nischenstatue: südlich Chronos, westlich Zeus, nördlich Herakles. Die Farbigkeit der Fassaden wurde nach kolorierten Rissen Ötschmanns rekonstruiert. Die maßgeblichen Räume befinden sich ohne Ausnahme im Obergeschoß, der Neue Festsaal tritt als Risalit nach Süden gegen den Garten vor, der um 1735 angelegt wurde und 1737 nach Entwürfen von Ötschmann einen (nicht mehr bestehenden) achteckigen Pavillon erhielt. In der Mitte des Hofs der 1730 eingerichtete Springbrunnen. Am südöstlichen Ende Verbindungsgang zum Konventbau. An der Decke Gemälde unterschiedlicher Zeit, die um 1730 zum bestehenden Programm zusammengestellt wurden. Die „Erschaffung der Welt" in der Mitte, die „Vier Elemente" und die Monatsbilder stammen von einer Hand und dürften

Benediktbeuern, Don-Bosco-Straße 1, Gastbau, Nord- und Westflügel

Benediktbeuern, Gastbau, Südflügel von Südosten

Benediktbeuern, Gastbau, Westflügel und westliche Verlängerung des Südflügels

Benediktbeuern, Verbindungsgang vom Konvent- zum Gastbau, Aufnahme von 1972

Benediktbeuern, Verbindungsgang vom Konvent- zum Gastbau, Obergeschoß

im späten 17. Jh. entstanden sein. Die beiden „Windgötter" gelten dagegen als Vorstudien zu Giovanni Trubillios Deckenbildern von 1692/94 in einem der Steinzimmer der Münchener Residenz.

Südflügel oder Fürstentrakt. Am Ostende die ehem. Sommerprälatur, jetzt Gästewohnung, bestehend aus einem Vorplatz und mehreren Zimmern. Stukkaturen um 1730, Werkstatt von Johann Baptist Zimmermann; das ehem. Audienzzimmer wurde unter Abt Benno Vogelsanger (1758-1784) wohl von Thassilo Zöpf neu stuckiert, vgl. die Wappen an der Decke. Fresken Johann Joseph Zimmermann zugeschrieben; Vorplatz: Misericordia und Justitia; Vorzimmer: Spes; im Alkoven des ehem. Audienzzimmers: Schutzengel; ehem. Kapelle: Anbetung der Eucharistie und Evangelistensymbole. – Der westlich angrenzende ehem. Speisesaal (Salettl) 1731 vollendet. Stuck von Johann Baptist Zimmermann, die in Öl auf Putz ausgeführten Medaillons mit musizierenden Putten und Darstellungen der fünf Sinne seinem Sohn Johann Joseph zugewiesen; in der Mitte wohl älteres Gemälde des Gastmahls im Hause des Pharisäers. Zwischen den Fenstern kleine Bilder der zwölf Monate, Kopien des späten 17. Jhs. nach jenem Zyklus, den Joachim von Sandrart 1642/43 im Auftrag des Kurfürsten Maximilian für den Hauptsaal des Alten Schlosses in Schleißheim ausgeführt hatte. – Treppenhaus mit guten, schmiedeeisernen Gittern; auf den Volutenpfeilern Putten bzw. Vasen. Stuck von der Werkstatt Johann Baptist Zimmermanns. Deckengemälde von Johann Joseph Zimmermann, bez. JJZ am Hundehalsband im Mittelbild mit dem Eintritt ins Kloster; seitlich Allegorien auf den Verzicht auf Reichtum und weltliche Ehren (östlich) bzw. auf irdische Liebe und Eitelkeit (westlich). An den Wänden die Vertreibung Hagars und die drei Engel bei Abraham, um 1720/25 von Jacopo Amigoni. – Im langen Gang die restlichen Abtporträts von Georg Asam (1682ff.) und zwei Gemälde von Andreas Wolff (1702) mit Darstellungen der hll. Bonifatius und Ulrich. Über den Türen der Zimmer, die an der Südseite des Flügels liegen, Supraporten mit Heiligendarstellungen, Lucas Zais um 1730 zugeschrieben. Vor dem Neuen Festsaal Fresken von Johann Baptist Zimmermann: Apollo und Putten. – Neuer Festsaal, sog. Fürstensaal, jetzt Hauskapelle. Prunkvoller Rechteckraum von neun zu drei Achsen im risalitartig ausspringenden Mittelteil des Flügels. Die drei mittleren Südfenster sind größer als die übrigen, die beiden Fenster der Schmalseiten veranschaulichen die Risalittiefe. In der Voute und am Spiegelgewölbe reiche Stuckierung von Johann Baptist Zimmermann, der zusammen mit seinem Sohn auch für das zentrale Fresko der Aufnahme Landfrids in den Benediktinerorden verantwortlich war. Die Nebenbilder mit den vier Elementen und Jahreszeiten sowie Putten dürfte dagegen Johann Joseph Zimmermann allein gemalt haben; in der Hohlkehle Wappen von Abt Magnus Pachinger (1707-1742). Schnitzarbeiten: Muttergottes im Strahlenkranz, um 1520. Kruzifix, um 1610, Bartholomäus Steinle zugeschrieben. – In den vier westlich anstoßenden ehem. Gästezimmern lebte 1809-1818 Joseph von Fraunhofer. Stuck und Deckengemälde von der Zimmermann-Werkstatt um 1732 ausgeführt. Darstellungen: Phaetons Sturz; Flora und Pomona; Parnaß, Amphion und Orpheus, musizierende Putten; Windgötter, Galathea, Taten des Herakles, Tageszeiten.

Benediktbeuern, Gastbau, Vorplatz der ehem. Sommerprälatur

Benediktbeuern, Gastbau, südöstliches Zimmer der ehem. Sommerprälatur

Benediktbeuern, Gastbau, ehem. Speisesaal

Benediktbeuern, Gastbau, Treppenhaus

Benediktbeuern, Gastbau, Gang im Südflügel

Benediktbeuern, Gastbau, Neuer Festsaal oder Fürstensaal

Nordflügel. In einem ehem. Gastzimmer, jetzt Seminarraum, Fresken der Zimmermann-Werkstatt um 1730: Schutzengel, in den Ecken Putten als Allegorien der Kardinaltugenden. – In einem weiteren Zimmer kraftvoller Deckenstuck vom Ende des 17. Jhs.

Don-Bosco-Straße 1. Archiv- und Bibliotheksgebäude mit Schweifgiebel und Architekturmalerei, erbaut 1722ff.

Der „Bücher-Saal" befand sich ursprünglich im 2.Obergeschoß des 1669 errichteten südlichen Konventtraktes. Erst Abt Magnus Pachinger (1707-1742) ließ 1722ff. zur Sicherung vor Feuer im Konventgarten ein eigenes, freistehendes Bibliotheksgebäude errichten und 1724/25 ausstatten. Die Risse, die ein Sommerrefektorium zu ebener Erde und die Bibliothek mit Archiv im 1.Stock vorsahen, lieferte Michael Ötschmann; die Planung der Archiveinrichtung lag bei Pater Karl Meichelbeck. Seit 1869 als Speisesaal und Küche genutzt. 1971f. Restaurierung. – Reizvoller, zweigeschossiger Satteldachbau zu fünf Fensterachsen; die dreiachsigen Schmalseiten unter geschwungenen Giebeln. Im Westen gedeckter, hölzerner Verbindungsgang vom Refektorium zum Konventbau. Die architektonischen Malereien mit Pilasterpaaren und ädikulaförmigen Fensterrahmungen 1972 nach dem Original von Frater Lucas Zais erneuert. – An der weitgespannten Flachdecke des lichten ehem. Bibliothekssaales formenreiche Stuckdekoration mit Personifikationen der Kardinaltugenden und der Tages- bzw. Jahreszeiten, 1724 von Johann Baptist Zimmermann, der auch die Fresken schuf: St. Benedikt im Kreis von Schülern und hohen kirchlichen Vertretern, Wappen des Konvents und des Bauherrn, Allegorie der Künste und Wissenschaften, seitlich Putten mit wissenschaftlichen Geräten.

Benediktbeuern, Gastbau, Neuer Festsaal, Mittelbild am Gewölbe

Benediktbeuern, Konventbau, Porträt von Abt Magnus Pachinger (1707 - 1742)

Benediktbeuern, Gastbau, Neuer Festsaal, Muttergottes, um 1520

Gastbau, Decke in einem ehem. Gastzimmer des Nordflügels

Gastbau, Deckenstuck in einem Zimmer des Nordflügels

Benediktbeuern, Don-Bosco-Straße 1, ehem. Archiv- und Bibliotheksgebäude

Benediktbeuern, ehem. Archiv- und Bibliotheksgebäude, Inneres nach Osten

Benediktbeuern, ehem. Archiv- und Bibliotheksgebäude, St. Benedikt im Kreis von Schülern, 1724 von Johann Baptist Zimmermann

Benediktbeuern, ehem. Archiv- und Bibliotheksgebäude, Allegorie der Künste und Wissenschaften, 1724 von Johann Baptist Zimmermann

Benediktbeuern, ehem. Archiv- und Bibliotheksgebäude, Putten mit wissenschaftlichen Geräten, 1724 von Johann Baptist Zimmermann

Benediktbeuern, ehem. Archiv- und Bibliotheksgebäude, Detail der Stuckdekoration, 1724 von Johann Baptist Zimmermann

Dorfplatz 1. Gasthof zur Post; stattlicher, langgestreckter Bau mit Flachsatteldach, im Kern von 1517.

Älteste und wichtigste der klostereigenen Tafernen, die ursprünglich auch Sitz des Richters war und im 17. Jh. vor allem von Klosterbeamten betrieben wurde. Das erhaltene zehnachsige Gebäude, das den Südflügel einer umfangreichen, 1517 errichteten Anlage bildete, wurde im letzten Viertel des 18. Jhs. erweitert und 1802 innen verändert. Nach 1950 ersetzte man den Westflügel, das sog. Ballenhaus, durch den großen Saal und legte im Keller ein mittelalterliches Gewölbe frei. In der halbrunden Nische mit Muschelkalotte neben dem Südeingang stand ehemals eine Muttergottesfigur. Das Fresko mit einem Fuhrwerk schräg darüber erneuerte 1987 M. Hagn aus Rottach-Egern.

Benediktbeuern, Dorfplatz 1

Dorfplatz 4. Ehem. Klosterrichterhaus, jetzt Pfarrhaus; Satteldachbau mit gemaltem Fries, Ende 17. Jh.

Unter Abt Eliland Öttl (1690-1707) errichteter, zweigeschossiger Satteldachbau zu neun Achsen. Fenster in geohrten, gemalten Rahmen; unter der Traufe Eierstab.

[**Dorfplatz 5.** Neue kath. Pfarrkirche Mariä Himmelfahrt (Marienkirche). 1962ff. im Auftrag des Augsburger Bischofs Joseph Freundorfer durch Fritz Hierl entworfen; 1966 geweiht. Im Altarraum beachtliches, großes Kruzifix, um 1615, Bartholomäus Steinle zugewiesen, ehemals in der Klosterkirche. Himmelfahrtsmaria, wohl 17. Jh., aus dem spanischen Kunsthandel erworben. Mater Dolorosa, Anfang 18. Jh., ehemals in der 1805 abgebrochenen Pfarrkirche.]

Benediktbeuern, Neue Pfarrkirche, Kruzifix, um 1615 von Bartholomäus Steinle

Dorfplatz 6. Ehem. Klosterkramer; stattliches Wohn- und Geschäftshaus mit Flachwalmdach, Eckquaderung und Gesimsgliederung, bez. 1840.

Seit dem 14. Jh. „Klosterkramer". 1840 Neubau, bez. im Oberlichtgitter der nordwestlichen Eingangstür. An der Unterseite des oberen Gesimses stuckierte Rosetten und Volutenbänder.

Dorfstraße 8 (Friedl). Ehem. Bauernhaus mit Blockbau-Obergeschoß, umlaufender Bretterlaube, alten Fenstern und aufgedoppelter Haustür, Ende 18. Jh.

Gut erhaltenes Beispiel eines gebietstypischen Bauernhauses mit Blockbau-Obergeschoß, an dessen Nordseite ein Kruzifix und ein Relief des Guten Hirten, beide wohl 18. Jh., angebracht sind. Am Erdgeschoß des ehem. Wirtschaftsteils Nische mit bemerkenswerter Figur des hl. Leonhard im Stil des mittleren 18. Jhs.

Dorfstraße 10 (Kalser-Lang). Ehem. Kleinbauernhaus mit verschaltem Vordach und Laube auf Kopfbügen, Mitte 18. Jh.

Dorfstraße 11 (Kalser). Ehem. stattliches Bauernhaus, z.T. freigelegter Blockbau, im Kern 1. Hälfte 17. Jh.

Dorfstraße 12 (Weberhans). Kleinbauernhaus, verputzter Blockbau, im Kern 17. Jh.

Dorfstraße 14 (Hennerbart). Hausfiguren im Giebel (hl.Familie), 18./ 19. Jh.

Benediktbeuern, Dorfplatz 4

Dorfplatz 5, Neue kath. Pfarrkirche Mariä Himmelfahrt

Benediktbeuern, Neue Pfarrkirche, Inneres

Benediktbeuern, Neue Pfarrkirche, Immaculata, wohl 17. Jh.

Benediktbeuern, Dorfplatz 6

Benediktbeuern, Dorfstraße 8

Benediktbeuern, Dorfstraße 10

Benediktbeuern, Dorfstraße 11

Benediktbeuern, Dorfstraße 12

Benediktbeuern, Dorfstraße 14, Hausfiguren

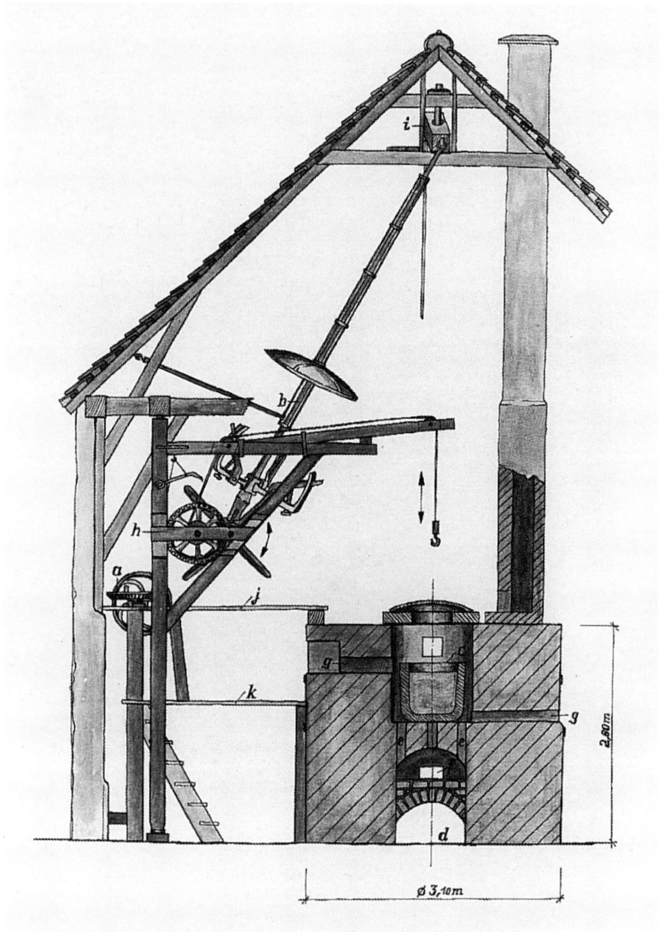

Graphische Darstellung eines Glasofens mit Rührwerk

Benediktbeuern, ehem. Glashütte, Inneres, Aufnahme von 1984

Benediktbeuern, ehem. Glashütte, Rührer, Aufnahme von 1984

Roher Glasblock

Dorfstraße 15 (Gilg). Ehem. Bauernhaus mit reicher ornamentaler und figürlicher Wandmalerei, im Kern um 1800, aufgestockt 2. Hälfte 19. Jh.

Die ursprünglich aus der Erbauungszeit stammenden Fassadenmalereien mehrfach, zuletzt 1992 übergangen: südlich Medaillons mit der hl. Agatha, Johannes d.T. und der Muttergottes, östlich Christus.

Dorfstraße 26 (Vogler). Ehem. Bauernhaus, im Kern verputzter Obergeschoß-Blockbau, um 1830 umgebaut.

An der Tür der Giebellaube gemalte Darstellung des Herz Mariä, wohl um 1830.

Dorfstraße 33 (Hainz). Stattliches Bauernhaus, im Kern verputzter Obergeschoß-Blockbau, 1.Drittel 19. Jh.

Fraunhofer Straße 2. Ehem. Fraunhofer-Glashütte, jetzt Fraunhofer-Museum; z.T. verschalter Holzbau mit Satteldach, frühes 19. Jh.; mit Ausstattung.

Nachdem der bayerische Beamte und Fabrikant Joseph von Utzschneider (1763-1840) den ehem. Klosterbesitz 1805/06 aufgekauft hatte, richtete er neben einem freistehenden Gebäude östlich des Klosters eine Glashütte ein. Quarzsand aus der Gegend südlich von Wolfratshausen und der riesige klostereigene Waldbestand waren Voraussetzung für eine Glasschmelze, die nach Utzschneiders Plänen hochwertiges Glas für die Produktion optischer Geräte ergeben sollte. Bereits im Januar 1806 fanden unter der Leitung von Pierre Louis Guinand (1748-1824) erste Schmelzversuche statt. Nach wenig befriedigenden Ergebnissen erhielt 1811 Joseph von Fraunhofer (1787-1826) die Leitung der Glashütte, worauf Guinand 1814 ausschied und in seine Schweizer Heimat zurückkehrte. Obwohl Utzschneider 1818 das Klosterareal wieder an den bayerischen Staat verkaufte, blieb die Glasherstellung davon vorerst unberührt. Erst der frühe Tod Fraunhofers stürzte das florierende Unternehmen in eine Krise. 1832 übernahm Georg Merz den Betrieb, der bis 1883 fortgeführt wurde. Das Gebäude dient heute mit den historischen Schmelzöfen und den Rührwerken zur Erzeugung von schlierenfreiem Glas als Fraunhofer-Museum.

Fraunhofer Straße 4. Ehem. Waschhaus des Klosters, später Gästehaus; Satteldachbau, im Kern 17. Jh.; westlich des Fraunhofer-Museums.

Das zweigeschossige, winkelförmige Gebäude schließt unmittelbar westlich an das Museum an.

Gasse 5 (Krautpampfer). Ehem Kleinbauernhaus mit Blockbau-Obergeschoß, im Kern noch 17. Jh.

Häusernstraße 13 (Fischerjakl). Stattliches Bauernhaus, wohl um 1930 über älterem Kern erbaut.

Kocheler Straße 2 (Unterbäck). Ehem. Bauernhaus mit Blockbau-Obergeschoß, 2. Hälfte 17. Jh.

Bildstock (Christus in der Rast); vor Kocheler Straße 2.

Die Figur Christi in der Rast stammt wohl aus der 1. Hälfte des 18. Jhs.

Ganzfigur des Joseph von Fraunhofer, Abguß, Aufnahme von 1983

Benediktbeuern, Fraunhofer Straße 2 und 4, ehem. Fraunhofer-Glashütte (rechts) und ehem. Waschhaus (links)

Porträt des Joseph von Utzschneider, um 1850

Benediktbeuern, Dorfstraße 15

Benediktbeuern, Dorfstraße 26

Benediktbeuern, Dorfstraße 33

Benediktbeuern, Gasse 5

Benediktbeuern, Häusernstraße 13

Benediktbeuern, Kocheler Straße 2 mit Bildstock

Mariabrunnweg 5 (Organist). Ehem. Kleinbauernhaus, verschalter Obergeschoß-Blockbau, Kern 1. Hälfte 18. Jh.

Mariabrunnweg 11 (Hausknecht). Ehem. Kleinbauernhaus mit Blockbau-Obergeschoß, Ende 18. Jh.

Mariabrunnweg 24 (Soierschneider). Ehem. Kleinbauernhaus mit Blockbau-Obergeschoß, verschaltem Vordach und Bretterlaube, 2. Hälfte 17. Jh.

Mariabrunnweg 26 (Lederdraxler). Ehem. Kleinbauernhaus mit Blockbau-Obergeschoß, im Kern 2. Hälfte 17. Jh., erneuert.

Schäfflerweg 4 (Schaffler). Kleinhaus, z.T. mit Blockbau-Obergeschoß, im Kern 16./17. Jh., Dach 19. Jh.

Schäfflerweg 6 (Alberl). Ehem. Bauernhaus, z.T. Blockbau am Obergeschoß, 18. und 19. Jh.

Tiroler Weg 4 (Fuchs). Ehem. Kleinbauernhaus mit verputztem Blockbau-Obergeschoß, verschaltem Vordach und Laube, im Kern Mitte 18. Jh.

Utzschneiderstraße 1. Ehem. Stallgebäude, jetzt Wohnhaus; um 1690/1700 erbaut, 1717 erweitert, 1976 stark erneuert; an der Südwestecke der Klosteranlage.

Das um 1690/1700 errichtete Gebäude diente ursprünglich als „Schweinehütte“. Es wurde 1717 nach Plänen von Michael Ötschmann zur heutigen langgestreckten Form ausgebaut und 1976 tiefgreifend verändert. Im Innern haben sich Gewölbe des 17./18. Jhs. erhalten.

Zeilerweg 2. Ehem. Meierhof; sehr stattlicher, vierflügeliger Massivbau um Innenhof, im Südflügel vorgesetzter Wohnblock, erbaut 1708ff.

Der Bau eines ersten Meierhofs westlich des heutigen Standorts ist für 1503 überliefert. Bereits um 1700 gab es Überlegungen, die zahlreichen Wohn- und Ökonomiebauten am Weg zur Klosterkirche abzureißen und sie in einem regelmäßigen Wirtschaftsgebäude mit drei Höfen zu vereinigen. 1708 zog Abt Magnus Pachinger (1707-1742) den Ottobeurer Klosterbaumeister Pater Christoph Vogt als Berater hinzu, die Pläne (dat.1708 und 1712) erstellte jedoch Michael Ötschmann. Obwohl mit dem Neubau noch im selben Jahr vermutlich durch Markus und Joseph Hainz begonnen wurde, war die Anlage erst 1718 vollendet. Nach der Säkularisation erwarb 1806 Joseph von Utzschneider den Meierhof, verkaufte ihn aber bereits 1818 wieder an den bayerischen Staat, der hier seinen größten Militärfohlenhof (seit 1872 Remontedepot) einrichtete. Den Salesianern dienten die Ökonomiegebäude von 1930 bis 1979 als Landwirtschaftszentrum; danach wurden sie in mehreren Abschnitten saniert. – Der sog. Meiherhof, dessen vier Flügel einen querrechteckigen Hof umschließen, liegt nordöstlich des eigentlichen Klosterkomplexes und zählt dank seiner ungewöhnlich großzügigen Konzeption zu den eindrucksvollsten landwirtschaftlichen Anlagen der Barockzeit in Bayern. Alle Trakte sind zweige-

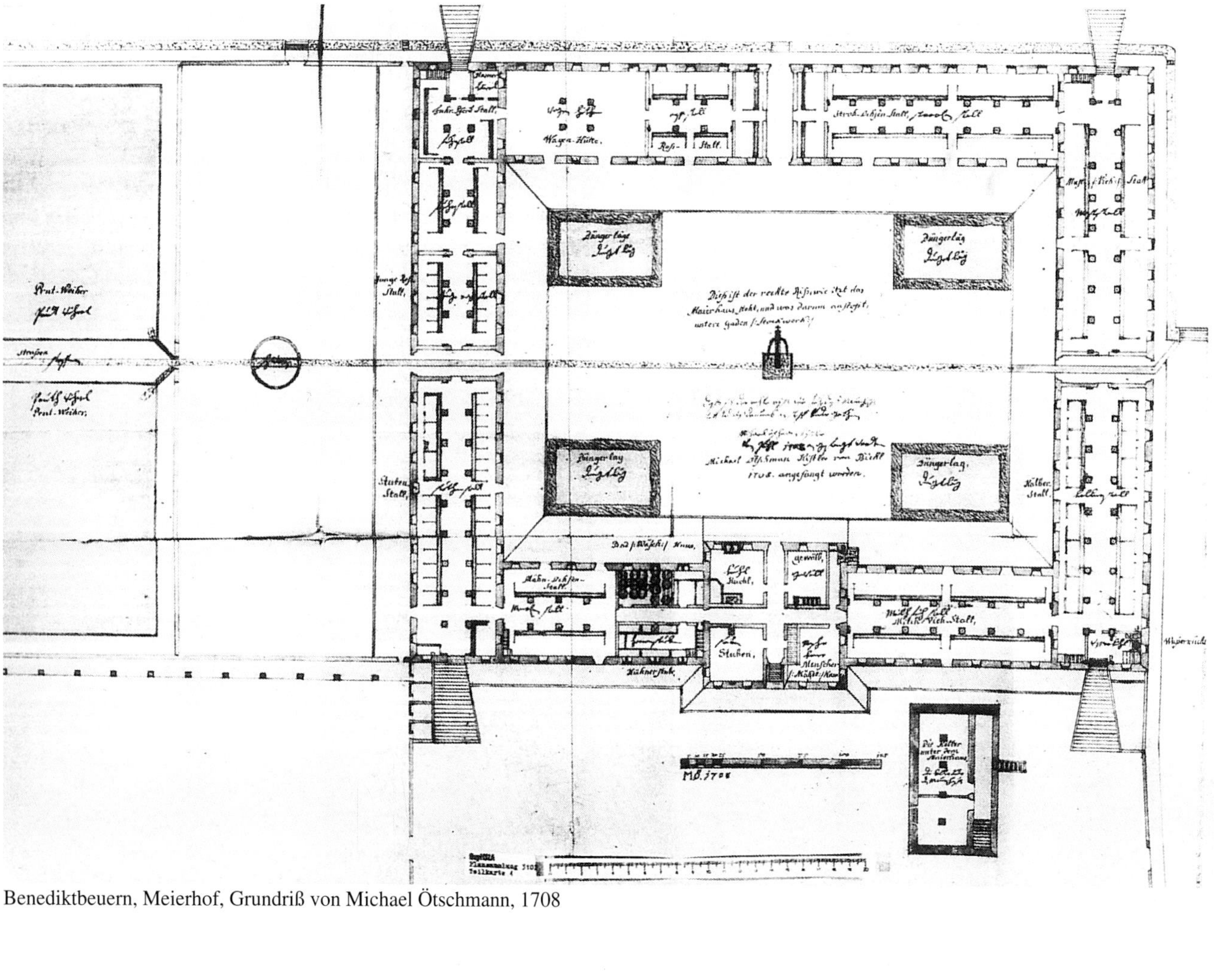

Benediktbeuern, Meierhof, Grundriß von Michael Ötschmann, 1708

Benediktbeuern, Mariabrunnweg 5

Benediktbeuern, Mariabrunnweg 11

Benediktbeuern, Mariabrunnweg 24

Benediktbeuern, Mariabrunnweg 26

Benediktbeuern, Schäfflerweg 4

Benediktbeuern, Schäfflerweg 6

Benediktbeuern, Tiroler Weg 4

Benediktbeuern, Utzschneiderstraße 1

Benediktbeuern, Meierhof, Aufriß der Südfassade von Michael Ötschmann, 1712

schossig mit den gewölbten Stallungen im Erdgeschoß und der Tenne darüber. Nur der Südflügel ist als Haupttrakt in den fünf Mittelachsen durch einen auf beiden Seiten risalitartig vorspringenden Giebelbau hervorgehoben, der als Wohnung für das Personal diente; hier befindet sich in der rundbogigen Durchfahrt ein Fresko des Schutzengels, das um 1718 Lucas Zais gemalt hat. Auch die übrigen Flügel besitzen in der Mittelachse eine entsprechend große Durchfahrt.

Zeilerweg 3. Ehem. Klosterkirche St. Benedikt, jetzt kath. Pfarrkirche; Türme und Ostchor von Caspar Feichtmayr, 1672-73, Langhaus 1681-86 erbaut; mit Ausstattung.

Baugeschichte. Hinweise auf eine agilolfingische Kirche, die St. Bonifatius 740 geweiht haben soll und die man nach der Zerstörung 955 durch die Ungarn noch im 10. Jh. wiederhergestellt hat, wurden 1988/89 durch Grabungen bestätigt. Mit der Wiederbesiedelung im 11. Jh. ist der Neubau einer dreischiffigen Basilika mit eingezogenem Chor zu verbinden. Von dieser romanischen Anlage legte man 1970 unter dem heutigen Mittelschiff einen inkrustierten Schmuckfußboden frei, der aus dem letzten Drittel des 12. Jhs. stammt und den hl. Bonifatius sowie die drei Gründeräbte Landfried, Waldram und Eliland zeigt. (Abb. S. 135). Brände vernichteten im 13.-15. Jh. Kloster und Kirche mehrmals, zuletzt 1490. Obwohl die unter Abt Narcissus Paumann (1483-1504) durch Alexander Gugler und Jakob Moosmiller wiedererrichtete Klosterkirche bereits 1494 konsekriert werden konnte, dürfte die Ausstattung mit 15 Altären erst 1508 vollendet gewesen sein. Um 1615 fand, vermutlich durch den Maurermeister Michael März, eine tiefgreifende Umgestaltung des Innern statt, bei der stuckierte Gewölbe eingezogen und alle Altäre durch neue ersetzt wurden; gleichzeitig erhielten die Satteldachtürme zu seiten des Chors achteckige Aufsätze mit Zwiebelhauben. Die bestehende Kirche entstand in der Regierungszeit von Abt Placidus Mayr (1671-1689). Die Bauarbeiten dürfte bis 1673 Caspar Feichtmayr d.Ä. geleitet haben; danach ist eine maßgebliche Beteiligung der Münchener Hofbaumeister Henrico Zuccalli und Markus (Marx) Schinnagl nicht auszuschließen: 1672 Abbruch der Chortürme und Wiederherstellung des südlichen bis zu halber Höhe, 1673 Neubau beider Türme und der Sakristei mit dem darüberliegenden Psallierchor (dat. am Ostgiebel), 1681 Abtragung der spätgotischen Kirchenmauern bis zu einer Höhe von etwa drei Metern (vgl. das freigelegte Mauerwerk an der südlichen Außenseite des Langhauses), 1682 Baubeginn, 1686 Weihe. 1962-1973 Gesamtrestaurierung.

Äußeres. Die Längsseiten mit zweizoniger Gliederung durch rechteckige Blendfelder, die unten dreiteilige, oben vierpaßförmige Fenster umschließen. Über den hohen, quadratischen Unterbauten der Chortürme reich gegliederte, oktogonale Aufsätze mit Zwiebelhauben. Die hoch aufragenden Fassaden im Westen und Osten durch zahlreiche Okuli und rundbogige Öffnungen aufgelockert. Im Ostgiebel Ädikula mit Figur des Ordensgründers Benedikt, um 1673. Westlich wie schon an den Längsseiten zwei dominante, dreiteilige Fenstergruppen, die von der Weilheimer Stadtpfarrkirche hergeleitet sind; die gemalte Portalarchitektur 1973 von Franz Xaver Marchner.

Inneres. Großzügig dimensionierte Wandpfeilerkirche mit wenig eingezogenem Rechteckchor. Über den kreuzgratgewölbten, in breiten Rundbogen gegen das Langhaus und das westliche Chorjoch geöffneten Kapellen sitzen niedrige Emporen. Im Westen Oratorium und geräumige Orgelempore. Den Pfeilerstirnen sind doppelschichtige Pilaster aufgelegt, deren Kompositkapitelle zu den weitgespannten Gurtbogen der flachen Stichkappentonne überleiten. Da die Belichtung nur durch die Fenster der tiefen Kapellen und Emporen erfolgt, ist die Gewölbezone relativ dunkel, wobei

Benediktbeuern, Zeilerweg 2, ehem. Meierhof, Südfassade

Benediktbeuern, Meierhof, Innenhof

Benediktbeuern, Klosterkirche, Ansicht von Südosten

Benediktbeuern, Zeilerweg 3, ehem. Klosterkirche St. Benedikt

Benediktbeuern, Schnitt der Klosterkirche

die Wandfelder über dem verkröpften Gebälk der Anlage pseudobasilikalen Charakter verleihen.
Die festliche Wirkung des Raums wird maßgeblich von den üppigen, italienisch beeinflußten Stukkaturen bestimmt. Sie erinnern an Arbeiten von Giovanni Niccolo Perti in der Münchener Theatinerkirche (1674) oder in Fürstenfeld (1696f.) und setzen sich aus fleischigen Akanthusranken, schweren Frucht- und Blumengehängen sowie voluminösem Laubwerk zusammen. Auf den Kapellenbögen lagern Allegorien der Eigenschaften Gottes mit Putten bzw. Inschriftkartuschen und in den Zwickeln der Stichkappen flankieren kleine Engel die großen Stuckfiguren Christi, Mariä und der Apostel. Über dem Chorbogen Wappen des Konvents und des Bauherrn Placidus Mayr. Die Seitenwände des östlichen Chorjochs und die Brüstung der oberen Westempore wurden 1790 anläßlich einer Restaurierung durch Franz Edmund Doll stuckiert.
Die in das hochbarocke Dekorationssystem eingelassenen Deckenbilder Georg Asams von 1683-1687 bilden den eigentlichen Auftakt zur Großmalerei auf bayerischem Boden nach dem Dreißigjährigen Krieg und zeigen deutlich den unterschiedlich gelungenen Versuch, die Errungenschaften des italienischen Illusionismus in eigene Ausdrucksformen umzusetzen. Die Darstellungen in Langhaus und Chor, ein von Osten nach Westen verlaufender christologischer Zyklus, sind chronologisch entgegen der thematischen Anordnung entstanden und „al secco“, d.h. in Tempera auf gelöschtem Gipsgrund, ausgeführt. Das 1685 begonnene Gemälde der Anbetung der Hirten über dem Hochaltar ist das erste Fresko Asams, eine Technik, die er auch in den Kapellen (zu den Themen s.u.) beibehalten hat. Unter der Westempore mystische Verlobung von Fides, Spes und Caritas; an der unteren Brüstung die Gründeräbte.
Ausstattung. Monumentaler, wandfüllender Hochaltar aus rotem Schlehdorfer Marmor, 1686 von Johann Georg Guggemoos, erstes Werk dieser Art zwischen Isar und Lech, 1788 durch Doll ornamental bereichert. Das riesige Gemälde Martin Knollers (bez.) mit einer Darstellung der Vision des hl. Benedikt vom Tod seiner Schwester Scholastika ersetzte 1788 das ursprüngliche Bild von Andreas Wolff. Marmortabernakel um 1700 nach Entwurf von Abt Eliland Öttl; die späten Rocailleverzierungen und die drei Puttengruppen der göttlichen Tugenden 1789 von Roman Anton Boos. Über den seitlichen Durchgängen Stuckfiguren der hll. Bonifaz und Ulrich, wohl von Balthasar Ableithner; oben Büsten der hll. Bernhard und Scholastika. – Volksaltar 1973 von Hans Wachter. Darunter ehem. Kapitell aus Montecassino und steinernes Fragment des 8. Jhs. mit Flechtbandornament. – Kanzel der Erbauungszeit mit Figuren: am Korb Christus, Maria und die vier Evangelisten, auf dem Schalldeckel die abend- und morgenländischen Kirchenväter sowie St. Benedikt. – Beichtstühle Ende 17. Jh. – Orgelgehäuse um 1779, vielleicht von Johann Georg Miller; Figuren in der Art der Tölzer Fröhlich-Werkstatt, Fassung von Franz Anton Anwander. – Kreuzweg, 1795 von dem Münchener Hofmaler Thomas Christian Wink. – Nischenfiguren der hll. Stephanus und

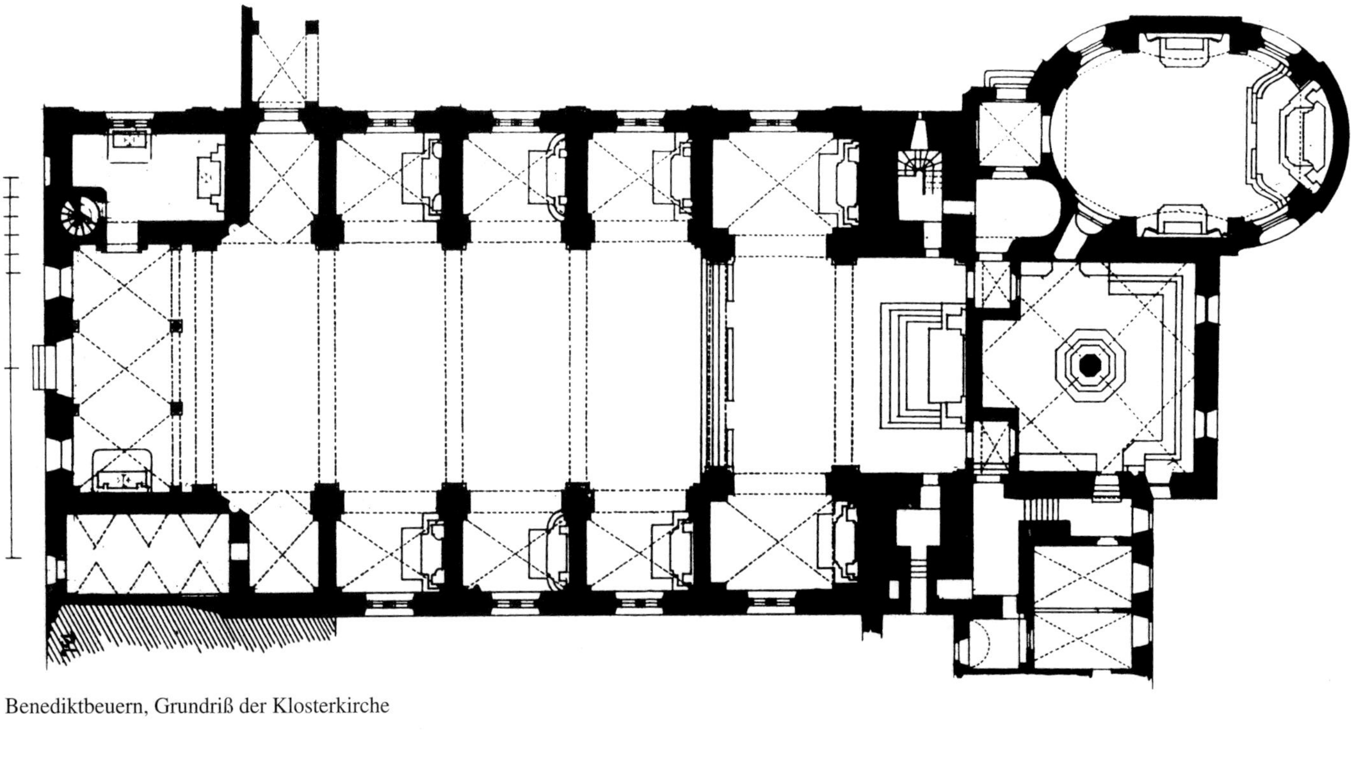

Benediktbeuern, Grundriß der Klosterkirche

Konventbau, Porträt von Abt Placidus Mayr (1672-1689)

Benediktbeuern, Klosterkirche, Südseite

Benediktbeuern, Klosterkirche, Ansicht von Westen

Benediktbeuern, Klosterkirche, Inneres nach Westen

Benediktbeuern, Klosterkirche, Inneres nach Nordosten

Benediktbeuern, Klosterkirche, Stuckdetail nördlich im 2. Langhausjoch

Benediktbeuern, Klosterkirche, Langhausgewölbe

Benediktbeuern, Klosterkirche, Chorfresko

Benediktbeuern, Klosterkirche, Langhaussüdseite mit Kanzel

Benediktbeuern, Klosterkirche, Hochaltar

Benediktbeuern, Klosterkirche,
hl. Benedikt, um 1686

Benediktbeuern, Klosterkirche, Hochaltarblatt, 1788 von Martin Knoller

Benediktbeuern, Klosterkirche,
hl. Ulrich, um 1686

Benediktbeuern, Klosterkirche,
Putten auf dem Hochaltartabernakel

Benediktbeuern, Klosterkirche,
Putten auf dem Hochaltartabernakel

Benediktbeuern, Klosterkirche,
7. Kreuzwegstation, 1795

Benediktbeuern, Klosterkirche, Orgel

Benediktbeuern, Klosterkirche,
10. Kreuzwegstation, 1795

Benediktbeuern, Klosterkirche,
hl. Stephanus, um 1610

Benediktbeuern, Klosterkirche,
hl. Laurentius, um 1610

Laurentius, um 1610, Reste des alten Leonhardaltars. – Armreliquiar des hl. Benedikt, 1795 von Johann Peter Streissel. Nördliche Kapellen, von Osten nach Westen: Sakramentskapelle, ehemals Marienkapelle. Fresken: Übertragung des Hauses von Loreto, Schutzmantelmadonna und Symbole der Lauretanischen Litanei, dat. 1686. Altar 1686 von Guggemoos; Gemälde 1789 von Knoller, bez.: Christus in Emmaus, im Auszug Muttergottes; prachtvoller Tabernakel mit knienden Engeln, Mitte 18. Jh. An der Wand Martyrium der hl. Anastasia (Afra?), um 1610 von Johann Matthias Kager. Im Fußboden Grabplatte für Pater Karl Meichelbeck († 1734) und Pater Karl Mindera († 1973), vgl. die Porträts an der Wand. – Katharinenkapelle. Fresken: Übertragung des Leichnams der hl. Katharina auf den Berg Sinai, Attribute der Heiligen. Altar 1696; Gemälde von Johann Carl Loth: Martyrium der hl. Katharina, im Auszug die hll. Agatha und Apollonia. An der Wand St. Jakobus vor der Madonna del Pilar, Ende 17. Jh. – Dreikönigskapelle. Fresken: Glorie des hl. Nikolaus, Szenen aus dem Leben der hll. Martin und Silvester. Altarbilder von Johann Carl Loth, um 1696: Anbetung der Könige, im Auszug Mantelspende des hl. Martin; Aufsatzbild: hl. Rupert, 1791 von dem Münchener Akademieprofessor Andreas Seidl. An der Wand hl. Apollonia, um 1720/25, wohl aus der Werkstatt von Jacopo Amigoni. – Kreuzkapelle. Fresken: die Wetterpatrone Johannes und Paulus, Szenen aus der Kreuzeslegende. Altar 1709 mit Scagliola-Antependium in der Art des Dominikus Zimmermann, Aufsatz und Puttenköpfe an den Kapitellen 1790 von Doll; Gemälde der Kreuzigung, 1709 von Frater Lucas Zais nach Johann Carl Loths Hochaltarblatt in der Klosterkirche Tegernsee, im Auszug hl. Helena; Passionsengel um 1620, Bartholomäus Steinle zugewiesen. An der Wand Epitaph für den Münchener Bürger Lienhard Auffleger und seine Familie mit Darstellung Christi am Ölberg, dat. 1539, Hans Mielich zugeschrieben. – Nordeingang. Fresko: Allegorie der Ecclesia Lateranensis. An der Westwand Kruzifix mit Engel, um 1780/90 aus der Tölzer Fröhlich-Werkstatt, ehemals in der Pfarrkirche. Grabmal für Abt Magnus Pachinger († 1742) mit Allegorien der Magnificentia und Vigilantia, Aegid Verhelst zugeschrieben.

Leonhardskapelle. Kleiner, abgeschlossener Rechteckraum unter Stichkappentonne. Zugang durch ein aufwendiges klassizistisches Stuckportal, 1790 von Doll. Von ihm auch die kleine Empore in der Nordwestecke, 1791. Erstfassung der Fresken 1683, von Asam 1688 eigenhändig überarbeitet: hll. Placidus, Maurus und Wolfgang, Engel. Die Darstellung des hl. Leonhard im Hauptaltar angeblich um 1600 von Johann Rottenhammer gemalt, zuletzt jedoch Georg Asam zugewiesen, im Auszug hl. Florian, 1792 von Johann Nepomuk della Croce; seitlich Figuren der hll. Isidor und Notburga, unten Liegefigur des hl. Franz Xaver, 1789 von Boos. Sockel und Wandschmuck des Johann-Nepomuk-Altars 1791 von Doll; die bewegte Figurengruppe Franz Xaver Schmädl zugeschrieben, 1735 für die ehem. Friedhofskapelle angefertigt. An der Wand ehem. Altarblatt der Anbetung der Hirten, um 1700, nach Hans von Aachen. Zinn-Bronzefigur des hl. Leonhard, 19. Jh., bis 1990 auf der Säule nördlich der Kirche. – Gegenüber der Kapelle unter der Empore Gruftaltar, um 1790 von Doll, mit Muttergottesfigur; Grabchristus, 1619/20, Bartholomäus Steinle zugeschrieben. Fresko: Kreuzigung(?), um 1720/25, vielleicht von Jacopo Amigoni, 1969 freigelegt.

Benediktbeuern, Klosterkirche, Sakramentskapelle, Deckenbild

Benediktbeuern, Klosterkirche, Sakramentskapelle, Altar

Benediktbeuern, Klosterkirche, Sakramentskapelle, Altartabernakel

Benediktbeuern, Klosterkirche, Katharinenkapelle, Deckenbild

Benediktbeuern, Klosterkirche, Dreikönigskapelle, Altar

Benediktbeuern, Klosterkirche, Katharinenkapelle, Altar

Benediktbeuern, Klosterkirche, Kreuzkapelle, Altar

Benediktbeuern, Klosterkirche, Kruzifix, um 1780/90

Benediktbeuern, Klosterkirche, Epitaph für Lienhard Auffleger, 1539

Benediktbeuern, Klosterkirche, Armreliquiar von J. P. Streissel, 1795

Klosterkirche, Magnificentia vom Pachinger-Grabmal, um 1740

Klosterkirche, Vigilantia vom Pachinger-Grabmal, um 1740

Benediktbeuern, Klosterkirche, Leonhardskapelle, Johann-Nepomuk-Altar

Benediktbeuern, Klosterkirche, Eingang zur Leonhardskapelle

Benediktbeuern, Klosterkirche, Leonhardskapelle, Hauptaltar

Benediktbeuern, Klosterkirche, Leonhardskapelle, hl. Franz Xaver im Hauptaltar

Südliche Kapellen, von Westen nach Osten: Südeingang. Fresko: Allegorie der monastischen Profeß, bez.1687. Sarkophag von 1972 mit den Gebeinen der Gründeräbte. – Antoniuskapelle. Fresken: Szenen aus dem Leben des hl. Antonius von Padua. Altar 1709 mit Scagliola-Antependium in der Art Dominikus Zimmermanns, Ornamente 1790 von Doll; Gemälde: St. Antonius als Fürsprecher Benediktbeuerns, 1709 von Georg Asam, im Auszug hl. Franziskus, 20. Jh.; Skulpturen der hll. Apollonia und Katharina(?), um 1620, Umkreis von Steinle. An der Wand Totila vor Benedikt, Mitte 18. Jh. – Sebastianskapelle. Fresken: Fürsprache der hll. Sebastian und Rochus, Szenen mit dem Martyrium des hl. Sebastian. Altarblatt: Sebastiansmarter, von Thaddäus Fischer, Ende 17. Jh., im Auszug hl. Rochus; Aufsatzbild des hl. Amand, 1791 von Seidl. An der Wand Gemälde der hl. Barbara, um 1720/25 aus der Werkstatt von Amigoni. – Schutzengelkapelle. Fresken: hll. Cäcilia, Lucia und Apollonia. Marmoraltar 1697; Gemälde von Joseph Weiß, Mitte 18. Jh.: die Erzengel Raphael, Michael und Gabriel, im Auszug die hll. Cäcilia und Ottilia; Aufsatzbild des hl. Benno, um 1750/60, Umkreis von Johann Georg Bergmüller. An der Wand ehem. Altarblatt mit dem Martyrium der hl. Apollonia, Ende 17. Jh. – Josephskapelle. Fresken: Glorie und Szenen aus dem Leben des hl. Joseph.

Benediktbeuern, Klosterkirche, Gruftaltar unter der Westempore

Benediktbeuern, Klosterkirche, Schnitt von Sakristei und Psallierchor

Altar 1686 von Guggemoos; Bilder von Knoller, bez.1789: Tod des hl. Joseph, im Auszug hl. Anna; auf der Mensa Figuren der Bavaria und Ecclesia. An der Wand das ursprüngliche Altarblatt von 1686 mit der Vermählung Mariä.

Sakristei. Quadratischer, kreuzgratgewölbter Raum mit Mittelstütze an der Ostseite des Chors. – Stukkaturen um 1673 wohl von Caspar Feichtmayr d.Ä. – Schrankwerk 1660, Martin Streicher zugeschrieben. – Gemälde der Prophetin Hanna und der hl. Anna mit Maria, um 1725/30, ehemals in der abgebrochenen Pfarrkirche.

Über der Sakristei Psallierchor mit entsprechendem Grundriß. Die grotteskenartige Stuckdekoration des komplizierten Stichkappengewölbes ebenfalls von Feichtmayr. – Altar um 1780 von Johann Georg Miller. Tafelbild der hl. Katharina von Siena vor der Muttergottes, um 1620/30; im Auszug hl. Anna mit Maria, um 1780. Die Seitenfiguren der hll. Benedikt und Scholastika wohl gleichzeitig. – Schlichtes Chorgestühl der Erbauungszeit.

Benediktbeuern, Klosterkirche, Josephskapelle, Altar

Benediktbeuern, Klosterkirche, Südeingang

Benediktbeuern, Klosterkirche, Antoniuskapelle, Altar

Benediktbeuern, Klosterkirche, Sebastianskapelle, Altar

Benediktbeuern, Klosterkirche, Schutzengelkapelle, Altar

Benediktbeuern, Klosterkirche, Sakristei

Benediktbeuern, Klosterkirche, Psallierchor, Gewölbe

Benediktbeuern, Klosterkirche, Psallierchor

Abgegangene Kirchen: Die im frühen 11. Jh. errichtete und 1680 abgebrochene Laurentiuskapelle stand nördlich der mittelalterlichen Basilika und war bis weit in das 17. Jh. hinein Ausgang und Ziel des Stephaniritts, den später, als St. Leonhard Hauptschutzpatron des Viehs wurde, die Leonhardifahrt ablöste. Daran erinnert die um 1686/88 aufgestellte und 1973 erneuerte Säule im Friedhof mit einer großen Zinn-Bronze-Figur des hl. Leonhard aus dem 19. Jh., die 1990 schwer beschädigt wurde und sich jetzt in der Leonhardskapelle der Klosterkirche befindet. – Kath. Pfarrkirche U.L. Frau. Eine vermutlich mit der Laurentiuskapelle östlich der Klosterkirche erbaute, romanische Anlage wurde 1517-1521 durch einen spätgotischen Neubau ersetzt. 1724 Erweiterung und teilweise Ausmalung durch Johann Baptist Zimmermann. 1803 Exekrierung und Verkauf von Altären, Orgel und Kanzel. 1805 Beginn des Abbruchs. – Johann-Nepomuk-Kapelle. 1735 unter Abt Magnus Pachinger (1707-1742) im Verlauf der östlichen Friedhofsmauer erbaut und 1787 abgerissen.

Benediktbeuern, Schnitt der Anastasiakapelle

Zeilerweg 3. Anastasia-Kapelle, 1750-58 von Johann Michael Fischer; mit Ausstattung; am Chor der Klosterkirche angebaut.

Eine erste, einschiffige Kapelle für die bereits 1053 nach Benediktbeuern übertragenen Anastasia-Reliquien wurde 1606 wahrscheinlich durch Michael März an der Nordseite der Klosterkirche erbaut und 1609 mit drei Altären konsekriert. Nach der wundersamen Errettung des Orts vor feindlichen Soldaten 1704 beabsichtigte Abt Magnus Pachinger (1707-1742) den dreiseitigen Chorschluß der Kapelle 1710 durch eine überkuppelte Rotunde ersetzen zu lassen; als möglicher Architekt wird Frater Lucas Zais vorgeschlagen, der sich an die ähnlich konzipierte Wallfahrtskirche in Klosterlechfeld (1603/04 bzw. 1656/59) erinnert haben könnte. Dieses Projekt wurde ebensowenig realisiert wie jenes von 1739/40, das eine querrechteckige Kapelle mit ausspringendem Polygonalchor und analog dazu einen Anbau an der Südostecke des Klosters vorsah. Am 6. Mai 1750 erfolgte die Grundsteinlegung zum völligen Neubau, der nach Entwürfen des Münchener Stadtmaurermeisters Johann Michael Fischer unter der Leitung seines Paliers Melchior Streicher errichtet und am 19.Juli 1758 geweiht wurde; ein geplantes Pendant im Süden blieb erneut unausgeführt. 1963ff. restauriert.

Ansicht von Kloster Benediktbeuern, Kupferstich von Johann Balthasar Wening nach einer Zeichnung von Frater Lucas Zais, 1710

Die Anastasiakapelle präsentiert in seltener Reinheit einen innen und außen in sich stimmigen, tiefovalen Zentralbautypus, dessen kreisbogige Schmalseiten von dem gefühlvoll einkomponierten Hochaltar bzw. von der nicht weniger elegant gelösten Eingangssituation mit der dezent vorschwingenden Orgelempore bestimmt werden. In den Flankenmitten liegen zwei nischenartige, für die Raumwirkung aber weitgehend bedeutungslose „Querarme“ mit Nebenaltären. Freier als der Grundriß entwickelt sich der Aufriß: Die Wände sind durch korinthische Pilaster gegliedert, die schmale Diagonalteile rahmen. Darüber ruht ein kräftiges, verkröpftes Gesims, das als niedriger Architrav auch in den Altarnischen durchgezogen ist. Die von einer Instrumentierung frei bleibenden Wandpartien sind für die zweizonige Belichtung des Raums verantwortlich, wobei die oberen, dem Gesims aufsitzenden Fenster durch ihren stichbogigen Schnitt den Bezug zu der weitgespannten Flachkuppel herstellen. Das Äußere ist – dem innen angewandten System entsprechend – durch Vertikalstreifen und Horizontalbänder gegliedert, die zu einer visuellen Stabilisierung des ausspringenden und einschwingenden Wandgefüges und damit zu einer Straffung des Baukörpers

Benediktbeuern, Anastasiakapelle, Inneres nach Osten

Benediktbeuern, Anastasiakapelle, Inneres nach Westen

Benediktbeuern, Konventbau, Porträt von Abt Leonhard Hohenauer (1742-1758)

Benediktbeuern, Zeilerweg 3, Anastasiakapelle

beitragen. Die Fenster erscheinen dabei als schlichte, zu einer Gruppe vereinigte Maueraufbrüche.
Die Ausstattung ist der Architektur adäquat. Die flüssige Stuckdekoration schuf 1752 Johann Michael Feichtmayr, die schwungvollen, zartfarbigen Fresken Johann Jakob Zeiller. Das Gewölbe zeigt die Trinität und Maria in Erwartung der hl. Anastasia, die im Hochaltarblatt zum Himmel auffährt, in den Kartuschen sind Szenen aus ihrem Leben und hoch oben an der Südwand die Translation und Inthronisation ihrer Reliquie dargestellt; über dem Westeingang das Wappen des Bauherrn, Abt Leonhard Hohenauer (1742-1758). – Den Hochaltar entwarf ebenfalls Feichtmayr, eine Beteiligung von Johann Georg Üblher an den weiß gefaßten Figuren ist nicht auszuschließen; seitlich die hll. Margareta und Gorgonius. Im

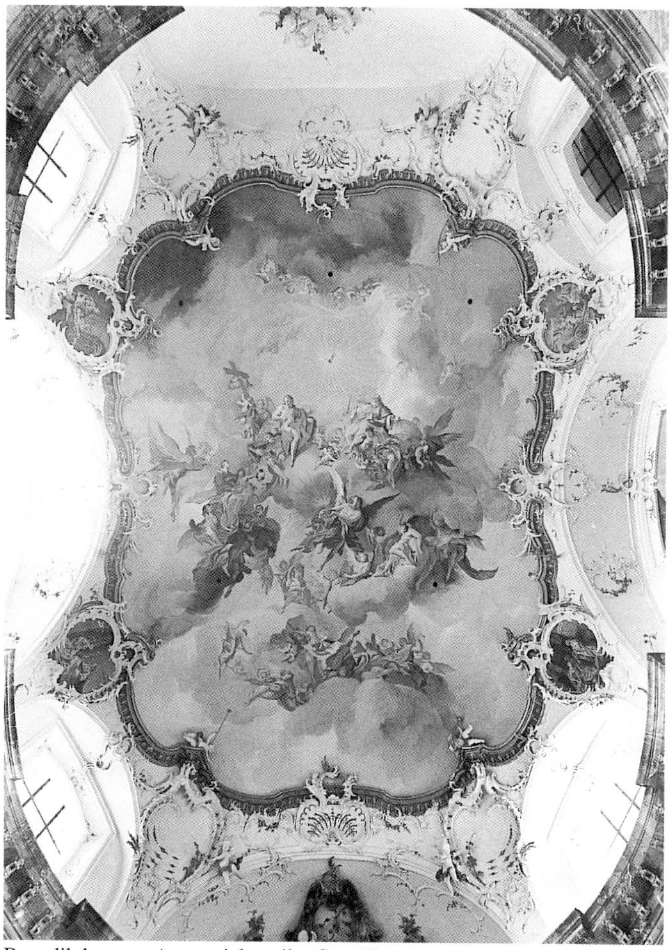

Benediktbeuern, Anastasiakapelle, Gewölbe

Ansicht von Kloster Benediktbeuern, Kupferstich von Franz Xaver Jungwierth, um 1763/87

Tabernakel das Holzmodell für die Reliquienbüste der hl. Anastasia, um 1725 im Umkreis von Andreas Faistenberger geschnitzt, die kostbare Silberbüste von Joseph Großauer ist in Verwahrung. Die säulenlosen Seitenaltäre mit den sorgsam verteilten Engeln, Putten und Vasen führte Ignaz Günther aus. – Alle Altarblätter – im Hochaltar die Fürbitte und Himmelfahrt der Titelheiligen, in den Seitenaltären nördlich die Immaculata, südlich die Taufe Christi – stammten ursprünglich Jacopo Amigoni, der um 1720/25 in Benediktbeuern gearbeitet hatte. Das Gemälde des südlichen Seitenaltars wurde jedoch in der Säkularisation entfernt und kam über München und das Augsburger Katharinenkloster 1833 als Leihgabe in die evang.-luth. Pfarrkirche von Holz-

Benediktbeuern, Anastasiakapelle, Büste der hl. Anastasia, um 1725 von Joseph Großauer

Benediktbeuern, Anastasiakapelle, hl. Margareta am Hochaltar

Benediktbeuern, Anastasiakapelle, Hochaltarblatt von Jacopo Amigoni, um 1720/25

Benediktbeuern, Anastasiakapelle, hl. Gorgonius am Hochaltar

Benediktbeuern, Anastasiakapelle, Detail des südlichen Seitenaltars

Benediktbeuern, Anastasiakapelle, südlicher Seitenaltar

schwang, Lkr.Neu-Ulm. Heute befindet sich im Altar ein Schutzengelbild, das Johann Baptist Zimmermann 1724 für die (abgebrochene) Pfarrkirche gemalt haben soll, neueren Angaben zufolge aber angeblich ein Werk des jungen Martin Knoller (um 1750/60?) ist. – Taufbecken Ende 17. Jh. – Die intarsierten Beichtstühle und die rocailleverzierten Stuhlwangen aus der Erbauungszeit. Ebenso das kunstvoll geschmiedete Eingangsgitter von Martin Jaud.
Würdigung. Die Anastasiakapelle verdankt ihren außerordentlichen kunsthistorischen Rang dem Dreigestirn Fischer-Feichtmayr-Zeiller, drei der bedeutendsten süddeutschen Künstler, die damals auf dem Höhepunkt ihres Schaffens waren und parallel zu Benediktbeuern an der prachtvollen Ausstattung in Ottobeuren arbeiteten. Mit der Unterstützung von Ignaz Günther entstand ein Raum, in dem sich Architektur und Ausstattung in einzigartig harmonischer und zugleich beschwingter Weise zu einer Einheit verbinden und der daher zu den glücklichsten Schöpfungen nicht nur des bayerischen, sondern auch des europäischen Rokoko zu zählen ist.

Gschwendt

Bonifatiusstraße 41. Ehem. Kleinbauernhaus mit seitlicher Bretterlaube, 2. Hälfte 18. Jh.

Gschwendt 5 (Roaner). Ehem. Bauernhaus mit Blockbau-Obergeschoß und umlaufender Bretterlaube, 2. Hälfte 18. Jh., Wirtschaftsteil erneuert.

Gschwendt 29 (Schegger). Ehem. Bauernhaus mit Rauhputzdekor, 2. Viertel 19. Jh.

Gschwendt 45 (Moarbartl). Bauernhaus mit Traufbundwerkteil, Glattputzgliederung und verschaltem Vordach, Ende 18. Jh.

Schwimmbadstraße 18a. Ehem. Mahl- und Sägmühle; Steilgiebelbau mit Aufzugsluke, 18./19. Jh.

Schwimmbadstraße 20. Zur Mühle gehöriges Bauernhaus mit Steilsatteldach, Traufbundwerk und Fassadenmalerei, 2. Viertel 19. Jh., im Kern 18. Jh.

Die reichen Fassadenmalereien in Formen des späten Rokoko stark erneuert: nördlich Muttergottes, östlich hl. Katharina (Attribut 1992 übertüncht), Maria-Hilf-Bild und Guter Hirte, südlich hl. Benedikt(?) und hl. Anastasia(?).

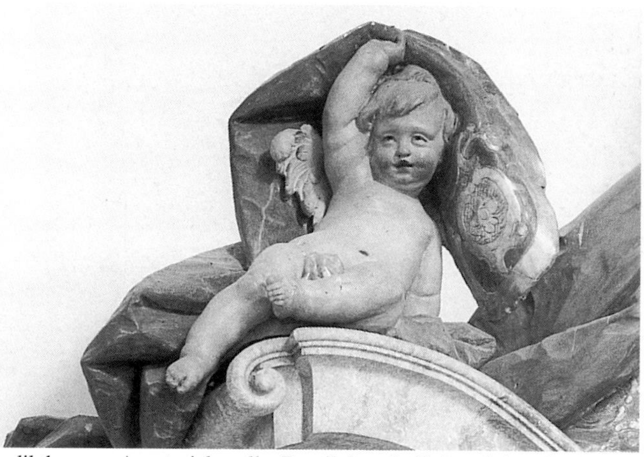

Benediktbeuern, Anastasiakapelle, Detail des nördlichen Seitenaltars

Benediktbeuern, Anastasiakapelle, nördlicher Seitenaltar

Benediktbeuern, Anastasiakapelle, Putto von Ignaz Günther, um 1753

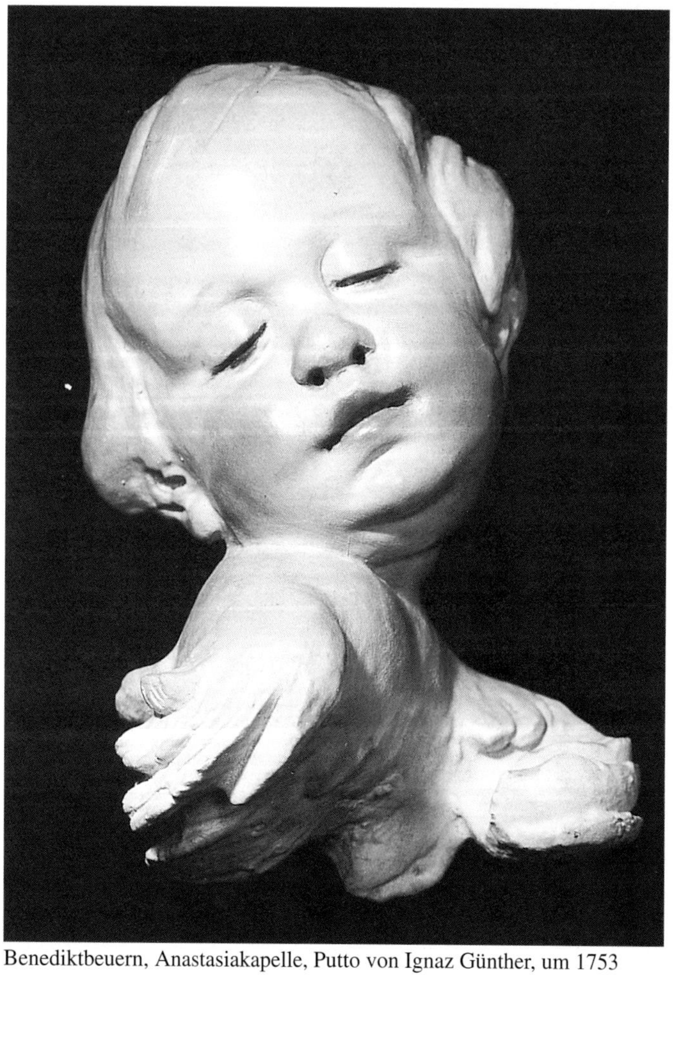

Benediktbeuern, Anastasiakapelle, Putto von Ignaz Günther, um 1753

Benediktbeuern, Anastasiakapelle, Aufsatz des südlichen Seitenaltars

Benediktbeuern, Anastasiakapelle, Taufbecken

Benediktbeuern, Anastasiakapelle, Stuhlwange

Benediktbeuern, Anastasiakapelle, Eingangsgitter

Gschwendt, Bonifatiusstraße 41

Gschwendt, Gschwendt 5

Gschwendt, Gschwendt 29

Gschwendt, Gschwendt 45

Gschwendt, Schwimmbadstraße 18a

Gschwendt, Schwimmbadstraße 20

Häusern

Weilerkapelle. 18./19. Jh.; mit Ausstattung.

Die nach Süden gerichtete Kapelle, ein schlichter Rechteckbau, steht am nordwestlichen Ortsrand. Außen Putzrelief des hl. Leonhard, bez. A.Bauer. An der Flachdecke modernes Fresko des Kreuzes mit Putten. Im eingezogenen Chor große Figur des Ecce Homo, 18. Jh.

Häusernstraße 30. Ehem. Klosterjägerhaus; Bauernhaus mit verschaltem Vordach, Kern 18. Jh.

Häusernstraße 32 (Weber). Ehem. Kleinbauernhaus mit verschaltem Vordach, Kern 1. Hälfte 17. Jh.

Häusernstraße 38. Ehem. Klostermeierhof; Dreiflügelanlage, 2. Hälfte 18. Jh.

Die mächtige, nach Westen offene Dreiflügelanlage zu zwei Geschossen, die im Erscheinungsbild dem Meierhof in Benediktbeuern verwandt ist, wurde unter den Äbten Benno Vogelsanger (1758-1784) und Amandus Fritz (1784-1796) errichtet. Sie ging 1806 wie der übrige Klosterbesitz an den Fabrikanten Joseph von Utzschneider (1763-1840) über.

Straßberg

Haus Nr. 1. Ehem. Schwaighof des Klosters; Massivbau mit Halbwalm, im Kern um 1725.

Weitgehend erneuertes und mehrfach erweitertes Gebäude (Dachstuhl bez.1725) in vortrefflicher Höhenlage mit weitem Blick über das Loisachtal auf das Gebirge.

Holzfigur. Hl. Joseph, barock; in modernem Gehäuse.

Das moderne Gehäuse mit einer Josephsfigur des 18. Jhs. steht unmittelbar südlich des ehem. Schwaighofs.

Häusern, Weilerkapelle

Häusern, Weilerkapelle, Inneres nach Süden

Häusern, Häusernstraße 30

Häusern, Häusernstraße 32

Straßberg, Holzfigur des hl. Joseph, 18. Jh.

Straßberg, Haus Nr. 1

Häusern, Häusernstraße 38, ehem. Klostermeierhof von Westen

Häusern, Häusernstraße 38, ehem. Klostermeierhof von Südosten

Almen

Eiblsfleck. Stattlicher Einfirstbau, Blockbau aus Rundhölzern, Neubau von 1925.

Die Almwirtschaft der jetzigen Staats- und Privatalm in 1120 bis 1240 m Höhenlage unterhalb des Eiblskopf geht mindestens bis ins Jahr 1700 zurück. Für den bestehenden Bau ist ein Bestoßung seit 1925 überliefert, die den Neubau einer Hütte zur Folge hatte. Der breit gelagerte, mittelsteile Einfirstbau mit der fünfachsig symmetrischen Hütte und der dreischiffigen Ständerkonstruktion im Hof (Stall) besitzt an der hangseitigen Traufe vier Stalltüren, die auf die Querorientierung der Viehstallung hinweist. Er ist, was die Bauausstattung mit eiserner Tür und Fensterläden zeigt, Ausdruck bodenständig orientierter Handwerkstradition im Sinne des Heimatstils.

Eiblsfleck, Alm

Archäologische Denkmäler

Gemarkung Benediktbeuern

TK 8234; Flurkarte SW 21-06.
Bei Grabungen in der *Klosterkirche* St. Benedikt Reste der ältesten Kirche aus dem 8. Jahrhundert, die den Ungarnstürmen zum Opfer fiel. Ein im Zuge der Grabungen aufgedeckter romanischer Schmuckfußboden mit Bildnissen und Inschriften wurde konserviert. Einige Mauerreste vom Kreuzgang und von Gemeinschaftsräumen (Refektorium, Küche u.a.) gehörten wahrscheinlich zu der ältesten Klosteranlage oder stammen spätestens aus der Zeit nach der Zerstörung des Klosters durch die Ungarn (955). Im Bereich von Kirche und Kreuzgang zahlreiche Gräber, darunter Tuffplattengräber aus dem 7./8. Jahrhundert und ein Tuffsteinsarkophag aus dem 10./11. Jahrhundert.
Im Hof des Klosters, im Bereich neuzeitlicher Klerikergräber, Fragmente von Flechtbandsteinen, die wohl zu einer Chorschranke der Kirche aus dem 8. Jahrhundert gehörten.
Eine endneolithisch/frühbronzezeitliche *Gefäßscherbe* aus dem Klosterhof könnte darauf verweisen, daß der Platz schon einmal in vorgeschichtlicher Zeit besiedelt war.
Am westlichen Ortsrand von Benediktbeuern.

Benediktbeuern, Kloster, Außenmauer des ältesten, östlichen Kreuzgangflügels

Benediktbeuern, Kloster, Fragmente von karolingischen Flechtbandsteinen

Benediktbeuern, Kloster, Tuffsteinsarkophag mit Kopfnische

Benediktbeuern, Klosterkirche, romanischer Schmuckfußboden

Bichl, Ortsansicht von Norden

Gemeinde Bichl

Baudenkmäler

Bichl

Kath. Pfarrkirche St. Georg. Einheitlicher Neubau, 1751-53 von Johann Michael Fischer; mit Ausstattung.

Die Siedlung Bichl gehörte seit der Klostergründung 739/40 zum Grundbesitz Benediktbeuerns und wird 1048 erstmals urkundlich erwähnt. Eine vermutlich unter Abt Walther (1138-1168) errichtete, romanische Kirche erhielt 1672 durch Caspar Feichtmayr d. Ä. einen neuen Turm, der beim Neubau 1751-1753 unter Abt Leonhard Hohenauer (1742-1758) durch Johann Michael Fischer beibehalten wurde; erst 1758 geweiht. 1974ff. restauriert.

Die nach Westen gerichtete Pfarrkirche von Bichl, die gleichsam als „Nebenprodukt" des weitaus spektakuläreren Auftrags der Anastasiakapelle in Benediktbeuern entstanden und in der Konzeption von Eingangsjoch und Gemeinderaum der 1734-1736 wohl von Abraham Millauer errichteten Pfarrkirche St. Margareta in Bayrischzell, Lkr. Miesbach, eng verwandt ist, gehört in ihrer schlichten Eleganz zu den eindrucksvollsten Dorfkirchen Oberbayerns. Äußerlich ein geradliniger, längsrechteckiger Baukörper mit abgeschrägten Westecken und überhöhtem, verbreitertem Mittelteil, liegt sie weithin sichtbar auf einem Hügel am westlichen Ortsrand. An der Nordseite des Chors steht der Turm mit hohem quadratischem Unterbau, reich gegliedertem Oktogon und Zwiebelhaube. Die Ostfassade wird von doppelten Kolossallisenen und einem Sprenggiebel geprägt. – Im Innern manifestiert sich trotz oder gerade wegen der bescheidenen Dimensionen die vollkommene künstlerische Meisterschaft des bedeutendsten süddeutschen Architekten jener Zeit, der hier erneut von Johann Jakob Zeiller als Freskant sowie von Johann Baptist Straub als Altarbauer und Bildschnitzer kongenial unterstützt wurde. Fischer entwarf eine dreiteilige Raumfolge: Auf eine querrechteckige, in den Ecken ausgerundete Eingangspartie folgt ein ausladender, quadratischer Gemeinderaum, dessen runde Ecknischen von kräftigen Pilastern gerahmt werden. Daran schließt sich der in der Breite dem Eingangsjoch analoge, jedoch quadratische Chor mit abgeschrägten, pilasterbesetzten Ecken an. Da die Orgelempore den kreuzgratgewölbten östlichen Abschnitt ausfüllt, sind die beiden anderen Teile mit ihren flachen, von einem breiten, verkröpften Gebälk ausgehenden Hängekuppeln für

Bichl, Pfarrkirche, Aufnahme von 1981

Bichl, kath. Pfarrkirche St. Georg

Bichl, Pfarrkirche, Inneres nach Westen

Bichl, Pfarrkirche, Inneres nach Osten

Bichl, Pfarrkirche, Langhausfresko

Berlin, Kunstbibliothek,
Entwurf von Johann Baptist Straub
für den Hochaltar in Bichl

die Raumwirkung hauptverantwortlich. Hinzu kommt das in perfektem Illusionismus gemalte, die Gewölbe vollständig überziehende Dekorationssystem, das neben der Kuppel in Ettal Zeillers aufwendigste, stilistisch von Österreich und Oberitalien beeinflußte Quadraturmalerei in Oberbayern ist und farbenprächtige Szenen aus dem Leben des hl. Georg umgibt. Chor 1752: Bekehrung der Königin Alexandra. Hauptraum: Martyrium des Kirchenpatrons (bez. „Jo. Jacob Zeiller inv. et fecit 1753"), auf den Pendentifs Evangelisten. Vorraum 1752: König David und Allegorie der Ecclesia.
Der 1752 von Johann Baptist Straub ausgeführte Hochaltar mit der bewegten vollplastischen Figur des hl. Georg, der hoch zu Roß den Drachen bekämpft, ist ein bezeichnendes Beispiel für das theatrum sacrum des 18. Jhs. Nachdem der Aufbau im 19. Jh. verändert wurde, konnte er bei der letzten Restaurierung nach einer wiederentdeckten Entwurfsskizze in der Berliner Kunstbibliothek und nach einem originalen Teilstück des landschaftlichen Hintergrunds weitgehend rekonstruiert und die Originalfassung der Gruppe freigelegt werden. – Seitenaltäre um 1752 von Martin Heigl. Mittelfiguren der Muttergottes und des hl. Joseph, aus der Mayerschen Hofkunstanstalt in München, 19. Jh. Seitenfiguren: südlich hl. Barbara, um 1752, und hl. Margareta, Ende 15. Jh.; nördlich hl. Christophorus und hl. Katharina, beide um 1752. – Kanzel Ende 17. Jh.; auf dem Schalldeckel Papst Silvester. – Im Chor Votivbild mit Darstellung der hll. Sebastian und Rochus zur Erinnerung an die Pest in Bichl und Umgebung 1634, in der Art des Elias Greither. – Figur des hl. Wolfgang, Ende 15. Jh. Hl. Benedikt und hl. Scholastika, um 1615/18, Bartholomäus Steinle zugeschrieben.

Bichl, Pfarrkirche, Hochaltar, Drache

Bichl, Pfarrkirche, Hochaltar, Aufnahme von 1981

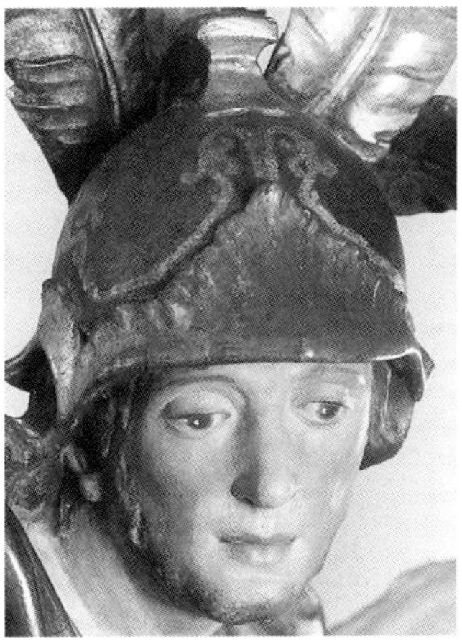

Bichl, Pfarrkirche, Hochaltar, Kopf des hl. Georg

Bichl, Pfarrkirche, Hochaltar, Kopf des hl. Georg

Bichl, Pfarrkirche, hl. Benedikt, 1615/18

Bichl, Pfarrkirche, hl. Scholastika, 1615/18

Bichl, Pfarrkirche, hl. Wolfgang, Ende 15. Jh.

Bichl, Pfarrkirche, südlicher Seitenaltar und Kanzlei

Bichl, Pfarrkirche, hl. Margareta, Ende 15. Jh.

Bachstraße 6 (Nusserl). Ehem. Kleinbauernhaus mit verschaltem Vordach und Bretterlaube, Obergeschoß in Blockbau, 1. Hälfte 18. Jh. – Zugehörig erdgeschossiger Getreidekasten, 2. Hälfte 16. Jh.

Bahnhofstraße 9 (Mangl). Bauernhaus mit Flachsatteldach, Hochlaube und Traufbundwerk, 2.Viertel 19. Jh.

Dorfstraße 1 (Schusterdamer). Giebelfresko, 2. Hälfte 18. Jh.

Das rahmenlose Giebelfresko zeigt den hl. Benedikt und die hl. Anastasia.

Dorfstraße 12 (Zimmermeister). Bauernhaus mit Flachsatteldach und je einem Fresko auf der Giebel- und Traufseite, 2. Hälfte 18. Jh.

Freskenthemen: östlich Immaculata, südlich hl. Joseph.

Kocheler Straße 4 (Voglbauer). Zugehörig zweigeschossiger Getreidekasten, 2. Hälfte 16. Jh., mit Flachsatteldach-Überbau und Laube des 18. Jhs.

Kocheler Straße 16. Gasthaus zum Bayerischen Löwen; stattlicher Bau mit Halbwalm und Putzverzierungen, bez. 1829.

Das straßenbeherrschende, zweigeschossige Gebäude mit Eckrustika und spätklassizistischen Fensterfaschen wurde 1829 durch Matthias und Susanne Neuner als Gasthaus zum Bayerischen Löwen erbaut (vgl. das Löwenrelief und die Inschrift über der östlichen Eingangstür). 1987 innen umgestaltet.

Hofstätt

Haus Nr. 3 (Hasch). Bauernhaus, Ganzblockbau mit Laube, 2. Hälfte 17. Jh.

Prachtvoller, zweigeschossiger Ganzblockbau mit umlaufender Laube westlich gegenüber dem Gasthaus Ludlmühle.

Haus Nr. 4. Gasthaus Ludlmühle; stattlicher Bau mit Putzverzierungen, bez. 1835, Dachaufbau modern; über dem Eingang Tontafel, 1835.

Der Tontafel über dem Südeingang zufolge wurde der zweigeschossige Satteldachbau, dessen Außengliederung an jene des Gasthauses zum Bayerischen Löwen in Bichl (Kocheler Straße 16) erinnert, 1835 errichtet. Spätere Veränderungen: 1925 (bez. im schmiedeeisernen Türgitter) und 1976 mit Erneuerung des Dachstuhls (bez. am Querbalken des Giebelbundwerks.

Bichl, Bachstraße 6

Bichl, Bachstraße 6, Getreidekasten

Bichl, Bachstraße 6, Eingang zum Getreidekasten

Bichl, Bahnhofstraße 9

Bichl, Ansicht der Dorfstraße von Westen

Bichl, Dorfstraße 1, Giebelfresko

Bichl, Dorfstraße 12

Bichl, Dorfstraße 12, Fresko der Traufseite

Bichl, Ansicht der Kocheler Straße von Südosten

Bichl, Ansicht der Kocheler Straße von Süden

Bichl, Kocheler Straße 16

Bichl, Kocheler Straße 4

Hofstätt, Haus Nr. 3

Hofstätt, Haus Nr. 4

Ansicht von Kloster Dietramszell, Kupferstich von Michael Wening, 1701

Gemeinde Dietramszell

Baudenkmäler

Dietramszell

Klosterplatz 1. Ehem. kath. Pfarrkirche St. Martin, jetzt Klosterkirche, erbaut 1717; mit Ausstattung.

Wie die benachbarten Klöster in Benediktbeuern und Beuerberg besaß auch Dietramszell für pfarrliche Aufgaben, d.h. für Taufen, Trauungen usw., eine eigene Pfarrkirche. Bei der Konzeption der neuen Stiftsanlage ließ 1717 Propst Petrus II. Offner (1702-1728) im nordwestlichen Trakt (vielleicht unter Beteiligung des Ingolstädter Franziskanerarchitekten Philipp Plank) den bestehenden Bau errichten, der 1722 mit den drei Altären konsekriert wurde. Seit 1831 Klosterkirche der Salesianerinnen. Eine damals eingezogene Mauer, die für einige Jahre den Altarraum als Psallierchor vom Gemeinderaum trennte, wurde 1857, später eingebaute Emporen beiderseits im Chor bei der Restaurierung 1966 entfernt. – Schlichter, dreijochiger Saal im rechten Winkel zur ehem. Klosterkirche mit nicht eingezogenem, gerade geschlossenen Chor zu zwei Achsen. – Die Dekoration der Stichkappentonnen erst 1726 von Johann Baptist Zimmermann und seiner Werkstatt ausgeführt; über dem Chorbogen das Wappen des Bauherrn. Die nicht achsenbezogenen Fresken wohl eigenhändige Arbeiten des Münchener Malers; Chor: Pfingstfest (bez.); Langhaus: zwischen Engelskonzerten Himmelfahrt und Auferstehung Christi; in den Zwickeln Embleme. – Altäre 1719/20 von einem Aiblinger Schreiner mit Figuren: im Hochaltar der Titelheilige; der westliche Seitenaltar ursprünglich dem hl. Antonius von Padua, seit 1831 der Muttergottes, der östliche dem hl. Joseph geweiht. Auszugbilder um 1719/20; Hochaltar: Trinität; Seitenaltäre: westlich hl. Michael, östlich

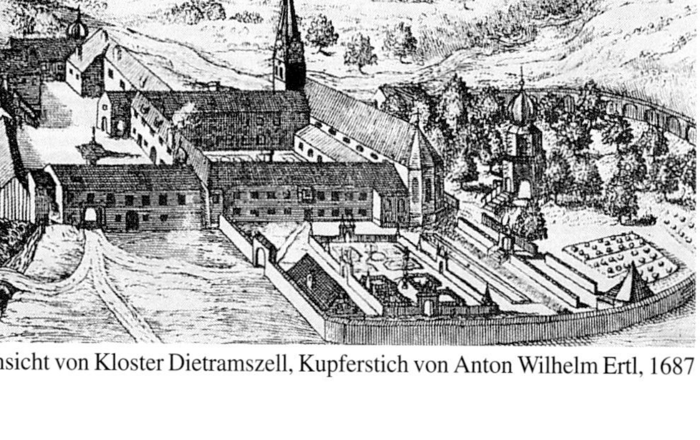

Ansicht von Kloster Dietramszell, Kupferstich von Anton Wilhelm Ertl, 1687

Dietramszell, Klosterplatz 1, ehem. kath. Pfarrkirche St. Martin

Dietramszell, ehem. Pfarrkirche, Inneres nach Norden

Dietramszell, ehem. Pfarrkirche, Inneres nach Süden

Dietramszell, ehem. Pfarrkirche, Langhausgewölbe

Schutzengel. – Über den Türen beiderseits des Hochaltars Schreine um 1720/30 mit Büsten der hll. Franz von Sales und Augustinus.

Klosterplatz 1/5. Klostergebäude; stattlicher, zweiteiliger Komplex beiderseits der Kirche um zwei Innenhöfe, 1716-1798.

Die mittelalterlichen Klostergebäude, die angesichts der ärmlichen Verhältnisse des Stifts aus Holz bestanden, gruppierten sich um zwei Höfe südlich der Kirche und wurden beim Brand 1636 in Schutt und Asche gelegt. Der Wiederaufbau zog sich derart lange hin, daß Propst Petrus II. Offner (1702-1728) schließlich 1716 den Entschluß faßte, völlig neue Trakte in Tuffstein errichten zu lassen; als Architekt dürfte der Ingolstädter Franziskanerfrater Philipp Plank in Frage kommen. Die Arbeiten konnten aber wegen der andauernden schlechten Finanzlage erst 1798 abgeschlossen werden. Nach der Säkularisation 1803 dienten zunächst Teile des Stifts als Aussterbekloster für die Münchener Klarissen, bis 1831 Salesianerinnen aus Indersdorf ein neues Kloster und eine Mädchenschule mit Internat gründeten.

Dreigeschossige Vierflügelanlage um einen Innenhof, der durch die ehem. Klosterkirche in der Mitte in zwei rechteckige Abschnitte unterteilt wird. Das Westportal mit dem Wappen von Propst Franziskus Kamm (1754-1769) und dem Datum 1754. In den kreuzgratgewölbten Gängen zahlreiche Gemälde des 17./18. Jhs. Die wichtigsten (nicht zugänglichen) Räume befinden sich im Osttrakt.

Refektorium im Erdgeschoß. Über Voute flachgedeckter Rechteckraum zu fünf Fensterachsen. – Zarte, beschwingte Stukkaturen, nach 1742 wohl von der Werkstatt Johann Baptist Zimmermanns ausgeführt; an der Decke Wappen: östlich Stift, westlich Kapitel und Propst Dietram II. Hipper (1728-1754). – Der Gemäldezyklus an den Wänden stammt ebenfalls aus der Werkstatt Zimmermanns (das große Abendmahl an der Westwand dürfte eine eigenhändige Arbeit sein) und wurde Ende des 18. Jhs. durch sechs neue Bilder von Franz Kürzinger ergänzt. Östlich: Gründung von Dietramszell durch Graf Otto von Dießen und Abt Udalschalk von Tegernsee(?); die folgenden Heiligen nicht eindeutig identifizierbar, vermutlich Johann Nepomuk, Aloisius und Franz Xaver. Südlich: Heiliger (Johann Nepomuk?) und Propst Petrus II. Offner. Westlich: hl. Augustinus und hl. Monika, hl. Antonius von Padua (?), Christus Salvator, hl. Petrus und hl. Petrus Forerius, Abendmahl. Die Medaillons der Nordwand wohl nicht ursprünglich.

Ehem. Bibliothek im 1.Obergeschoß. Im Grundriß dem darunterliegenden Refektorium entsprechend. – Stuckdekoration um 1791 von Franz Edmund Doll.

Ehem. Psallierchor, jetzt Kapelle Maria Einsiedel der Salesianerinnen. Pilastergegliederter, rechteckiger Raum über der Sakristei der ehem. Klosterkirche. – An der Stichkappentonne Stuck und Fresko des psallierenden Königs David, um 1741, Werkstatt von Johann Baptist Zimmermann. – Neuromanischer Hochaltar Mitte 19. Jh., unter Verwendung älterer Teile: das Gemälde mit Putten und geflügelten Engelsköpfchen wohl Anfang 18. Jh., in der Art des Melchior Steidl; davor Figur einer Schwarzen Madonna, 1777 gestiftet, doch wohl früher entstanden; seitlich hl. Joseph und Johannes d.T., Schnitzarbeiten des frühen 18. Jhs. – Seitenaltäre neubarock, um 1898, mit Bildern: nördlich hl. Margareta Maria Alacoque, im Auszug Johannes Ev., südlich Gründung des Salesianerinnenordens durch den hl. Franz von Sales

Dietramszell, ehem. Pfarrkirche, westlicher Seitenaltar

Dietramszell, ehem. Pfarrkirche, östlicher Seitenaltar

Dietramszell, Klosterplatz 1/5, Klostergebäude, Ansicht von Südosten

Dietramszell, Kloster, nördlicher Innenhof

Dietramszell, Kloster, südlicher Innenhof

Dietramszell, Luftaufnahme des Klosters von Nordwesten, 1981

Dietramszell, Kloster, Refektorium

Dietramszell, Kloster, Refektorium, Detail der Stuckdecke

Dietramszell, Kloster, Refektorium, Abendmahl, um 1742 von Johann Baptist Zimmermann

Dietramszell, Kloster, Refektorium, Stuckdetail im Fenstergewände

Dietramszell, Kloster, sel. Dietram, Ende 15. Jh.

Dietramszell, Kloster, ehem. Bibliothek, Sekretär, Mitte 18. Jh.

Dietramszell, Kloster, ehem. Bibliothek, Detail der Stuckdecke

Dietramszell, Kloster, ehem. Psallierchor, südlicher Seitenaltar

Dietramszell, Kloster, ehem. Psallierchor, Detail des Hochaltars

Dietramszell, Kloster, ehem. Bibliothek

Dietramszell, Kloster, ehem. Psallierchor

und die hl. Johanna Franziska Frémyot, im Auszug hl. Augustinus. – Vorzüglicher Palmeselchristus, Holz, geschnitzt, Ende 15. Jh.

Klosterplatz 2. Gasthaus Schloßschänke; langgestreckter Walmdachbau, wohl Mitte 18. Jh.

Klosterplatz 3. Ehem. Stiftskirche Mariä Himmelfahrt, jetzt kath. Pfarrkirche, erbaut 1729-45; mit Ausstattung.

Geschichte. Die Gründung von Kloster Dietramszell ist wie bei vielen anderen Stiften (vgl. Beuerberg) mit Legenden verbunden. Während zwei Fundationes die kirchenrechtlichen Zusammenhänge mit dem Kloster Tegernsee behandeln, besitzt die dritte Fassung lokalen und damit volkstümlichen Charakter. Danach versuchten 1098 ein Otto und ein Berengar mit dem Priester Dietram in einem Wald bei Eglingerfurt als Einsiedler zu leben, verlegten aber zwei Jahre später infolge Wassermangels ihre Niederlassung innerhalb dieses Waldbezirks und bauten dort eine Kirche zu Ehren des hl. Martin. Nach Grenzstreitigkeiten zwischen dem Grafen von Dießen und dem Abt von Tegernsee statteten die Beteiligten das junge Kloster aus, dessen Gründung dem ersten Propst Dietram 1107 durch Papst Paschalis II. bestätigt wurde. Historisch richtig dürfte jedoch sein, daß der Grundherr des Gebiets, der Tegernseer Abt Udalschalk (1092-1113), der eigentliche Gründer des Augustinerchorherrenstifts war, das seinen heutigen Namen nach dem Tod Dietrams 1147 erhielt. In der Folgezeit versuchten sich die Kanoniker von Tegernsee zu lösen und Eigenständigkeit zu erlangen; erst 1330 wurde ihnen durch Kaiser Ludwig den Bayern die Niedergerichtsbarkeit zugestanden. Obwohl Dietramszell im 15. Jh. die Raudnitzer bzw. Indersdorfer Reform übernahm, waren die beiden folgenden Jahrhunderte vom Verfall der Zucht und der wirtschaftlichen Verhältnisse geprägt. Dies führte Ende des 17. Jhs. sogar dazu, daß dem heruntergekommenen Stift die Aufhebung von landesherrlicher Seite, d.h. durch Kurfürst Max Emanuel, drohte. Sie konnte durch die Resignation von Propst Eusebius von der Mühl (1699-1702) gerade noch abgewendet werden. Sein Nachfolger, der Dechant Petrus II. Offner (1702-1728) von Beuerberg, führte Dietramszell zur lange ersehnten Blüte, die sich nicht nur in einer Zunahme der Konventualen, sondern auch in einer neuen Klosteranlage niederschlug, die unter den Pröpsten Dietram II. Hipper (1728-1754), Franziskus Kamm (1754-1769) und Leonhard II. Schwab (1769-1777) weitergeführt und unter Innozenz Deiserer (1777-1798) vollendet werden konnte. Nach der Säkularisation 1803 kaufte der Leiter der Kommission zur Organisierung der Klosterwaldungen Matthias Schilcher einen Großteil des ehem. Klosterbesitzes.

Baugeschichte. Nach der Tradition wurde eine erste Kirche 1156 geweiht, die aber nach kurzer Zeit einem Brand zum Opfer fiel und 1190 die erneute Weihe, nun einer vermutlich dreischiffigen Basilika, erforderte. 1636 vernichtete ein Großfeuer die gesamte Ausstattung der Kirche und beschädigte auch das Gebäude selbst so schwer, daß sich die Wiederherstellung des Turms bis 1648 hinzog. Den bestehenden Bau ließ 1729-1745 Propst Dietram II. Hipper errichten, der Architekt konnte bisher nicht eindeutig nachgewiesen werden; 1746 Weihe. Nach 1803 lange Zeit zum Abbruch vorgesehen; die Erhebung zur Pfarrkirche sicherte 1851 den weiteren Bestand.

Dietramszell, Kloster, ehem. Psallierchor, Gewölbe

Dietramszell, Kloster, ehem. Psallierchor, Palmeselchristus, Ende 15. Jh.

Dietramszell, Klosterplatz 2

Kloster, Porträt von Propst Petrus II. Offner (1702 - 1728)

Dietramszell, ehem. Klosterkirche, Südseite

Dietramszell, Ansicht der Klosterkirche, Aufnahme um 1900/10

Dietramszell, Klosterplatz 5, ehem. Klosterkirche Mariä Himmelfahrt

Dietramszell, ehem. Klosterkirche, Inneres nach Osten

Dietramszell, ehem. Klosterkirche, Inneres nach Westen

Dietramszell, Schnitt der ehem. Klosterkirche

Äußeres. Die ehem. Klosterkirche bildet die Mitte der Klosteranlage und teilt den annähernd quadratischen Innenhof in zwei eigenständige Abschnitte. Südwestlich steht der steil aufragende, quadratische Turm, der aus Steinen des abgebrochenen Konventtraktes erbaut und erst 1753 vollendet wurde; der hohe Aufsatz mit abgeschrägten Ecken und geschwungener Laternenhaube. Die Gliederung der Westfassade wird durch die dem Aufriß entsprechende zweizonige Anordnung rundbogiger Fenster bestimmt, die sich auch an den Langseiten fortsetzt. Der Wechsel der Fenstergrößen markiert dabei den Übergang vom Langhaus zum Chor. Über dem Portal von 1747 Figurennische mit Immaculata. Die ehemals schlichte Giebelzone wurde nach 1979 mit illusionistisch gemalten Fenstern verändert.

Inneres. Lichter Wandpfeilerbau zu fünf Jochen mit doppelter Westempore und wenig eingezogenem, gerade geschlossenen Chor; in beiden Abschnitten Stichkappentonnen. Die pilasterbesetzten Pfeiler grenzen schmale Kapellen ab, die wie die darüberliegenden, untereinander verbundenen Emporen mit Quertonnen überwölbt sind. Der kurze, durch den Triumphbogen vom Schiff separierte Altarraum ist nahezu gleichartig behandelt; er wird ebenfalls von wenig tiefen Abseiten begleitet, doch sind hier die Wandpfeiler auch im Erdgeschoß durchbrochen und die Emporen setzen etwas niedriger an als im Langhaus. Hinter dem Hochaltar die Sakristei, ein flachgedeckter Rechteckraum; darüber der ehem. Psallierchor, jetzt Kapelle Maria Einsiedel der Salesianerinnen, siehe Klosterplatz 1/5.

Die 1741 wohl unter Werkstattbeteiligung ausgeführten Fresken Johann Baptist Zimmermanns rhythmisieren durch ihre mittenbetonte Anordnung den Gewölbebereich, wobei man das achsenverschleifende Hauptbild im Langhaus als schüchternen Zentralisierungsversuch werten muß. Themen: im Chor die Trinität in Erwartung Mariens, deren Himmelfahrt im Hochaltarblatt dargestellt ist. Langhaus: vor einer Klosteransicht der sel.Dietram, der dem hl. Martin die Stiftungsurkunde überreicht; Gründung des Klosters Dietramszell unter dem Patronat des hl. Augustinus (bez.), in Kartuschen die vier Evangelisten; hl. Cäcilie. In den Kapellen Szenen aus dem Marienleben, über den Emporen des 2. und 4.Langhaus-

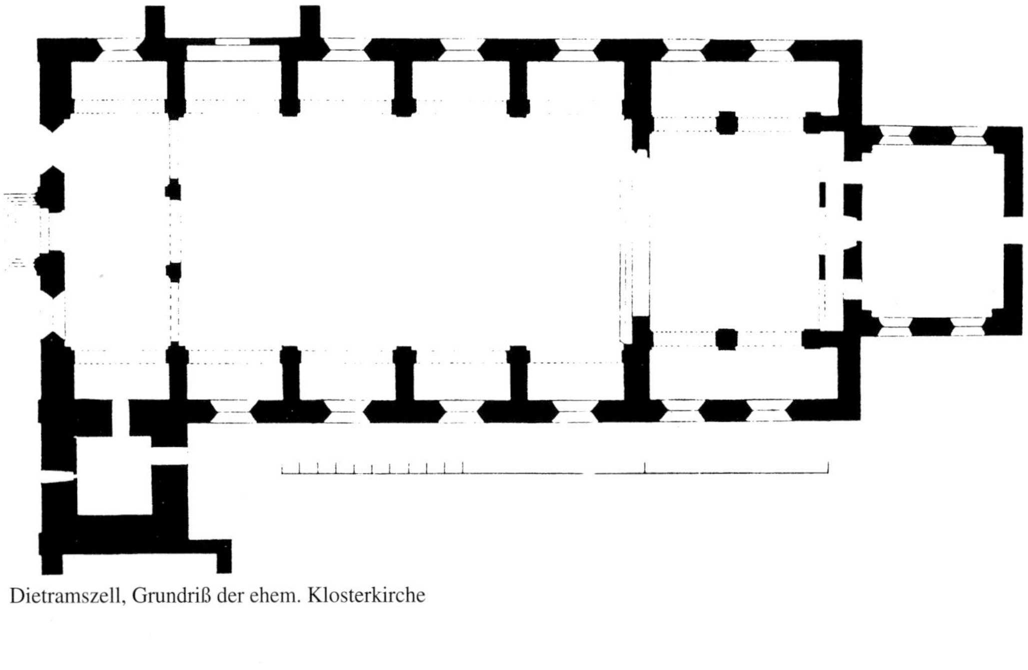

Dietramszell, Grundriß der ehem. Klosterkirche

Dietramszell, ehem. Klosterkirche, Langhausgewölbe

Dietramszell, ehem. Klosterkirche, nördliche Kapellenreihe von Südosten, Aufnahme von 1973

Dietramszell, ehem. Klosterkirche, Inneres nach Nordosten

jochs Putten in blauer Tonmalerei. Sakristei: Allegorien der Ecclesia und Veritas Aeterna sowie Puttenpaare.
Ausstattung. Mächtiger, bühnenartig aufgebauter Hochaltar mit schlanken, in die Tiefe gestaffelten Säulen, die den ausladenden, von zahlreichen Putten und Engeln bevölkerten Auszug tragen, um 1745, Franz Xaver Schmädl zugeschrieben, vgl. das zugehörige Modell im Freisinger Diözesanmuseum. Gemälde der Himmelfahrt Mariens, 1745 von Zimmermann, bez. Seitlich zwischen den Säulen Figuren der hll. Martin und Korbinian. – Altäre der Chorabseiten 1778 von Philipp Jakob Rämpl, mit Schnitzarbeiten: nördlich Johannes d.T., südlich hl. Stephanus.
Kapellenaltäre. Die säulenlosen Altäre des östlichen Jochs stammen wohl ebenfalls um 1745 von Schmädl und sind durch vollständige Vergoldung und ausschließlich plastische Behandlung ausgezeichnet. Nördlich Kreuzaltar mit Kruzifix und Schmerzhafter Muttergottes. Südlich Rosenkranzaltar: die hoheitsvoll thronende Muttergottes steht in der Tradition von Hans Degler (1564-1635) und dürfte anläßlich der Gründung der Rosenkranzbruderschaft 1641 entstanden sein, wird jedoch seit jüngerer Zeit Kaspar Niederreiter um 1655/60 zugewiesen; als Umrahmung kleine bemalte Rocaillekartuschen mit den Rosenkranzgeheimnissen (bez. „A.I.W(en)zl“); in der Predella Arme Seelen; seitlich die hll. Dominikus und Katharina von Siena. – 2. Joch (von Osten). Die Altarblätter von 1757 gehören zu Zimmermanns letzten Arbeiten: nördlich hl. Augustinus, südlich hl. Monika. Seitenfiguren um 1757/58, wohl von Schmädl: nördlich die hll. Florian und Georg, südlich die hll. Joachim und Anna. Aufsatzbilder: nördlich hl. Johann Nepomuk auf dem Totenbett, südlich der sterbende hl. Franz Xaver. – 3. Joch. Gemälde: nördlich hl. Achatius, 1758 von Martin Heigl, einem Schüler Zimmermanns, südlich hl. Maria Magdalena, 1757 vom Meister selbst. Seitenfiguren 1776 von Rämpl: nördlich die hll. Christophorus und Pantaleon, südlich die

Dietramszell, ehem. Klosterkirche, hl. Martin am Hochaltar

Dietramszell, ehem. Klosterkirche, hl. Korbinian am Hochaltar

Dietramszell, ehem. Klosterkirche, Schnitt des Chors

Dietramszell, ehem. Klosterkirche, Hochaltar

Dietramszell, ehem. Klosterkirche, Altar der nördlichen Chorabseite

Dietramszell, ehem. Klosterkirche, Altar der südlichen Chorabseite

Dietramszell, ehem. Klosterkirche, Altäre der nordöstlichen Langhauskapellen und Kanzel

Dietramszell, ehem. Klosterkirche, Altäre der südlichen Langhauskapellen

Dietramszell, ehem. Klosterkirche, Kreuzaltar

Freising, Diözesanmuseum, Hochaltarmodell von F. X. Schmädl

Dietramszell, ehem. Klosterkirche, Muttergottes im Rosenkranzaltar

Dietramszell, ehem. Klosterkirche, hl. Petrus am Magdalenenaltar

Dietramszell, ehem. Klosterkirche, hl. Florian am Augustinusaltar

hll. Petrus und Paulus (bez.). – 4.Joch. Südlich Altar in aufgelösten Rokokoformen, 1772 von Rämpl mit Figurengruppe der hll. Margareta, Katharina (bez., als einzige in farbiger Fassung) und Barbara.
Bewegte Kanzel mit Reliefs aus der Augustinuslegende, 1745 von Schmädl. Ebenso die 1760/65 entstandenen, ausdrucksvollen Skulpturen der auf Wolken knienden hll. Johann Nepomuk und Petrus Forerius am Chorbogen, die er als Pendants gearbeitet hat, sowie möglicherweise der hl. Joseph nördlich im Chor. – Taufstein 15. Jh. – Beichtstühle um 1730/40. – In der nordwestlichsten Langhausabseite hochrechteckige Holztafel mit dem Ganzfigurenrelief des sel. Dietram, ehemals Deckplatte einer um 1470 entstandenen Tumba; darunter Inschrifttafel aus Rotmarmor, Kopie des 18. Jhs. nach einem Original des 15. Jhs.
Würdigung. Architektonisch nimmt Dietramszell den Typus der kastenförmigen Wandpfeilerkirche, wie er bereits in Beuerberg (1629ff.) und Benediktbeuern (1681ff.) verwendet worden war, nochmals nahezu unverändert auf, was nicht zu Unrecht als überholt, ja rückschrittlich angesehen wurde. Während deshalb der gelegentlich als Baumeister vorgeschlagene Johann Michael Fischer ausscheidet, vermag die Zuschreibung an Magnus Feichtmayr unter Beteiligung von Lorenz Sappel eher zu überzeugen. Erstaunlich, doch nicht unverständlich ist die enge Verwandtschaft mit der genau ein Jahrhundert älteren, demselben Orden angehörigen Anlage in Beuerberg, die über Isaak Bader d.Ä. und Hans Krumper mit München zusammenhing. In der Gesamtlänge des Grundrisses sogar maßgleich, sind die Dietramszeller Proportionen in der Breite etwas großzügiger genommen und in der Höhe beträchtlich gesteigert, wobei eine ungehemmte Vertikalentwicklung wie in Benediktbeuern durch Abseitenemporen aufgefangen wird (in Beuerberg war noch darauf verzichtet worden). Auf den daraus geschlossenen Wandel des Stil- und Formgefühls sind nicht nur die voluminöseren, zweireihig angeordneten Fenster oder die abgerundeten Stichkappen, sondern auch die völlig andersgeartete Gewölbebehandlung zurückzuführen, die dem Genius Johann Baptist Zimmermanns zu verdanken ist: in Beuerberg unterstreicht flächig verteilter, rein geometrischer Stuck die Geschlossenheit der Decke, in Dietramszell öffnen Fresken, die von leichten Stukkaturen umspielt werden, das Gewölbe und gewähren Einblick in einen imaginären Bereich. Dies gehört ebenso zu den bezeichnenden Eigenschaften des geänderten Raumgefüges wie seine geschmeidige Homogenität, seine dezente Rhythmisierung oder die von der prachtvollen Ausstattung wesentlich mitgetragene, dekorative Gesamterscheinung.

Kath. Kreuzbichlkapelle. Chor 1497 vollendet, Langhaus 1641; mit Ausstattung; 0,5 km westlich.

Die Friedhofskirche steht auf einem Hügel westlich des Klosters und wurde in zwei Bauabschnitten errichtet, die bereits am gestaffelten Äußeren ablesbar sind: im Osten die strebenverstärkte, erste Kapelle, die 1497 unter Propst Ulrich III. Leyßmüller (1495-1520) vollendet wurde, und im Westen die höhere, 1641 im Auftrag von Propst Georg Wagner (1626-1645) angefügte Maria-Einsiedel-Kapelle mit dem Turm, dessen quadratischer, bis zur Firsthöhe reichender Unterbau ein Oktogon mit Spitzhelm trägt. – Die innere Raumaufteilung entspricht dem äußeren Bild: An das geräumige Schiff des 17. Jhs. schließen sich das eingezogene Langhaus und der nischenartige, niedrige Chor des spätgoti-

Dietramszell, ehem. Klosterkirche, hl. Joseph, Mitte 18. Jh.

Dietramszell, ehem. Klosterkirche, Beichtstuhl

Ehem. Klosterkirche, Tumbaplatte des sel. Dietram, um 1470

Dietramszell, ehem. Klosterkirche, Taufbecken

Dietramszell, ehem. Klosterkirche, Sakristei

Ehem. Klosterkirche, hl. Johann Nepomuk, 1760/65

Dietramszell, ehem. Klosterkirche, Katharinenaltar

Ehem. Klosterkirche, hl. Petrus Forerius, 1760/65

Dietramszell, kath. Kreuzbichlkapelle

Dietramszell, Kreuzbichlkapelle

Dietramszell, Kreuzbichlkapelle, Inneres nach Osten

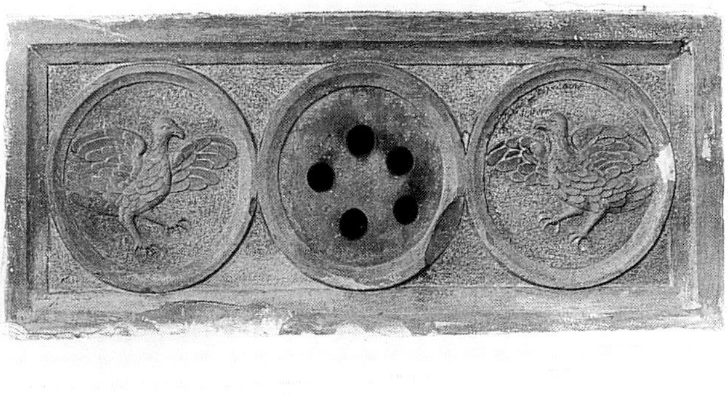

Dietramszell, Kreuzbichlkapelle, Fingerstein

schen Baus an. – Auf dem Altar der Gnadenkapelle Muttergottesfigur, Ende 17. Jh. – Seitenaltäre 1645 von Georg Mittermayer, ehemals mit Figuren von Kaspar Niederreiter (in Verwahrung). Gemälde, nördlich: St. Ulrich erhält das siegreiche Kreuz und Drachenkampf des hl. Georg; südlich: Bußübung des Bischofs Hartmann von Brixen. Figuren: nördlich ehemals die hll. Andreas und Bartholomäus(?), südlich die hll. Isidor und Wendelin, im Auszug hl. Martin. – Der Chorbogen der spätgotischen Kapelle um 1640/50 triumphbogenartig verkleidet; Figuren Niederreiter zugeschrieben: in der Mitte Kruzifix, auf den Säulenkapitellen ehemals Maria und Johannes. – Volkskundlich interessanter Fingerstein, 16./17. Jh.

Gruftkapelle der Familie Schilcher. 1666; mit Ausstattung.

1666 unter Propst Hartmann Fischer (1666-1674) unmittelbar südlich neben der Kreuzbichlkapelle erbaut; seit 1826 Gruftkapelle der Familie Schilcher. – Einschiffiger Rechteckraum unter tief ansetzender Stichkappentonne. – Über dem Altar Gemälde der Muttergottes vor einer Ansicht von Dietramszell, 1957 von Th.Baumgartner.

Bildstock am Kreuzbichl. Tuffsäule mit Laterne, 16. Jh.

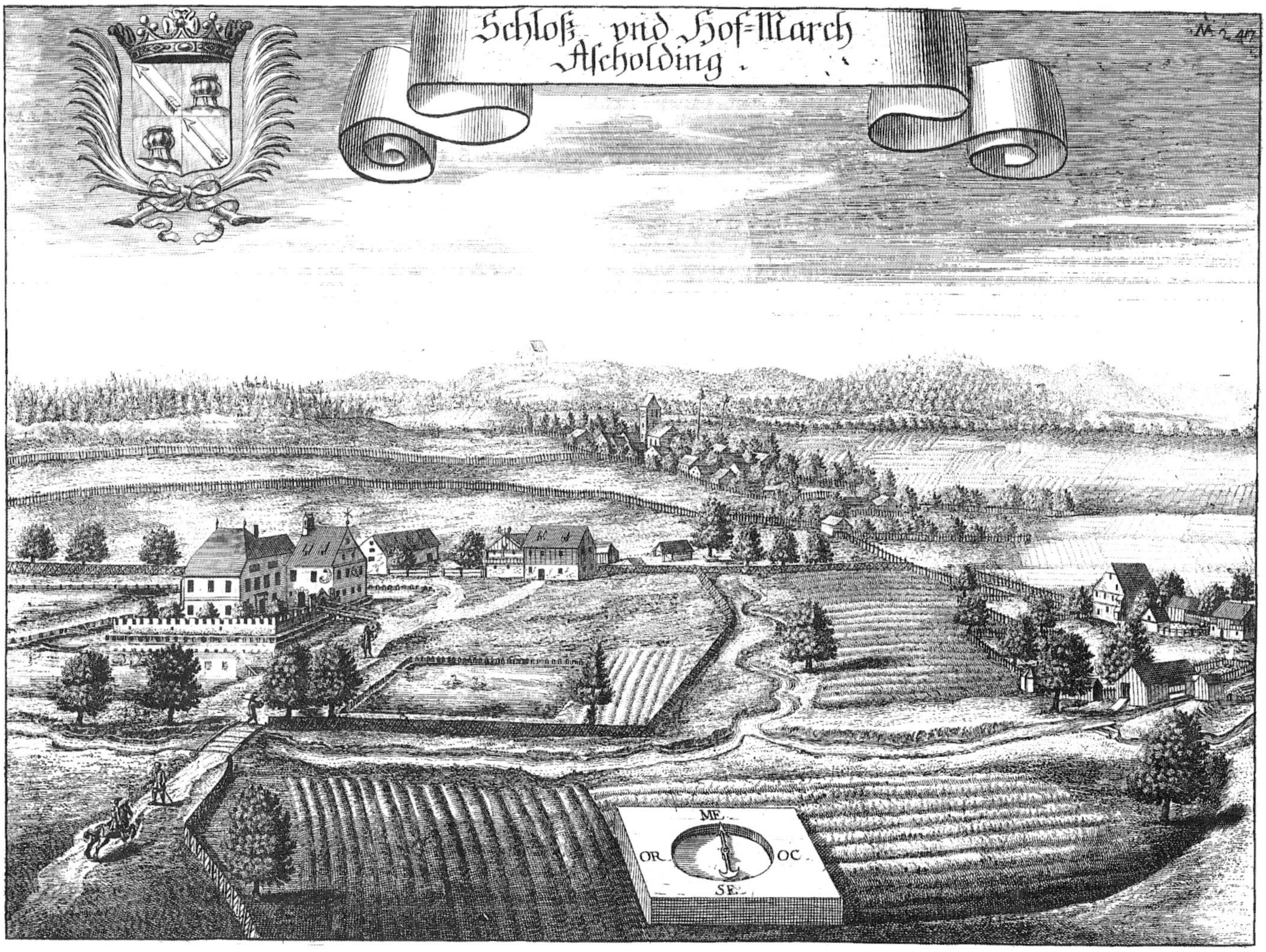

Ansicht von Ascholding, Kupferstich von Michael Wening, 1701

Ascholding

Bereits 804 anläßlich einer Auseinandersetzung zwischen dem Kloster Tegernsee und dem Freisinger Bischof urkundlich erwähnt, gehörte der Ort und das sich danach nennende Ministerialengeschlecht im 12. Jh. zum Einflußbereich der Grafen von Wolfratshausen. 1433 verlieh Herzog Ernst von Bayern seinem Jäger Hans Podem das Lehen Ascholding, bei dem es allerdings nicht lange blieb, da bereits 1469 der Münchener Patrizier Sebastian Dichtl den Ort an die Brüder Karl und Johann Ligsalz, innere Räte der Stadt München, veräußerte. Nach dem Tod des letzten Ligsalz, des kurfürstlichen Hofrats und Truchsessen Ferdinand Freiherr von Ligsalz auf Ascholding, der 1739 in der Pfarrkirche bestattet wurde, ging der Besitz 1745/46 an die Reichsgrafen von Königsfeld über, unter denen Ascholding 1753 geschlossene Hofmark wurde. Die weiteren Eigentümer: 1779 Franz Karl und Benno von Barth auf Harmating; 1805 Freiherr von Maderny; 1814 Herr von Schlutt, königlicher Advokat in München; 1827 Karl von Vogel, Industrieller und Verfasser einer Ortschronik; 1915 Richard Sexau. Heute Privatbesitz.

Ensemble Ascholding. – *Umgrenzung: Hauptstraße 9, 11-18, 21, 23, 25, 27, 29, 31, 33; Am Dorfbach 1, 3, 6-12, 16, 18; Schloßstraße 2 und Eglinger Straße 1, 2.* – Ascholding weist als sog. Bachzeilenanlage, die in Ost-West-Richtung beiderseits des Mooshamer Weiherbachs verläuft, eine im Kreisgebiet einzigartige Sonderform des Straßendorfes auf, die durch

Dietramszell, Gruftkapelle der Familie Schilcher

Dietramszell, Gruftkapelle, Inneres nach Osten

Dietramszell, Bildstock am Kreuzbichl

Ascholding, Luftaufnahme von Südwesten, 1983

Ascholding, Ensemble, Hauptstraße

Ascholding, Ensemble, Hauptstraße

eine Vielzahl altartiger Einfirsthöfe mit Blockbau-Wohnteil aus dem 17. und 18. Jh., z.T. mit gemauertem Erdgeschoß und überwiegend noch mit dem alpenländischen Flachsatteldach, zusätzliche Bedeutung gewinnt. Abgesehen von einzelnen Neubauten, die sich aber in ihren Abmessungen und ihrer Dachneigung an die überlieferte gebietstypische Bauweise halten, stehen die alten Bauernhäuser traufseitig zur Straße, d.h. der Wohnabschnitt liegt konsequent im Osten. Im östlichen Teil des Ortes biegt die Hauptstraße nach Süden um, wobei das Anwesen Nr. 9 mit seinem malerischen, ebenfalls nach Osten ausgerichteten Wohnbau gleichsam den „Auftakt“ des Ensembles markiert. Der Bachverlauf wird auf beiden Seiten von einem schmalen Grünstreifen begleitet; in dessen östlicher Erweiterung steht wie auf einer „Insel“ das reizvolle Kleinbauernhaus Nr. 14. Außerhalb der Ensembleumgrenzung bleiben die von der zentralen Straßenachse abgerückte Pfarrkirche und die Werkstätte in Nr. 10 sowie das nordwestlich gelegene Schloß als ehem. Sitz der Ortsherrschaft.

Kath. Pfarrkirche St. Leonhard. Ehem. Chorturm 12./13. Jh., jetzt Sakristei, ehem. Langhaus wohl 1. Hälfte 15. Jh., jetzt Chor, jetziges Langhaus 1869-70; mit Ausstattung.

Der aus unverputzten Tuffsteinquadern bestehende ehem. Chorturm stammt wohl aus dem 12./13. Jh. Vermutlich in der 1. Hälfte des 15. Jhs. Anbau des Langhauses, das im 17./18. Jh. verändert worden sein dürfte und seit der Errichtung eines neuen, geräumigeren Kirchenschiffs 1869/70 als Chor dient. 1984ff. Restaurierung. – Einschiffige Anlage mit eingezogenem, innen segmentbogig geschlossenen Chor; Tonnengewölbe, im Langhaus mit Stichkappen. Im Erdgeschoß des östlich anschließenden, quadratischen Turms ehem. Chor, jetzt Sakristei; Spitzhelm zwischen Dreiecksgiebeln 1869 aufgesetzt. An der Unterseite der Westempore ornamentale Malereien des 17. Jhs.; dazu Darstellungen des Baums der Erkenntnis, der Arche Noah sowie des himmlischen Jerusalems.
Die neuromanische Ausstattung des 19. Jhs. 1967 beseitigt. Der jetzige Rokokohochaltar wurde 1762 von Philipp Jakob Rämpl gefertigt; er befand sich ursprünglich in der Münchener Josephskirche, kam 1951 in das Kloster Ettal und schließlich bei der letzten Restaurierung an seinen heutigen Platz. Das Gemälde des hl. Augustinus vielleicht von Franz Kürzinger, bez. 1762; im Auszug hl. Sebastian. Seitlich Figuren der hll. Korbinian und Nikolaus, um 1670/80, Georg Wunderl zugeschrieben. Auf der Mensa Büsten der hll. Augustinus und Benno, Mitte 18. Jh. – Taufbecken wohl 16. Jh. – Auferstehungschristus, Anfang 16. Jh. Muttergottes, Mitte 17. Jh., bemerkenswerte Weilheimer Schnitzarbeit. Halbfigur des hl. Leonhard, Mitte 18. Jh. Hl. Johann Nepomuk und Immaculata, um 1760/70, angeblich von Rämpl. – Ausstattungsstücke, die aus der Georgskapelle übertragen wurden: hl. Georg zu Pferd, hl. Rochus und hl. Sebastian, alle Figuren ehemals im Altar von 1649/50 und Georg Wunderl zugewiesen. Ebenso das große Kruzifix und die Schmerzhafte Muttergottes. Epitaph für den Müller Georg Floßmann und seine Frau Eva mit Darstellung der 14 Nothelfer, bez. 1665.

Ascholding, kath. Pfarrkirche St. Leonhard

Ascholding, Pfarrkirche, Inneres nach Osten

Ascholding, Pfarrkirche, Inneres nach Westen

Ascholding, Pfarrkirche, Hochaltar

Ascholding, Pfarrkirche, Muttergottes, Mitte 17. Jh.

Ascholding, Pfarrkirche, hl. Georg, 1649/50

Ascholding, Pfarrkirche, Taufbecken

Ascholding, Pfarrkirche, Epitaph für Georg Floßmann, 1665

Ascholding, Pfarrkirche, Unterseite der Westempore

Am Dorfbach 1,3,5,7. Vgl. Ensemble Ascholding.

Am Dorfbach 8 (Kaserhartl). Bauernhaus, verputzter Blockbau mit Bretterlaube, 2. Viertel 18. Jh.

Der Dachstuhl des Hauses wurde bei der Restaurierung 1992 weitgehend erneuert.

Am Dorfbach 9 (Betz). Ehem. Kleinbauernhaus, verputzter Blockbau, 2. Hälfte 18. Jh.

Dach und Fassade des verputzten Blockbaus wurden 1986 instandgesetzt.

Am Dorfbach 10 (Schemer). Bauernhaus mit Blockbau-Obergeschoß, Ende 18. Jh.

Am Dorfbach 11. Vgl. Ensemble Ascholding.

Am Dorfbach 12 (Schneiderpauli). Bauernhaus, zweigeschossiger Blockbau, 2. Viertel 18. Jh., erneuert.

Am Dorfbach 16,18. Vgl. Ensemble Ascholding.

Eglinger Straße 1 (Brunnerer). Bemalte Giebelschnitzerei, um 1850/65.

Eglinger Straße 2. Vgl. Ensemble Ascholding.

Hauptstraße 9 (Geretsrieder). Wohnteil eines Bauernhauses mit Blockbau-Obergeschoß des 16./17. Jhs., Ende 18. Jh. erhöht.

Hauptstraße 11. Vgl. Ensemble Ascholding.

Hauptstraße 12 (Brückl). Bauernhaus mit Blockbau-Obergeschoß und aufgedoppelter Sterntür, 2. Hälfte 18. Jh.

Hauptstraße 13 (Uali). Bauernhaus mit Blockbau-Obergeschoß und Traufbundwerk, 2. Hälfte 18. Jh.

Hauptstraße 14 (Schneiderhäusl). Ehem. Kleinbauernhaus, zweigeschossiger Blockbau, 2. Viertel 18. Jh.

Der Stall- und Scheunenteil wurde 1984 zu Wohnzwecken umgebaut.

Hauptstraße 15,16. Vgl. Ensemble Ascholding.

Hauptstraße 17 (Noderer). Wohnteil eines Bauernhauses, Blockbau-Obergeschoß, 17./18. Jh.

Hauptstraße 18 (Moier). Wohnteil eines Bauernhauses mit Blockbau-Obergeschoß, Kern 2. Hälfte 18. Jh., erneuert.

Hauptstraße 21. Vgl. Ensemble Ascholding.

Hauptstraße 23 (Brotführer). Bauernhaus mit Blockbau-Obergeschoß, 1. Hälfte 18. Jh. und 19. Jh.

Hauptstraße 25,27. Vgl. Ensemble Ascholding.

Ascholding, Am Dorfbach 8

Ascholding, Am Dorfbach 9

Ascholding, Am Dorfbach 10

Ascholding, Am Dorfbach 12

Ascholding, Eglinger Straße 1

Ascholding, Hauptstraße 9

Ascholding, Hauptstraße 12

Ascholding, Hauptstraße 13

Ascholding, Hauptstraße 14

Ascholding, Hauptstraße 17

Ascholding, Hauptstraße 18

Ascholding, Hauptstraße 23

Hauptstraße 29 (Hufnagl). Wirtschaftsteil mit Flachsatteldach und Traufbundwerk, letztes Viertel 18. Jh.

Hauptstraße 31. Vgl. Ensemble Ascholding.

Hauptstraße 33 (Boschner). Ehem. Bauernhaus, Wohnteil Ganzblockbau, 1.Drittel 18. Jh.

Kirchplatz 2 (Hallerer). Kleinbauernhaus mit verputztem Blockbau-Obergeschoß, 1.Drittel 19. Jh.

Schloßstraße 2. Vgl. Ensemble Ascholding.

Schloßstraße 42. Schloß; zweiflügelige Anlage, Kern mittelalterlich, 1580 umgebaut, 1811 erweitert; mit Schloßkapelle; mit Ausstattung.

Das kleine, im Kern mittelalterliche Wasserschloß nordwestlich außerhalb des Orts wurde 1580 durch Andreas Ligsalz umgestaltet. 1811 gab der Freiherr von Maderny den beiden zweigeschossigen, im Winkel aneinanderstoßenden Flügeln ihre noch heute bestehende Gestalt. Die gleichzeitige Auffüllung des Wassergrabens und die Beseitigung der bei Wening 1701 erkennbaren zinnenbekrönten Ringmauer band die Anlage in den weitläufigen, mit Bäumen dicht bestandenen Park ein. – In der Nordostecke die 1742 geweihte Schloßkapelle, ein niedriger Rechteckraum, der vermutlich im 19. Jh. (1811?) nach Süden erweitert wurde. An der Flachdecke Fresken mit Darstellung der Trinität und Marienmonogramm, um 1742.

Ansicht von Schloß Ascholding, Kupferstich von Michael Wening, 1701 (Ausschnitt)

Kath. Kapelle St. Georg. Erbaut vor 1626; mit Ausstattung; 1 km südlich in einsamer Hügellage.

Die vor 1626 (vgl. das Datum an der gemauerten Altarmensa) errichtete kleine Kirche, eine der sog. Schimmelkapellen, liegt einsam auf einem bewaldeten Hügel weit außerhalb südlich des Orts. – Schlichter, einschiffiger Bau mit Holzdecke und fünfseitigem Schluß. Quadratischer Westturm mit Oktogon und Zwiebelhaube. – Wandfresken 1797 von Georg Tiefenthaler, vgl. die Jahreszahl (17.7) über der Tür zum Turm: Szenen aus dem Leben und Martyrium des Titelheiligen, hl. Michael. – Ausstattung teils gestohlen, teils in die Pfarrkirche übertragen. Der ehem. Altarschrein von 1649/50 Lukas Herle zugewiesen.

Ascholding, Schloßstraße 42, Schloß

Ascholding, Hauptstraße 29

Ascholding, Hauptstraße 33

Ascholding, Kirchplatz 2

Ascholding, Schloß, Treppenhaus

Ascholding, Schloß, Wohnzimmer

Ascholding, Schloß, Kapelle, Inneres nach Osten

Ascholding, Schloß, Kapelle, Kreuzweg, Mitte 18. Jh.

Ascholding, kath. Kapelle St. Georg

Ascholding, Kapelle, Altar,
Aufnahme um 1930/40 (?)

Kapelle, Inneres nach Nordosten,
Aufnahme um 1930/40 (?)

Ascholding, Kapelle, Inneres nach Osten

Ascholding, Kapelle, Inneres nach Südwesten

Au

Haus Nr. 1 (Auer). Zugehörig Getreidekasten mit altem Überbau, bez. 1810 und 1850.

Baiernrain

Lehrer-Vogel-Weg. Kath. Filialkirche St. Peter und Paul; im Kern gotisch, 1632 zerstört und 1664-68 wiederhergestellt, 1863 verändert; mit Ausstattung.

1315 erstmals urkundlich genannt. Im Kern gotischer Tuffsteinbau, 1632 bei der Zerstörung des Dorfs durch die Schweden bis auf die Außenmauern abgebrannt und 1664-1668 wiederhergestellt. 1975 restauriert, bez. östlich über dem Chorbogen. – Unverputzter, quadratischer Westturm mit Oktogon von 1664/68 und geknicktem Spitzhelm von 1863(?). Das einschiffige, pilastergegliederte Langhaus unter barocker Stichkappentonne, die mit einem dünnen Rippennetz überzogen ist. Im wenig eingezogenen, fünfseitig geschlossenen Chor Kreuzgratgewölbe. – Altar um 1670 von Georg Wunderl, vielleicht in Zusammenarbeit mit Stephan Herle. Figuren: Muttergottes, flankiert von den Apostelfürsten, im Auszug der auferstandene Christus. – Westempore und Gestühl 1863. – Kreuzweg, 1864 von Joseph Müller, bez. – Kruzifix und Muttergottes, 16. Jh. Büste des Schmerzensmannes sowie die Pestheiligen Sebastian und Rochus, um 1670, Wunderl zugewiesen.

Lehrer-Vogel-Weg 10 (Schuster). Bauernhaus, zweigeschossiger Blockbau mit Balusterlaube, bez. 1665.

Lehrer-Vogel-Weg 11 (Kögl). Ehem. Bauernhaus mit Blockbau-Obergeschoß, letztes Viertel 18. Jh.

Lehrer-Vogel-Weg 14 (Weber). Bauernhaus mit Blockbau-Obergeschoß, Kern 18. Jh. und Mitte 19. Jh.

Lehrer-Vogel-Weg 18. Kleinhaus, z.T. Blockbau-Obergeschoß, im Kern 18. Jh.

Lehrer-Vogel-Weg 20 (Bauer). Bauernhaus mit alten Fenstern, Mitte 18. Jh. – Ehem. Getreidekasten, 18. Jh.

Lehrer-Vogel-Weg 24 (Fischhaber). Wohnteil eines Bauernhauses, um 1840.

Auffallend das geschnitzte Laubengitter und die Putzrahmen der Fenster.

Au, Haus Nr. 1, Getreidekasten

Baiernrain, Lehrer-Vogel-Weg, kath. Filialkirche St. Peter und Paul

Baiernrain, Filialkirche, Inneres nach Westen

Baiernrain, Filialkirche, Inneres nach Osten

Baiernrain, Filialkirche, Hochaltar

Baiernrain, Filialkirche, Schmerzensmann, um 1670

Baiernrain, Lehrer-Vogel-Weg von Südosten

Baiernrain, Lehrer-Vogel-Weg 11

Baiernrain, Lehrer-Vogel-Weg 10

Baiernrain, Lehrer-Vogel-Weg 14

Baiernrain, Lehrer-Vogel-Weg 18

Baiernrain, Lehrer-Vogel-Weg 20

Baiernrain, Lehrer-Vogel-Weg 20, Getreidekasten

Baiernrain, Lehrer-Vogel-Weg 24

Bairawies

Kath. Filialkirche St. Koloman. 1. Hälfte 16. Jh.; mit Ausstattung.

1514 erstmals erwähnt; im 17./18. Jh. verändert. Der Dachreiter im Westen ursprünglich mit Satteldach, nach 1744 mit Oktogon und Zwiebelhaube erneuert, vgl. Votivbild von 1744. Innen 1986 restauriert. – Im Kern spätgotischer Bau auf einem Hügel nördlich des Orts. Das einschiffige Langhaus und der nicht ausgeschiedene, dreiseitig geschlossene Chor unter Netzrippengewölbe. – Hochaltar wohl neubarock, um 1877; Gemälde von Joseph Mangold, bez. 1877: St. Koloman mit den 14 Nothelfern, im Auszug hl. Michael. – Muttergottes, Öl auf Leinwand, Anfang 18. Jh. Kreuzweg, um 1762, ehemals in der Pestkapelle. – Figuren der hll. Sebastian und Rochus sowie der Wetterheiligen Johannes und Paulus, alle frühes 18. Jh. – Eingangstür bez. 1669.

Haus Nr. 1 (Schwarz). Wohnteil eines Bauernhauses, malerischer Obergeschoß-Blockbau, Ende 16. Jh.

Bierhäuslweg 12. Ehem. Kleinbauernhaus (Mittertennbau), Wohnteil zweigeschossiger Blockbau mit Hochlaube, bez. 1788, Wirtschaftsteil ausgebaut; aus der Umgebung von Salzburg transferiert.

Der 1788 datierte Blockbau wurde 1982/83 hierher übertragen, der Wirtschaftsteil zu Wohnzwecken ausgebaut.

Dorfstraße 48. Ehem. Kleinbauernhaus mit alten Fenstern und Seitenlaube, im Kern 18. Jh.

Kath. Kapelle. Origineller Zentralbau, 1762; mit Ausstattung; westlich an der Straßenkreuzung.

1626 anläßlich der in Tölz und Umgebung wütenden Pestepidemie gestiftet; nach der Überlieferung überlebten damals in Bairawies nur der Wirt und eine Kellnerin. 1762 Neubau unter Verwendung von Grundriß und Raumdisposition der etwa zehn Jahre älteren und später abgebrochenen Kapelle in Stallau, Gde. Wackersberg. 1970/71 Restaurierung. – Achtseitiger Zentralbau mit gemalter Pilastergliederung; die Wandpartien der Hauptachsen risalitartig vorgezogen, die östlichen Schrägen etwas länger. Das Innere überrascht durch eine geänderte, für eine Kapelle ungewöhnlich elegante Konzeption: Die Geschlossenheit des Oktogons ist in eine rhythmische, nur durch eine flache Pendentifkuppel zusammengefaßte Folge von Konchen und schmalen Wandabschnitten aufgelöst. Über dem Eingang die Baudaten. – Gewölbefresken um 1762, Wilhelm Anton Fett zugeschrieben: die Pestheiligen Sebastian und Rochus über einer Stadt, die von der Seuche heimgesucht wird. – Altar der Erbauungszeit.

Berg

Kath. Kapelle zur Schmerzhaften Muttergottes. Bez. 1709; mit Ausstattung.

Die wohl von Johann Humpl 1709 errichtete Kapelle (vgl. Inschrifttafel über dem Eingang) steht unmittelbar an der Durchgangsstraße des Weilers. Der Überlieferung zufolge soll früher ein unterirdischer Verbindungsgang zum unmittelbar östlich stehenden Bauernhof (Haus Nr. 1) bestanden haben. 1914 Restaurierung und vermutlich Anbau der Vorhalle. 1982 Außenrestaurierung. – Einschiffiger, dreiseitig geschlossener Bau. Im Westen quadratischer Giebelreiter mit

Bairawies, Filialkirche, Inneres nach Osten

Bairawies, kath. Filialkirche St. Koloman

Bairawies, Filialkirche, hl. Rochus, frühes 18. Jh.

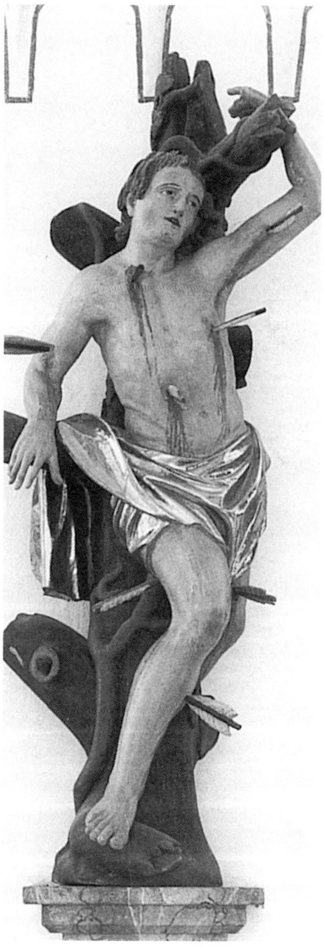

Bairawies, Filialkirche, hl. Sebastian, frühes 18. Jh.

Bairawies, Haus Nr. 1

Bairawies, Bierhäuslweg 12

Bairawies, Bierhäuslweg 12, ehem. Wirtschaftsteil

Bairawies, Dorfstraße 48

Bairawies, Kapelle, Deckenfresko

Berg, kath. Kapelle zur Schmerzhaften Muttergottes

Bairawies, kath. Kapelle

Bairawies, Kapelle, Inneres nach Osten

Berg, Kapelle, Inneres nach Osten

Oktogon und Zwiebelhaube. – Altar bez.1722 mit Figuren: in der Mitte ausdrucksstarke Pietà, seitlich Büsten der hll. Petrus und Paulus, im Auszug hl. Wandel; in der Predella Gemälde der hl. Familie zwischen den Apostelfürsten. – An der Emporenbrüstung Tafelbilder Christi und der Apostel, um 1709.

Haus Nr. 1 (Böckl). Bauernhaus des 18./19. Jhs., 1905 erhöht; mit reicher, mehrfach erneuerter Bemalung; Hausfigur (Salvator Mundi), 1. Hälfte 17. Jh.

Das stattliche Gebäude steht an der Stelle eines alten Edelsitzes, der im ausgehenden 18. Jh. abgebrochen wurde. Die reichen Fassadenmalereien entstanden um 1905, als man das ursprünglich zweigeschossige Haus aufstockte; sie wurden 1947 und 1976 erneuert, vgl. die Jahreszahlen an der Ost- und Südseite. An der südlichen Langseite Darstellungen der hll. Michael und Florian sowie in einem großen Feld über der Tür das bayerische Wappen und die Zunftzeichen der beteiligten Handwerker. Ebenda am Übergang vom Wohn- zum Stallteil hölzernes Gehäuse mit vorzüglicher, überlebensgroßer Figur des Salvator Mundi, 1. Hälfte 17. Jh.

Haus Nr. 4 (Schuster). Ehem. Bauernhaus mit Blockbau-Obergeschoß, 2. Hälfte 17. Jh.; ehem. Wirtschaftsteil mit Bundwerk, Ende 18. Jh.

Ehem. **Salpeterwerkstätte.** Massivbau mit giebelseitiger Einfahrt, mittelsteilem Satteldach und hölzernem Kastengesims, um 1840/50.

Dietenhausen

Weilerkapelle. 18. Jh.; mit Ausstattung.

Die nördlich des Weilers am Waldrand stehende, außen dreiseitig, innen halbrund geschlossene Kapelle stammt wohl aus dem 18. Jh. und wurde zwischen 1946 und 1949, als sie als Wohnraum diente, verändert. Altar wohl 19. Jh.

Haus Nr. 1 (Ruadn). Bauernhaus mit Blockbau-Obergeschoß, 2. Hälfte 18. Jh. – Zugehörig kleiner, erdgeschossiger Getreidekasten, 17./18. Jh.

Haus Nr. 4. Ehem. Kleinbauernhaus, zweigeschossiger Blockbau, Ende 16. Jh.

Ehem. **Hofkapelle.** Kleiner Rechteckbau, bez. 1847; mit Ausstattung.

1847 als Hauskapelle des ehem. Koglerhofs errichtet, vgl. Inschrift über dem Eingang. Kleiner, tonnengewölbter Rechteckbau östlich von Haus Nr. 4. Altar der Erbauungszeit.

Wegkreuz. Bez. 1877; südwestlich des Orts an der Straße nach Dietramszell.

Einöd

Kath. Kapelle St. Stephan. Mitte 17. Jh.; mit Ausstattung.

1652 geweiht. 1977f. restauriert. – Einschiffiger, dreiseitig geschlossener Bau unter Stichkappentonne. Im Westen verschindelter, quadratischer Dachreiter mit Zeltdach. – Fresken um 1730/40, freigelegt 1959/60: Szenen aus dem Neuen Testament und Heilige (Ulrich und Nikolaus, Martin und Georg, Antonius von Padua und Joseph, Isidor und Notburga). – Altar bez. 1652.

Berg, Haus Nr. 1

Berg, Haus Nr. 1, südliche Traufseite

Berg, Haus Nr. 4

Berg, ehem. Salpeterwerkstätte

Berg, Haus Nr. 1, Salvator Mundi, 1. Hälfte 17. Jh.

Dietenhausen, Haus Nr. 1

Dietenhausen, Haus Nr. 1, Getreidekasten

Dietenhausen, Haus Nr. 4

Dietenhausen, ehem. Hofkapelle

Dietenhausen, ehem. Hofkapelle, Inneres

Dietenhausen, Weilerkapelle

Dietenhausen, Wegkreuz

Einöd, kath. Kapelle St. Stephan

Einöd, Kapelle, Inneres nach Osten

Haus Nr. 3. Wandbild (Muttergottes und Wappen), bez.1613.; an der Traufseite des Bauernhauses.

Das kleine Fresko an der westlichen Traufseite des Gebäudes zeigt das Innsbrucker Maria-Hilf-Bild (von Lukas Cranach); darunter Wappen und Datum 1613.

Erlach

Dorfkapelle. Wohl noch 2. Hälfte 17. Jh.; mit Ausstattung.

Die schlichte, halbrund geschlossene Kapelle steht in der Ortsmitte östlich von Am Bichl 8.

Haus Nr. 8. Zugehörig erdgeschossiger Getreidekasten mit ornamentaler Bemalung, bez.1646.

Am Bichl 8 (Diesl). Bauernhaus mit Blockbau-Obergeschoß und Lauben, 2. Hälfte 17. Jh.

Föggenbeuern

Dorfkapelle. 2. Hälfte 19. Jh.; mit Ausstattung.

Der nach Norden gerichtete Bau steht leicht erhöht an der Abzweigung nach Oed. Südlich quadratischer Dachreiter mit Spitzhelm über Dreiecksgiebeln. Im Langhaus Kreuzrippengewölbe; der eingezogene, halbrunde Chor tonnengewölbt. Neugotischer Altar der Erbauungszeit mit Figuren: Muttergottes zwischen den hll. Leonhard und Franz Xaver.

Haus Nr. 2. Ehem. Bauernhaus, zweigeschossiger Blockbau, bez.1761; restauriert.

Das Haus wurde 1978 instandgesetzt, das Dachgeschoß 1984 ausgebaut. Das Baudatum befindet sich über der südlichen Obergeschoßtür.

Haus Nr. 3 (Martl). Wohnteil eines Bauernhauses, malerischer Ganzblockbau, 3. Viertel 17. Jh.

Haus Nr. 4 (Schuster). Stattliches Bauernhaus mit Blockbau-Obergeschoß und Traufbundwerk, letztes Viertel 18. Jh.

Haus Nr. 6 (Möringer). Stattliches Bauernhaus mit Blockbau-Obergeschoß, 1. Hälfte 18. Jh., Dach später.

Fraßhausen

Ortskapelle. Modern; mit historischer Ausstattung.

Der nach Westen gerichtete, einschiffige Bau mit eingezogenem Rechteckchor steht unmittelbar an der Westseite der Durchgangsstraße. Im Altar Lourdesmadonna.

Haus Nr. 3 (Obermoar). Wohnteil eines Bauernhauses, stattlicher Ganzblockbau, bez.1680, Dach später.

Haus Nr. 4 (Wiesschuster). Einzelhof; Bauernhaus mit Blockbau-Obergeschoß, 1. Hälfte 18. Jh.

Einöd, Haus Nr. 3, Wandbild von 1613

Erlach, Dorfkapelle

Erlach, Dorfkapelle, Inneres

Erlach, Haus Nr. 8, Getreidekasten

Erlach, Am Bichl 8

Föggenbeuern, Dorfkapelle

Föggenbeuern, Dorfkapelle, Inneres nach Norden

Föggenbeuern, Haus Nr. 2

Föggenbeuern, Haus Nr. 3

Föggenbeuern, Haus Nr. 4

Föggenbeuern, Haus Nr. 6

Fraßhausen, Ortskapelle

Fraßhausen, Ortskapelle, Inneres nach Westen

Fraßhausen, Haus Nr. 3

Fraßhausen, Haus Nr. 4

Haus Nr. 6 (Liebl). Ehem. Bauernhaus, z.T. zweigeschossiger Blockbau, Ende 17. Jh., kräftiges Traufbundwerk, Ende 18. Jh., erneuert.

Der Wirtschaftsteil wurde 1979 unter Verwendung des alten Bundwerks erneuert.

Haus Nr. 11 (Röpfl). Wohnteil eines Bauernhauses, Ganzblockbau, 2. Hälfte 18. Jh.

Hofkapelle beim Einzelhof Kögel. Seltener, kleiner Bau der Spätgotik; mit Ausstattung.

Nach Süden gerichteter, dreiseitig geschlossener Bau in einsamer Lage weit außerhalb im Westen des Orts. Über dem Nordgiebel oktogonaler Dachreiter mit Spitzhelm. Ausmalung in neuromanischen Formen, 2. Hälfte 19. Jh. Im gleichzeitigen Altar Figuren der hll. Sebastian und Ulrich, Ende 15. Jh.

Grabenmühle

Haus Nr. 5 (Grabmüller). Kleinbauernhaus, Blockbau-Obergeschoß, bez. 1831.

Großeglsee

Haus Nr. 2 (Schreiber). Ehem. Bauernhaus mit Blockbau-Obergeschoß, 2. Hälfte 18. Jh., restauriert.

Haus Nr. 6 (Marx). Ehem. stattliches Bauernhaus, zweigeschossiger Blockbau, 17./18. Jh.

Haus Nr. 8 (Schneider). Ehem. Kleinbauernhaus, zweigeschossiger Blockbau, bez. 1799.

Haarschwaige

Weilerkapelle. 18./19. Jh.; mit Ausstattung.

Einfacher, tonnengewölbter Rechteckbau. Figuren der Apostel Johannes und Petrus, Anfang 16. Jh.

Habichau

Kath. Kapelle zur Schmerzhaften Muttergottes. 1958/59; mit historischer Ausstattung.

1958/59 errichteter, tonnengewölbter Bau mit eingezogenem, halbrundem Chor und zwiebelbekröntem Dachreiter. Auf dem Altar Pietà im Stil des 17. Jhs.

Haus Nr. 1 (Wörschhauser). Zugehörig obergeschossiger Getreidekasten, 18. Jh.

Haus Nr. 4. Ehem. Kleinbauernhaus mit Blockbau-Obergeschoß, 1. Hälfte 17. Jh.

Fraßhausen, Haus Nr. 6

Fraßhausen, Haus Nr. 11

Grabenmühle, Haus Nr. 5

Großeglsee, Haus Nr. 2

Großeglsee, Haus Nr. 6

Großeglsee, Haus Nr. 8

Haarschwaige, Weilerkapelle

Fraßhausen, Hofkapelle, Inneres nach Süden

Fraßhausen, Hofkapelle

Haarschwaige, Weilerkapelle, Inneres

Habichau, kath. Kapelle zur Schmerzhaften Muttergottes

Habichau, Kapelle, Inneres

Habichau, Haus Nr. 1, Getreidekasten

Habichau, Haus Nr. 4

Hechenberg

Kath. Pfarrkirche St. Valentin. Spätgotische Anlage, Chor und Turm wohl 1. Hälfte 15. Jh., 1732 umgebaut; mit Ausstattung. – Friedhofsmauer aus Tuff, 17./18. Jh.

Für das Jahr 1315 ist bereits eine Kirche in Hechenberg belegt. Die heutige Anlage wurde angeblich einheitlich im späten 15. oder frühen 16. Jh. errichtet, doch scheinen die unverputzten, regelmäßigen Quadermauern von Chor und Turm sowie das rundbogige Südportal mit dem steinernen Kopf daneben auf eine frühere Entstehungszeit hinzudeuten. Jedenfalls ist für 1529 eine Weihe der Kirche überliefert. 1732 Umbau mit Erhöhung der Langhausmauern und Barockisierung des Innern, vgl. Datum über dem Chorbogen. 1814 teilweise Abtragung des Turms und Erneuerung mit geknicktem Spitzhelm. Restaurierungen 1896 und 1968 f. (mit Beseitigung der neuromanischen Ausstattung, die 1870/71 Johann Marggraff entworfen hatte). – Einschiffiger Bau mit eingezogenem, dreiseitig geschlossenen Chor und quadratischem Turm im nördlichen Winkel. Stichkappentonnen, im Langhaus von Pilastern ausgehend.

Hechenberg, kath. Pfarrkirche St. Valentin

Ansicht von Hechenberg, Kupferstich von Michael Wening, 1701

Im Mittelfenster der Langhaussüdseite Glasgemälde mit den Wappen von Oswald Roll und seiner Frau Clara Engelharzhofer, bez. 1491, doch wohl erst nach 1550 entstanden. – Taufstein um 1520. – An der Emporenbrüstung Gemälde der Armen Seelen im Fegefeuer, 1. Hälfte 18. Jh. – Figuren: hl. Valentin, Ende 15. Jh. Chorbogenkruzifix, Mitte 17. Jh. Pietà, Ende 17. Jh. Verkündigungsgruppe, laut Inschrift auf der Rückseite des Betpultes 1824 von Antonia Regina Barbara Oswald, Bräutochter in Tölz, gestiftet und vielleicht von Franz Anton Fröhlich geschnitzt. – Im Chor Epitaph für Alexander Seehofer zu Hohenberg (†1630) und seine beiden Frauen mit zahlreichen Wappen. Daneben Grabstein für seine Tochter Anna Katharina (†1611) mit Engel und Wappen.

Am Burgstall 1 (Kirchbauer). Ehem. Bauernhaus mit Blockbau-Obergeschoß, um 1760/80.

Am Burgstall 2. Pfarrhaus mit flachem Walmdach, erbaut 1832.

Hechenberg, Pfarrkirche, Südportal

Hechenberg, Pfarrkirche, Inneres nach Osten

Hechenberg, Pfarrkirche, Inneres nach Westen

Hechenberg, Pfarrkirche, hl. Valentin, Ende 15. Jh.

Hechenberg, Pfarrkirche, Glasgemälde mit Wappen von Oswald Roll und seiner Frau, nach 1550

Hechenberg, Pfarrkirche, Grabstein für Anna Katharina Seehofer († 1611)

Hechenberg, Pfarrkirche, Epitaph für Alexander Seehofer († 1630)

Hechenberg, Am Burgstall 1

Hechenberg, Am Burgstall 2

Am Burgstall 5. Ehem. Schloß mit Walmdach und Architekturmalerei, modern bez. 1594, barock überarbeitet.

776 erstmals als „Hohinperc“ urkundlich erwähnt, war der auf einem Bergrücken liegende Ort im 10. Jh. Sitz einer gleichnamigen Adelsfamilie, die Ende des 15. Jhs. ausstarb. Weitere Eigentümer waren ab 1480 Valentin Westner von Humbach und ab 1487 die Augsburger Dominikaner. 1559 kam Hechenberg an die Münchener Patrizierfamilie Lerchenfeld, danach an Jörg Wagner. 1589 erwarb Alexander Seehofer den Edelsitz und erbaute 1594 das heutige Schloß; vgl. seinen Grabstein in der Kirche, ebenso die gemalten Wappen Seehofers und seiner Frau Susanna an der Nordseite des Gebäudes. Dieses gehörte zeitweise den Münchener Jesuiten und ging Ende des 17. Jhs. an Joseph Christoph von Oswald über, der es nach 1715 an Ferdinand Joseph von Herwarth auf Hohenburg verkaufte. Ab 1818 im Besitz von Valentin Gerg, wurde der zweigeschossige Walmdachbau teilweise zu Stall und Heuboden umgestaltet. Erst 1971ff. erhielt er seine ursprüngliche Gestalt zurück.

Säulenbildstock aus Tuffstein. 16./17. Jh.; ca. 300 m nördlich der Kirche.

Helfertsried

Haus Nr. 381 (Feicht). Bauernhaus mit moderner Bemalung, Anfang 20. Jh.

Die aufwendigen Fassadenmalereien des stattlichen, in der Landschaft weithin sichtbaren Gebäudes wurden 1930 von C. F. Baer ausgeführt. Sie zeigen giebelseitig Darstellungen der Trinität und der hll. Leonhard und Florian sowie traufseitig bäuerliches Gerät.

Humbach

Kath. Filialkirche St. Anna. Einheitlich spätgotisch, um 1510/20; mit Ausstattung.

Schlichter, einschiffiger Bau um 1510/20 mit Stichkappentonne und dreiseitigem Schluß; Westempore mit reich geschnitzter, neugotischer Brüstung, um 1886. An der Südseite der alte, jetzt zugesetzte Eingang. Über dem Westgiebel vierseitiger Dachreiter des 18. Jhs. mit Zwiebelhaube. – Neugotischer Hochaltar um 1886. In der Mitte bemerkenswerte hl. Anna selbdritt, um 1510/20; die seitlichen Figuren der hll. Ursula und Barbara und die Evangelisten an der Mensa wurden 1970 gestohlen und durch Kopien von Albert Hirschmann ersetzt. Flügelbilder von Joseph Hitzinger, bez. 1886: der Engel erscheint Joachim auf dem Feld; rückseitig Ölberg. – Gemälde der hll. Wendelin und Isidor, um 1730/40. Bemerkenswertes ehem. Altarblatt der hl. Sippe; dabei dürfte es sich um jenes Bild handeln, das 1733 der Dietramszeller Propst Dietram II. Hipper (1728-1754) in München vermutlich bei Johann Baptist Zimmermann bestellt hat, jedoch von der einheimischen Bevölkerung abgelehnt wurde. Kreuzweg, 1859 von Th. Briendl, bez. – Kruzifix, Holz, gefaßt, um 1520/30. Hl. Bischof (Augustinus?), um 1640, Kaspar Niederreiter zugeschrieben.

Hechenberg, Am Burgstall 5, ehem. Schloß

Hechenberg, Säulenbildstock

Humbach, Filialkirche, hl. Anna selbdritt im Altar

Helfertsried, Haus Nr. 381

Humbach, kath. Filialkirche St. Anna

Humbach, Filialkirche, Inneres nach Osten

Humbach, Filialkirche, Inneres nach Westen

Humbach, Filialkirche, ehem. Altarbild, um 1733
wohl von Johann Baptist Zimmermann

Humbach, Filialkirche, Kruzifix, um 1520/30

Haus Nr. 2 (Baur). Am Wirtschaftsteil Traufbundwerk, 2. Hälfte 18. Jh.

Haus Nr. 3 (Häusler). Ehem. Kleinbauernhaus, z.T. verputzter Blockbau mit alten Fenstern, 18./19. Jh.

Haus Nr. 6 (Lanaschuster). Kleinbauernhaus mit Blockbau-Obergeschoß, im Kern 17. Jh.

Haus Nr. 8 (Kramerl). Ehem. Bauernhaus, zweigeschossiger Blockbau, 2. Hälfte 17. Jh., Dach später.

Haus Nr. 9 (Holzer). Ehem. Bauernhaus mit Blockbau-Obergeschoß, Ende 18. Jh. – Zugehörig eingeschossiger Getreidekasten, Mitte 17. Jh.

Haus Nr. 10 (Tiroler). Ehem. Kleinbauernhaus, zweigeschossiger Blockbau, 2. Hälfte 17. Jh.

Haus Nr. 11 (Wirt). Stattliches Gasthaus mit Flachsatteldach und neugotischer Haustür, um 1850/65.

Jasberg

Kath. Filialkirche St. Quirin. Späte Gotik, erbaut zwischen 1524 und 1546, barockisiert 1668; mit Ausstattung.

Ehemals zum Kloster Tegernsee gehörend, vgl. das Wappen am Chorschlußstein. 1419 erstmals erwähnt. Zwischen 1524 und 1546 unter Verwendung der alten Südmauer neu erbaut und um 1668 barockisiert. 1961 f. innen, 1981 f. außen restauriert. – Die Kirche steht nordöstlich des Orts auf einer Anhöhe. Einschiffige Anlage zu vier Jochen mit nicht eingezogenem, fünfseitig geschlossenen Chor. An seiner Nordseite im Unterbau quadratischer, im Aufbau von etwa 1668 oktogonaler Turm mit Zwiebelhaube. Netzrippengewölbe, im Chor auf Kragsteinen, im Langhaus über Wandpfeilern mit Eckfasen und spitzen Schildbögen. – Die spätgotische Gewölbedekoration mit Pflanzenmotiven bei der letzten Restaurierung freigelegt. – Der Hochaltar als Zeugnis verspäteter Gotik auf dem Lande von besonderer Bedeutung; 1857 restauriert und teilweise erneuert. Im Schrein hoheitsvolle Figuren der hll. Katharina, Quirin (bez. 1546 an der Plinthe) und Augustinus; auf der Rückseite schlecht erhaltenes Gemälde des Jüngsten Gerichts. Flügelbilder: innen Martyrium des hl. Quirin, außen die hll. Quirin und Augustinus. – Evangelistenfiguren, ehemals am Korb der um 1668 aufgestellten Kanzel.

Humbach, Haus Nr. 2, Traufbundwerk

Humbach, Haus Nr. 3

Humbach, Haus Nr. 6

Humbach, Haus Nr. 8

Humbach, Haus Nr. 9

Humbach, Haus Nr. 9, Getreidekasten

Humbach, Haus Nr. 10

Humbach, Haus Nr. 11

Jasberg, kath. Filialkirche St. Quirin

Jasberg, Filialkirche, Inneres nach Osten

Jasberg, Filialkirche, Altar

Jasberg, Filialkirche, Inneres nach Westen

Kappelsberg

Hofkapelle. Angeblich 1707; mit Ausstattung.

Haus Nr. 1 (Kappelsberger). Zugehörig stattlicher, obergeschossiger Getreidekasten, 2. Hälfte 17. Jh.; alter Überbau mit Laube.

Kleineglsee

Haus Nr. 1 (Eberl). Stattliches Bauernhaus mit Blockbau-Obergeschoß, 18. Jh., Dach 19. Jh.

Leiten

Hofkapelle. Wohl 1. Hälfte 19. Jh.; mit Ausstattung.

Außen dreiseitig, innen eingezogen rundbogig geschlossener Bau am südlichen Ortsrand mit Altarschrein der Erbauungszeit.

Haus Nr. 2 (Leitenweber). Bauernhaus-Wohnteil, zweigeschossiger Blockbau, 2. Hälfte 18. Jh.

Linden

Kath. Filialkirche zur Schmerzhaften Muttergottes. Ehem. Chorturm um 1400, Langhaus um 1630 östlich angebaut; mit Ausstattung. – Alte Friedhofsmauer aus Bruch- und Klaubsteinmauerwerk, 17./18. Jh.

Ehem. Chorturm Ende 14. Jh. Das um 1500 westlich angebaute Langhaus (vgl. Dachansatz am Turm) 1629/30 zerstört und an der Ostseite mit neuem Chor nach Plänen von Melchior Höck wiedererrichtet, vgl. Jahreszahlen am Chorbogen und ehemals an den (bei der Restaurierung 1946 erneuerten) Emporenpfeilern. – Einschiffige Anlage mit wenig eingezogenem, fünfseitig geschlossenen Chor und unverputztem Satteldachturm im Westen. Stichkappentonnen auf Pilastern mit aufgelegten Runddiensten, die im Chor erst in halber Höhe auf Kragsteinen ansetzen.
Der ehem. Chor, jetzt Vorhalle, kreuzrippengewölbt; nördlich der ehem. Zugang zur alten Sakristei, östlich zugesetztes Spitzbogenfenster. – Decken- und Wandmalereien um 1400, in bemerkenswerter Vollständigkeit erhalten. Gewölbe: Evangelisten mit ihren Symbolen. Wände: östlich Verkündigung, im Fenstergewände die hll. Margareta und Katharina; südlich Anbetung der Hirten und Darstellung im Tempel, oben Verkündigung an die Hirten und Schweißtuch der hl. Veronika; westlich Anbetung der Könige, in der ehem. Chorbogenlaibung kluge und törichte Jungfrauen; nördlich Tod Mariens.
Fresken 1946 von Sebastian Hausinger, bez.; Chor: Marienmonogramm; Langhaus: Schutzmantelmadonna über dem Ort, die hl. Familie in der Werkstatt Josephs, Szenen aus dem Marienleben. – Ausstattung um 1630. Im Hochaltar vorzüglich geschnitztes Vesperbild des frühen 16. Jhs., flankiert von den hll. Ulrich und Korbinian (beide ursprünglich am südlichen Seitenaltar); im Auszug Marienkrönung. Seitenaltarblätter in der Art des Hans Ulrich Franck: nördlich Anbetung der Könige, im Auszug Heimsuchung, südlich hl. Augustinus, im Auszug Muttergottes; Seitenfiguren: nördlich weibliche(?) Heilige (Kopf erneuert) und hl. Rochus, südlich die hll. Barbara und Margareta (ursprünglich an den Langhauspfeilern). Am Kanzelkorb Statuetten der hll. Ulrich und Ambrosius. – Kreuzweg, 1878 von Joseph Mangold. – Pietà,

Kappelsberg, Hofkapelle

Kappelsberg, Haus Nr. 1, Getreidekasten

Kleineglsee, Haus Nr. 1

Leiten, Hofkapelle

Leiten, Hofkapelle, Inneres

Leiten, Haus Nr. 2

Linden, kath. Filialkirche zur Schmerzhaften Muttergottes

Linden, Filialkirche, Inneres nach Osten

Linden, Filialkirche, Inneres nach Westen

Linden, Filialkirche, Ostwand im ehem. Chorturm

Linden, Filialkirche, Westwand im ehem. Chorturm

14. Jh. Große Figuren der hll. Maternus und Augustinus, um 1630, ehemals am Hochaltar. Chorbogenkruzifix, Mitte 17. Jh.

Dietramszeller Straße 9 (Huber). Wohnteil eines stattlichen Bauernhauses, Blockbau-Obergeschoß, 2. Hälfte 18. Jh.

Dietramszeller Straße 11. Bauernhaus mit z.T. verputztem Blockbau-Obergeschoß, Traufbundwerk, 2. Hälfte 18. Jh.

Dietramszeller Straße 12 (Kramer). Wohnteil eines Bauernhauses, zweigeschossiger Blockbau, 2. Hälfte 18. Jh.

Dietramszeller Straße 15 (Lex). Wohnteil eines stattlichen Bauernhauses, Blockbau-Obergeschoß, 18. Jh.

Dietramszeller Straße 23 (Gartner). Bauernhaus mit Blockbau-Obergeschoß, 2. Hälfte 17. Jh., Dach Anfang 19. Jh., Schalung erneuert.

Kindergartenweg 9 (Bäck). Ehem. Kleinbauernhaus, zweigeschossiger Blockbau, letztes Viertel 18. Jh.

Weiherweg 2 (Dickl). Zugehörig ehem. Getreidekasten, 17./18. Jh.

Linden, Filialkirche, Nordwand im ehem. Chorturm

Linden, Filialkirche, Pietà im Hochaltar

Linden, Filialkirche, Gemälde des nördlichen Seitenaltars

Linden, Filialkirche, Gemälde des südlichen Seitenaltars

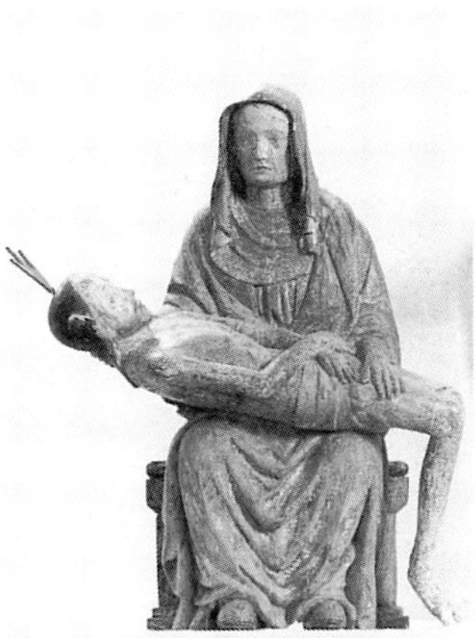
Linden, Filialkirche, Pietà, 14. Jh.

Linden, Filialkirche, hl. Maternus, um 1630

Linden, Dietramszeller Straße 9

Linden, Dietramszeller Straße 11

Linden, Dietramszeller Straße 12

Linden, Dietramszeller Straße 15

Linden, Dietramszeller Straße 23

Linden, Kindergartenweg 9

Linden, Weiherweg 2

Lochen, Ortsansicht von Norden

Lochen

Kath. Filialkirche St. Magdalena. Spätgotisch, um 1520 von Thoman Gugler; mit Ausstattung. – Friedhofsmauer; eindrucksvolle Anlage aus Bruch- und Klaubsteinen, 17./18. Jh.

Um 1520 von Thoman Gugler errichtet, vgl. Inschrift am Chorbogen. 1782 verändert. 1960 f. restauriert. – Einschiffiger Bau zu drei Jochen mit fensterloser Nordwand und eingezogenem, fünfseitig geschlossenen Chor. Netzrippengewölbe, im Langhaus auf abgefasten Wandpfeilern mit vorgelegten Runddiensten; über dem Chorbogen Porträtkopf (des Baumeisters?). Hölzerne Westempore um 1520 auf zwei geschnitzten Stützen; 1894 verändert. Unverputzter Westturm mit quadratischem Unterbau, Oktogon und Zwiebelhaube. – Deckenmalereien mit vegetabilen Motiven, um 1520, stark erneuert; im Chorbogen kluge und törichte Jungfrauen. Die Wandbilder des mittleren 16. Jhs. bei der letzten Restaurierung freigelegt; Chor: Schutzmantelmadonna, gestiftet von Hans Stoln; Langhaus: Jüngstes Gericht, gestiftet von Hans Vischer aus Baiernrain.
Altäre und Kanzel angeblich von 1724/29, doch vermutlich älter, 1893 von Joseph Hitzinger restauriert. – Hochaltar wohl Ende 17. Jh.; in der Mitte die büßende Titelheilige, im Auszug Gottvater; seitlich die hll. Georg und Florian. – Seitenaltäre wohl um 1670/80; Gemälde: nördlich hl. Sebastian, südlich hl. Silvester; auf seitlich angesetzten Konsolen Skulpturen um 1520/30: nördlich hl. Christophorus, südlich hl. Florian; in den Auszügen Figuren der hll. Walburga und Leonhard. – Kanzel wohl Ende 17. Jh., um 1802 umgestaltet; die Evangelistenstatuetten am Korb von Philipp Jakob Rämpl, bez. 1802. – Kreuzweg, 1894 von Hitzinger. – Hl. Maria Magdalena, Ende 15. Jh. Kruzifix, um 1520/30; Mater Dolorosa, um 1778, vielleicht von Rämpl. Büsten des hl. Silvester und eines hl. Bischofs, um 1600.

Lochen, kath. Filialkirche St. Magdalena

Lochen, Filialkirche, nördliche Chorwand

Lochen, Filialkirche, Inneres nach Westen

Lochen, Filialkirche, Muttergottes, frühes 15. Jh.

Lochen, Filialkirche, hl. Christophorus am nördlichen Seitenaltar

Lochen, Filialkirche, Inneres nach Osten

Lochen, Filialkirche, hl. Florian am südlichen Seitenaltar

Lochen, Filialkirche, Kanzelkorb

Lochen, Filialkirche, Kruzifix, um 1520/30

Lochen, Filialkirche, Schmerzhafte Muttergottes, um 1778

Lochen, Filialkirche, hl. Maria Magdalena, Ende 15. Jh.

Steingauer Straße 8. Bauernhaus mit Blockbau-Obergeschoß, Ende 17. Jh.

Steingauer Straße 9/11 (Schneider). Wohnteil eines ehem. Kleinbauernhauses, im Kern zweigeschossiger Blockbau, Mitte 17. Jh., erneuert.

Ziegelstadelweg 1 (Brandl). Wohnteil eines ehem. Bauernhauses mit Blockbau-Obergeschoß, letztes Viertel 18. Jh.

Tuffsäule. Bez. 1616; westlich der Kirche.

Die Säule ist an der Nord- und Südseite bez. 1616, an den beiden übrigen Seiten die Buchstaben HA.

Manhartshofen

Haus Nr. 1 (Lederer). Bauernhaus mit reicher Fassadenmalerei, Anfang 20. Jh.

Der aufwendige, 1926 gemalte Freskenschmuck des stattlichen Gebäudes wurde 1979 erneuert. Nordseite: hl. Anna selbdritt (1979). Ostgiebel: Kartuschen mit den hll. Pantaleon, Katharina, Barbara und Blasius; 2. Obergeschoß: Drachenkampf des hl. Georg; Giebelverschalung: hl. Anna selbdritt, Marienkrönung und Pietà; Dachuntersicht: Handwerkerzeichen. Südseite: hl. Margareta und hl. Erasmus; 1. Obergeschoß: hll. Cyriacus, Christophorus und Ägidius.

Haus Nr. 2 (Lederer). Ehem. Bauernhaus, zweigeschossiger Blockbau, Mitte 17. Jh.; rückwärts ausgebaut und restauriert.

Haus Nr. 3 (Augl). Bauernhaus, ursprünglich erhaltener Obergeschoß-Blockbau mit Brettlaube, 2. Hälfte 17. Jh.

Haus Nr. 5 (Noderer). Wohnteil eines Bauernhauses, zweigeschossiger Blockbau, Mitte 17. Jh., Dachstuhl neu.

Der Dachstuhl wurde 1982 erneuert. Im Ostgiebel Kruzifix und Schmerzhafte Muttergottes, 1. Hälfte 18. Jh.

Maria-Elend

Kath. Wallfahrtskirche Maria im Elend. Zentralbau, 1687/88; mit Ausstattung; 1 km südlich von Dietramszell in einsamer Waldlage.

Die geschnitzten Gnadenbilder Christi in der Rast und der Schmerzhaften Muttergottes, zu denen sich um 1600 eine Wallfahrt entwickelt hatte, wurden zunächst in einer Feldkapelle aufbewahrt. 1686 entschloß sich der Dietramszeller Propst Marcellin Obermayr (1683-1698) zum Neubau der bestehenden Kirche, der 1687/88 ausgeführt und 1690 geweiht wurde. 1790/91 nahm Propst Innozenz Deiserer (1777-1798) die Hundertjahrfeier zum Anlaß, das Innere umgestalten zu lassen. 1984 Restaurierung. – Oktogonaler Zentralbau, außen gegliedert durch große stichbogige Blendfelder, die oben und unten eingezogen rundbogige Fenster mit darüberliegenden Vierpaßfenstern zusammenfassen. Im Norden und Süden aufwendig gerahmte Portale; in den Nischen der Sprenggiebel Figuren Christi in der Rast und der Mater Dolorosa. Der Sakristei im Westen entspricht im Osten der Turm, dessen quadratischer Unterbau zusätzlich Einlaß gewährt; die Obergeschosse (bez. 1791) mit abgeschrägten Ecken und Zwiebelhaube. Das Innere wird von einer Flachkuppel überwölbt, deren Pendentifs von Pilastern ausgehen. – Die sparsamen klassizistischen Stukkaturen, die 1790/91 Franz Edmund Doll ausgeführt haben könnte, ersetzten eine wohl aus der Erbauungszeit stammende, ältere Dekoration. –

Lochen, Steingauer Straße 8

Lochen, Steingauer Straße 9/11

Lochen, Ziegelstadelweg 1

Manhartshofen, Haus Nr. 1

Manhartshofen, Haus Nr. 2

Manhartshofen, Haus Nr. 3

Lochen, Tuffsäule

Manhartshofen, Haus Nr. 5

Maria-Elend, Wallfahrtskirche, Votivbild von 1706

Maria-Elend, kath. Wallfahrtskirche Maria im Elend

Kuppelfresken 1791 von Johann Sebastian Troger, eines der letzten Werke des Weilheimer Malers: in illusionistischer Architektur Wallfahrt zu Christus und Maria im Elend. – Altar in spätesten Rokokoformen, 1790/91 vielleicht von Philipp Jakob Rämpl; im Mittelschrein die beiden Gnadenbilder des frühen 17. Jhs. – Kreuzweg, 1890 von Joseph Hitzinger. – Zahlreiche Votivtafeln des 17.-20. Jhs.

Nordhof

Nordhof-Straße 5. Ehem. Schwaighof; stattliches Wohnhaus mit Walmdach, angebaut dreiflügeliges Wirtschaftsgebäude und stattlicher massiver Stadel, alle Gebäude im Kern 2. Hälfte 18. Jh.

Der ehem. Maier- bzw. Schwaighof des Klosters Dietramszell, der wie der Sonnenhof auf Vieh- und Milchwirtschaft ausgerichtet war und in Eigenregie mit Dienstboten betrieben wurde, brannte im September 1766 völlig nieder und wurde danach in der noch bestehenden, wenn auch inzwischen stark modernisierten Form wiederaufgebaut.

Obermühlthal

Wegkapelle. Erbaut 1647; mit Ausstattung; an der Straße nach Dietramszell.

1647 als Kapelle des Fischerhofs errichtet. Der 1950 aufgesetzte Dachreiter wurde 1985 wieder beseitigt. – Nach Norden gerichteter, tonnengewölbter Bau mit eingezogenem Rechteckchor unmittelbar an der Straße nach Dietramszell. – Altar in klassizistischen Formen, 1985 aufgestellt.

Mühlgasse 2. Ehem. Mühle; Walmdachbau, modern bez. 1778.

Die ehem. Mühle des Klosters Dietramszell war von 1778 bis 1958 in Betrieb.

Tölzer Straße 16 (Sagschneider). Wohnteil eines ehem. Bauernhauses, im Kern 1. Hälfte 18. Jh.

Tölzer Straße 20 (Glashauser). Ehem. Kleinbauernhaus, zweigeschossiger Blockbau, 2. Hälfte 17. Jh.

Tölzer Straße 24 (Pullerer). Kleinhaus mit Zeltdach, 18./19. Jh.

Tölzer Straße 25 (Steiner). Bauernhaus mit Blockbau-Obergeschoß, im Kern 18. Jh. – Zugehörig kleiner erdgeschossiger Getreidekasten, 2. Hälfte 18. Jh.

Maria-Elend, Wallfahrtskirche, Inneres nach Westen

Maria-Elend, Wallfahrtskirche, Inneres nach Osten

Maria-Elend, Wallfahrtskirche, Gnadenbild im Altar

Maria-Elend, Wallfahrtskirche, Beschneidung Christi, Mitte 18. Jh.

Maria-Elend, Wallfahrtskirche, Detail des Kuppelfreskos

Maria-Elend, Wallfahrtskirche, Gewölbe

Nordhof, Nordhof-Straße 5, ehem. Schwaighof

Obermühlthal, Wegkapelle

Obermühlthal, Wegkapelle, Inneres nach Norden

Obermühlthal, Mühlgasse 2

Obermühlthal, Tölzer Straße 16

Obermühlthal, Tölzer Straße 20

Obermühlthal, Tölzer Straße 24

Obermühlthal, Tölzer Straße 25

Obermühlthal, Tölzer Straße 25, Getreidekasten

Oed

Wegkapelle. 1634; mit Ausstattung; südlich des Einzelhofs.

Die 1634 errichtete Kapelle liegt einsam südlich des Einzelhofs Oed. – Flachgedeckter, einschiffiger Bau mit unregelmäßigem, dreiseitigem Schluß. Über dem Westgiebel Dachreiter mit Zwiebelhaube. – Altar des frühen 18. Jhs.

Oed, Wegkapelle

Oed, Wegkapelle, Inneres

Peretshofen

Breitenweg 2 (Winkler). Bauernhaus mit Blockbau-Obergeschoß, ehemals bez. 1776, wesentlich erneuert.

1981 wurde der Dachstuhl erneuert, das Obergeschoß und das Traufbundwerk instandgesetzt.

Peretshofen, Breitenweg 2

Humbacher Straße 1. Blockbau-Obergeschoß eines Bauernhauses aus Mühle, Gde. Gaißach, 18. Jh.

Das Obergeschoß eines Bauernhauswohnteils wurde 1982 aus Mühle, Gde. Gaißach, übertragen und der alte Grundriß beim Neubau des Erdgeschosses übernommen.

Peretshofen, Humbacher Straße 1

Humbacher Straße 6 (Seeschmid). Ehem. Bauernhaus, zweigeschossiger Blockbau, Mitte 17. Jh., kräftiges Traufbundwerk, 2. Hälfte 18. Jh.

Peretshofen, Humbacher Straße 6

Humbacher Straße 14. Kath. Filialkirche Mariä Geburt; erbaut wohl 1. Viertel 15. Jh., erhöht Ende 15. Jh., um 1670 barockisiert, Turmaufbau wohl 1866; mit Ausstattung.

Im 1. Viertel des 15. Jhs. aus Tuffsteinquadern errichtete, gotische Chorturmkirche. Ende des 15. Jhs. Neubau des Langhauses; außerdem Erweiterung des Chorbogens und Erhöhung des Chorraums, vgl. die Rahmenform der Wandbilder. 1670 Barockisierung und Beseitigung der Gewölberippen. 1866 teilweise Regotisierung, vor allem im Bereich der Langhausfenster; der Spitzhelm und die Dreiecksgiebel des unverputzten Turms wohl gleichzeitig. 1980ff. Restaurierung. – Einschiffiges Langhaus mit tief ansetzender Stichkappentonne. Stark eingezogener Rechteckchor unter Kappengewölbe.
Die umfangreichen, aus den beiden gotischen Bauphasen stammenden Wandmalereien 1963 freigelegt. Der erste Zyklus von etwa 1430 mit Ausnahme einiger Fehlstellen vergleichsweise gut erhalten; im Chor Szenen aus dem Marienleben: östlich Geburt und Tempelgang, südlich Vermählung und Verkündigung, nördlich Tod; am Chorbogen Fragmente: links Schutzmantelmadonna, rechts Anbetung der Könige. Der zweite Zyklus des ausgehenden 15. Jhs. in der Farbigkeit und Durchzeichnung schwächer und vermutlich später überarbeitet; Chor: nördlich der zwölfjährige Jesus im Tempel(?), südlich Begegnung an der Goldenen Pforte(?), im Fenstergewände die hll. Katharina und Barbara; Chorbogen: Christus als Weltenrichter mit Maria und den Aposteln. Langhaus: nördlich Mannalese(?) und Arbeiter im Weinberg(?), Jüngstes Gericht, südlich Apostel und Sebastiansmarter. – Hochaltarkruzifix, um 1640/50, Georg Wunderl zugewiesen; Assistenzfiguren ausgelagert. Auf den Seitenaltären neugotische Skulpturen in Originalfassung: nördlich Muttergottes, 1868 von G. Rechl, südlich hl. Joseph. – In Verwahrung: Muttergottes, Ende 15. Jh., und Johannes d. T., 1800 von Philipp Jakob Rämpl, bez.

Humbacher Straße 15 (Peterbauer). Ehem. Bauernhaus, z. T. Blockbau am Obergeschoß, Kern Mitte 17. Jh.

Peretshofen, Humbacher Straße 14, kath. Filialkirche Mariä Geburt

Peretshofen, Filialkirche, Inneres nach Osten

Peretshofen, Filialkirche, Chor

Peretshofen, Filialkirche, nördliche Chorwand

Peretshofen, Filialkirche, östliche Chorwand, Nordteil

Peretshofen, Filialkirche, östliche Chorwand, Südteil

Peretshofen, Filialkirche, Muttergottes, Ende 15. Jh.

Peretshofen, Filialkirche, nördliche Langhauswand

Peretshofen, Filialkirche, südliche Chorwand, Ostteil

Peretshofen, Filialkirche, südliche Chorwand, Westteil

Peretshofen, Filialkirche, südliche Langhauswand

Peretshofen, Humbacher Straße 15

Podling

Weilerkapelle. 17./18. Jh.; mit Ausstattung.

Nach Süden gerichteter, dreiseitig geschlossener Bau, wohl im frühen 20. Jh. als Lourdesgrotte eingerichtet.

Punding

Weilerkapelle. 1801; mit Ausstattung.

Archivalien zufolge 1801 von dem „Zenzbauern" Joseph Killer und seiner Frau Barbara errichtet, doch im Kern wohl älter; die Inschrift mit Chronogramm über dem Chorbogen gibt das falsche Jahr 1851 an. – Nach Norden gerichteter, tonnengewölbter Bau mit dreiseitigem Schluß. Im Süden quadratischer Dachreiter mit Spitzhelm. – Altar der Erbauungszeit mit Figuren (ausgelagert): in der Mitte Muttergottes des frühen 16. Jhs.; seitlich die hll. Sebastian und Franz Xaver, im Auszug Gottvaterbüste und Auge Gottes.

Waldkapelle. 18./19. Jh.; mit Figur des Geißelchristus, 18. Jh.; am Kirchenweg.

Rampertshofen

Kath. Filialkirche St. Georg. Chor frühgotisch, Langhaus und Gewölbe 1472 bzw. um 1540; mit Ausstattung; alte Friedhofsmauer.

Der bestehende Bau entstand wohl in drei Abschnitten: Der ehemals flachgedeckte Chor stammt aus frühgotischer Zeit; der Chorbogen und das Chorgewölbe wurden 1472 errichtet (vgl. die Inschrift östlich über dem Chorbogen), die Weihe fand jedoch erst 1518 statt; und das Langhausgewölbe wurde um 1540 eingezogen. Dachreiter 1793. Restaurierung 1959 f. – Einschiffiger Bau mit wenig eingezogenem, fünfseitig geschlossenen Chor und quadratischem, von einer Zwiebelhaube bekröntem Dachreiter im Westen. An den Schnittpunkten und in den Zwickeln des Netzrippengewölbes gemalte Ornamente; auf dem östlichen Chorschlußstein Christuskopf. Im Gewände der südlichen Langhausfenster Malereifragmente des mittleren 16. Jhs.: östlich die Apostel Johannes und Petrus. Außen unter der Chortraufe Rankenmalereien. – Hochaltar um 1640/50, Kaspar Niederreiter zugeschrieben, mit Seitenfiguren der hll. Martin und Wolfgang. Gemälde: Drachenkampf des hl. Georg, im Auszug Muttergottes (nach dem Innsbrucker Maria-Hilf-Bild von Lukas Cranach). – Kruzifix, Mitte 17. Jh. Hl. Leonhard, Holz, gefaßt, um 1670/80.

Reith

Hofkapelle. Mitte 18. Jh.; mit Ausstattung.

Schlichter Bau, dessen Seitenwände im östlichen Teil abgeschrägt sind. – Altar Ende 17. Jh. mit Gemälde der Verehrung des Altarsakraments.

Klosterhof 1. Stattliches Bauernhaus, Wohnteil mit Kniestock, zwei Giebellauben und reichen Putzgliederungen, historisierend, um 1900.

Klosterhof 2. Bauernhaus mit Blockbau-Obergeschoß, wohl Mitte 18. Jh., Dach später.

Podling, Weilerkapelle, Inneres nach Süden

Punding, Waldkapelle

Punding, Weilerkapelle

Punding, Weilerkapelle, Muttergottes im Altar

Punding, Weilerkapelle, Inneres nach Norden

Rampertshofen, Filialkirche, Südportal

Rampertshofen, Filialkirche, Gebetstafel von 1742

Rampertshofen, kath. Filialkirche St. Georg

Rampertshofen, Filialkirche, Inneres nach Osten

Rampertshofen, Filialkirche,
Inneres nach Westen

Reith, Klosterhof 1

Filialkirche, südlicher Seitenaltar
und Malereien im Fenstergewände

Reith, Hofkapelle

Reith, Hofkapelle, Inneres

Reith, Klosterhof 2

Reuth

Weilerkapelle. Bez.1851; mit Ausstattung.

Der lateinischen(!) Inschrift über dem Osteingang zufolge wurde die Kapelle 1851 von Balthasar und Anna Böckl errichtet, „quorum corpora in pace sepulta sunt in coemeterio Feldkirchensi et quorum animae deo vivant". Dachstuhl 1967 erneuert. Restaurierungen: 1970 innen, 1983 außen. – Nach Westen gerichteter, einschiffiger Bau mit Flachtonne und dreiseitigem Schluß. Im Osten oktogonaler Dachreiter mit Spitzhelm. – Ausstattung z.Zt. ausgelagert. Altar wohl aus der Erbauungszeit mit Muttergottesfigur.

Haus Nr. 2. Wohnteil eines ehem. Bauernhauses, Blockbau-Obergeschoß, 2. Hälfte 18. Jh.

Ried

Haus Nr. 1 (Ottn). Wohnteil eines ehem. Bauernhauses, verputzter Blockbau, 17./18. Jh. – Zugehörig kleiner erdgeschossiger Getreidekasten, 17./18. Jh.

Sankt Leonhard

Kath. Wallfahrtskirche St. Leonhard. Spätrokokobau von Leonhard Matthäus Gießl, 1765-69; mit Ausstattung; 1 km nördlich Schönegg an der Hauptstraße.

Der Überlieferung nach soll hier um 1640 eine erste Pestkapelle errichtet worden sein, die aber nach neueren Untersuchungen im letzten Viertel des 16. Jhs. bereits existierte. Daher ist erst der Neubau 1686 unter dem Dietramszeller Propst Marcellin Obermayr (1683-1698) historisch nachweisbar. Als die Kapelle Mitte des 18. Jhs. schon wieder baufällig war, ließ Propst Franziskus Kamm (1754-1769) durch den Münchener Baumeister Leonhard Matthäus Gießl 1765-1769 die bestehende Anlage erbauen, die 1774 geweiht wurde. Restaurierung 1965. – Die einsam auf einer Wiese neben der Straße stehende Kirche gehört aufgrund ihrer idyllischen Lage, die mit jener der Kolomanskirche bei Schwangau, Lkr. Ostallgäu, vergleichbar ist, und vor allem wegen ihrer einheitlichen, überaus qualitätvollen Ausstattung zu den Musterbeispielen des ausgehenden Rokoko im bayerischen Voralpenland. Äußerlich ein länglicher Baukörper mit vorspringendem Mittelteil und dreiseitig gebrochenem Ost- und Westabschluß, schmiegt sich an die Vorhalle im Westen ein trapezförmiger Anbau für die Emporenstiege, dem im Osten die zweigeschossige Klause antwortet. An die Südostecke des Chors lehnt sich der schlanke, quadratische Turm mit seinem gut gegliedertem Aufsatz und der eingeschnürten Zwiebelhaube. – Das voll durchlichtete Innere ist durch kräftige, pilasterbesetzte Mauerzungen in drei Abschnitte unterteilt: Das Emporenjoch im Westen und der Chor im Osten, beide ovale Räume mit Halbkuppeln und Stichkappen auf übereinandergeschichteten Pilastern, flankieren einen geräumigen Mittelteil, der sich als annähernd quadratischer, von einer flachen Pendentifkuppel überwölbter Zentralraum zu erkennen gibt und nach Norden und Süden durch flache Nischen mit Quertonnen kreuzförmig erweitert wird. – Die vorzügliche Stuckdekoration führte vermutlich 1769 Thassilo Zöpf, die gleichzeitigen, flüssig komponierten Fresken Thomas Christian Wink aus, bez. in der Hauptkuppel: im Chor die Wetterheiligen Johannes und Paulus; in der Kuppel St. Leonhard als Helfer der Gefangenen und

Reuth, Weilerkapelle

Reuth, Weilerkapelle, Inneres nach Westen

Reuth, Haus Nr. 2

Ried, Haus Nr. 1

Ried, Haus Nr. 1, Getreidekasten

Sankt Leonhard, Wallfahrtskirche, Kanzel

Sankt Leonhard, kath. Wallfahrtskirche St. Leonhard, Aufnahme von 1973

Sankt Leonhard, Wallfahrtskirche, Inneres nach Osten

Sankt Leonhard, Wallfahrtskirche, Gewölbe

Sankt Leonhard, hl. Apollonia im nördlichen Seitenaltar

Sankt Leonhard, Wallfahrtskirche, Inneres nach Südwesten

Sankt Leonhard, hl. Barbara im südlichen Seitenaltar

Notleidenden sowie als Patron des Viehs, in den Kartuschen die Kardinaltugenden; über der Empore die hll. Isidor und Wendelin. – Hervorragende Altäre und Kanzel, um 1770/71 von Philipp Jakob Rämpl, mit Figuren, die den Einfluß von Johann Baptist Straub und Ignaz Günther erkennen lassen. Hochaltar: St. Leonhard zwischen den Pestheiligen Sebastian und Rochus; Seitenaltäre: nördlich hl. Apollonia, südlich hl. Barbara. Kanzel: am Korb Reliefs der Evangelisten, auf dem Schalldeckel Guter Hirte. – Kreuzweg, um 1765/70, z. T. (seitenverkehrte) Kopien nach Gemälden des Augsburger Malers Gottfried Bernhard Göz von 1752 in der Klosterkirche Oberschönenfeld, Lkr. Augsburg.

Sankt Leonhard, Wallfahrtskirche, hl. Rochus am Hochaltar

Sankt Leonhard, Wallfahrtskirche, 13. und 14. Kreuzwegstation, um 1765/70

Schönegg

Münchner Straße 22. Stattlicher Gasthof mit Steilsatteldach, Kern wohl 1734, im 19. Jh. verändert.

Hierbei handelt es sich wohl um die ehem. Taferne des Klosters Dietramszell, zu deren Neubau Propst Dietram II. Hipper (1728-1754) am 31.März 1734 persönlich den Grundstein gelegt hat. Die Fassaden wurden 1987 renoviert.

Münchner Straße 31 (Loamschneider). Bauernhaus, nordseitig Blockbau-Obergeschoß, sonst verputzt, Kern 17./18. Jh.

Münchner Straße 32 (Walleitner). Ehem. Bauernhaus mit Blockbau-Obergeschoß, Anfang 17. Jh., Traufbundwerk 18. Jh.

Münchner Straße 34. Bauernhaus, zweigeschossiger Blockbau, Anfang 17. Jh., Traufbundwerk 18. Jh.

Münchner Straße 35 (Kloiber). Wohnteil eines Bauernhauses, Ganzblockbau, Erdgeschoß 2. Hälfte 17. Jh., Obergeschoß 2. Hälfte 18. Jh.

Münchner Straße 43 (Bertenbauer). Alter Wohnteil eines stattlichen Bauernhauses, Ganzblockbau, 2. Hälfte 18. Jh., Dach 19. Jh.

Der stattliche, zweigeschossige Ganzblockbau aus der 2. Hälfte des 18. Jhs. ist das wohl auffälligste Gebäude des nach Norden führenden Straßenzugs. Es zeichnet sich durch seine solide Verarbeitung und seine sorgsam geschnitzten Details vor allem im Bereich der Lauben und Pfetten aus.

Münchner Straße 47 (Kobauer). Bauernhaus, zweigeschossiger Blockbau, 1. Hälfte 18. Jh., Dach 19. Jh.

Der Wirtschaftsteil wurde 1986 zu Wohnzwecken umgebaut.

Wolfratshausener Straße 7. Kleinbauernhaus mit Blockbau-Obergeschoß, bez. 1804.

Das Datum 1804 über der südlichen Obergeschoßtür. Am Giebel Malereien von 1920 bzw. 1935 mit Reichsadler und Wappen.

Wolfratshausener Straße 9 (Gosser). Kleinbauernhaus mit Blockbau-Obergeschoß, Ende 18. Jh.

Der Wirtschaftsteil wurde 1985 abgebrochen, der alte Tennenstuhl wiederverwendet.

Schönegg, Münchner Straße 22

Schönegg, Münchner Straße 31

Schönegg, Münchner Straße 32

Schönegg, Münchner Straße 34

Schönegg, Münchner Straße 35

Schönegg, Münchner Straße 43

Schönegg, Münchner Straße 47

Schönegg, Wolfratshausener Straße 7

Schönegg, Wolfratshausener Straße 9

Sonnenhof

Am Weiherfeld 3. Wohngebäude mit flachem Walmdach, erbaut nach Brand 1825 (bez.). – Zugehöriger Bundwerkstadel, um 1825.

Ursprünglich Maier- bzw. Schwaighof des Stiftes Dietramszell; wie der Nordhof für die klostereigene Vieh- und Milchwirtschaft bestimmt. 1803 an Matthias Schilcher verkauft, der damals Leiter der Kommission zur Organisierung der Klosterwaldungen war. Das repräsentative Wohngebäude, ein zweigeschossiger Walmdachbau mit Eckrustika, wurde nach einem Brand am 11.November 1824 im folgenden Jahr durch ihn neu errichtet, vgl. die Inschrifttafel über dem Osteingang. Der unmittelbar nördlich davon stehende stattliche Bundwerkstadel dürfte gleichzeitig entstanden sein.

Sonnenhof, Am Weiherfeld 3, ehem. Schwaighof

Spöttberg

Hofkapelle zur Schmerzhaften Muttergottes. Kleiner Zentralbau, 1702; mit Ausstattung.

Oktogonaler, weithin sichtbarer Zentralbau, den der Spöttberger Bauer Georg Püllerer und seine Frau Maria 1702 zu „Ehren der Himmelskönigin und Jungfrau Maria" errichten ließen, vgl. Bildinschrift. Der eingezogene Chor tritt außen als rechteckige Erweiterung hervor. – Die gemalten Außenpilaster erneuert, ebenso die Ornamente in den Fensterlaibungen und das Datum über der Tür. Die Deckenmalereien mit Rocaillen, floralen Motiven und Fürbitten, 2.Viertel 18. Jh. – Altarbild, Öl auf Holz, mit der Rosenkranzspende an die hll. Dominikus und Katharina von Siena, umgeben von kleinen Medaillons mit den Geheimnissen des Rosenkranzes, bez.1702.

Spöttberg, Hofkapelle zur Schmerzhaften Muttergottes

Spöttberg, Hofkapelle, Inneres

Steingau

Kath. Kuratiekirche St.Martin. 1630 erbaut; mit Ausstattung.

Gleiche Maß- und Raumverhältnisse sowie das Fehlen der Fenster auf der Nordseite weisen auf eine Vorbildfunktion der im Kern spätgotischen und im frühen 17. Jh. veränderten, auch heute noch für Steingau zuständigen Pfarrkirche im nahen Otterfing, Lkr.Miesbach, hin. Restaurierungen: innen 1909 (durch Luitpold Heim) und 1981, vgl. die Inschriften östlich über dem Chorbogen; außen 1978. – Westturm mit quadratischem Unterbau, Oktogon und Zwiebelhaube. An der Südseite des Langhauses Fresko mit der Mantelspende des hl. Martin, wohl 1909 von Heim. Einschiffige Anlage zu drei Jochen mit doppelter Westempore und wenig eingezogenem, fünfseitig geschlossenem Chor. Über Wandpfeilern Stichkappentonnen mit einfacher, geometrischer Stuckdekoration um 1630.

Qualitätvolle Altäre mit brauner Maserierung und goldenen Ornamenten. Hochaltar 1665 von Lukas Herle; die zahlreichen Figuren des Hochaltars Kaspar Niederreiter zugewiesen: in der Mitte der thronende Bischof Martin mit zwei Diakonen, auf den seitlichen Konsolen die hll. Wolfgang und Erasmus, im Auszug Salvator Mundi. Von Niederreiter vielleicht auch die Skulpturen des im 18. Jh. umgestalteten, nördlichen Seitenaltars: seitlich die hll. Apollonia und Katharina, im Auszug hl. Michael. Die Muttergottes 19. Jh.; ebenso die Herz-Jesu-Figur im südlichen Seitenaltar, der 1680/85 von Herle gefertigt wurde und dessen Schnitzarbeiten der Tölzer Krinner-Werkstatt zugeschrieben werden: seitlich die

Steingau, kath. Filialkirche St. Martin

Steingau, Filialkirche, Inneres nach Osten

Steingau, Filialkirche, Inneres nach Westen

Steingau, Filialkirche, Apostel am südlichen Seitenaltar

Steingau, Filialkirche, Kruzifix und Muttergottes, Anfang 18. Jh.

hll. Koloman und Florian, im Auszug hl. Sebastian. Die Büsten der Apostelfürsten Mitte 18. Jh. – Kanzel Ende 17. Jh. – Kreuzweg, um 1800. – Rosenkranzmadonna, Holz, gefaßt, Mitte 17. Jh. Kruzifix, wohl Anfang 18. Jh., und Schmerzhafte Muttergottes, 1779.

Fraßhauser Straße 6 (Schmied). Bauernhaus, zweigeschossiger Blockbau, 3.Viertel 18. Jh. – Zugehörig ehem. erdgeschossiger Getreidekasten, 18. Jh.

Fraßhauser Straße 12. Ehem. Expositurhaus mit Schopfwalmdach, Fachwerkoberteil und Zwerchgiebeln, Ende 19. Jh.

Otterfinger Straße 2 (Wagner). Wohnteil eines Bauernhauses, Blockbau-Obergeschoß, Ende 18. Jh.

Haus Nr. 20 (Meier). Zugehörig stattlicher, zweigeschossiger Getreidekasten, bez.1645, alter Überbau mit verbretterter Laube und Flachsatteldach.

Steinsberg

Haus Nr. 1 (Baur). Am Bauernhaus zweiflügelige, geschnitzte Haustür, um 1867.

Stockach

Haus Nr. 1 (Stockamayr). Wohnteil eines Bauernhauses, mit alten Fenstern und Flachsatteldach, Anfang 19. Jh.

Haus Nr. 2 (Schaffler). Wohnteil eines ehem. Bauernhauses, Ganzblockbau, 2. Hälfte 17. Jh.

Tattenkofen

Weilerkapelle zur Hl. Kümmernis. 17. Jh.; mit Ausstattung. Im 17. Jh. als Pestkapelle errichteter, außen dreiseitig, innen apsidial geschlossener Bau am westlichen Ortsende. Über dem Nordeingang quadratischer Dachreiter um 1870/80 mit Zeltdach. – Im Altarraum kaum mehr erkennbare Wandmalereien mit Heiligendarstellungen, wohl 18. Jh. – Ausstattung z.T. in die Pfarrkirche nach Ascholding übertragen.

Haus Nr. 5 (Jakerbauer). Zugehörig zweigeschossiger Getreidekasten, 2. Hälfte 17. Jh.; in neuem Nebenhäusl.

Kalkofen. Zwei Ofenanlagen unter gemeinsamem Satteldach, Bruchsteinbau, 18./19. Jh.; am Isarufer westlich des Orts.

Steingau, Fraßhauser Straße 6

Steingau, Fraßhauser Straße 6, Getreidekasten

Steingau, Fraßhauser Straße 12

Steingau, Otterfinger Straße 2

Steingau, Haus Nr. 20, Getreidekasten

Steinsberg, Haus Nr. 1, Eingangstür

Stockach, Haus Nr. 1

Stockach, Haus Nr. 2

Tattenkofen, Weilerkapelle zur hl. Kümmernis

Tattenkofen, Weilerkapelle, Inneres

Tattenkofen, Haus Nr. 5, Getreidekasten

Tattenkofen, Haus Nr. 5, Getreidekasten (Detail)

Tattenkofen, Kalkofen, Ofenanlage

Tattenkofen, Kalkofen

Tattenkofen, Kalkofen, Ofenanlage

Thalham

Weilerkapelle. 1955; mit historischer Ausstattung.

Die genordete Kapelle, die beim Schmidhof (Nr. 3) steht, wurde 1955 anstelle eines ruinösen Baus aus dem frühen 17. Jh. errichtet. Die alte Ausstattung, darunter zwei Apostelfiguren, eine Pietà und eine Muttergottes, sind ausgelagert.

Haus Nr. 1 (Aigmann). Wohnteil eines Bauernhauses mit Blockbau-Obergeschoß, 2. Hälfte 17. Jh.

Haus Nr. 5 (Fagner). Wohnteil eines Kleinbauernhauses, Blockbau-Obergeschoß, 17./18. Jh., 1952 umgebaut. – Ehem. Getreidekasten, jetzt Stall, 17./ 18. Jh.; oberhalb des Hofs.

Thankirchen

Kath. Filialkirche St. Katharina. Chorturm um 1100, Langhaus 1728 erbaut, 1777/78 umgestaltet; mit Ausstattung.

Ursprünglich Mutterpfarrei, die 1356 unter das Patronat des Klosters Dietramszell kam. Bereits in der 2. Hälfte des 9. Jhs. Erwähnung einer ersten, dem hl. Michael geweihten Holzkirche. Um 1100 Errichtung einer Chorturmanlage, die zu Ehren der hl. Katharina konsekriert wurde. Um 1500 neue Einwölbung und Verstärkung der Mauern durch Pfeiler. 1728-1732 Neubau des bestehenden Langhauses; 1735 geweiht. 1777/78 Umgestaltung des Innern, dat. über dem Chorbogen und hinter dem Hochaltar; Architekt war vielleicht Leonhard Matthäus Gießl. 1952 f. Restaurierung. – Die erhöht in der Ortsmitte stehende, weithin sichtbare Kirche bezieht ihren besonderen Reiz aus dem Gegensatz des schlichten, mittelalterlichen Äußeren zu der prachtvollen Innenausstattung des 18. Jhs. Einschiffiges, geräumiges Langhaus; Wandgliederung durch gebündelte Pilaster, über den ausladenden, stark profilierten Gebälkstücken Stichkappentonne. Eingezogener Chor mit verschliffenem Kreuzgratgewölbe im Erdgeschoß des Satteldachturms.
Frühklassizistische Deckenbilder in illusionistisch gemalter Dekoration, 1777 von Thomas Christian Wink, bez. über der Orgelempore. Chor: Hl. Dreifaltigkeit. Langhaus: Martyrium der hl. Katharina (Abb. S. 204), hl. Cäcilie. – Den Chorraum füllender, wirkungsvoller Hochaltar in späten Rokokoformen, 1777/78 von Philipp Jakob Rämpl, bez.; im vorschwingenden Mittelabschnitt locker verteilte Figurengruppe der mystischen Verlobung der Titelheiligen, neben den freigestellten Säulen die hll. Agatha und Barbara (Abb. S. 204). – Seitenaltäre wohl um 1730/35, im Auszug 1777/78 verändert. Figuren: nördlich Immaculata, 1917 von Thomas Buscher, bez.; südlich hl. Michael als Seelenwäger, angeblich Mitte 19. Jh., doch wohl um 1730/35. Auszugbilder von Wink: nördlich hl. Sebastian, südlich hl. Franz Xaver. – Kanzel um 1730/35 mit Reliefs des Guten Hirten und des hl. Paulus. – Kruzifix des mittleren 18. Jhs.

Thalham, Weilerkapelle

Thalham, Weilerkapelle, Inneres nach Norden

Thalham, Haus Nr. 1

Thalham, Haus Nr. 5

Thalham, Haus Nr. 5, Getreidekasten

Thankirchen, Ortsansicht von Nordwesten, Aufnahme von 1969

Thankirchen, Filialkirche, Inneres nach Westen

Thankirchen, kath. Filialkirche St. Katharina

Thankirchen, Filialkirche, Inneres nach Osten

Unterleiten

Haus Nr. 24 (Gilgenhof). Stattliches Bauernhaus mit zwei Lauben und Traufbundwerk, Anfang 19. Jh., modern bez. 1477.

Breitgelagerter Einzelhof, im Giebel das erneuerte Datum 1477.

Untermühlthal

Haus Nr. 7 (Kreilhof). Stattliches Bauernhaus, Wohnteil mit Kniestock, dreiseitig umlaufendem Balkon und Giebellaube sowie reichen hölzernen Zierdetails, modern bez. 1834, Fassadenmalereien erneuert bzw. ergänzt.

Haus Nr. 11 (Suttner). Ehem., zweiräumiger Getreidekasten, Ende 17. Jh.

Haus Nr. 15 (Batzler). Wohnteil eines ehem. Kleinbauernhauses, Blockbau-Obergeschoß, 2. Hälfte 18. Jh.

Der Wirtschaftsteil wurde 1987 zu Wohnzwecken ausgebaut.

Walleiten

Hofkapelle zur Schmerzhaften Muttergottes. Im Kern wohl 17. Jh., in der 1. Hälfte des 18. Jh. verändert; mit Ausstattung.

Der nach Westen gerichtete, dreiseitig geschlossene Bau unter Stichkappentonne wohl im 17. Jh. errichtet und in der 1. Hälfte des 18. Jhs. verändert, vgl. die geschwungenen Fenster. – Altar Anfang 18. Jh. mit Schnitzarbeiten: in der Mitte Pietà, seitlich hl. Leonhard und ein hl. Papst. – In Nischen der Nordwand etwa gleichzeitige Figuren der hll. Franziskus und Antonius von Padua.

Zellbach

Tölzer Straße 2 (Wagner). Ehem. Kleinbauernhaus-Wohnteil, Ganzblockbau, 1. Hälfte 18. Jh.

Thankirchen, Filialkirche, Langhausfresko

Thankirchen, Filialkirche, Mittelgruppe des Hochaltars

Unterleiten, Haus Nr. 24

Unterleiten, Haus Nr. 24, Traufbundwerk

Untermühlthal, Haus Nr. 7

Untermühlthal, Haus Nr. 11, Getreidekasten

Untermühlthal, Haus Nr. 15

Zellbach, Tölzer Straße 2

Walleiten, Hofkapelle zur Schmerzhaften Muttergottes

Archäologische Denkmäler

Gemarkung Ascholding

TK 8134; Flurkarte SW 12-03; Flur „Sauwinkl".
Vorgeschichtliche *Grabhügelgruppe* im Mündungsdreieck von Isar und Moosach. Vier kleinere intakte Hügel und ein großer Hügel mit Spuren alter Ausgrabungen. Näheres unbekannt.
Ca. 400 m nordnordöstlich von Haarschwaige.

TK 8134; Flurkarte SW 12-03.
Eine Spatha aus einem zerstörten frühmittelalterlichen *Körpergrab.*
Am Westrand von Ascholding, unmittelbar südlich der Staatsstraße.

Gemarkung Baiernrain

TK 8035; Flurkarte SO 11-01; Flur „Attenhamerin", „Gern" u. „Buchet".
Vorgeschichtliches *Grabhügelfeld* mit mehr als 90 kleinen bis mittelgroßen Hügeln in lockerer Streuung. 9 Gräber auf Gemarkung Baiernrain, die übrigen auf Gemarkung Endlhausen (Gemeinde Egling).
Ca. 550 m nordnordöstlich der Kapelle von Fraßhausen.

TK 8035; Flurkarte SO 12-03; Flur „Eggart".
Fünf Ost-West orientierte, beigabenlose *Körpergräber*; möglicherweise frühmittelalterliche Bestattungen.
Ca. 400 m südöstlich Erlach.

Gemarkung Hechenberg

TK 8135; Flurkarte SW 16-01.
Turmhügel mit Wassergraben auf der östlichen Isarterrasse in flach nach Südwesten einfallendem Gelände. Ca. 17 x 20 m großes Kernwerk, welches das umgebende Gelände um etwa 2 m überragt. An allen vier Seiten ein gut erhaltener, 5-7 m breiter Wassergraben.
Ca. 100 m nordnordöstlich der Kirche von Hechenberg.

TK 8135; Flurkarte SW 16-01; Flur „Am Burgstall".
Burgstall am oberen Rand des östlichen Isarhochufers; lange steile Hänge im Süden und Westen, kurzer steiler Abfall nach Norden in einen Wasserriß. Eingliedrige Anlage mit fast quadratischem Grundriß. An der östlichen Basis zerstört; westlich unterhalb des 40 x 40 m großen Innenraums eine schmale Terrasse, auf der Mauerreste beobachtet wurden. Am Ostrand der Anlage ein bis auf geringe Reste beseitigter Wall und ein fast vollständig zugeschütteter Graben, der im Norden in den Wasserriß mündet; im Süden setzt er sich, von einem Außenwall begleitet, ein Stück in den Talhang der Isar fort und biegt nach Westen um.
Ca. 100 m westlich der Kirche von Hechenberg.

TK 8135; Flurkarte SW 15-02.
Mehrere *römische Körpergräber*; aus den Gräbern u.a. eine Bronzefibel, eine bronzene Gürtelschließe und Bruchstücke von Glasgefäßen.
Ca. 725 m südwestlich der Kirche von Bairawies.

Gemarkung Linden

TK 8135; Flurkarte SO 13-01.
Frühmittelalterliches (?) *Gräberfeld* mit sieben beigabenlosen, Ost-West orientierten Körpergräbern; um die Bestattungen Sargspuren. Ein Kinderskelett in einem Tuffplattengrab.
Ca. 260 m südöstlich der Kirche von Linden.

TK 8135; Flurkarte SO 13-02.
Vorgeschichtliche *Grabhügelgruppe,* nur noch als flache Erhebungen im Luftbild kenntlich.
Ca. 200 m nordnordwestlich der Kapelle von Dietenhausen.

TK 8135; Flurkarte SO 13-01.
Luftbildbefund mit mehreren flachen Erhebungen; möglicherweise vorgeschichtliche *Grabhügel.*
Ca. 350 m südsüdöstlich der Kirche von Lochen.

Gemarkung Manhartshofen

TK 8135; Flurkarte SO 14-01; Flur „Schönegger Holz".
Unvollendete hufeisenförmige *Schanzanlage* (Dm. ca. 50 m) mit Wall und vorgelagertem Graben; möglicherweise aus der Zeit der Ungarnkriege im 10. Jahrhundert.
Ca. 550 m ostnordöstlich der Kirche von Thankirchen.

TK 8135; Flurkarte SW 14-02.
Bei Sanierungsarbeiten in der Kirche St. Georg kamen zwei vermutlich mittelalterliche *Tuffplattengräber* zutage.
Am westlichen Ortsrand von Rampertshofen.

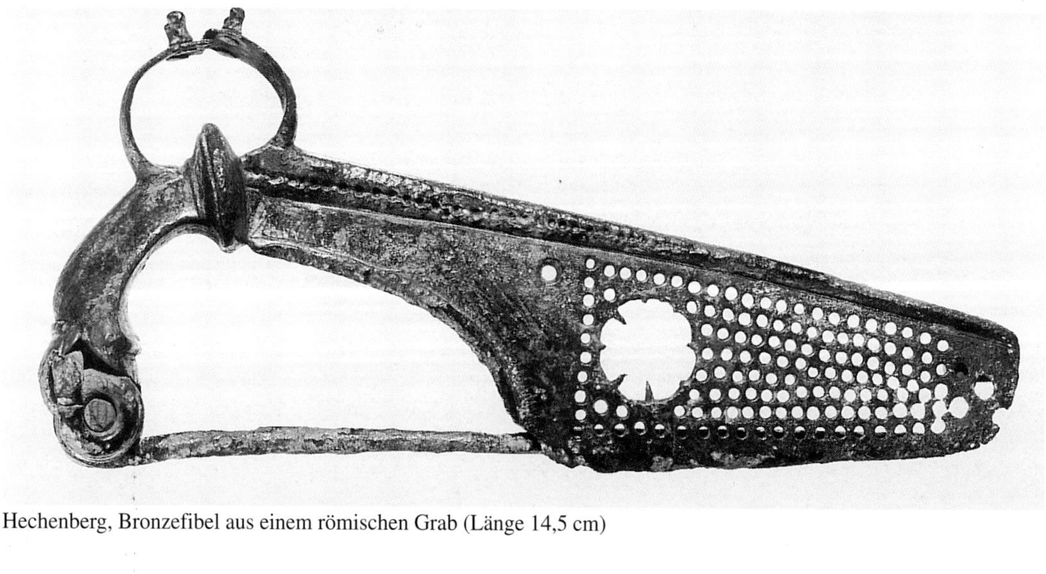

Hechenberg, Bronzefibel aus einem römischen Grab (Länge 14,5 cm)

Linden, vorgeschichtliche Grabhügelgruppe

Hechenberg, mittelalterlicher Turmhügel mit Wassergraben

Gemeinde Egling

Baudenkmäler

Egling

Angermühlstraße 18. Angermühle; stattliches Wohnhaus, z.T. Blockbau-Obergeschoß, Traufbundwerk, 2. Hälfte 18. Jh., im 19. Jh. erhöht.

Die von kleinen Bächen umflossene Angermühle am südlichen Ortsrand von Egling wird 1872 erstmals urkundlich erwähnt und gehört heute zu den wenigen, noch voll funktionsfähigen Mühlen im Kreisgebiet. Der holzverschalte Wasserzulauf an der Nordwestecke des Gebäudes treibt das große, mit dem Mahlwerk im Innern verbundene Wasserrad an. Mühle und Wohnbau wurden seit 1979 nach und nach saniert.

Egling, Angermühlstraße 18

Hauptstraße 5 (Graf). Wohnteil eines Bauernhauses, mit Trauf- und Hochlaube, 2. Viertel 19. Jh.

Egling, Hauptstraße 5

Hauptstraße 10 (Darchinger). Wohnteil eines Bauernhauses, mit alten Fenstern und geschnitzter Haustür, kleines Giebelbild, 2. Viertel 19. Jh.

Die kleine Holztafel mit stark erneuerter Darstellung der Immaculata. Der ehem. Rinderstall wurde 1985 zu Wohnzwecken umgebaut.

Egling, Hauptstraße 10

Hauptstraße 13. Kath. Pfarrkirche St. Martin; im Kern spätgotisch, Mitte 17. Jh. barockisiert; mit Ausstattung.

Im Kern spätgotischer, um 1650/60 barockisierter Bau. 1955 außen, 1985 innen restauriert. – Unverputzter, quadratischer Westturm; Oktogon und Zwiebelhaube wohl um 1650/60. Einschiffige, über hoher Voute flachgedeckte Anlage mit nicht eingezogenem Rechteckchor. Eingangstür, Eiche, 16. Jh., mit großem Schloß und Schlüssel. – Glasgemälde der Fenster um 1920 von Franz Xaver Zettler. – Im Chor wurden 1985 ornamentale Malereien des 17. Jhs. festgestellt und dokumentiert. Langhausfresko der 14 Nothelfer über Egling, bez. 1932.

Die Ausstattung ist ein bemerkenswert einheitliches Beispiel für die Tätigkeit der Wolfratshausener Schreiner und Bildhauer im mittleren 17. Jh. – Hochaltar 1657, Seitenaltäre 1662 von Lukas Herle, mit Figuren von Georg Wunderl. Im Hochaltar der thronende Bischof Martin, flankiert von dem Evangelisten Johannes und der hl. Katharina, im Auszug Gottvater. Seitenaltäre: nördlich Mondsichelmadonna, im Auszug hl. Maternus; südlich die hll. Stephanus und Andreas, im Auszug hl. Sebastian. – Orgelprospekt 1. Hälfte 18. Jh.; Engel über dem Mittelteil Anton Krinner zugewiesen. – Kreuzweg, Mitte 18. Jh. – Rosenkranzmadonna, um 1640/50, Georg Wunderl zugeschrieben, 1695 (vgl. Datum oben) und 1837 überarbeitet. Vortreffliche Halbfiguren der hll. Petrus und Paulus, bez.1774, wohl von Philipp Jakob Rämpl. – Bedeutendes farbiges Wachsrelief des mittleren 17. Jhs. mit Darstellung der Pietà, nach dem Gemälde des Willem Key (um 1515-1568) in der Alten Pinakothek, München. – In der Vorhalle heraldischer Grabstein für Sigmund Eglinger (†1472), aus der Münchener Haldner-Werkstatt.

Egling, Ecke Hauptstraße/Pfarrstraße

Egling, Hauptstraße 13, kath. Pfarrkirche St. Martin, Aufnahme von 1957

Egling, Pfarrkirche, Inneres nach Osten

Egling, Pfarrkirche, Inneres nach Westen

Egling, Pfarrkirche, Muttergottes im nördlichen Seitenaltar

Pfarrkirche, hl. Stephanus und hl. Andreas im südlichen Seitenaltar

Egling, Pfarrkirche, Pietà, Wachsrelief des frühen 17. Jhs.

Egling, Pfarrkirche, Paulus und Petrus, 1774

Pfarrstraße 2 (Mesner). Geschnitzte Laube, bez. 1856.

Pfarrstraße 6. Ehem. Kleinbauernhaus, Blockbau, verputzt mit Quaderung und dekorativen Malereien, bez. 1912, im Kern 1. Hälfte 19. Jh.

Das im Giebel 1912 datierte Haus wurde 1992 restauriert.

Wolfratshauser Straße. Ehem. Dorfschmiede, Mitte 19. Jh.

Gegenüber bei Haus Nr. 5 ehem. Beschlagstand um 1900 mit zahlreichen Werkzeugen.

Kath. Wallfahrtskirche St. Sebald. Breitgelagerter Bau, 2. Hälfte 17. Jh.; mit Ausstattung.

1461 erstmals erwähnt, gehörte die Kirche ab 1520 zum Kloster Schäftlarn. Das ungewöhnliche Patrozinium durch einen angeblichen Aufenthalt des Heiligen begründet. Anfang des 17. Jhs. Aufschwung der Wallfahrt. Unter Abt Anian Mayr (1653-1680) Neubau. 1861, 1948/49 und 1980ff. restauriert. Der freistehende Glockenturm wurde 1987 errichtet. – Am Waldrand westlich des Orts gelegener Saalbau mit Holzdecke (von 1948/49) und stark eingezogenem, dreiseitig geschlossenem Chor unter Stichkappentonne. Die Nebenräume beiderseits des Chors vielleicht Reste jenes von Spitzhelmen bekrönten Turmpaares, das auf zahlreichen Votivtafeln unter der Westempore dargestellt ist.
Hochaltar um 1720 mit Seitenfiguren der hll. Dionysius und Norbert; der Titelheilige in der Mittelnische um 1640/50, Georg Wunderl zugeschrieben. – Seitenaltäre 1980/81 aus der Johanneskirche in Neufahrn hierher übertragen. Der nördliche Altar 1667/69 von Lukas Herle mit Schnitzarbeiten des frühen 16. Jhs.: hl. Anna selbdritt, im Auszug hl. Leonhard. Im südlichen Altar von etwa 1640/50, der ebenfalls Wunderl zugewiesen wird, vortreffliche Sitzfigur des hl. Vitus um 1520; der Pestheilige Rochus im Auszug ebenso wie die bewegte Michaelsgruppe an der Südwand von Wunderl. – Schlichte Kanzel des ausgehenden 17. Jhs. – Im Chor große Figuren der hll. Christophorus und Joseph, letzterer 1767 dat. und Philipp Jakob Rämpl zugeschrieben.

Egling, Pfarrstraße 2

Egling, Pfarrstraße 6

Egling, Wolfratshauser Straße, ehem. Dorfschmiede

Egling, Wolfratshauser Straße, Ausstattung der ehem. Dorfschmiede

Egling, Kath. Wallfahrtskirche St. Sebald

Egling, Wallfahrtskirche, Inneres nach Osten

Egling, Wallfahrtskirche, hl. Dionysius am Hochaltar

Egling, Wallfahrtskirche, hl. Michael, um 1640/50

Egling, Wallfahrtskirche, hl. Leonhard im nördlichen Seitenaltar

Egling, Wallfahrtskirche, hl. Vitus im südlichen Seitenaltar

Egling, Wallfahrtskirche, hl. Anna selbdritt im nördlichen Seitenaltar

Egling, Wallfahrtskirche, Votive an der Westwand

Attenham

Wolfratshauser Straße 6. Kath. Kapelle St. Florian; neugotisch, 1862ff.; mit Ausstattung.

Der 1717 von dem Münchener Kürschnermeister Sebald Hort gestiftete, den Leiden Christi geweihte Vorgängerbau 1862ff. durch die bestehende Kapelle ersetzt. Neugotische Ausstattung 1947/48 beseitigt. – Nach Süden gerichteter, einschiffiger Bau in neugotischen Formen mit dreiseitigem Schluß und Glockentürmchen. – Der jetzige, neubarocke(?) Altar wurde nach 1950 durch Pfarrer Georg Käufl bei der Firma Keilhacker in Taufkirchen an der Vils angekauft und durch den Münchener Bildhauer und Schreiner Johann Schmuck umgestaltet und aufgestellt. Figur des hl. Florian, Mitte 18. Jh. – An der Wand hl. Leonhard, Holz, gefaßt, 1. Hälfte 18. Jh.

Wolfratshauser Straße 8 (Feldkirchner). Ehem. Bauernhaus, am Traufbundwerk bez. 1834; unterfränkisches Hoftor, bez. 1714; drei wiederaufgestellte Getreidekästen, bez. 1549, 1556 und 1707.

Der sog. Feldkirchner Hof wurde 1834 errichtet (vgl. Inschrift an der Straßenseite) und kam 1962 an den Bildhauer Kurt Mergenthal und seine Familie, die ihn zuletzt 1988 restaurieren ließ. – Langgestreckter Bau mit auffälliger, farbig gefaßter Stuckdekoration in Form von Vasen, Vögeln und Früchten; unter der großen Figur des hl. Jakobus d. Ä. Relief einer Katze vor einem Vogelkäfig. – Das östlich anschließende, mit 1714 bez. Hoftor stammt aus Unterfranken. Im Garten wiederaufgestellte Getreidekästen von 1549, 1556 und 1707.

Attenham, Wolfratshauser Straße 6, kath. Kapelle St. Florian

Attenham, Kapelle, Inneres nach Süden

Attenham, Wolfratshauser Straße 8

Aufhofen

Kath. Filialkirche St. Valentin. 1408 erbaut, 1558 und 1770 verändert, Ostturm 1. Hälfte 18. Jh.; mit Ausstattung.

Errichtet 1408, renoviert 1558. Turm 1. Hälfte 18. Jh. Umgestaltung 1770 im Auftrag von Johann Clas, kurfürstlicher Leibmedicus und Rat und damals Besitzer der Hofmark Aufhofen, vgl. Wappen und Inschrift am Chorbogen. Restaurierung 1959. – Einschiffiges, flachgedecktes Langhaus. Eingezogener, dreiseitig geschlossener Chor unter Stichkappentonne. Quadratischer Dachreiter mit Oktogon und Spitzhelm des 19. Jhs. – Fresken 1770 in der Art des Julian Breymeyer. Chor: Dreifaltigkeitssymbol. Langhaus: St. Valentin als Helfer der Kranken und Bedürftigen, in Eckkartuschen Evangelisten. – Hochaltar 1690 mit Seitenfiguren der hll. Barbara und Johann Nepomuk; in der Mitte der Titelheilige, Schnitzarbeit um 1480/90; Dachungsengel um 1660/70, Georg Wunderl zugeschrieben. – Tafelbild mit Ölberg und Dornenkrönung, bez. 1521. – Figuren: hl. Anna selbdritt, um 1510/20. Hl. Valentin, um 1700.

Eulenschwanger Straße 1 (Bergschuster). Ehem. Kleinbauernhaus, Wohnteil zweigeschossiger Blockbau, Mitte 18. Jh.

Hauptstraße 2 (Seppnbauer). Bauernhaus mit kräftigem Traufbundwerk, 2. Hälfte 18. Jh.

Attenham, Wolfratshauser Straße 8, Hoftor von 1714

Attenham, Wolfratshauser Straße 8, Getreidekasten von 1549, Tür

Attenham, Wolfratshauser Straße 8, Getreidekästen von 1556 (links) und 1707 (rechts)

Aufhofen, Filialkirche, Inneres nach Osten

Aufhofen, kath. Filialkirche St. Valentin

Aufhofen, Filialkirche, Inneres nach Westen

Aufhofen, Filialkirche, hl. Valentin im Hochaltar

Aufhofen, Filialkirche, hl. Anna selbdritt, um 1520/30

Aufhofen, Filialkirche, Ölberg und Dornenkrönung, 1521

Aufhofen, Eulenschwanger Straße 1

Aufhofen, Hauptstraße 2

Aumühle

Haus Nr. 1. Ehem. Kleinbauernhaus mit Blockbau-Obergeschoß und Bretterlaube, 1. Viertel 18. Jh.

Haus Nr. 8. Aumühle; stattlicher Bau mit Flachsatteldach, Balusterlaube und rückseitiger Hochtenne, Ende 18. Jh.

Der Wirtschaftsteil wurde 1982 teilweise zu Wohnzwecken ausgebaut.

Deining

Hornsteiner Straße 2 (Loichl). Bauernhaus, stattlicher Bau im Heimatstil, mit Balusterlauben und Fassadenmalerei, bez. 1914/15.

An der Giebelseite des straßenbeherrschenden Gebäudes drei Freskomedaillons von 1914/15 mit Darstellungen Gottvaters und der Bauernheiligen Isidor und Notburga, 1972 durch F. Paulus wohl auf alter Grundlage erneuert.

Hornsteiner Straße 11. Ehem. Kleinbauernhaus, zweigeschossiger Blockbau mit Bretterlaube, 3. Viertel 17. Jh.

Klosterweg 3 (Hintermeier). Bauernhaus, Obergeschoß wohl verputzter Blockbau, 18. und 19. Jh.

Laberstraße 1 (Heißnanderl). Ehem. Bauernhaus, Wohnteil zweigeschossiger Blockbau, 2. Viertel 18. Jh., Wirtschaftsteil modern ausgebaut.

Das Haus wurde 1977 instandgesetzt, der Wirtschaftsteil ausgebaut.

Münchner Straße 2. Kath. Pfarrkirche St. Nikolaus; im Kern um 1430, barockisiert 1. Hälfte 18. Jh., Turm 1820/21; mit Ausstattung.

Tuffsteinbau um 1430, in der 1. Hälfte des 18. Jhs. barockisiert. Restaurierung 1979ff. – Der quadratische Westturm wurde 1820/21 als Ersatz für einen Dachreiter errichtet; Obergeschosse mit abgeschrägten Ecken und kurzem Spitzhelm. Einschiffiges Langhaus zur vier Jochen. Eingezogener, dreiseitig geschlossener Chor. In beiden Raumteilen flache Stichkappentonne über Pilastergliederung. – Fresken 1983. – Altäre und Kanzel 1. Hälfte 18. Jh. Im Hochaltar Kreuzigungsgruppe; Engel seitlich des Auszugs aus der Mitte des 17. Jhs., Kaspar Niederreiter zugewiesen. Figuren der Seitenaltäre 1. Hälfte 18. Jh.: nördlich Immaculata, südlich hl. Sebastian. – Taufbecken 17. Jh. mit Johannes d.T., Holz, gefaßt, um 1500. – Im Chor Figuren der hll. Barbara und Nikolaus (Kopf überarbeitet), 1. Hälfte 18. Jh. – Großes Votivbild der Gemeinde Deining von 1800 mit der Bitte um Verschonung von den Franzosen. – Unter der doppelten Westempore Wappengrabsteine der Thorer von 1406 bzw. um 1440. An der nördlichen Chorwand Epitaph für Elisabeth von Seiboldsdorf zu Hornstein (†1617), Gemahlin des Wolfratshausener Pflegers, mit Ganzfigur.

Aumühle, Haus Nr. 1

Aumühle, Haus Nr. 8

Deining, Hornsteiner Straße 2

Deining, Hornsteiner Straße 11

Deining, Klosterweg 3

Deining, Laberstraße 1

Deining, Pfarrkirche, Inneres nach Osten

Deining, Pfarrkirche, Johannes d. T. auf dem Taufbecken

Deining, Pfarrkirche, Inneres nach Westen

Deining, Münchner Straße 2, Kath. Pfarrkirche St. Nikolaus

Münchner Straße 6 (Feichtmoar). Stattliches Bauernhaus mit Balusterlauben, Hochtenne und Traufbundwerk, 2. Hälfte 18. Jh.

Das Traufbundwerk wurde nach 1985 mit Ausnahme der Andreaskreuze erneuert.

Münchner Straße 15 (Leierer). Bauernhaus mit Blockbau-Obergeschoß und Traufbundwerk, Ende 18. Jh.

Münchner Straße 19 (Strasser). Kleinbauernhaus, zweigeschossiger Blockbau, 3.Viertel 17. Jh.

Münchner Straße 29 (Schreiner). Ehem. Bauernhaus mit Traufbundwerk, 18./19. Jh.

Tölzer Straße 2 (Ostermair). Wohnteil eines Bauernhauses, zweigeschossiger Blockbau mit guten Details, Ende 17. Jh.

Tölzer Straße 4 (Bauschneider). Bauernhaus-Wohnteil mit Blockbau-Obergeschoß, 3.Viertel 17. Jh.

Die Tenne mit Ständer- und Bundwerk des 18. Jhs. wurde 1984 durch einen modernen Zweckbau ersetzt.

Tölzer Straße 6 (Burer). Bauernhaus mit Blockbau-Obergeschoß, letztes Viertel 18. Jh.

Tölzer Straße 18. Ehem. Landarzthaus mit Halbwalmdach, 2.Viertel 19. Jh., reiche moderne Malerei.

Die reichen Fassadenmalereien zeigen über den Erdgeschoßfenstern Sternkreiszeichen und an der Ostseite St. Kastulus.

Dettenhausen

Kath. Kapelle. 2. Hälfte 17. Jh.; mit Ausstattung.

Die kleine, mit ihrem halbrunden Schluß nach Norden gerichtete Kapelle steht auf einem Hügel am südlichen Ortsrand. In der 2. Hälfte des 17. Jhs. erbaut, wurde sie im 19. Jh. neugotisch verändert. Über dem Giebel quadratischer Dachreiter mit Spitzhelm. – Der Deckenstuck, das (erneuerte) Fresko der Marienkrönung und der schlichte Altaraufsatz wohl aus der Erbauungszeit; letzterer mit Mondsichelmadonna, Holz, gefaßt, um 1500 (in Verwahrung). – Votivtafel von 1746.

Dorfstraße 5 (Daxler). Bauernhaus mit Blockbau-Obergeschoß, Mitte 18. Jh.

Dorfstraße 8 (Baur). Bauernhaus mit Blockbau-Obergeschoß, Mitte 18. Jh., restauriert.

Deining, Münchner Straße 6

Deining, Münchner Straße 15

Deining, Münchner Straße 19

Deining, Münchner Straße 29

Deining, Tölzer Straße 2, Aufnahme von 1973

Deining, Tölzer Straße 2 (rechts) und 4 (links)

Deining, Tölzer Straße 6

Deining, Tölzer Straße 18

Dettenhausen, kath. Kapelle

Dettenhausen, Kapelle, Inneres nach Norden

Dettenhausen, Kapelle, Muttergottes vom Altar

Dettenhausen, Dorfstraße 5

Dettenhausen, Dorfstraße 8

Endlhausen

Dietramszeller Straße 2 (Pfluger). Bauernhaus mit Blockbau-Obergeschoß, 1. Hälfte 18. Jh.

Sauerlacher Straße 3 (Schreiner). Bauernhaus, z.T. mit Blockbau-Obergeschoß, Kern 2. Hälfte 18. Jh.

Das Haus wurde 1985f. instandgesetzt und ausgebaut.

Sauerlacher Straße 7. Ehem. Bauernhaus, jetzt Landheim, Blockbau-Obergeschoß, Ende 18. Jh.

Das ehem. Bauernhaus dient seit 1926 als Schullandheim des Wittelsbacher Gymnasiums in München.

Wolfratshauser Straße 1. Kath. Pfarrkirche St. Valentin; erbaut 1755/56, Chor 1867ff. verändert; mit Ausstattung.

Um 1180 eine Pfarrkirche in Endlhausen bezeugt, die 1672-1702 zum Kloster Dietramszell und danach zum Kloster Schäftlarn gehörte. 1751 wird ein Neubau durch Georg Lettner vorbereitet, aber erst 1755/56, nun nach Entwürfen von Johann Michael Fischer, durch dessen Palier Melchior Streicher ausgeführt, vgl. Datum an der nördlichen Chorwand. 1864ff. Schließung der Kirche wegen Baufälligkeit; 1865 Restaurierungskonzept von Joseph Sappel bzw. Pläne zum Neubau durch Baumeister Karg. 1866 Einsturz des Chorbogens. 1867ff. durchgreifende Erneuerung mit Erweiterung des Chors und neuem Gewölbe. 1983ff. Restaurierung. – Das schlichte Äußere des rechteckigen Langhauses und der dreiseitige Chorschluß deuten darauf hin, daß der Bau auf den Grundmauern einer (spätgotischen?) Vorgängerkirche basiert. An der Nordseite quadratischer, mit Blendfeldern verzierter Turm; das Oktogon ursprünglich mit Kuppel, seit 1867 mit Spitzhelm. – Überraschend die ungewöhnlich elegante Konzeption des Innern. Das in den Ecken ausgerundete Schiff durch Pilasterpaare mit gemeinsamer Gebälklage gegliedert; gedrückte Stichkappentonne, geschwungene Westempore. Der eingezogene, innen halbrund geschlossene Chor über umlaufendem Gesims und Voute flachgedeckt.
Schwungvolle Stuckdekoration, 1894 von Leopold Alseß; über dem Chorbogen große Kartusche mit Engel und Lamm Gottes. – Die 1758 von Martin Heigl gemalten Fresken 1913 durch Anton Niedermaier (Komposition und Figuren) und Robert Rupp (Quadratur) erneuert; Chor: St. Valentin als Patron der Notleidenden und Kranken; Langhaus: Szenen aus dem Leben Christi.
Altäre um 1764, teilweise mit älteren Figuren. – Im Hochaltar der Titelheilige, um 1500, Erasmus Grasser zugeschrieben; seitlich die hll. Barbara und Katharina, bewegte Schnitzarbeiten in der Art von Philipp Jakob Rämpl. Im Auszug Trinität, am Tabernakel Statuetten der hll. Korbinian und Ulrich. – Seitenaltäre schräggestellt. Nördlich Muttergottes, um 1680/90, Lorenz Luidl zugewiesen; südlich hl. Sebastian. Seitenfiguren: nördlich die hll. Joseph und Joachim, südlich die hll. Silvester und Nikolaus. In der nördlichen Predella hl. Anna selbdritt, um 1700. Gemälde der Auszüge vielleicht von Heigl: nördlich hl. Johann Nepomuk, südlich hl. Karl Borromäus(?). – Taufbecken bez. 1614; Aufsatz Ende 18. Jh. – Kanzel 1759 von Joseph Eberl; Aufbau und Dekor Rokoko mit bäuerlichen Blumenmalereien wohl von 1797 (vgl. Datum). Am Korb Darstellungen der hll. Georg und Michael; auf dem Schalldeckel Figur des auferstandenen Christus, Ende 15. Jh. – Im Chor origineller zweiteiliger Beichtstuhl,

Endlhausen, Dietramszeller Straße 2

Endlhausen, Sauerlacher Straße 3

Endlhausen, Sauerlacher Straße 7

Endlhausen, Ortskern

Endlhausen, Pfarrkirche, Inneres nach Osten

Endlhausen, Pfarrkirche, Inneres nach Westen

Endlhausen, Wolfratshauser Straße 1, kath. Pfarrkirche St. Valentin

Endlhausen, Pfarrkirche, hl. Valentin im Hochaltar (Detail)

Endlhausen, Pfarrkirche, hl. Barbara am Hochaltar

Endlhausen, Pfarrkirche, Stukkaturen am Chorbogen

Endlhausen, Pfarrkirche, Salvator Mundi auf dem Kanzeldeckel

Endlhausen, Pfarrkirche, hl. Joseph am nördlichen Seitenaltar

Endlhausen, Pfarrkirche, hl. Valentin im Hochaltar (Detail)

1. Hälfte 18. Jh. – Orgelprospekt bez.1892. – Kreuzweg von 1780, Öl auf Leinwand, 1919 angekauft als Ersatz für einen Kreuzweg, den 1869 Ludwig Glötzle gemalt hatte und der sich heute in Unterhaid bei Bamberg befindet. – Kruzifix und Schmerzhafte Muttergottes, Ende 17. Jh.; Engel, Mitte 17. Jh. Hl. Antonius von Padua und hl. Johann Nepomuk, um 1760/70, vielleicht von Rämpl. Auf Konsolen Halbfiguren der hll. Leonhard, Sebastian und Florian, 2. Hälfte 18. Jh. – Unter der Empore Grabstein für Pfarrer Anton Widmayr (†1580), mit Ganzfigur.

Wolfratshauser Straße 2 (Arnhofer). Stattliches Bauernhaus, im Kern um 1840, moderne Bemalung, bez.1943 und 1962.

1450 Besitz des Münchener Patriziers Balthasar Ridler, nach 1462 zur Benefiziumsstiftung St. Margareta in Altkirchen gehörig. Ab 1872 bei der Familie Brunner. Die reichen Fassadenmalereien von 1943 mit Darstellungen der hll. Notburga, Isidor, Margareta, Sebastian und Barbara 1962 erneuert; Schutzmantelmadonna 1972 ergänzt.

Kriegerdenkmal. Mariensäule, bez.1905; Anlage erweitert zum Denkmal für die Gefallenen beider Weltkriege.

Ergertshausen

Dorfstraße 3. Kath. Filialkirche (Kuratiekirche) Mariä Himmelfahrt; 2. Hälfte 15. Jh., Chor barock erhöht, Westturm aus Tuffquadern; mit Ausstattung.

In der 2. Hälfte des 15. Jhs. aus Tuffsteinquadern errichtet. Chor um 1700 erhöht. 1979 Restaurierung. – Unverputzter Satteldachturm im Westen. An der Langhausnordseite Reste gemalter Quaderung und eines Rankenfrieses. Am Chor Strebepfeiler. Spätgotische Eingangstür mit gitterartigen Eisenbändern. – Einschiffiger Bau zu vier Jochen mit eingezogenem, dreiseitig geschlossenem Chor unter schmuckloser Stichkappentonne. Im Langhaus hoch ansetzende, halbrunde Dienste, über denen die Rippen fächerartig auseinanderstreben und das Gewölbe netzförmig überziehen.
Alle Altäre ausschließlich mit Figuren. Der zweisäulige Hochaltar um 1700 mit Mondsichelmadonna um 1510, flankiert von den hll. Joachim und Anna, die zusammen mit den Dachungsengeln Anton Krinner zugeschrieben werden. Auf Außenkonsolen die hll. Johann Nepomuk und Franz Xaver. Im Auszug Gottvater um 1644, Georg Wunderl zugewiesen. – Nördlicher Seitenaltar um 1700 mit dem hl. Joseph und einem hl. Bischof (Maternus?) im Auszug, Joseph Krinner zugeschrieben; seitlich die hll. Margareta und Barbara, um 1510. – Südlicher Seitenaltar 1644 von Hans Ostner, um 1700 verändert. In der Mitte der thronende hl. Ulrich um 1510; seitlich ein hl. Bischof und der Evangelist Johannes, 1644 von Wunderl. Im Auszug hl. Bischof, um 1700, Anton Krinner zugeschrieben. – Kanzel um 1700. Am Korb Gemälde des Salvator Mundi und der Evangelisten; auf dem Schalldeckel hervorragende Figur des hl. Paulus, um 1780 von Philipp Jakob Rämpl. – Rosenkranzmadonna, um 1644, wohl von Wunderl.

Endlhausen, Pfarrkirche, hl. Antonius von Padua, um 1750/60

Endlhausen, Pfarrkirche, hl. Johann Nepomuk, um 1750/60

Endlhausen, Pfarrkirche, Beichtstuhl

Endlhausen, Wolfratshauser Straße 2

Endlhausen, Kriegerdenkmal

Ergertshausen, Ortsansicht von Nordosten

Ergertshausen, Filialkirche, Inneres nach Osten

Ergertshausen, Filialkirche, Inneres nach Westen

Ergertshausen, Dorfstraße 2, kath. Filialkirche Mariä Himmelfahrt

Ergertshausen, Filialkirche, hl. Paulus auf dem Kanzeldeckel

Ergertshausen, Filialkirche, Muttergottes im Hochaltar

Ergertshausen, Filialkirche, südlicher Seitenaltar

Eulenschwang

Kath. Kapelle St. Georg. Um 1500; mit Ausstattung.

Um 1500 auf einem kleinen Hügel am östlichen Ortsrand errichtet, 1650 verändert. Um 1900 nach einem Brand Wiederherstellung der westlichen Giebelwand und des Dachreiters; beide wurden bei der Restaurierung 1989ff. erneuert. – Einschiffiger, dreiseitig geschlossener Bau mit Felderdecke. – Altar um 1620/30 aus einer Wolfratshausener Werkstatt, mit Relief des hl. Georg als Drachenkämpfer; im Auszug Gottvaterbüste, um 1650, Georg Wunderl zugeschrieben. – Figur der hl. Anna selbdritt, 1. Hälfte 16. Jh.

Feldkirchen

Kath. Filialkirche St. Georg. Spätgotisch, 1835 verändert, Ostturm 1872; mit Ausstattung.

Im Kern spätgotische, um 1500 errichtete Anlage. 1835 verändert (u.a. mit Beseitigung der Gewölberippen). 1872 Turmneubau durch Baumeister Karg. 1962 Restaurierung, vgl. Inschrift östlich über dem Chorbogen. – Einschiffiger Bau mit eingezogenem, fünfseitig geschlossenem Chor; an den Stichkappentonnen aufgelegte Grate. Östlich hoher Turm aus unverputzten Tuffsteinquadern mit quadratischem Unterbau, Oktogon und Spitzhelm über Dreiecksgiebeln.
An der Langhausnordwand Malereien des 17. Jhs.: Drachenkampf des hl. Georg und Anbetung der Könige, darüber Kreuzigung. – Hochaltar 1660, Lukas Herle zugeschrieben, im 18. Jh. verändert und 1852 vermutlich im Auftrag der Familie Barth auf Harmating restauriert, vgl. Datum und Wappen an der Rückseite. Schnitzarbeiten 1660, Georg Wunderl zugewiesen: Muttergottes zwischen den hll. Georg und Ägidius, oben der auferstandene Christus. – Figuren: Kruzifix und Schmerzhafte Muttergottes, 1. Hälfte 17. Jh. Hl. Antonius von Padua und hl. Johann Nepomuk, Mitte 18. Jh.

Haus Nr. 1 (Mesner). Ehem. Bauernhaus, Obergeschoß verputzter Blockbau mit Brettbalusterlaube, Kern 1. Hälfte 17. Jh., Traufbundwerk Ende 18. Jh.

Haus Nr. 14 (Feldkirchner). Ehem. Bauernhaus, z.T. zweigeschossiger Blockbau, 2. Hälfte 17. Jh., Dach später.

Das Gebäude wurde 1993 abgetragen, instandgesetzt und auf einem erweiterten Kellergeschoß wiederaufgebaut.

Eulenschwang, kath. Kapelle St. Georg, Aufnahme von 1987

Eulenschwang, kath. Kapelle St. Georg, Aufnahme von 1992

Eulenschwang, Kapelle, Inneres nach Osten

Feldkirchen, Filialkirche, Kruzifix und Muttergottes, 1. Hälfte 17. Jh.

Feldkirchen, Filialkirche, hl. Johann Nepomuk, Mitte 18. Jh.

Feldkirchen, kath. Filialkirche St. Georg

Feldkirchen, Filialkirche, Inneres nach Osten

Feldkirchen, Filialkirche, Inneres nach Westen

Feldkirchen, Filialkirche, nördliche Langhauswand

Feldkirchen, Filialkirche, Hochaltar

Feldkirchen, Haus Nr. 1

Feldkirchen, Haus Nr. 14

Geilertshausen

Kath. Filialkirche St. Andreas. Erbaut Anfang 16. Jh., umgestaltet 1609; mit Ausstattung.

Geilertshausen, kath. Filialkirche St. Andreas

Im frühen 16. Jh. Umgestaltung eines im Kern älteren Langhauses und Neubau des Chors. 1609 Umgestaltung, vgl. Datum und Meisterzeichen östlich über dem Chorbogen. Restaurierung 1974 f. – Kleiner, flachgedeckter Saalbau mit wenig eingezogenem, fünfseitig geschlossenem Chor unter Netzrippengewölbe. Dachreiter 1924 erneuert. – Langhausdecke mit sparsamem Rocaillestuck von 1912(?). – An der nördlichen Chorwand spätgotische Malereien, wohl 1609 übergangen: Pietà mit hl. Leonhard, hl. Bischof und Stifter; Drachenkampf des hl. Georg, darunter der Gekreuzigte mit kniendem Stifter. Langhausfresken 1912 von Anton Niedermaier: St. Andreas und die Trinität über dem Ort, in Eckmedaillons die hll. Elisabeth und Joseph. – Spätgotische Sakramentsnische um 1500. – Die Altaraufbauten Georg Mittermayer, die (ausgelagerten) Figuren Kaspar Niederreiter zugeschrieben. Hochaltar 1651 von Michael Schlickenrieder aus Geilertshausen gestiftet, 1873 von Joseph Mangold restauriert; in der Mitte der Kirchenpatron, um 1480, im Auszug Muttergottes des frühen 16. Jhs.; seitlich die hll. Sebastian

Geilertshausen, Filialkirche, Inneres nach Osten

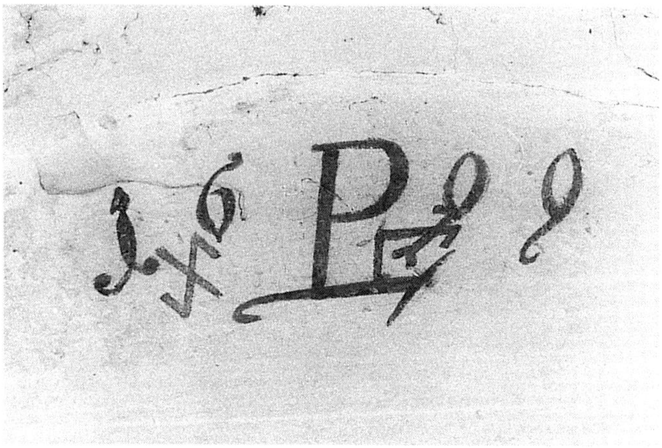
Geilertshausen, Filialkirche, Baudatum über dem Chorbogen

und Korbinian, 1651. Im etwa gleichzeitigen Seitenaltar Muttergottes, um 1420/30, flankiert von den hll. Katharina und Barbara, beide um 1651. – Kreuzweg 1873, von Mangold. – An der Westempore volkstümliche Malereien.

Geilertshausen, Filialkirche, Inneres nach Westen

Haus Nr. 1 (Melcher). Stattliches Bauernhaus, zweigeschossiger Blockbau des frühen 17. Jhs., Dach später. – Zugehörig zweigeschossiger Getreidekasten, 1699.

Haus Nr. 5 (Mesner). Wohnteil eines Bauernhauses, zweigeschossiger Blockbau mit Lauben, 1. Viertel 18. Jh.

Goldkofen

Haus Nr. 1 (Gollkofer). Einzelhof; stattliches Bauernhaus mit zwei Giebellauben, Rauhputzquaderung am Erdgeschoß, Ende 19. Jh.

Repräsentatives Gebäude des ausgehenden 19. Jhs., 1985 außen saniert; über dem rustizierten Erdgeschoß alternierend Löwenköpfe und Rosetten.

Geilertshausen, Filialkirche, nördliche Chorwand

Geilertshausen, Filialkirche, Hochaltar

Geilertshausen, Filialkirche, Muttergottes im Auszug des Hochaltars

Geilertshausen, Filialkirche, Seitenaltar

Geilertshausen, Filialkirche, Muttergottes im Seitenaltar

Geilertshausen, Haus Nr. 1

Geilertshausen, Haus Nr. 1, Getreidekasten

Geilertshausen, Haus Nr. 5

Goldkofen, Haus Nr. 1

Harmating, Luftaufnahme von Südosten, 1981

Harmating

Kath. Kapelle St. Leonhard. Stattlicher, achteckiger Zentralbau, 1680/85; mit Ausstattung.

1680/85 durch Hans Haunstötter im Auftrag der damaligen Schloßbesitzer, der Münchener Patrizierfamilie Barth, errichtet. – Oktogonaler Zentralbau an der Straßenkreuzung südlich des Orts. An der Westseite quadratischer Turm mit Achteckaufsatz und Spitzhelm. Die graue Außenfarbigkeit mit eingeritzter, weiß gefaßter Pilastergliederung bei der letzten Restaurierung 1985 f. nach Befund erneuert. Im Innern baldachinartige Sterngratkuppel auf Pilastern. – Hochaltar 1736 von Sebastian und Joseph Ziegler mit Fassung von Philipp Guglhör; 1767 von Philipp Jakob Rämpl überarbeitet. In der Mitte Figur des hl. Leonhard. – Wohl aus der Erbauungszeit die zweite Leonhardsfigur unter der an drei Seiten umlaufenden, 1790 erneuerten Empore.

Haus Nr. 1. Wohnteil-Obergeschoß eines ehem. Bauernhauses, Blockbau, 2. Hälfte 18. Jh.; aus Greiling transferiert.

Das Haus wurde 1981 hierher übertragen und ergänzt.

Haus Nr. 3 (Reither). Stattliches Bauernhaus mit Blockbau-Obergeschoß, Laube und Traufbundwerk, 2. Hälfte 18. Jh.

1985 wurden das Tennendach und das Bundwerk instandgesetzt.

Haus Nr. 6. Schloß Harmating; Bau mit Halbwalm, 16. Jh.; Schloßkapelle um 1630 und um 1708 erneuert; mit Ausstattung.

Bereits um 1140 ist ein eigener Adel in Harmating bezeugt. Um 1300 werden die Herren von Waldegg erwähnt, denen die Herren von Egling und die Herren von Ross sowie die tirolische Familie der Tänzl von Tratzberg als Inhaber der Herrschaft folgten. Seit 1531 Sitz der Barth auf Harmating, einem der großen Patriziergeschlechter in München. 1596 wurde Oswald Barth von Kaiser Rudolph II. die Edelmannsfreiheit und die Niedere Gerichtsbarkeit für Harmating verliehen, 1681 die Familie in den Freiherrnstand erhoben. Nach ihrem Aussterben 1941 fiel das Schloß durch Erbschaft an die Freifrau von Schirnding.

Das auf einer Anhöhe am östlichen Rand des Moosbachtals mit seinem hohen Schopfwalmdach weithin sichtbare, drei-

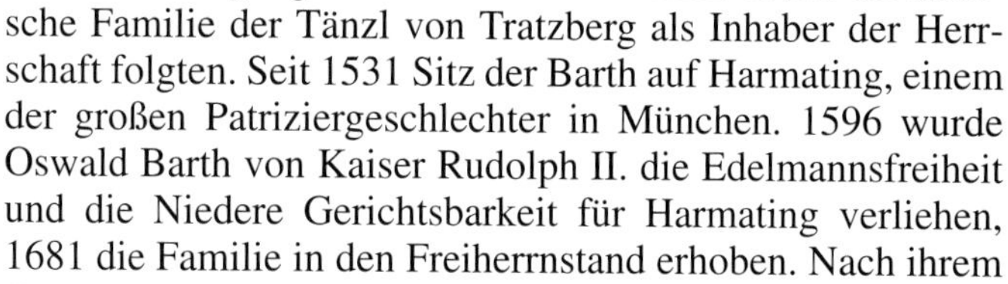

Ansicht von Harmating, Kupferstich von Michael Wening, 1701

Harmating, kath. Kapelle St. Leonhard

Harmating, Kapelle, Hochaltar

Harmating, Haus Nr. 1

Harmating, Kapelle, Inneres

Harmating, Haus Nr. 3

Harmating, Haus Nr. 6, Schloß mit Kapelle

Harmating, Schloß, Erdgeschoß, Wohnzimmer

Harmating, Schloß, 1. Obergeschoß, Gang

geschossige Jagdschloß wurde wohl im 13. Jh. errichtet und darf als bezeichnendes Beispiel eines spätmittelalterlichen Edelsitzes gelten. Im 16. Jh. erhielt es den Rechteckerker an der Südseite und die Ausgestaltung der Räume, von denen die wichtigsten im 1. Obergeschoß liegen, so das sog. Eurasburger Zimmer mit seinen zahlreichen Familienporträts. – An der Südostecke ein geräumiges Zimmer mit Felderdecke des frühen 19. Jhs., die Medaillons mit den Namen aller Barth von 1324-1758 trägt. Die Fresken von 1695 im Erker zeigen Ranken und Wappen der Barth-Ligsalz. – Im sog. Kanzlerzimmer an der Nordwestecke, das nach dem Münchener Bürgermeister und Landschaftskanzler Ferdinand Barth (Schloßbesitzer 1689-1705) benannt ist und in seinem Auftrag 1691 ausgestattet wurde, befinden sich qualitätvolle Deckenmalereien, die Melchior Steidl zugeschrieben werden: in der Mitte Helios auf dem Sonnenwagen, seitlich Allegorie der Nacht, Putten und Wappen der Barth und Ligsalz, in den Ecken die vier Elemente.

Die im Kern wohl gotische, dem Hl. Kreuz geweihte Kapelle an der Ostseite des Schlosses, ein einschiffiger, innen gerade, außen dreiseitig geschlossener Bau, wurde um 1630, um 1708 und Mitte des 19. Jhs. (mit neuem Dachreiter) verändert. An der Stichkappentonne Stukkaturen um 1630. An den Wänden bemerkenswerte Gemälde mit Passionsszenen, um 1708 vielleicht von Andreas Wolff, und Leuchtermedaillons mit zierlichen Apostelreliefs, geschnitzt um 1750/60 in der für Simon Troger typischen Verbindung von Holz und Elfenbein.

Harmating, Schloß, 1. Obergeschoß, südöstliches Eckzimmer nach Nordosten

Harmating, Schloß, 1. Obergeschoß, südöstliches Eckzimmer nach Nordwesten

Harmating, Schloß, 1. Obergeschoß, südöstliches Eckzimmer, Erker

Harmating, Schloß, 1. Obergeschoß, Kanzlerzimmer

Harmating, Schloß, 1. Obergeschoß, Kanzlerzimmer, Deckenfresko von Melchior Steidl, 1691

Harmating, Schloßkapelle, Inneres nach Osten

Harmating, Schloß, 1. Obergeschoß, Kapellenzimmer

Harmating, Schloßkapelle

Harmating, Schloßkapelle, Inneres nach Westen

Harmating, Schloßkapelle, Ölberg, um 1708

Ansicht von des ehem. Schlosses Hornstein, Kupferstich von Michael Wening, 1701

Hornstein, kath. Kapelle St. Georg

Hornstein

Im Jahr 1285 erste Nennung von Schloß und Hofmark Hornstein als Eigentum eines gleichnamigen Adelsgeschlechts. Weitere Besitzer: bis 1460 Thorer von Hornstein, 1460-1510 Thorer von Eurasburg, 1510-1570 Pötschner, 1570-1635 Sigmund von Seiboldsdorf, 1635-1640 Egloff von Zell, 1640-1803 Kloster Schäftlarn. 1810 Verkauf der zum Schloß gehörigen Grundstücke.

Kath. Kapelle St. Georg. Nachklassizistisch, erbaut 1868; mit Ausstattung.

1868 am östlichen Ortsrand als Ersatz für die abgebrochene Schloßkapelle errichtet. – Unverputzter, lisenengegliederter Quaderbau mit einschiffigem, tonnengewölbtem Langhaus und eingezogenem, dreiseitig geschlossenem Chor. Im Westen quadratischer Dachreiter; Obergeschosse mit abgeschrägten Ecken und geschwungenem Spitzhelm. – Fresken wohl aus der Erbauungszeit: in Medaillons Ansichten des abgegangenen Schlosses und der neuen Kapelle sowie Wappen der einzelnen Besitzer. – Figuren: Muttergottes, 2. Hälfte 17. Jh. Hl. Sebastian (angeblich ehemals an einem Seitenaltar der Pfarrkirche in Wolfratshausen) und hl. Georg, beide um 1650/60 und Georg Wunderl zugeschrieben. Kruzifix und Schmerzhafte Muttergottes, um 1760/70, in der Art des Philipp Jakob Rämpl.

Haus Nr. 14. Ehem. Kleinbauernhaus mit Blockbau-Obergeschoß, bez. 1796.

Das Haus wurde 1985/86 saniert; die Erdgeschoßfenster nach altem Vorbild erneuert.

Haus Nr. 28 (Schneiderpeter). Kleinbauernhaus mit Blockbau-Obergeschoß, Brettlaube und Traufbundwerk, 3. Viertel 18. Jh.

Haus Nr. 35 (Wagneranderl). Ehem. Kleinbauernhaus mit Blockbau-Obergeschoß, bez. 1806.

Das Baudatum 1806 befindet sich über der südlichen Tür des Obergeschosses.

Haus Nr. 38. Ehem. Meierhof; Bauernhaus mit Walmdach, Ende 18. Jh.

Im Zuge der Sanierung 1983 wurde der Stallteil zu Wohnzwecken umgebaut.

Hornstein, Kapelle, Inneres nach Osten

Hornstein, Kapelle, Kruzifix und Muttergottes, um 1760/70

Hornstein, Haus Nr. 14, Eingangstür

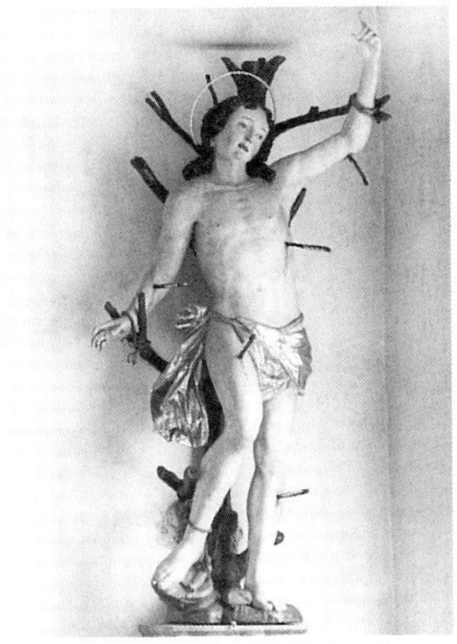

Hornstein, Kapelle, hl. Sebastian, um 1650/60

Hornstein, Kapelle, Muttergottes, 2. Hälfte 17. Jh.

Hornstein, Haus Nr. 28

Hornstein, Haus Nr. 35

Hornstein, Haus Nr. 38

Hornstein, Haus Nr. 14

Moosham

Eglinger Straße 14 (Schultheiß). Kleinbauernhaus mit Laube, Ende 18. Jh.

Eglinger Straße 18 (Sebald). Traufbundwerk am Wirtschaftsteil, Ende 18. Jh.

Eglinger Straße 37. Wieder aufgestellter Bundwerkstadel, bez. 1748, mit eingebautem Getreidekasten, 18. Jh.; nördlich außerhalb des Orts.

Lindenstraße 1 (Kaser). Wohnteil eines Bauernhauses mit Blockbau-Obergeschoß, 2. Hälfte 17. Jh.

Wegkapelle. 2. Viertel 19. Jh.; mit Ausstattung; an der Straße nach Feldkirchen.

Nach Westen gerichteter Rechteckbau am östlichen Ortsrand mit schlichtem Altar der Erbauungszeit.

Neufahrn

Gartenstraße 2 (Winkler). Bauernhaus mit Blockbau-Obergeschoß, Kern 18. Jh., Dach später.

Hauptstraße 12 (Schmotz). Stattliches Bauernhaus mit profilierten Balkenköpfen, Balusterlaube und reich geschnitzter Haustür, um 1800.

Kirchstraße 3. Kath. Filialkirche St. Johannes d.T.; Chorturm und Langhaus 1. Hälfte 15. Jh., wenig später erhöht; mit Ausstattung.

In der 1. Hälfte des 15. Jhs. aus Tuffsteinquadern errichteter Bau, im frühen 16. Jh. vorwiegend in Backstein erhöht. 1977ff. außen, 1980f. innen restauriert. – Das kreuzrippengewölbte Vorzeichen an der Südseite mit Ölberg. Im einschiffigen Langhaus hölzerne Felderdecke. Der eingezogene Rechteckchor mit Kreuzrippengewölbe im Erdgeschoß des unverputzten Satteldachturms.
An der östlichen Langhauswand bei der letzten Restaurierung freigelegte Malereien aus der Mitte des 15. Jhs.: oben Jüngstes Gericht, darunter nördlich Schutzmantelmadonna, südlich Kreuzigung mit den hll. Ursula, Vitus, Barbara, Katharina und Maria Magdalena. – Im Chorbogen spätgotische Sakramentsnische mit altem Eisengitter. – Hochaltar um 1675/80, Aufbau Lukas Herle, die Gottvaterbüste im Auszug Georg Wunderl zugeschrieben; Figuren des Papstes Silvester und der beiden Johannes frühes 16. Jh., später überarbeitet (Abb. S. 234). Seitenaltäre 1980/81 in die Eglinger Sebalduskirche übertragen. – Kanzel Ende 17. Jh. – Rosenkranzmadonna, Ende 17. Jh., Anton Krinner zugewiesen. – Stiftungstafel der Annakapelle, bez. 1647, mit Darstellung der Kapelle am Fuße des Golgathahügels, dazu die Familie Feldkircher und die hll. Sebastian und Helena, darüber der hl. Vitus und Kaiser Konstantin sowie die Muttergottes und Johannes d.T. (Abb. S. 234) – Holzepitaph für Sebastian Feldkircher, Bürger und Holzmeister zu München, und seine Familie, bez. 1637, mit Gemälden der Familie und der hll. Sebastian und Vitus, der Taufe Christi, sowie der Muttergottes und der hl. Anna selbdritt (Abb. S. 234).

Moosham, Eglinger Straße 14

Moosham, Eglinger Straße 18

Moosham, Eglinger Straße 37

Moosham, Lindenstraße 1

Moosham, Wegkapelle

Moosham, Wegkapelle, Altar

Neufahrn, Gartenstraße 2

Neufahrn, Hauptstraße 12, Haustür

Neufahrn, Hauptstraße 12

Neufahrn, Kirchstraße 3, kath. Filialkirche St. Johannes d. T.

Neufahrn, Filialkirche, Inneres nach Osten

Neufahrn, Filialkirche, Inneres nach Westen

Neufahrn, Filialkirche, Wandmalerei südlich am Chorbogen

Neufahrn, Filialkirche, Chor

Neufahrn, Filialkirche, Johannes d. T. im Auszug des Hochaltars

Kapellenweg. Kriegergedächtniskapelle (Annakapelle), 19./20. Jh.; mit Ausstattung.

Eine erste Kapelle wohl 1647 gestiftet, vgl. Stiftertafel in der Kirche. Der heutige, nach Norden gerichtete Bau wohl aus dem 19./20. Jh. – Kleine, durch Fenster mit Eselsrücken belichtete Kapelle nordwestlich der Kirche. Das tonnengewölbte Langhaus vom dreiseitig geschlossenen Chor durch einen breiten Gurtbogen abgegrenzt. Vierseitiger Dachreiter mit Zeltdach. – Im Langhaus leichter Stuck und moderne Fresken. – Auf dem Altar Kruzifix und Schmerzhafte Muttergottes, 2. Hälfte 18. Jh. – Figuren der hll. Sebastian und Leonhard, 2. Hälfte 17. Jh.

Schanzenstraße 4. Stattliches ehem. Bauernhaus, jetzt Gasthaus Voglbauer; mit Blockbau-Obergeschoß, Ende 18. Jh., erneuert.

Der 1988 abgebrannte Dachstuhl wurde erneuert.

Schanzenstraße 7 (Wagner). Wohnteil eines ehem. Bauernhauses, zweigeschossiger Blockbau, 1. Hälfte 18. Jh.

Sog. **Kindswieskapelle.** Origineller, frühneugotischer Bau, gegen Mitte 19. Jh.; mit Ausstattung; 1,5 km südsüdostwärts im Wald gelegen.

Der Mitte des 19. Jhs. in einsamer Waldlage errichtete Bau setzt sich aus dem niedrigen, tonnengewölbten Schiff und dem höheren, von einer Stichkappentonne überwölbten Chor mit fünfseitigem Schluß zusammen. Das Eingangsportal von Pilastern flankiert, darüber halbkreisförmige Öffnung. Auf dem Chor quadratischer Dachreiter mit Zeltdach. Schlichter Altar der Erbauungszeit mit ausgesägten Figuren des Geißelchristus zwischen Anbetungsengeln.

Öhnböck

Wegkapelle. Mitte 19. Jh.; mit Ausstattung; an der Hauptstraße.

Nach Westen gerichteter, tonnengewölbter Rechteckbau unmittelbar an der Nordseite der Durchgangsstraße. Auf der Mensa kleiner Altaraufsatz des frühen 18. Jhs.; Figuren der hll. Joachim und Anna mit dem Marienkind.

Hauptstraße 5 (Murhammer). Stattliches Bauernhaus mit Blockbau-Obergeschoß und reichem Traufbundwerk, letztes Viertel 18. Jh., Dach später.

Sauerlacher Straße 7 (Goss'n). Ehem. Kleinbauernhaus, im Kern Mitte 18. Jh. und 19. Jh.

Sauerlacher Straße 8 (Humpl). Stattliches Bauernhaus mit Blockbau-Obergeschoß, letztes Viertel 18. Jh., Dach später.

Neufahrn, Filialkirche, Papst Silvester am Hochaltar

Neufahrn, Filialkirche, Evangelist Johannes am Hochaltar

Neufahrn, Filialkirche, Epitaph für Sebastian Feldkircher, 1637

Neufahrn, Kirche, Ansicht der Annakapelle, Stiftungstafel von 1647

Neufahrn, Kapellenweg, Kriegergedächtniskapelle (Annakapelle)

Neufahrn, Kriegergedächtniskapelle (Annakapelle), Inneres nach Norden

Neufahrn, Schanzenstraße 4

Neufahrn, Schanzenstraße 7

Neufahrn, Kindswieskapelle

Neufahrn, Kindswieskapelle, Inneres

Öhnböck, Wegkapelle

Öhnböck, Wegkapelle, Inneres

Öhnböck, Hauptstraße 5

Öhnböck, Sauerlacher Straße 7

Öhnböck, Sauerlacher Straße 8

Puppling

Kath. Filialkirche St. Georg. Im Kern wohl spätgotisch, 1690 und Mitte des 18. Jhs. barockisiert; mit Ausstattung.

Im Kern spätgotische Anlage, 1690 (vgl. Datum außen am Chor) und Mitte des 18. Jhs. umgestaltet. 1984ff. restauriert. – Einschiffiger, dreiseitig geschlossener Bau unter Stichkappentonne. Chor durch Pilaster und Gewölbegurt ausgeschieden. Im Westen quadratischer Dachreiter mit Oktogon und Spitzhelm wohl des 19. Jhs. – Die ornamentale Ausmalung des mittleren 18. Jhs. wurde bei der letzten Restaurierung freigelegt und ergänzt. – Hochaltar um 1700 mit Figuren des frühen 16. Jhs.: Muttergottes zwischen den hll. Sebastian und Ursula. Im Auszug Gemälde mit dem Drachenkampf des hl. Georg. – Zierliche Apostelstatuetten, Mitte 18. Jh. – In der oberen Füllung der Eingangstür bäuerliche Darstellung des hl. Georg im Kampf mit dem Drachen, Öl auf Holz, 18. Jh.

Puppling, kath. Filialkirche St. Georg

Puppling, Filialkirche, Detail der Eingangstür

Reichertshausen

Kath. Kapelle St. Koloman. Erbaut 1517; mit Ausstattung; südlich des Orts.

Der einschiffige, netzrippengewölbte Bau mit fünfseitigem Schluß, der einsam südlich des Orts steht, wurde 1517 im Auftrag von Hans Gartner, herzoglicher Mundkoch in München, errichtet. Der barocke Dachreiter im Westen nach 1964 wegen Baufälligkeit abgetragen. – Altar 1640 von dem Schäftlarner Abt Adalbert Steinbacher gestiftet. Die Georg Wunderl zugeschriebenen Figuren ausgelagert: in der Mitte ehemals die hll. Koloman und Anna, seitlich die hll. Rasso und Wolfgang, im Auszug Gottvater. – Bedeutendstes Ausstattungsstück war ein kleiner Hausaltar, der 1517 für Hans Kamer gefertigt, vermutlich 1566 von den Nachkommen des 1526 verstorbenen Hans Gartner nach Reichertshausen gestiftet und 1643 im Auftrag von Lutz Weller restauriert wurde; heute befindet er sich im Freisinger Diözesanmuseum. In der Mitte Relief des Gnadenstuhls; alle anderen Darstellungen gemalt: auf den Flügeln die hll. Cosmas und Damian, in der Predella die Muttergottes zwischen den beiden Johannes und den hll. Judas Thaddäus und Simon, auf der Retabelrückseite Schweißtuch der hl. Veronika. – Eine große Muttergottesfigur des frühen 16. Jhs. steht jetzt auf dem nördlichen Seitenaltar der Pfarrkirche in Thanning.

Haus Nr. 4 (Gabriel). Wohnteil eines ehem. Bauernhauses, Blockbau-Obergeschoß mit Brettbalusterlauben, bez. 1820.

Die Verschalung wurde bei der Instandsetzung 1985 erneuert, der Wohnteil innen umgebaut.

Haus Nr. 11 (Kölbl). Ehem. Bauernhaus mit Blockbau-Obergeschoß, 1. Hälfte 18. Jh., Dach 19. Jh.

Das Gebäude wurde 1986f. saniert, der Balkon erneuert.

Haus Nr. 23 (Thalweber). Einzelhof; Altbau zweigeschossiger Blockbau, 1. Hälfte 18. Jh.

Der Wirtschaftsteil wurde 1984 erweitert, der Altbau 1987 innen verändert.

Puppling, Filialkirche, Inneres nach Osten

Puppling, Filialkirche, Muttergottes im Altar

Puppling, Filialkirche, hl. Sebastian am Altar

Puppling, Filialkirche, hl. Ursula am Altar

Reichertshausen, Kapelle, Inneres nach Osten

Freising, Diözesanmuseum, Hausaltar von 1517, ehemals in der Kapelle von Reichertshausen

Reichertshausen, Kapelle, Hochaltar, Aufnahme von 1983

Reichertshausen, kath. Kapelle St. Koloman

Reichertshausen, Haus Nr. 4

Reichertshausen, Haus Nr. 11

Reichertshausen, Haus Nr. 23

Sachsenhausen

Weilerkapelle. 2. Hälfte 17. Jh.; mit Ausstattung.

Nach Norden gerichteter, kreuzgratgewölbter Rechteckbau mit moderner Ausmalung. Im Altar der Erbauungszeit Kopie des Innsbrucker Maria-Hilf-Bildes (von Lukas Cranach).

Hornsteiner Straße 3 (Zotz). Bauernhaus mit Blockbau-Obergeschoß, 2. Viertel 18. Jh.

Das Bauernhaus wurde 1983 saniert, der Wirtschaftsteil umgebaut.

Schallkofen

Weilerkapelle. Ende 17. Jh.; mit Ausstattung.

Einschiffiger, segmentbogig geschlossener Bau am westlichen Ortsrand; im Langhaus Stichkappentonne, der Chor flachgewölbt. Quadratischer Dachreiter mit Zeltdach. – Die bäuerliche Ausmalung des 19./20. Jhs. nur mehr fragmentarisch erhalten. – Altar der Erbauungszeit mit Gemälde der Muttergottes von 1947.

Siegertshofen

Kirchweg 4. Kath. Kapelle St. Elisabeth; stattlicher, spätgotischer Bau, um 1797 barockisiert; mit Ausstattung.

Spätgotische, um 1797 veränderte Kapelle. 1972 außen, 1978 innen restauriert. – Das einschiffige, dreijochige Langhaus und der eingezogene, dreiseitig geschlossene Chor unter gedrückter Stichkappentonne. Im Westen verschindelter, quadratischer Dachreiter mit Zwiebelhaube. – Bäuerliche Fresken 1797 von Joseph Ströbele, stark erneuert: in runden und ovalen Bildfeldern religiöse Symbole und Emblemata. – Hochaltar Ende 18. Jh. unter Verwendung von Teilen des ausgehenden 17. Jhs.; in der Mitte Figurengruppe der hl. Elisabeth mit dem Bettler und einem Engel, außen neben den Säulen die Pestheiligen Sebastian und Rochus. – Gemälde der Immaculata, 1. Hälfte 18. Jh., Kreuzweg, 1. Hälfte 19. Jh. – Hl. Elisabeth, um 1500, vor allem im Kopfbereich kräftig überarbeitet. Kruzifix und Schmerzhafte Muttergottes, um 1630. Apostelstatuetten, wohl Mitte 18. Jh.

Thanning

Amtmannstraße 4. Ehem. Armenhaus; unveränderter, zweigeschossiger Blockbau, 17./18. Jh.

Das Haus wurde 1983 instandgesetzt.

Gräfin-Justitia-Straße 4 (Maurer). Wohnteil eines Bauernhauses mit verschaltem Giebel, Kern 3. Viertel 17. Jh.

Gräfin-Justitia-Straße 5 (Kalman). Wohnteil eines ehem. Bauernhauses, unveränderter, zweigeschossiger Blockbau, Ende 17. Jh.

Hauptstraße 12 (Schopfhäusl). Ehem. Kleinbauernhaus mit Blockbau-Obergeschoß, Traufbundwerk und Brettbalusterlaube, Mitte 18. Jh.

Sachsenhausen, Weilerkapelle

Sachsenhausen, Weilerkapelle, Inneres nach Norden

Sachsenhausen, Hornsteiner Straße 3

Schallkofen, Weilerkapelle

Schallkofen, Weilerkapelle, Inneres

Siegertshofen, Kapelle, Inneres nach Westen

Siegertshofen, Kirchweg 4, kath. Kapelle St. Elisabeth

Siegertshofen, Kapelle, Inneres nach Osten

Siegertshofen, Kapelle, hl. Elisabeth, um 1500

Siegertshofen, Kapelle, hl. Antonius Eremita am Altar

Siegertshofen, Kapelle, Mittelgruppe des Altars

Siegertshofen, Kapelle, hl. Thomas, Mitte 18. Jh.

Thanning, Amtmannstraße 4

Thanning, Gräfin-Justitia-Straße 4

Thanning, Gräfin-Justitia-Straße 5

Thanning, Hauptstraße 12

Hauptstraße 14. Kath. Pfarrkirche St. Peter und Paul; Chorturm spätromanisch, sonst Neubau 1786/87 von Peter Reiser; mit Ausstattung.

Nach einem Brand am 12.August 1754, der Kirchenschiff und Pfarrhaus vernichtete, lieferte der Münchener Maurermeister Lorenz Sappel Überschlag und Risse, doch konnte er 1757/58 bzw. 1760 zusammen mit Balthasar Trischberger und dem Palier Johann Pernlocher lediglich den Pfarrhof mit Stadel wiederaufbauen. Von dem damals weitgehend unversehrt gebliebenen spätromanischen Chorturm blieb nach Blitzschlag 1785 nur mehr der mächtige, in regelmäßigem Tuffquaderverband errichtete Unterbau erhalten. Dieser wurde beim Neubau von Langhaus und Chor 1786/87 durch Peter Reiser erhöht. Weihe 1790. Restaurierung 1986f. – Außen gemalte Eckrustika. Am quadratischen Teil des Turms Rundbogenfriese; nach unten gezogene Segmentbögen leiten zu dem wirkungsvollen, an den Ecken abgeschrägten Aufsatz wird, der von einer lebhaft geschwungenen Laternenkuppel bekrönt wird. – Geräumiger, pilastergegliederter Saalbau mit flachen Stichkappentonnen und wenig eingezogenem, innen dreiseitig, außen wegen des anstoßenden Turms gerade geschlossenen Chor.
Fresken 1902 von Kaspar Schleibner, bez.; 1969 von Michael P.Weingartner überarbeitet und teilweise neu gemalt. Chor: Glorie der Titelheiligen. Langhaus: Szenen aus dem Leben und Martyrium der Apostelfürsten. – Altäre und Kanzel vielleicht von Franz Edmund Doll, der die Kirche 1787 ausstuckiert hatte. Möglicherweise führte aber auch Franz Xaver Sporer die Altäre aus, da er hierfür 1790 einen Kostenvoranschlag geliefert hat. – Der sechssäulige, kreisförmig nach vorne ausgreifende Hochaltar mit Figuren des hl. Johann Nepomuk und des sel.Gamelbert, der im 8. Jh. Pfarrer von Michaelsbuch bei Metten in Niederbayern war und dessen Kult erst 1909 offiziell erlaubt wurde; außerdem Büsten der hll. Korbinian und Benno. Tabernakel 1904 von Joseph Scheel, Joseph Schmid und Joseph Kömpel nach einem Tabernakel in der Klosterkirche Ebrach; Figuren eines hl. Bischofs und des hl. Benno frühes 18. Jh. Gemälde: Christus mit den Aposteln, 1969 von Weingartner. – Seitenaltäre: nördlich große Muttergottes, vor allem in der Gewandbehandlung beachtliche Schnitzarbeit des frühen 16. Jhs., ehemals in der Kolomanskapelle zu Reichertshausen; südlich hl. Sebastian, aus der Erbauungszeit. – Kanzel in spätesten Rokokoformen. – Taufbecken 1787ff. – Gemälde: Maria als Braut des Hl. Geistes und hl. Joseph, Mitte 18. Jh. Votivbild von 1802. – Kreuzwegreliefs, um 1902, aus der Mayerschen Kunstanstalt in München.

Hauptstraße 24 (Ungelder). Barockportal mit Architekturrahmung, um 1700.

Thanning, Hauptstraße 14, kath. Pfarrkirche St. Peter und Paul

Thanning, Pfarrkirche, Muttergottes im nördlichen Seitenaltar

Thanning, Pfarrkirche, Inneres nach Osten

Thanning, Pfarrkirche, Inneres nach Westen

Thanning, Pfarrkirche, Maria als Braut des Hl. Geistes, Mitte 18. Jh.

Thanning, Pfarrkirche, hl. Joseph, Mitte 18. Jh.

Thanning, Hauptstraße 24, Portal

Hauptstraße 26 (Wagner). Wohnteil eines Bauernhauses mit Laube, um 1830/40.

Schmiedbergstraße 4 (Stoadickl). Bauernhaus, zweigeschossiger Blockbau mit Traufbundwerk und Brettlaube, 1. Hälfte 18. Jh.

Schulstraße 1 (Meser). Ehem. Kleinbauernhaus mit alten Fenstern, Kern Mitte 18. Jh.

Schulstraße 2. Ehem. Schule; Walmdachbau in reduziert-historisierenden Formen, um 1910, mit Satteldachanbau als Lehrerwohnung.

Schulstraße 4. Ehem. Kleinbauernhaus, zweigeschossiger Blockbau, letztes Viertel 18. Jh.

Weiherweg 1 (Kauper). Ehem. Bauernhaus mit Blockbau-Obergeschoß, Mitte 18. Jh. – Kleiner, angebauter Getreidekasten, 18. Jh.

Weihermühle

Kath. Kapelle Mariä Heimsuchung. Um 1700; mit Ausstattung.

Nach Süden gericheter, einschiffiger Bau mit Tonnengewölbe und dreiseitigem Schluß. Im Norden sechsseitiger Dachreiter mit Spitzhelm. – Altar der Erbauungszeit mit Gemälde der Muttergottes.

Archäologische Denkmäler

Gemarkung Deining

TK 8034; Flurkarte SW 10-03; Flur „Edelbuchholz".
Ein SSW-NNO orientiertes, beigabenloses *Körpergrab*; vermutlich vorgeschichtlich.
Ca. 1300 m südwestlich der Kirche von Deining.

TK 8034; Flurkarte SW 09-04.
Burgstall am oberen Rand der östlichen Isarterrasse. Viereckiges, im Osten überbautes Kernwerk von etwa 70 x 100 m Größe. Kurze, sehr steile Abfälle nach Westen, Osten und Norden, nach Süden ebenes Hinterland. Abriegelung nach Süden durch einen tiefen Graben, davor möglicherweise ein zweiter, von dem nur noch ein kurzes Stück erhalten ist. Die südliche Begrenzung einer von der Topographie des Platzes her möglichen Vorburg wäre bei der Kapelle von Hornstein zu suchen. Spuren einer plateauübergreifenden Befestigungslinie sind im Gelände jedoch nirgends anzutreffen.
Ca. 325 m nordnordöstlich der Kapelle von Hornstein.

TK 8034; Flurkarte SW 10-03; Flur „Edelbuchholz".
Ein mittelgroßer, intakter, vorgeschichtlicher *Grabhügel* am südwestlichen Ende des Deininger Filzes.
Ca. 1450 m nordöstlich der Kirche von Ergertshausen.

Thanning, Pfarrkirche, Votivbild von 1802 mit Ortsansicht

Thanning, Hauptstraße 26

Thanning, Schmiedbergstraße 4

Thanning, Schulstraße 1

Thanning, Schulstraße 2

Thanning, Schulstraße 4

Thanning, Weiherweg 1

Weihermühle, kath. Kapelle Mariä Heimsuchung

Weihermühle, Kapelle, Inneres nach Süden

Deining, überbauter Burgstall mit Graben im Süden

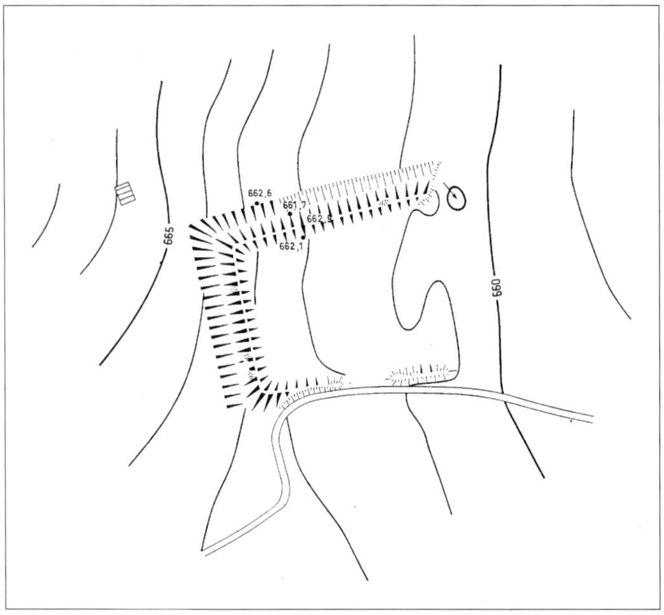

Deining, keltische Viereckschanze, topographische Aufnahme von 1950

TK 8034; Flurkarte SW 10-03; Flur „Bibergerin".
Keltische *Viereckschanze* auf einer Höhe über der östlichen Isarterrasse. Stark zerstörte, leicht trapezförmige Anlage mit etwa 50 und 70 m Seitenlänge; mäßig bis kräftig geböschte Wallzüge im Westen und Norden, stark veränderte und ganz abgetragene im Süden und Osten. Der vorgelegte Graben ist im Norden und Westen gut erhalten, sonst verebnet. Die Torlücke liegt im Süden.
Ca. 1200 m südwestlich der Kirche von Deining.

TK 8034; Flurkarte SW 10-03; Flur „Ergertshauser Weg".
Ein Ost-West orientiertes spätrömisches *Körpergrab*; als Beigabe ein Lavezgefäß.
Ca. 800 m südsüdwestlich der Kirche von Deining.

TK 8034; Flurkarte SW 09-03; Flur „Hornsteiner Weg".
Zwischen 1960 und 1970 mehrere frühmittelalterliche *Körpergräber* zerstört; eine Bestattung mit Beigaben geborgen.
Ca. 450 m südwestlich der Kirche von Deining.

TK 8034; Flurkarte SW 10-03.
Luftbildbefund mit undeutlichen Strukturen; möglicherweise verebnete vorgeschichtliche *Grabhügel.*
Ca. 1400 m nördlich der Kirche von Ergertshausen.

TK 8035; Flurkarte SW 09-03.
Luftbildbefund mit zwei Erhebungen; möglicherweise vorgeschichtliche *Grabhügel.*
Ca. 700 m nordnordwestlich der Kirche von Deining.

Gemarkung Egling

TK 8034; Flurkarte SW 10-03.
Weitgehend verebnete keltische *Viereckschanze* in flach nach Osten einfallendem Gelände; Innenraum ca. 65 x 100 m groß. Die einstigen Wallzüge werden im Westen, Norden und Osten durch kaum mehr kenntliche Wallreste markiert; deutlichere Wallreste mit geringer Innenböschung im Süden, wo auch ein seichter Graben erhalten ist. Auf Luftbildern sind neben den Resten von Wall und Graben auch einige Gruben zu sehen.
Ca. 800 m westsüdwestlich der Kapelle von Dettenhausen.

TK 8035; Flurkarte SW 11-03.
Mehrere beigabenlose, möglicherweise frühmittelalterliche *Körpergräber*; darunter ein Tuffplattengrab.
Am Westrand von Egling.

TK 8035; Flurkarte SW 11-03.
Frühmittelalterliches *Gräberfeld.* Über 100 Bestattungen durch Kiesabbau weitgehend zerstört, nur wenige Beigaben geborgen.
Ca. 280 m nordnordwestlich der Kirche von Egling.

TK 8035; Flurkarte SW 10-02; Flur „Stockleithen".
Ein mittelgroßer vorgeschichtlicher *Grabhügel* an einem zum Deininger Filz gerichteten Wasserlauf.
Ca. 1350 m südöstlich der Kirche von Deining.

TK 8035; Flurkarte SW 11-03.
Weitgehend verebnete vorgeschichtliche *Grabhügel* im Luftbild.
Ca. 1400 m südlich der Kirche von Egling.

Gemarkung Endlhausen

TK 8035; Flurkarte SO 11-01; Flur „Attenhamerin", „Gern" u. „Buchet".
Vorgeschichtliches *Grabhügelfeld* mit mehr als 90 kleinen bis mittelgroßen Hügeln in lockerer Streuung. 9 Gräber auf Gemarkung Baiernrain, die übrigen auf Gemarkung Endlhausen (Gemeinde Dietramszell).
Ca. 550 m nordnordöstlich der Kapelle von Fraßhausen.

TK 8035; Flurkarte SO 10-01.
Keltische *Viereckschanze* in flach nach Nordosten geneigtem Gelände. Vorzüglich erhaltene, ca. 110 x 130 m große Wallgrabenanlage; Wallhöhe nach außen zum Graben noch 4 m, nach innen noch 2 m. Eine 6 m breite Torlücke befindet sich im Osten.
Ca. 900 m südlich der Kirche von Endlhausen.

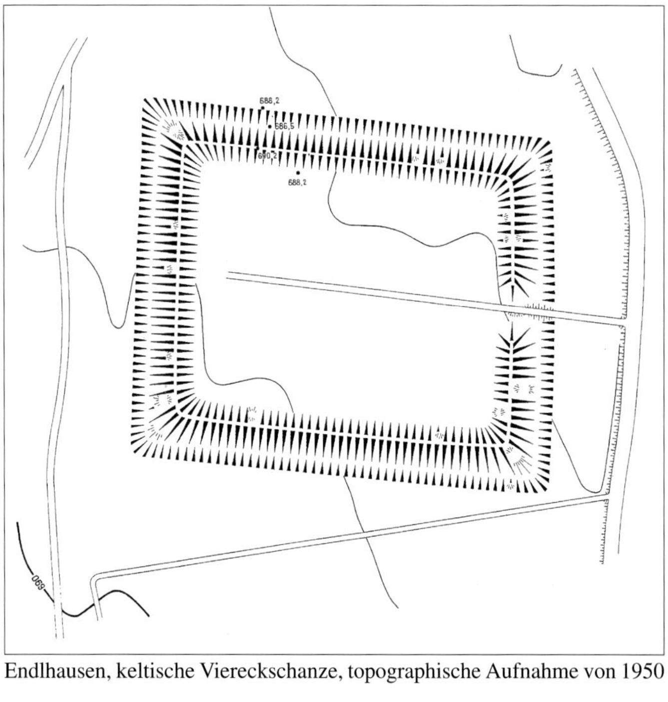

Endlhausen, keltische Viereckschanze, topographische Aufnahme von 1950

Egling, keltische Viereckschanze mit verebnetem Wall und Graben

Egling, vorgeschichtliche Grabhügel, erkennbar als leichte Erhebungen im Schnee

TK 8035; Flurkarte SW 10-01.
Zwei *Körpergräber* (ein Erwachsener, ein Kind) zerstört; Zeitstellung unbekannt.
Ca. 300 m westnordwestlich der Kirche von Eulenschwang.

TK 8035; Flurkarte SW 10-01; Flur „Schanzberg".
Reste einer vermutlich mittelalterlichen Befestigung; vielleicht *Burgstall.*
Ca. 150 m nördlich Endlhausen.

TK 8035; Flurkarte SO 10-01; Flur „Biberger Feld".
Verebnete vorgeschichtliche *Grabhügelgruppe* im Luftbild.
Ca. 350 m nördlich der Kirche von Endlhausen.

TK 8035; Flurkarte SW 10-01.
Undeutlicher Luftbildbefund; möglicherweise verebnete vorgeschichtliche *Grabhügel.*
Ca. 700 m nordwestlich der Kirche von Endlhausen.

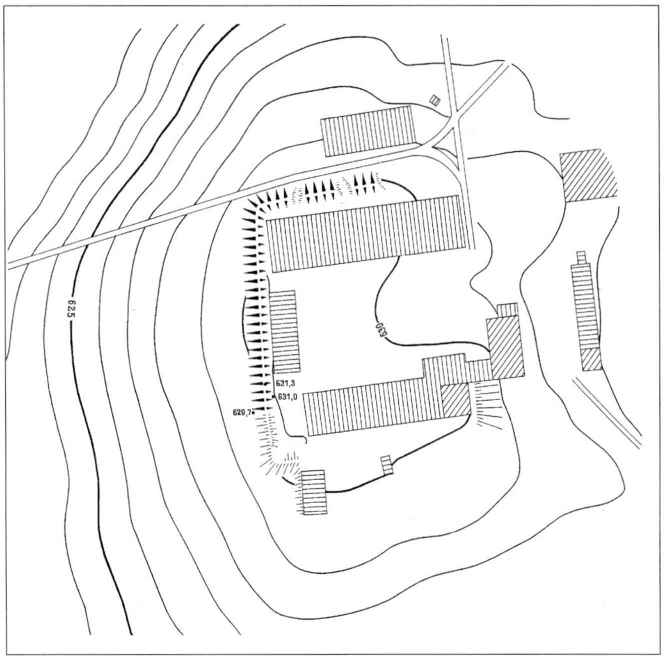

Ergertshausen, Reste der vom Riedhof überbauten keltischen Viereckschanze, topographische Aufnahme von 1950

Gemarkung Ergertshausen

TK 8034; Flurkarte SW 11-04.
Keltische *Viereckschanze* auf einer flach gewölbten Geländekuppe der östlichen Isarterrasse. Fast vollständig zerstörte, ehemals rechteckige Anlage (ca. 65 x 80 m). An der Nordwestecke treffen sich ein noch 35 m langer Rest des nach Osten weisenden Wallschenkels und ein noch 60 m langer nach Süden gerichteter Wallschenkel von jeweils geringer Höhe.
Um den Riedhof herum.

TK 8034; Flurkarte SW 11-04.
Frühmittelalterliche *Körpergräber* mit wenigen Beigaben sowie nahe der Kirche zwei Tuffplattengräber, die vermutlich zum gleichen Gräberfeld gehören.
Ca. 150 m nördlich der Kirche St. Georg in Puppling.

TK 8034; Flurkarte SW 10-04.
Ein vermutlich frühmittelalterliches *Tuffplattengrab* mit drei Bestattungen; keine Beigaben.
Südlich der Kapelle in Sachsenhausen.

TK 8034; Flurkarte SW 10-03.
Weitgehend verebnete vorgeschichtliche *Grabhügel* im Luftbild.
Ca. 700 m nördlich der Kirche von Ergertshausen.

TK 8034; Flurkarte SW 10-04.
Weitgehend verebnete vorgeschichtliche *Grabhügelgruppe* im Luftbild.
Ca. 600 m nördlich der Kirche von Ergertshausen.

Gemarkung Moosham

TK 8035; Flurkarte SW 12-01 u. SW 12-02.
Weitgehend verebnete keltische *Viereckschanze* im Luftbild.
Ca. 950 m südsüdwestlich der Kirche von Feldkirchen.

Gemarkung Neufahrn

TK 8034; Flurkarte SW 11-04 u. SW 12-04; Flur „Brünn".
Keltische *Viereckschanze* in einer weiten Geländemulde; Innenraum ca. 130 x 180 m groß. Durchgehend erhaltener, steil geböschter Wall und Graben im Westen (Wallabfall nach innen über 2 m, nach außen über 3 m; Differenz zwischen Grabenrand und Grabensohle noch 1,2-2,5 m). Im Norden und Süden mehrfach unterbrochene oder an der Innenseite abgeschürfte Wallzüge, die von geringen Grabenresten begleitet werden. Die Torlücke liegt im Osten und ist auf etwa 20 m erweitert. Wall und Graben sind im Westen gut erhalten, sonst weitgehend verebnet.
Ca. 1125 m südsüdwestlich der Kirche von Neufahrn.

TK 8034; Flurkarte SW 11-03.
Luftbildbefund mit undeutlichen Strukturen; möglicherweise Spuren einer vorgeschichtlichen *Siedlung.*
Ca. 700 m südöstlich der Kirche von Neufahrn.

Gemarkung Thanning

TK 8035; Flurkarte SW 10-02; Flur „Beim großen Moos".
Turmhügel im Frauenholz auf einer östlich vom Deininger Filz gelegenen Höhe; mäßig geneigte Hänge an drei Seiten, flach ansteigendes Terrain nach Nordnordosten. Kreisförmiges Kernwerk (Dm. 20 m) mit eingemuldeter Mitte, welches das Umland geringfügig überragt. Der Graben ist an der Innenseite noch 1,5 m, an der Außenseite noch 1,0 m tief und weist im südöstlichen Bereich größere Zerstörungen auf.
Ca. 650 m nördlich der Kirche von Aufhofen.

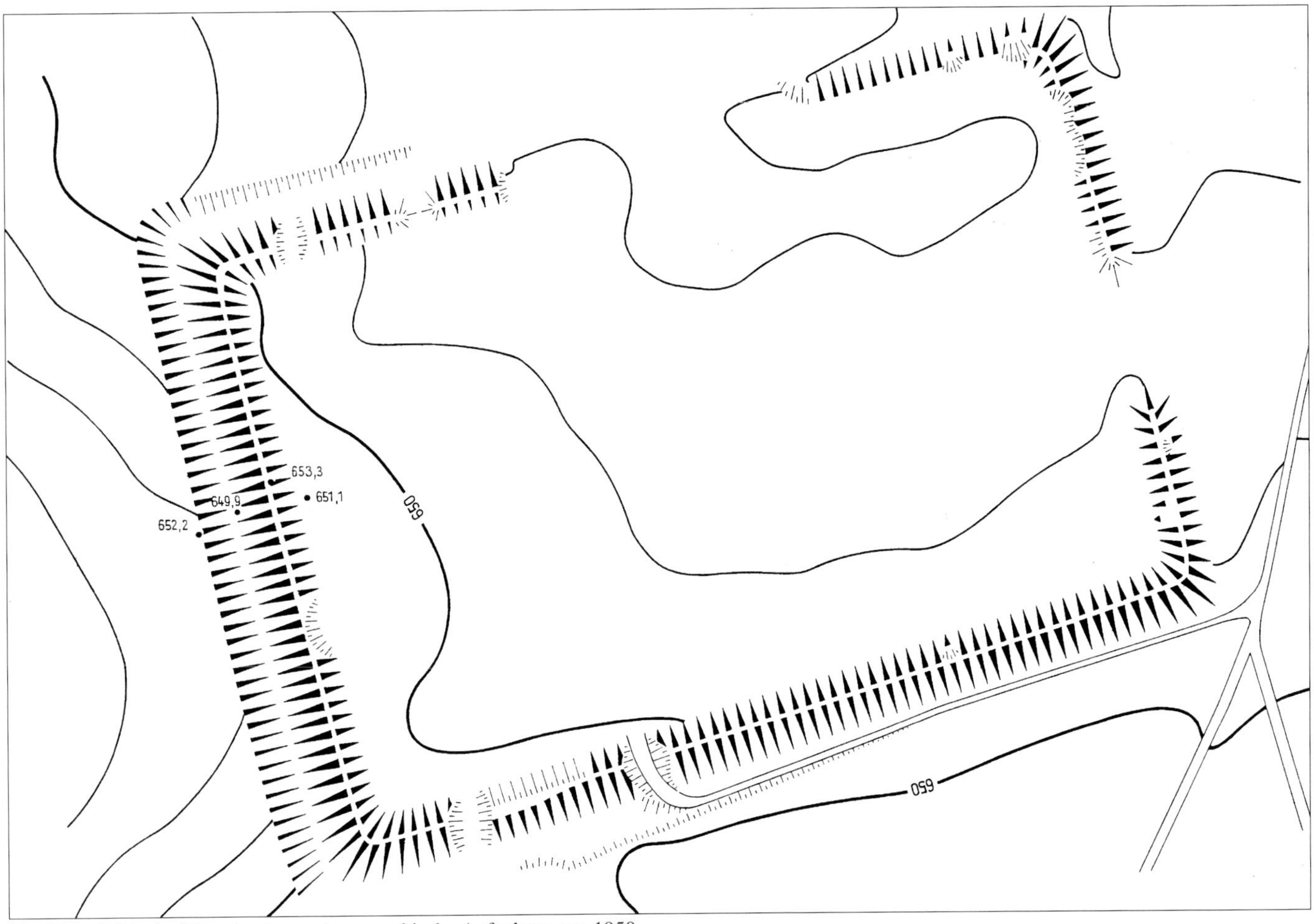

Neufahrn, keltische Viereckschanze, topographische Aufnahme von 1950

Neufahrn, keltische Viereckschanze

Ansicht von Schloß Eurasburg, Kupferstich von Michael Wening, 1701

Gemeinde Eurasburg

Baudenkmäler

Eurasburg

Albert-von-Iring-Straße 1 (Ochsen). Ehem. Kleinbauernhaus, Wohnteil zweigeschossiger Blockbau, 2. Viertel 18. Jh., Dach später.

Am Schloßberg. Schloß Eurasburg, mit ehem. Kapelle; erbaut 1626-30 von Peter Candid, 1908 die neugotischen Zutaten von 1866 beseitigt und die Seitengiebel wiedererrichtet, nach Brand 1976 wiederaufgebaut. – Nebenflügel mit Pferdestallung und Kegelbahn, 1905. – Ummauerung und Tore.

Die ehem. Burg der schon 833 genannten Iringer wird 1121 als Iringesburg erstmals urkundlich erwähnt und kommt nach dem Erlöschen dieses Geschlechts 1322 durch Heirat an die Thorer, die wie ihre Vorgänger in der Historie der Gegend eine wichtige Rolle spielten. 1609 an Herzog Wilhelm V. verkauft, ging die mittelalterliche Anlage 1612 an Christoph Ulrich von Elsenheim über, von dem sie 1622 der Bruder des späteren Kurfürsten Maximilian I., Herzog Albrecht VI., gen. der Leuchtenberger, erwarb. Dieser ließ die verfallenen Gebäude abbrechen und 1626-1630 weiter östlich das heutige Schloß, angeblich nach Plänen von Peter Candid, neu errichten. Seit dem späten 17. Jh. häufiger Besitzerwechsel: 1698-1734 Bessol, 1734-1760 Herwarth, 1760-1773 Schrenk, 1773-1778 Lerchenfeld, 1778-1812 Gumppenberg, 1812-1858 Barth von Harmating, 1858-1863 Joseph Schweyer.

Eurasburg, Albert-von-Iring-Straße 1

Ansicht von Schloß Eurasburg, Gemälde des frühen 18. Jhs. in Schloß Harmating, Gde. Egling

Eurasburg, Luftaufnahme des Schlosses und der Kirche von Nordosten, 1983

Ansicht der mittelalterlichen Burg Eurasburg, Zeichnung von Paul Daehne, 1922

1866 unter Karl Freiherr von Beck Umgestaltung in neugotischen Formen und Beseitigung der Seitengiebel. 1887 kaufte der Regierungsrat Philipp Pfister das Schloß, von dessen Witwe es 1890 der Fabrikbesitzer und Mitbegründer der Isartalbahn Georg Käß erwarb. 1908 Wiederherstellung des ursprünglichen Zustands durch den Ulmer Münsterbaumeister Karl Bauer, der als „Hausarchitekt“ der Käß-Tochter, Maria Gräfin von Tattenbach, fungierte; vgl. die Jahreszahlen über den ädikulagerahmten Ostportalen. 1922ff. im Besitz von Kurt Wolf. In der Nacht zum 1.Januar 1976 Zerstörung bis auf die Außenmauern durch einen verheerenden Brand; danach Wiederaufbau und Aufteilung in Einzelwohnungen.

Ansehnlicher Spätrenaissancebau in weithin sichtbarer Lage hoch über dem Westufer der Loisach. Die dreigeschossige talseitige Fassade wird durch einen in der Mitte vortretenden breiten Turm betont und von zwei schlankeren achteckigen Türmen mit geschwungenen Hauben eingefaßt. Die nur zweigeschossige bergseitige Fassade flankieren zwei kurze Flügel mit Volutengiebeln im Westen; die großen Pfeilerarkaden im Erdgeschoß des Haupttraktes sind wohl auf eine der späteren Veränderungen zurückzuführen. – Im Innern schließen sich an einen durchgehend von Norden nach Süden verlaufenden Gang gegen Osten die Zimmer an. Im Erdgeschoß sind zwei Brunnen aus der Erbauungszeit erhalten sowie die in der Mitte gelegene ehem. Schloßkapelle St. Katharina, ein durch zwei Geschosse gehender, einschiffiger Raum mit fünfseitig geschlossenem Chor im Mittelturm. An der Stichkappentonne qualitätvolle Stukkaturen, bez. 1630 über dem Chorbogen. – Über der Kapelle befand sich ein querrechteckiger, durch den polygonalen Turmerker nach Osten erweiterter Saal, dessen Ausstattung 1976 durch

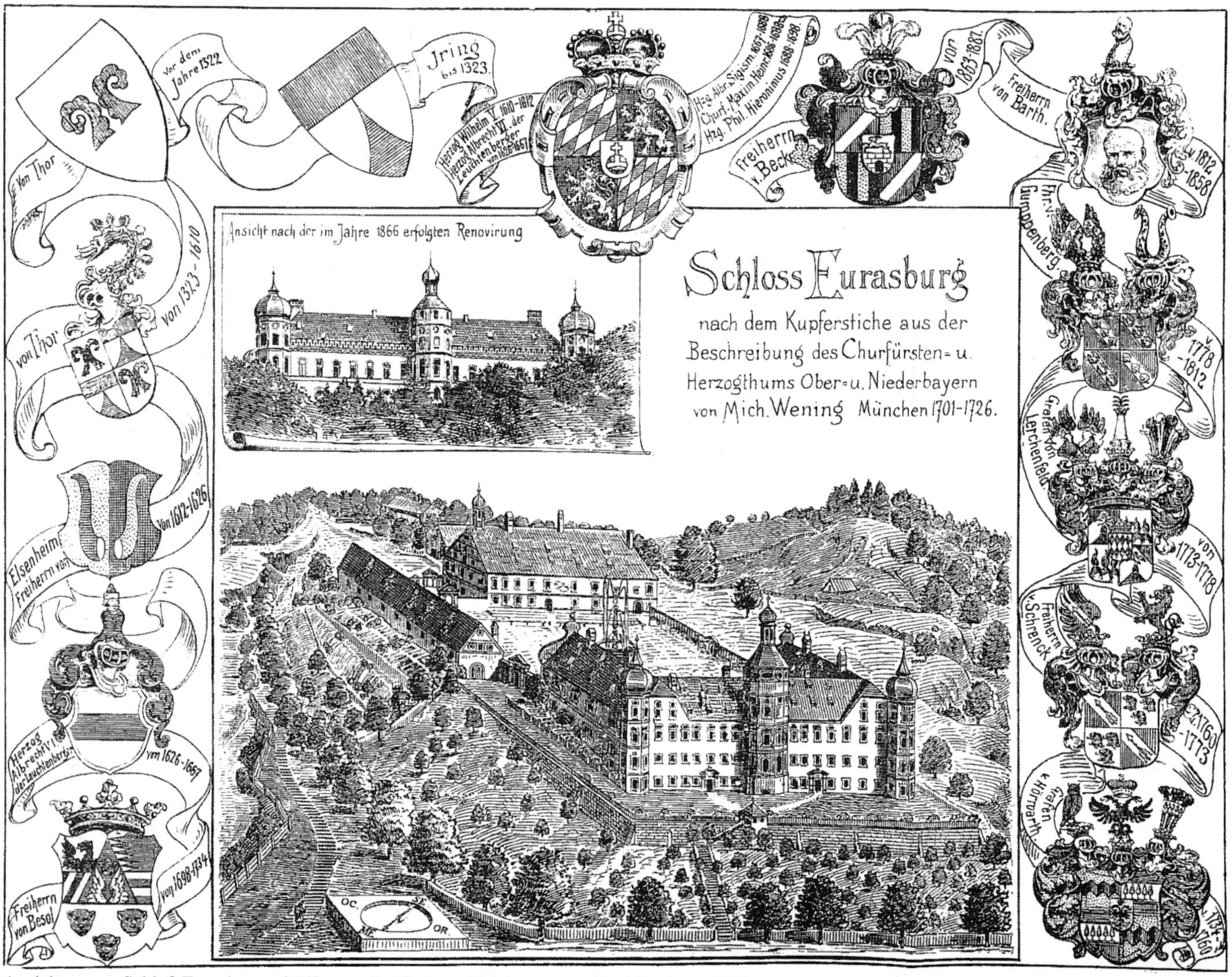

Ansichten von Schloß Eurasburg mit Wappen der Besitzer, Zeichnung von Paul Daehne, 1922

Eurasburg, Am Schloßberg, Schloß, Ansicht von Nordosten

Eurasburg, Schloß, Ansicht von Nordwesten

Eurasburg, Schloß, Nordostabschnitt

Eurasburg, Schloß, Nordostportal

Eurasburg, Schloß, Gang im Erdgeschoß nach Norden

Eurasburg, Schloß, Brunnen im Erdgeschoßgang

Eurasburg, Schloß, ehem. Kapelle nach Westen

Eurasburg, Schloß, ehem. Kapelle, Gewölbe

Eurasburg, Schloß, Schnitt von ehem. Kapelle und ehem. Festsaal sowie Grundriß des 2. Obergeschosses

Eurasburg, Schloß, ehem. Festsaal, Kachelofen, 1976 zerstört

den Brand völlig vernichtet wurde. In die flache Kassettendecke mit schräger Laibung waren Tafelbilder eingelassen, die der Münchener Hofmaler Johann Briederl 1630/32 ausgeführt hatte. Sie zeigten in den Hauptfeldern einen Samson-Zyklus (Kampf mit dem Löwen und den Philistern, Einsturz des Hauses der Philister und Raub der Stadttore von Gaza) und in den Schrägen die Artes liberales und Wappen.
Das neubarocke Nebengebäude südwestlich des Schlosses dürfte 1905 ebenfalls Karl Bauer entworfen haben.

Eurasburg, Am Schloßberg, Nebengebäude des Schlosses

Ansicht des Nebengebäudes von Schloß Eurasburg, Zeichnung von Paul Daehne, 1922

Eurasburg, Am Schloßberg, Tor und Ummauerung des Schlosses

Eurasburg, Schloß, ehem. Festsaal, Mittelteil der Decke mit Gemälde (Samsons Kampf mit den Philistern), 1976 zerstört

Eurasburg, Schloß, ehem. Festsaal, Decke im Erker mit Gemälde (Samson raubt die Tore von Gaza), 1976 zerstört

Eurasburg, Schloß, ehem. Festsaal, Südteil der Decke mit Gemälden (u.a. Samsons Kampf mit dem Löwen), 1976 zerstört

Eurasburg, Schloß, ehem. Festsaal nach Norden, 1976 zerstört

Am Schloßberg 9 (Leichtle). Kleinbauernhaus mit Flachsatteldach, Laube und Brettbalustern, im Kern 2. Hälfte 18. Jh.

Am Schloßberg 13. Kleinhaus, z.T. zweigeschossiger Blockbau, im Kern 2. Hälfte 17. Jh.

Birkenallee 1 (Ellbacher). Kleinbauernhaus mit Blockbau-Obergeschoß, Traufbundwerk und rückseitiger Hochtenne, 2. Viertel 18. Jh.

Graf-Tattenbach-Weg. Kath. Schloßkirche Mariä Empfängnis; erbaut 1908/09 von Architekt Karl Bauer; mit Ausstattung.

Der vorzügliche neubarocke Bau wurde 1908/09 nach Plänen des Ulmer Münsterbaumeisters Karl Bauer von Ludwig Debold auf einem Bergsporn südlich gegenüber dem Schloß errichtet. Stifterin war Maria Gräfin von Tattenbach (1867-1947) zum Andenken an ihren Vater, Kommerzienrat Käß aus Augsburg. – Der genordete Chor ist außen durch Lisenen gegliedert. Eingänge in aufwendiger Ädikularahmung nach Rissen von Joseph Köpf, der auch die steinerne Muttergottes in der Nische des Südgiebels schuf. Darüber leiten seitliche Voluten zum quadratischen Dachreiter über, den ein kraftvolles Oktogon mit Zwiebelhaube bekrönt. An der Ostseite große Kreuzigungsgruppe, von Köpf, bez. – Der Innenraum wirkt geräumig und nobel und wird durch hochsitzende, oben und unten eingezogen rundbogige Fenster belichtet. Das einschiffige Langhaus vor dem nicht eingezogenen, dreiseitig geschlossenen Chor durch schmale, tonnengewölbte Kapellen kreuzförmig erweitert. Südempore.

Stuck im Wessobrunner Stil des ausgehenden 17. Jhs., von J. Schuler nach Entwürfen von Köpf; über dem Chorbogen das Ausstattungsdatum 1909. – Glasgemälde der Fenster von Franz Xaver Zettler. – Altäre von Georg Saumweber nach Modellen von Köpf. Die Gemälde stammen von bedeutenden Vertretern der Münchener Akademie in dieser Zeit. Hochaltar: Sacra Conversazione mit den hll. Maximilian und Karl Borromäus, von Ludwig Glötzle. Seitenaltäre: westlich hl. Georg mit dem Drachen, von Kaspar Schleibner; östlich (Bruderschaftsaltar) Verurteilung des hl. Johann Nepomuk, von Bonifaz Locher. Die Bronzereliefs und Bildhauerarbeiten des Hochaltars führte Philipp Widmer aus, die Figuren der Apostelfürsten schnitzte Max Heilmaier. – Ungewöhnlich aufwendige Marmorkanzel in Formen der italienischen Renaissance nach Entwurf von Widmer. – Modell zum Orgelgehäuse von Köpf. – Gestühl von Karl Port. – Verlobung der hl. Katharina, darunter die hll. Franziskus und Ignatius, ehem. Altarblatt der Schloßkapelle St. Katharina, um 1600 von Christoph Schwarz. Hl. Johann Nepomuk, um 1730/40. Kreuzweg, 1771, ehemals in der alten Schloßkapelle, 1909 durch Karl Port zu Dreiergruppen zusammengefaßt. – Kruzifix, Holz, gefaßt, Mitte 17. Jh.; Assistenzfiguren Anfang 18. Jh.

Eurasburg, Am Schloßberg 9

Eurasburg, Am Schloßberg 13

Eurasburg, Birkenallee 1

Eurasburg, Graf-Tattenbach-Weg, kath. Schloßkirche Mariä Himmelfahrt

Eurasburg, Schloßkirche, Kreuzigungsgruppe, 1909

Eurasburg, Schloßkirche, Inneres nach Norden

Eurasburg, Schloßkirche, Inneres nach Süden

Eurasburg, Schloßkirche, östlicher Seitenaltar und Kanzel

Eurasburg, Schloßkirche, Stuhlwange

Eurasburg, Schloßkirche, ehem. Altarbild, um 1600 von Christoph Schwarz

Hauptstraße/Beuerberger Straße. Gotisierender Säulenbildstock, Tuffstein, 1634.

Die steinerne Säule wurde 1634 zur Erinnerung an die Pest während des Dreißigjährigen Kriegs aufgestellt.

Hauptstraße 2 (Diesl). Heiligenfresko, Mitte 18. Jh.

Das um 1750/60 entstandene Giebelfresko zeigt den hl. Aloisius.

Hauptstraße 9 (Schmied). Wohnhaus mit Flachsatteldach, verschaltem Vordach und umlaufender Laube, 1. Viertel 18. Jh.

Hauptstraße 19 (Hirschberger). Ehem. Kleinbauernhaus, zweigeschossiger Blockbau mit verbretterter Laube, im Kern 2. Hälfte 17. Jh., Kniestock und Flachsatteldach Ende 18. Jh.

Hauptstraße 27. Ehem. Bauernhaus, Wohnteil zweigeschossiger Blockbau mit Giebel- und Seitenlaube, im Kern Mitte 17. Jh., Kniestock und Flachsatteldach Ende 18. Jh.

Das Haus wurde 1982 instandgesetzt, der Dachstuhl teilweise erneuert, vgl. das Datum am Giebel.

Sprengenöder Straße 8 (Roist). Kleinbauernhaus, zweigeschossiger Blockbau, wohl Mitte 17. Jh., Dach später.

Kreuzkapelle im „Grünen Winkel". Gestiftet 1760; mit Ausstattung; östlich neben der Autobahn.

Die nach Süden gerichtete Kapelle wurde 1760 im Auftrag von Ferdinand Joseph von Schrenk einsam weit außerhalb im Westen des Orts erbaut und liegt heute unmittelbar neben der Autobahn bzw. der Unterführung der Straße nach Haidach. Restaurierungen 1857, 1892 und 1986, zuletzt u.a. Freilegung der reichen Außenbemalung mit Lisenen und Rocaillen. – Einschiffiger Bau mit innen ausgerundeten Ecken und eingezogenem, querrechteckigem Chor. Beleuchtung durch dreipaßförmige und hochovale Fenster. Über Pilastern Flachkuppel bzw. Kappengewölbe. – Fresken der Erbauungszeit, bestehend aus Bändern, Rocaillen und Engeln; dazu im Chor Christusmonogramm, im Schiff Marienmonogramm und Baudaten. – In der rundbogigen Altarnische 1857 aufgestellte Figur der Immaculata.

Adelsreuth

Hofkapelle bei Haus Nr. 1 (Adelsreuther). 3. Viertel 19. Jh.; mit Ausstattung.

Über Voute flachgedeckte, dreiseitig geschlossene Kapelle in Ost-West-Richtung mit Wandmalereien der Erbauungszeit: über dem Altar Engel, die einen Vorhang auseinanderziehen und den Blick auf eine Kopie des Innsbrucker Maria-Hilf-Bildes (von Lukas Cranach) freigeben; seitlich über den kleinen Figurennischen die hll. Michael und Georg.

Eurasburg, Hauptstraße/Beuerberger Straße, Säulenbildstock

Eurasburg, Hauptstraße 2, Giebelfresko

Eurasburg, Hauptstraße 9

Eurasburg, Hauptstraße 19

Eurasburg, Hauptstraße 27

Eurasburg, Kreuzkapelle im „Grünen Winkel“

Eurasburg, Kreuzkapelle, Inneres nach Süden

Adelsreuth, Hofkapelle

Eurasburg, Sprengenöder Straße 8

Adelsreuth, Hofkapelle, Inneres nach Westen

Babenstuben

Wegkapelle. 1949; mit historischer Ausstattung.

Nach Nordwesten gerichteter, tonnengewölbter Bau mit pfeilergestütztem Portikus und dreiseitigem Schluß, bez. 1949 im Oberlichtgitter der Eingangstür. Auf dem Altar Muttergottesfigur im Stil des 17. Jhs.

Bachbauer

Haus Nr. 1 (Bachbauer). Zugehörig obergeschossiger Getreidekasten, Ende 16. Jh.; Überbau 18./19. Jh.

Berg

Kath. Filialkirche St. Margareth. Im Kern mittelalterlich, 1659 und 1719 erweitert; mit Ausstattung.

Im Kern mittelalterliche, dem Augustinerchorherrenstift Beuerberg inkorporierte Kirche; eine Weihe ist für das Jahr 1436 belegt. Das Langhaus wurde 1659 mit dem Chorneubau verlängert; 1665 geweiht. 1718/19 unter Propst Cajetan Perner (1712-1744) erneute Erweiterung und Umgestaltung, vgl. Datum über dem Chorbogen. Restaurierung 1987ff. – In die Westfassade eingestellter, quadratischer Turm mit Oktogon und Zwiebelhaube. Die oben und unten eingezogen rundbogigen Fenster außen in Rechteckblenden. Saalbau mit eingezogenem, dreiseitig geschlossenem Chor; flache Stichkappentonnen, im Langhaus auf Pilastern, im Chor auf Konsolen. Doppelte Westempore: die untere gemauert mit rundbogigen Säulenarkaden; die obere aus Holz wohl 1718/19 eingezogen. Im südlichen Winkel Sakristei, darüber Empore. Geometrischer Felderstuck um 1659 mit sparsam verteilten Rosetten und Engelsköpfen. – Hochaltar 1881 von Anna Maria Bartl, Bäuerin zu Sprengenöd, gestiftet. In der Mitte Gemälde der Titelheiligen, farblich harmonische, von der venezianischen Malerei beeinflußte Arbeit um 1680, vielleicht von Joachim von Sandrart; seitlich Figuren der hll. Katharina und Barbara. Auszugbild: hl. Sebastian, 1881. – Seitenaltäre aus Stuckmarmor, 1767. Bilder von Johann Baptist Baader: nördlich Verkündigung (bez.), im Auszug hl. Leonhard, südlich Flucht nach Ägypten, im Auszug hl. Franz Xaver. Seitenfiguren: nördlich die hll. Antonius von Padua und Sebald, südlich die hll. Joachim und Anna. – Furnierte Kanzel 1881 in Formen des frühen 18. Jhs.; am Korb Gemälde der Kirchenväter. – Kreuzweg, 1748 von Johann Georg Fux, bez. – Apostelfiguren, Kruzifix und Mater Dolorosa, 2. Hälfte 17. Jh.

Kirchstraße 4. Stattliches Bauernhaus mit Flachsatteldach, verputztem Blockbau-Obergeschoß und profiliertem Traufbundwerk, Kern 2. Hälfte 18. Jh.

Bergbauer

Haus Nr. 1 (Bergbauer). Zugehörig obergeschossiger Getreidekasten, bez. 1623, Überbau 18./19. Jh.

Wegkapelle. 1. Hälfte 18. Jh.; mit Ausstattung; nordöstlich am Talrand.

Nach Westen gerichteter Rechteckbau mit umlaufendem Gesimsband und auffällig profiliertem Traufgesims. Das Innere in einen Vorraum für die Andacht und in eine kleine Altarnische unterteilt. Gesamtrestaurierung 1992.

Babenstuben, Wegkapelle

Babenstuben, Wegkapelle, Inneres nach Nordwesten

Bachbauer, Haus Nr. 1, Getreidekasten

Bachbauer, Haus Nr. 1, Getreidekasten, Tür

Berg, kath. Filialkirche St. Margareth

Berg, Filialkirche, Inneres nach Osten

Berg, Filialkirche, Inneres nach Westen

Berg, Filialkirche, Hochaltarblatt

Berg, Filialkirche, nördlicher Seitenaltar

Berg, Filialkirche, Gemälde des südlichen Seitenaltars

Berg, Filialkirche, Kanzel

Berg, Filialkirche, Apostel und Kruzifix, 2. Hälfte 17. Jh.

Berg, Kirchstraße 4

Bergbauer, Haus Nr. 1, Getreidekasten, Tür

Bergbauer, Wegkapelle

Ansicht von Kloster Beuerberg, Kupferstich von Michael Wening, 1701

Beuerberg

Ehem. Augustinerchorherren-Stiftskirche St. Peter und Paul, jetzt kath. Pfarrkirche. Im Kern spätgotisch, 1629-35 grundlegend umgebaut, 1729/30 verlängert; mit Ausstattung.

Geschichte. Nach den Aufzeichnungen des Chronisten Papst Gregors VII, Paul von Bernried (†1145), existierte in „Buribergensis" eine Einsiedelei. Als Berta von Irinsburg (Eurasburg) zusammen mit ihren Söhnen Otto, Eberhard und Konrad zum Gedenken an ihren Gemahl Albert, der als Gefolgsmann Heinrichs IV. im Bann gestorben war, um 1120 das Chorherrenkloster stiftete, wurde der Eremit Heinrich dessen erster Propst. Die Bestätigung erfolgte 1121 durch Papst Calixt II. Um 1127 war der Neubau der Stiftsgebäude und der Kirche vollendet. Wegen seiner Nähe zu den bedeutenden Klöstern Benediktbeuern, Wessobrunn und Polling blieb Beuerberg zahlenmäßig wie wirtschaftlich stets mittelmäßig. 1332 Hofmark unter Kaiser Ludwig dem Bayern. 1427 Erneuerung durch die Indersdorfer Reform, die der Raudnitzer Regel folgte. Bescheidene Blüte unter den Pröpsten Johann II. Taverner (1503-1509) aus Polling und Leonhard Mochinger (1527-1563) aus Dießen. Propst Patritius Bärtl (1697-1712) schloß das Stift der Lateranensischen Kongregation an und erhielt 1710 die Pontifikalien. Nach der Säkularisation 1803 wurde die Klosterkirche zur Pfarrkirche erhoben. Um 1830 Abbruch der um 1362 durch Propst Konrad IV. Saxo (1353-1398) unmittelbar nordwestlich errichteten und unter Propst Georg Schreiber (1582-1600) erneuerten Kreuzkirche.

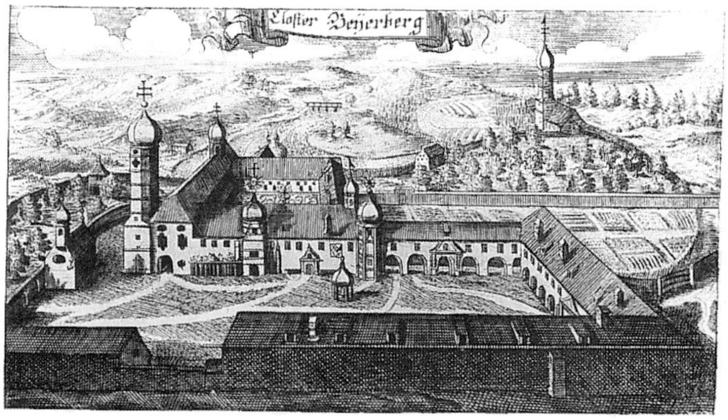

Ansicht von Kloster Beuerberg, Kupferstich von Anton Wilhelm Ertl, 1687

Beuerberg, Luftaufnahme des Klosters und der Friedhofskirche von Nordwesten, 1981

Beuerberg, ehem. Augustinerchorherren-Stiftskirche St. Peter und Paul

Beuerberg, Klosterkirche, Nordseite

Beuerberg, Klosterkirche, Schnitt der Nordseite

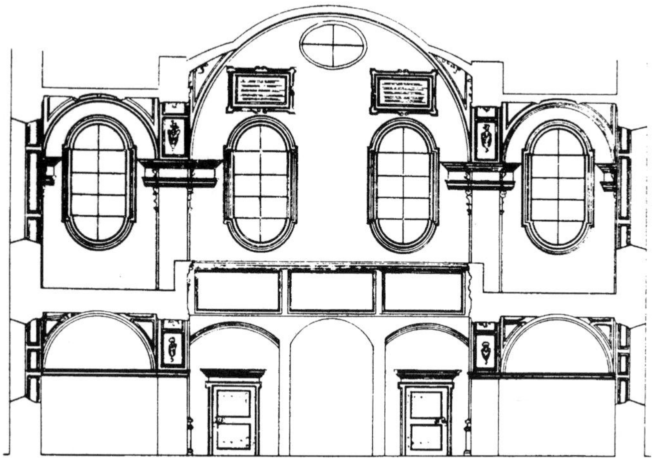

Beuerberg, Klosterkirche, Schnitt der Westseite

Baugeschichte. Die romanische Kirche des 12. Jhs., eine dreischiffige Basilika mit drei Apsiden und freistehendem Westturm unter Propst Eberhard Mayer (1619-1634) ab 1626 wohl durch den Weilheimer Bildhauer Bartholomäus Steinle umgebaut. Am 13.November 1628 Einsturz der Kirche. Den weitgehenden Neubau führte wahrscheinlich Jonas Schaidhauf nach Plänen von Isaak Bader d.Ä. aus, der am 27.November 1628 zusammen mit dem Münchener Hofbaumeister Heinrich Schön ein Gutachten vorgelegt hatte; eine Beteiligung von Hans Krumper ist nicht auszuschließen. Am 15.März 1629 Grundsteinlegung; die Gewölbe waren wohl bereits 1630 geschlossen, vgl. Datum am Chorbogen. Am 4.August 1635 Weihe. 1659 Erhöhung des (1564 nach Blitzschlag erneuerten) Turms um zwei Geschosse mit Zwiebelhaube. 1729/30 Erweiterung um das westliche Joch, um Kirche und Turm in die Fluchtlinie des neuen Klostertraktes einzubinden. 1981 Restaurierung.

Äußeres. Der kastenförmige Bau durch große, oben und unten eingezogen rundbogige Fenster aufgelockert. Dominierend der zweigeschossige Anbau des 18. Jhs., der den ursprünglich vor der Nordwestecke des Langhauses stehenden, im romanischen(?) Unterbau quadratischen, im hohen Aufsatz oktogonalen Turm umschließt; die illusionistischen Fassadenmalereien 1964 nach Befund von 1729 erneuert.

Inneres. Geräumige Wandpfeileranlage unter weitgespannter Stichkappentonne; in den Langhauskapellen Quertonnen, an den Pfeilerstirnen Pilaster. Über der Vorhalle tonnengewölbte Orgelempore. Stark eingezogener Rechteckchor zu zwei Jochen, über den Abseiten Emporen. Das Erdgeschoß hinter dem Hochaltar vermauert; seitlich Eingänge zur Sakristei. Darüber der gegen den Hauptraum geöffnete, voll durchlichtete Psallierchor.

Die streng geometrischen Stukkaturen der Erbauungszeit mit Eier- und Perlstab, Rosetten, geflügelten Engelsköpfen und Draperien Bartholomäus Steinle zugewiesen, vielleicht unter Beteiligung von Heinrich Schön. Zu seiten des Chorbogens Wappen des Stiftes und des Bauherrn, Propst Eberhard

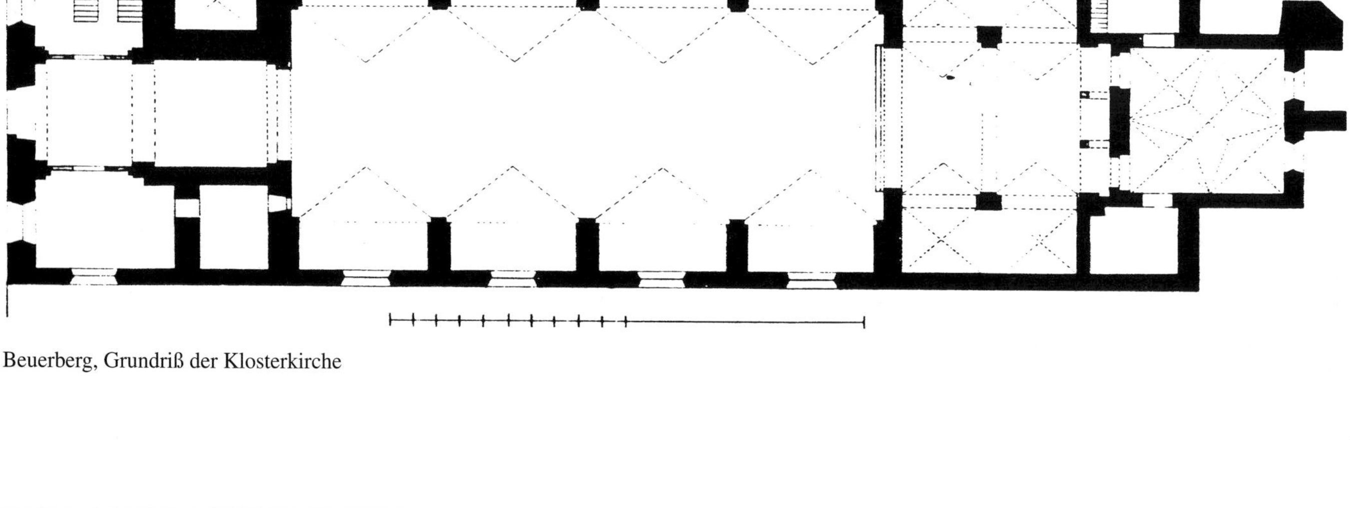

Beuerberg, Grundriß der Klosterkirche

Beuerberg, Klosterkirche, Inneres nach Osten

Beuerberg, Klosterkirche, Inneres nach Westen

Mayer. In der zweiten, nördlichen Langhauskapelle Bandel- und Gitterwerk von 1729/30; die Fresken mit Emblemata gleichzeitig. Stukkaturen an der breiten Brüstung der Westempore 1791 von Franz Edmund Doll.

Ausstattung. Die fast unverändert erhaltenen frühbarocken Altäre dokumentieren den sich allmählich vollziehenden Stilwandel zwischen 1620 und 1650 und setzen in dem fast ausschließlich in Weiß gehaltenen Raum die maßgeblichen farbigen Akzente. – Der machtvolle, 1626/27 vermutlich nach Entwurf Steinles ausgeführte Hochaltar überstand 1628 den Kircheneinsturz und wurde 1639 hierher versetzt und umgestaltet; der Auszug wohl 1729/30 verändert, das abschließende Gebälk von 1946. Das Gemälde der Kreuzabnahme 1645 von Elias Greither d.Ä., vortreffliches Hauptwerk des Weilheimer Malers nach Daniele da Volterras Fresko von 1541 in der römischen Kirche SS.Trinità dei Monti. Seitlich zwischen den Säulen große Figuren der Apostelfürsten aus dem Umkreis von Steinle. Tabernakel 1945/46 von Karl Schmitt nach Entwürfen des Münchener Architekten Steidl. – Altäre der Chorkapellen. Gemälde: nördlich (Weihnachtsaltar) Anbetung der Hirten, 1636 von Hans Ulrich Franck, bez.; südlich (Osteraltar) der auferstandene Christus erscheint seiner Mutter, wohl ebenfalls von Franck. Seitenfiguren Ende 17. Jh.: nördlich hl. Bischof und Maria, südlich die beiden Johannes.

Die Altäre in den Langhausabseiten jeweils als Pendants gestaltet, lediglich das Paar des 2.Jochs mit unterschiedlichen Aufbauten. – 1.Joch (von Osten). Nördlich Hl. Geist-Altar: Pfingstfest, vielleicht von Franck, im Auszug Gottvater. Südlich Sebastiansaltar: Martyrium des Pestheiligen, wohl von Greither, im Auszug hl. Michael, wohl 1709 von Johann Baptist Untersteiner. – 2.Joch. Nördlich Bruderschaftsaltar: Gemälde der Skapulierverleihung an die hll. Dominikus, Katharina von Siena und Simon Stock, um 1725 von Philipp Guglhör, seit dem 19. Jh. verschollen, 1936 in Benediktbeuern wiederentdeckt und zurückgekauft; bemerkenswert der tabernakelartige, silbergetriebene Schrein um 1725, der sowohl im Altarblatt als auch im Votivbild an der Wand, das der Beuerberger Schuhmacher Alexander Wöhrl 1738 gestiftet hat, abgebildet ist. Südlich Augustinusaltar: zwischen gedrehten Säulen Taufe des hl. Augustinus, 1638 von Franck, bez. am Stab; im Auszug Muttergottesfigur. – 3.Joch. Nördlich Nothelferaltar, wie die drei folgenden Altäre zwischen 1635 und 1653 wohl in einer Wolfratshausener Werkstatt entstanden: das ursprüngliche Gemälde von Greither verschollen, das heutige 1946 von Richard Holzner; seitlich Figuren der hll. Ambrosius und Hieronymus, im Auszug hl. Rochus. Südlich Kreuzaltar, ehemals Leonhardsaltar: Gemälde der Kreuzigung, 1635 von Thomas Hoffmann; Seitenfiguren der hll. Leonhard und Silvester, im Auszug hl. Sebastian. – 4. Joch. Qualitätvolle Altarblätter von Untersteiner, 1709: nördlich Tobias mit dem Engel Raphael, in der Predella Mariä Verkündigung; südlich (Antoniuskapelle) Fürbitte des hl. Antonius von Padua bei der Gottesmutter für die notleidende Menschheit, in der Predella Heimsuchung Mariä. Auszugbilder vielleicht von Greither: nördlich Verspottung Christi, südlich Maria Himmelskönigin. Seitenfiguren: nördlich die hll. Augustinus und Gregor, südlich die hll. Michael und Georg. An der Wand der nördlichen Kapelle kleiner Tragaltar des frühen 17. Jhs. mit Gemälde des Schulterwundenchristus.

Prächtige Kanzel, 1782 von Johann Georg Miller, bez. Schnitzereien aus der Tölzer Fröhlich-Werkstatt: am Korb

Beuerberg, Klosterkirche, Gewölbe der 2. nördlichen Langhauskapelle

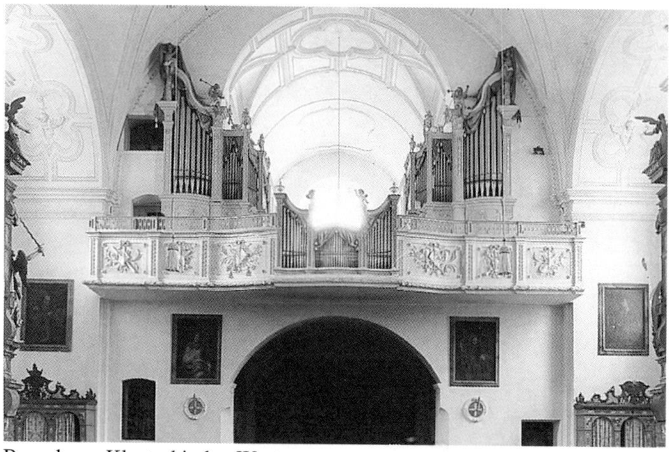
Beuerberg, Klosterkirche, Westempore

Beuerberg, Klosterkirche, Altar der nördl. Chorkapelle (Weihnachtsaltar)

Beuerberg, Klosterkirche, Altar der südl. Chorkapelle (Osteraltar)

Beuerberg, Klosterkirche, Maria am Weihnachtsaltar

Beuerberg, Klosterkirche, Johannes Evangelist am Osteraltar

Ensemble Schlehdorf — Ensemble — Einzeldenkmäler — Maßstab 1:2500

Die vorliegende Karte, die einen Überblick über die Ensembles und die Einzeldenkmäler von Schlehdorf gibt, beinhaltet keine rechtsverbindliche Aussage zur topographischen Situation und zur Denkmaleigenschaft der einzelnen Objekte.

Wolfratshausen Ensemble Alpen-/Schießstättstraße

◁ Ensemble Ortskern | Ensemble | Einzeldenkmäler | Maßstab 1:2500

Die vorliegenden Karten, die einen Überblick über die Ensembles und die Einzeldenkmäler der Stadt Wolfratshausen geben, beinhalten keine rechtsverbindliche Aussage zur topographischen Situation und zur Denkmaleigenschaft der einzelnen Objekte.

N
Frauenkapelle
Ölberg
Calvarienber
Dreifaltigkeits-Kirche
Münchner Straße
Untermarkt
Moraschgaßl
Marienplatz
Humpigaßl
markt
Johannisplatz
Johannisgasse
Ober-
Bergasse
Beuerberger Straße
LOISACH
Sportplatz
Am Wasen

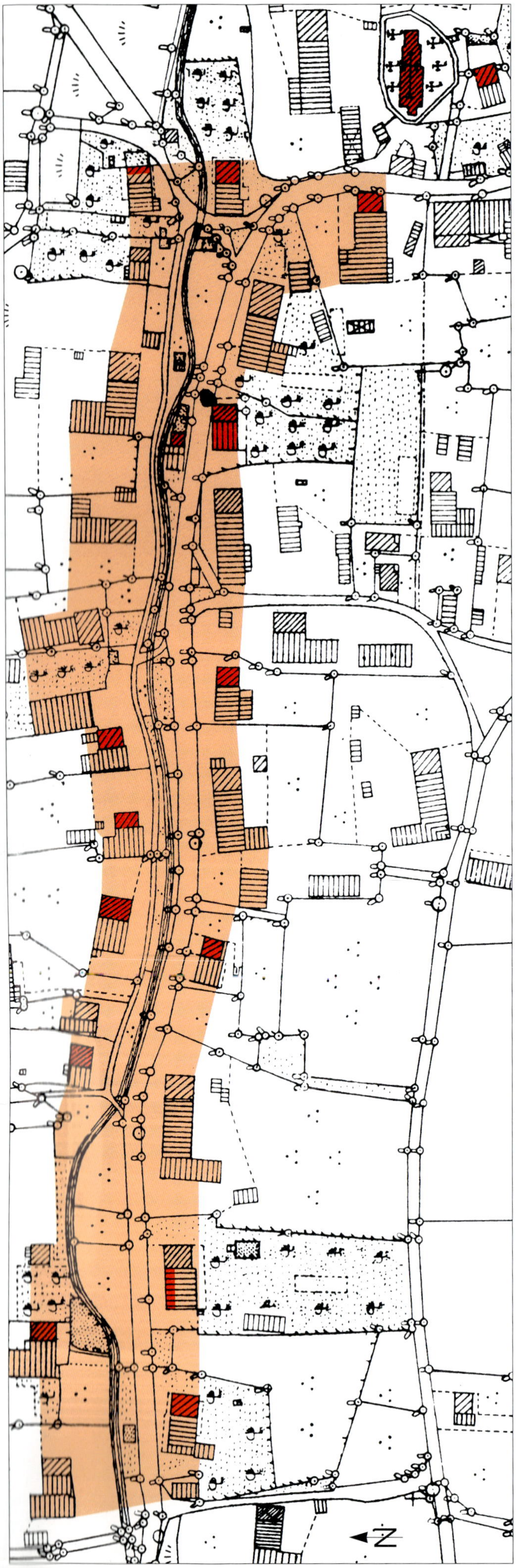

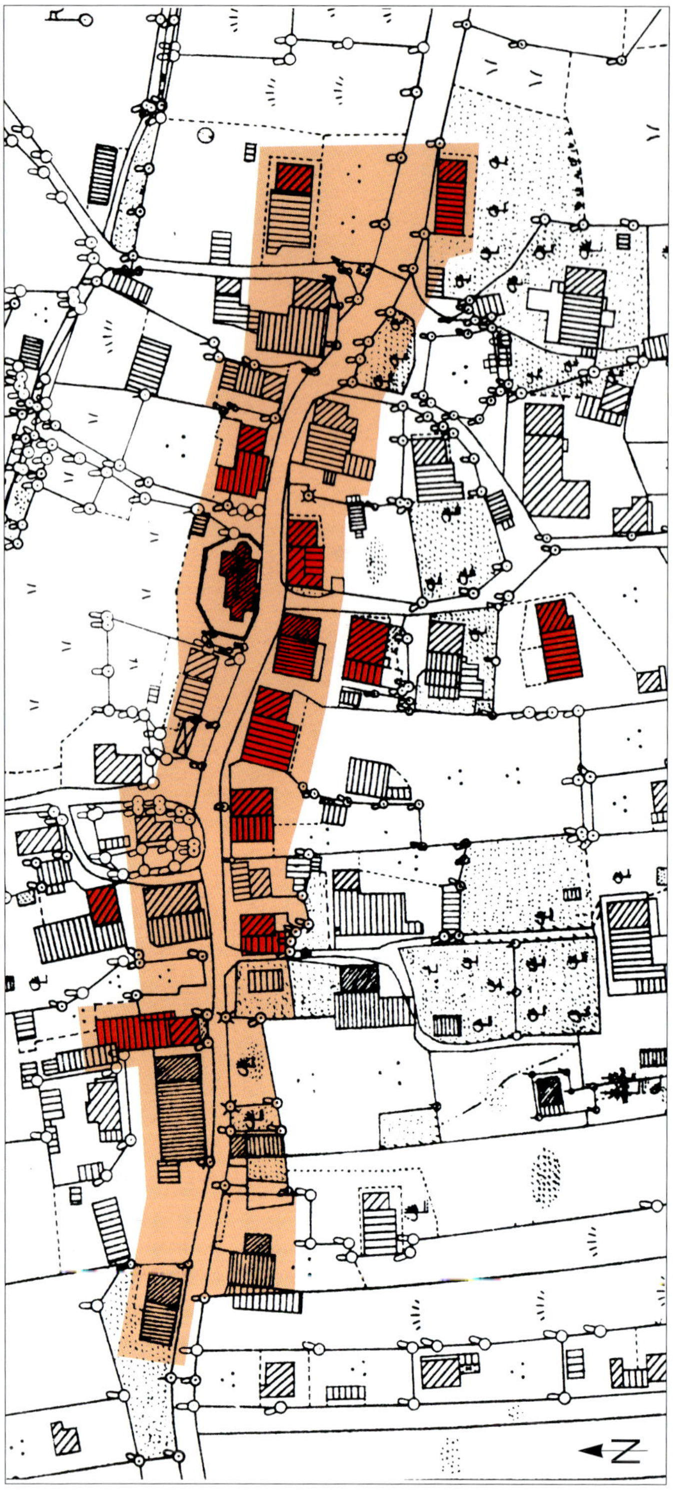

◁ Ascholding,
Gde. Dietramszell

Greiling

Ensemble | Einzeldenkmäler | Maßstab 1:2500

Die vorliegenden Karten, die einen Überblick über die Ensembles und die Einzeldenkmäler von Ascholding, Gde. Dietramszell, und Greiling geben, beinhalten keine rechtsverbindliche Aussage zur topographischen Situation und zur Denkmaleigenschaft der einzelnen Objekte.

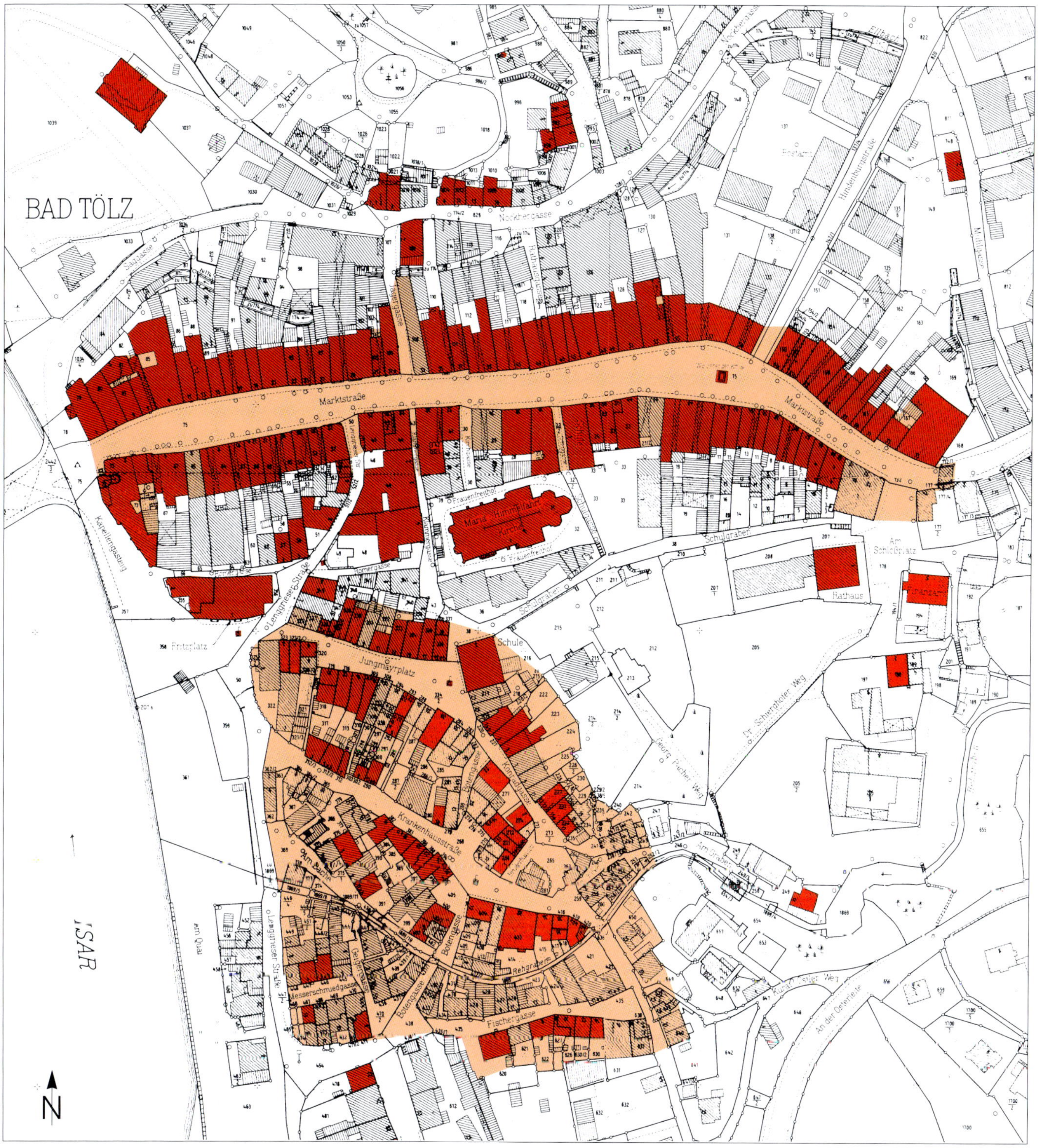

Ensemble Bad Tölz Marktstraße
Ensemble Im Gries

Ensemble | Einzeldenkmäler

Maßstab 1:2500

Die vorliegende Karte, die einen Überblick über die Ensembles und die Einzeldenkmäler der Stadt Bad Tölz gibt, beinhaltet keine rechtsverbindliche Aussage zur topographischen Situation und zur Denkmaleigenschaft der einzelnen Objekte.

PENZBERG
Benediktbeuern
Bichl
Kochel a. See
Kochelsee
Lenggries
Bad Heilbrunn
Sindelsdorf
Greiling
Gaißach
Wackersberg
Jachenau
Orterer Wald
Benediktenwand
Jochberg
B472
B11
B13

Beuerberg, Klosterkirche, hl. Petrus am Hochaltar

Beuerberg, Klosterkirche, Hochaltarblatt von Elias Greither d. Ä., 1645

Beuerberg, Klosterkirche, hl. Paulus am Hochaltar

Beuerberg, Klosterkirche, Hl.-Geist-Altar

Beuerberg, Klosterkirche, Sebastiansaltar

Beuerberg, Klosterkirche, nördliche Kapellenreihe im Langhaus

Beuerberg, Klosterkirche, Augustinusaltar und Kanzel

Beuerberg, Klosterkirche, Gemälde u. Tabernakel des Bruderschaftsaltars

Beuerberg, Klosterkirche, Votivtafel von 1818 mit dem Kreuzaltar

Beuerberg, Klosterkirche, Votivtafel von 1738

Beuerberg, Klosterkirche, Gemälde des Augustinusaltars, 1638 von Hans Ulrich Franck

Beuerberg, Klosterkirche, Kreuzaltar

Beuerberg, Klosterkirche, Nothelfer- und Schutzengelaltar

Beuerberg, Klosterkirche, Kreuz- und Antoniusaltar

Beuerberg, Klosterkirche, Gemälde des Schutzengelaltars, 1709 von Johann Baptist Untersteiner

Beuerberg, Klosterkirche, Gemälde des Antoniusaltars, 1709 von Johann Baptist Untersteiner

Putten und Evangelistenreliefs sowie hl. Augustinus, auf dem Schalldeckel Christusmonogramm. – Beichtstühle um 1720/30; die reich geschnitzten Aufsätze und Rocaille-Applikationen um 1750/60. – Orgel 1793f. von Jakob Kölbl; 1957 erweitert. – Taufbecken in der nördlichen Chorkapelle bez.1539. – Ecce Homo und Mater Dolorosa, vorzügliche, von Caravaggio beeinflußte Gemälde um 1630, vielleicht von Johann Briederl. In der Kapelle der 1641 gegründeten Rosenkranzbruderschaft Rosenkranzspende an die Stände durch Maria und Dominikus, um 1630/40, vermutlich von Franck. Apostel mit Christus und Maria, Ende 17. Jh. – In der Antoniuskapelle Kruzifix, um 1500, und Schmerzhafte Muttergottes, Ende 17. Jh. Am Chorbogen die hll. Joseph und Johann Nepomuk, um 1730, Joseph Krinner zugewiesen. – Bemerkenswerte Zahl von Prozessionsfahnen vor allem des 17. Jhs. – An den mittleren Langhauspfeilern Grabsteine für den Freiherrn Ferdinand Joseph von Schrenk (†1773) und seine Gemahlin Maria Anna (†1776), Besitzer von Schloß Eurasburg. – Gitter unter der Orgelempore 1750 und Opferstöcke 1779 von J.Schilcher aus Beuerberg.

Sakristei. Querrechteckiger Raum unter dem Psallierchor. Die Grate des Netzgewölbes durch Stuckleisten hervorgehoben; an den Kreuzungen Rosetten. Schrankwerk 2. Hälfte 17. Jh. Zierliche Muttergottesfigur aus der Erbauungszeit.

Psallierchor. Die Rückseite des Hochaltars mit architektonischen Malereien; in den Nischen Maria und Joseph, darüber die hll. Maria Magdalena und Augustinus. – An der Ostwand zwischen den Fenstern reizvoller Altar, bez.1620 und laut Inschrift von Propst Eberhard Mayer gestiftet; ausgeführt von dem Eglfinger Schreiner Matthäus Burkhardt und dem Weilheimer Bildhauer Rudolph Zwink. In der Mitte hl. Anna selbdritt, 1532, die Zuschreibung an Johann Bockschütz archivalisch nicht gesichert; in der Predella etwa gleichzeitige Pietà zwischen den gemalten Ganzfiguren der Apostel Petrus und Paulus. Seitlich des Mittelschreins die hll. Laurentius und Oswald, im Auszug Muttergottes. Die Dachungsengel und die bekrönende Gottvaterbüste wohl Ende des 17. Jhs. ergänzt.

Würdigung. Entwicklungsgeschichtlich steht die Wandpfeileranlage von Beuerberg in der Nachfolge der Jesuitenkirchen in München (1583ff. von Friedrich Sustris) und Dillingen a.d.Donau (1610ff. von Johann Alberthal) und vertritt damit einen Bautypus, der bis ins 18. Jh. für Kirchen mittlerer Größe, d.h. vorwiegend Klosterkirchen, maßgeblich war. Auf die Dillinger Chorlösung dürfte die Unterteilung der Abseiten durch Freipfeiler zurückgehen, die hier allerdings auch im Erdgeschoß in Arkaden gegen das Chorquadrum geöffnet sind. Im Gegensatz zu seinen wesentlich bekannteren Vorläufern ist der Bau bei Verzicht auf die für eine flüssige Horizontalentwicklung nicht unwichtigen Langhausemporen architektonisch bedeutend strenger durchgeformt. Durch seine ungewöhnlich einheitliche und stilreine Ausstattung stellt Beuerberg ein seltenes Beispiel für die Kunsttätigkeit in Bayern während des Dreißigjährigen Kriegs dar.

Beuerberg, Klosterkirche, Tragaltar, frühes 17. Jh.

Beuerberg, Klosterkirche, Beichtstuhl

Beuerberg, Klosterkirche, Taufbecken

Beuerberg, Klosterkirche, Ecce Homo, um 1630

Beuerberg, Klosterkirche, Mater Dolorosa, um 1630

Beuerberg, Klosterkirche, Kruzifix, um 1500

Beuerberg, Klosterkirche, Prozessionsfahne, 18. Jh.

Beuerberg, Klosterkirche, Epitaph für Maria Anna von Schrenk († 1776)

Beuerberg, Klosterkirche, Muttergottes in der Sakristei, um 1630/40

Beuerberg, Klosterkirche, Sakristei

Beuerberg, Klosterkirche, Rückseite des Hochaltars

Beuerberg, Klosterkirche, Altar im Psallierchor

Beuerberg, Klosterkirche, hl. Anna selbdritt im Altar des Psallierchors

Ehem. kath. Pfarrkirche St. Maria, jetzt Friedhofskirche. Erbaut 1643, umgestaltet 1778ff.; mit Ausstattung.

Ab 1643 unter Propst Simon Bauhofer (1635-1653) durch Martin Zäch und Michael Putzenlechner als Pfarrkirche unweit südöstlich des Klosters errichtet und 1778ff. in späten Rokokoformen neu ausgestattet. Seit 1803 Friedhofskirche. 1986ff. Gesamtrestaurierung. – Die schlichte, rechteckige Disposition von Langhaus und Chor nimmt vereinfacht den Grundriß der nur wenig älteren Klosterkirche auf. Pilastergegliederter Saalbau mit doppelter Westempore, eingezogenem Chor und Stichkappentonnen; gute Belichtung durch hohe, oben und unten eingezogen rundbogige Fenster. Im nördlichen Winkel quadratischer Turm mit Oktogon und Zwiebelhaube.

Beschwingte Wessobrunner Stukkaturen 1779/80: im Chor von Thassilo Zöpf, im Langhaus von seinem Schüler Franz Edmund Doll; über dem Chorbogen Wappen des Konvents und des damaligen Propstes Franziskus Prandtner (1770-1794). – Chorfresken 1779/80 von Johann Baptist Baader, eine der letzten Arbeiten des sog.Lechhansl: Schutzmantelmadonna über Papst Pius VI. und Kurfürst Karl Theodor als Vertreter der geistlichen und weltlichen Obrigkeit, im Hintergrund die Marienkirche, oben Gottvater. Langhausbilder 1780 von Alois Gaibler, erster bekannter Freskenzyklus des Kaufbeurer Malers, bez.: Martyrium der Nebenpatrone Johannes und Paulus unter dem römischen Kaiser Julian Apostata; die hll. Notburga, Isidor und Wendelin in der Landschaft vor der Marienkirche.

Wandfüllender Hochaltar um 1780 von Zöpf; in der Mitte Muttergottesfigur um 1470, zwischen den Säulen die Wetterheiligen Johannes und Paulus; auf dem Predellengesims Büsten der hll. Petrus, Paulus, Benno, Franz Xaver, Augustinus und Ignatius, alle 1. Hälfte 18. Jh. – Seitenaltäre 1784, der südliche dat. und mit den Initialen seines Stifters, des Waltersteigerbauers Matthäus Ertl, bez.; Entwürfe von Doll, Ausführung Johann Georg Miller zugewiesen. Gemälde von Gaibler: nördlich hl. Katharina, südlich Apostel Simon (bez.); die Auszüge wohl von anderer Hand: nördlich hl. Anna mit Maria, südlich hl. Aloisius. Skulpturen der Tölzer Fröhlich-Werkstatt zugeschrieben: nördlich die hll. Ottilia und Apollonia, südlich die hll. Rochus und Donatus (Sebastian?). – Kanzel 1. Hälfte 18. Jh.; Rückwand um 1778. – Kreuzwegbilder um 1780. – Apostelfiguren, Ende 17. Jh.

Kath. Konventkirche Mariä Heimsuchung. 1846; mit Ausstattung.

1846/47 durch Joseph Sappel in der Verlängerung des südlichen Klostertraktes errichtet. 1978f. durchgreifende Restaurierung mit Beseitigung der neugotischen Ausstattung von 1846 und künstlerischer Neugestaltung durch Wolfgang Gebauer. – Flachgedeckter Saalbau mit dreiseitigem Schluß und umlaufender Empore. An der Südseite stichbogige Öffnung gegen den Betraum der Salesianerinnen. Quadratischer Dachreiter mit Zeltdach. – An der Emporenbrüstung Apostelleuchter mit geschnitzten Büsten, um 1730/40, ehemals in der abgebrochenen Kreuzkirche. Kreuzigungsgruppe, Mitte 18. Jh. (?)

Beuerberg, Friedhofskirche, Inneres nach Osten

Beuerberg, Friedhofskirche, Inneres nach Westen

Beuerberg, ehem. kath. Pfarrkirche St. Maria (Friedhofskirche)

Beuerberg, Friedhofskirche, Chorfresken

Beuerberg, Friedhofskirche, Muttergottes im Hochaltar

Beuerberg, Friedhofskirche, nördlicher Seitenaltar

Beuerberg, Friedhofskirche, südlicher Seitenaltar

Beuerberg, Friedhofskirche, Detail der südlichen Langhauswand

Beuerberg, kath. Konventkirche Mariä Heimsuchung

Beuerberg, Konventkirche, Inneres nach Osten

Alpenblickstraße 4 (Draxler). Am Bauernhaus geschnitzte Haustür und Hochlaube, 1863.

Die Haustür an der Südseite des Gebäudes mit neubarocken Akanthusschnitzereien, unten das Datum 1863, oben das Monogramm MI des damaligen Besitzers. Haustür und Hochlaube wurden 1987 restauriert.

Alpenblickstraße 7 (Arka). Ehem. Kleinbauernhaus, Obergeschoß verputzter Blockbau mit Trauflaube und alten Fenstern, im Kern 1. Hälfte 18. Jh., Dach und Haustür Mitte 19. Jh.

Bäckergasse 10 (Spannbrucker). Bauernhaus mit Laube, Obergeschoß z.T. offener Blockbau, im Kern 2. Hälfte 17. Jh., Dach später.

Hauptstraße 5 (Schilcher). Ehem. Flößerhaus, alter Wohnteil Blockbau, Ende 16. Jh., erneuert.

Hauptstraße 12/14/16/18/20. Ehem. Stiftsgebäude mit Ummauerung, Neubau 1729-45; Doppelanlage um zwei Innenhöfe.

1272 und 1330 nach Bränden Wiederherstellung der mittelalterlichen Klostergebäude. Ebenso unter Propst Leonhard Mochinger (1527-1563), der die zweigeschossige Westfront umgestalten und zwei Türme mit Zwiebelhauben errichten ließ. Propst Ulrich III. Pyrson (1659-1674) gab dem Klosterhof durch die Errichtung neuer Ökonomiebauten und Werkstätten seine regelmäßige Form. 1729 unter Propst Cajetan Perner (1729-1753) Grundsteinlegung zum Neubau der Konventtrakte. 1731 wurde Tuffstein aus Königsdorf und 1745 Baumaterial vom zerstörten Wolfratshausener Schloß angefahren; 1753 (oder 1758?) konnten die Arbeiten abgeschlossen werden. 1845 Verkauf an die Salesianerinnen. 1846-1934 Mädchenrealschule, danach Altenerholungsheim.

Dreigeschossige Vierflügelanlage um einen Rechteckhof an der Südseite der Klosterkirche; der östliche und westliche Traktes gehen um zwei Fensterachsen über die Horizontale des Südflügels hinaus. – Im Obergeschoß des Traktes entlang der Kirche schmaler, heller Gang mit illusionistischen Malereien um 1730, z.T. stark erneuert; an der Flachdecke Putten in ornamental aufgelösten Feldern.

Herz-Jesu-Kapelle auf der südlichen Chorempore der Klosterkirche. – Prunkvoller Altar um 1620/30, wohl vom Schreiner des Hochaltars. Herz-Jesu-Bild in aufwendigem Rahmen um 1730. – Figuren der hll. Katharina und Barbara, um 1620/30. Silberrelief der Pietà, um 1730/40, in der Art des Guillielmus de Groff. – Im Treppenhaus neben der Kapelle Rest eines weiteren Altars um 1620/30 mit ikonographisch bemerkenswertem Gemälde des Evangelisten Johannes, der Maria die Kommunion spendet.

Ehem. Prälatenkapelle im 1. Obergeschoß des Westflügels. T-förmiger, flach überwölbter Raum mit schwungvollen Rokokostukkaturen, 1780 von Franz Edmund Doll (Chronogramm über dem Chorbogen). Die gleichzeitigen, kleinen Fresken der Evangelistensymbole in den Chorkartuschen Johann Baptist Baader zuzuschreiben. – Säulenloser, aus C-Bögen aufgebauter Altaraufsatz mit Gemälde der Himmelfahrt Mariä, gute Arbeit von Peter Jakob Horemans, bez. 1755.

Beuerberg, Alpenblickstraße 4

Beuerberg, Alpenblickstraße 7

Beuerberg, Bäckergasse 10

Beuerberg, Hauptstraße 5

Beuerberg, Hauptstraße 12/14/16/18/20, ehem. Stiftsgebäude, Ansicht von Süden

Beuerberg, Kloster, westlicher Hof mit Bogengang

Beuerberg, Stiftsgebäude, Kirchengang im Obergeschoß

Beuerberg, Kloster, Altar der Herz-Jesu-Kapelle

Beuerberg, Kloster, Herz-Jesu-Kapelle, hl. Barbara, um 1620/30

Beuerberg, Kloster, Prälatenkapelle

Beuerberg, Kloster, Herz-Jesu-Kapelle, Silberrelief, um 1730/40

Beuerberg, Kloster, Altar im Treppenhaus

Festsaal im 2.Obergeschoß des südwestlichen Kopfbaus. Über Voute flachgedeckter Saal von zwei zu drei Achsen. – Die reiche Stuckdekoration Doll zugewiesen, doch wohl mit dem Fresko Martin Heigls (Otto von Eurasburg stellt das Stift unter den Schutz Mariens) 1758 entstanden, vgl. Chronogramm; daher kommt Thassilo Zöpf als ihr Schöpfer eher in Frage. – Zwischen den Fenstern Apostelbilder, Ende 17. Jh., zum Zyklus in der Klosterkirche gehörig.
Westlich des Klosters umschließen die Konventkirche (südöstlich) sowie zweigeschossige Gebäude (südwestlich und westlich) den stimmungsvollen, langgestreckten Klosterhof, der von Süden über eine stichbogige Durchfahrt erschlossen und im Norden durch einen 1860 angelegten Bogengang abgeriegelt wird.

Beuerberg, Kloster, Festsaal

Herrnhauser Straße 12. Ehem. Flößerhaus, zweigeschossiger Blockbau, im Kern Ende 17. Jh.; Erhöhung mit Flachsatteldach 1. Hälfte 19. Jh.

1983 wurde das Haus saniert und der Wirtschaftsteil zu Wohnzwecken umgebaut.

Herrnhauser Straße 14 (Schustermann). Ehem. Flößerhaus, alter Wohnteil mit Blockbau-Obergeschoß und umlaufender Bretterlaube, 1. Hälfte 17. Jh.

Herrnhauser Straße 16 (Unterwagner). Ehem. Kleinbauernhaus, Massivbau mit Flachsatteldach, 2.Viertel 19. Jh.

Herrnleitenweg 2 (Mesner). Beiderseits reiches Traufbundwerk mit ornamentierten Lichtöffnungen und geschnitzte Haustür, 1. Hälfte 19. Jh.

Klosterstraße 2. Ehem. Zehentstadel, jetzt Pfarrheim; im Kern 1704.

1704 unter Propst Patritius Bärtl (1697-1712) anstelle eines 100 Jahre älteren Gebäudes errichtet. 1977/78 zum Pfarrheim umgestaltet. Stattlicher zweigeschossiger Bau mit gemalter Eckquaderung und ehemals drei rundbogigen Einfahrten, die beiden nordwestlichen vermauert. In der Mittelachse drei Aufzugsöffnungen übereinander.

Beuerberg, Kloster, Festsaal, Deckenfresko von Martin Heigl, 1758

Klosterstraße 6. Pfarrhaus; 1. Hälfte 18. Jh., 1855 nach Osten erweitert; mit Kellerabgang. – Ummauerung mit zwei Toren und kleines Nebengebäude an der Südostecke der Anlage, 1. Hälfte 18. Jh., teilweise erneuert.

Eine Gesamtrestaurierung des zweigeschossigen Satteldachbaus fand 1975ff. statt. Dabei wurden die Fenster erneuert und im Obergeschoß reiche Rocaillemalereien sowie Reste einer Raumausmalung aus der Biedermeierzeit freigelegt.

Klosterstraße 8 (Postwirt). Ehem. Gasthaus; stattlicher Bau mit Flachsatteldach (Preisdach), im Kern um 1750, Umbau mit zweiflügeliger, geschnitzter Haustür und bemalter Dachuntersicht 1869.

Klosterstraße 16. Ehem. Kleinbauernhaus, alter Wohnteil mit Blockbau-Obergeschoß und verbretterter Laube, im Kern Mitte 17. Jh., Dach später.

Beuerberg, Kloster, Festsaal, Detail der Deckenstukkaturen

Beuerberg, Herrnhauser Straße 12

Beuerberg, Herrnhauser Straße 14

Beuerberg, Herrnhauser Straße 16

Beuerberg, Herrnleitenweg 2

Beuerberg, Klosterstraße 2, ehem. Zehentstadel

Beuerberg, Klosterstraße 6, Pfarrhaus

Beuerberg, Klosterstraße 8

Beuerberg, Klosterstraße 16

Kuglstattstraße 20 (Baderjakl). Wohnhaus mit Flachsatteldach (Preisdach), um 1830/40, erneuert.

Kuglstattstraße 21 (Kramer). Bauernhaus mit Putzgliederung und geschnitzter Füllungstür, um 1840/50. – Im Garten gemauertes Backhäusl, gleichzeitig.

Kuglstattstraße. Kapellen-Bildstock, 18. Jh.; mit Ausstattung.

Loisachweg 32 (Kurwi). Ehem. Flößerhaus, mit verputztem Blockbau-Obergeschoß, im Kern 18. Jh., Dach später.

Loisachweg 47. Gasthof „Zur Mühle"; mit mittelsteilem Satteldach, bez. 1832.

Laut Inschrifttafel über dem Osteingang 1832 von dem Beuerberger Müller Joseph Köll erbaut.

Blöcken

Haus Nr. 2 (Pfennimo). Alter Bauernhaus-Wohnteil, z.T. zweigeschossiger Blockbau mit Flachsatteldach, 2. Hälfte 17. Jh.

Brandstätt

Haus Nr. 1 (Brandstätter). Zugehörig zweigeschossiger Getreidekasten, bez. 1597, Überbau 18./19. Jh.

Wegkapelle. 1. Hälfte 18. Jh.; mit Ausstattung; nordwestlich am Talrand.

Genordeter, außen lisenengegliederter Bau mit eingezogener, dreiseitiger Apsis. Die Innendisposition entspricht der Kapelle in Bergbauer.

Faistenberg

Kath. Kapelle. Erbaut 1899; mit Ausstattung; am östlichen Ortsrand.

Lisenengegliederter, dreiseitig geschlossener Bau in Ost-West-Richtung, der Inschrifttafel über dem Eingang zufolge von Peter Erhart gestiftet und 1899 von Anton und Sophie Erhart errichtet. – Altar Ende 18. Jh. mit Kruzifix und Schmerzhafter Muttergottes.

Hofkapelle (Höhlreichtl). 1735; mit Ausstattung; am südwestlichen Ortsrand.

Die kleine, gewestete Kapelle mit eingezogenem, halbrundem Schluß wurde laut Inschrift im Innern 1735 von Balthasar und Maria Eberl erbaut und 1900 von Moritz und Maria Eberl renoviert. – Rahmenstuck der Erbauungszeit; in der Apsis Stuckmuschel. Das Deckenbild mit Darstellung eines Kreuzes 1900. – Altar von 1735 mit Gemälde der Muttergottes und der hll. Sebastian, Johannes d.T. und Vitus, unten das Stifterehepaar.

Filzbuch

Feldkapelle. 2. Hälfte 18. Jh.; mit Ausstattung; südlich vom Hof (Dannerbauer). (Abb. S. 279)

Beuerberg, Kuglstattstraße 20

Beuerberg, Kuglstattstraße 21

Beuerberg, Kuglstattstraße 21, Backhäusl

Beuerberg, Loisachweg 32

Beuerberg, Loisachweg 47

Blöcken, Haus Nr. 2

Beuerberg, Kuglstattstraße, Kapellen-Bildstock

Brandstätt, Haus Nr. 1, Getreidekasten

Brandstätt, Haus Nr. 1, Getreidekasten, Tür

Brandstätt, Wegkapelle

Faistenberg, Kapelle, Inneres nach Westen

Faistenberg, Hofkapelle

Faistenberg, kath. Kapelle

Faistenberg, Hofkapelle, Inneres nach Westen

Frettenried

Waldhauser Straße 46. Schloß Beuerberg; Walmdachbau mit zwei Rundtürmen und Zwerchgiebel, erbaut 1904. – Nebengebäude; ehem. Kutscherhaus, eingeschossiger Langbau mit Mansardwalmdächern, wenig später errichtet.

Das stattliche, zweigeschossige Gebäude, das der Regierungsrat Karl Freiherr von Sutner 1904 im Stil Gabriel von Seidls errichten ließ, wendet die repräsentative Schauseite mit den Ecktürmen, die von gedrückt-geschwungenen Hauben bekrönt werden, und dem dreieckigen Zwerchgiebel nach Norden. Über dem rundbogigen Eingang stuckierte Wappen und Rocaillen. Die Fassaden wurden 1981 restauriert. Das Innere ist stark modernisiert. – Das wenig später (1911?) erbaute und 1981 veränderte, ehem. Kutscherhaus steht südwestlich des Schlosses im Zuge der Mauer, die das weitläufige Gelände umgibt.

Frettenried, Waldhauser Straße 46, Schloß Beuerberg

Frettenried, Waldhauser Straße 46, ehem. Kutscherhaus

Gasteig

Am Gasteig 4 (Gasteiger). Wohnteil eines stattlichen Bauernhauses mit Blockbau-Obergeschoß, verschaltem Vordach, Lauben und alten Kreuzstockfenstern, 1. Viertel 18. Jh.

Habichtgraben

Haus Nr. 2. Kleinbauernhaus mit Blockbau-Obergeschoß, verschaltem Vordach, verbretterter Laube und Traufbundwerk, Mitte 18. Jh.

Hainzenau

Haus Nr. 1 (Hainzenauer). Bauernhaus, zweigeschossiger Blockbau, 2. Hälfte 17. Jh., Traufbundwerk 18./19. Jh., Dach später.

Gasteig, Am Gasteig 4

Happerg

Kath. Kapelle St. Magdalena. Erbaut 1903; mit Ausstattung.

Die leicht erhöht am östlichen Ortsrand stehende Kapelle, ein nach Westen gerichteter, einschiffiger Bau mit nur innen ausgeschiedenem, dreiseitig geschlossenem Chor, wurde der Inschrift an der inneren Ostwand zufolge 1903 durch den Bernrieder Architekten Domini del Fabbro errichtet und 1918 bzw. 1933 restauriert. Über der Eingangsfront quadratischer Dachreiter mit Oktogon und Spitzhelm. – An den Stichkappentonnen Fresken 1918 von dem Kunstmaler Lessig: im Langhaus die Muttergottes über dem Ort, in Kartuschen marianische Symbole. – Viersäuliger, neubarocker Hochaltar mit Gemälden, 1917 von Lessig: Fußsalbung Christi durch Maria Magdalena, im Auszug Gottvater. Auf seitlichen Konsolen die hll. Antonius von Padua und Joseph. – Figuren: Immaculata, um 1903, ehemals im Hochaltar. Hl. Barbara, 1918.

Schallenkamer Straße 2. Bauernhaus, alter Wohnteil mit Flachsatteldach, verputztem Blockbau-Obergeschoß, Bretterlaube und eingezogener Giebelseite, Kern 2. Hälfte 17. Jh.

Schallenkamer Straße 7/8. Bauernhaus (Doppelhaus) mit Flachsatteldach, verschaltem Giebel und verputztem Blockbau-Obergeschoß, im Kern 18. Jh.

Habichtgraben, Haus Nr. 2

Happerg, Kapelle, Inneres nach Westen

Filzbuch, Feldkapelle

Happerg, kath. Kapelle St. Magdalena

Happerg, Schallenkamer Straße 2

Hainzenau, Haus Nr. 1

Happerg, Schallenkamer Straße 7/8

Hofstätt

Haus Nr. 1 (Heißnbauer). Stattliches Bauernhaus mit übertünchten Fresken, im Kern 18. Jh., Dach später. – Zugehörig zweiräumiger, obergeschossiger Getreidekasten, 2. Hälfte 18. Jh.

Haus Nr. 4. Ehem. Bauernhaus, Wohnteil z.T. offener Blockbau, am Wirtschaftsteil alte Schalung und Hochtenne, im Kern 1. Hälfte 18. Jh., erneuert. – Zugehörig obergeschossiger Getreidekasten, bez. 1592.

Bei der Instandsetzung 1985 wurden die abgegangenen Balkone und Verbretterungen erneuert.

Hofstätt, Haus Nr. 1

Hohenleiten

Haus Nr. 1 (Hohenleitner). Stattliches Bauernhaus, zweigeschossiger Blockbau, angeblich von 1657. – Zugehörig zweigeschossiger Getreidekasten, bez. 1592.

Maierwald

Hofkapelle (Jacklbauer). Neugotisch, Ende 19. Jh.; mit Ausstattung.

Nach Westen gerichteter, steil proportionierter Bau des ausgehenden 19. Jhs. mit dreiseitigem Schluß. Auf dem Altar moderne Figurengruppe des hl. Joseph mit dem Jesusknaben.

Hofstätt, Haus Nr. 1, Getreidekasten

Hofstätt, Haus Nr. 4, Getreidekasten

Oberfeld

Haus Nr. 1 (Schneller). Zugehörig zweigeschossiger Getreidekasten, Erdgeschoß bez. 1558, Obergeschoß bez. 1837 und Überbau.

Oberherrnhausen

Haus Nr. 3 (Lachner). Ehem. Bauernhaus, zweigeschossiger Blockbau mit Flachsatteldach, Ende 16. Jh. – Zugehörig erdgeschossiger Getreidekasten, Ende 16. Jh.

Die umlaufende Laube wurde weitgehend erneuert. – Der ehem. Getreidekasten steht gegenüber auf der anderen Straßenseite und wurde zu Wohnzwecken umgebaut.

Haus Nr. 5. Zugehörig obergeschossiger Getreidekasten, 18./19. Jh.

Haus Nr. 5a (Knab). Ehem. Bauernhaus mit Blockbau-Obergeschoß und umlaufender Laube, 2. Hälfte 18. Jh., restauriert.

Das Gebäude wurde 1977 instandgesetzt und der Wirtschaftsteil zu Wohnzwecken ausgebaut.

Hofstätt, Haus Nr. 4

Hohenleiten, Haus Nr. 1

Hohenleiten, Haus Nr. 1, Getreidekasten

Oberherrnhausen, Haus Nr. 3

Maierwald, Hofkapelle

Oberherrnhausen, Haus Nr. 3, Getreidekasten

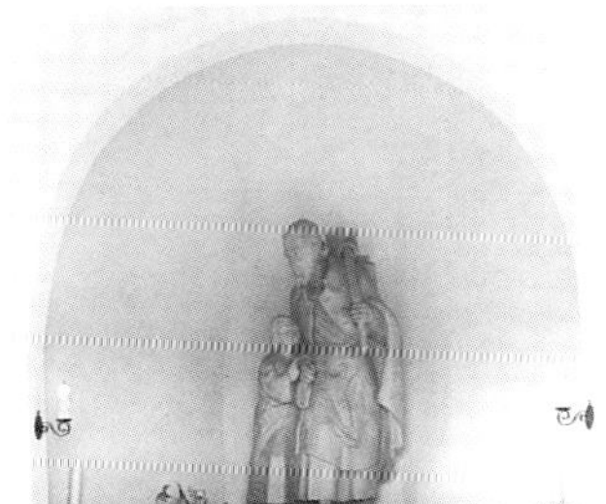

Maierwald, Hofkapelle, Inneres nach Westen

Oberherrnhausen, Haus Nr. 5, Getreidekasten

Oberfeld, Haus Nr. 1, Getreidekasten

Oberfeld, Haus Nr. 1, Getreidekasten, Erdgeschoßtür

Oberherrnhausen, Haus Nr. 5a

Haus Nr. 9. Kath. Filialkirche St. Vitus; 1. Hälfte 14. Jh., 1701 barockisiert; mit Ausstattung. – Niedrige Kirchhofmauer, 17./18. Jh.

Unter dem Beuerberger Propst Konrad III. von Esterndorf (1330-1349) errichtet. 1701 im Auftrag von Propst Patritius Bärtl (1697-1712) umgestaltet, vgl. Datum über dem Chorbogen. 1979ff. restauriert. – Flachgedecktes, einschiffiges Langhaus. Eingezogener Rechteckchor unter flachem Tonnengewölbe. Im Westen 1970 erneuerter, quadratischer Dachreiter mit vierseitiger, geschwungener Haube. – An der nördlichen Langhauswand Malereifragment vom Ende des 15. Jhs.: St. Vitus im Kerker. – Neubarocker Hochaltar, 1892 nach Entwurf von Joseph Elsner, mit Seitenfiguren der hll. Martin und Leonhard; Gemälde des hl. Vitus im Kessel, Dachungsengel und Muttergottes im Auszug Anfang 18. Jh. – Kreuzweg, 1. Viertel 18. Jh., 1941 aus Bad Endorf, Lkr. Rosenheim, angekauft. Evangelistenbilder, um 1720/40. Christuskopf, Öl auf Holz, Ende 18. Jh. Porträt des 1773 in Oberherrnhausen geborenen Caspar Bonifaz von Urban, der 1794 in Beuerberg Profeß ablegte, 1842 Erzbischof von Bamberg wurde und dort 1858 starb, Kopie von 1942 nach dem 1854 von Eduard Schmidt gemalten Original; vgl. auch die Gedenktafel im Chorbogen.

Oed

Feldkapelle. 1. Hälfte 19. Jh.; mit Ausstattung; westlich des Hofs (Oeder).

Die nach Westen gerichtete, halbrund geschlossene Kapelle wurde wohl 1811 im Zusammenhang mit dem Wiederaufbau des Hofs östlich davon errichtet. – Kleiner Flügelaltar des 19. Jhs. mit Gemälden nach niederländischen Meistern: im Mittelteil Muttergottes, auf den Seitenteilen Engelskonzert (nach Jan van Eycks Genter Altar).

Schwaig

Haus Nr. 2 (Schwaiger). Am älteren Wirtschaftsteil Bundwerk, Anfang 19. Jh.

Bildstock an der Straße. 2. Hälfte 19. Jh.

Schwarzlehen

Haus Nr. 1. Stattliches Bauernhaus mit Flachsatteldach, 18./19. Jh.

Speck

Feldkapelle. Ende 18. Jh.; mit Ausstattung; 250 m westlich des Einzelhofs (Specker).

Sprengenöd

Kapelle. Wohl 1. Hälfte 19. Jh.; mit Ausstattung; nordwestlich des Gasthauses (Sprengenöder).

Nach Norden gerichteter, flachgedeckter Bau mit dreiseitigem Schluß und kleinem Glockentürmchen über dem Eingang. Im neugotischen Altar Herz-Jesu-Figur. (Abb. S. 284)

Oberherrnhausen, Haus Nr. 9, kath. Filialkirche St. Vitus

Oberherrnhausen, Filialkirche, Inneres nach Osten

Oed, Feldkapelle

Oed, Feldkapelle, Inneres nach Westen

Oberherrnhausen, Filialkirche, spätgotisches Malereifragment im Langhaus

Oberherrnhausen, Filialkirche, Hochaltar

Schwaig, Bildstock

Schwaig, Haus Nr. 2, Traufbundwerk

Speck, Feldkapelle

Schwarzlehen, Haus Nr. 1

Schwarzlehen, Haus Nr. 1, Traufbundwerk

Steingrub

Haus Nr. 1 (Mühljörg). Dietmühle; ehem. Bauernhaus mit Flachsatteldach und verputztem Blockbau-Obergeschoß, im Kern 17./18. Jh., Dach und Traufbundwerk 1836 (innen bez.).

Waltersteig

Haus Nr. 1 (Waltersteiger). Zugehörig jetzt erdgeschossiger Getreidekasten, 2. Hälfte 18. Jh.

Winkl

Haus Nr. 1 (Winkler). Stattliches Bauernhaus, im Kern 1. Hälfte 18. Jh., Traufbundwerk 1. Viertel 19. Jh., Dach später. – Zugehörig großer, zweigeschossiger Getreidekasten mit Umgang, bez. 158? (um 1585).

Beeindruckendes, zweigeschossiges Gebäude mit reich geschnitzten Bretterlauben. Bei der Instandsetzung 1980ff. wurden die Fenster erneuert.

Hofkapelle. Bez. 1890; mit Ausstattung.

Nach Westen gerichteter, dreiseitig geschlossener Bau in der Wiese nördlich von Haus Nr. 1; laut Inschrifttafel über dem Eingang 1890 von Anastasia und Michael Bromberger errichtet und 1959 von Kreszenz und Michael Bromberger erneuert. Neubarocker Altar mit Figur des Geißelchristus wohl vom Ende des 17. Jhs.

Archäologische Denkmäler

Gemarkung Eurasburg

TK 8134; Flurkarte SW 14-07; Flur „Kellerfeld".
Turmhügel am südöstlichen Kuppenrand eines isoliert stehenden Hügels; kräftig geböschte Hänge im Süden und Osten, flach nach Nordwesten ansteigendes Hinterland. Ehemals wohl annähernd quadratisches Kernwerk mit knapp 15 m langen Seiten, das im Süden durch eine Kiesgrube teilweise zerstört ist. Im Westen und Norden etwa 1,5 m unterhalb des Plateaus schmale terrassenartige Flächen. 1,5-2,0 m tiefergestaffelt liegt die Sohle eines breiten, teilweise verschütteten und zerstörten Grabens, an dessen Nordrand zwei kurze wallartige Erdaufwürfe sitzen.
Am nördlichen Ortsrand von Happerg.

TK 8134; Flurkarte SW 14-07; Flur „Kellerfeld".
Kleines frühmittelalterliches *Gräberfeld*; darunter vier Bestattungen mit Beigaben sowie ein Tuffplattengrab.
Nördlich von Happerg, am Südhang des Turmhügels (siehe oben).

Gemarkung Herrnhausen

TK 8134; Flurkarte SW 14-05; Flur „Burgstall".
Ehemaliger *Burgstall* auf dem Haager Bühel, auf der vordersten Spitze eines von Süden nach Norden gerichteten Höhenzuges zwischen den Quellflüssen des Breitenbaches; steiler Abfall nach Osten, mäßig bis kräftig geneigte Hänge im Westen und Norden, flach einfallendes Hinterland. Nach historischen Ansichten waren 1534 noch Gebäudereste sichtbar. Die letzten obertägig noch erhaltenen Mauern wurden 1760 vollständig eingeebnet.
Ca. 1350 m ostnordöstlich der Kirche von Herrnhausen.

Sprengenöd, Kapelle

Sprengenöd, Kapelle, Inneres nach Norden

Steingrub, Haus Nr. 1

Waltersteig, Haus Nr. 1, Getreidekasten

Winkl, Hofkapelle

Winkl, Hofkapelle, Inneres nach Westen

Winkl, Haus Nr. 1

Winkl, Haus Nr. 1, Getreidekasten

Gemeinde Gaißach

Baudenkmäler

Gaißach

Dorf 11 (Altenweber). Doppel-Bauernhaus mit breitem, verschaltem Vordach, Kern Anfang 17. Jh.

1986/87 wurden die Giebelblockwand, die Laube und Teile der Fenster erneuert.

Dorf 12. Kath. Pfarrkirche St. Michael; im Kern spätgotisch, um 1735 umgebaut; mit Ausstattung.

Im Kern spätgotische Anlage. 1624 Einsturz des oberen Turmabschnitts, der erst 1649 in der bestehenden Form mit Oktogon und Kuppelhaube wiedererrichtet wurde. Um 1735 Umbau und in der Folgezeit Erneuerung der Ausstattung. 1992 außen, 1993 innen restauriert. – Saalbau zu fünf Achsen mit eingezogenem, dreiseitig geschlossenem Chor. Stichkappentonnen, im Langhaus auf Wandpfeilern, die beiden westlichen Joche netzrippengewölbt. Im nördlichen Winkel quadratischer Turm. – Am Chorgewölbe reiche, illusionistisch gemalte Stuckdekoration, die das zentrale Fresko der Marienkrönung umgibt, ursprünglich dem Kreis von Matthäus Günther zugeordnet, seit kurzem überzeugend dem Tiroler Maler Christoph Anton Mayr zugeschrieben und um 1761/64 datiert; in Kartuschen Michaelsszenen. Ausmalung des Langhauses 1910.
Altäre 1910 von Joseph Elsner (vgl. die Inschrifttafel auf der Rückseite des Hochaltars) unter Verwendung von Figuren des mittleren 18. Jhs. Im Hochaltar der Erzengel Michael zwischen der hl. Katharina und der hl. Barbara, im Auszug Gottvater; seitlich Johannes d.T. und hl. Joseph, 1910. In den schrägstehenden Nebenaltären: nördlich Muttergottes, umgeben von Engeln und Putten, südlich hl. Sebastian zwischen den hll. Elisabeth und Barbara; Auszugbilder wohl Mitte 18. Jh.: nördlich seltene Darstellung der hl. Corona, südlich hl. Leonhard. Die Halbfiguren der hll. Drei Könige auf dem südlichen Tabernakel stammen von Joseph Anton Fröhlich und gehörten zu dem 1736/38 von Matthias Abraham aufgestellten und von Johann Adam Anton Fett gefaßten Altar der Dreikönigsbruderschaft. – Rokokokanzel um 1750/60; am Korb Büsten der Evangelisten, auf dem Schalldeckel hl. Petrus. – Taufstein Ende 18. Jh. – Gemälde: hl. Georg mit dem Drachen und hl. Ulrich, beide Mitte 18. Jh. Aus dieser Zeit auch zahlreiche Figuren: im Chor vor Rokokoschreinen die Apostelfürsten; im Langhaus die hll. Johann Nepomuk, Franz Xaver und Notburga (nördlich) und die hll. Aloisius und Wendelin (südlich). Kruzifix, Mitte 16. Jh. – Im nördlichen Vorzeichen Tafelbild des Jüngsten Gerichts mit Darstellung der Kirche von 1746.

Dorf 16. Pfarrhaus mit Steilsatteldach, 2. Hälfte 18. Jh.

Gaißach, Dorf 11

Gaißach, Dorf 16, Pfarrhaus

Gaißach, Dorf 12, kath. Pfarrkirche St. Michael

Gaißach, Pfarrkirche, hl. Paulus, um 1750/60

Gaißach, Pfarrkirche, Inneres nach Westen

Gaißach, Pfarrkirche, Inneres nach Osten

Gaißach, Pfarrkirche, Chorfresko

Gaißach, Pfarrkirche, Hochaltar

Lehen

Haus Nr. 6 (Bachmeier). Bauernhaus mit Blockbau-Obergeschoß, Ende 18. Jh.

Haus Nr. 7 (Bartlmann). Zugehörig Zuhaus, z.T. Obergeschoß-Blockbau mit Flachsatteldach, 2. Hälfte 18. Jh. – Teil eines kleinen, erdgeschossigen Bauernhauses, 18. Jh.

Das Zuhaus dürfte 1921 stark verändert worden sein, vgl. Datum im Westgiebel.

Haus Nr. 10 (Kraut'n). Bauernhaus mit Blockbau-Obergeschoß, 2. Hälfte 18. Jh., Dach später.

Lexen

Wegkapelle. 19. Jh.; mit Ausstattung.

Nach Westen gerichteter Rechteckbau an der Straße nach Lenggries. Im Innern Figur der Mutter Anna mit dem Marienkind, Ende 19. Jh.

Mühl

Ostfeldstraße 2 (Daxner). Bauernhaus, Wohnteil zweigeschossiger Blockbau, 1. Hälfte 18. Jh.

Ostfeldstraße 4 (Schweizer). Wohnteil eines Bauernhauses, Ganzblockbau, 1. Hälfte 18. Jh.

Sonnwiesstraße 1. Gasthaus zur Mühle; ehem. Kleinbauernhaus mit Blockbau-Obergeschoß, letztes Viertel 18. Jh.

Obergries

Griesweg 14 (Miedler). Ehem. Kleinbauernhaus mit Blockbau-Obergeschoß, Kern 1. Hälfte 18. Jh.

Griesweg 17 (Kleel). Ehem. Kleinbauernhaus mit Blockbau-Obergeschoß, Kern 1. Hälfte 18. Jh.

Griesweg 19 (Dampf). Kleinbauernhaus mit Blockbau-Obergeschoß, 18. Jh.

Griesweg 26 (Hartl). Wohnteil eines Kleinbauernhauses, Blockbau-Obergeschoß Mitte 17. Jh.

Griesweg 50 (Peretshofer). Ehem. Kleinbauernhaus, zweigeschossiger Blockbau, bez. 1760, Dach später.

Obersteinbach

Haus Nr. 4 (Ehart). Ehem. Bauernhaus des Isarwinkler Typs, mit Blockbau-Obergeschoß, bez. 1731, rückwärts ausgebaut.

Lehen, Haus Nr. 6 (rechts) und Nr. 10 (links)

Lehen, Haus Nr. 7, Zuhaus

Lexen, Wegkapelle

Lexen, Wegkapelle, hl. Anna mit Maria, Ende 19. Jh.

Mühle, Ostfeldstraße 2

Mühle, Ostfeldstraße 4

Mühle, Sonnwiesstraße 1

Obergries, Griesweg 14

Obergries, Griesweg 17

Obergries, Griesweg 19

Obergries, Griesweg 26

Obergries, Griesweg 50

Obersteinbach, Haus Nr. 4

Pfistern

Haus Nr. 1 (Pfisterkaspar). Bauernhaus mit Blockbau-Obergeschoß, im Kern 18. Jh., Dach später.

Haus Nr. 6 (Pfisterfranzl). Bauernhaus, stattlicher Obergeschoßblockbau, Kern 18. Jh., Dach später.

Puchen

Haus Nr. 3 (Griesmann). Stattliches, ehem. Bauernhaus mit Blockbau-Obergeschoß, 1. Hälfte 18. Jh.

Haus Nr. 4. Weilerkapelle; 1751 erbaut und 1865 erweitert; mit Ausstattung.

Die Kreuzkapelle wurde 1751 errichtet und 1865 bei einer Erweiterung in neugotischen Formen umgestaltet. – Einschiffiger, netzrippengewölbter Bau mit dreiseitigem Schluß im Westen. Über dem Ostgiebel auffälliger Dachreiter aus Holz mit Schnitzereien und Spitzhelm auf geschwungenen Giebeln. – Neugotischer Hochaltar um 1865; im Schrein Kruzifix und Schmerzhafte Muttergottes, wohl um 1751.

Haus Nr. 9 (Demmel). Bauernhaus mit Blockbau-Obergeschoß, Kern 1. Hälfte 18. Jh., Dach später.

Rain

Kath. Kapelle. Mitte 19. Jh.; mit Ausstattung.

Neugotischer, dreiseitig geschlossener Bau des mittleren 19. Jhs. Quadratischer, hölzerner Dachreiter mit Spitzhelm zwischen Dreiecksgiebeln. Rippengewölbe auf Konsolen. Der Altarraum als Lourdesgrotte gestaltet.

Haus Nr. 22 (Zist). Bauernhaus im Isarwinkler Typ, mit Blockbau-Obergeschoß, Traufbundwerk und verbretterten Lauben, 1. Hälfte 18. Jh.

Haus Nr. 23 (Felix). Zugehörig Getreidekasten auf gemauertem Unterbau, 1. Hälfte 18. Jh.

Haus Nr. 30 (Draxler). Bauernhaus mit Blockbau-Obergeschoß, im Kern 18. Jh., Dach später.

Pfistern, Haus Nr. 6

Puchen, Haus Nr. 3

Puchen, Haus Nr. 4, Weilerkapelle

Puchen, Weilerkapelle, Inneres nach Westen

Puchen, Haus Nr. 9

Pfistern, Haus Nr. 1

Rain, kath. Kapelle

Rain, Kapelle, Inneres

Rain, Haus Nr. 22

Rain, Haus Nr. 23, Getreidekasten

Rain, Haus Nr. 23, Getreidekasten, Tür

Rain, Haus Nr. 30

Reut

Haus Nr. 1 (Reuter). Wohnteil eines Bauernhauses mit Blockbau-Obergeschoß und profanierter Hauskapelle, erbaut um 1738.

Die 1637 errichtete, heute profanierte Kapelle, ein schlichter, tonnengewölbter Raum in der Südwestecke des Hauses, wurde um 1738 überbaut.

Taxern

Bildstock. 1. Hälfte 19. Jh.; an der Hauptstraße.

Im Innern des kapellenartigen Bildstocks Figur des hl. Leonhard wohl aus dem mittleren 18. Jh.

Untergries

Anger 15 (Schmickl). Kleinbauernhaus mit Blockbau-Obergeschoß, Mitte 18. Jh.

Lenggrieser Straße 1 (Langgaißer). Ehem. Bauernhaus, zweigeschossiger Blockbau, 2. Hälfte 17. Jh.

Lenggrieser Straße 48. Gasthaus Zachschuster; mit Blockbau-Obergeschoß, modern bez. 1786, erneuert.

Untergries 3 (Mair). Kleinbauernhaus, mit Blockbau-Obergeschoß, 1. Hälfte 18. Jh., Dach später.

Untergries 30. Kleinbauernhaus, mit Blockbau-Obergeschoß, Kern Mitte 18. Jh., Dach später.

Untermberg

Haus Nr. 1 (Stiedlrest). Einzelhof; Wohnteil mit Blockbau-Obergeschoß, 1. Hälfte 17. Jh.; am Erdgeschoß fünf Fresken, Mitte 18. Jh. – Zuhaus mit Blockbau-Obergeschoß, 2. Hälfte 18. Jh.

Themen der Fresken: an der östlichen Giebelseite Brustbild der Schmerzhaften Muttergottes(?), Muttergottes mit Putten, Gerippe auf dem Totenbett (Vanitasallegorie), hl. Johann Nepomuk; an der südlichen Traufseite Ecce Homo.

Haus Nr. 2. Ehem. Bauernhaus mit Blockbau-Obergeschoß, 18. Jh., gut restauriert.

Haus Nr. 4. Ehem. Bauernhaus mit Blockbau-Obergeschoß, wohl 1. Hälfte 18. Jh., gut restauriert.

Unterreut

Einzelhof (Schalch unterm Berg). Am Wirtschaftsteil reiches Traufbundwerk, 2. Hälfte 18. Jh.

Der Hof steht isoliert weit östlich des Orts.

Reut, Haus Nr. 1

Taxern, Bildstock

Taxern, Bildstock, wohl Mitte 18. Jh.

Untergries, Anger 15

Untergries, Lenggrieser Straße 15

Untergries, Lenggrieser Straße 48

Untergries, Untergries 3

Untergries, Untergries 30

Untermberg, Haus Nr. 2

Untermberg, Haus Nr. 1

Untermberg, Haus Nr. 1, Zuhaus

Untermberg, Haus Nr. 4

Unterreut, Einzelhof

Untersteinbach

Haus Nr. 3 (Eberwein). Zugehörig Getreidekasten, Blockbau auf gemauertem Untergeschoß, 18. Jh.

Steinbachau 12 (Oberroth). Ehem. Kleinbauernhaus, zweigeschossiger Blockbau, 1. Hälfte 17. Jh., gut restauriert.

Steinbachau 13 (Marterhiasl). Kleinbauernhaus mit Blockbau-Obergeschoß, 18. Jh.

Wetzl

Haus Nr. 2 (Lukas). Wohnteil eines Bauernhauses mit Blockbau-Obergeschoß, 2. Hälfte 18. Jh., Dach später.

Haus Nr. 6 (Jagger). Bauernhaus mit Blockbau-Obergeschoß, im Kern 2. Hälfte 18. Jh., später aufgestockt.

Bildstock-Kapelle. 19./20. Jh.

Wiedmoos

Haus Nr. 2 (Graubenklos). Bauernhaus, Obergeschoß z.T. in Blockbau, Kern 1. Hälfte 18. Jh., Dach später.

Archäologische Denkmäler

Gemarkung Gaißach

TK 8235; Flurkarte SW 19-01; Flur „Koronafeld" u. „Lohfeld".
Vorgeschichtliches *Grabhügelfeld* mit mindestens 57 Hügeln auf der Kuppe, den Hängen und am Fuße eines von Süden nach Nordosten streichenden Rückens. Dicht beieinanderliegende mittelgroße, stark verflachte Hügel, die - soweit sie im Ackerland liegen - durch Überpflügen vollständig zerstört wurden. Zwei Gräber sind archäologisch untersucht, aus weiteren wurden bronzezeitliche Funde ausgeackert.
27 Hügel auf Gemarkung Gaißach, 8 auf der Gemarkungsgrenze Gaißach/Greiling und 22 auf Gemarkung Greiling. Ca. 500 m westnordwestlich von Attenloh.

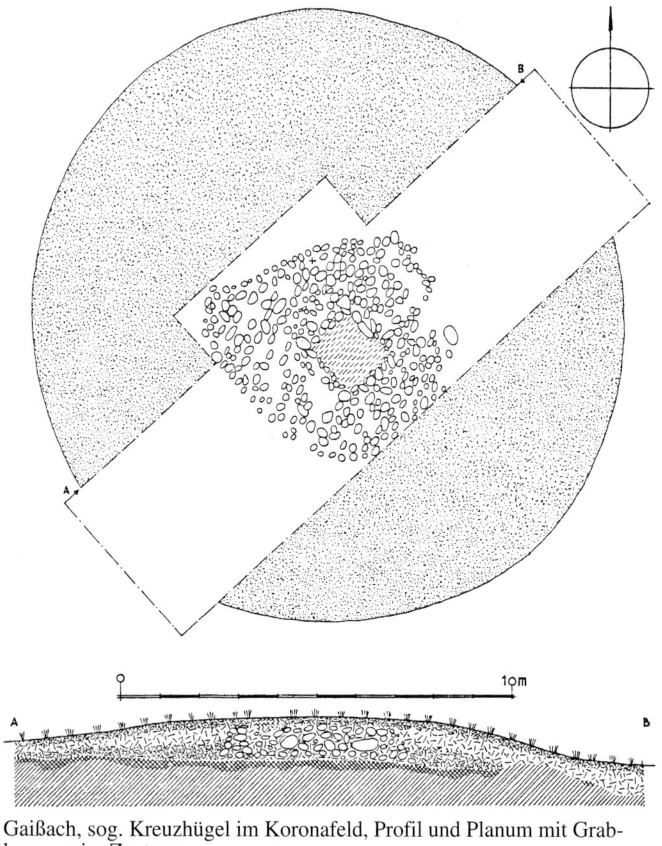

Gaißach, sog. Kreuzhügel im Koronafeld, Profil und Planum mit Grabkammer im Zentrum

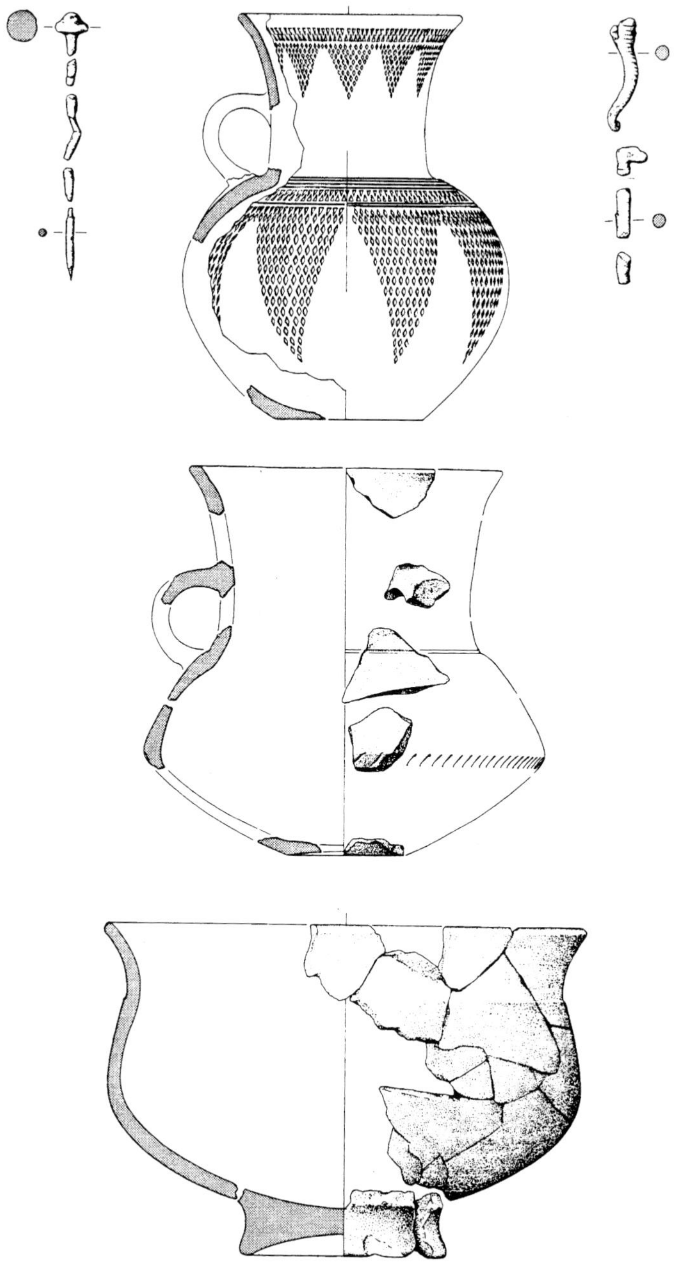

Gaißach, bronzezeitliche Funde aus dem sog. Kreuzhügel im Koronafeld

Untersteinbach, Steinbachau 12

Untersteinbach, Steinbachau 13

Untersteinbach, Haus Nr. 3, Getreidekasten

Wetzl, Bildstock-Kapelle

Wetzl, Haus Nr. 2

Wetzl, Haus Nr. 6

Wiedmoos, Haus Nr. 2

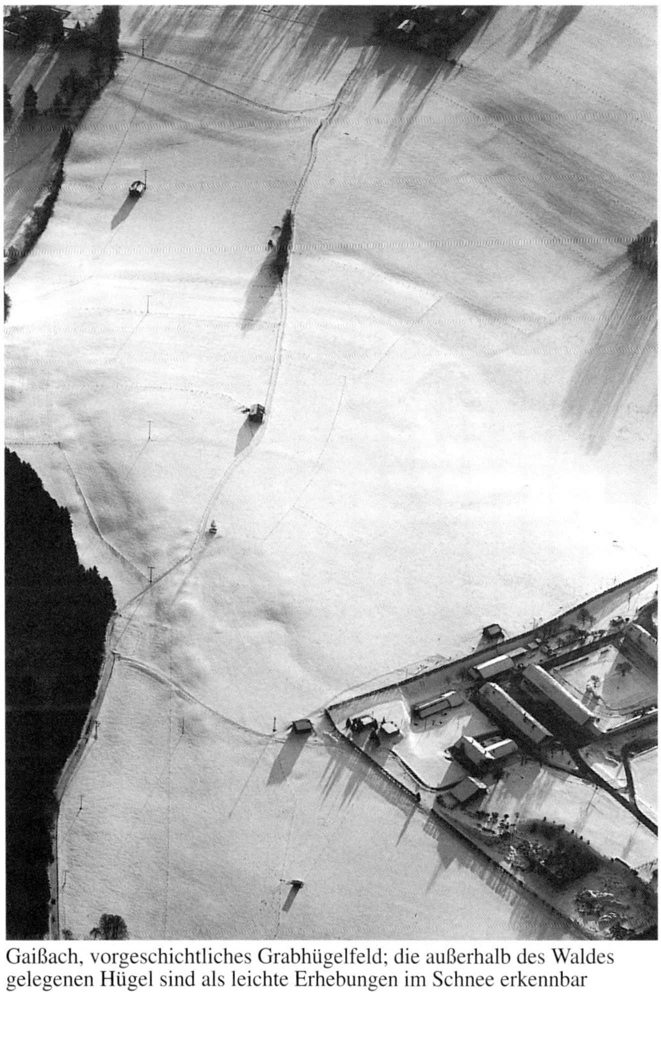

Gaißach, vorgeschichtliches Grabhügelfeld; die außerhalb des Waldes gelegenen Hügel sind als leichte Erhebungen im Schnee erkennbar

Stadt Geretsried

Baudenkmäler

Geretsried

1083 erstmals als „Gerratesried“ urkundlich erwähnt, erhielt der einst aus einigen Einzelhöfen und einer Holzkapelle bestehende Ort seinen heutigen Namen erst 1745. Während des Zweiten Weltkriegs Standort einer gigantischen Rüstungsindustrie. 1946ff. bewohnten zahllose Heimatvertriebene die ehemals zum Werksgelände gehörigen Siedlungsbauten. Bereits 1950 wurde Geretsried zur eigenständigen Gemeinde und 1970 zur Stadt erhoben.

Kath. Kapelle St. Nikolaus. Achteckiger Zentralbau von 1722; mit Ausstattung.

Die Kapelle wurde 1722 als Filiale der Pfarrei Königsdorf am Reiseweg von München in den Süden erbaut und am 18. September dieses Jahres, nur einen Tag nach der Kirche in Huppenberg, Gde. Wackersberg, durch den Freisinger Bischof Johann Franz Eckher von Kapfing geweiht. Restaurierung 1987f. – Oktogonaler Zentralbau unter schmucklosem Klostergewölbe; Belichtung durch hohe, oben und unten eingezogen rundbogige Fenster. An der Südwestseite quadratischer Turm mit kurzem Achteckaufsatz und Zwiebelhaube. – Vor der Westwand Altar der Erbauungszeit, gerahmt von kleinen Gemälden der 14 Nothelfer, im Auszug die hll. Emmeram und Maria Magdalena. Das Hauptbild mit dem Titelheiligen malte 1858 Anton Eder, der zugleich den Altaraufbau restaurierte.

[Johannisplatz. Kath. Pfarrkirche zur Heiligen Familie. 1971-1973 durch H. Groethuysen und D. Schreiber errichtet.]

Karl-Lederer-Platz 1. Rathaus; Zweiflügelbau mit Eingangsturm und Putzgliederungen, im barockisierenden Heimatstil, 1939/40 als Verwaltungsgebäude der Sprengstoffwerke erbaut von Paul Wenz.

[Richard-Wagner-Straße. Kath. Pfarrkirche Maria Hilf. 1950 wurde eines der Munitionswerkgebäude durch Friedrich Haindl zu einer Notkirche umgebaut. Die bestehende Anlage entwarf Hans Schedl; die Grundsteinlegung erfolgte 1962, die Weihe 1964.]

Buchberg

Kath. Kapelle. 1857; mit Ausstattung; an der Ostmauer des Gutshofs.

Der ursprünglich freistehende Rechteckbau von 1857 mit Dachreiter über dem Westgiebel wurde erst 1932 bei der Gestaltung der Parkanlage in die Ostmauer des Gutshofs eingebunden; der damals nach Osten verlegte Eingang kam nach 1975 wieder auf die Westseite. Figur der hl. Anna selbdritt im Stil des frühen 18. Jhs., 1857 angekauft und heute ausgelagert.

Geretsried, kath. Kapelle St. Nikolaus

Geretsried, Kapelle, Inneres nach Nordwesten

Buchberg, kath. Kapelle

Buchberg, Kapelle, Inneres nach Osten

Geretsried, Karl-Lederer-Platz 1

Geretsried, Johannisplatz, kath. Pfarrkirche zur Heiligen Familie

Geretsried, Johannisplatz, Pfarrkirche, Inneres nach Westen

Geretsried, Richard-Wagner-Straße, kath. Pfarrkirche Maria Hilf

Geretsried, Richard-Wagner-Straße, Pfarrkirche, Inneres nach Nordwesten

Gelting

Kath. Filialkirche St. Benedikt. 2. Hälfte 17. Jh. und 1734, Turm spätgotisch; mit Ausstattung.

Gelting, das als eine der frühesten Siedlungen in diesem Gebiet zusammen mit Münsing 740 erstmals erwähnt wird, besaß bereits im Spätmittelalter eine Chorturmkirche, die 1315 Filiale von Wolfratshausen war und vielleicht 1532 erneuert wurde. Das hohe, quadratische Turmunterbau ist der einzige Rest dieser gotischen Anlage, deren Schiff nördlich des heutigen Langhauses lag. 1631 begann der Wolfratshausener Baumeister Georg Zellermair mit dem Neubau, der sich mit Unterbrechungen durch den Dreißigjährigen Krieg über mehrere Jahre hinzog und erst 1649 geweiht werden konnte. 1659/60 Erhöhung des Turms um das Oktogon mit Zwiebelhaube; nach Beschädigung durch Blitzschlag 1708 wiederhergestellt. 1734 Umgestaltung des Innern und Einbau der Orgelempore, vgl. das Datum über dem Chorbogen. 1899 Errichtung der Lourdesgrotte an der Südseite anstelle eines alten Beinhauses. 1976f. letzte Restaurierung.
Geräumiger Saalbau mit eingezogenem, fünfseitig geschlossenem Chor; in beiden Raumteilen Stichkappentonnen auf hochsitzenden Gebälkstücken. Nordturm. – Rahmenstuck 1734. Der Quadraturist der gleichzeitigen Fresken – im Langhaus eine wuchtige, umlaufende Scheinarchitektur, im Chor eine Tambourkuppel in Schrägansicht – orientierte sich offensichtlich an der illusionistischen Architekturmalerei eines Andrea Pozzo bzw. an dem 1711/16 in Augsburg erschienenen „Fürstlichen Baumeister" von Paul Decker d.Ä. Die figürlichen Teile des Langhausbildes mit der Muttergottes und den hll. Silvester, Benedikt, Antonius Eremita und Maria Magdalena dürften von Melchior Puchner stammen. Umrahmung 1936.
Die einheitliche, hochbarocke Ausstattung aus der 2. Hälfte des 17. Jhs. wird ausnahmslos Wolfratshausener Künstlern zugeschrieben, gehört folglich zu den wichtigsten Beispielen der Schülergeneration der in Nantwein tätigen Meister und bietet dadurch wichtige Vergleichsmöglichkeiten in der Genese des örtlichen Kunsthandwerks. – Der 1653 aufgestellte, schlanke Hochaltar dürfte eine der ersten bedeutenden Gemeinschaftsarbeiten des Kistlers Lukas Herle und des Bildhauers Georg Wunderl gewesen sein. Seitlich die hll. Nikolaus und Erasmus, im Auszug Mondsichelmadonna, darüber Gottvater. Gemälde des hl. Benedikt mit dem hll. Antonius Eremita und der hl. Maria Magdalena 1785. Tabernakel 1897. – Die ebenfalls Herle und Wunderl zugewiesenen Seitenaltäre mit unterschiedlichen Aufbauten. Der nördliche schauwandartige Altar bez. 1668. In der Mitte Muttergottes des frühen 16. Jhs. Die anderen Figuren von 1668: vor der Predella die hll. Katharina, Elisabeth und Barbara, darüber Joachim und Anna. Gottvater im Auszug um 1700. – Der südliche Altar bereits 1665 entstanden, mit Büsten der hll. Benedikt und Leonhard vor der Predella, zwischen beiden Zacharias, ehemals am nördlichen Altar; oben erneut St. Leonhard. Die Figuren des hl. Silvester (vor einem Gemälde mit Engeln und seinen Attributen) und der Apostelfürsten im Mittelteil vom spätgotischen Vorgängeraltar des frühen 16. Jhs. übernommen. – Kanzel um 1690; Skupturen Anton Krinner zugeschrieben: am Korb Evangelisten, auf dem Schalldeckel Posaunenengel. – Gemälde des hl. Johann Nepomuk, Mitte 18. Jh. An den Emporenbrüstungen Szenen aus dem Marienleben, um 1870. – Figuren: An den Empo-

Gelting, kath. Filialkirche St. Benedikt

Gelting, Filialkirche, hl. Johann Nepomuk, Mitte 18. Jh.

Gelting, Filialkirche, Langhausfresko

Gelting, Filialkirche, Inneres nach Osten

Gelting, Filialkirche, Muttergottes im nördlichen Seitenaltar

Gelting, Filialkirche, Inneres nach Westen

renpfeilern hl. Silvester und hl. Benedikt, 1. Hälfte 17. Jh. Apostel, Mitte 17. Jh., Johann Krinner zugeschrieben, 1848 überarbeitet. Kruzifix und Schmerzhafte Muttergottes, um 1655/60, wohl von Wunderl. – Ebenso das Holzepitaph von 1645 für Margarethe Mezger, mit Muttergottes und Gottvater.

Ehem. Dorfschmiede mit Beschlaggerüst. 1. Hälfte 19. Jh.; an der Friedhofsmauer.

Alleebüchlweg 4. Ehem. Bauernhaus, zweigeschossiger Blockbau, im Obergeschoß mit alten Fenstern, Kern 1. Hälfte 18. Jh.

Am Haken 12 (Weber). Ehem. Kleinbauernhaus, 1. Hälfte 19. Jh.

Buchberger Straße 1 (Saliter). Stattliches ehem. Bauernhaus, im Kern 1. Hälfte 18. Jh.

Gelting, Filialkirche, Kanzel

Gelting, Filialkirche, Kruzifix und Muttergottes, um 1655/60

Gelting, Filialkirche, hl. Petrus am südlichen Seitenaltar

Gelting, Filialkirche, hl. Paulus am südlichen Seitenaltar

Gelting, Filialkirche, Apostel Judas Thaddäus und Paulus, Mitte 17. Jh.

Gelting, Filialkirche, Epitaph für Margarethe Mezger, 1645

Gelting, ehem. Dorfschmiede mit Beschlaggerüst

Gelting, Alleebüchlweg 4

Gelting, Am Haken 12

Gelting, Buchberger Straße 1

Herrnhauser Straße 2 (Weigl). Ehem. Kleinbauernhaus, im Kern 2. Hälfte 18. Jh., erneuert.

Herrnhauser Straße 4 (Schmied). Ehem. Kleinbauernhaus mit Giebeltenne, im Kern 2. Hälfte 18. Jh.

Herrnhauser Straße 5 (Harrer). Stattliches Bauernhaus, im Kern Mitte 17. Jh., erneuert.

Herrnhauser Straße 6 (Koller). Bauernhaus, Obergeschoß verputzter Blockbau, im Kern 18. Jh.; eingebauter zweigeschossiger Getreidekasten, 2. Hälfte 17. Jh.

Siedlungsstraße 1 (Moar). Ehem. Bauernhaus mit verschaltem Giebel, im Kern 2. Hälfte 17. Jh.

Wolfratshausener Straße 4 (Maul). Ehem. Kleinbauernhaus mit verputztem Blockbau-Obergeschoß und Steilsatteldach, 1. Hälfte 19. Jh.

Schwaigwall

Haus Nr. 3. Gutshof; stattliche Dreiflügelanlage, Wohngebäude mit Halbwalm, 1. Viertel 19. Jh., 1927 nach Brand erneuert.

Das Gut wird bereits Mitte des 15. Jhs. urkundlich erwähnt. Nach 1460 im Besitz des Klosters Benediktbeuern, kam es 1476 an den bayerischen Herzog Albrecht IV. In der Folgezeit häufiger Besitzerwechsel, bis es 1716 Graf Törring zu Jettenbach erwarb, der es aber zehn Jahre später erneut an den Benediktbeurer Abt Magnus Pachinger (1707-1742) weiterveräußerte. Nach der Säkularisation wurde die bestehende, großzügig konzipierte Anlage von einem französischen Architekten errichtet, jedoch erst nach 1820 vollendet. Seit 1821 Teil der königlichen Armeegestüte und zum Remontedepot Benediktbeuern gehörig, fiel Schwaigwall 1914/18 an den bayerischen Staat und mußte 1927 nach einem Großbrand wiederaufgebaut werden. 1930 kaufte der Brauereibesitzer Franz Xaver Fuchs den Gutshof und richtete 1946/47 u.a. ein Altersheim ein.

Archäologische Denkmäler

Gemarkung Gelting

TK 8134; Flurkarte SW 12-05.
Frühmittelalterliche *Körpergräber* mit Beigaben (Spatha, Messer u. a.) bei Bauarbeiten am Loisach-Isar-Kanal.
Ca. 375 m nordnordwestlich der Kirche von Gelting.

TK 8134; Flurkarte SW 13-05; Flur „Schmidten".
Einige mittelalterliche *Siedlungsfunde*, darunter eine Lanzenspitze.
Ca. 1600 m südsüdöstlich der Kirche von Gelting.

TK 8134; Flurkarte SW 12-05.
Frühmittelalterliches *Gräberfeld*. 85 Körperbestattungen geborgen, weitere zerstört. Gräber zum Teil mit qualitätvollen Beigaben.
Ca. 550 m nordnordwestlich der Kirche von Gelting.

Gelting, Herrnhauser Straße 2

Gelting, Herrnhauser Straße 4

Gelting, Herrnhauser Straße 5

Schwaigwall, Haus Nr. 3, Gutshaus

Gelting, Siedlungsstraße 1

Gelting, Wolfratshausener Straße 4

Gelting, Herrnhauser Straße 6

Schwaigwall, Haus Nr. 3, Stallgebäude

Gemeinde Greiling

Baudenkmäler

Greiling

Ensemble Greiling. – *Umgrenzung: Tegernseer Straße 1,2, 4-9,13,14 und Filialkirche St. Nikolaus; Tölzer Straße 1-6,9, 12-14.* – Das Ensemble umfaßt den Kern eines Isarwinkler Straßen-Haufendorfes, dessen Bebauung ursprünglich längs der westöstlichen Durchgangsstraße orientiert war und in einigen Partien nach Süden ausgriff. Die Einheitlichkeit der vorwiegend mittelgroßen, geosteten Einfirsthöfe erklärt sich aus dem Wiederaufbau nach dem Dorfbrand 1760, die enge Stellung aus den Bedingungen der damaligen, gemeinschaftlichen Wasserversorgung. Die Obergeschoß-Blockbauten ergeben trotz verschieden tiefgreifender Umbauten ein auffallend reizvolles Dorfbild, das sich nahe der Kirche zu einer einmaligen Geschlossenheit verdichtet.

Sachsenkamer Straße 1 (Ertl). Ehem. Bauernhaus mit Blockbau-Obergeschoß, erbaut 1762, Dachaufsteilung und Querflügel 1922.

Sonnental 2 (Oberweiß). Ehem. Bauernhaus mit Blockbau-Obergeschoß, letztes Viertel 18. Jh.

Sonnental 6 (Beimoser). Ehem. Bauernhaus, Blockbau-Obergeschoß, 1. Hälfte 17. Jh., erneuert.

Greiling, Ensemble, Tegernseer und Tölzer Straße

Greiling, Sachsenkamer Straße 1

Greiling, Sonnental 2

Greiling, Sonnental 6

Greiling, Luftaufnahme von Osten, 1983

Tegernseer Straße. Kath. Filialkirche St. Nikolaus; 1728 erbaut und nach 1760 erneuert; mit Ausstattung.

1728 unter Pfarrer und Dekan Kaspar Neumüller von Oberwarngau anstelle einer gotischen Kapelle neu errichtet. Nach dem großen Ortsbrand von 1760 erneuert, der Dachstuhl dat. 1763. Innenrestaurierungen um 1900 und 1975f. – Einschiffiger Bau mit leicht eingezogenem, halbrund geschlossenem Chor. Rhythmische Gliederung durch Wandpfeiler mit aufgelegten Pilastern und kräftig profilierten Kapitellen; über dem umlaufenden, verkröpften Gesims hochsitzende, breite Stichbogenfenster, die in die niedrigen Stichkappentonnen einschneiden. Quadratischer Westturm mit Oktogon und Zwiebelhaube.
Schlichter Rahmenstuck der Erbauungszeit. – Chorfresko: Glorie des hl. Nikolaus, wohl von Wilhelm Anton Fett, bez. A.F. 1761; Auftraggeber war der damalige Inhaber der Hofmark Greiling-Reichersbeuern Johann Max IV. Graf Preysing. – Hochaltar um 1728 mit bemerkenswertem Gemälde des Kirchenpatrons und der hll. Katharina, Margareta, Dorothea und Barbara. – Kanzel etwa gleichzeitig. In den Muschelnischen des Korbs Statuetten Christi und der Evangelisten; auf dem Schalldeckel Johannes d.T. – Vier Passionsszenen, Öl auf Leinwand, um 1761, ehemals in der Bachkapelle. – Figuren: hl. Michael, Ende 17. Jh. Ecce Homo und Schmerzhafte Muttergottes, 1. Viertel 18. Jh.

Tegernseer Straße 1. Vgl. Ensemble Greiling.

Tegernseer Straße 2 (Aberger). Bauernhaus mit Blockbau-Obergeschoß, Ende 18. Jh., Dach erhöht.

1987 wurden bei der Instandsetzung des Obergeschosses Teile der Laube erneuert.

Tegernseer Straße 4 (Unterweiß). Ehem. Bauernhaus mit Blockbau-Obergeschoß, letztes Viertel 18. Jh.

Greiling, Tegernseer Straße, kath. Filialkirche St. Nikolaus

Greiling, Filialkirche, Inneres nach Osten

Greiling, Filialkirche, Inneres nach Westen

Greiling, Filialkirche, Hochaltarbild

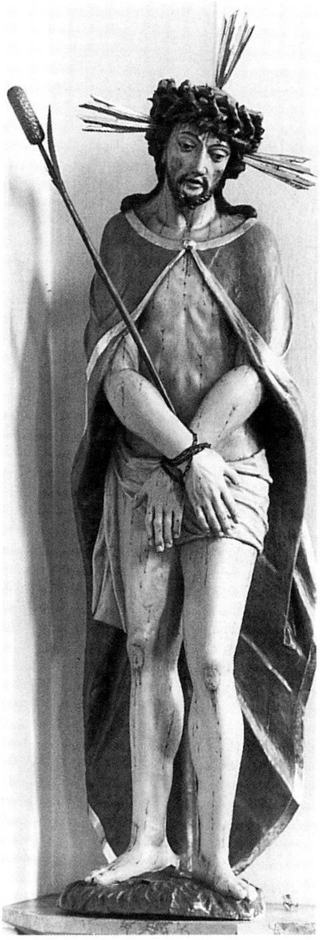

Greiling, Filialkirche, Ecce Homo, 1. Viertel 18. Jh.

Greiling, Filialkirche, Chorfresko

Greiling, Filialkirche, hl. Michael, Ende 17. Jh.

Greiling, Filialkirche, Verurteilung Christi, um 1761

Greiling, Filialkirche, Kreuztragung, um 1761

Greiling, Tegernseer Straße 2

Greiling, Tegernseer Straße 4

Tegernseer Straße 5 (Mesner). Bauernhaus mit Blockbau-Obergeschoß, 1. Hälfte 18. Jh., Dach später.

Tegernseer Straße 6 (Koppn). Bauernhaus mit Blockbau-Obergeschoß, 1. Hälfte 18. Jh.

Tegernseer Straße 7-9. Vgl. Ensemble Greiling.

Tegernseer Straße 13 (Oß). Bauernhaus-Wohnteil, Blockbau, Obergeschoß, 2. Hälfte 18. Jh., Dach später.

Tegernseer Straße 14 (Anderl). Ehem. Bauernhaus mit Blockbau-Obergeschoß, Ende 17. Jh.

Tölzer Straße 1 (Müller). Bauernhaus mit Blockbau-Obergeschoß, Ende 18. Jh.

Tölzer Straße 2-4. Vgl. Ensemble Greiling.

Tölzer Straße 5 (Petzl). Ehem. Bauernhaus mit Blockbau-Obergeschoß, 18. Jh., Dach später.

Tölzer Straße 6 (Gaißreiter). Bauernhaus mit Blockbau-Obergeschoß, erbaut 1762, Erweiterung 1952, Wirtschaftsteil 1939.

1981/82 wurde das Gebäude instandgesetzt und der Wirtschaftsteil von 1939 zu Wohnzwecken ausgebaut.

Tölzer Straße 9,12-14. Vgl. Ensemble Greiling.

Sog. **Bachkapelle.** Achteckiger Zentralbau um 1700; am östlichen Ortsrand.

Ausgangspunkt war eine Pestkapelle, die Georg Clas 1634 im Aigenfeld weit außerhalb zwischen Greiling und Tölz errichtet hatte. Um 1666 wurde sie wegen Baufälligkeit bereits wieder abgebrochen und an der heutigen Stelle am östlichen Ortsrand von Greiling neu erbaut. 1700 als ruinös erwähnt, stiftete Bernhard Clas die bestehende Kapelle, einen oktogonalen, pilastergegliederten Zentralbau mit flachem Stichkappengewölbe, der erst 1708 geweiht wurde. 1981ff. durchgreifend restauriert. – Vor der Südwand Altar um 1700 mit Gemälde der 14 Nothelfer, im Auszug die Pestheiligen Sebastian und Rochus. – Stuhlwangen um 1800/10. – Votivbild von 1663, aus der ursprünglichen Kapelle. – Die in den Muschelnischen aufgestellten Figuren wurden 1970 gestohlen.

Archäologische Denkmäler

Gemarkung Greiling

TK 8235; Flurkarte SW 19-01; Flur „Koronafeld" u. „Lohfeld".
Vorgeschichtliches *Grabhügelfeld* mit mindestens 57 Hügeln auf der Kuppe, den Hängen und am Fuße eines von Süden nach Nordosten streichenden Rückens. Dicht beieinanderliegende mittelgroße, stark verflachte Hügel, die – soweit sie im Ackerland liegen – durch Überpflügen vollständig zerstört wurden. Zwei Gräber sind archäologisch untersucht, aus weiteren wurden bronzezeitliche Funde ausgeackert.
27 Hügel auf Gemarkung Gaißbach, 8 auf der Gemarkungsgrenze Gaißbach/Greiling und 22 auf Gemarkung Greiling.
Ca. 500 m westnordwestlich von Attenloh.

TK 8235; Flurkarte SO 18-01.
Luftbildbefund mit einigen schwachen Erhebungen; möglicherweise verebnete vorgeschichtliche *Grabhügel.*
Ca. 800 m westnordwestlich der Kirche von Greiling.

TK 8235; Flurkarte SO 18-01.
Luftbildbefund mit mehreren flachen Erhebungen; möglicherweise verebnete vorgeschichtliche *Grabhügel.*
Ca. 1550 m westlich der Kirche von Greiling.

TK 8235; Flurkarte SO 19-01.
Verebnete vorgeschichtliche *Grabhügelgruppe* im Luftbild.
Ca. 1200 m südwestlich der Kirche von Greiling.

TK 8235; Flurkarte SO 19-01; Flur „Mühlleiten".
Weitgehend verebnete vorgeschichtliche *Grabhügelgruppe* im Luftbild.
Ca. 1400 m westsüdwestlich der Kirche von Greiling.

TK 8235; Flurkarte SO 18-02.
Frühmittelalterliches *Gräberfeld.* Seit dem ausgehenden 19. Jahrhundert bis in jüngste Zeit werden hier bei Bauarbeiten immer wieder Gräber zerstört; keine Beigaben erhalten.
Ca. 50-200 m südöstlich der Kirche von Greiling.

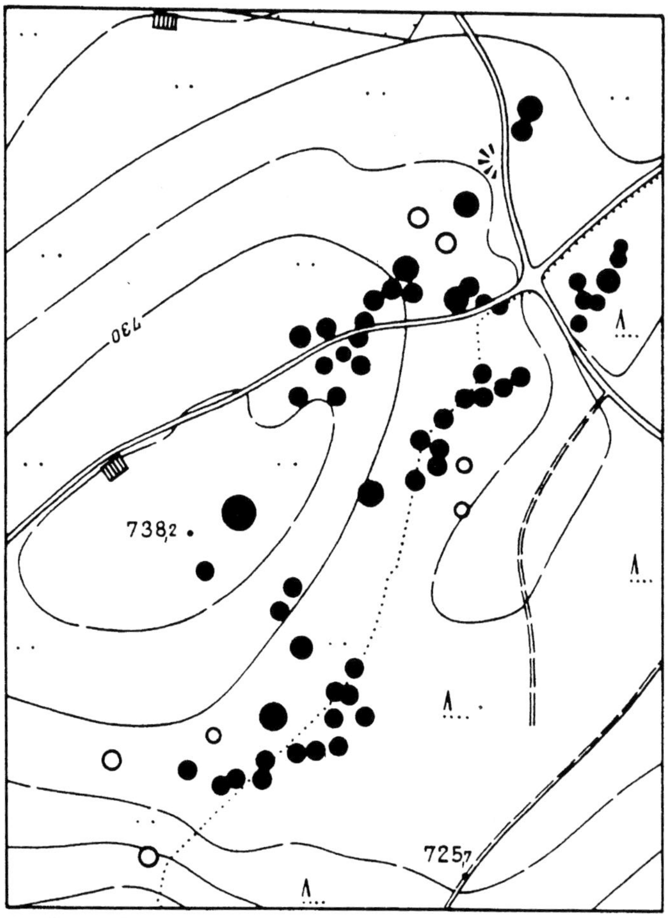

Greiling/Gaißbach, topographischer Plan des vorgeschichtlichen Grabhügelfeldes

Greiling, Tegernseer Straße 5

Greiling, Tegernseer Straße 6

Greiling, Tegernseer Straße 13

Greiling, Tegernseer Straße 14

Greiling, Tölzer Straße 1

Greiling, Tölzer Straße 5

Greiling, Tölzer Straße 6

Greiling, Bachkapelle

Greiling, Bachkapelle, Inneres nach Süden

Gemeinde Icking

Baudenkmäler

Icking

Kath. Filialkirche Hl. Kreuz. Spätgotischer Bau um 1500, barockisiert; mit Ausstattung. – Alte Friedhofsmauer aus verputztem Klaubsteinmauerwerk, 17./18. Jh.

Um 1500 errichtet, wohl in der 1. Hälfte des 18. Jhs. verändert. 1984 renoviert. – Flachgedeckter, kleiner Saalbau in Hanglage mit eingezogenem, fünfseitig geschlossenem Chor unter Netzrippengewölbe. Vor der Westseite Satteldachturm. – Hochaltar um 1680/90 von Lukas Herle. Im Mittelteil spätgotische Kreuzigungsgruppe, Ende 15. Jh., wohl um 1680/90 überarbeitet. Auf seitlichen Konsolen die hll. Augustinus und Brictius von Tours(?), um 1680/90; im Auszug hl. Helena, um 1520. – An der Brüstung der Westempore Rankenmalereien, bez. 1593. – Gemälde: hl. Anna mit Maria und hl. Joseph mit Jesuskind, beide 2. Viertel 18. Jh. – Figuren: Kruzifix, Anfang 15. Jh. Muttergottes, 1. Hälfte 16. Jh. Rosenkranzmadonna, 2. Hälfte 17. Jh.

[**Ichoring 47.** Evang.-Luth. Auferstehungskirche. 1966 von Franz Lichtblau.]

[**Kirchenleite 23.** Kath. Pfarrkirche Hl. Kreuz. 1953 nach Plänen von Wolfgang Mayer erbaut. Figuren: bäuerliche Pietà und hl. Joseph, beide 18. Jh. und ehemals in der alten Kirche.]

Mittenwalder Straße 5 (Rothof). Zugehörig wiederaufgestellter, erdgeschossiger Getreidekasten, bez. 1526; aus Morgenbach, Lkr. Weilheim-Schongau.

Der innen neben dem Eingang durch die aufgemalte Jahreszahl 1526 datierte ehem. Getreidekasten gehört zu den ältesten Holzbauten seiner Art nicht nur im Kreisgebiet, sondern auch in Oberbayern.

Säulenbildstock aus Tuffstein. 16./17. Jh.; östlich des Anwesens Mittenwalder Straße 5.

Der Bildstock steht hangabwärts östlich des ehem. Getreidekastens im Garten.

Icking, kath. Filialkirche Hl. Kreuz, Aufnahme von 1973

Icking, kath. Filialkirche Hl. Kreuz

Icking, Filialkirche, Inneres nach Westen

Icking, Filialkirche, hl. Helena im Hochaltarauszug

Icking, Filialkirche, Inneres nach Osten

Icking, Filialkirche, Kruzifix, Anfang 15. Jh.

Icking, Ichoring 47, evang.-luth. Auferstehungskirche

Icking, Auferstehungskirche, Inneres

Icking, Kirchenleite 23, kath. Pfarrkirche Hl. Kreuz

Icking, Pfarrkirche, Inneres

Icking, Säulenbildstock

Icking, Mittenwalder Straße 5, Getreidekasten

Icking, Mittenwalder Straße 5, Getreidekasten, Inneres

Attenhausen

Dorfstraße 8 (Seirer). Ehem. Bauernhaus mit Blockbau-Obergeschoß, im Kern 18. Jh., Dach später.

Dorfstraße 10. Kath. Kapelle; 2. Hälfte 17. Jh.; mit Ausstattung.

Nach Süden gerichteter, einschiffiger Bau mit Flachdecke und dreiseitigem Schluß. Über dem Nordgiebel 1945 erneuerter Dachreiter. 1989 letzte Restaurierung. – Ausmalung 1934. – Tafelbild des hl. Sebastian, wohl Wolfratshausener Arbeit des mittleren 17. Jhs. – Die Figuren der Wetterheiligen Johannes und Paulus vom Ende des 17. Jhs. Anton Krinner, das Anfang des 18. Jhs. geschnitzte Kruzifix mit Maria seinem Sohn Joseph Krinner zugeschrieben.

Dorfstraße 14 (Schneiderwölfl). Ehem. Kleinbauernhaus mit verschaltem Vordach und Laube, im Kern 2. Hälfte 18. Jh.

Dorfstraße 15 (Waldhauser). Bauernhaus mit zwei Lauben, 18. und 19. Jh.

Attenhausen, Dorfstraße 8

Attenhausen, Dorfstraße 10, kath. Kapelle

Attenhausen, Kapelle, Inneres nach Süden

Attenhausen, Dorfstraße 14

Attenhausen, Dorfstraße 15

Dorfen

Wolfratshausener Straße 3 (Mock). Ehem. Bauernhaus mit Blockbau-Obergeschoß, 1. Hälfte 18. Jh., Dach später (rückwärts ausgebaut).

Wolfratshausener Straße 5. Am Haus großes Kruzifix, barock.

Wolfratshausener Straße 6. Kath. Filialkirche St. Johannes d.T.; 1728/30; mit Ausstattung. – Friedhofsmauer (Nordzug) aus Bruchstein mit Hohlziegeldeckung, 17./18. Jh.

1728-1730 wohl über den Fundamenten der gotischen Vorgängerkirche nach Plänen des Münchener Stadtmaurermeisters Johann Mayr d.J. errichtet, an der Ausführung war Lukas Mörz beteiligt; 1734 geweiht. 1845 erhielt der unten quadratische, oben oktogonale Giebelturm im Westen nach einem Brand (1844) vermutlich durch Joseph Sappel anstelle der ursprünglichen Zwiebelhaube den bestehenden Spitzhelm. 1977ff. Restaurierung. – Interessantes Beispiel für den Übergang vom hochbarocken, streng-schlichten Bautypus zur zentralisierenden Raumkonzeption der ländlichen Rokokokirche. Das einschiffige, dreiachsige Langhaus mit ausgerundeten Ecken und Spiegelgewölbe auf geschichteten Pilastern. Der eingezogene Chor durch kräftige Wandpfeiler in zwei Abschnitte unterteilt: westlich ein rechteckiges Vorjoch unter querovaler Flachkuppel, östlich die innen halbrunde, außen dreiseitige Apsis. Gliederung der Gewölbe durch Stuckfelder.
Der Hochaltar entstand wohl kurz nach der Fertigstellung der Kirche um 1730/34. Der Retabelaufbau mit linearem Grundriß und seitlich über Konsolen ausgestellten Figuren entspricht noch dem Schema des 17. Jhs., während die Ornamente das 18. Jh. erkennen lassen. Das Altarblatt mit der Taufe Christi wird Philipp Guglhör, das Gemälde Gottvaters im Auszug seiner Werkstatt zugeschrieben; dazwischen kleines Medaillon mit den Patronen der Wolfratshausener Schloßkapelle St. Georg und Nikolaus. Auf den Konsolen die Wetterheiligen Johannes und Paulus. – Neubarocke Seitenaltäre 1909 von Joseph Elsner unter Verwendung von Figuren um 1730/35: nördlich Muttergottes vom Siege, südlich hl. Johann Nepomuk. Auszugbilder gleichzeitig: nördlich

Dorfen, Wolfratshauser Straße 3

Dorfen, Wolfratshauser Straße 5, Giebelkruzifix, um 1700

Dorfen, Wolfratshauser Straße 6, kath. Filialkirche St. Johannes d. T.

Dorfen, Filialkirche, Inneres nach Osten

Dorfen, Filialkirche, Muttergottes im nördlichen Seitenaltar

Dorfen, Filialkirche, Inneres nach Westen

Dorfen, Filialkirche, hl. Johann Nepomuk im südlichen Seitenaltar

hl. Franz Xaver, südlich hl. Vitus. – Kanzelkorb 1. Viertel 17. Jh.; die Evangelisten malte 1730 Philipp Guglhör, als Johann Jani den Schalldeckel erneuerte. – Fragmentarische Tafelbilder der hll. Johannes und Paulus, vermutlich ehem. Seitenflügel eines Altars vom Ende des 15. Jhs. Unter der Westempore ehem. Antependium mit drastischer Darstellung des enthaupteten Johannes, um 1700. – Hervorragende, ungefaßte Figur Johannes d.T., um 1510/20. Johannesschüssel, Ende 17. Jh. Apostel, Anfang 18. Jh., ehemals in der Dreifaltigkeitskapelle von Wolfratshausen. Kruzifix, um 1730 von Joseph Krinner.

Wolfratshausener Straße 10 (Rierschneider). Ursprünglich erhaltenes Bauernhaus mit Blockbau-Obergeschoß, verschaltem Vordach und umlaufender Laube, Ende 17. Jh.

Leonhardskapelle. Um 1870/80; nördlich des Orts.

Nach Westen gerichteter, dreiseitig geschlossener Bau am Waldrand westlich der Straße nach Icking. Die ehemals darin aufgestellte Figur des hl. Leonhard aus dem 17. Jh. wurde 1960 gestohlen. Restaurierung 1989f.

Holzen

Säulenbildstock aus Tuffstein. 16./17. Jh.; bei Haus Nr. 12.

Irschenhausen

Ebenhauser Straße 15. Kath. Filialkirche St. Anian; im Kern 14./15. Jh., 1922 verlängert mit Westturm; mit Ausstattung.

Der 801/04 erstmals erwähnte Ort besaß ursprünglich eine Holzkapelle, die durch eine 1160 geweihte steinerne Kirche ersetzt wurde. Der bestehende Bau dürfte im Kern aus dem 14./15. Jh. stammen, wurde wohl im 17. Jh. (1653?) verändert und 1922 um das innen leicht ausspringende Emporenjoch nach Westen erweitert. 1978f. Restaurierung (mit Freilegung von Fundamenten der hochmittelalterlichen Kirche). – Westlich oktogonaler Dachreiter von 1922 mit Zwiebelhaube. Einschiffiges, flachgedecktes Langhaus mit merkwürdigen Profilen über den Altären beiderseits des Chorbogens. Stark eingezogener, niedriger Rechteckchor unter Kreuzgratgewölbe. Hochaltar wohl Wolfratshausener Arbeit um 1620/30 mit Figuren: in der Mitte Thronende Muttergottes, seitlich die hll. Anianus und Barbara, im Auszug Gottvater. – In den Seitenaltären vom Ende des 18. Jhs. Gemälde: nördlich Grablegung Christi, südlich Kreuzigung. Seitlich Statuetten der Kirchenväter, Ende 17. Jh. – Kleine sitzende Muttergottes, volkstümliche Schnitzarbeit im Stil des frühen 15. Jhs. Hl. Ulrich, Ende 15. Jh. Mantelspende des hl. Martin und Drachenkampf des hl. Georg, beide 2. Hälfte 17. Jh.; dazwischen hl. Leonhard, Mitte 18. Jh. Hl. Barbara, weiß gefaßt, um 1740/50.

Krautgärten 23 (Rübenschaber). Ehem. Bauernhaus mit Blockbau-Obergeschoß, im Kern 3. Viertel 18. Jh.

Krautgärten 27 (Rugger). Ehem. Bauernhaus, Obergeschoß verputzter Blockbau, bez. 1791.

Krautgärten 32 (Maihäusl). Ehem. Kleinbauernhaus, im Kern 18. und 2. Viertel 19. Jh., erneuert.

Dorfen, Filialkirche, Fragmente eines spätgotischen Altars

Dorfen, Filialkirche, hl. Johannes d. T., um 1510/20

Dorfen, Wolfratshauser Straße 10

Dorfen, Leonhardskapelle

Holzen, Säulenbildstock

Irschenhausen, Ebenhauser Straße 15, kath. Filialkirche St. Anian

Irschenhausen, Filialkirche, Inneres nach Westen

Irschenhausen, Filialkirche, Hochaltar

Irschenhausen, Filialkirche, Inneres nach Osten

Irschenhausen, Filialkirche, Muttergottes im Stil des frühen 15. Jhs.

Irschenhausen, Filialkirche, hl. Ulrich, Ende 15. Jh.

Irschenhausen, Filialkirche, hl. Barbara, um 1740/50

Irschenhausen, Krautgärten 23

Irschenhausen, Krautgärten 27

Irschenhausen, Krautgärten 32

Krautgärten. Säulenbildstock aus Tuffstein, 16./17. Jh.; neben dem Weiher.

Neufahrner Weg 2 (Ludl). Ehem. Bauernhaus, z.T. zweigeschossiger Blockbau, im Kern 17./18. Jh., um 1910 als Landhaus ausgebaut.

Neufahrner Weg 4 (Sewald). Ehem. Bauernhaus mit Flachsatteldach, 1. Hälfte 19. Jh.

Zeller Weg 27. Ehem. Haus Eggenberg, jetzt Stiftung Politik und Wissenschaft; Hauptgebäude stattliches Landhaus mit Mansardwalm, Zwerchgiebel, Eckerker und Balkon mit Belvedere, um 1910.

Schloßartige Villa in weitläufigem, baumbestandenen Gelände nördlich außerhalb des Orts; Architekt um 1910 vielleicht Karl Bauer.

Schlederloh

Haus Nr. 1. Eingeschossiges Landhaus mit Walmdach und Rundbogenfenstern, um 1910.

Walchstadt

Walchstadter Straße 65 (Nullbauer). Stattliches Bauernhaus, 1. Hälfte 18. Jh., Holzteile (Giebel und Laube) um 1895. – Zugehörig zweigeschossiger Getreidekasten, Ende 16. Jh.

Walchstadter Straße 67. Kath. Filialkirche St. Bartholomäus; im Kern spätgotisch, um 1685 und um 1740 verändert; mit Ausstattung. – Alte Friedhofsmauer aus Klaubsteinen mit Hohlziegeldeckung, 17./18. Jh.

Im Kern spätgotische Anlage, wohl um 1685 und um 1740 verändert. 1979 restauriert. – Einschiffiges, flachgedecktes Langhaus. Der leicht eingezogene, tonnengewölbte Chor dreiseitig geschlossen. Quadratischer Westturm mit Oktogon; Spitzhelm nach Blitzschlag 1895/96 aufgesetzt. – Die museale Zusammenstellung der Ausstattung läßt darauf schließen, daß einiges aus anderen Kirchen (z.B. aus Aufkirchen) hierher transferiert wurde. Die beiden retabelartigen Nebenaltäre stehen parallel zu den Chorseitenwänden. – Hochaltar, um 1685 von einer Wolfratshausener Werkstatt (Lukas Herle?) ausgeführt, mit Abensmahlsbild (bez.1685) zwischen spätgotischen Figuren der Wetterheiligen Paulus und Johannes, um 1500. Im Auszug Salvator Mundi, Ende 15. Jh.; Dachungsengel um 1685, Anton Krinner zugewiesen. Auf der Mensa Statuetten der hll. Bischöfe Augustinus und Ulrich(?), Ende 17. Jh. – Nördlicher Nebenaltar mit Schnitzarbeiten aus verschiedenen Zeiten: Dachungsengel Ende 17. Jh. Der Kranz von Engelsköpfchen und der liegende Stützengel zwischen den Vorhangdraperien frühes 18. Jh.; ebenso die Puttengruppe der Predella und der Salvator Mundi im Auszug. Die dominierende Sitzfigur des hl. Bartholomäus sowie die hll. Leonhard und Silvester seitlich um 1740/50. Das zierliche Predellenkruzifix mit der hll. Maria Magdalena um 1760/70. – Im spätgotischen(?) Schrein des südlichen Nebenaltars Figurengruppe der hl. Anna mit Maria, 1. Hälfte 18. Jh. Feines Predellenbild des Schmerzensmannes und der 14 Nothelfer, Ende 15. Jh. – Stuhlwangen mit geritzten Ornamenten, 18. Jh., z.T. erneuert. – Kreuzweg, 2. Viertel 18. Jh. – Figuren: Leuchterengel, Ende 15. Jh., 1792 bzw. 1856 restau-

Irschenhausen, Krautgärten, Säulenbildstock

Irschenhausen, Neufahrner Weg 2, Nordseite

Irschenhausen, Neufahrner Weg 2, Südseite

Irschenhausen, Neufahrner Weg 4

Schlederloh, Haus Nr. 1

Irschenhausen, Zeller Weg 27

Walchstadt, Walchstadter Straße 65

Walchstadt, Walchstadter Straße 65, Getreidekasten

Walchstadt, Walchstadter Straße 67, Friedhofsmauer

Walchstadt, Walchstadter Straße 67, kath. Filialkirche St. Bartholomäus

Walchstadt, Filialkirche, Inneres nach Osten

riert. Rosenkranzmadonna, um 1640/50, Georg Wunderl zugeschrieben. Apostel, frühes 18. Jh. Kruzifix und Schmerzhafte Muttergottes (im Typus des Münchener Herzogspitals), um 1740/50.

Archäologische Denkmäler

Gemarkung Dorfen

TK 8034; Flurkarte SW 10-05; Flur „Spatzenloch".
Vorgeschichtliche *Grabhügel* auf einer Zwischenterrasse am westlichen Talhang der Isar. Sieben kleine bis mittelgroße, meist stark verflachte Hügel, die zum Teil von westöstlich streichenden Hochackerbeeten überlaufen werden.
Ca. 1000 m ostsüdöstlich-südöstlich der Kirche von Walchstatt.

TK 8034; Flurkarte SW 11-05; Flur „Gasteigplateau".
Frühmittelalterliche *Körpergräber* mit Beigaben.
Ca. 250 m östlich der Kirche von Dorfen.

TK 8034; Flurkarte SW 11-05; Flur „Gasteigplateau".
Ein frühmittelalterliches *Frauengrab* mit Perlen und Ohrring.
Ca. 200 m ostsüdöstlich der Kirche von Dorfen.

Gemarkung Icking

TK 8034; Flurkarte SW 09-05.
Grab aus dem 16. Jahrhundert. Bei dem Toten lagen u. a. ein Rapier, zwei eiserne Messer und eine Speerspitze. In der Nähe der Bestattung eine Grube mit vermutlich vorgeschichtlicher *Siedlungskeramik.*
Ca. 300 m südsüdwestlich der Kirche von Icking beim Dorfweiher.

TK 8034; Flurkarte SW 10-06.
Bei Renovierungsarbeiten in der katholischen Filialkirche St. Bartholomäus Reste eines romanischen *Kirchenfundaments* und Keramikscherben aus dem 8./9. Jahrhundert.
In Walchstadt.

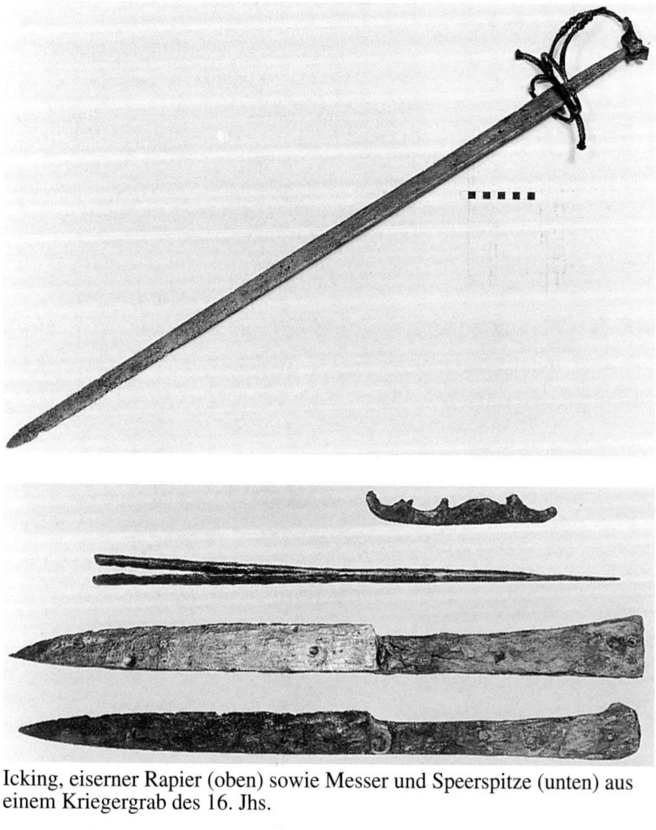

Icking, eiserner Rapier (oben) sowie Messer und Speerspitze (unten) aus einem Kriegergrab des 16. Jhs.

TK 8034; Flurkarte SW 09-05.
Bei Renovierungsarbeiten in der *Heilig-Kreuz-Kirche* Reste von romanischen, gotischen und barocken Vorgängerbauten sowie ein geostetes beigabenloses *Grab* unbekannter Zeitstellung. Im Bereich des Langhauses auch eine *Siedlungsgrube* mit frühgeschichtlicher Keramik.
In Icking.

TK 8034; Flurkarte SW 09-05.
Bei Renovierungsarbeiten in der Filialkirche Irschenhausen im Chorbereich *Fundamentmauern* des romanischen Apsisbogens und Reste des romanischen Altarfundaments. Im Langhaus zwei beigabenlose *Tuffplattengräber* (7./8. Jahrhundert), die vermutlich zu einem nahegelegenen frühmittelalterlichen Gräberfeld gehörten.
In Irschenhausen.

TK 8034; Flurkarte SW 09-05; Flur „Dorfweiher" u. „Schmotzenwiese".
Opferplatz aus der mittleren und späten Bronzezeit. In grubenartigen Eintiefungen in einer Kulturschicht zahlreiche Keramikscherben und Tierknochen. Unter den Funden auch einige latènezeitliche Gefäßscherben.
Ca. 250 m südwestlich der Kirche von Irschenhausen.

TK 8034; Flurkarte SW 09-04; Flur „Schwarze Wand".
Römische Siedlungsreste; vermutlich *Villa rustica.*
Ca. 1000 m nordöstlich vom Bahnhof Icking am Steilabfall zur Isar.

TK 8034; Flurkarte SW 10-05; Flur „An der Isarleite".
Römische Gebäudereste; vermutlich *Villa rustica.*
Ca. 500 m südöstlich vom Bahnhof Icking.

TK 8034; Flurkarte SW 11-06.
Ein Ost-West orientiertes, vermutlich frühmittelalterliches *Körpergrab*; keine Beigaben beobachtet.
Ca. 450 m nordnordwestlich der Kirche von Dorfen.

TK 8034; Flurkarte SW 08-05.
Luftbildbefund mit einigen flachen Erhebungen; möglicherweise verebnete vorgeschichtliche *Grabhügel.*
Ca. 800 m nordöstlich der Kirche von Irschenhausen.

TK 8034; Flurkarte SW 09-05.
Luftbildbefund mit einigen flachen Erhebungen; möglicherweise vorgeschichtliche *Grabhügel.*
Ca. 1100 m südwestlich der Kirche von Irschenhausen.

TK 8034; Flurkarte SW 09-05.
Luftbildbefund mit einer flachen Erhebung; möglicherweise ein verebneter vorgeschichtlicher *Grabhügel.*
Ca. 1250 m südwestlich der Kirche von Irschenhausen.

TK 8034; Flurkarte SW 09-06; Flur „Unterfeld".
Luftbildbefund mit einigen schwachen Bodenerhebungen; möglicherweise verebnete vorgeschichtliche *Grabhügel.*
Ca. 850 m südsüdöstlich der Kirche von Mörlbach.

TK 8034; Flurkarte SW 09-05.
Luftbildbefund mit einigen schwachen Erhebungen; möglicherweise verebnete vorgeschichtliche *Grabhügelgruppe.*
Ca. 300 m nordöstlich der Kirche von Irschenhausen.

Walchstadt, Filialkirche, Inneres nach Westen

Walchstadt, Filialkirche, Hochaltar

Walchstadt, Filialkirche, Leuchterengel, Ende 15. Jh.

Walchstadt, Filialkirche, hl. Anna im südlichen Seitenaltar

Walchstadt, Filialkirche, nördlicher Seitenaltar

Walchstadt, Filialkirche, Predella des südlichen Seitenaltars

Gemeinde Jachenau

Baudenkmäler

Jachenau

Kath. Pfarrkirche St. Nikolaus. Kern wohl mittelalterlich, 1718 barockisiert und vergrößert von Joseph Hainz; mit Ausstattung. – Alter Teil der Friedhofsmauer aus verputztem Bruchstein, 18. Jh.

Die 1291 geweihte Vorgängerkirche ab 1706 verändert. 1718 Errichtung eines neuen Chors durch Joseph Hainz. 1787 Erneuerung der Gewölbe wegen Baufälligkeit. Im 19. Jh. Neubau des unten quadratischen, oben oktogonalen Turms mit Zwiebelhaube an der Nordseite des Chors. 1984 Außenrestaurierung. – Einschiffige, nach Westen gerichtete Anlage mit eingezogenem, zentralraumartigen Chor, der innen eine dem Rund angenäherte Herzform besitzt, außen jedoch durch flankierende Nebenräume mit darüberliegenden Oratorien und durch die Sakristei den Eindruck eines Trikonchos erweckt.
Im südlichen Oratorium Rest der Stuckierung, die 1718 Hainz ausgeführt hatte. An der Stichkappentonne des Langhauses und an der flachen Chorkuppel sparsame, leicht getönte Stuckdekoration mit spätesten, langgezogenen Rocaillen, 1787 von Franz Edmund Doll; über dem Chorbogen Wappen des Klosters Benediktbeuern und des Auftraggebers, Abt Amandus II. Fritz (1784-1796). – Die gleichzeitigen Fresken von dem Kaufbeurer Maler Alois Gaibler; Chor: Glorie des hl. Nikolaus (rechts unten kniet vermutlich der damalige Kooperator, Pater Maurus Zwerger); Langhaus: Szenen aus dem Leben der hll. Petrus und Paulus, Engel tragen den Leichnam der hl. Katharina auf den Berg Sinai.
Hochaltar 1773 von Johann Georg Miller mit Skulpturen von Joseph Anton Fröhlich, die zu seinen letzten Arbeiten gehören. Gemälde 1796 von Sebastian Jaud, bez.: St. Nikolaus vor der Muttergottes mit dem Jesusknaben und Johannes; im Auszug hl. Katharina, von anderer Hand. Über den seitlichen Durchgängen Figuren der Apostelfürsten, die wie der Titelheilige an der südlichen Langhauswand wohl vom ehem. Hochaltar aus dem 2. Viertel des 16. Jhs. stammen. – Seitenaltäre angeblich von 1708, doch zumindest später (1773 durch Miller?) stark überarbeitet. Südlich das Gnadenbild, eine bekleidete Muttergottesfigur des 17./18. Jhs.; im Auszug Gemälde des hl. Joseph. Nördlich Bruderschaftsaltar mit Figuren der hll. Drei Könige; im Auszug Gemälde der hl. Elisabeth von Thüringen; Johannesknabe, Holz, gefaßt, um 1770/80. – Kanzel wohl zeitgleich mit dem Hochaltar; am Korb Gemälde: Moses und hl. Petrus.
Außen an der Südostecke Kriegergedächtniskapelle. In zwei Rundbogenarkaden nach Osten und Süden geöffneter, kleiner Bau um 1920, entworfen von dem Münchener Architekten Steidl. Auf dem Altar geschnitzte Pietà von Franz Hoser, bez.

Jachenau, kath. Pfarrkirche St. Nikolaus

Jachenau, Pfarrkirche, Inneres nach Westen

Jachenau, Pfarrkirche, Inneres nach Osten

Jachenau, Pfarrkirche, hl.Petrus am Hochaltar

Jachenau, Pfarrkirche, hl.Paulus am Hochaltar

Jachenau, Pfarrkirche, Langhausfresko

Jachenau, Pfarrkirche, nördlicher Seitenaltar

Jachenau, Pfarrkirche, hl.Nikolaus, 2.Viertel 16.Jh.

Jachenau, Pfarrkirche, Muttergottes im südlichen Seitenaltar

Jachenau, Pfarrkirche, Johannesknabe im Tabernakel des nördl. Seitenaltars

Jachenau, Pfarrkirche, Kruzifix und Muttergottes, Anfang 18. Jh.

Jachenau, Pfarrkirche, Kriegergedächtniskapelle

Jachenau, Grabdenkmäler südlich der Pfarrkirche

Haus Nr.8 (Mesner). Zuhaus mit bemalten Pfettenköpfen und Giebelfresko, gegen Mitte 19.Jh.

Das Fresko der Taufe Christi wurde 1939 restauriert und ist inzwischen weitgehend erneuert.

Kapellen-Bildstock. 18./19. Jh.; südlich der Kirche.

Achner

Haus Nr. 41 (Rainerweber). Einzelhof; Bauernhaus mit Blockbau-Obergeschoß, 18. Jh.

Wegkreuz. Geschnitzter Corpus und reich verzierter Wettermantel, 18./19. Jh.; an der Straße nach Niggeln.

Altlach

Haus Nr. 57 (Christoph). Ehem. Bauernhaus mit Blockbau-Obergeschoß, 17./18. Jh.

Haus Nr. 59 (Bräu). Stattliches Bauernhaus mit geschnitzten Laubenbrüstungen, Mitte 19. Jh.

Ehem. Jagdhütte am Hochkopf. Erdgeschossiger Bau mit Holzschindelverkleidung, um 1850/60 für König Maximilian II. erbaut, später beliebter Aufenthaltsort König Ludwigs II.

Bäcker

Haus Nr. 16. Ehem. Gasthaus mit mittelsteilem Satteldach, Hochlaube und abgestrebten Pfettenköpfen, alte Haustür, bez. 1849.

Stattlicher Bau unmittelbar an der Durchgangsstraße. Das Datum 1849 im schmiedeeisernen Oberlichtgitter der Eingangstüre, deren obere Füllungen mit flach geschnitzten Jagd- und Landschaftsdarstellungen verziert ist.

Berg

Haus Nr. 4 (Langerbauer). Stattliches Bauernhaus mit Stichbogenfenstern, Hochlaube und profilierten Pfettenköpfen, bez.1858.

Das Gebäude wurde der Giebelinschrift zufolge 1858 von Kaspar und Elisabeth Orterer errichtet. 1981/82 wurden die Fenster unter Verwendung der alten Beschläge erneuert, 1986 die Fassaden und das Dach instandgesetzt.

Haus Nr. 5 (Krinner). Wirtschaftsteil eines Bauernhauses, mit Flachsatteldach und Traufbundwerk, 2. Hälfte 18. Jh.

Jachenau, Haus Nr. 8

Jachenau, Kapellen-Bildstock

Achner, Wegkreuz

Achner, Haus Nr. 41

Altlach, Haus Nr. 57

Altlach, Haus Nr. 59

Altlach, ehem. Jagdhütte

Altlach, Haus Nr. 59, Eingangstür

Bäcker, Haus Nr. 16

Bäcker, Haus Nr. 16, Eingangstür

Berg, Ortsansicht von Osten

Berg, Haus Nr. 4

Berg, Haus Nr. 5, Wirtschaftsteil

Sog. **Fieberkapelle.** 2. Viertel 18. Jh.; mit Ausstattung; 1,5 km westlich am Weg nach Sachenbach.

Nach Norden gerichteter, flach überwölbter Bau mit halbrundem Schluß. Modernes Leinwandbild Christi an der Geißelsäule.

Wegkreuz mit Gußfiguren. Bez. 1896; an der Straße nach Jachenau.

Erbhof

Feldkapelle. 1. Hälfte 19. Jh.; mit Ausstattung; nordwestlich beim Ort.

Nach Südwesten gerichteter, halbrund geschlossener Bau.

Bildstock. 18./19. Jh.; östlich des Orts.

Fleck

Haus Nr. 43 (Fleckler). Ehem. Kleinbauernhaus mit Blockbau-Obergeschoß, 1. Hälfte 18. Jh.

Hinterbichl

Wegkapelle mit Scharschindeldach. Wohl 2. Hälfte 18. Jh.; mit Ausstattung; an der Hauptstraße südwestlich des Weilers.

Nach Nordwesten gerichteter Rechteckbau. Auf der schlichten Altarmensa Muttergottesfigur der Erbauungszeit.

Haus Nr. 23 (Bichlermichl). Stattliches Bauernhaus mit Blockbau-Obergeschoß, um 1770/80.

Haus Nr. 24 (Bichlerkassian). Am Wohnteil Fresken von Franz Karner, bez. 1789, renoviert von H. Bickel, 1954.

Das Gebäude wurde wohl 1789 von Joseph und Anna März errichtet, vgl. Inschrift über dem Osteingang. Es wird von qualitätvollen Fassadenmalereien geprägt, die der Inschriftkartusche über dem südöstlichen Erdgeschoßfenster zufolge der Mittenwalder Lüftlmaler Franz Karner 1789 ausgeführt hat und die 1954 von Heinrich Bickel restauriert wurden: die Fenster in Rokokorahmen, oben Kartuschen mit Sprüchen; über den beiden mittleren Erdgeschoßfenstern der Giebelseite Ovalbilder mit den Namenspatronen der Erbauer. Über dem Eingang große Darstellung der Immaculata zwischen dem Guten Hirten und einer Schäferin (hl. Agnes?).

Feldkreuz. Geschnitzter Corpus unter reich gestaltetem, baldachinartigem Wettermantel, wohl noch 18. Jh.; zwischen Hinterbichl und Petern nördlich der Straße im freien Feld.

Laich

Haus Nr. 10 (Laichkaspar). Bauernhaus mit zwei geschnitzten und bemalten Lauben und Balkenköpfen, bez. 1850.

Im Ostgiebel Wappen von Kaspar und Maria Hochenreiter, die 1850 das Haus errichten ließen. Die Bemalung der Balkenköpfe und Laubenschnitzereien (unten Fabelwesen, u.a. Einhörner, oben Herzen Jesu) wurde 1977/78 bei einer Gesamtinstandsetzung erneuert.

Erbhof, Bildstock

Berg, Wegkreuz

Erbhof, Feldkapelle

Berg, sog. Fieberkapelle

Fleck, Haus Nr. 43

Hinterbichl, Wegkapelle

Hinterbichl, Wegkapelle, Altar

Hinterbichl, Haus Nr. 23

Hinterbichl, Haus Nr. 24

Hinterbichl, Feldkreuz

Laich, Ortsansicht von Osten

Laich, Haus Nr. 10

Laich, Haus Nr. 10, Stube

Laich, Haus Nr. 10, Wohnraum

Laich, Haus Nr. 10, Schlafraum

Haus Nr. 11 (Laichhansen). Stattliches Bauernhaus mit geschnitzter Hochlaube und Nachrokoko-Fresken, bez. 1834. – Zugehörig Zuhaus mit Legschindeldach und Blockbau-Obergeschoß, bez. 1816.

Die 1986 restaurierten Fassadenfresken des Hauptgebäudes zeigen Johannes d.T. und die hl. Anna mit Maria.

Luitpolder

Haus Nr. 49 (Luitpolder). Bauernhaus-Wohnteil mit Hochlaube, Bemalung und Hausinschriften, bez. 1791 und 1793. – Zugehörig Nebengebäude; Massivbau mit Kniestock und Hochlaube, bez. 1854. – Zugehörig Kleinstadel, 18./19. Jh.

Nach der ausführlichen Inschrift im Ostgiebel wurde das Haus 1791 im Auftrag von Benedikt und Maria Riesch errichtet und vermutlich erst 1793 vollendet. Baumeister war Franz Rienshofer aus Oelbach (= Ellbach?), Zimmermeister Clemens Joher aus Ohlstadt. Über der Tür Fresko der Marienkrönung. 1990 Instandsetzung und Erneuerung des Dachs.

Niedernach

Niedernach-Kraftwerk. Streng gegliederter und zugleich in die Landschaft eingebundener Funktionskomplex aus zwei rechtwinklig aneinanderstoßenden Trakten (Krafthaus und Schalthaus), mit hohem schindelgedecktem Walm- bzw. Satteldach, erbaut 1947-51 nach Plänen von Franz Hart.

Die von dem Münchener Architekten Franz Hart konzipierten Gebäude entsprechen in keiner Weise gängigen Kraftwerksarchitekturen, dafür fügen sie sich mit den langbahnigen, schmalen Sprossenfenstern und den unterschiedlichen, in der Höhe gestaffelten Schindeldächern wohltuend der Walchenseelandschaft ein. Das in Nord-Süd-Richtung verlaufende Schalthaus stößt im rechten Winkel an das Krafthaus, dessen bauzeitliche Turbinen und Generatoren 1986/87 erneuert wurden.

Niggeln

Haus Nr. 36 (Reiser). Ehem. Bauernhaus mit Blockbau-Obergeschoß, kräftigem Traufbundwerk und Bretterlaube, 17./18. Jh.

Haus Nr. 39. Zugehörig ehem. Kleinbauernhaus (Zuhäusl), verputzter Blockbau mit Legschindeldach, Ende 18. Jh.

Haus Nr. 40 (Erharthaus). Ehem. Kleinbauernhaus, Obergeschoß offener Blockbau, angeblich erbaut 1710, restauriert.

Ochsensitz

Haus Nr. 1 (Ochsensitzer). Bauernhaus mit Blockbau-Obergeschoß und Bundwerk auf der Südseite, 17./18. Jh.

Laich, Haus Nr. 11

Laich, Haus Nr. 11, Fassadenmalerei

Laich, Haus Nr. 11, Zuhaus

Luitpolder, Haus Nr. 49

Luitpolder, Haus Nr. 49, Nebengebäude

Luitpolder, Haus Nr. 49, Kleinstadel

Niedernach, Kraftwerk, Ansicht von Norden

Niedernach, Kraftwerk, Ansicht von Südosten

Niggeln, Haus Nr. 36

Niggeln, Haus Nr. 39

Niggeln, Haus Nr. 40

Ochsensitz, Haus Nr. 1

Ort

Wegkapelle. 1. Hälfte 19. Jh.; mit Ausstattung; nordwestlich an der Hauptstraße.

Nach Norden gerichteter Rechteckbau. Das ehem. Altarblatt mit einer Darstellung der Pietà, das dem Münchener Hofmaler Caspar Amort (1612-1675) zugeschrieben wurde, ist heute in Verwahrung.

Point

Haus Nr. 44. Ehem. Kleinbauernhaus mit Blockbau-Obergeschoß, 17./18. Jh.

Haus Nr. 45. Ehem. Kleinbauernhaus mit Blockbau-Obergeschoß, 2. Hälfte 17. Jh.

Raut

Haus Nr. 30 (Rauthof). Bauernhaus mit Blockbau-Obergeschoß, 2. Hälfte 17. Jh.

Sachenbach

Weilerkapelle. 1862; mit Ausstattung.

Einschiffiger Bau von 1862 (Datum innen über der Tür) mit eingezogener, halbrunder Apsis. – Im neuromanischen Altar Kopie des Innsbrucker Maria-Hilf-Bildes; seitlich Figuren zweier hll. Bischöfe.

Haus Nr. 2 (Seppnbauer). Stattliches Bauernhaus, um 1850/60, mit reichem Traufbundwerk am Wirtschaftsteil, Bemalung 1951.

Die in Rokokoformen ausgeführten Fresken von 1951 (Datum über der östlichen Eingangstür) zeigen giebelseitig die Muttergottes und an der nördlichen Traufseite nur mehr schwach erkennbar den hl. Joseph.

Tannern

Kath. Kapelle. 1821; mit Ausstattung.

1821 von Michael und Anastasia Danner erbaut, vgl. Inschrift innen an der Nordwand. – Nach Süden gerichteter, einschiffiger Bau mit halbrundem Schluß. Nördlich hölzerner Dachreiter mit Zwiebelhaube. An der stichbogigen Decke ornamentale Malereien und Mittelbild des Guten Hirten. – Altar wohl um 1730/40 mit Figur einer Schwarzen Muttergottes zwischen Büsten der hll. Sebastian und Georg. – Hl. Leonhard, Holz, gefaßt, Mitte 18. Jh.

Haus Nr. 31 (Hintertanner). Bauernhaus-Wohnteil mit Fassadenmalerei, 1844. – Zugehörig Zuhaus, Massivbau mit Flachsatteldach, Ende 18. Jh.

Das Bauernhaus wurde 1844 durch Johann und Elisabeth Danner errichtet, vgl. Datum und Initialen im Oberlichtgitter der Eingangstüre. Malereien: Fenster in Rokokorahmung; an der Ostseite die hll. Johann Nepomuk und Elisabeth von Thüringen.

Wieden

Haus Nr. 15. Kleinhaus mit Legschindeldach, zweigeschossiger Blockbau, 3. Viertel 18. Jh.

Point, Haus Nr. 44

Point, Haus Nr. 45

Raut, Haus Nr. 30

Sachenbach, Weilerkapelle

Sachenbach, Weilerkapelle, Inneres nach Osten

Sachenbach, Haus Nr. 2

Sachenbach, Haus Nr. 2, Traufbundwerk

Ort, Wegkapelle

Tannern, kath. Kapelle

Tannern, Haus Nr. 31 mit der Kapelle

Tannern, Kapelle, Inneres nach Süden

Tannern, Haus Nr. 31, Zuhaus

Wieden, Haus Nr. 15

Almen

Bärenhaupt (Zum Pfund). Hauptbau mit gemauerter Hütte und Stallteil in Blockbau unter steilem Satteldach, letzterer im Inneren bez. 1760; freistehender Kälberstall, Blockbau, 18./19. Jh.

Die Gebäude der von Jachenau aus bestoßenen Berechtigungsalm liegen in 1460 m Höhe auf einem langgezogenen, freien Höhenrücken zwischen Bärenhaupt und Hirschhörndlkopf. Der längserschlossene, nach Osten orientierte Hauptbau mit steilem Satteldach besteht aus der gemauerten Hütte und dem anschließenden, in Blockbau gezimmerten Hof (Stallteil), der auch im Inneren sehr ursprünglich erhalten ist. Die hier am First angebrachte Jahreszahl 1760 dürfte als Erbauungsdatum zu interpretieren sein. Abgerückt vom Hauptbau steht der wohl etwas jüngere, in Blockbauweise aus roh behauenen Stämmen errichtete Kälberstall.

Bergstaffel (Zum Lang). Almgebäude, erdgeschossiger Verputzter Bruchsteinbau, Einfirstanlage mit Schopfwalmdach, erbaut um 1858/60; im Inneren Franz Marc zuzuschreibende Wandmalereien (Tierdarstellungen), um 1907/10.

Die südlich unterhalb des Rabenkopfes in 1320 m Höhe gelegene Staffelalm gehört zu dem im Landkreis sehr seltenen Typ mit Schopfwalmdach; bemerkenswert ist außerdem die Kniestockkonstruktion mit Lüftungsöffnungen für die Tenne über dem Stall. Die ursprünglich erhaltene Struktur und Ausstattung der Hütte, ein Neubau auf der älteren Alm, ist nicht nur Dokument der Volkskunde und Almwirtschaft, sondern auch der Kunst des 20. Jhs. Seit 1902 verbrachte der Maler Franz Marc (1880-1916) hier mehrere Sommer, wo er auch mit dem Studium des Tieres begonnen hat. So sind für 1902 und 1905 im Oeuvrekatalog auf der Staffelalm entstandene Bilder der Alm und Umgebung belegt, wie auch 1908 die Bemalung des Herdes der Almhütte. Zu dem über einem Hüttenfenster im Inneren gemalten Ochsenkopf konnte im Sommer 1993 das Wandbild eines grünen Hirsches mit Hirschkuh freigelegt werden, das der Schaffensphase des Künstlers ab 1907/08 zuzuordnen ist.

Kotalm (Mesnerbauer). Verputzter Bruchsteinbau mit Blockbau-Kniestock und Flachsatteldach, Mitte/2. Hälfte 19. Jh.

Für die nordöstlich unterhalb des Jochbergs gelegene Kotalm setzt die Überlieferung um 1700 ein, und zwar im Zusammenhang mit Streitigkeiten zwischen der Gemeinde Kochel und dem „Mößner"-Bauern aus Jachenau um die Abgrenzung der Weideflächen. Die Zugehörigkeit der Alm zum Mesnerbauernhof in Jachenau hat sich bis heute tradiert. Das Almgebäude selbst dürfte im mittleren oder späten 19. Jh. in der noch bestehenden massiven Bauweise anstelle einer im Jahr 1808 erwähnten hölzernen Sennhütte erneuert worden sein.

Laich-Gapper (Zum Gapper). Massivbau mit Schopfwalmdach und z. T. profilierten Pfettenköpfen, giebelseitig symmetrisch gegliedert, an der Traufseite (talseitig) Stallerweiterung mit angeschobenem Sparrendach, Mitte 19. Jh.

Die auf einem nach Nordwesten abfallenden Bergsporn in 1278 m Höhe unterhalb des Labelsbergs gelegene Almhütte war ursprünglich der Niederleger zur Laich-Hansen-Alm; spätestens seit Besitzerwechsel 1912 gehört sie zu einer eigenen Berechtigungsalm, deren Weidefläche sich von 1100 bis 1400 m Höhenlage erstreckt. Der nach Süden ausgerichtete Kernbau mit ursprünglich erhaltener Inneneinteilung und beidseitig abgewalmtem Dach vertritt zusammen mit der benachbarten Bergstaffelalm einen baulichen Sondertyp.

Laich-Hansen (Zum Laich). Langgestreckter Einfirstbau aus verputztem Mauerwerk mit flachgeneigtem Satteldach, Anfang 19. Jh.

Seit dem frühen 18. Jh. sind für die Laichalm am Labersberg zwei Gebäude überliefert; laut einer Nachricht aus dem Jahr 1808 handelte es sich um eine hölzerne und eine gemauerte Sennhütte. Der heutige, allein bestehende Bau, in 1368 m Höhe unterhalb des Latschenkopfs an der Hangkante zur Jachenau gelegen, entspricht dem einfirstigen, längserschlossenen Typ des frühen 19. Jhs. Im Hüttenteil des verputzten Bruchsteinbaus hat sich als altertümliche Besonderheit die dreiseitig um die (bis etwa 1970 noch vorhandene) offene Feuerstelle umlaufende hölzerne Bank erhalten.

Lainlalm (Zum Cölestin). Einfirstbau, verputzter Bruchsteinbau mit flachgeneigtem Dach, bez. 1865.

Die Hütte der Lainlalm in 907 m Höhenlage gehört zu einer Berechtigungsalm, deren Weidefläche in 900 bis 1000 m Höhe an der Gr. Laine gelegen ist. Der seit 1441 überlieferte Niederleger wurde nach Besitzerwechsel 1865 neu erbaut, darauf verweist die Datierung auf den Pfettenbrettern. Der schlichte spätklassizistische Putzbau, mit sparsamen Putzfaschen und einem Blockbaukniestock, zeigt die charakteristische, dreiachsig symmetrische Gliederung der Hütte, hier mit Halbkreisöffnung im Giebel. Die Hütte gehört zu den seltenen Bauten, in denen der Rauchabzug der offenen Feuerstelle (Hur) baulich noch ablesbar geblieben ist.

Bergstaffelalm, Ochsenkopf, um 1907/10 von Franz Marc

Bärenhauptalm, Hauptbau (links) und Kälberstall (rechts)

Kotalm

Laich-Gapper-Alm

Laich-Hansen-Alm

Lainlalm

Bergstaffelalm, Hirsch und Hirschkuh, um 1907/10 von Franz Marc

Bergstaffelalm

Luitpolder (Zum Luitpolder). Einfirstbau, spätklassizistischer Neubau mit flachgeneigtem Dach, Bruchstein verputzt, um 1840; zugehörig Laubstreuhütte und Heustadel.

Die in einer langgestreckten Talmulde in 1100 bis 1296 m Höhe unterhalb vom Schürpfenkopf gelegene Alm ist spätestens seit 1700 überliefert. Sie gehört zu dem 1791/93 neu errichteten Talhof in Luitpolder (Haus Nr. 49). Der klassizistisch gegliederte Bau mit dreiachsig symmetrischer Hütte zeichnet sich durch ungewöhnlich einheitliche und ursprüngliche Bauausstattung aus, mit Wandbänken, Klapptischen und Türen im Hüttenteil; vielfach mit der Kerbinschrift „INRI". Im Längsstall ist die offene Herdstelle der Sennerei samt Kreister (Bettstatt, hier mit Treppe) erhalten, sowie in der seltenen, den Mittelgang rahmenden Anordnung die liebevoll dekorativ gezimmerten Futterbarren. Erst in jüngster Vergangenheit wurde durch einen Sturm das Dach mit einem Abschnitt in Schindeldeckung erneut beschädigt. Mit den zugehörigen Stadelbauten wird die Wirtschaftsführung dieser bedeutenden Privatalm anschaulich.

Luitpolder, Gesamtansicht der Alm

Niedersalm (Zum Zach). Stall, flachgeneigter Blockbau mit Kniestock, Eselsjoch-Türsturz bez. 1777.

Die in 1000 bis 1200 m Höhenlage gelegene Privatalm unterhalb vom Niederskopf ist ein Hochleger zur Schronbach-Alm (Gde. Lenggries). Letztere hat ihre volkskundliche Bedeutung verloren, während von der Niedersalm der separate Stallbau von 1777 erhalten ist. Die Almbauten gehören zu dem seltenen zweiteiligen Bautypus mit der gemeinsamen Firstausrichtung von Hütte, diese stark verändert, und Stall. Der Blockbau des Stalls, als traditionell organisierter Hof für Kälber und Kühe, mit dem auf die Tradition des 17. Jhs. verweisenden Eselsbogen der Tür, gehört zu den seltenen datierten Bauten aus der 2. Hälfte des 18. Jhs. im Landkreis.

Luitpolder, Gesamtansicht der Alm

Orterer. Obere Orterer Alm; Einfirstbau, Blockbau mit flachgeneigtem Dach, um 1850/60.

Orterer. Untere Orterer Alm; Einfirstbau, Bruchstein- und Blockbau mit flachgeneigtem Dach, 18. Jh.

Für die über dem Schwarzenbach gegenüber der Rautalm gelegenen Orterer-Almen ist der Name Kaspar Orterer urkundlich schon für das Jahr 1048 belegt, womit diese Almen tatsächlich zu den ältesten überlieferten der Jachenau gehören. Die Überlieferung der folgenden Jahrhunderte weist für das Jahr 1732 auf rechtliche Konflikte bezüglich von Balthasar Orterer errichteter Hütten hin, was nicht nur zu Strafe, sondern auch zum Verlangen nach Abriß der Hütten geführt haben muß. Nachdem jedoch für 1808 wieder Hütten mit Bestoßung der Almen überliefert sind, kann wohl mit Neubauten in der 2. Hälfte des 18. Jhs. gerechnet werden. Der abseits auf 1019 m über dem Schwarzenbach gelegene Niederleger (Unterer Orterer) mit seinem urtümlichen Bruchsteinmauerwerk und der asymmetrischen Fenstergliederung der Hütte kann somit im wesentlichen in diesen Entstehungszeitraum datiert werden, auch wenn jüngere Erneuerungen und Bausicherungen durchgeführt worden sind. Der bestehende Bau des Hochlegers (Oberer Orterer) hingegen gehört zu dem ganz klar entwickelten, klassischen reinen Blockbautyp des mittleren 19. Jhs., hier mit flach geneigtem Dach; außerdem sind Öffnungen als Hinweis auf die offene Herdstelle erhalten. Geplant ist besonders für diesen Hochleger die Beseitigung der verfremdenden Zutaten und eine Schindeldeckung.

Luitpolder, offene Herdstelle im Längsstall

Niedersalm

Untere Orterer Alm

Untere Orterer Alm

Obere Orterer Alm

Petereralm (Zum Peterer). Einfirstbau, Blockbau mit mittelsteilgeneigtem Dach, Bruchsteinsockel, erbaut 1870 (bez.)

Die Überlieferung der Petereralm mit einer Weidefläche in 1000 bis 1100 m Höhe, zwischen Glaswand und Latschenkopf unterhalb der Achala-Almen gelegen, geht bis ins Jahr 1541 zurück; sie wurde früher von zwei Petererbauern bestoßen. Zum Neubau von 1870 ist detailliert die Beschreibung der Bauarbeiten samt der Abrechnung erhalten. Danach wurden die Stämme 1868 gehackt, wegen viel Schnee konnte der Bau nicht im Frühjahr, sondern erst im Herbst 1870 durch den Zimmermeister Paulus Schwarzenberger in Lenggries errichtet werden. Der sehr ursprünglich erhaltene Blockbau mit Vertäfelung in der Hütte, abgetrennter Sennerinnenschlafkammer und den gezimmerten Barren im Hof (= Stall) hat, wie die Überlieferung anschaulich erzählt, sehr viel Arbeit und Schweiß gekostet, was das Holzhacken, den Transport mit Ochsen und Schlitten, das Schneiden der ursprünglich 16000 Schindeln betrifft, und trotz der vielen Eigenleistungen mußten insgesamt 571 Gulden und 12 Kreuzer bezahlt werden. Mit dem Unterhalt dieser Almhütte beherzigt der Urenkel den Stoßseufzer des Erbauers: „Auf der Alpe ein Bau kostet fül Gelt, Arbeit, Mühe, Sorgen und Blagen, wier haben es mit Geduld übertragen."

Pössenbacher (Zum Lang). Einfirstbau, Blockbau mit flachgeneigtem Dach, Bruchsteinsockel, bez. 1868.

Abgeschieden in Talmulde unterhalb des Rabenkopf gelegene Almhütte, die typologisch wie bautechnisch sehr ähnlich dem wenig später errichteten Bau Zum Peterer ist. Hier ist der Innenausbau wegen Nutzungsänderung aber nicht ursprünglich erhalten.

Rappin (Zum Krinner). Einfirstbau, Bruchsteinbau mit flachgeneigtem Dach, wohl 1. Viertel 19. Jh.

Die Rappin-Alm oder Krüner Alpe in 988 bis 1150 m Höhenlage besitzt der Sage nach seit 1186 die älteste Holzerhütte in der Jachenau. Der bestehende Bruchsteinbau mit Blockbaukniestock gehört zu den spätklassizistischen Neubauten des frühen 19. Jhs.; Spuren der ehemals offenen Feuerstelle sind erhalten. Mit den volkskundlich interessanten, datierten Inschriften der 1. Hälfte des 20. Jhs. im Türstock sind hier 800 Jahre Almgeschichte westlich oberhalb der Rappinschlucht überliefert.

Vordere Scharnitz (Zum Kasparsbauern). Einfirstbau, Bruchstein, mit mittelsteilgeneigtem Dach, wohl Mitte 19. Jh., Firstpfette bez. 1901.

Die unterhalb der Benediktenwand gelegenen beiden Almen der Scharnitz mit je zwei Almhütten in 1200 bzw. 1300 bis 1550 m Höhenlage erinnern an das Kloster Scharnitz, das nach erst neunjährigem Bestehen 772 in die nahen Stiftsgebäude von Schlehdorf verlegt worden war. Während die Almgebäude der Hinteren Scharnitz in ihrer baulichen Überformung ihre almengeschichtliche Aussagekraft verloren haben, ist die Vordere Scharnitz, eine zweifache Berechtigungsalm, wegen ihrer typengeschichtlichen Doppelüberlieferung mit einem Einfirstbau und einem Zwiehof von besonderer Bedeutung. Der Kasparsbauer, noch 1808 als hölzerne Sennhütte überliefert, vertritt hierbei die Tradition des klassischen Einfirstbaus mit symmetrisch gegliederter, dreiachsiger Hütte.

Vordere Scharnitz (Zum Peterer). Zwiehof; Hütte, kurzer Bruchsteinbau mit Satteldach, talseits Eckstrebepfeiler, wohl 1. Hälfte 19. Jh.; freistehender Stall, flachgeneigter Bruchsteinbau mit Blockbaukniestock.

Der Petererbauer gehört zu den seltenen und ursprünglich erhaltenen Beispielen des Jachenauer Zwiehoftyps auf den Almen, besonders bemerkenswert zumal die beiden Bichleralmen Zum Hinterbichler und Zum Bichlerkasian nicht in dieser Ursprünglichkeit erhalten sind. Diese Hütte ist in ihrer Struktur und Ausstattung von hoher volkskundlicher Aussagekraft.

Tanneralm (Hintertannerer). Einfirstbau in Bruchstein mit flachgeneigtem Dach, Stallteil verschindelter Blockbau über Bruchsteinsockel, wohl 18. Jh.; zugehörig Stallteil der ehem. Vordertannerer-Alm, Bruchsteinbau mit Legschindeldach, wohl 18. Jh.

Auf der großen Almrodung in 1200 bis 1430 m Höhenlage, südlich der Benediktenwand und gegenüber der Bichleralm gelegen, ist seit 1541 Almwirtschaft belegt. Die Alm wurde ursprünglich von den beiden Tannerbauern, dem Vordertannerer und Hintertannerer, bestoßen, bis 1890 der Hintertannerer das gesamte Almrecht aufkaufte und die Hütte des Vordertannerers verfallen ließ. Auch wenn so vom Vordertannerer nur der Stallteil erhalten geblieben ist, kann mit den Fundamenten im Gelände die gesamte klassisch symmetrische Anlage abgelesen werden. Durch die hangparallele Stellung des Hintertannerers ist der hauptsächlich aus Bruchstein errichtete Bau durch einen Sockel mit Keller stark herausgehoben.

Petereralm

Pössenbacheralm

Rappinalm

Vordere Scharnitz, Zum Kasparsbauern (links) und Zum Peterer (rechts)

Tanneralm, Hauptbau

Tanneralm, Stall

Ansicht des Kochelsees, Gemälde von Carl Rottmann, um 1840

Gemeinde Kochel am See

Baudenkmäler

Kochel am See

742 gründeten die aus dem Geschlecht der Huosi stammenden „Brüder" Landfried, Waldram und Eliland, die auch die ersten Äbte Benediktbeuerns waren, ein Benediktinerinnenkloster „ad cochelam", das dem hl. Michael geweiht war. Es gehörte zum Inselbistum Staffelsee, das damit seinen Missionsbereich durch ein weiteres Eigenkloster sichern wollte, und kam bei der Zusammenlegung der Bistümer um 800 zur Diözese Augsburg. Als erste Äbtissin wird Gailswindis genannt. Bei der Auseinandersetzung zwischen Karl d.Gr. und Tassilo III. soll Kochel Internierungsort von Liutburga, der Gemahlin des Bayernherzogs, gewesen sein. Im Hunnensturm 955 zerstört, wurde weder Kloster noch Kirche wiederaufgebaut. Bei Grabungen um 1960 fanden sich davon Grundmauern im Bereich des Schmied-von Kochel-Platzes. Die Umgebung von Kochel war zu Anfang dieses Jahrhunderts ein beliebtes Ziel der Maler Wassily Kandinsky (1866-1944), Franz Marc (1880-1916) und Gabriele Münter (1877-1962), die zeitweise auch hier wohnten, vgl. dazu Ried. Franz Marc ist ein eigenes Museum in Kochel gewidmet.

Alte Straße 4. Forsthaus mit Flachsatteldach und Glattputzbändern, Traufbundwerk, 1. Hälfte 19. Jh.

Am Aspenstein 9. Aspensteinschlößl; zweigeschossiger Walmdachbau von 1694 mit angebauter (profanierter) Hauskapelle. Nach der Säkularisation Landsitz, seit 1948 Georg-von-Vollmar-Akademie.

Das heute stark veränderte, schlichte Gebäude wurde 1694 durch Abt Eliland Öttl (1689-1707) als Rekreationshaus des Klosters Benediktbeuern erbaut.

An der Leiten 2. Evang.-Luth. Pfarrkirche; Jugendstilbarock, 1913/14.

1902 Gründung eines „Evangelischen Kapellenbauvereins" in Kochel, der jedoch erst 1913/14 den Neubau finanzieren konnte. Die Entwürfe von Karl Selzer führte der einheimische Baumeister Jakob aus. – Einschiffige, an der Westseite dreiseitig geschlossene Anlage mit Stichkappentonne und eingezogenem, halbrundem Chor; Beleuchtung durch hochsitzende Rundfenster. Südlich am Langhaus Anbau, über dem sich dachreiterartig der quadratische Turm mit kurzem Oktogon und Zwiebelhaube erhebt. – Das von Selzer stammende Gemälde des neubarocken Altars mit einer Darstellung des Gekreuzigten über einer Ansicht der Kirche wurde laut Inschrift 1914 von Otto Freiherr von und zu Aufseß gestiftet.

Kochel am See, Alte Straße 4

Kochel am See, Am Aspenstein 4, Aspensteinschlößl

Kochel am See, evang.-luth. Pfarrkirche, Inneres nach Osten

Kochel am See, An der Leiten 2, evang.-luth. Pfarrkirche

Kochel am See, evang.-luth. Pfarrkirche, Inneres nach Westen

Bahnhofstraße 3. Stattliches Eckhaus mit Laden, Schopfwalm, Eckerker und Jugend-Heimatstil-Malerei, erbaut 1904.

Die erneuerten Malereien zeigen vor allem verschiedene Wappen. An der Südseite des Baudatum 1904.

Bahnhofstraße 12 (Schuster). Ehem. Kleinbauernhaus mit Blockbau-Obergeschoß, verschaltem Vordach und Laube, 2. Hälfte 18. Jh.

Bahnhofstraße 19,23,25. Bahnhof, um 1900 errichtete, einheitlich gestaltete Baugruppe; Stationsgebäude (Nr. 23), mit bruchsteinverkleidetem Erdgeschoß, verbrettertem Obergeschoß und Schopfwalmdach, Nebengebäude quergerichtet mit hölzerner Außentreppe und Flachsatteldach, dazwischen eingespannt Schalter- und Wartehalle mit offener Dachkonstruktion; ehem. Waschküche mit Holzlege (Nr. 25). – Zugehörig Güterschuppen (Nr. 19), Putzbau mit Flachsatteldach und Segmentbogenfenstern.

Kalmbachstraße 13. Alter Wirtschaftsteil mit Traufbundwerk, Anfang 19. Jh.

Kalmbachstraße 15 (Hausriebold). Ehem. Kleinhaus mit Flachsatteldach, 2. Hälfte 18. Jh.

Kalmbachstraße 23. Landhaus mit Fachwerk-Obergeschoß, Zwerchgiebel und Rundturm, um 1900.

Kesselbergstraße. Zwei Gedächtnistafeln zum Bau der Straße, bez. 1492 (Kopie) und 1893.

Im Jahre 1492 ließ Herzog Albrecht IV. die Paßstraße von Kochel zum Walchensee anlegen und zur Erinnerung daran von einem Münchener Steinmetzen eine große Rotmarmorplatte mit Kreuzigungsrelief und langer Inschrift meißeln, die man im Bereich des oberen (südlichen) Streckenabschnitts aufstellte. 1962 wurde das Original, das sich heute im Bayerischen Nationalmuseum in München befindet, durch eine Kopie ersetzt. – Die zweite, unweit nördlich an einem Felsen angebrachte Tafel erinnert an den Bau der neuen Straße 1893-1897 unter dem Prinzregenten Luitpold. Durch eine Verdoppelung der Länge konnte die Steigung gegenüber der alten Wegführung von 25 auf 5% reduziert werden.

Kochel am See, Bahnhofstraße 3

Kochel am See, Bahnhofstraße 12

Kochel am See, Bahnhofstraße 23, Stationsgebäude von Osten

Kochel am See, Bahnhofstraße 23, Stationsgebäude von Westen

Kochel am See, Kalmbachstraße 13, Wirtschaftsteil

Kochel am See, Kalmbachstraße 15

Kochel am See, Kalmbachstraße 23

Kochel am See, Kesselbergstraße, Gedächtnistafel von 1893

Kochel am See, Kesselbergstraße, Gedächtnistafel von 1492 (Kopie)

München, Bayerisches Nationalmuseum, Gedächtnistafel von 1492 (Original), Aufnahme von 1966

Kirchenweg 2 (Öttl). Bauernhaus mit Blockbau-Obergeschoß, im Kern Mitte 18. Jh.

Kirchenweg 3 (Stutz). Bauernhaus mit Flachsatteldach und Traufbundwerk, 1.Drittel 19. Jh.

Kirchenweg 6 (Reiser). Stattliches ehem. Bauernhaus mit Blockbau-Obergeschoß (auch am Wirtschaftsteil), z.T. aufgebrettert, Kern 18. Jh.

Mittenwalder Straße 2 (Kramer). Stattliches Bauernhaus mit Flachsatteldach, wohl Ende 19. Jh.

Mittenwalder Straße 29. Landhaus mit Balkonen, Eckerker und Zwerchgiebel, um 1900.

Pfarrer-Hartmann-Weg 5. Kath. Pfarrkirche St. Michael; Turmunterbau romanisch, Chor um 1521, Turmoktogon 1670/72, Langhaus 1688/90 von Caspar Feichtmayr, 1930 Erweiterung nach Westen; mit Ausstattung.

Nach der Zerstörung der Klosterkirche wurde ein neuer romanischer Bau 1071 wiederum zu Ehren des hl. Michael im nun schon „Kochel“ genannten Fischerdorf errichtet. Auf dessen Fundamenten erbaute man dann eine spätgotische Kirche, die 1521 konsekriert wurde und von der die quadratischen Turmuntergeschosse und der Kern des Chores erhalten blieben. 1670/72 erhöhte vermutlich Caspar Feichtmayr d.Ä. den Turm um das Oktogon mit Zwiebelhaube. 1688/90 war er wohl auch für den Neubau des Langhauses verantwortlich. Um 1730 wurde das Innere umgestaltet und 1930 die Kirche nach Westen verlängert. 1971f. Restaurierung. – Einschiffige Anlage mit eingezogenem, fünfseitig geschlossenem Chor und Nordturm. Stichkappentonnen, im Langhaus stark abgeflacht. Die westliche Erweiterung mit umlaufender Empore und Flachtonne.
Band- und Gitterwerkstuck um 1725/30, durch Franz Edmund Doll 1780 überarbeitet und ergänzt; über dem Chorbogen Wappen des Klosters Benediktbeuern und des Abts Magnus Pachinger (1707-1742). – Die zartfarbigen, erst 1972 freigelegten Fresken erinnern an Arbeiten von Melchior Puchner und zeigen eine ausschließlich auf den Titelheiligen bezogene, z.T. sehr komplexe Ikonologie. Chor: St. Michael als Fürst des Alten und Neuen Bundes mit den Allegorien von Synagoge und Ecclesia. Langhaus: Höllensturz Luzifers, Erscheinung des Erzengels auf dem Monte Gargano, Sieg über die Goten mit Unterstützung Michaels 492 in der Schlacht bei Siponto. In den Medaillons Michael als Engel der Heiligen Nacht und am Ölberg, als Retter Daniels in der Löwengrube und als Engel am Teich Bethesda sowie als Patron der Sterbenden und der Armen Seelen.
Hochaltar 1770 von Johann Georg Miller; über den seitlichen Durchgängen Figuren des Evangelisten Johannes und der hl. Afra, von Joseph Anton Fröhlich. Das Gemälde mit Darstellung des hl. Michael als Bezwinger Luzifers entstand 1724 nach einem Bild von Guido Reni; im Auszug Trinität, 1770 wohl von dem Wolfratshausener Maler Michael Heigl, der den Altar auch gefaßt hat. – Die Seitenaltäre des Benediktbeurer Schreiners Martin Heigl von 1770 wurden um 1860 bei einer Innenrestaurierung beseitigt, die heutigen, um 1860 in neubarocken Formen ausgeführten Altäre 1930 angekauft. Altarblätter 1863 von Severin Benz: nördlich Muttergottes, südlich hl. Joseph; die Landschaften unten ergänzte August Löffler. Auszugbilder: nördlich hl. Jodok, südlich hl. Rasso. – Klassizistische Kanzel um 1780, ehemals in der 1805 abgebrochenen Pfarrkirche von Benediktbeuern; am

Kochel am See, Kirchenweg 2

Kochel am See, Kirchenweg 3

Kochel am See, Kirchenweg 6

Kochel am See, Mittenwalder Straße 2

Kochel am See, Mittenwalder Straße 29

Kochel am See, Pfarrer-Hartmann-Weg 5, kath. Pfarrkirche St.Michael

Kochel am See, Pfarrkirche, Inneres nach Osten, Aufnahme vor 1930

Kochel am See, Pfarrkirche, Inneres nach Westen

Kochel am See, Pfarrkirche, Inneres nach Osten

Korb Relief des Guten Hirten. – Ungewöhnlich prächtiges Taufbecken um 1690, das von drei Putten getragen wird; auf dem Deckel Taufe Christi. – Schnitzereien der Stuhlwangen 1770 von Martin Heigl. – Tafelbild mit der Hochzeit des Tobias, um 1600. – Gemälde: Geburt Christi, italienisch(?), 17. Jh. Schweißtuch der hl. Veronika, um 1720/25, wohl von Jacopo Amigoni. – Figuren des hl. Leonhard und Christi an der Geißelsäule, 1. Hälfte 18. Jh. Kruzifix und Schmerzhafte Muttergottes, 1863 von Anselm Sickinger.
Südlich der Kirche befindet sich nahe der Mauer das schlichte Grab des Malers Franz Marc (1880-1916).

Schlehdorfer Straße 1 (Baur). Bauernhaus mit Blockbau-Obergeschoß, verschaltem Vordach und Bretterlaube, 2. Hälfte 17. Jh.

Schlehdorfer Straße 3 (Laisch). Bauernhaus mit Blockbau-Obergeschoß, verschaltem Vordach, umlaufender Bretterlaube und Traufbundwerk, Mitte 18. Jh.; aufgedoppelte Rautentür, 18. Jh.

Schlehdorfer Straße 5 (Daser). Medaillonfresken am Bauernhaus, Ende 18. Jh.

Darstellungen der Freskokartuschen: hl. Michael und hl. Florian.

Schmied-von-Kochel-Platz 2 (Christl). Stattliches Bauernhaus, Blockbau-Obergeschoß und Kniestock verbrettert, mit umlaufender Laube und Giebellaube sowie reichen hölzernen Zierdetails, bez. 1902. – Zugehörig obergeschossiger Getreidekasten, 16./17. Jh.

Schmied-von-Kochel-Platz. Schmied-von-Kochel-Denkmal; mit Gußfigur, wohl um 1880/90.

Das Denkmal für den legendären Schmiedbalthes oder Schmied von Kochel, der einer der Anführer des Aufstandes von 1705 gewesen sein soll, aber nirgendwo namentlich belegt ist, wurde vermutlich um 1880/90 aufgestellt und erinnert zugleich an die Gefallenen des Kriegs von 1870/71. Die kraftvolle, bewegte Figur goß Saturnin Kiene nach einem Modell des Münchener Bildhauers Anton Kaindl, vgl. die Signaturen an der Plinthe. 1985 wurde sie restauriert.

Kochel am See, Pfarrkirche, Chorgewölbe

Kochel am See, Pfarrkirche, Evangelist Johannes am Hochaltar

Kochel am See, Pfarrkirche, hl. Afra am Hochaltar

Kochel am See, Pfarrkirche, Hochzeit des Tobias, um 1600

Kochel am See, Pfarrkirche, Schweißtuch der hl. Veronika, um 1720/25 wohl von Jacopo Amigoni

Kochel am See, Schmied-von-Kochel-Platz 2, Getreidekasten, Tür

Kochel am See, Pfarrkirche, Taufbecken

Kochel am See, Schlehdorfer Str. 5, hl. Florian

Kochel am See, Schmied-von-Kochel-Platz 2

Kochel am See, Schlehdorfer Straße 1

Kochel am See, Schlehdorfer Straße 3

Kochel am See, Schmied-von-Kochel-Platz, Schmied-von-Kochel-Denkmal

Altjoch

Kath. Kapelle. Erbaut 1793; mit Ausstattung.

Einschiffiger, flachgedeckter Bau mit dreiseitigem Schluß und kleinen, eingezogen rundbogigen Fenstern. Im Chor zierlicher Altaraufsatz des ausgehenden 18. Jhs. mit qualitätvollem Gemälde der Himmelfahrt Mariä, begleitet von Heiligen.

Altjoch 22/23. Walchenseekraftwerk; Hochdruck-Speicherkraftwerk zur Ausnutzung der Gefällestufe zwischen Walchen- und Kochelsee, 1919-24 auf Initiative und unter Leitung Oskar von Millers errichtet, bestehend aus folgenden Hauptanlageteilen: Wasserschloß am Kesselberg, mit Ausgleichsbecken im Innern und talseitig vorgelagertem Apparatehaus, quaderverkleidete, terrassierte Betonkonstruktion mit Eckrisaliten. – Rohrbahn, 430 m lang, mit sechs Druckrohren zum 180 m tiefer gelegenen, eigentlichen Kraftwerk führend. – Dieses umfaßt in zwei parallel angelegten, langgestreckten Walmdachtrakten das Krafthaus (Maschinenhalle mit Schaltwarte und weiteren Annexbauten) sowie das Transformatoren- bzw. Schalthaus, letzteres mit beigestelltem Turm (Transformatoren-Werkstätte); architektonische Gestaltung durch Kontrastierung von lisenengegliederten Putz- und Fensterflächen mit rustizierten Eckeinfassungen; mit technischer Ausstattung (u.a. acht Turbinen-/ Generatorensätze, Steuer- und Regeleinrichtungen). – Zugehörig 42 m hohes, eisernes Abspanngerüst vor dem Schalthaus.

Die Planung des sowohl historisch als auch technisch berühmtesten Hochdruckwasserkraftwerks Bayerns geht, abgesehen von früheren, theoretischen Vorüberlegungen, auf die Jahre 1897 (erstes Projekt) und 1904 (zweites Projekt von Schmick und J.Jaquel bzw. drittes Projekt von Fedor Maria von Donat) zurück. Sie sah vor, die Isar aufzustauen und wie später auch den Rißbach in den Walchensee überzuleiten, um dann das starke Gefälle vom Walchen- zum Kochelsee zur Energiegewinnung voll auszunutzen. 1908/09 veranstaltete die bayerische Staatsregierung einen internationalen Wettbewerb, zu dem nicht weniger als 31 Entwürfe mit 1416 Einzelplänen und 116 Erläuterungsberichten eingereicht wurden. Den ersten Preis verlieh die Kommission, der auch Oskar von Miller angehörte, den Nürnberger Architekten von Dyckerhoff und Widmann, dem Wiener Oberbaurat Kinzer, den Vertretern der Maschinenfabrik Augsburg-Nürnberg und den Berlinern Reichel und Siemens-Schuckert. Ihr Projekt „Einfach und sicher“ unterschied sich von den übrigen Entwürfen vor allem durch vergleichsweise geringe Durchflußmengen in den Druckrohren und damit durch eine geringe Absenkung des oberen Wasserspiegels bei größter Leistung und vertretbaren Kosten.

Obwohl 1910-1913 die Verfahrensfragen geregelt, die Finanzierung gesichert und die Bauleitung festgesetzt wurden, verzögerte sich der Baubeginn, da die offizielle Zustimmung der Staatsregierung noch fehlte und schließlich der Erste Weltkrieg dazwischenkam. Der Initiative Oskar von Millers, der 1915 eine Denkschrift verfaßte, war es schließlich zu verdanken, daß das Projekt innerhalb eines neuartigen Hochspannungsnetzes zur landesweiten Elektrizitätsversorgung überhaupt realisiert werden konnte. Am 21.Juni 1918 wurde der Bau endgültig beschlossen und 1919 übertrug man Miller die Betreuung der Anlage als Staatskommissar. Bereits am 24.Januar 1924 ging das Kraftwerk in Betrieb, das in der Konzeption und Kapazität seiner Zeit weit voraus war.

Auffällig, da weithin sichtbar, sind besonders die mächtigen,

Altjoch, kath. Kapelle

Altjoch, Kapelle, Inneres nach Osten

Altjoch, Kapelle, Altaraufsatz

Altjoch, Walchenseekraftwerk, Ansicht des Wasserschlosses, der Rohrleitungen und des Krafthauses während der Bauzeit, Aufnahme um 1920/21

Altjoch, Walchenseekraftwerk, Gruppenphoto der am Neubau beteiligten Ingenieure und Handwerker, Aufnahme um 1923/24

Altjoch, Walchenseekraftwerk, Rohrleitungen

Altjoch 22/23, Walchenseekraftwerk, Blick vom Wasserschloß auf die Anlage am Ufer der Kochelsees

genieteten Rohrleitungen, die vom sog. Wasserschloß auf der Anhöhe des Kesselbergs zum Krafthaus am Kochelsee in sechs Bahnen herabführen und einen Durchmesser von 185-225 cm bzw. eine Wandstärke von 1-2,7 cm besitzen. – Das sog. Wasserschloß besteht im wesentlichen aus zwei Baukörpern: Der obere Teil mit halbrunden Fenstern, querliegendem Satteldach und zwei seitlich vorspringenden „Risaliten“ umschließt das beeindruckende Staubecken, das in erster Linie dem Ausgleich bei einem plötzlichen Wechsel des Wasserbedarfs dient; von hier gehen die Druckrohre aus. Im unteren Abschnitt, einem sparsam durchfensterten Flachbau befinden sich die technischen Sicherheitsvorkehrungen zum Betrieb des Systems, d.h. jene Mechanismen, die den Druck der Fallrohre regulieren und einen etwaigen Überdruck bei Abschaltung der Turbinen und Generatoren verhindern sollen.

Das Krafthaus am Fuß des Berges steht parallel zu den Rohren, die hier unter dem Bodenniveau verlaufen und in abgesenkten Turbinenkammern enden, so daß die Höhe des langgestreckten, nur an den Ecken und im Sockelbereich durch Rustizierung betonten Walmdachbaus auf ein Mindestmaß reduziert werden konnte. Eindrucksvoll ist die oberirdische Anordnung der Turbinen in der riesigen Halle, die an horizontaler Welle direkt mit den Generatoren daneben verbunden sind. Die Verwaltung ist etwas versteckt im rückwärtigen Teil des Krafthauses untergebracht. – Östlich gegenüber steht das Schalthaus, das analoge architektonische Formen zeigt und zusätzlich durch einen gedrungenen, turmartigen Anbau ausgezeichnet ist.

Brunnenbach

Haus Nr. 19. Ehem. Schwaighof; Hauptbau mit Walmdach, 1711.

Ehem. Schwaighof des Klosters Benediktbeuern, 1711 nach Brand völlig neu erbaut.

Altjoch, Walchenseekraftwerk, Anschluß der Rohrleitungen im Bereich des Wasserschlosses

Altjoch, Walchenseekraftwerk, Osttor des Wasserschlosses

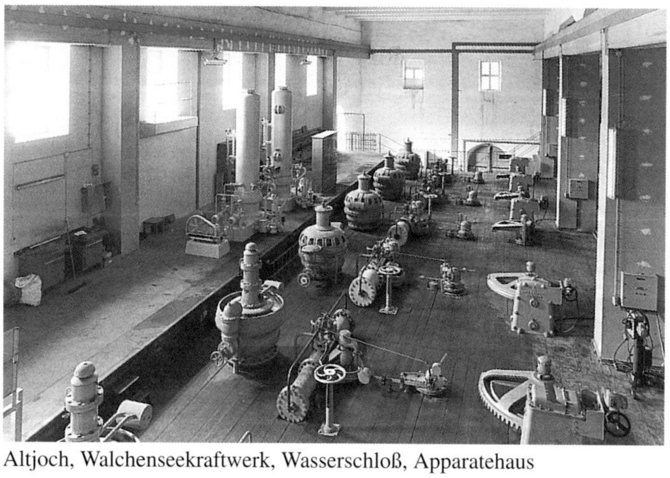

Altjoch, Walchenseekraftwerk, Wasserschloß, Apparatehaus

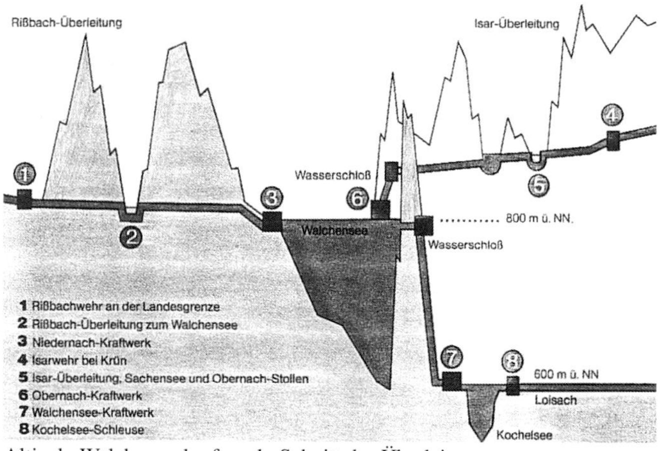

Altjoch, Walchenseekraftwerk, Schnitt des Überleitungssystems vom Walchen- zum Kochelsee

Altjoch, Walchenseekraftwerk, Wasserschloß, Staubecken

Altjoch, Walchenseekraftwerk, Krafthaus

Altjoch, Walchenseekraftwerk, Krafthaus, Montage einer Turbine, Aufnahme um 1923/24

Altjoch, Walchenseekraftwerk, Schalthaus

Altjoch, Walchenseekraftwerk, Krafthaus, Inneres

Altjoch, Walchenseekraftwerk, Krafthaus von Nordwesten

Brunnenbach, Haus Nr. 19

Ort

Kapellenweg 1. Ehem. Bauernhaus mit Blockbau-Obergeschoß, 1. Hälfte 17. Jh. – Zugehörig obergeschossiger Getreidekasten, bez. 1666.

Kapellenweg 6. Weilerkapelle; 2. Hälfte 18. Jh., um 1840 erneuert; mit Ausstattung.

Einschiffiger Bau mit Flachtonne und dreiseitigem Schluß; im Westen kleiner Dachreiter mit Zwiebelhaube. – Im Hochaltar des späten Rokoko Kruzifix, umgeben von Putten, die angeblich Ignaz Günther um 1760/70 für die im 19. Jh. abgebrochene Kreuzkirche von Beuerberg geschnitzt hatte. – Reliefgruppen der Beweinung und Grablegung Christi, um 1670/80. Mater Dolorosa, Mitte 17. Jh. Hl. Leonhard, Anfang 18. Jh.

Ortererstraße 5 (Schnaiter). Zuhaus mit Rokoko-Fresken, z.T. offenem Blockbau und Traufbundwerk, 2. Hälfte 18. Jh.

An der Giebelseite befinden sich zwei, um 1760/70 vielleicht von Franz Karner gemalte Fresken mit Darstellungen Herz Jesu und Mariä. Aus dieser Zeit wohl auch die Haustür mit den entsprechenden Monogrammen.

Ortererstraße 11. Ehem. Bauernhaus, Wohnteil mit verschaltem Vordach und Bretterlaube, 2. Hälfte 18. Jh.

Ortererstraße 17. Bauernhaus mit Blockbau-Obergeschoß und Traufbundwerk, verschaltem Vordach und Bretterlaube, Mitte 18. Jh.

Ortererstraße 20. Ehem. Bauernhaus mit Blockbau-Obergeschoß und baumkantigen Blockwänden am ausgebauten Wirtschaftsteil, 2. Hälfte 18. Jh. – Zugehörig obergeschossiger Getreidekasten, bez. 1669.

Ort, Kapellenweg 1

Ort, Kapellenweg 1, Getreidekasten

Ort, Kapellenweg 6, Weilerkapelle

Ort, Weilerkapelle, Inneres nach Osten

Ort, Weilerkapelle, Grablegung Christi, um 1670/80

Ort, Weilerkapelle, Hochaltar

Ort, Ortererstraße 5

Ort, Ortererstraße 5, Fassadenfresken

Ort, Ortererstraße 11

Ort, Ortererstraße 17

Ort, Ortererstraße 20

Ort, Ortererstraße 20, Getreidekasten, Tür

Ort, Ortererstraße 17, Traufbundwerk

Pessenbach

Kath. Kapelle. 2. Hälfte 18. Jh.; mit Ausstattung.

Einschiffiger, über Voute flachgedeckter Bau mit eingezogenem, halbrund geschlossenem Chor. Im Westen verschindelter Dachreiter mit Zeltdach. 1982 Außenrestaurierung. – Vorzügliche Figurenausstattung: in der Apsis hervorragende Muttergottes zwischen zwei Engeln, wohl eigenhändige Arbeiten des Weilheimer Bildhauers Hans Degler, um 1620/30; seitlich die hll. Rochus und Wendelin(?), Mitte 17. Jh. Etwa gleichzeitig die Statuetten der hll. Anna und Joachim. Auf der Mensa Büste der hl. Anastasia, 2. Viertel 18. Jh.

Haus Nr. 2. Kleinhaus, Obergeschoß verputzter Blockbau, 1700 errichtet.

Haus Nr. 4. Sog. Ötzschlößl; neubarocker Bau von 1900.

Das repräsentative Gebäude wurde um die Jahrhundertwende im Auftrag des Fabrikanten und Münchener Kommerzienrats Johann B. Pensberger (1847-1927) durch den Schlehdorfer Baumeister Geiger errichtet.

Pfisterberg

Wegkapelle. 1. Hälfte 19. Jh., modern verlängert; mit Ausstattung.

Nach Süden gerichteter, kleiner Bau mit Flachdecke und eingezogenem Rechteckchor. – Große Muttergottesfigur, um 1500, zwischen Papst Clemens und dem hl. Franzikus, beide um 1700.

Haus Nr. 33 (Weni). Reiches Traufbundwerk am Bauernhaus, Anfang 19. Jh. – Zugehörig zweigeschossiger Getreidekasten, bez. 1610.

Ried

Der 1880 in München geborene Maler Franz Marc, der 1911 zusammen mit Wassily Kandinsky den „Blauen Reiter" gründete, erwarb Anfang 1914 ein Haus in Ried, in dem er allerdings nur etwa ein halbes Jahr lebte. Am 4. März 1916 fiel er vor Verdun und wurde im Friedhof von Kochel am See begraben.

An der Kapelle 1 (Brögler). Bauernhaus mit altem Wirtschaftsteil z.T. in Blockbau, Mitte 18. Jh. – Zugehörig zweigeschossiger Getreidekasten in Flachdachüberbau, 2. Hälfte 17. Jh.

An der Kapelle 3 (Hinterlipp). Ehem. Bauernhaus, Obergeschoß verbretterter Blockbau, im Kern 18. Jh.

Pessenbach, kath. Kapelle

Pessenbach, Kapelle, Inneres nach Osten

Pessenbach, Kapelle, Muttergottes und Engel, um 1620/30 von Hans Degler

Pessenbach, Haus Nr. 2

Pessenbach, Haus Nr. 4, sog. Ötzschlößl

Pfisterberg, Wegkapelle, Inneres nach Süden

Pfisterberg, Wegkapelle

Pfisterberg, Haus Nr. 33, Traufbundwerk

Pfisterberg, Haus Nr. 33, Getreidekasten

Pfisterberg, Wegkapelle, Muttergottes, um 1500

Ried, An der Kapelle 1, Wirtschaftsteil

Ried, An der Kapelle 1

Ried, An der Kapelle 1, Getreidekasten

Ried, An der Kapelle 3

An der Kapelle 6. Kath. Kapelle Hl. Kreuz; angeblich erst 1840 erbaut; mit Ausstattung.

Die 1690 für einen Kreuzfrevel am Lainbach errichtete Sühnekapelle wurde um 1840 an die heutige Stelle im Dorf verlegt. – Einschiffiger, über Voute flachgedeckter Bau mit dreiseitigem Schluß. Im Westen wuchtiger, vierseitiger Dachreiter mit Spitzhelm zwischen Dreiecksgiebeln. – Das um 1840 von dem einheimischen Maler Sebastian Steigenberger ausgeführte Fresko der Auferstehung Christi wurde 1955/56 freigelegt. – Säulenaltar vom Ende des 17. Jhs. mit Kreuzigungsgruppe, ehemals in der um 1830 abgebrochenen Kreuzkapelle zu Beuerberg. – Kruzifix, bez. 1585.

Dorfstraße 7a (Pasinger). Erdgeschossiger Getreidekasten, 2. Hälfte 16. Jh.

Dorfstraße 9 (Schärfl). Zugehörig obergeschossiger Getreidekasten, 2. Hälfte 17. Jh.

Dorfstraße 10 (Wörler). Bauernhaus mit Blockbau-Obergeschoß, Kern 17./18. Jh., Dach später.

Dorfstraße 13 (Kistler). Bauernhaus mit Lauben, 2. Hälfte 18. Jh. – Zugehörig obergeschossiger Getreidekasten, 2. Hälfte 16. Jh.

Dorfstraße 20 (Lanz). Bauernhaus mit verbrettertem Blockbau-Obergeschoß, 2. Hälfte 18. Jh. – Zugehörig ehem. Schmiede, 1. Hälfte 19. Jh.

Dorfstraße 22 (Thorwartl). Bauernhaus mit Blockbau-Obergeschoß, verschaltem Vordach und Bretterlaube, 1. Hälfte 18. Jh.

Dorfstraße 23 (Labl). Bauernhaus mit Blockbau-Obergeschoß, 2. Hälfte 17. Jh.

Dorfstraße 24 (Thorwartl). Verbretterter Stadel mit Flachsatteldach, 1. Hälfte 19. Jh.

Dorfstraße 25 (Labl). Ehem. Getreidekasten, obergeschossig, 2. Hälfte 17. Jh.

Dorfstraße 26 (Stoffl). Ehem. Kleinbauernhaus, Massivbau mit Laube, Kern 1. Hälfte 18. Jh.

Ried, An der Kapelle 6, kath. Kapelle Hl.Kreuz

Ried, Kapelle, Inneres nach Osten

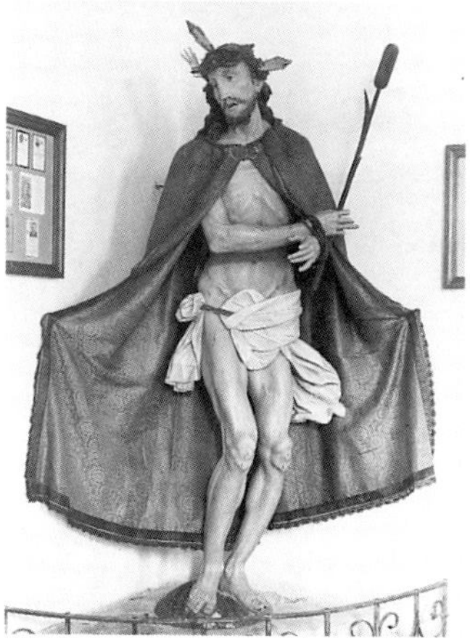
Ried, Kapelle, Ecce Homo, 1.Hälfte 18.Jh.

Ried, Dorfstraße 9

Ried, Dorfstraße 7a, Getreidekasten

Ried, Dorfstraße 7a, Getreidekasten, Tür

Ried, Dorfstraße 10

Ried, Dorfstraße 13, Getreidekasten

Ried, Dorfstraße 13

Ried, Dorfstraße 20, ehem. Schmiede

Ried, Dorfstraße 22

Ried, Dorfstraße 20

Ried, Dorfstraße 23

Ried, Dorfstraße 24, Stadel

Ried, Dorfstraße 25, Getreidekasten

Ried, Dorfstraßc 26

Dorfstraße 27 (Hoiß). Bauernhaus mit Laube, 18./19. Jh.

Dorfstraße 28 (Schneiderhansl). Ehem. Kleinbauernhaus mit verschaltem Wohnteil, 18. Jh.

Dorfstraße 30 (Schneiderhansl). Zweigeschossiger Getreidekasten (z.T. ausgebaut), bemalt und bez.1733.

Färberweg 3. Rückwärts Blockwand mit Fugen, 18. Jh.

Urfeld

Kath. Dreifaltigkeitskapelle. Neugotisch, 3.Viertel 19. Jh.; mit Ausstattung.

Wohl im 3.Viertel des 19. Jhs. errichtet und 1979f. durchgreifend restauriert. – Nach Westen gerichteter, kleiner Bau mit hölzernen Tonnengewölben und eingezogenem, dreiseitig geschlossenem Chor; östlich Dachreiter mit Spitzhelm. – Griechische Ikone aus dem 3.Viertel des 16. Jhs. mit Darstellung der Muttergottes, 1690 über Zypern nach Deutschland gekommen und um 1780 in einen Rokokorahmen eingepaßt. – Figur des Geißelchristus, wohl Mitte 18. Jh.

Goethedenkmal. Büste aus Basalt von Bildhauer Hans Schwegerle, 1933 zur Erinnerung an Goethes Durchreise auf dem Weg nach Italien (1786) aufgestellt; an der Kesselbergstraße, ca.500 m nördlich von Urfeld.

Walchensee

Seestraße 58. Alte kath. Pfarrkirche St. Jakobus; Zentralbau, 1633 errichtet, 1712/14 durch Markus Hainz umgestaltet; mit Ausstattung.

Eine erste Kirche 1291 geweiht. 1633 Neubau, vgl. das Datum am Turmaufsatz. 1712/14 durch Markus Hainz nach Rissen von Lucas Zais umgestaltet. 1989 restauriert. – Nach Nordosten gerichteter Saalbau zu zwei Jochen mit flach ausgerundeter Altarnische in voller Raumbreite. Beiderseits des nordöstlichen Jochs flache Apsidiolen für die Nebenaltäre. Auf Gesimskonsolen Pilaster; darüber korbbogige Stichkappentonne. Am Chorschluß quadratischer Turm mit Oktogon und glockenförmiger Haube.
Akanthusstuck 1712/14 von Joseph Hainz, in den Kalotten der Altarnischen große Muscheln. – Fresken gleichzeitig von Zais, die ersten und zugleich einzigen für den Benediktbeurer Laienbruder archivalisch gesicherten Arbeiten: Glorie und Erscheinung des hl. Jakobus in der Schlacht von Clavigo, in den (1962 freigelegten) Medaillons Grisaillen mit Szenen aus seinem Leben. – Hochaltar, 1780 von Johann Georg Miller, mit bemerkenswertem Gemälde des Titelheiligen von Franz Ignaz Oefele, im Auszug Gottvater; auf dem Rokokotabernakel Figürchen der hll. Katharina und Barbara, um 1750/60. Seitenaltäre 1712/14 von Zais entworfen und gefaßt; von ihm auch die Altarbilder: nördlich Abschied Christi, südlich der Gekreuzigte mit Maria Magdalena, in den Auszügen Herz Jesu und Mariä. – Kanzel 1776 von Miller. – Ehem. Hochaltarblatt mit Darstellung der hll. Leonhard, Jakobus und Christophorus, Mitte 17. Jh., Caspar Amort zugewiesen. – Johannes d.T., bemerkenswerte, wohl Weilheimer Schnitzarbeit um 1630/40. Hl. Anastasia, letztes Viertel 17. Jh.

Ried, Dorfstraße 27

Ried, Dorfstraße 28

Ried, Dorfstraße 30, Getreidekasten

Ried, Färberweg 3, Blockwand

Urfeld, Goethedenkmal

Urfeld, kath. Dreifaltigkeitskapelle

Urfeld, Dreifaltigkeitskapelle, Inneres nach Westen

Walchensee, Seestraße 58, Alte kath. Pfarrkirche St.Jakobus

Walchensee, Alte Pfarrkirche, ehem. Altarblatt, Mitte 17.Jh., von C. Amort

Walchensee, Alte Pfarrkirche, Inneres nach Osten

Walchensee, Alte Pfarrkirche, Inneres nach Westen

Walchensee, Alte Pfarrkirche, Altarblatt, 1780 von F.I. Oefele

Walchensee, Alte Pfarrkirche, Johannes d.T., um 1630/40

Walchensee, Ortsansicht von Südosten

Kath. Pfarrkirche St. Ulrich. 1958-60 von Clemens Holzmeister; mit historischer Ausstattung.

1958-1960 nach Plänen des Wiener Architekten Clemens Holzmeister in Ostwestrichtung erbaut. Die Taufkapelle an der Südostecke wurde von Karl Knappe gestaltet. – Am Hochaltar geschnitztes Antependium wohl des 14. Jhs. mit Christus zwischen den Aposteln. – Im nordöstlichen Kapellenanbau spätgotische Muttergottesfigur, ehemals Gnadenbild der 1805ff. abgebrochenen Pfarrkirche in Benediktbeuern, im 19. Jh. stark verändert und bekleidet.

Walchensee, kath. Pfarrkirche St.Ulrich

Zwergern

Der Ortsname geht auf die Familie Zwerger zurück, die vom 15. bis ins 19. Jh. die wenigen Fischeranwesen der Halbinsel im Walchensee bewohnten.

Haus Nr. 1. Klösterl; stattliche Kapelle mit Eremitenwohnung, 1686-89 erbaut, 1728 vergrößert; mit Ausstattung.

1686-1689 von drei Eremiten errichtet, die sich 1694 den Hieronymiten des sel. Peter von Pisa anschlossen. 1725 an den Benediktbeurer Abt Magnus Pachinger (1707-1742) verkauft, der 1728 nach dem Abzug der Einsiedler die Hauskapelle durch Joseph Hainz erweitern und neu ausstatten ließ. – Die im Westteil des großen, von einem hölzernen Dachreiter bekrönten Satteldachhauses zwischen den ehem. Zellen gelegene, zweigeschossige Kapelle St. Anna war ursprünglich ein schlichter Rechteckbau, der nun den Chor der Anlage bildet; über Pilastergliederung verschliffene Kreuzgratgewölbe. Beiderseits des leicht eingezogenen Westabschnitts niedrige, ebenfalls kreuzgratgewölbte Nebenkapellen. Der schmucklose, niedrigere Anbau westlich der Empore dient als Gemeinderaum. – Der Rankenstuck am Gewölbe und die mit Blattgirlanden stuckierten Rahmen der Wände stammen wohl von Hainz. – Chorfresken dat. 1728, Lucas Zais zugeschrieben: Vorfahren und Sippe Christi, in Medaillons Szenen aus dem Alten Testament. Am Gewölbe der südlichen Kapellen groteskenartige Malereien wohl des 19. Jhs. – Hoher, die ganze Wand einnehmender Altar aus der Erbauungszeit; Gemälde der hl. Anna, die Maria unterrichtet, hervorragende, figural und koloristisch bezeichnende Arbeit Cosmas Damian Asams von 1728; im Auszug hl. Bernhard von Clairvaux, von anderer Hand. Seitlich lebensgroße, ursprünglich nicht zugehörige Figuren der hll. Benedikt und Scholastika. Tabernakel um 1700 mit Statuetten der Evangelisten in den seitlichen Nischen; oben bekleidete Sitzfigur der Muttergottes, 18. Jh., ehemals auf dem südlichen Kapellenal-

Walchensee, Pfarrkirche, Inneres nach Westen

Walchensee, Pfarrkirche, ehem. Gnadenbild, 15./16.Jh.

Walchensee, Pfarrkirche, Johannesknabe mit seinen Eltern, um 1700

Zwergern, Ansicht des Klösterls von Nordwesten

Zwergern, Klösterl, Annakapelle, Gewölbe

Zwergern, Klösterl, Annakapelle, Inneres nach Osten

Zwergern, Haus Nr. 1, Klösterl

Zwergern, Klösterl, Annakapelle, Hochaltartabernakel (Detail)

tar. – Kapellenaltäre um 1728. – Kanzelkorb um 1690; Schalldeckel Ende 18. Jh. – Gemälde der Beweinung Christi, 18. Jh. Kreuzweg, 1765 von Julian Breymeyer. – Kleine Skulpturen der Apostel, 1. Hälfte 18. Jh.

Haus Nr. 2. Zugehörig stattliche Schiffhütte mit Flachsatteldach, noch 18. Jh.

Haus Nr. 3. Stattliches Bauernhaus mit Flachsatteldach, 2. Viertel 19. Jh.

Giebelseitig Fresko der Immaculata, wohl aus der Erbauungszeit.

Haus Nr. 5. Kath. Filialkirche St. Margareth; 1344 geweiht, um 1670 barockisiert und 1778 umgebaut; mit Ausstattung. – Alte Ummauerung.

Die auf der abgelegenen Seite der Halbinsel stehende, 1344 geweihte Kirche geht auf eine Gründung des Klosters Schlehdorf zurück und war einst Pfarrkirche von Zwergern. Um 1670 im Auftrag des Wiener Dompropstes und späteren Weihbischofs Johann August Zwerger barockisiert, wurden 1778 neue Gewölbe eingezogen und der Turm errichtet. 1986f. Restaurierung. – Saalbau mit gerade geschlossenem Chor und böhmischen Gewölben zwischen korbbogigen Gurten, die von Doppelpilastern ohne Kapitelle ausgehen. In der östlich angebauten, kleinen Sakristei hölzerne Kassettendecke mit Schablonenmuster um 1670. Über der Vorhalle im Westen (wie ehemals bei der Kirche in Jachenau) Turm mit Oktogon und Zwiebelhaube. – An der südlichen Chorwand thematisch nicht identifizierbare Reste von Malereien des 14. Jhs. – Hochaltar 1670 mit Gemälden: hl. Margaretha (1735 durch einen Münchener Maler überarbeitet), im Auszug Muttergottes. Seitenfiguren der hll. Sebastian und Rochus. Seitlich Durchgänge um 1780. – Kanzel 1782 von Johann Georg Miller. Ebenso das Gestühl, das aus der ehem. Holzdecke des Kirchenschiffs angefertigt wurde; vgl. die Inschrift von 1670 an einer der ersten vorderen Bänke der Südseite.

Bildstock; mit Figur des Geißelchristus, frühes 18. Jh.; östlich vom Klösterl.

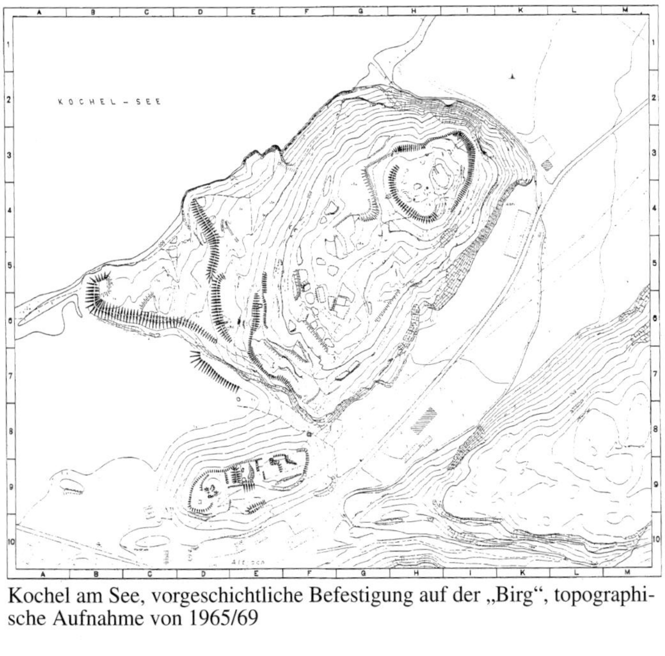

Kochel am See, vorgeschichtliche Befestigung auf der „Birg“, topographische Aufnahme von 1965/69

Almen

Kochleralm. Ehem. Hüterhütte der Kochler Jungviehalm; kleiner erdgeschossiger Blockbau mit flachgeneigtem Satteldach, Ende 18. Jh.

Der südlich unterhalb des Rabenkopfs bzw. der Bergstaffelalm gelegene Niederleger wurde angeblich im 14. Jh. erstmals erwähnt, die noch bestehende ehem. Hüterhütte 1783 errichtet (so auch moderne Bezeichnung im Inneren). Es handelt sich um einen kleinen einräumigen Blockbau mit ehemals legschindelgedecktem Flachsatteldach. Das ursprünglich zugehörige freistehende Stallgebäude ist nach Zerstörung durch Schneelast 1919 abgebrochen worden, seine Situierung südlich vor der Hütte aber anhand der Fundamentreste noch erkennbar. Weiter westlich wurde 1920 ein neues Almgebäude der Weidegenossenschaft Kochel errichtet. Die noch sehr ursprünglich erhaltene, auch typologisch bemerkenswerte Hüterhütte gehört heute der Forstverwaltung und ist an die Bergwacht verpachtet.

Archäologische Denkmäler

Gemarkung Kochel am See

TK 8334; Flurkarte SW 24-08, SW 25-08; Flur „Birg“, „Große Birg“; Staatsforstdistr. XIV Joch- und Kesselberg, Abt. 10 Burg.

Zwei vorgeschichtliche *Befestigungsanlagen* auf einem Felsenhügel über dem Südostufer des Kochelsees. Im Nordwesten bilden der See, im Norden, Südosten sowie im östlichen Abschnitt der Nordwestseite Felswände natürliche Annäherungshindernisse. An der Südostspitze stellt ein Sattel die Verbindung der „Großen Birg“ zur wesentlich niedrigeren „Kleinen Birg“ her, deren Oberfläche beim Setzen von Starkstromleitungsmasten und anderen Erdbewegungen so stark verändert wurde, daß sich obertägig im Gelände keine eindeutigen Spuren ehemaliger Wehrbauten mehr nachweisen lassen.

Die „Große Birg“ zeigt noch umfangreiche Wallriegel am Hang und Reste eines Steinwalls im Bereich des akropolisartigen Gipfelplateaus. Die übereinander gestaffelten Wallenden lassen Zwischenräume frei, die man als antike Eingänge deuten kann. Vor der „Akropolis“ erstreckt sich ein ausgedehnter Rücken nach Südsüdwesten, der auf seinem Scheitel und in den oberen Partien seiner dort mäßig bis kräftig geneigten Flanken zahlreiche von Menschenhand geschaffene Wohnpodien trägt. In den Süd- und Südwesthang des Rückens sind in verschiedenen Höhen drei steil geböschte breitkronige Wallriegel eingebaut. Sie streichen von Südsüdosten nach Nordnordwesten und überlappen sich in der Mitte. Durch diese Lücke wand sich der alte Aufgang in Serpentinen empor. Der unterste Wallzug umfaßt die halbe Südseite und die Südwestspitze des Berges so, daß zwischen dem Seeufer und dem äußeren Wallfuß nur ein wenige Meter breiter Zugang offen bleibt, in dem wir das Haupttor der Anlage sehen dürfen.

Lesefunde aus dem Innenraum der Befestigungsanlagen erbrachten den Nachweis einer Besiedlung während der Bronze- und der Urnenfelderzeit.

Zwischen Kochelsee und Altjoch.

Zwergern, Klösterl, Annakapelle, Hochaltarblatt, um 1728 von Cosmas Damian Asam

Zwergern, Haus Nr. 2, Schiffhütte

Zwergern, Haus Nr. 3

Zwergern, Haus Nr. 5, kath. Filialkirche St.Margareth

Zwergern, Filialkirche, Inneres nach Osten

Zwergern, Haus Nr. 3, Muttergottes, 14.Jh.

Zwergern, Filialkirche, Inneres nach Westen

Zwergern, Bildstock

Kochleralm

Königsdorf, Ortsansicht von Nordwesten

Gemeinde Königsdorf

Baudenkmäler

Königsdorf

Der 778 als „Chumiztorf" erstmals urkundlich erwähnte Ort war eine der Urpfarreien des Oberlands. Der Besitz der ab dem 12. Jh. genannten Herren von Chumizdorf ging Mitte des 14. Jhs. an die Höhenkircher über, deren Schloß 1493 abbrannte. 1641 wurde die Hofmark an das Kloster Benediktbeuern verkauft, das auch zeitweise die Pfarrechte besaß und 1714 aus dem Mauerwerk des alten Schlosses die Fundamente des Meierhofs in Benediktbeuern errichten ließ.

Kath. Pfarrkirche St. Laurentius. Spätgotisch, Turm um 1685 von Caspar Feichtmayr, 1785ff. innen umgestaltet; mit Ausstattung. – Friedhofskapelle St. Michael; 1733, Kern älter; mit Ausstattung. – Friedhofsummauerung.

Im Kern spätgotischer Tuffsteinbau. Um 1685 Erhöhung des hohen, quadratischen Westturms um das kurze Oktogon mit Zwiebelhaube durch Caspar Feichtmayr d.Ä. 1785ff. durchgreifende Umgestaltung des Innern und prunkvolle Neuausstattung in verspäteten Rokokoformen. Restaurierungen: innen 1979, außen 1982. – Breiter Saalbau zu fünf Jochen mit wenig eingezogenem, dreiseitig geschlossenem Chor; an dessen Südseite Sakristei und Oratorium. Im Langhaus Wandpfeiler, im Chor Pilaster; darüber Stichkappentonnen. Doppelte Westempore; die Seitenteile der unteren Empore bis zum dritten Joch vorgezogen.
Zarte Stukkaturen 1785 von Franz Edmund Doll, bez. an der unteren Emporenbrüstung. Auf den Kapitellen Vasen und Putten; über dem Chorbogen Wappen des Hochstiftes Freising. – Fresken 1785 von dem Münchener Hofmaler Thomas Christian Wink, bez. im Langhaus. Chor: Gründung der örtlichen Herz-Jesu-Bruderschaft 1715; in Kartuschen Evangelisten. Langhaus: östlich Verurteilung des hl. Laurentius, westlich sein Abschied von Papst Sixtus.
Altäre 1787 von Johann Georg Miller, Gemälde von Wink, Figuren aus der Tölzer Fröhlich-Werkstatt. – Hochaltar: Martyrium des Kirchenpatrons (bereits 1785/86 ausgeführt), seitlich die hll. Joseph und Rochus, im Auszug Trinität. – Seitenaltäre: nördlich hl. Anna mit Maria und Joachim (bez.), im Auszug hl. Franz Xaver; seitlich die Wetterheiligen Johannes und Paulus. Südlich hl. Katharina vor der Muttergottes mit dem Jesusknaben (bez.), im Auszug hl. Sebastian; seitlich die

Königsdorf, kath. Pfarrkirche St.Laurentius mit Friedhofskapelle St.Michael

Königsdorf, Pfarrkirche, Inneres nach Westen

Königsdorf, Pfarrkirche, Stuckkapitell im Langhaus

Königsdorf, Pfarrkirche, Salvator Mundi, um 1500/10

Königsdorf, Pfarrkirche, Inneres nach Osten

Königsdorf, Pfarrkirche, Langhausfresko

Königsdorf, Pfarrkirche, nördlicher Seitenaltar

hll. Johannes d.T. und Leonhard.
Emporenaltäre Mitte 18. Jh. mit Figuren: nördlich Muttergottes um 1500 unter Rokokobaldachin, seitlich die hll. Agatha und Florian; im Auszug Gemälde Gottvaters. Südlich unter geschickter Einbeziehung des Fensters Geißelchristus. – Kanzel mit frühklassizistischem Dekor, 1787. – Im Chor auf gemauerter Mensa Schrein des hl. Mauritius, um 1720/30; seitlich die hll. Büßer Petrus und Maria Magdalena, vortreffliche Figuren um 1750/60 in der Art des Johann Baptist Straub; an der Wand großes Kruzifix und Mater Dolorosa, um 1730/40.
Salvator Mundi, Holz, gefaßt, um 1500/10. Büsten der Apostelfürsten, Mitte 18. Jh. – Epitaphien im Chor: nördlich für Bernhard Höhenkircher mit Relief des Verstorbenen und seiner Familie in Anbetung des Kreuzes, um 1600 noch zu Lebzeiten ausgeführt. Südlich für Wolf Joseph Höhenkircher (†1607) mit dem knienden Verstorbenen; darüber Darstellung des Menschen zwischen Altem und Neuem Bund, personifiziert durch Moses und Johannes d.T.
Friedhofskapelle St. Michael unmittelbar südlich der Pfarrkirche. Im Kern wohl 16./17. Jh.; 1733 renoviert und mit drei Altären neu ausgestattet. 1803 säkularisiert und zum Schulhaus umgebaut; heute als Leichenhalle genutzt. – Nach Süden gerichteter, dreiseitig geschlossener Bau unter Stichkappentonne. – Rahmenstuck um 1733.

Beuerberger Straße 9. Kleines Wohnhaus mit Flachsatteldach, im Kern 18. Jh.; siehe Beuerberger Straße 11 und Schulgasse 2.

Das Gebäude bildet mit den Häusern Beuerberger Straße 11 und Schulgasse 2 eine unregelmäßige Baugruppe schräg gegenüber der Pfarrkirche.

Beuerberger Straße 11 (Paßer). Wohnhaus mit Flachsatteldach und Lauben, im Kern 18. Jh., erneuert Mitte 19. Jh.; siehe Beuerberger Straße 9 und Schulgasse 2.

Beuerberger Straße 20 (Schullehrer). Bauernhaus mit verputztem Blockbau-Obergeschoß und Bundwerk am Wirtschaftsteil, 17./18. Jh.

Königsdorf, Pfarrkirche, hl. Joseph am Hochaltar

Königsdorf, Pfarrkirche, hl. Rochus am Hochaltar

Königsdorf, Pfarrkirche, Muttergottes im nördlichen Emporenaltar

Königsdorf, Pfarrkirche, nördlicher Emporenaltar

Königsdorf, Pfarrkirche, südlicher Emporenaltar

Königsdorf, Pfarrkirche, hl.Maria Magdalena, um 1750/60

Königsdorf, Pfarrkirche, Epitaph für Bernhard Höhenkircher, um 1600

Königsdorf, Pfarrkirche, Epitaph für Wolf Joseph Höhenkircher (†1607)

Königsdorf, Friedhofskirche St.Michael

Königsdorf, Friedhofskirche, Inneres nach Süden

Königsdorf Beuerberger Straße 9

Königsdorf, Beuerberger Straße 11

Königsdorf, Beuerberger Straße 20

Beuerberger Straße 36 (Nigglschuster). Ehem. Bauernhaus mit verputztem Blockbau-Obergeschoß und verbrettertem Giebel, bez. 1838.

Das Datum 1838 befindet sich an der Eingangstür. Die Laube wurde 1987 erneuert.

Carossa-Ring 7/9 (Landser/Reißkistler). Doppelhaus, verputzt, mit Flachsatteldach und Wandfresko, 2. Hälfte 18. Jh.

Das Fresko an der Südseite mit einer Darstelllung der hl. Familie wurde weitgehend erneuert.

Hauptstraße 29 (Plumpfböck). Ehem. Bauernhaus mit Blockbau-Obergeschoß, 2. Hälfte 17. Jh., erneuert 1978/79.

Hauptstraße 31 (Posthalter). Zugehörig obergeschossiger, zweiräumiger Getreidekasten, 2. Viertel 17. Jh.

Hauptstraße 44 (Kiabe). Bauernhaus und Handlung, stattlicher Bau mit Putzgliederung und mittelsteilem Dach, 1. Hälfte 19. Jh.

Zweigeschossiges Gebäude mit Eckrustika. Die Fenster in geohrten Putzrahmen, auffällig die Rahmung des Eingangs.

Hauptstraße 46. Am Gasthaus zweiflügelige, neugotische Haustür, um 1856.

Das ehem. Gasthaus zum Neuwirth wurde 1825 nördlich des Orts an der damaligen Wolfratshausener Straße erbaut und 1856 an die heutige Stelle transferiert.

Hauptstraße 50. Ehem. Pfarrhaus; stattlicher Bau mit Treppengiebeln und angebautem Wirtschaftsteil, 1858/59; geschnitzte Haustür.

1709 Wiederherstellung des abgebrannten Pfarrhauses. 1858 Abbruch; der Neubau in neugotischen Formen wurde 1859 vollendet.

Hauptstraße 55 (Schwaiger). Bauernhaus mit verputztem Blockbau-Obergeschoß, Giebellaube und reichem Traufbundwerk, 18. und 1. Drittel 19. Jh.

Ludwigstraße 12 (Stadlbauer). Bauernhaus mit Blockbau-Obergeschoß, 2. Hälfte 17. Jh., Dach später.

Schulgasse 2 (Stubnsimer). Kleinhaus mit Flachsatteldach, im Kern 18. Jh.; Baugruppe mit Beuerberger Straße 9 und 11.

Au

Bildstock. 16./17. Jh.; östlich der Einöde.

Königsdorf, Beuerberger Straße 36

Königsdorf, Carossa-Ring 7/9

Königsdorf, Ansicht der Hauptstraße von Südosten

Königsdorf, Hauptstraße 29

Königsdorf, Hauptstraße 31, Getreidekasten

Königsdorf, Hauptstraße 44

Königsdorf, Hauptstraße 46, Eingangstür

Königsdorf, Hauptstraße 50

Königsdorf, Hauptstraße 55

Königsdorf, Ludwigstraße 12

Königsdorf, Hauptstraße 55, Traufbundwerk

Königsdorf, Blick von der Schulgasse auf die Pfarrkirche

Königsdorf, Schulgasse 2

Au, Bildstock

Grafing

Kath. Kapelle St. Ulrich. Zentralbau, 1780; mit Ausstattung.

Die Kapelle steht unmittelbar an der Abzweigung von der Verbindungsstraße Königsdorf-Bad Tölz nach dem Weiler Grafing und wurde laut Inschrift (mit Wappen) an der Decke 1780 durch Joseph Gerbl, „baurn zum graffinger genannt", errichtet. – Nach Norden gerichteter, oktogonaler Bau. Das pilastergegliederte, unregelmäßig längsovale Innere flach überwölbt mit kleiner Kuppel. – Die kleinteiligen Fresken von 1780 erinnern an Arbeiten des Tölzer Malers Wilhelm Anton Fett. An der Decke Schlacht auf dem Lechfeld 955; gegenüber der Kapellenstifter mit seinen beiden Frauen. In der rundbogigen Altarnische Hl. Geist-Taube, Gottvater und Engel mit Leidenswerkzeugen, ehemals bezogen auf eine Figur des gegeißelten Christus.

Bildstock aus Tuffstein. Wohl 17. Jh.; an der Straße nach Bad Tölz.

Heigl

Haus Nr. 7 (Heiglditt). Ehem. Bauernhaus mit Blockbau-Obergeschoß, Lauben und Fresken am massiven Erdgeschoß, bez. 1768.

Die Fresken des 18. Jhs. zeigen östlich Christus als Salvator Mundi und Maria, südlich einen (nicht mehr eindeutig identifizierbaren) Heiligen und den hl. Paulus.

Höfen

Sog. **Becherkapelle.** Ende 19. Jh.; mit Ausstattung.

Der nach Süden gerichtete, dreiseitig geschlossene Bau steht im Garten von Haus Nr. 3. Im flachgedeckten Innern neubarocker Säulenaltar.

Haus Nr. 3. Geschnitzte Haustür, bez.1865.

Haus Nr. 4 (Dittenbauer). Ehem. Bauernhaus mit Traufbundwerk, geschnitzter Tür und Laube, gegen Mitte 19. Jh.

Das Gebäude wurde 1986 instandgesetzt, der Wirtschaftsteil saniert.

Tuffstein-Bildstock. Bez.16?? (17. Jh.); am Weg nach Zellwies.

Kreut

Wegkreuz. Corpus und Assistenzfiguren frühes 18. Jh.; in der Ortsmitte.

Niederham

Osteranger 23 (Zenz). Bauernhaus mit Blockbau-Obergeschoß und Traufbundwerk, 1. Hälfte 18. Jh.

Osteranger 24 (Kamerl). Zugehörig Getreidekasten, obergeschossig, bemalt und bez.1790.

Osterhofener Straße 28 (Batsler). Bauernhaus mit Blockbau-Obergeschoß, 2. Hälfte 17. Jh., Dach später.

Grafing, kath. Kapelle St.Ulrich

Grafing, Kapelle, Inneres nach Norden

Grafing, Kapelle, Deckenfresko

Grafing, Bildstock

Höfen, Haus Nr. 3, Eingangstür

Heigl, Haus Nr. 7

Höfen, Haus Nr. 4

Höfen, Haus Nr. 4, Traufbundwerk

Höfen, Haus Nr. 4, Eingangstür

Höfen, Haus Nr. 4, Kellergewölbe

Höfen, Bildstock

Höfen, Becherkapelle

Höfen, Becherkapelle, Inneres nach Süden

Niederham, Osteranger 23

Kreut, Wegkreuz

Niederham, Osteranger 24, Getreidekasten, Tür

Niederham, Osterhofener Straße 28

Osterhofen

Dorfstraße 15. Am ehem. Gasthaus geschnitzte Haustür, bez. 1863.

Dorfstraße 18 (Neubauer). Stattliches Bauernhaus mit Blockbau-Obergeschoß, 1. Hälfte 18. Jh., Traufbundwerk Anfang 19. Jh.

Dorfstraße 23 (Farber). Zugehörig zweigeschossiger Getreidekasten, 2. Viertel 17. Jh.

Dorfstraße 33. Haustür, Laube und Sonnenbank geschnitzt, bez. 1880.

Dorfstraße 41 (Peterbauer). Zugehörig Getreidekasten, obergeschossig, Anfang 17. Jh., mit altem Überbau.

Dorfstraße 45 (Lenzenbauer). Zugehörig obergeschossiger Getreidekasten, 17. Jh.

Wegkreuz. Corpus 16./17. Jh., Kreuz und Gehäuse Mitte 19. Jh.; in der Ortsmitte,

Hölzerner **Bildstock,** erneuert, mit barocker Christusfigur; an der Straße zur Rothmühle.

Das Gehäuse wurde 1949 erneuert und 1993 restauriert.

Pföderl

Haus Nr. 3 (Pföderllenz). Ehem. Bauernhaus, zweigeschossiger Blockbau mit giebelseitiger Mittertenne, Kern Mitte 17. Jh.

Osterhofen, Dorfstraße 15, Eingangstür

Osterhofen, Dorfstraße 23, Getreidekasten, Tür im Obergeschoß

Osterhofen, Dorfstraße 33

Osterhofen, Dorfstraße 33, Südseite

Osterhofen, Dorfstraße 18

Osterhofen, Dorfstraße 41, Getreidekasten

Osterhofen, Dorfstraße 45, Getreidekasten

Osterhofen, Bildstock

Osterhofen, Wegkreuz

Pföderl, Haus Nr. 3

Schönrain

Sog. **Huberkapelle.** 2. Hälfte 19. Jh.; mit Ausstattung.

Neugotischer, nach Süden gerichteter Bau mit dreiseitigem Schluß. Innen Lourdesgrotte. 1979 restauriert.

Haus Nr. 17 (Huber). Zugehörig zweigeschossiger Getreidekasten, Ende 16. Jh., am Nebengebäude.

Ehem. **Getreidekasten.** Bez.1590; in der Wiese nördlich des Ortes wiederaufgestellt (aus Fletzen).

Der Getreidekasten wurde aus Fletzen, Gde. Bad Heilbrunn, hierher übertragen.

Schwaighofen

Sog. **Hauserkapelle.** 2. Hälfte 17. Jh.; mit Ausstattung.

Schlichter, halbrund geschlossener Bau mit Figur des hl.Joseph aus dem frühen 18.Jh. An der neugotischen Eingangstür Reliefs der hl. Katharina und des hl.Georg(?).

Haus Nr. 41 (Hauser). Ehem. Bauernhaus mit Blockbau-Obergeschoß, 2. Hälfte 18. Jh. – Zugehörig Getreidekasten, Erdgeschoß Ende 16. Jh., Obergeschoß 18. Jh.

Sonnenhofen

Gedächtniskreuz aus Tuffstein. Bez.1705; an der Bundesstraße 13 bei km 40,5 (Neuaufstellung).

Zellwies

Haus Nr. 1 (Müller). Ehem. Mühle und Bauernhaus mit Blockbau-Obergeschoß und Bundwerk am Wirtschaftsteil, Ende 18. Jh. und 1. Hälfte 18. Jh.

Haus Nr. 2 (Weber). Ehem. Bauernhaus mit Blockbau-Obergeschoß, verschaltem Vordach und Bretterlaube, 2. Hälfte 17. Jh.

Archäologische Denkmäler

Gemarkung Osterhofen

TK 8134; Flurkarte SW 16-03.

Zwei vermutlich frühmittelalterliche *Tuffplattengräber*, keine Beigaben.

Ca. 200 m nördlich der Kapelle in Osterhofen.

Schönrain, Huberkapelle

Schönrain, Huberkapelle, Inneres nach Süden

Schönrain, Getreidekasten (aus Fletzen)

Schönrain, Haus Nr. 17, Getreidekasten, Tür

Schwaighofen, Hauserkapelle, Eingangstür

Schwaighofen, Hauserkapelle

Schwaighofen, Hauserkapelle, Inneres nach Osten

Schwaighofen, Haus Nr. 41

Schwaighofen, Haus Nr. 41, Getreidekasten, Tür

Schwaighofen, Haus Nr. 41, Getreidekasten

Sonnenhofen, Gedächtniskreuz

Zellwies, Haus Nr. 1

Zellwies, Haus Nr. 2

Gemeinde Lenggries

Baudenkmäler

Lenggries

Der Name des 1258 erstmals urkundlich erwähnten Flößerdorfs geht auf die langgestreckten Schotterbänke der Isar („Lenngengrieze" = langes Geröllfeld) zurück. Hier hatten sich vermutlich Dienstleute des nahen Schlosses Hohenburg angesiedelt, zu dem der Ort bis 1848 als Hofmark gehörte.

Am Gries 2 (Murer). Kleinhaus mit Blockbau-Obergeschoß, 2. Hälfte 17. Jh.

Am Gries 4b (Schaffler). Kleinhaus mit Blockbau-Obergeschoß, bez.1739; Kruzifix, Anfang 17. Jh.; am Haus.

Bachmaiergasse 4 (Dorfweber). Ehem. Kleinbauernhaus mit Blockbau-Obergeschoß, 1. Hälfte 18. Jh., Dach später.

Bachmaiergasse 5 (Liendl-Mayr). Bauernhaus mit Blockbau-Obergeschoß, 1. Hälfte 18. Jh.

Bachmaiergasse 10 (Winklmayr). Blockbau-Obergeschoß eines ehem. Bauernhauses, 16./17. Jh.

Bachmaiergasse 12a/b/c/d/e/f/g/h (Ludwig). Ehem. Herberge mit acht Wohneinheiten, z.T. verschalter Blockbau-Oberteil mit Flachsatteldach, im Kern 17. Jh.

Bahnhofplatz 1. Bahnhofsgebäude mit Arkaden am Erd- und Obergeschoß, südlicher Anbau mit Verschalung, 1923/24 von Georg Buchner.

Bergweg 3. Wohnteil eines ehem. Kleinbauernhauses mit Blockbau-Obergeschoß, Kern 2. Viertel 17. Jh.

Gaißacher Straße 4 (Huß). Ehem. Kleinbauernhaus, Obergeschoß z.T. verschalter Blockbau, 18. Jh.

Gaißacher Straße 13 (Untersigl). Wohnteil eines ehem. Bauernhauses mit Blockbau-Obergeschoß, Kern 18. Jh.

Gebhartgasse 22 (Eham). Stattliches Bauernhaus mit Blockbau-Obergeschoß, 2. Hälfte 18. Jh., Lauben in Laubsägearbeit, 2. Hälfte 19. Jh.

Im Giebel kleine Figur des hl. Laurentius, Mitte 18. Jh.

Gebhartgasse 26a/b (Platscherer). Doppelhaus mit verputztem Blockbau-Obergeschoß, im Kern 1. Hälfte 18. Jh.

Lenggries, Am Gries 2

Lenggries, Am Gries 4b

Lenggries, Bachmaiergasse 4

Lenggries, Bachmaiergasse 5

Lenggries, Bachmaiergasse 10

Lenggries, Bachmaiergasse 12a/b/c/d/e/f/g/h

Lenggries, Bahnhofplatz 1

Lenggries, Bergweg 3

Lenggries, Gaißacher Straße 4

Lenggries, Gaißacher Straße 13

Lenggries, Gebhartgasse 22

Lenggries, Gebhartgasse 26a/b

Herwarthstraße 14 (Einweg). Ehem. Bauernhaus mit Blockbau-Obergeschoß, 2. Hälfte 17. Jh.

Das Gebäude wurde 1984 durch einen Brand beschädigt und wiederhergestellt.

Herwarthstraße 16 (Holzerfranzl). Ehem. Bauernhaus mit Blockbau-Obergeschoß, 2.Viertel 18. Jh.

Herwarthstraße 22a (Seilerwastl). Ehem. Flößerhaus, Wohnteil zweigeschossiger Blockbau, bez.1646, restauriert.

Die letzte Restaurierung fand 1987 statt.

Herwarthstraße 26 (Voglbäck). Wohnteil wohl eines ehem. Bauernhauses mit Blockbau-Obergeschoß, im Kern 2. Hälfte 18. Jh.

Der Wohnteil wurde 1979 instandgesetzt.

Isarstraße 13a/b/c (Greilinger-Eigner). Kleines Herbergshaus mit Steilsatteldach, Obergeschoß z.T. in Blockbau, letztes Viertel 18. Jh., gut restauriert.

Johann-Probst-Straße 3. Kleinhaus mit Blockbau-Obergeschoß, 1. Hälfte 18. Jh.

Kalkofenweg 8 (Gugg). Kalkofen mit Anbau, 18. Jh.

Der aus dem 18. Jh. stammende Kalkofen war bis 1958 in Betrieb und wurde 1978/79 restauriert. Er besteht im wesentlichen aus einem Vorraum, der als Lager für das Brennholz und auch als Aufenthaltsraum für die Arbeiter diente. Ein kurzer Gang führte zum eigentlichen, über ovalem Grundriß errichteten Feuerraum. Die Öffnung des kegelförmigen Abgasschlotes besaß einen eisernen Deckel, der je nach Bedarf geöffnet und geschlossen werden konnte und somit den Luftzug regulierte.

Karl-Pfund-Weg 5a. Alter Wohnteil wohl eines ehem. Bauernhauses, mit Blockbau-Obergeschoß, 2. Hälfte 18. Jh.

Karwendelstraße 22 (Schroppenweber). Bauernhaus mit Hochtenne und verputztem Blockbau-Obergeschoß, 2. Hälfte 18. Jh.

Lenggries, Herwarthstraße 14

Lenggries, Herwarthstraße 16

Lenggries, Herwarthstraße 22a

Lenggries, Herwarthstraße 26

Lenggries, Isarstraße 13a/b/c

Lenggries, Johann-Probst-Straße 3

Lenggries, Kalkofenweg 8, Kalkofen

Lenggries, Kalkofenweg 8, Ansicht des Kalkofens, Aufnahme um 1920

Lenggries, Karl-Pfund-Weg 5a

Lenggries, Karwendelstraße 22

Kirchstraße 4. Kath. Pfarrkirche St. Jakobus d.Ä.; Chor im Kern spätgotisch, Langhaus 1721/22 von dem Münchener Stadtmaurermeister Adam Schmidt neu erbaut; mit Ausstattung.

Ursprünglich war Lenggries eine Filiale der Pfarrei Königsdorf, erst 1479 erhielt der Ort einen eigenen Priester. Seit 1837 eigenständige Pfarrei. – Der spätgotische Vorgängerbau (von 1479?) wurde 1653 durch den Schlierseer Baumeister Quirin Kreuter erweitert und 1721 mit Ausnahme des Chors abgebrochen. Die Errichtung des neuen Langhauses durch den Münchener Stadtmaurermeister Adam Schmidt finanzierte der damalige Hofmarksherr Ferdinand Joseph Graf Herwarth von Hohenburg, wobei teilweise Steine der alten Feste Hohenburg verwendet wurden. 1722 Weihe, doch erst 1724 Vollendung des Turms. Restaurierungen: 1979ff. außen, 1992f. innen.
Vor der Westseite steil aufragender, quadratischer Turm; die lisenengegliederten Obergeschosse mit abgeschrägten Ecken und Laternenhaube über Segmentgiebeln. Der weiträumige, lichte Saalbau zeigt eine für diese Zeit auffällige klassizistische Haltung. In den Seitenmitten des breiten Langhauses leiten Abschrägungen zu zwei flachrechteckigen Kapellen über, deren hoher, rundbogiger Schluß in die Stichkappe des Tonnengewölbes eindringt. Darüber hinweggeführt ist das kräftig profilierte, von kannelierten Doppelpilastern getragene Gebälk. Westlich zweifache, durch Pfeiler in drei Abschnitte unterteilte Empore. Im eingezogenen, innen rund, außen dreiseitig geschlossenen Chor reichere Wandgliederung in Form von Pilastern und Halbsäulen, darüber gedrückte Tonne auf Gurten; im westlichen Joch beiderseits je ein Oratorium.
An den Gewölben kurvierte Felderteilung durch Stuckleisten. – Die Zuweisung der um 1722 entstandenen Fresken an einen gewissen Anton Erth (oder Ertl?) ist fraglich, da für diese Zeit kein Maler dieses Namens im Tölzer Raum belegt werden kann. Ebenso umstritten bleibt dessen Identifizierung mit dem aus Böhmen stammenden und seit 1722 in Tölz ansässigen Faßmaler Johann Adam Anton Fett, nachdem bisher kein vergleichbares Werk von ihm bekannt ist. Chor: Dreifaltigkeitssymbol, Erscheinung des hl. Jakobus in der Schlacht von Clavigo, Enthauptung des Kirchenpatrons; seitlich weitere Szenen aus seinem Leben. Langhaus: Engelsglorie und -konzert; in Medaillons Evangelisten. – Glasgemälde beiderseits des Hochaltars um 1915/16 nach Entwürfen von Gebhard Fugel mit Darstellung der Berufung der Zebedäussöhne und der Bitte ihrer Mutter an Christus.
Neubarocker Hochaltar von 1916. In der Mitte befand sich eine bemerkenswerte Sitzfigur des hl. Jakobus, um 1515 wohl aus einer Tölzer oder Wolfratshausener Werkstatt, heute ausgelagert. Die hll. Petrus und Paulus vor den gewundenen Säulen schnitzte ebenso wie alle anderen Apostel 1722 der Tiroler Bildhauer Stumbeck. – Seitenaltäre Mitte 19. Jh. Gemälde 1852 von Joseph Holzmaier: nördlich Geburt Christi, im Auszug Verkündigung Mariä, südlich Kreuzigung, im Auszug Darbringung im Tempel. Seitlich der Auszüge Skulpturen der hll. Eustachius und Dionysius (nördlich) und der hll. Nikolaus und Ambrosius (südlich), alle wohl 17. Jh. – Kapellenaltäre 1726/27 von Johann Steinhauser. Altarblätter von Philipp Guglhör: nördlich hl. Michael, im Auszug hl. Martin, südlich hl. Sebastian, im Auszug hl. Georg. Seitenfiguren: nördlich die hll. Franziskus und Antonius von Padua, südlich die hll. Barbara und Katharina. – Mit Früchtegirlanden verzierte Kanzel um 1726/27 ebenfalls von Stein-

Lenggries, Kirchstraße 4, kath. Pfarrkirche St.Jakobus d.Ä.

Lenggries, Pfarrkirche, Chorgewölbe

Lenggries, Pfarrkirche, Inneres nach Westen

Lenggries, Pfarrkirche, Inneres nach Osten

Lenggries, Pfarrkirche, nördlicher Seitenaltar

Lenggries, Pfarrkirche, hl.Jakobus d.Ä., um 1515, ehemals im Hochaltar

Lenggries, Pfarrkirche, südlicher Seitenaltar

hauser; auf dem Schalldeckel große Figur des Salvator Mundi. – Kreuzweg, 2. Hälfte 18. Jh. – Über den Chororatorien hl. Karl Borromäus und hl. Johann Nepomuk, beide Holz, gefaßt, 1798. Kruzifix und Schmerzhafte Muttergottes, 1885. – Tragstangen der „Nikolaifloßleuteversammlung", der ältesten örtlichen Standesvereinigung, mit Statuetten der hll. Nikolaus und Christophorus. – Außen am Chorschluß großes Kruzifix wohl des mittleren 17. Jhs.

Kirchstraße 4. Kath. Friedhofskapelle Maria Hilf; im Kern 14. Jh., 1745 vergrößert; mit Ausstattung.

Im Kern wohl 14. Jh. 1745 erweitert und 1861 renoviert. Seit 1920 Kriegergedächtniskapelle. – Nach Süden gerichteter, einschiffiger Bau mit dreiseitigem Schluß. Über Lisenengliederung flache Korbbogentonne. – Deckenbilder mit Szenen aus dem Marienleben, bez. 1747, Julian Breymeyer zugeschrieben, 1925 übergangen. – Glasgemälde der Fenster 1920 nach Entwürfen von Augustin Pacher. – Im (1959 aufgestellten) Altar des späten 17. Jhs. geschnitztes Gnadenbild der Thronenden Muttergottes, um 1500, durch mehrere Restaurierungen beeinträchtigt; seitlich die hll. Florian und Georg. – An den Wänden zwei Flügel des spätgotischen Hochaltars der Pfarrkirche, um 1515 aus der Werkstatt (?) von Jan Polack: Enthauptung und Überführung des hl. Jakobus nach Spanien. – Gemälde: Anbetung der Hirten, Mitte 17. Jh. Tod des hl. Benedikt, Ende 17. Jh. Hl. Julia über Lenggries, 1771 von Breymeyer, bez. – Figuren der hll. Monika und Ottilia, Anfang 16. Jh. Verkündigungsgruppe, Ende 17. Jh.

Lenggries, Pfarrkirche, südlicher Kapellenaltar

Lenggries, Pfarrkirche, Gemälde des nördlichen Kapellenaltars

Lenggries, Pfarrkirche, Kanzel

Lenggries, Kirchstraße 4, kath. Friedhofskapelle Maria Hilf

Lenggries, Friedhofskapelle, Eingangsgitter

Lenggries, Friedhofskapelle, Glorie der hl. Julia, 1771 von Julian Breymeyer

Lenggries, Friedhofskapelle, Inneres nach Süden

Lenggries, Friedhofskapelle, hl.Ottilia, Anfang 16.Jh.

Lenggries, Friedhofskapelle, hl.Monika, Anfang 16.Jh.

Lenggries, Friedhofskapelle, Enthauptung des hl.Jakobus, Werkstatt von J. Polack, um 1515

Lenggries, Friedhofskapelle, Muttergottes im Hochaltar

Lenggries. Friedhofskapelle, Überführung des hl.Jakobus, Werkstatt von J. Polack, um 1515

Kyreinweg 1 (Thoman). Alter Wohnteil wohl eines ehem. Bauernhauses, Kern Ende 16. Jh.

Marktstraße 1 (Oberer Kramer). Wohn- und Geschäftshaus mit Halbwalm, Anfang 19. Jh.

Marktstraße 3. Gasthaus zur Post; sehr stattliches Haus mit Halbwalm, wohl 1. Hälfte 19. Jh.

Erdgeschoß mit Eckrustika, Fenster der Obergeschosse in reichen Putzrahmen.

Marktstraße 4 (Bäckerpauli). Wohl ehem. Bauernhaus, jetzt Wohnhaus mit Laden, Obergeschoß übertünchter Blockbau, 18. Jh., Fassade mit zwei eingelassenen Heiligenbildern (bez. 1692), altem Ladenstock und aufgedoppelter Haustür, Mitte 19. Jh.

Die 1692 datierten Wandmalereien zeigen die hll. Paulus und Jakobus d.Ä.

Marktstraße 7 (Poller). Wohnhaus mit Blockbau-Obergeschoß, Kern 2. Hälfte 17. Jh.

Am Erdgeschoß erneuerte Fresken mit Darstellung des hl. Matthias(?) und der hl. Barbara.

Marktstraße 11. Gebäude mit Walmdach, im Kern Anfang 19. Jh.

Marktstraße 13. Gasthaus Altwirt; breitgelagertes Haus mit Flachsatteldach, im Kern wohl 17. Jh. und 19. Jh.; reiche neubarocke Bemalung.

Das Gasthaus wird bereits 1469 als Taferne von Hohenburg urkundlich erwähnt. Das Straßenbild dominierender Bau gegenüber der Pfarrkirche.

Rathausplatz 1. Rathaus; stattlicher Bau mit Laubengang, im Kern 1881.

Schützenstraße 1. Postamt mit Flachsatteldach und zwei spitzbogigen Durchgängen, 1923.

Das zweigeschossige Gebäude wurde 1923 nach Plänen von Robert Vorhoelzer und Karl Kergl errichtet.

Lenggries, Kyreinweg 1

Lenggries, Marktstraße/Rathausplatz

Lenggries, Marktstraße 1

Lenggries, Marktstraße 3

Lenggries, Marktstraße 4

Lenggries, Marktstraße 4, hl.Paulus

Lenggries, Marktstraße 4, hl.Jakobus d.Ä.

Lenggries, Marktstraße 7

Lenggries, Marktstraße 11

Lenggries, Rathausplatz 1

Lenggries, Marktstraße 13

Lenggries, Schützenstraße 1

Wernhergasse 2 (Weißnbauer). Wohnteil eines Bauernhauses mit Blockbau-Obergeschoß, 2. Hälfte 18. Jh.

Wernhergasse 6 (Lang). Bauernhaus mit Blockbau-Obergeschoß und Bretterlaube, bez. 1750.

Wernhergasse 8. Ehem. Kleinbauernhaus mit Blockbau-Obergeschoß, 18. Jh.

Ruine Hohenburg. Turmstumpf ca. 3 m über dem Gelände, nach innen 4 m tief mit Resten eines Kreuzgewölbes, mehrere Mauerzüge zwischen 0,1 und 2 m Höhe, wohl 12./13. Jh.

Die wohl im frühen 12. Jh. errichtete Hohenburg (vgl. Abb. S. 392) dürfte um 1410/20 unter den Maxlrainern umgebaut, erweitert oder sogar teilweise erneuert worden sein (ein 1915 aufgefundener Mauerstein bez. 1415). Nach dem verheerenden Brand von 1707 und dem Neubau des Schlosses etwa 300 m westlich (vgl. Hohenburg/Schloß) wurde die Burganlage aufgegeben und 1721/22 zum Neubau der Lenggrieser Pfarrkirche verwendet. Daher sind von der einst machtvollen Vierflügelanlage mit wuchtigem Turm an der Nordwestecke heute nur mehr bescheidene Reste erhalten.

Ruine Schellenburg. Mauerrest ca. 2 m lang und 50 cm hoch; südlich davon Reste eines Hohlwegs.

Obwohl seit dem letzten Viertel des 19. Jhs. ein gängiger Begriff, kann eine Burg namens „Schellenburg" oder „Schellenberg" nicht nachgewiesen werden. Gesichert dagegen ist die Existenz der sog. Neuburg, einer Befestigungsanlage auf einer Bergzunge etwa 2 km westsüdwestlich von Schloß Hohenburg, deren wenige Mauerrelikte noch ein rechteckiges Gebäude erkennen lassen.

Almbach

Haus Nr. 9 (Zachias). Isarwinkler Bauernhaus mit Blockbau-Obergeschoß, letztes Viertel 18. Jh.

Anger

Grasleitenweg 3 (Lettinger). Kleinbauernhaus mit Blockbau-Obergeschoß, 17. Jh.

Grasleitenweg 5 (Schneider). Bauernhaus, z.T. Obergeschoß in Blockbau, 18. Jh., Dach später.

Grasleitenweg 12 (Herder-Xaver). Kleinbauernhaus, Obergeschoß verschalter Blockbau, 18. Jh.

Grasleitenweg 15 (Schweighofer). Am ehem. Kleinbauernhaus zwei Fresken, Anfang 19. Jh.

Themen der hochrechteckigen, noch in der Tradition des 18. Jhs. ausgeführten Fresken: giebelseitig hl. Florian, traufseitig die hll. Nikolaus und Johann Nepomuk.

Grasleitenweg. Wegkreuz; Corpus wohl 18. Jh.; vor Haus Nr. 18.

Grasleitenweg 28 (Schusterzenz). Ehem. Kleinbauernhaus mit Blockbau-Obergeschoß, im Kern 18. Jh., erneuert.

Lenggries, Wernhergasse 2

Lenggries, Wernhergasse 6

Lenggries, Wernhergasse 8

Almbach, Haus Nr. 9

Lenggries, Ruine Hohenburg, Rest eines Turms

Lenggries, Ruine Schellenburg, Mauerrest

Anger, Grasleitenweg 3

Anger, Grasleitenweg 5

Anger, Grasleitenweg 12

Anger, Grasleitenweg 15

Anger, Grasleitenweg, Wegkreuz

Anger, Grasleitenweg 28

Anger, Grasleitenweg 15, hl.Nikolaus und hl. Johann Nepomuk

Hirschbachweg 25 (Dickl). Kleinbauernhaus mit Blockbau-Obergeschoß, Kern 1. Hälfte 18. Jh., erneuert.

Kampenweg 2 (Herder-Abraham). Kleinbauernhaus mit Blockbau-Obergeschoß, im Kern 1. Hälfte 18. Jh.

Kampenweg 6 (Ochs). Ehem. Bauernhaus, zweigeschossiger Blockbau, 18. Jh.

Kampenweg 11 (Krein). Ehem. Isarwinkler Kleinbauernhaus mit Blockbau-Obergeschoß, 1. Hälfte 17. Jh.

Mühlgasse 4 (Sagschneider). Kleinbauernhaus, überputzter Blockbau, 18. Jh.

Mühlgasse 12 (Aschenloher). Traufbundwerk und Blockbau-Kniestock am Wirtschaftsteil, Ende 18. Jh.

Mühlgasse 16 (Martinmüller). Bauernhaus mit überstrichenem Blockbau-Obergeschoß, 18. Jh., Dach später.

Sylvensteinstraße 5 (Stiegmann). Ehem. Kleinbauernhaus mit z.T. erneuertem Blockbau-Obergeschoß, Kern 18. Jh.

Sylvensteinstraße 12. Bauernhaus mit übertünchtem Blockbau-Obergeschoß, Kern 1. Hälfte 18. Jh.

Sylvensteinstraße 17 (Nisl). Kleinbauernhaus mit Blockbau-Obergeschoß, 1. Hälfte 18. Jh.

Sylvensteinstraße 36 (Agath). Kleinbauernhaus mit Blockbau-Obergeschoß, 2. Hälfte 18. Jh., Dach später.

Sylvensteinstraße 37 (Bachkistler). Bauernhaus mit Blockbau-Obergeschoß, Kern 1. Hälfte 18. Jh. und 19. Jh.

Sylvensteinstraße. Wegkreuz mit Gehäuse in neubarocken Formen, bez. 1928; an der Einmündung des Wieswegs.

Anger, Hirschbachweg 25

Anger, Kampenweg 2

Anger, Kampenweg 6

Anger, Kampenweg 11

Anger, Mühlgasse 4

Anger, Mühlgasse 12, Traufbundwerk

Anger, Mühlgasse 16

Anger, Sylvensteinstraße, Wegkreuz

Anger, Sylvensteinstraße 5

Anger, Sylvensteinstraße 12

Anger, Sylvensteinstraße 17

Anger, Sylvensteinstraße 36

Anger, Sylvensteinstraße 37

Wiesweg 6 (Wastl). Ehem. Kleinbauernhaus mit Blockbau-Obergeschoß, 2. Hälfte 17. Jh.

Wiesweg 7 (Schuster-Geiger). Ehem. Bauernhaus, Obergeschoß überstrichener Blockbau, bez. 1790.

Wiesweg 24. Kath. Kapelle; wohl 1. Hälfte 17. Jh., seit 1908 Lourdeskapelle.

Ursprünglich Pestkapelle, während des Dreißigjährigen Kriegs errichtet. 1803 säkularisiert. 1908 zur Lourdesgrotte umgestaltet. – Nach Westen gerichteter, einschiffiger Bau mit Tonnengewölbe und dreiseitigem Schluß. Im Osten sechsseitiger Dachreiter mit Zwiebelhaube.

Bairahof

Haus Nr. 3. Ehem. Kleinbauernhaus mit Blockbau-Obergeschoß, Mitte 17. Jh., restauriert.

Haus Nr. 5. Wohnteil eines stattlichen Bauernhauses, Blockbau-Obergeschoß noch 1. Hälfte 17. Jh., Dach 19. Jh.

Haus Nr. 7. Bauernhaus mit Blockbau-Obergeschoß und Balusterlaube, bez. 1781; alte Haustür.

Haus Nr. 9. Bauernhaus mit Blockbau-Obergeschoß, 18. Jh., restauriert.

Ertlhöfe

Kath. Kapelle. Wohl 3. Viertel 18. Jh.; mit Ausstattung.

Der einschiffige, halbrund geschlossene Bau steht auf einem kleinen Hügel. Westlich oktogonaler Dachreiter mit Zwiebelhaube. Außen am halbrunden Chorschluß erneuertes Fresko der Muttergottes. Altar um 1770/80 mit Figuren der Muttergottes und der hll. Anna und Joachim. An den Wänden etwa gleichzeitige Apostelstatuetten.

Haus Nr. 6 (Loidl). Kleinbauernhaus mit Blockbau-Obergeschoß, Mitte 18. Jh.

Haus Nr. 13 (Stien). Isarwinkler Bauernhaus mit Blockbau-Obergeschoß und Traufbundwerk, letztes Viertel 18. Jh.; am Erdgeschoß zwei kleine Freskenmedaillons.

Die giebelseitigen (erneuerten) Freskenmedaillons zeigen Herz Jesu und Herz Mariä.

Anger, Wiesweg 6

Anger, Wiesweg 7

Anger, Wiesweg 24, kath. Kapelle

Anger, Kapelle, Inneres nach Westen

Bairahof, Haus Nr. 3

Bairahof, Haus Nr. 5

Bairahof, Haus Nr. 7

Ertlhöfe, Ortsansicht von Osten

Bairahof, Haus Nr. 9

Ertlhöfe, kath. Kapelle

Ertlhöfe, Kapelle, Inneres nach Osten

Ertlhöfe, Haus Nr. 6

Ertlhöfe, Kapelle, Altar

Ertlhöfe, Haus Nr. 13

Ertlhöfe, Haus Nr. 13, Herz Mariä

Fall

Kath. Kirche Maria Himmelskönigin. 1958 von Paul Kranendick; mit Ausstattung des Vorgängerbaus.

Der 1743 geweihte Vorgängerbau fiel 1959 mit dem ganzen Dorf dem bereits 1908 erstmals geplanten Stausees, dem Sylvensteinspeicher, zum Opfer. 1957 wurde der Ort Fall auf einer überflutungsfreien Stelle neu angelegt und 1958 konnte die Kirche benediziert werden, für deren Planung der Tölzer Architekt Paul Kranendick verantwortlich war. – Die einschiffige, an beiden Schmalseiten dreiseitig geschlossene Anlage fügt sich in ihrer schlichten Eleganz der Gebirgslandschaft harmonisch ein. Über dem Westgiebel quadratischer Dachreiter mit Spitzhelm. – Die Ausstattung stammt im wesentlichen aus der alten Kirche. Im neubarocken(?) Altar Figur der Muttergottes, seitlich auf Konsolen die hll. Elisabeth und Vinzenz, alle ehemals im Hochaltar. – Gemälde: Ölberg, Anfang 18. Jh. Kreuzweg, Mitte 18. Jh. – Statuetten der hll. Barbara und Katharina, um 1720/30.

Fleck

Haus Nr. 9. Kath. Kapelle St. Anna; wohl 18. Jh., 1942 stark übergangen; mit Ausstattung.

Einschiffige, stattliche Anlage mit außen dreiseitigem, innen halbrundem Schluß; über dem Westgiebel oktogonaler Dachreiter mit Zwiebelhaube. – An der Flachdecke Bandelwerkstukkaturen, wohl 1942 von Killer. – Hochaltar im Stil des ausgehenden 17. Jhs. mit neubarocker Figurengruppe der hl. Anna selbdritt von Hofer. Alle anderen Schnitzarbeiten Ende 17. Jh.: seitlich die hll. Ulrich und Antonius von Padua; im Auszug hl. Georg zwischen den hll. Nikolaus und Silvester. – Großes Ölbergrelief des mittleren 17. Jhs. in Rokokoschrein. Zierliche Immaculata von Griebl.

Haus Nr. 17 (Perler). Kleinhaus mit Flachsatteldach, 2. Hälfte 18. Jh.

Gilgenhöfe

Haus Nr. 3 (Housen). Bauernhaus mit Blockbau-Obergeschoß, 1593.

Haus Nr. 8 (Schuler). Wohnteil eines Bauernhauses mit Blockbau-Obergeschoß, noch 1. Hälfte 17. Jh.

Haus Nr. 15. Ehem. Zuhaus (ursprünglich zu Haus Nr. 8 gehörig), in verputztem Mischmauerwerk mit flachem Satteldach, über talseitig freiliegendem Untergeschoß ehemals Traufseitbalkon, wohl frühes 19. Jh.

Haus Nr. 16a. Ehem. Wohnteil des sog. Fuhrreiserhauses aus Anger, Gde. Lenggries; zweigeschossiger Blockbau mit umlaufender Laube und verschalter Giebellaube, ursprünglich um 1660/70, 1985 wiedererrichtet.

Haus Nr. 20 (Demel). Bauernhaus mit Balusterlauben, bez. 1814.

Fall, kath. Kirche Maria Himmelskönigin

Fall, Kirche, Inneres nach Osten

Fall, Kirche, Figuren an der Westwand

Fall, Kirche, hl.Barbara, um 1720/30

Fall, Kirche, hl.Katharina, um 1720/30

Fleck, Haus Nr. 9, kath. Kapelle St.Anna

Fleck, Kapelle, Inneres nach Osten

Fleck, Kapelle, Ölberg, Mitte 17.Jh.

Fleck, Haus Nr. 17

Gilgenhöfe, Haus Nr. 3

Gilgenhöfe, Haus Nr. 8

Gilgenhöfe, Haus Nr. 15

Gilgenhöfe, Haus Nr. 16a

Gilgenhöfe, Haus Nr. 20

Haus Nr. 26 (Grasmüller). Langgestrecktes Bauernhaus, Obergeschoß verputzter Blockbau, Traufbundwerk, 2. Hälfte 18. Jh.

Haus Nr. 26a. Kleinhaus mit Steilsatteldach und zwei Medaillonfresken, Anfang 19. Jh.

Die giebelseitigen Freskenmedaillons zeigen die hll. Johann Nepomuk und Florian.

Dreifaltigkeitskapelle. 1958; mit historischer Ausstattung; an der Jachenauer Straße.

Die 1881 errichtete Kapelle wurde 1958 aus Verkehrsgründen abgebrochen und an der heutigen Stelle südlich des Grasmüllerhäuschens in der ursprünglichen Form wiederaufgebaut, vgl. die Daten im schmiedeeisernen Gitter. – Nach Westen gerichteter, kreuzgratgewölber Rechteckbau. – Altar wohl 1881 mit Gemälde der Trinität und der Muttergottes. – Kruzifix und Muttergottes (im Typus der Figur im Münchener Herzogspital), Anfang 18.Jh.

Graben

Ahornau 14 (Berit). Kleinbauernhaus mit überstrichenem Blockbau-Obergeschoß, Kern 17./18. Jh.

Ahornau 18 (Judith). Kleinbauernhaus, wohl überputzter Blockbau-Obergeschoß, Kern Mitte 17. Jh.

Schömer 3 (Hinterschömer). Zugehörig ehem. Zuhäusl oder Getreidekasten, Obergeschoß-Blockbau mit Flachsatteldach, 1. Hälfte 18. Jh.

Großes **Wegkreuz.** Corpus und Muttergottes um 1700; an der Straße nach Wegscheid.

Hellerschwang

Haus Nr. 3 (Hanslkaspar). Zugehörig stattlicher, obergeschossiger Getreidekasten, auf gemauertem Unterbau, bez. 1688.

Hohenburg

Haus Nr. 1. Kath. Kapelle St. Dionysius; geweiht 1693; mit Ausstattung; am Weg nach Kalvarienberg.

Die einsam nördlich des Schlosses stehende Kapelle wurde laut Inschriftstein innen neben dem Eingang am 23.Oktober 1693 geweiht. Die einschiffige, dreiseitig geschlossene Anlage bestand damals nur aus den drei östlichen, mit einer Stichkappentonne überwölbten Achsen und wurde vermutlich im 18. Jh. um den flachgedeckten, deutlich abgesetzten Anbau nach Westen erweitert. Über dem Giebel oktogonaler Dachreiter mit Zwiebelhaube. Um die Innenwände ist eine schmiedeeiserne Leonhardskette gezogen. – Die Ausstattung wurde mit Ausnahme des Altars aus der Erbauungszeit in die St. -Ursula-Kirche des Schlosses transferiert. In der Mittelnische des Altars befand sich eine feine Schnitzfigur des Titelheiligen (in Verwahrung); im Auszug Kopie des Innsbrucker Maria-Hilf-Bildes (von Lukas Cranach). – Weihwasserkessel bez.1614.

Gilgenhöfe, Haus Nr. 26

Gilgenhöfe, Haus Nr. 26a

Gilgenhöfe, Haus Nr. 26a, hl.Johann Nepomuk

Gilgenhöfe, Dreifaltigkeitskapelle

Gilgenhöfe, Dreifaltigkeitskapelle, Inneres nach Westen

Graben, Ahornau 14

Graben, Ahornau 18

Graben, Schömer 3, Zuhäusl

Graben, Wegkreuz

Hellerschwang, Haus Nr. 3, Getreidekasten

Hellerschwang, Haus Nr. 3, Getreidekasten, Tür

Hohenburg, Kapelle, hl.Dionysius, ehemals im Altar

Hohenburg, Haus Nr. 1, kath. Kapelle St.Dionysius

Hohenburg, Kapelle, Inneres nach Osten

Ansicht des mittelalterlichen Schlosses Hohenburg, Kupferstich von Michael Wening, 1701

Haus Nr. 3. Schloß Hohenburg; stattliche Anlage von 1712/18 mit älterem Kern im Nordflügel, um 1836 maßgeblich verändert. – Kath. Schloßkapelle St. Johannes d.T., erbaut 1722; mit Ausstattung.

Die um 1100 erstmals urkundlich erwähnte Festung Hohenburg war das bedeutendste Herrschaftszentrum für das Gebiet um Lenggries und den Isarwinkel. Sie gehörte damals vermutlich den Herren von Thann und kam Ende des 12. Jhs. an die Herren von Tölz und um 1262 an die Wittelsbacher. Ab 1294 war die mittelalterliche Burg, die etwa 300 m östlich des heutigen Schlosses lag (vgl. Lenggries/Ruine Hohenburg), im Besitz der Herren von Egling. Ihnen folgten 1396 die Herren von Maxlrain, die um 1410/20 für einen Um- oder Erweiterungsbau (Neubau?) sorgten, und 1522 die Herren von Schellenberg. 1566 verkaufte Dionys von Schellenberg Schloß und Gericht Hohenburg an seinen Neffen Hanns Paul Herwarth in Augsburg, bei dessen Nachkommen die Hofmark bis zum Aussterben des Geschlechts im Jahre 1800 blieb. Nachdem die Burg am 21. Juli 1707 durch einen Brand vernichtet wurde, ließ Graf Ferdinand Joseph von Herwarth 1712-1718 das bestehende Schloß errichten und einen prachtvollen Garten durch Matthias Diesel anlegen. Die Eigentümer nach 1800 waren: 1807ff. von Zech, 1817ff. von Kramer, 1833ff. von Taufkirchen; 1836ff. Fürst Karl Emich zu Leiningen, der als letzter Hofmarksherr das Schloß außen verändern, mehrere Zimmer und Säle neu ausstatten und den Barockgarten im englischen Stil umgestalten ließ; 1849ff. Arco-Zinneberg, 1851ff. Pallavicini, 1857ff. von Eichthal; 1870ff. Herzog Adolf von Nassau, der spätere Großherzog von Luxemburg, unter dem 1896 das sog. Jagdzimmer eingerichtet worden sein dürfte. 1908-1939 Witwensitz der Großherzogin Maria Anna. Nach dem Zweiten Weltkrieg lebte hier Prinzessin Elisabeth von Thurn und Taxis bis zu ihrem Tod 1950. Ab 1953 Eigentum des Landshuter Ursulinenklosters und Umbau des Schlosses zu einem Schulzentrum.

Von den ehemals drei Flügeln, die einen nach Osten offenen Hof umschlossen, ist nur mehr der eigentliche Wohnbau im Westen, ein langgestreckter, repräsentativer Baukörper mit Walmdächern erhalten. Er umfaßt drei Geschosse mit einem Mezzanin im Mittelabschnitt; die Eckrisalite sind aufgrund eines weiteren Halbgeschosses nochmals höher. Über dem hofseitigen Mittelrisalit mit dem Treppenhaus sitzt ein kräftiger, mauerhafter Glockenturm; ein entsprechendes, übergiebeltes Risalit an der Gartenseite wurde um 1836(?) entfernt. – In den drei mittleren Achsen des Erdgeschosses ehem. Jagdsaal von 1896(?) mit Holzbalkendecke, flächendeckenden, auf Leinwand gemalten Jagdszenen an den Wänden und reich geschnitzter Ausstattung. An der Flachdecke des südlich anstoßenden Raums Groteskenmalereien wohl des 18. Jhs. – Großzügig dimensioniertes Treppenhaus mit zwei Läufen und Umkehrpodesten in allen Stockwerken; im

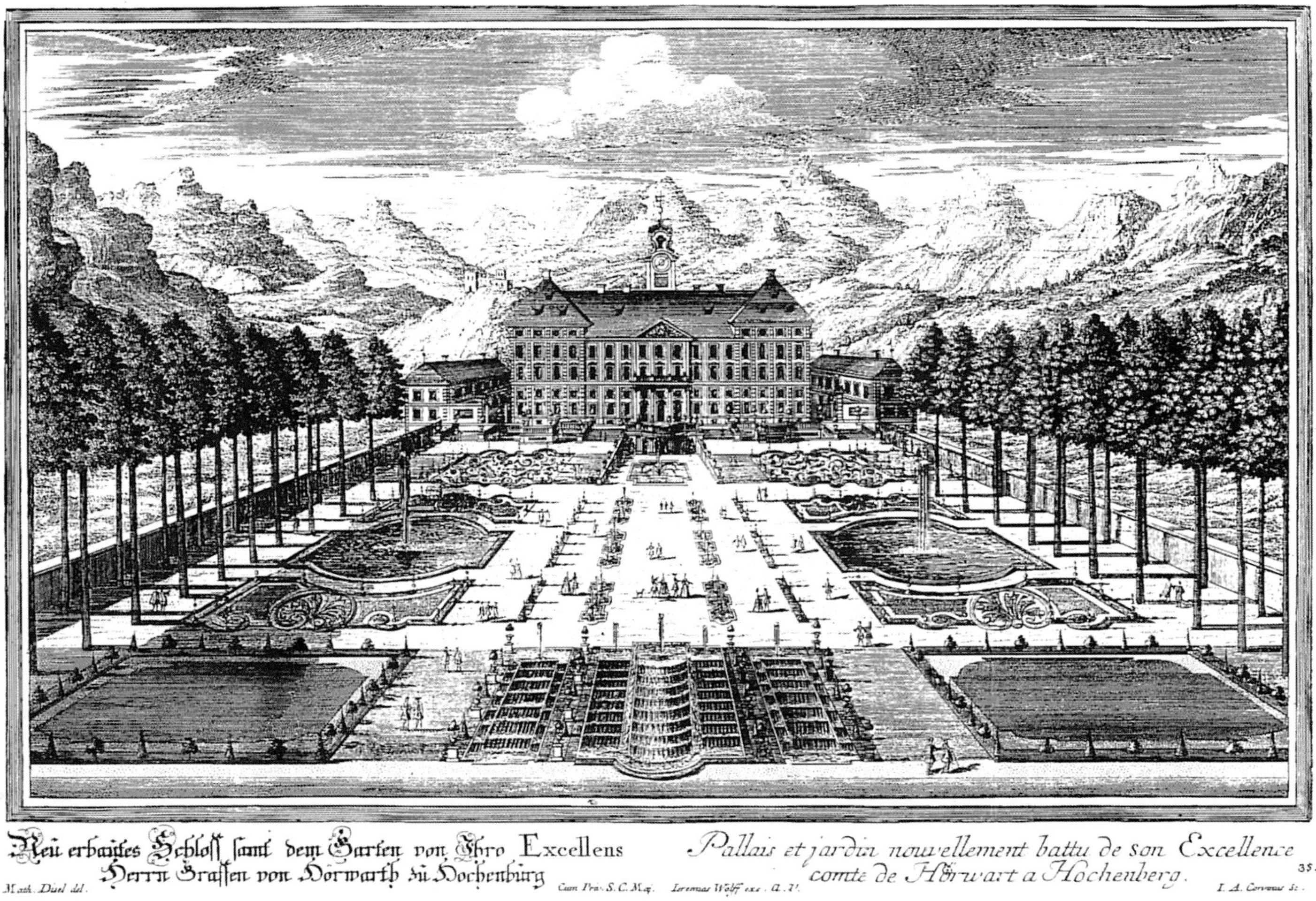

Ansicht des barocken Schlosses Hohenburg, Kupferstich von Johann August Corvinus und Jeremias Wolf nach einer Zeichnung des „Garteningenieurs“ Matthias Diesel, um 1722

Hohenburg, Luftaufnahme des Schlosses von Nordwesten, 1981

Porträt des Hans Georg von Herwarth d.Ä. (1563-1622), Kupferstich von Johann Heinrich Lips (1758-1817) nach einem zeitgenössischen Gemälde

Hohenburg, Schloß, Aufnahme des 19.Jhs.

Hohenburg, Haus Nr. 3, Schloß

2.Obergeschoß Ecknischen mit Figuren der vier Jahreszeiten. – In den Obergeschossen einzelne Zimmer mit Türen und z.T. geschnitzten Stuckimitationen, um 1836.

Die Schloßkapelle, ein kurzer Rechteckraum in der Nordostecke des Schlosses, wurde am 16.September 1722 Johannes d.T. geweiht. Auffällig sind die unterschiedlichen Wölbungsformen: über der Empore im Norden Kreuzgratgewölbe, sonst Flachtonne; im Chor, der durch Pilaster ausgeschieden ist, zusätzlich Stichkappen. – Fresken wohl im frühen 20. Jh. erneuert. Chor: hl. Elisabeth. Langhaus: Anna lehrt Maria Lesen, in Kartuschen Embleme. – Altar vor der Südwand. Über der breiten Mensa Tabernakel, der den Reliquienschrein des hl. Valens trägt; seitlich Figuren der beiden Johannes, wohl Weilheimer Arbeiten um 1670/80. Darüber in einer Nische geschnitzte Schwarze Muttergottes des 17. Jhs.(?). – Gemälde aus der 2. Hälfte des 17. Jhs: zu Seiten des Altars hl. Katharina(?) und Johannes d.T.; an den Langhauswänden Kreuzigung und Teufelssturz des hl. Michael.

[Kath. Kirche St. Ursula. 1958-1960 als flachgedeckter, rechteckiger Bau auf den Fundamenten der alten Schloßbrauerei südöstlich im Anschluß an das Schloß errichtet und 1968 verändert. – Bemerkenswert sind einige hierher übertragene Ausstattungsstücke: Aus der Landshuter Ursulinenkirche stammen das Gemälde hinter dem Altar mit einer Darstellung der hll. Augustinus und Ursula aus dem 1. Viertel des 18. Jhs. und die Thronende Muttergottes, eine vorzügliche, wohl niederbayerische Schnitzarbeit um 1670/80. – Ehemals in der Dionysiuskapelle befanden sich die Figuren der hll. Thomas, Leonhard und Nikolaus, Papst Silvester und Petrus, alle Ende 17. Jh., sowie die der hll. Notburga und Barbara, beide Mitte 18. Jh. – Kruzifix, um 1760/70; Schmerzhafte Muttergottes, wohl Ende 19. Jh.]

Hohenburg, Schloß, ehem. Jagdsaal im Erdgeschoß

Hohenburg, Schloß, ehem. Jagdsaal, Leuchter

Hohenburg, Schloß, ehem. Jagdsaal, Schnitzerei

Hohenburg, Schloß, Raum im Erdgeschoß, Deckenmalereien

Hohenburg, Schloß, Treppenhaus, Aufgang zum 1.Obergeschoß

Hohenburg, Schloß, Treppenhaus, Aufgang zum 2.Obergeschoß

Hohenburg, Schloß, Raum im 1.Obergeschoß

Hohenburg, Schloß, kath. Kapelle St.Johannes d.T., Inneres nach Süden

Hohenburg, Schloß, Kirche, Muttergottes, um 1670/80

Hohenburg, Schloß, Kirche, hl. Augustinus und hl.Ursula, Mitte 18.Jh.

Hohenburg, Schloß, kath. Kirche St.Ursula, Inneres nach Osten

Hohenreuth

Haus Nr. 2 (Lettinger). Ehem. Bauernhaus mit Blockbau-Obergeschoß, 2. Hälfte 18. Jh., Dach später.

Haus Nr. 9 (Liendl). Wohnteil eines Bauernhauses mit übertünchtem Blockbau-Obergeschoß, Ende 18. Jh.

Holz

Haus Nr. 3 (Stefflbauer). Wohnteil eines Bauernhauses mit Blockbau-Obergeschoß, 1. Hälfte 18. Jh.

Kalvarienberg

Haus Nr. 1. Kalvarienberg-Anlage; umfangreicher Komplex, bestehend aus: Hl. Grab-Kapelle, erbaut 1698; mit Ausstattung; angebaut Arme-Seelen-Kerker. – Kreuzkapelle mit Hl. Stiege, erbaut 1726; mit Ausstattung. – Ummauerung mit Stationshäuschen, 1861. – Symmetrische Treppenanlage des 18. Jhs., unterste Stiege bez. 1778; am westlichen Steilhang. – Fünf Kapellenhäuschen an der Treppe, erbaut um 1694; mit Ausstattung. – Kreuzigungsgruppe von 1703, das Kruzifix modern. – Benefiziatenhaus, erbaut um 1865.

Ansicht des Kalvarienbergs bei Hohenburg, Kupferstich von Michael Wening, 1701

Der 1983-1989 durchgreifend restaurierte Kalvarienberg bei Lenggries gehört zu den schönsten und weitläufigsten Anlagen seiner Art in Bayern. Er wurde 1694 von dem Hohenburger Schloßherrn, Graf Ferdinand Joseph von Herwarth, gestiftet und im 18. Jh. systematisch ausgebaut. – Der Zugang erfolgt von Westen, wo eine symmetrisch angelegte Steintreppe den steilen Berg hinaufführt. Auf den Absätzen stehen fünf Stationskapellen mit fast lebensgroßen Darstellungen des Leidens Christi, von unten nach oben: Ölberg (nördlich), Abschied von Maria (südlich), Geißelung, Dornenkrönung (südlich) und Kreuzigung (nördlich); an den Wänden (erneuerte) Szenen aus dem Leben Josephs.
Am oberen Ende der Treppe die Hl.-Kreuz-Kapelle von 1726. Die westliche, flachgedeckte Hälfte nimmt eine Hl. Stiege nach dem Vorbild der Scala Santa in Rom ein. Auf den seitlichen Geländern knien Adoranten und stehen Engel mit den Arma Christi. Den östlichen Abschnitt bildet die eigentliche Kapelle, ein kreuzförmiger, tonnengewölbter Bau, dessen westlicher Arm in das kurze, flachgedeckte Langhaus vor der Hl. Stiege einschneidet; in der „Vierung" gewährt ein schachtartiger Gewölbeausschnitt Einblick in die

Hohenreuth, Haus Nr. 2

Hohenreuth, Haus Nr. 9

Holz, Haus Nr. 3

Kalvarienberg, Kreuzkapelle, Votivbild von 1699 mit Ansicht des Kalvarienbergs

Kalvarienberg, Haus Nr. 1, Kalvarienberg-Anlage

Kalvarienberg, Kapellenhäuschen mit 2. und 3.Kreuzwegstation

Kalvarienberg, Kapellenhäuschen, 1.Kreuzwegstation

Kalvarienberg, Kapellenhäuschen, 5.Kreuzwegstation

Kalvarienberg, Kreuzkapelle

Kalvarienberg, Kreuzkapelle, Hl.Stiege

Kalvarienberg, Kreuzkapelle, Engel der Hl.Stiege

Kalvarienberg, Kreuzkapelle, Inneres nach Osten

Kalvarienberg, Kreuzkapelle, Muttergottes, letztes Viertel 17.Jh.

Laterne; der kreuzgratgewölbte, apsidial geschlossene Chor wird von kleinen Anräumen flankiert. An den Decken Fresken, wohl auf barocker Grundlage modern erneuert; „Vierung“: Engel; Langhaus: Kreuzesprobe der hl. Helena, in Kartuschen Eherne Schlange und Sündenfall. Im Hochaltar Figur des Kerkerchristus zwischen den hll. Büßern Petrus und Maria Magdalena. Seitenaltäre um 1860 mit Gemälden von Joseph Grübl: nördlich Ölberg, südlich Kreuzigung. Unter den zahlreichen Votivtafeln hervorzuheben: Hans Karl von Herwarth mit einer Ungarnfahne, bez. 1590; Sendlinger Bauernschlacht, bez. 1705. Außen am Chor Figur des hl. Johannes vom Kreuz, um 1726.

An der Stelle der Kapelle befand sich bereits 1665 die überlebensgroße Kreuzigungsgruppe, die heute den Platz auf der Anhöhe dominiert; die in Kupfer getriebenen Figuren Mariä und Johannes sind noch original, der Corpus Christi wurde durch einen geschnitzten ersetzt. – An der Südseite des Areals die 1698 errichtete Hl.-Grab-Kapelle, ein flachgedeckter, einschiffiger Bau mit tonnengewölbtem Chor. Auf dem Altar Gemälde der Pietà, Kopie wohl des 17. Jhs. nach Tizian; darunter lebensgroßer Grabchristus. – Nordwestlich anstoßend Arme-Seelen-Kapelle, ein grottenartiger Raum mit Halbfiguren. – Der Kreuzweg mit seinen Reliefs, der den Platz umgibt, wurde 1861 aufgestellt, das zweigeschossige Benefiziatenhaus an der Nordseite um 1865 errichtet.

Klaffenbach

Haus Nr. 1 (Brosl). Bauernhaus mit Blockbau-Obergeschoß, Kern 1. Hälfte 18. Jh.

Kapelle. Neubau von 1961; mit historischer Ausstattung; bei der Röhrlmoosalm.

Der Vorgängerbau wurde 1960 wegen einer Straßenerweiterung abgebrochen, die bestehende Kapelle 1961 errichtet.

Kranzer

Haus Nr. 2 (Schneck). Ehem. Kleinbauernhaus mit Blockbau-Obergeschoß, wohl 1. Hälfte 18. Jh.

Kalvarienberg, Kreuzkapelle, Votivbild mit Darstellung der Sendlinger Bauernschlacht 1705

Kalvarienberg, Kreuzkapelle, Votivbild des Hans Karl von Herwarth, 1590

Kalvarienberg, Kreuzkapelle, hl.Johannes vom Kreuz, um 1726

Kalvarienberg, Kreuzkapelle, Kreuzigungsgruppe, Hl.Grab- und Arme-Seelen-Kapelle

Kalvarienberg, Hl.-Grab-Kapelle, Votivbild von 1699 mit Darstellung der Kreuzigungsgruppe

Kalvarienberg, Hl.-Grab-Kapelle, Inneres nach Westen

Kalvarienberg, Hl.-Grab-Kapelle, Inneres nach Osten

Kalvarienberg, Arme-Seelen-Kapelle, Inneres

Kalvarienberg, Benefiziatenhaus

Klaffenbach, Kapelle

Klaffenbach, Kapelle, Inneres

Kalvarienberg, 3.Kreuzwegstation

Klaffenbach, Haus Nr. 1

Kranzer, Haus Nr. 2

Letten

Weilerkapelle. 1875; mit Ausstattung.

Nach Westen gerichteter, einschiffiger Bau von 1875 mit dreiseitigem Schluß. Über dem Ostgiebel oktogonaler Dachreiter mit Zwiebelhaube. – Am Netzrippengewölbe ornamentale Malereien mit vorwiegend floralen Motiven. – Neugotischer Altar der Erbauungszeit mit Gemälde der Kreuzigung; seitlich Figuren des hl. Joseph und des Guten Hirten, im Auszug hl. Franz Xaver.

Letten, Weilerkapelle

Letten, Weilerkapelle, Inneres nach Westen

Luitpolderhöfe

Haus Nr. 1 (Heissn). Zugehörig Kapellen-Bildstock, 19. Jh.; mit Ausstattung (hl.Jakobus, spätgotisch).

Haus Nr. 3 (Wiham). Bauernhaus mit überstrichenem Blockbau-Obergeschoß, 3.Drittel 18. Jh.

Haus Nr. 5 (Michlbauer). Stattliches Bauernhaus mit Blockbau-Obergeschoß, im Kern 1. Hälfte 17. Jh., Dach später.

Am Erdgeschoß erneuerte Freskenmedaillons mit Darstellung der hll. Wendelin und Florian im Stil des ausgehenden Rokoko.

Luitpolderhöfe, Haus Nr. 3

Mühlbach

Haus Nr. 4 (Oswald). Bauernhaus-Wohnteil mit Blockbau-Obergeschoß, bez.1745.

Das Gebäude wurde 1987ff. instandgesetzt.

Haus Nr. 10 (Mathies). Wohnteil eines ehem. Kleinbauernhauses, Blockbau-Obergeschoß, 18. Jh.

Haus Nr. 11 (Gufel-Müller). Ehem. Bauernhaus mit Blockbau-Obergeschoß und alten Fenstern, Kern 1. Hälfte 17. Jh., Traufbundwerk 18. Jh.

Wegkreuz. Mit barockem Corpus; gegenüber Haus Nr. 11.

Haus Nr. 12 (Melcher). Isarwinkler Bauernhaus mit Blockbau-Obergeschoß, 1. Hälfte 18. Jh.

Haus Nr. 19 (Steinhauser). Stattliches Bauernhaus mit seitlich verschaltem Blockbau-Obergeschoß, bez.1730, Dach später und stark erneuert.

Haus Nr. 20 (Herrnbauer). Wohnteil eines stattlichen Bauernhauses, Blockbau-Obergeschoß, um 1785.

Haus Nr. 30 (Oberjäger). Nahezu unverändert erhaltenes Isarwinkler Bauernhaus, mit Laube, Blockbau-Obergeschoß und bemaltem Traufbundwerk, bez.1783; mit Ausstattung.

Luitpolderhöfe, Haus Nr. 5

Mühlbach, Haus Nr. 4

Mühlbach, Haus Nr. 10

Mühlbach, Haus Nr. 11

Luitpolderhöfe, Haus Nr. 1, Kapellen-Bildstock

Mühlbach, Haus Nr. 12

Mühlbach, Wegkreuz

Mühlbach, Haus Nr. 19

Mühlbach, Haus Nr. 20

Mühlbach, Haus Nr. 30

Mühlbach, Haus Nr. 30, Traufbundwerk

Haus Nr. 32 (Lassler). Wohnteil eines Bauernhauses mit Blockbau-Obergeschoß, 2. Hälfte 18. Jh. – Zuhaus, stattlicher Bau mit Blockbau-Obergeschoß, 18. Jh.

Obermurbach

Haus Nr. 2 (Klasenbauer). Bauernhaus-Wohnteil mit Blockbau-Obergeschoß, stattlich, 17./18. Jh.

Rauchenberg

Hofkapelle. Erbaut 1846; mit Ausstattung.

Die Maria und Jesus sowie den hll. Jakobus d.Ä. und Maria Magdalena geweihte Kapelle wurde 1846 errichtet. – Einschiffiger Bau mit Flachtonne über umlaufendem Gesims und eingezogener, halbrunder Apsis. Oktogonaler Dachreiter mit Zwiebelhaube. – Säulenaltar im Stil des 3. Viertels des 17. Jhs. mit Figur des hl. Sebastian. – Auf Konsolen Halbfigur der hl. Maria Magdalena und Sitzfigur des Pilgerapostels Jakobus, beide wohl Ende 17. Jh.

Haus Nr. 2. Isarwinkler Bauernhaus, malerischer Bau mit Blockbau-Obergeschoß, bez. 1615.

Rieschenhöfe

Haus Nr. 6 (Unterer Pichlmayer). Bauernhaus-Wohnteil mit Blockbau-Obergeschoß, 1. Hälfte 18. Jh., Dach später.

Haus Nr. 11 (Riesch a.d.Linden). Bauernhaus-Wohnteil mit Blockbau-Obergeschoß, Kern 1. Hälfte 17. Jh., Dach später.

Haus Nr. 17 (Reiser). Bauernhaus, Massivbau mit Übersattel ("Preisdach"), vier Fresken und Traufbundwerk, 1. Drittel 19. Jh.

Themen der Fresken: an der östlichen Giebelseite die hll. Franziskus und Antonius von Padua, an der nördlichen Traufseite die hll. Leonhard und Florian.

Wegkreuz. Figuren 18. Jh.; bei Haus Nr. 17.

Schlegldorf

Kath. Kapelle St. Sebastian. Moderner Wiederaufbau von 1941; mit Ausstattung.

Die Vorgängerkirche von 1634 ging auf ein Pestgelübde von Georg Waldleutner, Hans Bichlmair, Lorenz Urban und Stephan Schöffmann zurück. Die bestehende Anlage wurde 1941 nach Plänen von Hörmann neu errichtet, wobei man vom alten Bau nicht nur die Form, sondern auch die straßenseitige Mauer übernahm. – Nach Westen gerichtete, einschiffige Kapelle mit Flachtonne und dreiseitigem Schluß. Über dem Ostgiebel verschindelter, oktogonaler Dachreiter. – Auf dem Altar bemerkenswertes, rundbogiges Gemälde, wohl um 1634: in illusionistisch gemalter Säulenädikula Verspottung Christi, seitlich die hll. Sebastian und Johannes d.T.

Haus Nr. 16 (Steinbrecher). Ehem. Kleinbauernhaus, Wohnteil zweigeschossiger Blockbau, Mitte 17. Jh., Dach später, Wirtschaftsteil ausgebaut.

Mühlbach, Haus Nr. 32

Mühlbach, Haus Nr. 32, Zuhaus

Obermurbach, Haus Nr. 2

Rauchenberg, Ortsansicht von Osten

Rauchenberg, Hofkapelle

Rauchenberg, Hofkapelle, Inneres nach Osten

Rauchenberg, Haus Nr. 2

Rieschenhöfe, Haus Nr. 6

Rieschenhöfe, Haus Nr. 11

Rieschenhöfe, Haus Nr. 17 und Wegkreuz

Rieschenhöfe, Haus Nr. 17, Fresko: hl.Florian an der Nordseite

Schlegldorf, kath. Kapelle St.Sebastian

Schlegldorf, Kapelle, Inneres nach Westen

Schlegldorf, Haus Nr. 16

Haus Nr. 20 (Wolf). Kleinbauernhaus mit Blockbau-Obergeschoß, wohl 1. Hälfte 18. Jh.

Haus Nr. 25 (Schalch). Ehem. Bauernhaus mit Blockbau-Obergeschoß, 18. Jh., Dach erneuert.

Haus Nr. 39 (Schusterl). Ehem. Bauernhaus mit Blockbau-Obergeschoß, 18. Jh.

Haus Nr. 41 (Pröbstl). Bauernhaus mit Blockbau-Obergeschoß, im Kern wohl noch 17. Jh., Dach später, neugotische Haustür.

Haus Nr. 43. Ehem. Kleinbauernhaus mit Blockbau-Obergeschoß, Kern 1. Hälfte 18. Jh., Dach später.

Haus Nr. 69 (Peterer). Kleinbauernhaus mit Blockbau-Obergeschoß, 1. Hälfte 18. Jh., Dach später.

Haus Nr. 71 (Prixner). Ehem. Kleinbauernhaus mit Blockbau-Obergeschoß und Brettbalusterlaube, 1. Hälfte 18. Jh.

Haus Nr. 83. Gasthaus Schweizerwirt; zwei Medaillonfresken, Mitte 18. Jh.

Themen der Fresken: an der südlichen Traufseite hl. Nikolaus, an der östlichen Giebelseite Christus und Petrus im Sturm auf dem Meer.

Hofkapelle. Erbaut 1849; mit Ausstattung; südlich vom Gasthaus Schweizerwirt.

Hexagonaler, flachgedeckter Zentralbau. Kleiner Altar wohl aus der 1. Hälfte des 18. Jhs. mit puppenhafter, bekleideter Figur der Thronenden Muttergottes zwischen Engeln; im Auszug Trinität.

Haus Nr. 85 (Bier-Luidl). Ehem. Kleinbauernhaus mit Blockbau-Obergeschoß, 1. Hälfte 17. Jh., Erdgeschoß verändert.

Haus Nr. 87 (Kohler). Ehem. Bauernhaus mit Eckquaderung, profilierten Pfettenköpfen und bemalter Dachuntersicht, Mitte 19. Jh.

Haus Nr. 88. Ehem. Kleinbauernhaus mit Blockbau-Obergeschoß, im Kern 1. Hälfte 17. Jh.

Schlegldorf, Haus Nr. 20

Schlegldorf, Haus Nr. 25

Schlegldorf, Haus Nr. 39

Schlegldorf, Haus Nr. 41

Schlegldorf, Haus Nr. 43

Schlegldorf, Haus Nr. 69

Schlegldorf, Haus Nr. 71

Schlegldorf, Haus Nr. 83, Fresko: hl.Nikolaus

Schlegldorf, Haus Nr. 83, Fresko: Sturm auf dem Meer

Schlegldorf, Hofkapelle

Schlegldorf, Hofkapelle, Inneres nach Westen

Schlegldorf, Haus Nr. 85

Schlegldorf, Haus Nr. 87

Schlegldorf, Haus Nr. 88

Seiboldhöfe

Haus Nr. 5 (Seibold). Bauernhaus, Wohnteil übermalter Blockbau, über der Haustür bez. 1618.

Steinbach

Haus Nr. 9 (Grundner). Bauernhaus mit überstrichenem Blockbau-Obergeschoß, wohl 1. Hälfte 18. Jh., Dach später.

Haus Nr. 12. Bauernhaus mit überstrichenem Blockbau-Obergeschoß, 18. Jh.

Haus Nr. 18. Ehem. Handwerkerhäusl, Obergeschoß geschlämmter Blockbau, wohl 1. Hälfte 18. Jh.

Untermurbach

Haus Nr. 6 (Schellenburg). Bauernhaus-Wohnteil, Obergeschoß übertünchter Blockbau, noch 1. Hälfte 17. Jh.

Haus Nr. 22 (Draxlbauer). Stattliches Bauernhaus, Obergeschoß übertünchter Blockbau, 2. Hälfte 17. Jh.

Vorderriß

Haus Nr. 6. Ehem. Mühle; mit Steilsatteldach und Fresken von Franz Karner, 1794; jetzt um ein gleichartiges, modernes Gebäude erweitert.

Die 1794 von dem Mittenwalder Franz Karner ausgeführten (Datum über der Südtür) und 1980 restaurierten Fassadenmalereien besitzen noch alle Merkmale des Rokoko und gehören damit zu den spätesten Zeugnissen einer zu diesem Zeitpunkt überholten Formensprache. Bildthemen: südlich Johannes d.T., Immaculata und hl. Georg, westlich die hll. Nikolaus und Johann Nepomuk über der von Flößern befahrenen Isar, hl. Elisabeth.

Haus Nr.11. Forsthaus Vorderriß; stattliches Wohngebäude mit angeschlossenem Wirtschaftsteil unter einem First, um Mitte 19.Jh.

Hier verlebte der bayerische Schriftsteller Ludwig Thoma (1867-1921) seine Kindheit, bis sein Vater, der Oberförster Max Thoma, 1873 eine Parkmeisterstelle in Forstenried übernahm.

Haus Nr. 12. Kath. Kapelle; neugotisch, über älterem Grundriß 1866 von König Ludwig II. erbaut; mit Ausstattung.

Eine erste Kapelle wird bereits 1709 erwähnt. 1866 ließ König Ludwig II. durch den Maurermeister Georg Trischberger und den Zimmermeister Joseph Heufelder den bestehenden, neugotischen Bau errichten und im folgenden Jahr ausstatten. – Einschiffige, nach Norden gerichtete Anlage, die durch wenig tiefe Querarme zu Kreuzesform erweitert wird; Chor dreiseitig geschlossen. Über dem Südgiebel quadratischer Dachreiter mit geknicktem Spitzhelm. An den Netzrippengewölben zarte Malereien. – Die bemalten Scheiben der Maßwerkfenster lieferte 1868 Heinrich Burmeister; die Schilde mit dem Wittelsbacher Wappen und dem Baudatum 1866 sowie der Initiale Ludwigs schuf August Schulze. – Neugotischer Hochaltar.

Seiboldhöfe, Haus Nr. 5

Steinbach, Haus Nr. 9

Steinbach, Haus Nr. 12

Steinbach, Haus Nr. 18

Untermurbach, Haus Nr. 6

Untermurbach, Haus Nr. 22

Vorderriß, Haus Nr. 6

Vorderriß, Haus Nr. 6, Fresken an der Nordseite

Vorderriß, Haus Nr. 6, Fresken an der Nordwestecke

Vorderriß, Ansicht der Häuser Nr. 11, 13 und 15 von Südosten

Vorderriß, Haus Nr. 11

Vorderriß, Haus Nr. 12, kath. Kapelle

Vorderriß, Kapelle, Inneres nach Norden

Haus Nr. 13. Ehem. Jagdgehilfenhaus; langgestreckter Satteldachbau mit verbrettertem Kniestock, nach Mitte 19. Jh.; mit Nebengebäude (ehem. Eiskeller bzw. Waschhaus).

Haus Nr. 15. Ehem. Jagdhaus, jetzt Forstdienststelle; errichtet unter König Maximilian II. um Mitte 19. Jh., von König Ludwig II. ausgebaut, mit verschaltem Fachwerk-Obergeschoß und überstehendem Satteldach, ursprünglich mit dreiseitig umlaufendem Balkon.

Maxruh. Ehem. Jagdhütte von König Maximilian II. mit Gesindehaus, verschindelte Blockbauten, 1845-47 erbaut.

Charakteristisch schlichte Jagdhütte in kurzem Tagesritt vom großen Jagdhaus in Vorderriß erreichbar, daher besaß die Anlage ehemals als dritten Bauteil einen Roßstall. Die überlieferte Bauzeit legt die Errichtung noch durch den Kronprinzen nahe, der erst nach Abdankung König Ludwig I. am 25. März 1848 König wurde. Die kgl. Jagdhütte dokumentiert die bescheidenen Ansprüche Maximilian II.; der lagrechteckige bau ist traufseitig mittig erschlossen mit je einer Kammer zu Seiten des Eingangs. Auch das rechtwinklig seitlich dahinter stehende Gesindehaus ist traufseitig erschlossen, dennoch ist das Satteldach rückwärts weit vorgezogen.

Leiniger Hütte. Jagdhütte, Bruchsteinbau, um 1850.

Die auf einer Felsnase stehende Jagdhütte soll für den Grafen von Leinigen, Adjudanten König Maximilians II., errichtet worden sein. Sie steht jenseits des Nieder-Bachls oberhalb der Grasbergalm in Sichtbeziehung zur ungefähr 200 m tiefer liegenden Maxruh. Der ähnlich Maxruh klar dreiteilig quer gegliederte, langrechteckige Bau ist ein Beispiel altertümlich wirkender Bruchsteinmauertechnik, wie sie Mitte des 19. Jhs. verschiedentlich in der Region auf den Almen zur Anwendung kam.

Wasenstein

Haus Nr. 8 (Wasensteiner). Stattliches Bauernhaus mit Blockbau-Obergeschoß, 18. Jh., Dach später.

Wegscheid

Kath. Kapelle St. Antonius von Padua. Zentralbau von 1688, überarbeitet 1948; mit Ausstattung.

Eine erste Holzkapelle aus der Zeit des Dreißigjährigen Kriegs wurde 1688 durch die heutige Anlage ersetzt. Ein 1880 aufgesetzter, neugotischer Dachreiter stürzte 1948 ein und wurde durch Friedrich Haindl in der bestehenden, barocken Form über dem Chor wiederhergestellt. Restaurierungen 1823, 1939 (durch Hans Schellinger) und 1971. – Oktogonaler, pilastergegliederter Zentralbau mit angeschobenem, dreiseitig geschlossenem Chor unter flacher Stichkappentonne. – An der Flachkuppel, in die Stichkappen einschneiden, Fresko um 1720/30 mit Darstellung des hl. Antonius von Padua über der betenden Bevölkerung, 1877 übermalt und 1910 wieder freigelegt. – Neuromanischer Hochaltar wohl um 1880 mit Gemälde des hl. Antonius von Padua zwischen Figuren der hll. Laurentius und Nikolaus. – Seitenaltäre in Neurokokoformen, 1940 von Schellinger. Vor stuckierten Draperien Figuren: nördlich Immaculata unter Trinität, wohl 1. Hälfte 18. Jh.; südlich Kruzifix und Schmerzhafte Muttergottes, 3. Viertel 17. Jh. – An der Empo-

Vorderriß, Haus Nr. 13 (rechts) und 15 (links)

Lenggries, Jagdhütte Maxruh mit Gesindehaus

Lenggries, Jagdhütte Maxruh

Lenggries, Leininger Hütte

Wasenstein, Haus Nr. 8

Wegscheid, kath. Kapelle St. Antonius von Padua

Wegscheid, Kapelle, Inneres nach Osten

Wegscheid, Kapelle, Inneres nach Westen

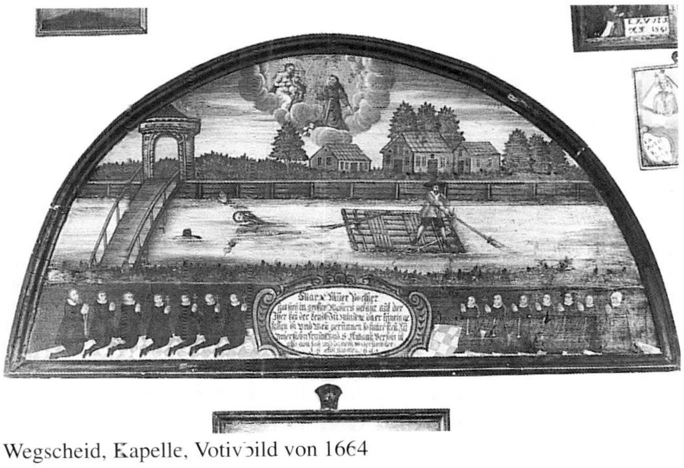

Wegscheid, Kapelle, Votivbild von 1664

renbrüstung Szenen aus dem Leben des Titelheiligen, um 1688, später übermalt. – Votivtafel von 1664.

Auweg 6 (Gerbl). Ehem. Kleinbauernhaus mit überstrichenem Blockbau-Obergeschoß, Kern 1.Hälfte 18.Jh.

Griesweg 1 (Waltl). Kleinhaus, übertünchter Ganzblockbau mit alten Fenstern, 1. Hälfte 17. Jh.

Griesweg 10. Am Haus großes Kruzifix mit Muttergottes, wohl frühes 18. Jh.

Jachenaustraße 5 (Adam). Ehem. Kleinbauernhaus mit Blockbau-Obergeschoß, 1. Hälfte 18. Jh.

Jachenaustraße 9 (Schmick). Bauernhaus, Massivbau mit Hochlaube, Firstpfette bez.1843.

Jachenaustraße 12. Kleinhaus mit Blockbau-Obergeschoß und Steilsatteldach, 2. Hälfte 18. Jh.

Jachenaustraße 16. Kleinhaus mit Blockbau-Obergeschoß, im Kern 17./18. Jh., Dach später.

Jachenaustraße 19. Bauernhaus, Obergeschoß wohl verputzter Blockbau, im Kern 17./18. Jh.

Jachenaustraße 61 (Kaller). Kleinbauernhaus, zweigeschossiger Blockbau, 1. Hälfte 17. Jh.

Jachenaustraße 69 (Weber). Bauernhaus mit Blockbau-Obergeschoß, 1. Hälfte 17. Jh., Dach später.

Jachenaustraße 80 (Oberlanderer). Kleinbauernhaus-Wohnteil, überstrichener Obergeschoß-Blockbau, Bretterlaube, 18. Jh.

Kapellengasse 16 (Wiham). Sehr kleines Handwerkerhäusl, zweigeschossiger Blockbau, 1. Hälfte 18. Jh.

Kapellengasse 17a/b (Langenjackl). Kleines Doppelhaus, nach Osten zweigeschossiger Blockbau, 1. Hälfte 17. Jh., nach Westen verschalter Giebel, Kniestock 18./19. Jh., restauriert.

Wegscheid, Auweg 6

Wegscheid, Griesweg 1

Wegscheid, Jachenaustraße 5

Wegscheid, Jachenaustraße 9

Wegscheid, Griesweg 10, Kruzifix und Muttergottes

Wegscheid, Jachenaustraße 12

Wegscheid, Jachenaustraße 16

Wegscheid, Jachenaustrraße 19

Wegscheid, Jachenaustraße 61

Wegscheid, Jachenaustraße 69

Wegscheid, Jachenaustraße 80

Wegscheid, Kapellengasse 16

Wegscheid, Kapellengasse 17b

Kapellengasse 21 (Gufler). Ehem. Kleinbauernhaus mit Blockbau-Obergeschoß, 17./18. Jh.

Schulweg 2. Ehem. Kleinbauernhaus, zweigeschossiger Blockbau, 1. Hälfte 18. Jh.

Winkel

Haus Nr. 1 (Lindlsteffl). Ehem. Bauernhaus mit Blockbau-Obergeschoß, im Kern Ende 16. Jh.

Haus Nr. 5 (Schmick). Ehem. Bauernhaus, zweigeschossiger Blockbau, angeblich 1666, sehr gut erhalten und restauriert.

Kapelle. 1951; mit historischer Ausstattung; bei Haus Nr. 27.

Der einschiffige, dreiseitig geschlossene Bau wurde 1951 als Kriegergedächtniskapelle zu Ehren der hl. Barbara weithin sichtbar auf einer Anhöhe errichtet. Über dem Westgiebel kleiner, quadratischer Dachreiter mit Spitzhelm. Auf der Mensa kleiner Altaraufsatz in Neurokokoformen mit Figur der Titelheiligen.

Haus Nr. 33 (Feichtn). Bauernhaus-Wohnteil, mit überstrichenem Blockbau-Obergeschoß, 2. Hälfte 18. Jh.

Haus Nr. 35 (Altanderl). Bauernhaus-Wohnteil mit Blockbau-Obergeschoß, 2. Hälfte 18. Jh., Dach später.

Almen

Ampertal (Asenbauer). Einfirstbau, Blockbau mit mittelsteil geneigtem Dach, bez. 1887.

Ampertal (Aschenloher). Einfirstbau, verschindelter Blockbau mit aufgesteiltem Dach, Ende 19. Jh.

Die Genossenschaftsalm in 1340 bis 1500 m Höhenlage liegt in einem Kessel zwischen Plattl und Schönberg, der mit der offenen Seite gegen den Roßstein gerichtet ist. Wie eine Überlieferung aus dem Jahre 1760 feststellt, hat es fünf Almen in „Amberstall" schon seit „undenklichen" Zeiten gegeben, tatsächlich sind sie seit der 2. Hälfte des 16. Jhs. belegt. Heute sind nur mehr zwei nach Lawinenzerstörungen im späten 19. Jh. errichtete Almgebäude erhalten: als obere Alm der Aschenloher und als untere der Asenbauer. Beide sind Beispiele des klar gegliederten Bautyps mit dreiachsig symmetrischer Hütte und längsständigem Hof (=Stall), wie er zu dieser Zeit ebenso in der Jachenau entwickelt war und bis ins 20. Jh. vorkommt.

Brauneck (Streidlbauer). Einfirstanlage, Bruchsteinbau mit verbrettertem Kniestock, 18. - 19. Jh.; unterhalb Kuhstall (ehemals eigene Almhütte), Blockbau auf hohem Bruchsteinsockel.

Die unterhalb des Braunecks im Skigebiet gelegene Hütte ist durch den hohen Kniestock und die hangseitig an die Hütte angefügte Speis, wodurch der Kopfbau einhüftig erweitert ist, als Bau- und Grundrißtypus ein Sonderfall. In dem unterhalb stehenden Kuhstall, ehemals als zweite Alm auf der Brauneck erbaut, sind verschiedene handschriftliche Inschriften z. B. von 1897 erhalten.

Wegscheid, Kapellengasse 21

Wegscheid, Schulweg 2

Winkel, Haus Nr. 1

Winkel, Haus Nr. 5

Winkel, Kapelle

Winkel, Kapelle, Inneres nach Osten

Winkel, Haus Nr.33

Winkel, Haus Nr.35

Ampertal, Asenbauer

Ampertal, Aschenloher

Ampertal, Gesamtansicht

Brauneck, Gesamtansicht

Demmel-Niederleger (Zum Demmel). Zwiehof; zweigeschossiger Hauptbau, Bruchstein und Blockbau, bez. 1791 an Blockwand über Stalltür und 1792 an Türstock zu Kammer im Obergeschoß; Hof (=Stallgebäude), stattlicher Blockbau über Bruchsteinsockel, bez. 1789; in Eschenhag; zugehörig ehemals eigenständige Alm, Blockbau mit flachgeneigtem Dach, 18. Jh. mit Votivbild, bez. 1949.

Demmel-Niederleger. Grenzsteine (Nebenmarksteine) Bayern-Tirol, Nr. 212, 213 usw., bez. 1844.

Bei dem in 1300 m Höhenlage situierten Niederleger handelt es sich um einen besonders bedeutenden und seltenen Bautypus, worauf schon die Überlieferung, die Hütte wäre von „Italienern" errichtet worden, hinweist. Tatsächlich wird der Almanger von einem Eschenhag umfangen, was in Südtirol häufiger vorkommt; die Baumreihe der Eschen wird streckenweise begleitet von den Landesgrenzsteinen von 1844. Der zweigeschossige Hauptbau, ein Bruchsteinbau mit hochgemauerter Giebelseite und Blockbauwänden aus gebeilten Hölzern, ist traufseitig erschlossen. Die Kälberbzw. Roßstalltür in der Giebelseite ist jedoch funktional auf den in derselben Firstachse liegenden großen Hof ausgerichtet. Wie eine Holzspolie im Hauptbau von 1770 zu erkennen gibt, muß durchaus mit vor 1789/90 errichteten Bauteilen gerechnet werden. Im Hauptgebäude ist auf die kellerartige vertiefte Speis bzw. den Kaskeller hinzuweisen wie auf den mit 1792 datierten Ausbau der Hütte im Obergeschoß. Entsprechend der Größe der Alm ist der ehem. Kuhstall ein besonders großer Bau in Rundholzblockbautechnik, die die Lüftung der über dem Stall liegenden Heutenne ermöglichte. Von typologischem Interesse ist auch das zweite Almgebäude, da in dessen ehem. Hütte, also ihrem ehem. Wohnteil, die im Gebiet selten vorkommende Grundrißgliederung mit niedrigem Kreister (= Bettlager) über der vertieften Speis ablesbar geblieben ist.

Demmel-Hochleger (Zum Demmel). Einfirstbau, Bruchsteinbau mit Blockbaukniestock und Giebel, flachgeneigtes Dach, 18. Jh.

Demmel-Hochleger. Grenzstein Bayern-Tirol, Nr. 203, bez. 1557.

Der ungefähr 400 m höher als Demmel-Niederleger liegende Hochleger dokumentiert besonders eindrucksvoll die historische wirtschaftliche Einheit von Niederleger und Hochleger. Auch letzterer dürfte mindestens seit dem 16./17. Jh. bestoßen worden sein, obwohl hier die nächste Wasserquelle, schließlich notwendig für die Tierhaltung, erst weit ab in Tirol zu finden ist. Grenzbeschreibungen vom unteren und oberen Schlag (südlich unterhalb vom Demmeljoch) aus dem Jahr 1670 geben mit diesen Flurnamen zugleich Hinweise auf die Entstehungsgeschichten von Almweiden durch Rodungen, wobei der erhaltene und 1557 datierte Grenzstein auf die selbstverständlich viel weiter zurückreichende Landesgeschichte an diesen Platz hinweist. Die Hütte selber gehört zu den klassischen Einfirstbauten mit flachgeneigtem Dach, die mit nur einem Hüttenfenster an der Giebelseite den älteren Bautypus des 18. Jhs. vertritt.

Düftalm (Vorderschömer). Zwiehof; kurze Hütte, Bruchsteinbau, wohl 1867; vorgelagertes Stallgebäude, in Bruchstein mit Blockbau.

Die Düftalm gehört zu den seltenen Zwiehofanlagen mit der kurzen Hütte, deren Grundrißorganisation im hinteren Teil zweigeschossig ausgebaut ist, indem die niedrige Schlafstelle über die tiefer gesetzte Speis gelagert ist. Mit dem traufseitig vor der Hütte gelagerten Stallgebäude ist eine funktional günstige Position der beiden Gebäude erreicht.

Finstermünz (Hoisenbauer). Einfirstbau, verschindelt mit giebelseitig weit vorkragendem Dach, 1885 neu gebaut.

Die 1885 neu gebaute Hütte gehört zu einer in ca. 1200 m Höhe gelegenen Gruppe von vier Genossenschaftsalmen, die durch Lawinenschaden und Standort im Braunecker Skigebiet zumeist ihre almgeschichtliche Aussagekraft verloren haben, wie der 1923/24 neu erbaute Jörgenbau, die Hütte zum Klasen und auch der Anderlbau, obwohl letzterer im Prinzip ein Blockbau des 18. Jhs. gewesen ist. Mit seinem nachbiedermeierlichen Gepräge ist der Hoisenbauer am besten erhalten.

Grammersberg (Moignbauer). Längserschlossener, z. T. verbretterter Blockbau mit weitem Vordach, an der Firstpfette bez. 1925, Kernsubstanz wohl Ende 18. Jh.

Die Grammersberg-Alm ist der Hochleger zur Krottenbach-Alm (Griesmannleger); beide werden heute vom Hof „Moignbauer" in Grundern, Gde. Gaißach, bewirtschaftet. Die historische Überlieferung ist für die Grammersberg-Alm besonders dicht und reicht bis in die Mitte des 16. Jhs. zurück. Das westlich unterhalb des namengebenden Berggipfels gelegene Almgebäude ist an der Firstpfette über dem Eingang mit „1925" bezeichnet. Diese Angabe bezieht sich wohl auf das Datum einer Renovierung, denn die urtümliche Blockbaukonstruktion spricht für eine wesentlich frühere Entstehungszeit. In seiner Kernsubstanz könnte der bestehende Bau durchaus noch mit einer 1808 erwähnten „holzern" Hütte identisch sein.

Grasberg (Zum Gopper). Längserschlossener, unverkleideter Blockbau mit flachgeneigtem Satteldach, spätes 18. Jh.

Das teilweise scharf ansteigende und überwiegend bewaldete Weidegebiet, das ursprünglich den gesamten Berg zwischen Isar, Riß- und Fischbach umfaßte, war in der 2. Hälfte des 19. Jhs. unterteilt in zwei Almen mit getrennten Weidebezirken. Während für die vordere (östliche) Grasberg-Alm die eigenständige Almwirtschaft seit 1903 erloschen ist, wird die zum Gopper in Jachenau gehörige hintere (westliche) Grasberg-Alm seit über 30 Jahren durch mehrere Pächter (Bauern aus der Region südlich von München) trotz der extremen Abgelegenheit erfolgreich bewirtschaftet und mit ca. 40 Stück Jungvieh bestoßen. Das in 1332 m Höhe im Sattel zwischen Grasberg und Hohem Grasberg gelegene Almgebäude verkörpert als roh gezimmerter Ganzblockbau den in solcher Ausprägung selten überlieferten Typus des späten 18. Jhs. Entsprechend behutsam wurden die in jüngster Zeit notwendig gewordenen Instandsetzungsmaßnahmen ausgeführt. Von der ehem. östlichen Grasberg-Alm zeugt nur noch der gemauerte Hof, allerdings in stark erneuerter Form.

Demmel-Niederleger, Gesamtansicht mit Eschenhag

Demmel-Niederleger, ehem. zweite Almhütte

Demmel-Niederleger, Grenzstein von 1844

Demmel-Hochleger, Grenzstein von 1557

Demmel-Hochleger, Gesamtansicht

Düftalm, Gesamtansicht

Finstermünzalm

Grammersbergalm

Grasbergalm

Hauserbauern (Hauserbauer). Einfirstanlage, Mittertennbau, Bruchstein mit Blockbau-Obergeschoß, 18. Jh.

In 1000 m Höhe gelegener Niederleger im Tal zwischen der Gabrielalm (Gde. Wackersberg) und den Längentalalmen (Gde. Lenggries). Die Lage im Randgebiet der beiden Gemeinden mag die äußerst seltene Ausprägung dieser bauernhausartigen Almhütte erklären, da es sich mit dem mächtigen Bruchsteinmauerwerk und dem Blockbau-Obergeschoß nicht nur um die seltene Ausbildung einer zweigeschossigen Anlage mit giebelseitiger Erschließung handelt, sondern zudem um den sonst im angrenzenden Wackersberg verbreiteten Grundrißtyp mit der zwischen Hütte und Hof eingeschobenen Mittertenne. Die massiven Trennwände verstärken hier den Eindruck der isolierenden Trennung der beiden nur durch das Dach zusammengefaßten Teile. In dieser Hütte ist außerdem die fensterlose Speis an der Giebelseite bemerkenswert, was die altartige asymmetrische Gliederung zur Folge hat.

Klasenfilz (Zum Klasen). Blockbauhütte auf Bruchsteinsockelgeschoß, Mitte 18. Jh.; unterhalb zugehöriger stattlicher Heustadel in Blockbauweise.

Zum Klasen-Filz als Niederleger mit großen Wiesenflächen gehört ein stattlicher Heustadel, der abgerückt unterhalb der Hütte steht. Die zu den selteneren zweigeschossigen Anlagen gehörige Hütte ist darüber hinaus insofern ungewöhnlich, als der den Sockel bildende Hof (=Stall) weiter vorgezogen ist, so daß vor der Blockbauhütte darüber ein offener, aber überdachter Arbeitsraum entstand.

Kotalm (Kreinbauer). Einfirstbau, verschindelt über Bruchsteinsockel, bez. 1910.

Diese Alm gehört zu der Almgruppe des Kotalm-Hochlegers im Skigebiet vom Brauneck. Der Kreinbauer, seit dem 18. Jh. überliefert, mußte nach Brandstiftung 1910 neu errichtet werden. Der entsprechend der Topographie an der Hüttenseite vorne über den Keller aufgesockelte Bau ist ein gutes Beispiel der klassischen klaren Bautradition, die von den Prinzipien des Heimatstiles fortgeführt wurde. Bemerkenswert ist der zugehörige Eschenhaag.

Krottenbach Griesmannleger (Moignbauer). Langgestreckter Blockbau mit mittelsteilem Satteldach und hölzernen Zierdetails, Neubau von 1920 (bez.).

Das Gebäude des Griesmannlegers (Niederleger zur Grammersberg-Alm) liegt in 1000 m Höhe südöstlich unterhalb des Grammersbergs auf einem Wiesenhang über dem Krottenbach; die Weide zieht sich von dort bis auf 1250 m. Der auffallend langgestreckte Blockbau mit an der vorderen Giebelseite weit überstehendem Satteldach ist in der Längsachse erschlossen und durch Blockbau-Querwände in Hütte (mit abgeteiltem Kreister), ehem. Kälberstall (jetzt Werkstatt) und großen Kuhstall unterteilt. Die Giebelfront und auch die Längsseiten sind einheitlich befenstert. Die hölzernen Zierdetails weisen ebenso wie die Bauausstattung auf einen einheitlichen, im Sinne des Heimatstils gestalteten Neubau hin, der nach der an der Firstpfette angebrachten Jahreszahl auf 1920 zu datieren ist.

Vordere Krotten (Vorderschömer). Dreiteilige Almanlage: Hütte mit Kälberstall, Bruchsteinbau; Kuhstall, langgestreckter Blockbau; und Roßstall, Rundholzblockbau; 18. Jh. mit jüngeren Veränderungen und Instandhaltungen.

Die Überlieferung der Almen südöstlich der Achselköpfe unter dem Beigen Stein in 1200 bis 1500 m Höhenlage geht in das 15. Jh. zurück; seit 1752 sind diese Privatalmen im Besitz derselben Familie nachgewiesen. Die Vordere Krotten (Vorderschömer) und Hintere Krotten (Hinterschömer) gehören topographisch und geschichtlich zusammen, die höher gelegene Hinterkrottenalm jedoch ist 1949 durch eine Lawine zerstört worden, was einen Neubau 1950 veranlaßte. Die Vordere Krottenalm liegt geographisch unweit der Benediktenwand, somit ist die Verwandtschaft zu dem dort in der Jachenau anzutreffenden Zwiehoftypus erklärbar, wie z. B. zu den nicht erfaßten Bichleralmen und dem Peterer auf der Vorderen Scharnitz. Beim Vorderschömer ist der Zwiehoftyp zu einer dreiteiligen Anlage erweitert, ohne daß aber eine achsiale Zuordnung auf dem über dem Abgrund vorgeschobenen Buckel möglich gewesen wäre. So stehen die durch den angehängten und traufseitig erschlossenen Kälberstall (=Kälberhof) relativ lange, dreiachsig symmetrische Hütte und der langgezogene Kuhstall nicht parallel und der Roßstall (=Roßhof) ist hinter der Hütte und anders orientiert zu stehen gekommen.

Hinteres Längental (Zum Seibold). Einfirstanlage, Bruchsteinbau mit Blockbau-Obergeschoß, wohl 18. Jh.

Wie beim Hauserbauern handelt es sich hier um den im Lenggrieser Gemeindegebiet seltenen Fall einer Mittertennanlage, die aber zudem mit der giebelseitigen Zweitürigkeit den Tiroler Einfluß zeigt, wie er auch am Lärchkogel nahe der Tiroler Grenze zu konstatieren ist. Beim Seibold ist also an die im Prinzip dreiachsig symmetrische Hütte der ehem. Kälberstall in Blockbauweise seitlich konstruktiv angebunden, der in der Tiefe nur bis zur Tenne reicht. In der Almweide ist ein Klaubsteinwall erhalten, eine im Landkreis kaum vorkommende Gliederung, die nur auf der Moosen (Zum Jaud) ausgeprägt ausgeführt und erhalten ist.

Vorderes Längental. Offene Wegkapelle, wohl 18. Jh.

Die kleine offene Wegkapelle steht am Weg vom Vorderen zum Hinteren Längental unweit des sehr stattlichen Bichlerhofes, der durch starke Erneuerungen seine almkundliche Aussagekraft verloren hat. Die Ausstattung der Kapelle vom frühen 20. Jh. hat lediglich volkskundliche Bedeutung.

Hauserbauernalm

Klasenfilzalm

Klasenfilzalm, Giebelseite der Hütte über dem Stall

Kotalm

Klasenfilzalm, Heustadel

Krottenbach Griesmannleger, Alm

Vordere Krotten, Gesamtansicht

Hinteres Längental, Alm

Vorderes Längental, Wegkapelle

Lärchkogel-Niederleger. Die sieben Berechtigungsalmen des Lärchkogel-Niederlegers gehören zu einer Gruppe von heute insgesamt 14 Hütten, da hierzu auch die drei Hütten des Lärchkogel-Hochlegers wie die vier von Ludern gehören, die ein gemeinsames Weidesystem von Hochleger und Niederleger bilden. Für dieses Almensystem an der Grenze gegen Tirol, zwischen Dürrach und Krottenbach in 900 bis 1550 m Höhe, geht die dichte historische Überlieferung bis ins 15. Jh. zurück; die älteste bestehende datierte Hütte stammt aus dem Jahr 1720 und die volkskundlich bedeutende Bautradition reicht bis weit in das 20. Jh. Durch die Nähe der Landesgrenze ist der Tiroler Einfluß (z. B. Zum Schömer, Zum Weißen) nicht verwunderlich, so daß die meisten Hütten giebelseitig durch zwei Türen für die eigentliche Hütte und den Kälber- oder Roßstall erschlossen sind. Es findet sich aber hier auch eine besonders interessante zweigeschossige Anlage aus der Mitte des 19. Jhs. (Zum Kohlhauf) und die klassisch entwickelte Einfirstanlage mit dreiachsig symmetrischer Giebelseite (z. B. Zum Eham von 1922) in der Heimatschutztradition. Zum Eham wurde nach 1948 für einen Roßstall verlängert. Der Größe und Bedeutung der abgeschiedenen und erst seit 1993 bis zum Niederleger durch einen Fahrweg erschlossenen Almengruppe entsprechend wurde hier außerdem eine gemauerte Almkapelle errichtet, die 1814 geweiht worden ist.

Lärchkogel-Niederleger (Zum Weißen). Einfirstanlage, Blockbau verschindelt, bez. 1720; Stall, Blockbau, bez. 1779, in Firstachse zugeordnet.

Die in eigener Rodungsinsel am tiefsten gelegene Alm des Lärchkogel-Niederlegers ist das älteste datierte Almgebäude des Landkreises. Darüber hinaus ist sie mit dem zweitürigen Tiroler Typ der Haupthütte und dem in Firstachse ein halbes Jahrhundert später gegenübergestellten Kälberhof ein besonders sprechendes Dokument der langen Almtradition.

Lärchkogel-Niederleger (Zum Schömer). Einfirstbau, verschindelter Blockbau, bez. 1801, Dach 1958 aufgesteilt.

Der verschindelte Blockbau vom Tiroler Grundrißtyp ist mit den dicht beieinander angeordneten Türen zur Hütte und zum ehem. Roßhof (=Roßstall) in der rechten Haushälfte besonders prägnant. Die Verschindelung des frühen 20. Jhs. weist ornamentale Einkerbungen auf.

Lärchkogel-Niederleger (Zum Grundner). Einfirstbau, verschindelter Blockbau, frühes 19. Jh.

Bei dieser Almhütte vom Tiroler Grundrißtypus liegt in der rechten Haushälfte der Eingang zum ehem. Kälberstall, während hier der Roßhof rückwärts angeordnet ist. Besonders zahlreiche Kerbinschriften in einer inneren Blockbauwand sind volkskundlicher Beleg des Sennereilebens nach der Jahrhundertwende.

Lärchkogel-Niederleger (Zum Kohlhauf). Einfirstbau, zweigeschossiger an Berg gelehnter Bruchsteinbau mit Blockbauteilen, bez. 1847.

Zum Kohlhauf ist eine Almhütte, die als Bau fast unverändert den Bestand zur Zeit der Erbauung im Jahr 1847 überliefert, wie die damit verbundene historische Bewirtschaftungsform. Der durch die Topographie ebenerdig zugänglichen, dreiachsig symmetrischen Hütte ist die Tenne dahinter zugeordnet mit traufseitigem, hochliegendem Tennentor. Im Untergeschoß ist sowohl ein kleiner Roßhof wie ein größerer Kuhhof

Lärchkogel-Niederleger, Zum Weißen

Lärchkogel-Niederleger, Zum Schömer

Lärchkogel-Niederleger, Zum Grundner

Lärchkogel-Niederleger, Zum Kohlhauf

Lärchkogel-Niederleger, Gesamtansicht

Lärchkogel-Niederleger, Kapelle und Zum Schömer

erhalten, letzterer mit einem von den Futterbarren eingesäumten Futtergang. Die zahlreichen erhaltenen Details lassen darüber hinaus genau den Stand der Entwicklung des Sennereibetriebes und der Käseherstellung im mittleren 19. Jh. nachvollziehen.

Lärchkogel-Niederleger. Almkapelle, Bruchsteinbau, 1814 geweiht. (Abb. S. 419)

Lärchkogel-Hochleger (Zum Grundner). Einfirstbau, 18./19. Jh.; Landesgrenzstein Bayern-Tirol, bez. 1670 an Hütte versetzt.

Von den ehemals vier Hütten des Lärchkogel-Hochlegers – die Fundamente der abgegangenen vierten Hütte sind gegenüber auf einer Kuppe festzustellen – ist die Hütte des Grundner der einzige Blockbau des Hochlegers vom Tiroler Bautypus mit der doppelten giebelseitigen Erschließung. Auch hier verweisen zahlreiche Kerbinschriften im Inneren, ab 1896, auf das Sennereileben wie auf die witterungsbedingte Notwendigkeit regelmäßiger Instandsetzung vor allem der Dächer.

Lärchkogel-Hochleger (Zum Kohlhauf). Einfirstbau, Bruchsteinbau mit Blockbauteilen, verschindelter Giebel, wohl 18. Jh.

Zum Kohlhauf gehört als Bruchsteinbau offensichtlich zu den älteren Bauten der Lärchkogelgruppe, obwohl in dieser Region die Bruchstein- wie die Blockbauweise offensichtlich gleichzeitig zur Anwendung kam.

Lärchkogel-Hochleger (Zum Eberwein). Breitgelagerter Einfirstbau mit flachgeneigtem Satteldach, Bruchsteinbau des 17./18. Jh., Firstpfette bez. 1898.

Der breitgelagerte Bruchsteinbau ist vom Typus her der außergewöhnlichste Bau der Lärchkogelalmen, insofern ist die Überlieferung, der Bau sei bereits 1618 errichtet worden, nachvollziehbar. Darauf verweisen auch die dreiteilige Grundrißgliederung mit der aus der Mitte gerückten Hüttentür und die verschiedenen Formate der Fensteröffnungen.

Ludern (Zum Weißen). Einfirstbau, Blockbau mit flachgeneigtem Dach, 18. Jh.

Älteste und ursprünglichste Hütte der Luderngruppe vom Tiroler Typus, hier zusätzlich mit rechts angehängtem, ehem. Kälberhof, der im Gegensatz zur Kantholzblockbauweise der Haupthütte aus Rundhölzern gezimmert ist. Die vier Almen, in einer Mulde zwischen den Luder-Wänden und dem Kleinen und Großen Rhon-Kopf, sind seit dem 16. Jh. überliefert. Von den ehemals fünf Hütten, Überlieferung von 1670, sind vier erhalten, von der nur eine denkmalkundliche Bedeutung bewahrt hat. Gleichwohl sind die drei anderen Nachweis der lebendigen Tradition des Hüttenbauens, die von hoher volkskundlicher Bedeutung ist, selbst wenn die drei anderen Hütten nicht selber Denkmalqualität besitzen. Z. B. Zum Eham ist ein Blockbau des 19. Jhs. (gekauft 1879), der 1959 um zwei Bäume erhöht wurde und noch bis 1962 eine offene Herdstelle besessen haben soll; der relativ kurze Bau wurde erst in jüngster Zeit durch Neubau eines Stall zu einer Art Zwiehof erweitert. Zum Steinbeck dokumentiert die Fortsetzung der Heimatschutztradition in den Dreißiger Jahren und Zum Schömer, als Neubau von 1951, die Fortsetzung dieser Tradition nach dem Zweiten Weltkrieg.

Moosen (Zum Jaud). Einfirstanlage, Blockbau verschindelt mit flachgeneigtem Satteldach, 18./19. Jh.; Klaubsteinwälle.

Mit dem Moarbauer ist der Jaud die letzte der beiden erhaltenen und die älteste Almhütte auf der Moosen, wo am Nordabhang des Scharfreiters beim Moosenkopf ehemals sieben Hütten gestanden haben. Die Hütte des Jaudenbauern, im Inneren an der Blockwand zum Hof auf 1855 datiert, ist wohl älter; bemerkenswert ist die Art des Einbaus der Speis mit darüberliegendem Kreister in der linken Hüttenhälfte. In dieser Form einmalig im Landkreis ist der von einem Klaubsteinwall eingefaßte relativ große Almanger, ein bedeutendes Dokument des sicher bis ins Hochmittelalter zurückreichenden Almweidebetriebes.

Moosen (Moarbauer). Einfirstanlage, Blockbau mit mittelsteilem Satteldach, Neubau von 1925.

Zweite erhaltene Hütte auf der Moosen, als Neubau von 1925 oberhalb eines noch sichtbaren Hüttenfundamentes ist sie Dokument sowohl der Gefährdung durch Lawinen wie der beim Hüttenbauen lebendigen Heimatschutztradition.

Mooslahner (Zum Schaurer). Einfirstbau, Blockbau-Obergeschoß über Bruchsteinstallgeschoß, 1. Hälfte 18. Jh., Umbau Mitte 19. Jh. (Firstpfette bez. 1840).

Die schriftliche Überlieferung der Alm am Scharfreiter geht bis zu einem Kaufbrief von 1744 zurück. Die Fundamente einer zweiten Hütte, die nach 1945 noch gestanden haben soll, zeigt die ehedem mehrfache Bestoßung und Nutzung dieser Almweide, worauf auch die Reste eines Klaubsteinwalles und die Vertiefung einer ehem. Kalkgrube hinweist. Die erhaltene Mooslahner Alm gehört zu den seltenen zweigeschossigen Almhütten, die jeweils in eigener Weise, was Grundriß und Bauform betrifft, ausgebildet sind. Hier ist die Hütte so ausgerichtet, daß der Eingang ebenerdig bergseitig und rückwärts über den Stall bzw. die Tenne erfolgt und der Wohnteil hochgehoben mit Balkon talseitig blickt.
Bemerkenswert ist auch die Schlafkammer, die als Bockbaustube in die Tenne hineinragt. Die Gliederung des längsständigen Hofs (=Stall) im gemauerten Untergeschoß ist konsequent beidseitig mit je einer traufseitigen Stalltür und einem mittigen Futtergang, der von den versetzt aufgestellten Futterbarren so eingefaßt ist, daß das Vieh die Seiten nicht wechseln konnte. Hier ist außerdem eine hölzerne Treppe erhalten, die, wie regelmäßig in zweigeschossigen Hütten, eine innenliegende Verbindung von der Hütte (Küche) hinunter ermöglichte. Die giebelseitig symmetrische dritte Türöffnung dürfte als Mistauswurf genutzt worden sein.

Mühltal. Einfirstbau mit flachgeneigtem Dach, Bruchsteinmauerbau, um 1870.

Auf der früher zum Dömanengut Hohenburg gehörigen Alm in 1400 bis 1560 m Höhenlage wurde wohl nach 1871 eine neue Hütte errichtet. Quellenkundlich ist der Platz seit 1552 überliefert, mit einer jagdrechtlichen Vereinbarung zwischen Kloster Tegernsee und Hohenburg. Der klassisch streng gegliederte Bruchsteinbau ist ein Dokument der Entwicklung der modernen Landwirtschaft im späteren 19. Jh., da mit den Resten der Gülleummauerung auf die damalige Einführung der Güllewirtschaft hingewiesen wird.

Lärchkogel-Hochleger, Zum Grundner

Lärchkogel-Hochleger, Grenzstein von 1670, österreichische Seite

Lärchkogel-Hochleger, Grenzstein von 1670, bayerische Seite

Lärchkogel-Hochleger, Zum Kohlhauf (links) und Zum Eberwein (rechts)

Ludernalm

Moosen, Zum Jaud mit Klaubsteinwällen

Moosen, Moarbauer

Mooslahneralm

Mühltalalm

Rauhalm. Die Gebäude der Almen auf der Rauh liegen in einem weiten Talkessel zwischen Seekarspitze und Zwieseleck in 1400 m Höhe, während die Almweiden sich von 1200 bis 1600 m Höhe erstrecken. Hier geht, wie bei der Mühltalalm, die Überlieferung auf das Jahr 1552 mit einer Jagdvereinbarung zwischen Kloster Tegernsee und der Hofmark Hohenburg zurück bzw. auf 1553 mit einer Regelung der Waidnutzung. Die fünf Hütten der Genossenschaftsalm sind dorfartig gruppiert, in eine Gruppe, bestehend aus Zum Steinhauser, Zum Christof und dem Oswaldbauer aus der Zeit des späten 19. Jhs, und weiter in den Talkessel gerückt eine Zweiergruppe mit dem stark modernisierten Zum Glasler und dem Herrnbauer. Letzterer ein interessanter traditioneller Wiederaufbau von 1922; Schnee- und Windbruch bzw. Brandschäden haben hier immer wieder zu Erneuerungen mit steileren Dächern geführt. Dieses „Almdorf" wird ergänzt durch mehrere freistehende Jungviehställe in Blockbauweise und eine gemeinsame Almkapelle.

Rauhalm, Zum Steinhauser

Rauhalm (Zum Steinhauser). Einfirstanlage, verschindelter Blockbau, um 1880/90; mit in der Firstachse freistehendem Jungviehstall.

Rauhalm (Zum Christof). Einfirstanlage, verschindelter Blockbau, wohl noch 2. Hälfte 18. Jh., um 1900 verändert.

Von den gleichartigen Almhütten dieser Gruppe zeichnet sich Zum Christof grundrißmäßig durch einen Querflur zwischen Hütte und Hof aus, was auf den ausgeprägten und noch lebendigen Sennereibetrieb hinweist. So ist der Bau mit Herdanlage, Kaskeller und anderen Ausstattungselementen der Käseherstellung bis hin zu den aus Baustämmen geschaffenen Barren mit ausgehöhlten Futtermulden volkskundlich und nutzungsgeschichtlich besonders sprechend ausgestattet. Die mächtige Firstpfette weist auf ältere Bausubstanz wohl des 18. Jhs., während die äußerliche Bauerscheinung ganz der Umformung des späten 19. Jhs. entspricht.

Rauhalm, Zum Christof

Rauhalm (Oswaldbauer). Einfirstanlage, verschindelter Blockbau, innen bez. 1880.

Hier handelt es sich um einen besonders einheitlichen Neubau, der laut Datierung über der achsialen Verbindungstür von Hütte zu Hof nach Wind- bzw. Schneebruch 1880 errichtet worden sein dürfte.

Rauhalm. Almkapelle (Kriegergedächtniskapelle); verschalter Holzbau, geweiht 1947; mit Ausstattung.

Die Kapelle wurde gemeinschaftlich für die Gefallenen der Almbauernfamilien der Rauhalm in den Vierziger Jahren des 20. Jhs. errichtet und 1947 geweiht. In der Ausstattung wurde ein Altar des 17./18. Jhs. (aus dem Tal transloziert) mit Kreuzwegstationen des 19. Jhs. und der Kriegergedächtnistafel vereint.

Rauhalm, Almkapelle

Rauhalm (Herrnbauer). Einfirstanlage, verschindelter Blockbau mit steilem Satteldach, innen bez. 1922.

Nach Brandschaden wurde dieser stattliche Neubau laut Bezeichnung über der Tür zum Hof 1922 errichtet, wobei aber die mächtigen Blockbauwände des Hofs und die urtümlichen Barren mit ausgehöhlten Futtermulden auf einen älteren, doch erhaltenen Bestand hinweisen. Die Hütte mit ihrer wandfesten Ausstattung wie ihrer äußeren Gliederung ist ein hervorragendes Beispiel des von der Heimatschutzbewegung geförderten traditionellen Bauens, da die klare Grundrißglie-

Rauhalm, Herrnbauer

Rauhalm, Zum Christof (links), Oswaldbauer (Mitte) und Zum Steinhauser (rechts)

Rauhalm, Oswaldbauer

derung und Ausstattung die lebendige und funktionierende Tradition des klassischen, klar entwickelten Hüttenbauens offenbart. Zur Hütte gehören abseits stehend zwei Jungviehställe in Blockbautechnik.

Roßstein. Die Roßsteinalmen sind die einzige, dicht beieinander stehende Gruppe von fünf Almenhütten des Landkreises. Der Platz am Fuße des Roßstein ist mit Grenzbeschreibungen seit dem 14. Jh. überliefert; von 1509 ist eine Klage des Klosters Tegernsee wegen Holzschlagens bekannt. Tatsächlich erstrecken sich die gerodeten Almweiden in der Höhenlage von 1450 bis 1600 m. Auch diese Gruppe gehörte zu Hohenburg bis zum Verkauf durch Baron von Eichthal im Jahr 1863. Unterschiedlich nach Westen oder Osten orientiert sind alle parallel stehenden Hütten überwiegend in Bruchsteinmauerwerk im wesentlichen im 18. Jh. errichtet worden und mit Rücksicht auf die topographische Situation traufseitig erschlossen, was in diesem Gebiet bei Almen eher ungewöhnlich ist. Zumeist handelt es sich um niedrige, also erdgeschossige Hütten mit flachgeneigten Dächern, jedoch ist der Steffelbauer an der steilsten Stelle des Sattels als zweigeschossiger Typus ausgebildet, mit dem Kälberstall unter der Hütte. Leider wurde die geschlossene Gruppe von historischen Almhütten erst in jüngster Zeit durch den Abbruch der Hütte, also des Wohnteils, des Feichtenbauers in ihrer einmaligen Aussagekraft reduziert, als hierdurch nicht nur ein besonders eindrucksvolles ursprüngliches Gebäude des 18. Jhs. verloren gegangen ist, sondern die historische Einheit der dicht gedrängt stehenden fünf Hütten gemindert wurde. Damit ist nach Errichtung eines dazwischengestellten, aber angepaßt orientierten Neubaus eine weitere Zäsur eingetreten, die im Gegensatz zu der Erfahrung der lebendigen Almtradition steht.

Roßstein (Lasslbauer). Ehem. Einfirstbau des 18. Jhs., innen bez. 1755, hakenförmiger Erweiterungsbau, innen bez. 1932.

Als höchstgelegene Hütte der Roßsteingruppe steht der Lasslbauer am Übergang des breiter werdenden Sattels zu den Almweiden. Die Hütte in Bruchsteinmauerwerk besitzt innen Blockbauwände und ist, wie die Datierung über der Kammertür ausweist, ein Bau von 1755, der jedoch in interessanter Weise 1932 stark erweitert worden ist.

Roßstein (Zum Oberjäger). Einfirstanlage, Bruchsteinbau mit flachgeneigtem Dach, Mitte 18. Jh.

Unterhalb vom Lasslbauer gelegene, ebenfalls nach Westen gerichtete Anlage, mit der traufseitig nach abwärts gerichteten Erschließung. Für den hiesigen Bautyp ist außerdem die bis auf ein kleines Kammerfenster geschlossen aufgemauerte Giebelseite der Hütte charakteristisch. Das neue, von Steinen beschwerte Schindeldach zeigt den Anfang der Unterstützung der traditionellen Erscheinung der Hüttenlandschaft, wie sie im Landkreis gefördert wird.

Roßstein (Steffelbauer). Zweigeschossiges Almgebäude, Bruchstein und Blockbau, 2. Hälfte 18. Jh.

Der unterhalb vom Oberjäger an relativ steiler Stelle gelegene Steffelbauer gehört zu den seltenen zweigeschossigen Almhütten, die mit der Südtiroler Tradition in Verbindung gebracht werden. In diesem Fall wird der Bau traufseitig über das Hüttenobergeschoß erschlossen, hier mit Orientierung der Hütte mit Küche — aus Blockbauwänden — nach Osten. Im Untergeschoß befand sich der Kuh- oder Kälberstall, heute stark erneuert, jedoch ist die innere Verbindung von der Hütte zum Stall, die auch auf die frühere Viehhaltung und Wirtschaftsform hinweist, nachvollziehbar.

Roßstein (Zum Altanderl). Einfirstanlage, Bruchsteinbau mit flachgeneigtem Dach, 18./19. Jh.

Auch diese niedrig geduckte, erdgeschossige Almhütte ist ein ähnlicher Typus wie der Oberjäger, was die Erschließung und Gliederung der Hütte betrifft. Nach Verlust des noch ursprünglicheren Feichtenbauers wurde der Altanderl der am tiefsten liegende, historische Bau der beeindruckenden, den Sattel aufsteigenden Almgebäudegruppe.

Seekar. Stallgebäude, langgezogener Bruchsteinbau mit flachgeneigtem Dach, um 1858.

Die Seekaralmgebäude sind wie in Mühltal und Stickl mit dem Schloßgut Hohenburg historisch verknüpft und in derselben Epoche, hier als abgewandelter Zwiehof, neu errichtet worden. Diese unterhalb der Seekarspitze in 1435 m Höhe gelegene Alm zeichnet sich durch den besonders stattlichen Stallbau aus, der um 1858 aufgeführt wurde, da damals eine große Anzahl von Nutzvieh das Jahr über nicht zu Hause gehalten werden konnte. Die zugehörige Hütte hat durch Nutzung als Skihütte ihre denkmalkundliche Aussagekraft verloren.

Stickl. Zwiehof, kurze Hütte und stattliches Stallgebäude, Bruchsteinbauten mit flachgeneigten Dächern, um 1870.

Auf dem Weg zum Hirschtalsattel gelegene, bereits seit 1511 überlieferte Alm. In 910 m Höhenlage neu errichtet, gehört die Sticklalm als Niederleger zur Seekaralm, somit ebenso zu den mit dem Schloßgut Hohenburg verbundenen Almwirtschaftsgebäuden dieses Gebietes. Bei den beiden Bruchsteinbauten der Zeit um 1870 wurde der Zwiehoftyp von parallel stehenden Bauteilen gewählt. Die kurze Hütte ist in ihrem rückwärtigen Teil durch den über den untergeschobenen Keller hoch gesetzten Kreister (= Schlafkammer) gewissermaßen zweigeschossig. Auch der stattliche Hof bzw. das Stallgebäude konnte durch die topographischen Gegebenheiten zweigeschossig, also sehr geräumig ausgebildet werden.

Archäologische Denkmäler

Gemarkung Lenggries

TK 8335; Flurkarte SW 23-01; Flur „In der Burg“.
Burgstall auf dem östlichen Gipfel eines nach Osten in das Isartal hineinreichenden Ausläufers des Brauneck; Felswände im Süden und Osten, steiler Nordhang, kräftig geböschte, zu einem Sattel abfallende Westseite. In der Westseite ein schwach gekrümmter, streckenweise in den Fels gehauener Graben, an dessen Westrand das Aushubmaterial zu einem Wall aufgeschüttet wurde. Auf der überhöhten Osthälfte des schmalen, rund 30 m langen Kernwerks gemörtelte Kalksteinfundamente eines etwa 10 x 10 m großen Gebäudes.
Ca. 750 m südwestlich der Grasmühle.

Roßstein, Gesamtansicht

Roßstein, Lasslbauer

Roßstein, Zum Oberjäger

Roßstein, Steffelbauer

Roßstein, Zum Altanderl

Roßstein, Feichtenbauer (vor dem Abbruch)

Seekar, Gesamtansicht

Stickl, Gesamtansicht

Gemeinde Münsing

Baudenkmäler

Münsing

Kath. Pfarrkirche Mariä Himmelfahrt. Chor im Kern spätgotisch, Turmoberbau und Barockisierung um 1640/50, Umgestaltung des Innern um 1765/70, Erweiterung nach Westen um 1919; mit Ausstattung.

Der Ort besaß angeblich schon im 8. Jh. eine eigene Pfarrkirche und kam 1355 an das Kloster Beuerberg, das die bestehende, im Kern spätgotische Anlage errichten ließ; vgl. die Strebepfeiler am Chor. Unter Propst Simon Bauhofer (1635-1653) tiefgreifende Veränderungen mit Erweiterung der Fenster zu hohen, oben und unten rundbogig geschlossenen Öffnungen und Erhöhung des quadratischen Turms um das Oktogon mit Zwiebelhaube. Um 1765/70 erneute Umgestaltung, vgl. Wappen über dem Chorbogen. Um 1919 Verlängerung nach Westen. 1978 Außenrestaurierung. – Die Kirche liegt erhöht im westlichen Teil des Orts unmittelbar an der Kreuzung der Hauptstraßen. Geräumiger, pilastergegliederter Saalbau zu vier Achsen mit Stichkappentonnen, doppelter Westempore und eingezogenem, dreiseitig geschlossenem Chor. Südturm.
Zarte, flüssig verteilte Stukkaturen um 1765/70 in der Art von Franz Edmund Doll. Die Reliefs innerhalb der Rahmenfelder wohl neubarock, um 1919; Chor: Jesusmonogramm; Langhaus: Hl.-Geist-Taube, Auge Gottes, Marienmonogramm, brennendes Herz. – Die Glasmalereien der Fenster 1919 von A. von der Heydt. – Hochaltar Mitte 17. Jh. mit Seitenfiguren der Wetterheiligen Johannes und Paulus; im Auszug Gottvater. Seitenaltäre frühes 18. Jh., neubarock verändert; Gemälde: nördlich hl. Joseph, im Auszug hl. Sebastian, südlich hl. Achatius, im Auszug hl. Augustinus. – Kanzel Ende 17. Jh. – Taufstein bez. 1641. – Figuren: Kruzifix, Ende 15. Jh. Apostel, Ende 17. Jh. – Außen nördlich am Chorschluß Grabstätte der Grafen Pocci, Herren des Ritterlehens Ammerland, deren bekanntestes Mitglied der Dichter Franz Graf von Pocci (1807-1876) war.

Karte des Starnberger Sees mit den zu Münsing gehörigen Orten, Kupferstich von Georg Michael Weißenhahn, um 1870

Münsing, kath. Pfarrkirche Mariä Himmelfahrt

Münsing, Pfarrkirche, Inneres nach Osten

Münsing, Pfarrkirche, Kruzifix, Ende 15.Jh.

Münsing, Pfarrkirche, hl.Johannes am Hochaltar

Münsing, Pfarrkirche, hl.Paulus am Hochaltar

Münsing, Pfarrkirche, nördlicher Seitenaltar und Kanzel

Münsing, Pfarrkirche, Inneres nach Westen

Münsing, Pfarrkirche, Taufbecken

Münsing, Pfarrkirche, Grabstätte der Grafen Pocci

Bachstraße 9a (Baderschmied). Ehem. Bauernhaus mit verschaltem Vordach, Traufseitlaube mit Brettbalustern, 2. Hälfte 18. Jh.

Bachstraße 12. Ehem. Bauernhaus mit Flachsatteldach und Traufbundwerk, Anfang 19. Jh.

Bachstraße 27 (Hauser). Ehem. Bauernhaus (restauriert), mit Blockbau-Obergeschoß und Traufbundwerk, im Kern 18. Jh.

Bachstraße 34 (Bauernfeind). Traufbundwerk am Bauernhaus, 1. Hälfte 19. Jh.

Grondlergasse 11 (Floßmann). Stattliches Bauernhaus mit reich gestalteten Dachuntersichten, Mitte 19. Jh.; im Giebel Hausfigur der Schmerzhaften Muttergottes, Ende 17. Jh. – Im Nebengebäude obergeschossiger Getreidekasten, bez. 1558.

Grondlergasse. Wegkreuz, Mitte 19. Jh.; bei Haus Nr. 11.

Hauserweg 2. Hausfigur des Auferstandenen, wohl 15./16. Jh.

Holzhauser Straße 3 (Widenbauer). Zugehörig zweigeschossiger Getreidekasten ("Schwedenstadel"), bez.1628; mit altem Überbau.

Weipertshauser Straße 1. Altes Pfarrhaus mit Vorbau und flachen Walmdächern, im Kern wohl 1650, im 1.Drittel des 19. Jhs. verändert.

Nachdem der alte Pfarrhof 1650 durch Brand vernichtet worden war, ließ der Beuerberger Propst Simon Bauhofer (1635-1653) ein neues Gebäude errichten, das noch heute den Kern des zweigeschossigen, im 1.Drittel des 19. Jhs. veränderten Pfarrhauses südlich gegenüber der Kirche bilden dürfte.

Ambach

Holzbergstraße 5. Zugehörig zweigeschossiger Getreidekasten mit Bemalung, bez.1578.

Luigenkamer Weg 2 (Hansenbauer). Zugehörig zwei obergeschossige Getreidekästen nebeneinander, der westliche mit Bemalung, 1. und 2. Hälfte 17. Jh.

Seeleitn 60. Zugehörig ehem. erdgeschossiger Getreidekasten, um 1580; als Sommerhäusl aufgestellt.

Seeuferstraße 3. Landhaus (ehem. Villa von Riedel), mit Eckerker und zwei Arkaden nach Süden, erbaut 1894 von Emanuel von Seidl. – Zugehörig ehem. Getreidekasten, erdgeschossig, wohl 17. Jh.

1893 erwarb der bayerische Finanzminister Emil Freiherr von Riedel (1832-1906) das Grundstück und ließ im folgenden Jahr durch Emanuel von Seidl das stattliche Landhaus als Sommersitz im Heimatstil errichten. Die nach Süden gerichtete Eingangsseite wird durch zwei Arkaden mit vorgesetzter Terrasse und zweiläufiger Freitreppe akzentuiert. Der eigentliche Eingang liegt zurückgesetzt in einer kreuzgratgewölbten Loggia. Er führt in eine Diele mit Treppenhaus, die den nach Osten gerichteten Wirtschaftsbereich von den Wohnräumen trennt.

Münsing, Bachstraße 9a

Münsing, Bachstraße 12

Münsing, Bachstraße 27

Münsing, Bachstraße 34, Traufbundwerk

Münsing, Grondlergasse 11

Münsing, Grondlergasse 11, Getreidekasten

Münsing, Grondlergasse, Wegkreuz

Münsing, Hauserweg 2, Hausfigur

Münsing, Holzhauser Straße 3, Getreidekasten

Münsing, Weipertshauser Straße 1

Ambach, Holzbergstraße 5, Getreidekasten

Ambach, Luigenkamer Weg 2, Getreidekästen

Ambach, Seeuferstraße 3, Getreidekasten

Ambach, Seeuferstraße 3

Seeuferstraße 23. Kath. Muttergotteskapelle; erbaut 1873/74; mit Ausstattung.

Eine 1854 geweihte Kapelle wurde bereits 1873/74 auf Initiative der in der Nachbarschaft wohnenden Eheleute Jakob und Anna Weger durch die bestehende, neugotische Anlage ersetzt. – Einschiffiger, tonnengewölbter Bau mit dreiseitigem Schluß. Über dem Westgiebel quadratischer Dachreiter mit Spitzhelm. – Die prächtigen Glasmalereien der Fenster mit Darstellungen aus dem Leben Christi wurden 1873 ebenfalls von dem Ehepaar Weger gestiftet. – Das Altarbild der Muttergottes im Stil des frühen 16. Jhs. um 1854 von Leonhard Faustner gemalt. – Kreuzweg, 1893 von Anna Barth.

Seeuferstraße 25. Bonsels-Haus; Landhaus, erbaut 1885 von Emanuel von Seidl, seit 1921 im Besitz des Dichters. – Zugehörig bemaltes Bauernhoftor aus Ungarn, bez. 1894.

1885 erwarb Julius Benczur aus Ungarn das Grundstück und ließ angeblich durch Emanuel von Seidl das Gebäude errichten, das 1921 (nach anderer Angabe im August 1919) in den Besitz des Dichters Waldemar Bonsels überging. Auffallend ist das große, bunt gefaßte Holztor an der Straße, das wohl von Starnberger Schreinern ungarischen Hoftoren nachempfunden wurde und folgende Inschriften trägt: oben „Wenn Du Gott und Deine Heimat liebst, kannst Du eintreten mit sauberem Geist." – „Erbaut von Julius Benczur und seiner Lebensgefährtin Piroska."; darunter „Du kannst hier ein- und ausgehen – im Jahre 1894 des Herrn"; über der Pforte „Friede dem Eintretenden."

Seeuferstraße 26. Ehem. Villa Greif; stattlicher, asymmetrisch gruppierter Bau mit Eckturm, Veranden und neubarocker Putzgliederung, im Kern 1881, umgebaut 1885 durch Ludwig Deiglmayr.

Seeuferstraße 30. Im Garten historisierendes „Bauernhaus", Blockbau, 1897.

1869 kaufte der Privatier Martin Rieger den Grund und erbaute darauf 1875 eine Villa, die 1881 der Maler Fritz Schwörer (1833-1891) erwarb. Nach dessen Tod ging das weitläufige Areal, zu dem auch das Anwesen Seeuferstraße 69 gehörte, 1892 in den Besitz des Arztes Albert Voltz über, der 1897 das Blockhaus errichten und 1901-1903 einen (nicht mehr bestehenden) Weiher anlegen ließ. 1926 Verkauf an die Stadt München, die hier ein Schullandheim einrichtete.

Seeuferstraße 31. Gasthaus Fischmeister; stattlicher Bau mit Flachsatteldach, an der östlichen Haustür bez. 1852.

Das Anwesen des „Fischmeisters", also des Fischaufkäufers für den Münchener Hof und zugleich des Beamten zur Verfolgung von Vergehen gegen die Fischordnung, wird bereits im 16. Jh. erwähnt. Seit dem späten 18. Jh. Besitz der Familie Bierbichler. – Am Südgiebel Halbfigur Gottvaters, Mitte 17. Jh., in der Art des Georg Wunderl.

Seeuferstraße 69. Zugehörig gestelzter Pavillon, Holzbau mit Mansard-Zeltdach, erbaut 1906.

Der Pavillon wurde zusammen mit Turm, Kegelbahn und Theater 1906-1910 im Auftrag von Albert Voltz errichtet; vgl. Seeuferstraße 30. Die Anlage war vor dem Ersten Weltkrieg Mittelpunkt des gesellschaftlichen Lebens in der Sommerfrische Ambach. Das Theater ließ der Münchener Maler Faber 1922 transferieren und zur Villa umbauen.

Ambach, Seeuferstraße 25

Ambach, Seeuferstraße 23, kath. Muttergotteskapelle

Ambach, Seeuferstraße 25, Bauernhoftor

Ambach, Muttergotteskapelle, Inneres nach Osten

Ambach, Seeuferstraße 31

Ambach, Seeuferstraße 69, Pavillon

Ambach, Seeuferstraße 23 und 25

Ambach, Seeuferstraße 26, Ansicht von Süden

Ambach, Seeuferstraße 26, Ansicht von Westen

Ambach, Seeuferstraße 30, „Bauernhaus“ von Nordwesten

Ambach, Seeuferstraße 30, „Bauernhaus“ von Osten

Ammerland

Nördliche Seestraße 11. Kath. Schloßkapelle Hll. Drei Könige; 2. Hälfte 17. Jh.; mit Ausstattung.

Vermutlich zusammen mit dem Schloß 1683/85 von Caspar Feichtmayr d.Ä. errichteter Rechteckbau; im Westen quadratischer Dachreiter mit glockenförmiger Haube. 1987 wurde im Innern die Fassung vom Ende des 19.Jhs. freigelegt und wiederhergestellt.

Nördliche Seestraße 17. Schloß; Walmdachbau mit zwei Ecktürmen, 1683/85 wohl von Caspar Feichtmayr.

Im 16. Jh. besaß hier der Münchener Arzt Alexander Cartheuser ein Landgut. Nach der Erhebung zur Hofmark gehörte Ammerland ab 1653 den Freiherrn von Lerchenfeld-Aham und im letzten Viertel des 17. Jhs. Mitgliedern des Hauses Wittelsbach: zunächst Albrecht Sigmund, Bischof von Freising, dann 1685-1723 Joseph Klemens, Kurfürst und Erzbischof von Köln, und schließlich Johann Theodor, der ab 1746 Bischof des Bistums Freising war. Nach dessen Tod 1763 übergab Kurfürst Maximilian III. Joseph das Schloß 1770 seinem Geheimen Konferenzminister Graf Joseph von Baumgarten, von dessen Erben es 1815 der Schweizer Mayer kaufte. 1841 erwarb König Ludwig I. den Besitz und belehnte damit seinen Zeremonienmeister Fabrizius Graf von Pocci, dessen Sohn Franz von Pocci Berühmtheit erlangte. – Der dreigeschossige Walmdachbau wurde 1683-1685 errichtet. Als Architekt dürfte wie bei dem nahen Schloß von 1696f. in Allmannshausen, Gde. Berg, Lkr.Starnberg, Caspar Feichtmayr d.Ä. in Frage kommen, zumal die oktogonalen, von Zwiebelhauben bekrönten Aufsätze über den quadratischen Erweiterungen im Norden und Süden auffällig an dessen Kirchtürme erinnern, vgl. die Türme von 1673 in Benediktbeuern. In den letzten Jahrzehnten stark verwahrlost, wurde das Gebäude 1983ff. saniert und ist heute in Privatbesitz.

Nördliche Seestraße 19. Sog. Kavaliershaus; erbaut 1907 von Emanuel von Seidl, mit Mansardwalmdach.

Siegleweg 10. Villa Rösl; Künstlervilla nach Art eines Tiroler Ansitzes mit Steilwalmdach, von dem Maler Joseph Rösl seit 1870 erbaut (Nordteil mit Atelier), 1903 erweitert; – Parkanlage gleichzeitig; barockes, schmiedeeisernes Einfahrtstor (ehem. Chorgitter der Münchener Frauenkirche).

Musterbeispiel einer „Künstlerresidenz" auf dem Lande, die der Münchener Maler Joseph Rösl ab 1870 auf der Anhöhe abseits des Seeufers in einem weiten, baumbestandenen Park errichten ließ. 1903 wurde das dreigeschossige, durch Erker, Loggien und Türmchen repräsentativ gestaltete Gebäude erweitert. Dem vornehmen Charakter des Äußeren entsprechen die zahlreichen Räume, deren wohlerhaltene Ausstattung mit geschnitzten Balkendecken, Gemälden und Möbeln an König Ludwigs II. Schloß Neuschwanstein erinnert. – Das schmiedeeiserne Einfahrtstor im Norden gehörte ehemals zu den Ziergittern, die seit 1622 den Chor der Münchener Frauenkirche gegen das Langhaus abschlossen und die im Juni 1861 versteigert wurden.

Ansicht des Schlosses Ammerland von Osten, Kupferstich von Michael Wening, 1701

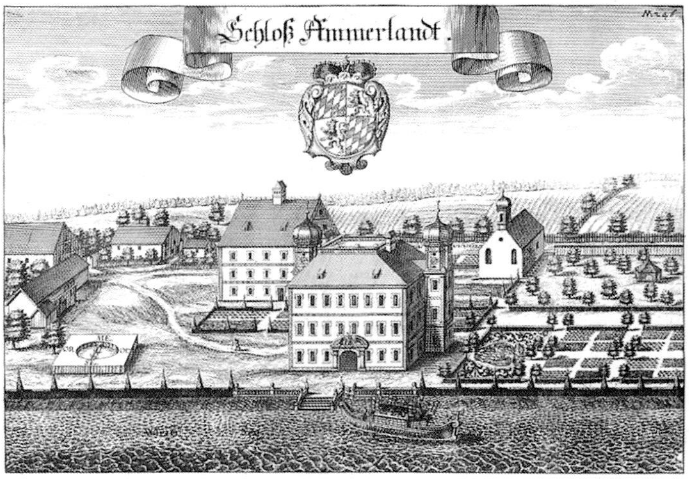

Ansicht des Schlosses Ammerland von Westen, Kupferstich von Michael Wening, 1701

Ansicht des Schlosses Ammerland von Nordwesten, Lithographie von Friedrich Wilhelm Bollinger, um 1800

Ammerland, Nördliche Seestraße 11, kath. Schloßkapelle Hll. Drei Könige

Ammerland, Nördliche Seestraße 13, Schloß

Ammerland, Nördliche Seestraße 19

Ammerland, Siegleweg 10, Gartenseite

Ammerland, Siegleweg 10, Eingangseite

Ammerland, Siegleweg 10, Eingang

Ammerland, Siegleweg 10, Eingangshalle

Ammerland, Siegleweg 10, Salon

Ammerland, Siegleweg 10, Diele im Obergeschoß

Ammerland, Siegleweg 10, Tür

Ammerland, Siegleweg 10, Einfahrtstor

Südliche Seestraße 29. Landhaus mit Giebelrisalit, Veranda und Balusterbalkonen, im Kern erbaut 1871, von dem Maler Gabriel von Max als Künstlerhaus ausgebaut; 1900 Erweiterung nach Osten und Ausstattung durch Emanuel von Seidl; sog. Spiel- und Kinderhaus, kleiner Holzbau mit Bundwerk unter Verwendung älterer Teile, um 1900; gußeiserne Brunnensäule, Ende 19. Jh., im Garten.

Südliche Seestraße 31. Villa Siegle; stattliches Landhaus mit hölzernem 2.Obergeschoß, z.T. Fachwerk, Treppenturm und geschwungener Giebelschalung, umgebaut 1884, 1892 und 1910 von Emanuel von Seidl. – Zugehörig reizvoller Pavillon mit dreiseitigem Umgang, Laterne und Belvedere, von Emanuel von Seidl, 1910.

Die einzelnen Bauphasen lassen sich am Äußeren der malerischen Villa, die dem Stuttgarter Unternehmer Dr.Gustav von Siegle gehörte, ablesen: Die Umgestaltung des ältesten Teils 1884, eines zweigeschossigen Baus zwischen dem Treppenturm und dem nördlichen Annex, gehört zu den frühesten Projekten Seidls. 1892 errichtete er den dreigeschossigen, südlichen Anbau und besetzte die Nahtstelle mit dem schon genannten, fünfseitig vortretenden Turm. Der erdgeschossige Küchentrakt an der Nordseite mit darüberliegender Terrasse sowie der polygonale Erker am Übergang zum Altbau entstanden erst 1910, als Seidl für die Witwe Siegles auf dem Nachbargrundstück den Park anlegte und darin das Teehaus mit Belvedere erbaute.

Attenkam

Kath. Kapelle. Wohl noch 17. Jh.; mit Ausstattung.

Nach Westen gerichteter, tonnengewölbter Bau mit außen dreiseitigem, innen eingezogen rundbogigem Schluß. Beiderseits des Eingangs hochovale Nischen. – Auf dem Altar von Putten umgebene Muttergottesfigur des 18. Jhs.

Haus Nr. 1 (Hainz). Am Bauernhaus Traufbundwerk, Ende 18. Jh.

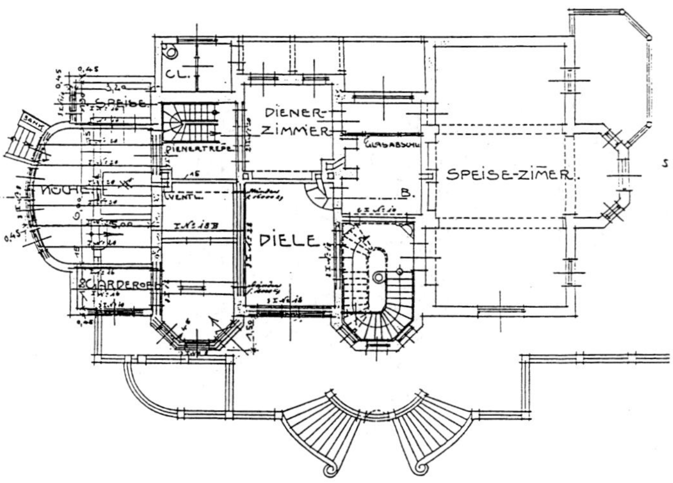

Ammerland, Südliche Seestraße 31, Grundriß der Villa Siegle, 1910 von Emanuel von Seidl

Ammerland, Südliche Seestraße 31, Aufriß der Villa Siegle, 1910 von Emanuel von Seidl

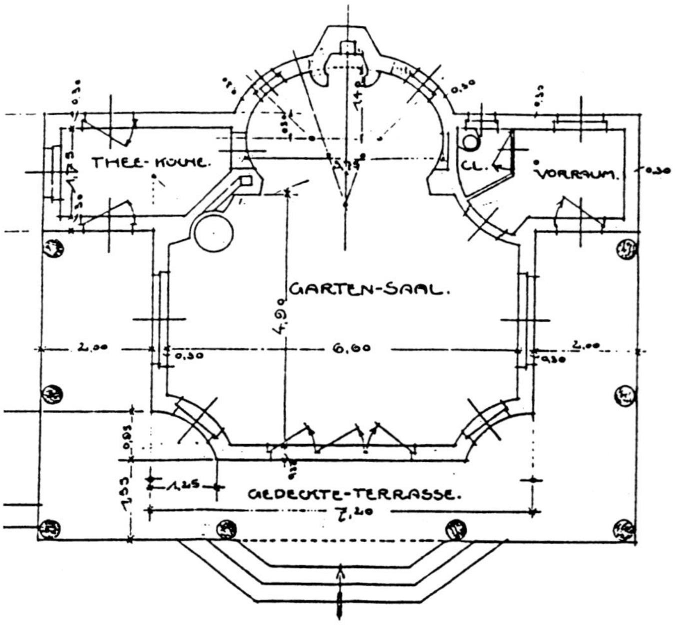

Ammerland, Südliche Seestraße 31, Grundriß des Pavillons, 1910 von Emanuel von Seidl

Ammerland, Südliche Seestraße 29

Ammerland, Südliche Seestraße 29, Spiel- und Kinderhaus

Ammerland, Südliche Seestraße 31

Ammerland, Südliche Seestraße 29, Brunnensäule

Attenkam, kath. Kapelle

Attenkam, Kapelle, Inneres nach Westen

Ammerland, Südliche Seestraße 31, Pavillon

Attenkam, Haus Nr. 1, Traufbundwerk

Bolzwang

Kath. Kapelle. Wohl 1. Hälfte 19. Jh.; mit Ausstattung.

Nach Westen gerichteter Bau mit dreiseitigem Schluß und Dachreiter. – Altar im Stil des mittlerem 18. Jhs. mit kleinen Apostelbildern; in der Mitte Gemälde Herz Mariä, 2. Hälfte 19. Jh. – Tafelbild der hll. Silvester und Leonhard, bez. 1699.

Haus Nr. 1 (Bani). Zugehörig kleiner ehem. Getreidekasten (versetzt), erdgeschossig, 18. Jh.

Bruckmaier

Haus Nr. 1 (Bruckmair). Stattliches Bauernhaus, im Kern von 1717 (bez.), Dach 19. Jh., Bundwerk am Wirtschaftsteil, Wohnteil mit übergangener Bemalung. – Zugehörig obergeschossiger Getreidekasten, 17. Jh.; alter Überbau.

Das auf einer Anhöhe westlich der Straße Wolfratshausen-Eurasburg stehende, zweigeschossige Gebäude wurde 1717 durch Nikolaus Sanktjohannser errichtet. Die Rocaillemalereien der Fassade erneuerte 1974 der Garmischer Restaurator Winterholler.

Degerndorf

Dorfstraße 7. Bauernhaus mit Flachsatteldach und verschaltem Vordach, 18./19. Jh.

Dorfstraße 19. Ehem. Bauernhaus mit verschaltem Vordach und Traufbundwerk, 2. Hälfte 18. Jh.; aufgedoppelte Sterntür, 2. Hälfte 18. Jh.

Dorfstraße 23. Bauernhaus mit Blockbau-Obergeschoß, Kern Mitte 17. Jh.

Dorfstraße 32. Bauernhaus, Obergeschoß verschalter Blockbau mit traufseitiger Laube, Kern Anfang 17. Jh.; am Wirtschaftsteil Bundwerk.

Bolzwang, kath. Kapelle

Bolzwang, Kapelle, Papst Silvester und hl. Leonhard, 1699

Bolzwang, Kapelle, Inneres nach Westen

Bolzwang, Haus Nr. 1, Getreidekasten

Bruckmaier, Haus Nr. 1, Getreidekasten

Bruckmaier, Haus Nr.1

Degerndorf, Dorfstraße 7

Degerndorf, Dorfstraße 19

Degerndorf, Dorfstraße 23

Degerndorf, Dorfstraße 32

Kirchberg 3. Kath. Pfarrkirche St. Michael; im Kern wohl spätgotisch, um 1620/30 erneuert, 1702 und 1726 barockisiert; mit Ausstattung.

Der 814 erstmals urkundlich erwähnte Ort „Tegardorf" kam 1212 an das Kloster Beuerberg. Dessen Propst Eberhard Mayer (1619-1634) ließ die bestehende Kirche wohl unter Verwendung von Teilen des mittelalterlichen Vorgängerbaus errichten und Patritius Bärtl (1697-1712) sorgte 1702 für die Stuckierung und für drei neue Altäre. Unter Cajetan Perner (1712-1744) wurde die Anlage 1726 erneut verändert; vgl. Datum über dem Chorbogen. 1904 Neubau des Turms nach Plänen des Bezirksinspektors Klein. 1985 Restaurierung des Chors. – Flachgedeckter Saalbau mit eingezogenem, dreiseitig geschlossenem Chor unter Stichkappentonne. Dieser ist südlich in hohem Rundbogen gegen einen querrechteckigen Kapellenanbau geöffnet. Im quadratischen Turmunterbau an der Nordseite Sakristei und Empore; auf dem kurzen Oktogon überkuppelter Spitzhelm.
An den Decken schlichter Rahmenstuck von 1702, im Chor zusätzlich Engelsköpfe. – Von der gleichzeitigen Altarausstattung nur mehr die beiden Seitenaltäre erhalten. Nördlich Muttergottesfigur um 1600, südlich Gemälde der Muttergottes mit den 14 Nothelfern. Auf seitlichen Konsolen Figuren, die paarweise von zwei Meistern gefertigt wurden: nördlich die hll. Urban und Nikolaus, südlich die hll. Silvester und Rochus. Auszugbilder: nördlich Marienmonogramm mit Putten, südlich Trinität. – Taufbecken Mitte 18. Jh. – Im Chor Kruzifix und Schmerzhafte Muttergottes, Ende 17. Jh.; Johannes wohl Anfang 20. Jh. Hl. Leonhard und Papst Silvester, Anfang 18. Jh. Im Vorzeichen Kreuzigungsgruppe, Mitte 18. Jh.

Sonderhamer Weg 1 (Schuster). Ehem. Bauernhaus mit Blockbau-Obergeschoß, Kern 18. Jh.

Holzhausen a. Starnberger See

Ambacher Straße 24 (Mesner). Zugehörig ehem. Getreidekasten, erdgeschossig, 2. Hälfte 17. Jh.

Brunnenstraße 9 (Demmel). Ehem. Bauernhaus, z.T. Blockbau-Obergeschoß, Kern 2. Hälfte 17. Jh.

Dörfel 1 (Sichart). Zugehörig malerischer zweigeschossiger Getreidekasten, bez. 1605; alter Überbau mit Flachsatteldach.

Kirchbergstraße 10. Kath. Pfarrkirche St. Johannes d.T. und Georg; Turm 1420, Neubau 1470, 1611 und 1746 verändert; mit Ausstattung. – Friedhof in eindrucksvoller Höhenlage, mit Ummauerung und schmiedeeisernen Grabkreuzen, 17.-19. Jh.

Umgeben von alten Linden liegen Kirche und Friedhof weithin sichtbar auf einem Hügel südwestlich außerhalb des Orts. Eine erste, um 777 erwähnte Kapelle wurde 818 durch eine größere Kirche ersetzt, die man nach der Zerstörung durch die Ungarn 955 wiederaufbaute. Von einer 1420 errichteten Anlage blieb der wuchtige Chorturm erhalten. 1470 Neubau von Langhaus und Chor; 1611 und 1746 im Auftrag des Klosters Beuerberg umgestaltet, vgl. die Daten und Wappen über dem Chorbogen. 1893 verändert. 1968 innen restauriert. – Einschiffiger Saalbau zu drei Jochen mit eingezogenem, fünfseitig geschlossenem Chor. In beiden Raumteilen Stichkappentonnen auf kraftvollen Pilastern und Belichtung durch oben und unten eingezogen rundbogige Fenster. Nordöstlich

Degerndorf, Kirchberg 3, kath. Pfarrkirche St.Michael

Degerndorf, Pfarrkirche, Muttergottes im nördlichen Seitenaltar

Degerndorf, Pfarrkirche, Inneres nach Osten

Degerndorf, Pfarrkirche, Inneres nach Westen

Degerndorf, Sonderhamer Weg 1

Holzhausen a. Starnberger See, Ansicht des Kirchbergs von Süden

Holzhausen a. Starnberger See, Ambacher Straße 24, Getreidekasten

Holzhausen a. Starnberger See, Brunnenstraße 9

Holzhausen a. Starnberger See, Dörfel 1, Getreidekasten

Holzhausen a. Starnberger See, Dörfel 1, Getreidekasten, Tür im Erdgeschoß

Holzhausen a. Starnberger See, Dörfel 1, Getreidekasten, Obergeschoß

Holzhausen a. Starnberger See, Kirchbergstraße 10, kath. Pfarrkirche St. Johannes d. T.

Holzhausen a. Starnberger See, Pfarrkirche, Inneres nach Osten

des Chors der fast freistehende Turm; im mächtigen, quadratischen Unterbau, der jetzt als Taufkapelle dient, schweres Kreuzrippengewölbe; darüber barockes Oktogon mit Zwiebelhaube.
Stuck wohl neubarock, um 1896. – Fresken 1746/48, 1881 oder 1893 stark überarbeitet; Chor: Mariä Himmelfahrt und zahlreiche Heilige (darunter Jakobus d.Ä., Johannes d.T., Laurentius, Stephanus, Georg und Antonius von Padua); Langhaus: Taufe Christi, Engel mit dem Wessobrunner Gnadenbild, St. Georg mit dem Drachen (erst bei der letzten Restaurierung freigelegt). – Hochaltar 1744, umgestaltet 1893. Figuren: in der Mitte Taufe Christi, seitlich die hll. Jakobus d.Ä. und Simon Zelotes, im Auszug Drachenkampf des hl. Georg. – Seitenaltäre um 1746: nördlich Muttergottes um 1650/60, Georg Wunderl zugeschrieben; südlich Gemälde um 1730 mit Darstellung des von Engeln getragenen Wessobrunner Gnadenbildes, das Ziel einer örtlichen Wallfahrt wurde und 1747 zur Gründung der Unbefleckten-Empfängnis-Bruderschaft führte. Auszugbilder: nördlich Trinität, südlich hl. Andreas. – Kanzel um 1746; am Korb Drachenkampf des hl. Georg und Taufe Jesu, Öl auf Leinwand, um 1746. – Kreuzweg, um 1746. Votivbild mit der Gründungslegende, bez. 1743. – An der südlichen Langhauswand großes, hervorragend geschnitztes Kruzifix, laut Inschrift am Fuß 1597 von Johannes Weiß aus Ambach gestiftet und 1637 durch Adam Weiß bzw. 1747 durch Laurentius Weiß restauriert; ehemals im 1743 abgebrochenen „Totenkirchl“, dann im Chorbogen aufgehängt.

Kirchbergstraße 13. Ehem. Schule mit Lehrerwohnung; barockisierender Bau mit gegeneinander versetzten Walmdächern, 1913 von Karl Bauer.

Oberambach

Haus Nr. 1. Gutshof (sog. Schloß); altes Gutshaus in der Art eines Einfirsthofs, um 1870; südlicher Anbau mit Turm 1881; südlich angeschlossen neues Herrenhaus, mit Mansardwalmdach und Giebelrisalit, im barockisierenden Jugendstil 1907 von John H. Rosenthal. Nordöstlich Ökonomiegebäude um Wirtschaftshof, 1929/30.

Obwohl Oberambach bereits 1304 urkundlich erwähnt wird und als ganzer Hof seit langem eine Sonderstellung unter den Höfen Ambachs einnahm, entstand die schloßartige Villa erst nach der Mitte des 19. Jhs. in mehreren Abschnitten. Ein wohl durch Wilhelm Hörl um 1860/65 errichtetes Gutshaus wurde 1881 um den Turm und einen Anbau nach Süden erweitert. 1903 kam die Anlage an den Freiherrn Franz von Lobkowitz, der sie aber bereits 1907 wieder an Hans und Margarethe Ebers verkaufte. Die neuen Besitzer ließen noch im selben Jahr das südlich anschließende Herrenhaus durch John Herbert Rosenthal erbauen. Nach dessen Plänen wurde zwei Jahre später auch der nördliche Teil der Stallgebäude verändert. Für den Neubau des Ökonomiegebäudes im Nordosten war 1929 der Architekt J.W.Deines verantwortlich.

Holzhausen a. Starnberger See, Pfarrkirche, Kanzel

Holzhausen a. Starnberger See, Pfarrkirche, Inneres nach Westen

Holzhausen, Pfarrkirche, Muttergottes im nördlichen Seitenaltar

Holzhausen, Pfarrkirche, Gnadenbild im südlichen Seitenaltar

Holzhausen a. Starnberger See, Pfarrkirche, Kruzifix, 1597

Holzhausen a. Starnberger See, Kirchbergstraße 10, Friedhof mit schmiedeeisernen Grabkreuzen

Holzhausen a. Starnberger See, Kirchbergstraße 13

Oberambach, Haus Nr. 1, Gutshaus von Nordwesten

Oberambach, Haus Nr. 1, Gutshaus von Südwesten

Oberambach, Haus Nr. 1, Ökonomiegebäude

Pischetsried

Weilerkapelle. 18./19. Jh.; mit Ausstattung.

Nach Norden gerichteter, halbrund geschlossener Bau südlich des Bauernhofs.

Sankt Heinrich

Der kleine Ort hat seinen Namen von dem Einsiedler Heinrich, der angeblich aus dem Geschlecht der Grafen von Andechs stammte und im 12. Jh. hier am Starnberger See lebte.

Kath. Filialkirche St. Maria. Im Kern 14. Jh.(?), Ende 16. Jh. erneuert, desgleichen 1626, 1758/59 und 1903/04; mit Ausstattung. – Friedhofsmauer mit Pfeilern und tiefen Stichbogenblenden auf der Innenseite, 17./18. Jh.

Der Überlieferung zufolge stand die Zelle Heinrichs bei einem Bild der Jungfrau Maria. Eine darüber errichtete Holzkapelle, in der auch der Leichnam des Eremiten bestattet wurde, ersetzte man im frühen 14. Jh. durch einen steinernen, 1324 geweihten Bau, von dem vielleicht noch der Chor erhalten ist. Der Beuerberger Propst Georg Schreiber (1582-1600) ließ die Kirche erneuern, Eberhard Mayer (1619-1634) das Langhaus 1626 erweitern und für das wiederaufgefundene Grab Heinrichs eine neue Platte anfertigen und Paulus Stainherr (1674-1696) sorgte schließlich für neue Altäre. 1758/59 fanden umfangreichere Reparaturen statt und 1773 wurde die Sakristei mit Oratorium neu errichtet. 1903/04 Neubau des Langhauses nach Brand von 1902. Restaurierung 1972.

Saalbau mit eingezogenem, dreiseitig geschlossenem Chor. Stichkappentonnen über Pilastergliederung (im Langhaus verdoppelt). In den Westgiebel eingestellter, quadratischer Turm mit Oktogon und Zwiebelhaube. – Chorstuck 1758/59 vielleicht von Thassilo Zöpf. Stukkaturen im Langhaus 1903/04; über dem Chorbogen das königlich-bayerische Wappen. – An den Seitenwänden des Chors Reste gotischer Wandmalereien: nördlich Tod des sel. Heinrich, südlich Ganzfigur des Eremiten.

Hochaltar um 1680/90 mit Figuren: in der Mitte Vesperbild vom Ende des 15. Jhs., später überarbeitet; außen die hll. Maria Salome und Maria Kleophas; im Auszug zierliche Gruppe der Kreuzabnahme. – Seitenaltäre Ende 17. Jh., ehemals in der Franziskanerkirche zu Mühldorf am Inn, 1904 hierher transferiert. Altarblätter um 1850 von Franz Xaver Glink: nördlich Mutter Anna mit Maria, im Auszug Muttergottes, südlich hl. Antonius von Padua, im Auszug hl. Joseph. Seitlich Figuren: nördlich die hll. Barbara und Katharina, südlich die hll. Paulus und Franziskus. – Kanzel neubarock, um 1903/04. – Gemälde des mittleren 18. Jhs. mit Darstellung der Kirchenübergabe 1480 durch Herzog Albrecht IV. an die Beuerberger Chorherren. – Unter der Westempore die 1626 aufgestellte Tumba des Einsiedlers Heinrich mit primitiver Ganzfigur.

Ansicht von Sankt Heinrich mit dem Gnadenbild, Kupferstich des mittleren 18.Jhs.

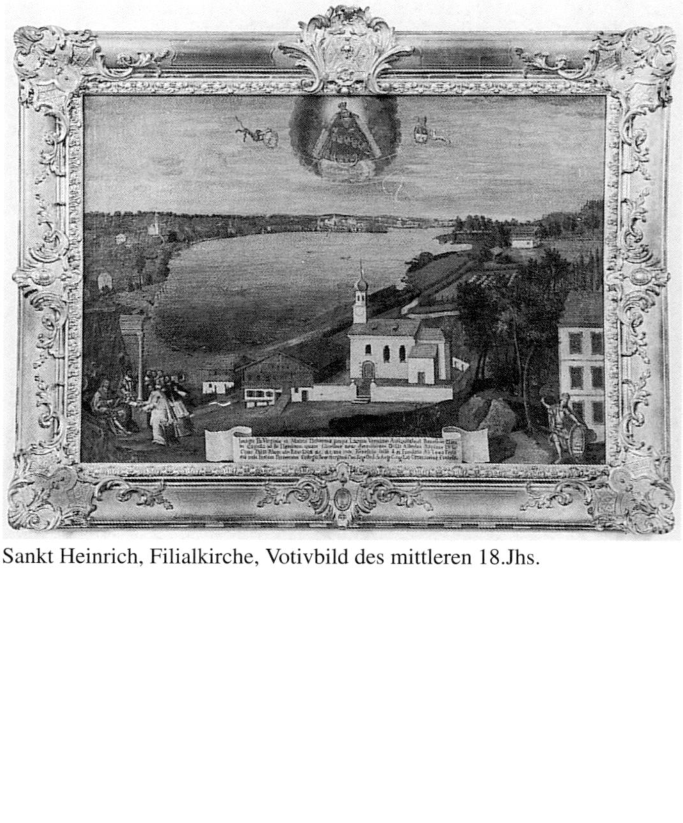

Sankt Heinrich, Filialkirche, Votivbild des mittleren 18.Jhs.

Pischetsried, Weilerkapelle

Sankt Heinrich, kath. Filialkirche St.Maria

Sankt Heinrich, Filialkirche, gotische Wandmalerei im Chor

Sankt Heinrich, Filialkirche, Inneres nach Nordosten

Sankt Heinrich, Filialkirche, Gnadenbild im Hochaltar

Sankt Heinrich, Filialkirche, Inneres nach Westen

Sankt Heinrich, Filialkirche, Tumba des Einsiedlers Heinrich, 1626

Schallenkam

Angeblich soll im Mittelalter nördlich des Einödhofs die Burg der vom 12.-14. Jh. nachweisbaren Ritter von Schalnkam gestanden haben, die Ministerialen der Grafen von Andechs waren.

Kath. Kapelle St. Kastulus. Stattlicher Bau von 1678; umgebaut 1740 von Ignaz Anton Gunetzrhainer; mit Ausstattung.

Die einsam bei einem Einödhof im Wald gelegene, früher zum Kloster Beuerberg gehörige Kirche wird 1573 erstmals genannt. 1677/78 unter Propst Paulus Stainherr (1674-1696) umgebaut, wurde die im Kern spätgotische Anlage 1709 durch Joseph Poschenrieder und Johann Pföderl und bereits 1714 wieder durch Johann Würstl und Michael Pföderl bzw. Joseph Mayer instandgesetzt. 1740 erfolgte eine weitere Sanierung der Kirche nach Plan und unter der Leitung des Münchener Stadtmaurermeisters Ignaz Anton Gunetzrhainer, an der erneut Johann und Michael Pföderl beteiligt waren. – Nach Norden gerichteter, einschiffiger Bau mit leicht eingezogenem, dreiseitig geschlossenem Chor. Über verkröpften Pilastern Stichkappentonnen von 1740 mit einfachem geometrischem Felderstuck. Im Süden 1740 aufgemauerter, quadratischer Giebelreiter mit Oktogon und Zwiebelhaube.
Die qualitätvolle Ausstattung ist nach mehrfachen Einbrüchen und Diebstählen zur Zeit ausgelagert. Den Hochaltar hatte zwischen 1757 und 1762 Dionysius Sämmerer aufgestellt, die parallel zu den Langhauswänden stehenden Seitenaltäre 1704 sein Vater Balthasar. Das Hochaltarblatt des Titelheiligen stammte 1762 von Johann Georg Fux, die Seitenaltarbilder der Immaculata (westlich) und der hl. Maria Magdalena (östlich) 1704 von Johann Baptist Untersteiner. Hochaltarfiguren 1757/62 von Joseph Krinner d.J. – Kanzel 1741 von Benedikt Künpauer, gefaßt von Philipp Guglhör. – Apostelfiguren und Kruzifix, 1701 von Gallus Mangold.

Haus Nr. 2. Ehem. Bauernhaus (um Wirtschaftsteil verkürzt), breitgelagerter, verputzter Blockbau, im Kern 2. Hälfte 17. Jh.

Ehemals Ökonomie und Wohnhaus des Forstärars für den Rottmeister, vermutlich durch Balthasar Schormair erbaut, der ab 1670 Besitzer des Anwesens war und 1700 starb. 1896 kaufte Georg Käß, Eigentümer von Schloß Eurasburg, das Gebäude und hinterließ es 1903 seiner Tochter Maria Gräfin von Tattenbach.

Seeheim

Am Waldweg 26. Landhaus mit Turm, Zwerchgiebel und reichem Zierfachwerk, 1902.

Seeleitn 2. Eingeschossiges Landhaus mit überstehendem Dach, Runderker, Rundbogenfenstern und Veranda, 1926.

Seeleitn 21. Landhaus mit Spitzturm und Fachwerkteil, 1900.

Seeleitn 35. Stattliches Landhaus in klassizistischen Formen, mit Walmdach und ursprünglicher Fensterteilung, um 1910/14.

Das Gebäude wurde 1922 von Otto Gassner umgebaut.

Seeleitn 57. Ehem. Landhaus, jetzt Schullandheim, mit Mansardwalmdach, z.T. Korbbogenfenstern und Zwerchgiebel, um 1900.

Schallenkam, kath. Kapelle St. Kastulus

Schallenkam, Kapelle, westlicher Seitenaltar und Kanzel, Aufnahme um 1960

Schallenkam, Haus Nr.2

Schallenkam, Kapelle, Hochaltar, Aufnahme um 1960

Seeheim, Seeleitn 35

Seeheim, Seeleitn 57

Seeheim, Am Waldweg 26

Seeheim, Seeleitn 21

Seeheim, Seeleitn 2, Westseite

Seeheim, Seeleitn 2, Südseite

Seeleitn 83. Landhaus, Satteldachbau mit erdgeschossigem Eckerker, Veranda und Zierfachwerk, 1896.

Seeheim, Seeleitn 83

Sonderham

Feldkapelle in einzigartiger Höhenlage. Modernes Rokoko, 1947/48; mit Ausstattung.

Die von Bäumen umgebene Maria-Dank-Kapelle wurde 1947/48 aus Münchener Trümmerschutt auf einem Hügel errichtet, der einen weiten Blick auf das Westufer des Starnberger Sees und das Voralpenland gewährt. – Das querrechteckige Schiff mit abgeschrägten Ecken und Muldengewölbe; analog der eingezogene Chor an der Westseite. Beleuchtung durch lebhaft geschwungene Fenster, die an Bauten Dominikus Zimmermanns erinnern. Kleiner Dachreiter mit Zwiebelhaube.

Sonderham, Feldkapelle

Sonderham, Feldkapelle, Inneres nach Westen

Staudach

Kath. Filialkirche St. Vitus. Anfang 16. Jh., 1861 restauriert; mit Ausstattung.

Staudach, kath. Filialkirche St. Vitus

Spätgotischer, ursprünglich den 14 Nothelfern geweihter Bau des frühen 16. Jhs., malerisch bei einem schon 1088 erwähnten Einzelhof gelegen. 1862 im Auftrag von Franz und Albertine von Pocci restauriert und umgestaltet; vgl. Inschrift in den Chorfenstern. 1981 restauriert. – Flachgedecktes, einschiffiges Langhaus mit neugotischer Westempore von 1862. Im wenig eingezogenen, fünfseitig geschlossenen Chor 1862 erneuertes Netzrippengewölbe. Westturm mit Spitzhelm. – Glasgemälde der Fenster 1862, im Langhaus Darstellungen des hl. Georg und der Muttergottes. – Neugotischer Hochaltar von 1862, im Gesprenge Muttergottes zwischen Engeln. Die übrigen Figuren und Tafelbilder stammen von einem spätgotischen Altar um 1500: in der Mitte die hll. Johannes d.T., Maria Magdalena und Vitus; auf den Flügeln innen Martyrium der hll. Vitus, Modestus und Kreszentia sowie Himmelfahrt der Büßerin Maria Magdalena, außen Maria Magdalena und Johannes d.T.; in der Predella die hll. Leonhard, Georg, Barbara, Katharina, Margareta, Achatius und Ägidius, rückseitig die hll. Vitus, Pantaleon, Eustachius, Erasmus, Nikolaus, Dionysius und Christophorus. – An den Langhauswänden großes, in zwei Teile zersägtes Tafelbild der 14 Nothelfer, bez. 1630. Ehem. Altarblatt der 14 Nothelfer unter der Trinität, Mitte 17. Jh. – Rosenkranzmadonna, 1663 im Auftrag von Georg und Margareta Saunser geschnitzt. – Neben der Sakristeitür originelle Glocke, wohl 16. Jh.

Haus Nr. 1. Zugehörig erdgeschossiger Getreidekasten, Ende 16. Jh.

Staudach, Filialkirche, Inneres nach Osten

Staudach, Filialkirche, Inneres nach Westen

Staudach, Filialkirche, Tafelbild der 14 Nothelfer (linker Teil), 1630

Staudach, Filialkirche, Hochaltar (geöffnet)

Staudach, Filialkirche, Glocke

Staudach, Filialkirche, 14 Nothelfer, 1. Hälfte 17. Jh.

Staudach, Haus Nr. 1, Getreidekasten

Staudach, Filialkirche, Hochaltar (geschlossen)

Weidenkam

Haus Nr. 1. Schloß; Gesamtanlage mit schloßartigem Herrenhaus, Neben- und Wirtschaftsgebäude, Pavillon und Ummauerung, 1857 errichtet und 1911-13 von Karl Bauer erweitert.

Weidenkam, das bereits 945 als „Witinchaim" urkundlich erwähnt wird, bestand ursprünglich aus zwei Höfen, die 1857 von der Fürstin Löwenstein gekauft wurden. Sie ließ daneben ein kleines Schloß im englischen Stil errichten, das 1911-1913 der Ulmer Münsterbaumeister Karl Bauer im Auftrag der Gräfin von Tattenbach, der damaligen Besitzerin von Schloß Eurasburg, umgestaltete und erweiterte.

Weipertshausen

Haus Nr. 13. Am Wohnteil des Bauernhauses reich ornamentierte Dachuntersichten und Giebelverschalung. – Zugehörig zweigeschossiger Getreidekasten, bez.1795; alter Überbau mit Flachsatteldach.

Haus Nr. 31. Kath. Kapelle St. Koloman; nachgotischer Bau von 1608, nach Einsturz 1985 rekonstruiert; mit Ausstattung.

Laut Inschrift auf einem Rotmarmorstein wurde die auf einem Hügel nördlich außerhalb des Orts stehende Kirche 1608 von Oswald Stadler, Magister der Künste und Philosophie und Prokurator der Stadt München, zusammen mit Michael Ompacher aus Weipertshausen gestiftet. 1764 erneuert und um 1860 innen neugotisch umgestaltet, stürzte der einschiffige, mit einer Stichkappentonne überwölbte und dreiseitig geschlossene Bau 1985 mit Ausnahme der Sakristei von 1708(?) ein und wurde danach in der alten Form mit Dachreiter über dem Westgiebel wiedererrichtet. Von der barocken Ausstattung (u.a. 1701 Seitenaltäre von Balthasar Sämmerer mit Gemälden von Johann Baptist Untersteiner) blieb wenig erhalten. – Neugotischer Hochaltar, Ende 19. Jh. – Figur des hl. Koloman, 1753 von Joseph Krinner d.J.

Nördliche Seestraße 124. Nebengebäude zu Nördliche Seestraße 126; dreiseitig um einen Wirtschaftshof gruppierte Satteldachbauten mit barockisierenden Giebelfronten, um 1900.

Nördliche Seestraße 126. Sehr stattliches Landhaus mit geschweiften Zwerchgiebeln, Erkerturm und Veranda, um 1900.

Weidenkam, Haus Nr.1, Schloß, Gartenseite

Weidenkam, Haus Nr.1, Schloß, Eingangsseite

Weidenkam, Haus Nr.1, Nebengebäude

Weidenkam, Haus Nr.1, Nebengebäude

Weipertshausen, Haus Nr.13

Weipertshausen, Haus Nr.13, Getreidekasten

Weipertshausen, Ansicht der Kolomanskapelle nach dem Einsturz 1985

Weipertshausen, Haus Nr.31, kath. Kapelle St.Koloman

Weipertshausen, Nördliche Seestraße 126

Weipertshausen, Kolomanskapelle, hl.Koloman, 1753

Weipertshausen, Kolomanskapelle, Inneres nach Osten

Weipertshausen, Nördliche Seestraße 124

Nördliche Seestraße 130. Schloß Seeburg; stattliche burgartige Anlage mit Schloßkapelle, Bergfried und Nebengebäuden, erbaut 1888 von Julius Hofmann, umgestaltet 1902 von Friedrich von Thiersch, 1924 und 1942 erweitert. – Zugehörig hölzerne Schiffhütte und Beton-Ufereinfassung mit Pfeilern, zwei Löwen und bildstockförmigem „Leuchtturm", 1902 von Friedrich von Thiersch.

Die auf einer bewaldeten Anhöhe über der Seeuferstraße gelegene „Seeburg" wurde 1888 von Julius Hofmann für Theodor Höch entworfen unter dem Eindruck von König Ludwigs II. Schloß Neuschwanstein, an dessen Bau und Ausstattung der Münchener Architekt beteiligt war. 1902 kaufte der Augsburger Major Peter Göring die imposante Anlage und beauftragte Friedrich von Thiersch mit dem Umbau. 1922 kam der Besitz an die Bayerische Landessiedlung, 1924 an den Prinzen Karl von Isenburg, der das Schloß erweitern ließ. Weitere Eigentümer: 1931ff. Reichsminister Adolf von Brüning, 1942ff. NSV in Berlin (mit Ausbau der Küche im Norden), 1948ff. Land Bayern. Heute Sitz einer Religionsgemeinschaft.
Das teils aus sichtbar belassenen Betonwerksteinen, teils aus Sichtbeton ohne Fugenteilung errichtete, neuromanische Schloß erstreckt sich in Nord-Süd-Richtung. Im Süden gewährt das rundbogige Einfahrtstor Einlaß in einen schmalen, längsrechteckigen Hof. An den Torbau schließt sich unmittelbar östlich die von einem wuchtigen Dachreiter mit Zeltdach bekrönte Kapelle an; die vorwiegend ornamtentale Ausmalung des einschiffigen Langhauses und der eingezogenen, halbrunden Apsis ist 1896 datiert. Die Westseite des Hofs dominiert der langgestreckte, auf den See ausgerichtete Haupttrakt mit den Wohnräumen; an den Ecken sind jeweils unterschiedliche Erker mit zinnenbekrönten Türmchen angeordnet. Neben dem Bergfried, der sich mit auskragendem oberstem Geschoß im Norden erhebt, befindet sich der später umgestaltete Küchenflügel. Zwischen ihm und der Kapelle bilden zwei versetzte Bauten mit Nebenräumen die Ostfront des Hofs. – Von der ursprünglichen Ausstattung haben sich spärliche Stukkaturen im ehem. Billardsaal erhalten; dazu in der Eingangshalle eine beschädigte, allegorische Marmorfigur, die die Aufschrift „Bracagio Milano" trägt und angeblich von der Weltausstellung in Brüssel (1898) stammt.
Im August 1902 erbaute Thiersch für Göring am Seeufer eine Schiff- und eine (inzwischen abgebrochene) Badehütte und verband sie mit einer kleinen, von einer geschwungenen Mauer umgebenen Insel, an deren Nordspitze ein „Leuchtturm" steht.

Wegkapelle. 2. Hälfte 18. Jh.; mit Ausstattung; nördlich vom Ort.

Nach Norden gerichtet, halbrund geschlossen, mit Figur des Geißelchristus.

Archäologische Denkmäler

Gemarkung Degerndorf

TK 8134; Flurkarte SW 12-07; Flur „Aubreite" bzw. „Reichental".
Vorgeschichtliche *Grabhügel* in der Lüsbachniederung. Drei kleine bis mittelgroße, stark verflachte Hügel.
Ca. 1100 m nordnordwestlich der Kirche von Degerndorf.

TK 8134; Flurkarte SW 12-07; Flur „Galgenberg".
Spätrömische und frühmittelalterliche *Körpergräber* (mindestens 10) mit Beigaben beim Abtragen des Galgenbergs.
Ca. 1200 m nordnordöstlich der Kirche von Degerndorf.

Gemarkungen Eurasburg und Holzhausen a. Starnberger See

TK 8134; Flurkarte SW 14-08; Flur „Burgrain".
Burgstall im Mündungsdreieck von zwei Seitengewässern des Eichgrabens, auf einer nach Westen weisenden Zunge; kurze, sehr steile Abfälle nach Süden und Nordwesten, flach ansteigendes Hinterland. Im Grundriß dreieckige, nur etwa 17 m lange Hauptburg, die im Osten von zwei eng gesetzten, jeweils knapp 1,5 m tiefen, in den Hängen ausstreichenden Gräben umfahren wird; zwischen den Gräbern ein schmaler von Südsüdosten nach Nordnordwesten orientierter Erdrücken. In der westlichen Böschung des Kernwerks ein kurzer, kräftig gekrümmter Grabeneinschnitt mit äußerer Walleinfassung. Wenige Meter östlich vom Burgstall liegt eine auffallend geradlinig geführte, etwa 10 m breite Wallgrabenkombination, die sich 60 m in Nord-Süd-Richtung erstreckt und an den Plateaurändern endet. Möglicherweise handelt es sich um die äußere Begrenzung der Vorburg. Wegen des wenig ausgeprägten Grabens und der geringen Mächtigkeit des Walles könnte hier aber auch eine Befestigung aus einer vorgeschichtlichen Periode vorliegen.
Ca. 500 m südlich der Kirche von Schallenkam.

Gemarkung Holzhausen a. Starnberger See

TK 8134; Flurkarte SW 13-07; Flur „Kleinfeld".
Luftbildbefund mit schwachen Erhebungen; möglicherweise verebnete vorgeschichtliche *Grabhügel.*
Ca. 1150 m westsüdwestlich der Kirche von Degerndorf.

Gemarkung Münsing

TK 8034; Flurkarte SW 11-07; Flur „Münsinger Feld".
Vorgeschichtliches *Grabhügelfeld* in der Niederung des Lüsbaches. 18 weitgehend verebnete und zwei noch mittelgroße bis große Hügel. Aus einigen Gräbern hallstattzeitliche Funde.
Ca. 900 m westsüdwestlich von Buchsee.

Weipertshausen, Nördliche Seestraße 130, Schloß von Südosten

Weipertshausen, Nördl. Seestraße 130, Schloßkapelle, Inneres nach Osten

Weipertshausen, Nördl. Seestraße 130, Schloß, Figur in der Eingangshalle

Weipertshausen, Nördliche Seestraße 130, Schloß, Innenhof nach Süden

Weipertshausen, Nördliche Seestraße 130, Schiffhütte, Ufereinfassung und „Leuchtturm"

Weipertshausen, Wegkapelle

Weipertshausen, Wegkapelle, Geißelchristus, 18. Jh.

Münsing, vorgeschichtliche Grabhügelgruppe und Spuren von Hochäckern auf dem „Münsinger Feld"

TK 8034; Flurkarte SW 11-07; Flur „Ödplatz".
Vorgeschichtliche *Grabhügel* auf Äckern und Wiesen in flach nach Nordosten einfallendem Gelände. Ein großer und fünf verflachte Hügel. Aus drei Gräbern hallstattzeitliche Funde. In der Umgebung der Grabhügel Spuren von Hochackerbeeten.
Ca. 500 m südsüdöstlich von Buchsee.

TK 8034; Flurkarte SW 11-07; Flur „Schwabbrucker Holz".
Vorgeschichtliches *Grabhügelfeld* auf einer flach gewölbten Höhe östlich vom Buchsee. 36 meist mittelgroße, locker gestreute Hügel. Sieben auf Äckern und Wiesen liegende Hügel sind obertägig kaum mehr wahrnehmbar. Aus einigen Gräbern hallstattzeitliche Funde.
27 Grabhügel auf Gemarkung Münsing, 9 auf Gemarkung Höhenrain (Gemeinde Berg, Lkr. Starnberg).
Ca. 375 m ostnordöstlich-nordöstlich von Buchsee.

TK 8034; Flurkarte SW 11-07; Flur „Wiesholz" u. „Schwabbrucker Feld".
Vier stark verflachte vorgeschichtliche *Grabhügel* in flach nach Nordwesten einfallendem Gelände auf Äckern und Wiesen.
Ca. 700 m nordwestlich von Buchsee.

TK 8034; Flurkarte SW 11-08.
Vorgeschichtliche *Grabhügel* in flachwelligem Gelände am Rand eines verlandeten Weihers. Ehemals drei, heute noch zwei obertägig kenntliche Hügel. Aus zwei Gräbern hallstattzeitliche Funde.
Ca. 625 m südsüdwestlich von Sankt Coloman.

TK 8034; Flurkarte SW 10-07, SW 10-08, SW 11-08; Flur „Auf der gscheibigen Wiese", „Kohlmannsfeld" u. „Sonnenlohe".
Vorgeschichtliches *Grabhügelfeld* in flach nach Westen einfallendem Gelände. 67 meist mittelgroße, breit verflossene Hügel. Aus einigen Gräbern hallstattzeitliche Funde.
5 Grabhügel auf Gemarkung Münsing, 62 auf Gemarkung Höhenrain (Gemeinde Berg, Lkr. Starnberg).
Ca. 500 m nordwestlich von Sankt Coloman.

TK 8034; Flurkarte SW 11-07.
Acht Ost-West orientierte, vermutlich frühmittelalterliche *Körpergräber*; keine Beigaben beobachtet.
In Weipertshausen.

TK 8034; Flurkarte SW 11-07.
Frühbronzezeitliche *Siedlung*. In einer Grube mit Holzkohle vermischt zahlreiche Siedlungsfunde (Keramikscherben, Webgewichte, Bruchstücke von Reib- und Schleifsteinen, Hüttenlehm u. a.).
Am östlichen Ortsrand von Weipertshausen.

TK 8034; Flurkarte SW 12-07.
Luftbildbefund mit schwachen Erhebungen; möglicherweise verebnete vorgeschichtliche *Grabhügel*.
Ca. 1300 m ostsüdöstlich der Kirche von Münsing.

TK 8034; Flurkarte SW 12-07.
Schwache Erhebungen im Luftbild; möglicherweise verebnete vorgeschichtliche *Grabhügel*.
Ca. 300 m westlich der Kirche von Münsing.

TK 8134; Flurkarte SW 12-07; Flur „Breitenloh".
Stark verflachte vorgeschichtliche *Grabhügel* in flachwelligem Gelände; ehemals vier, heute noch drei Hügel obertägig kenntlich. Aus einem der Gräber hallstattzeitliche Funde.
Ca. 1250 m nordwestlich der Kirche von Degerndorf.

TK 8134; Flurkarte SW 12-07.
Ein völlig verebneter vorgeschichtlicher *Grabhügel* in flachwelligem Gelände.
Ca. 1375 m nördlich-nordnordöstlich der Kapelle von Attenkam.

TK 8134; Flurkarte SW 12-07; Flur „Lohfeld".
Ein stark verflachter, mittelgroßer vorgeschichtlicher *Grabhügel* in flachwelligem Gelände.
Ca. 1800 m nördlich-nordnordöstlich der Kapelle von Attenkam.

TK 8134; Flurkarte SW 12-06; Flur „Große Filze".
Vorgeschichtliche *Grabhügel* in einer flach nach Süden zu einer moorigen Senke einfallendem Gelände. Fünf mittelgroße, gut erhaltene Hügel, von denen einer in jüngerer Zeit geöffnet wurde. Näheres unbekannt.
Ca. 1550 m westlich-westsüdwestlich vom Haltepunkt Degerndorf.

TK 8134; Flurkarte SW 12-06; Flur „Eckenkreuz".
Vorgeschichtliches *Grabhügelfeld* in flach nach Norden ansteigendem Gelände. 26 kleine bis mittelgroße, unbeschädigte Hügel.
Ca. 1900 m nordnordwestlich der Kapelle von Bolzwang.

Münsing, vorgeschichtliche Grabhügel und Hochackerbeete in der Flur „Ödplatz“

Münsing, zwei verflachte Grabhügel an einem verlandeten Weiher (Bildmitte)

Münsing/Höhenrain, vorgeschichtliche Grabhügel (die dunklen Hügelkuppen ragen aus der Schneedecke heraus)

Münsing, vier stark verflachte Grabhügel am Waldrand im „Schwabbrucker Feld“

Gemeinde Reichersbeuern

Baudenkmäler

Reichersbeuern

Kath. Pfarrkirche St. Korbinian. Spätgotisch, 1663 erweitert und 1748 barockisiert, Turmoberbau bez. 1763; mit Ausstattung.

Im Kern spätgotische Anlage, 1663 erweitert und 1748 (vgl. Datum über dem Chorbogen) umgestaltet; zuletzt wohl mit Erneuerung des Turmabschlusses, der 1831 verändert wurde. 1976f. restauriert. – Einschiffiger Bau zu vier Jochen mit Doppelempore im Westen und wenig eingezogenem, dreiseitig geschlossenem Chor; über geschichteten Wandpilastern Segmentbogentonnen. Vor der Westfassade stattlicher, quadratischer Turm mit originell gestalteter Haube über kielbogigen Giebeln; das Datum 1763 unklar.
Langhausfresken 1748 von Julian Breymeyer, bez.: Szenen aus dem Leben des hl. Korbinian. Das wohl um 1761 entstandene Chorfresko wird Wilhelm Anton Fett zugeschrieben: zwischen den Wappen der Stifter, Johann Max IV. Emanuel Graf Preysing und seiner Gemahlin Maria Theresia Anna Gräfin Fugger-Nordendorf, Darstellung eines Ponifikalamts, das im Beisein der gräflichen Familie anläßlich der Reliquienübertragung des hl. Honorat am 13. August 1752 stattgefunden hat. – Altäre um 1700. Hochaltarblatt: Tod des hl. Korbinian, 1844 von dem Südtiroler Michael Andersag; im Auszug Gottvater, um 1700. Figuren gleichzeitig: seitlich die hll. Joseph und Leonhard; der Tabernakel flankiert von einem Papst (Gregor?) und einem Bischof (Augustinus?), oben Büste des hl. Korbinian. – Gemälde der Seitenaltäre: nördlich hl. Familie, im Auszug hl. Sebastian; südlich hl. Donatus (wohl im 19. Jh. überarbeitet), im Auszug hl. Florian. Seitenfiguren: nördlich die hll. Apollonia und Barbara, südlich die hll. Isidor und Notburga. Auffallend die prächtig geschnitzten Predellenschreine, um 1752: nördlich mit Relief des Brückensturzes des hl. Johann Nepomuk, südlich mit den Gebeinen des hl. Honorat. – Rokokokanzel um 1750/60; am Korb Evangelistensymbole, auf dem Schalldeckel Johannes d.T. – Chorgestühl neubarock. – Kreuzweg von der Schwazer Malerin Anna Maria Moser, 1813 unter Pfarrer Benedikt Paur angeschafft. – Figuren: hl. Anna selbdritt und hl. Sebastian, Anfang 16. Jh. Hl. Michael, Ende 17. Jh. Büsten der Apostel Petrus und Paulus, Mitte 18. Jh.

Reichersbeuern, kath. Pfarrkirche St. Korbinian

Reichersbeuern, Pfarrkirche, Inneres nach Osten

Reichersbeuern, Pfarrkirche, Inneres nach Westen

Reichersbeuern, Pfarrkirche, Hochaltar

Reichersbeuern, Pfarrkirche, hl.Anna selbdritt, Anfang 16. Jh

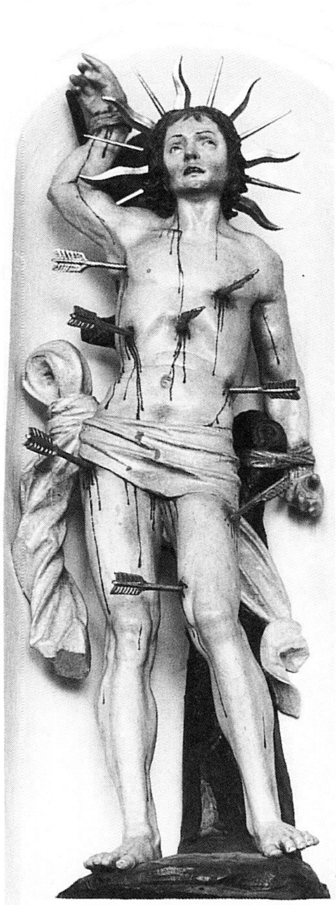

Reichersbeuern, Pfarrkirche, hl.Sebastian, Anfang 16. Jh.

Reichersbeuern, Pfarrkirche, Kanzel

Reichersbeuern, Pfarrkirche, nördlicher Seitenaltar

Reichersbeuern, Pfarrkirche, südlicher Seitenaltar

Ansicht des Schlosses in Reichersbeuern von Südwesten, Kupferstich von Michael Wening, 1701

Schloß Sigriz. Umfangreiche Anlage um 1515, Umbau Anfang 18. Jh. und 1730. – Schloßkapelle; mit Ausstattung.
875 wird erstmals der Ort „Richersburon" und 1350 das Schloß erwähnt. Zunächst Lehen des Klosters Tegernsee, wechselten im 14./15. Jh. die Besitzer mehrfach, bis es 1487 an Anton von Ross kam. Vermutlich unter Veit Jakob Tänzl von Tratzberg (1514-1519) wurde das Schloß tiefgreifend verändert. Weitere Eigentümer: um 1580-1588 Otto von Pienzenau, 1628ff. Grafen von Preysing. Im frühen 18. Jh. Umgestaltung nach einem Brand, 1730 Erweiterung nach Westen. Seit 1829 Besitz der Herren von Sigriz, die noch im selben Jahr den Bau um ein Stockwerk erhöhen ließen. 1938 wurde hier ein Landerziehungsheim eingerichtet. 1979ff. Instandsetzung.
Ausgedehnte, ehemals auf drei Seiten von Wassergräben umgebene Anlage auf einem schmalen Hügel am nordwestlichen Ortsrand. Die Südfront wird von Rundtürmen mit kegelförmigen Hauben flankiert. Im Nordwesten Torturm mit Wappen des Johann Maximilian Felix Ferdinand von Preysing und Datum 1727. Ein weiterer, nicht in voller Höhe

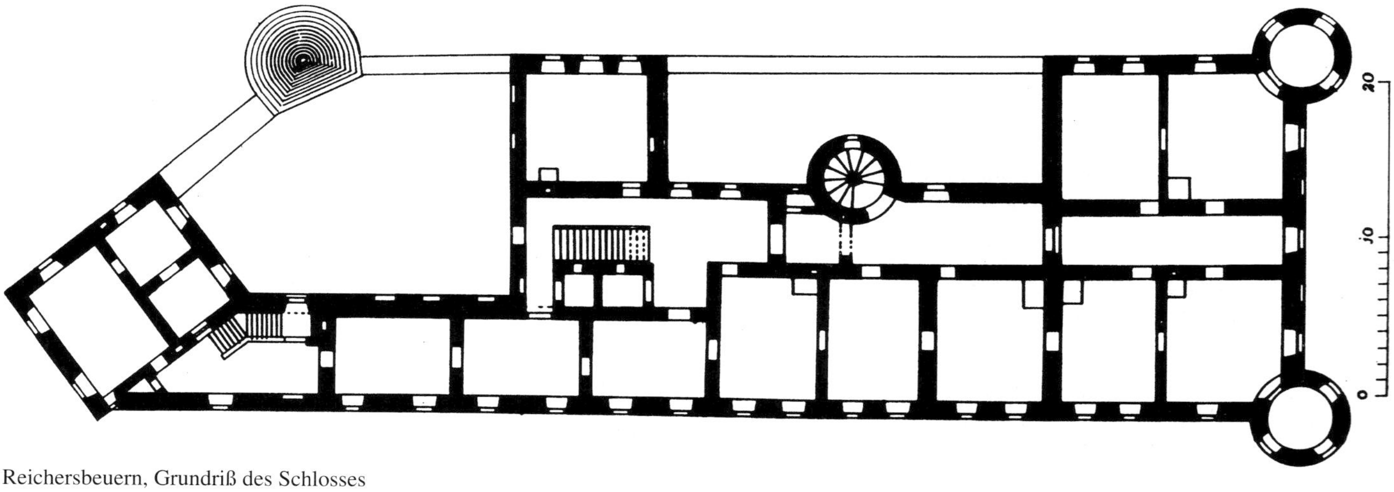

Reichersbeuern, Grundriß des Schlosses

Reichersbeuern, Luftaufnahme des Schlosses von Südosten, 1981

Reichersbeuern, Schloß Sigriz, Ansicht von Südosten

Reichersbeuern, Schloß Sigriz, Ansicht von Nordwesten

Reichersbeuern, Schloß Sigriz, äußere Durchfahrt

Reichersbeuern, Schloß Sigriz, äußerer Hof nach Norden

Reichersbeuern, Schloß Sigriz, Eingangstür

erhaltener Turm trennt den äußeren, geräumigen vom inneren, schmalen Hof. Hier Wendeltreppe mit Zugang zu den ungewöhnlich gut erhaltenen, spätgotischen Räumen des 1.Obergeschosses, die vor allem wegen ihrer prachtvollen Holzdecken bemerkenswert sind. Im südwestlichen Eckzimmer zwischen rautenförmigen Feldern reich geschnitztes Wappen des Veit Jakob Tänzl von Tratzberg, um 1514/19; das südöstliche Gegenstück mit quadratischen, diagonal stehenden Feldern dürfte erst zwischen 1580 und 1588 entstanden sein: in der Mitte Wappen des Otto von Pienzenau und seiner Gemahlin Sophie von Closen. Hervorzuheben sind auch einige qualitätvolle Kachelöfen des 16./17. Jhs. Am Gitter der

Reichersbeuern, Schloß Sigriz, Treppenaufgang

Reichersbeuern, Schloß Sigriz, Gang im Obergeschoß

Ansicht des Schlosses in Reichersbeuern von Südwesten, Kupferstich von Michael Wening, 1701

Reichersbeuern, Schloß Sigriz, Szene aus der Aeneis, Relief um 1830/40

Reichersbeuern, Schloß Sigriz, Kachelofen

Haupttreppe Wappen der Grafen von Preysing, Mitte 17. Jh. In der Schloßkapelle St. Martin, die sich in einem ehem. Mauerturm an der Ostseite des äußeren Hofs befindet, origineller Altaraufsatz um 1530/40, der Johann Bockschütz zugeschrieben wird: unter einem Baldachin, den vier phantastische Balustersäulen tragen, Figurengruppe der Mantelspende des hl. Martin; auf den Kapitellen Engel mit Früchte- und Blumengirlanden, im halbkreisförmigen Auszug Gottvater zwischen Engeln.

Reichersbeuern, Schloß Sigriz, ehem. Aktenschrank, Ende 17.Jh.

Reichersbeuern, Schloß Sigriz, Wappen des Veit Jakob Tänzl von Tratzberg im südwestlichen Eckzimmer des Obergeschosses

Reichersbeuern, Schloß Sigriz, Wappen des Otto von Pienzenau im südöstlichen Eckzimmer des Obergeschosses

Reichersbeuern, Schloß Sigriz, südwestliches Eckzimmer im Obergeschoß

Reichersbeuern, Schloß Sigriz, südöstliches Eckzimmer im Obergeschoß

Reichersbeuern, Schloß Sigriz, Gitter der Haupttreppe

Reichersbeuern, Schloß Sigriz, Kapelle St.Martin

Reichersbeuern, Schloß Sigriz, Halle im Kellergeschoß

Reichersbeuern, Schloß Sigriz, Kapelle, Altar

Daisenbergerweg 8 (Grasberger). Zugehörig kleiner erdgeschossiger Getreidekasten, 18. Jh.

Daisenbergerweg 13 (Bernhard). Ehem. Bauernhaus mit Blockbau-Obergeschoß, 1. Hälfte 18. Jh.

Ungewöhnlich das nur aufgemalte, östliche Fenster der Nordseite.

Probststraße 6 (Schneiderhäusl). Bauernhaus mit Blockbau-Obergeschoß, Kern 17./18. Jh., erneuert.

Raiffeisenstraße 23 (Festenhäusl/Kühbauernhäusl). Kleines, einraumtiefes Wohnhaus, verputzter Blockbau mit Steildach, 2. Hälfte 18. Jh.

Richtergasse 3. Ehem. Richterhaus mit Steildach und Traufseitlaube, Kern 1. Hälfte 18. Jh.

Tegernseer Straße 10 (Reithammer). Ehem. Kleinbauernhaus mit Blockbau-Obergeschoß, Kern Mitte 17. Jh.

Tölzer Straße 10 (Altenkramer). Ehem. Kleinbauernhaus, verputzt, Ende 18. Jh.

Trischbergerweg 5 (Peterschmied). Ehem. Bauernhaus, malerischer, zweigeschossiger Blockbau, 2. Viertel 17. Jh.

Bildstock. Tuffsäule, wohl 16. Jh.; 1 km westlich der Pfarrkirche an der Straße nach Greiling.

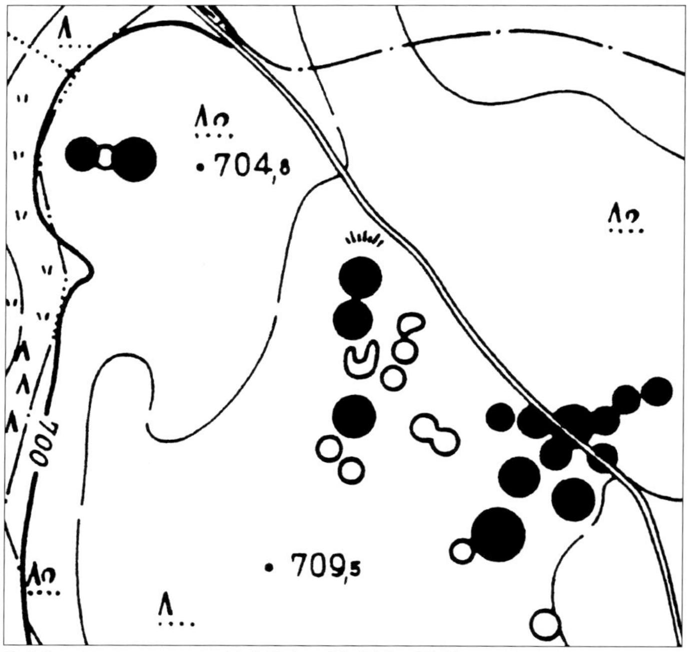

Reichersbeuern, vorgeschichtliches Grabhügelfeld

Archäologische Denkmäler

Gemarkung Reichersbeuern

TK 8235; Flurkarte SO 18-02; Flur „Pointbichl“.
Frühmittelalterliches *Gräberfeld.* Seit dem 19. Jahrhundert bis in jüngste Zeit wurden hier bei Bauarbeiten Gräber zerstört; einige Skelettreste und Beigaben ohne Fundzusammenhang geborgen.
Ca. 200 m nordnordöstlich der Kirche von Reichersbeuern.

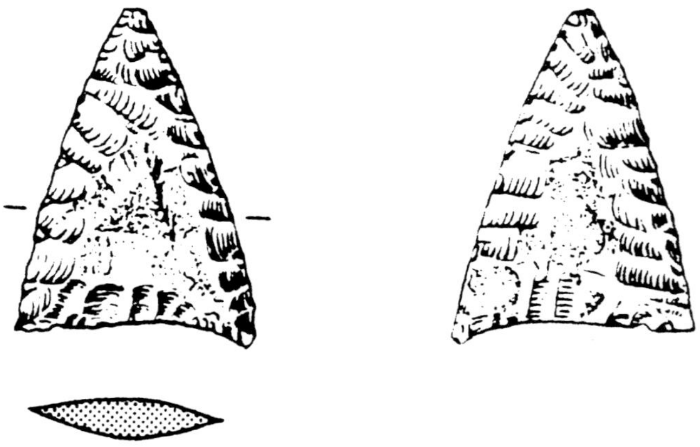
Reichersbeuern, Silexpfeilspitze

TK 8235; Flurkarte SO 17-01; Flur „Pfarrholz“ bzw. „Pfarrloh“.
Vorgeschichtliches *Grabhügelfeld* am östlichen Talrand des Langenbruckbaches in flachwelligem Gelände. Mindestens 16 mittelgroße bis große, teils auch verebnete Hügel in drei Gruppen am Hangabbruch. Aus einem Grab bronzezeitliche Funde.
Ca. 1100 m nordöstlich der Kirche von Ellbach.

TK 8235; Flurkarte SO 17-02.
Spätneolithische *Siedlungsschicht* mit Feuerstellen in 2,0-2,4 m Tiefe im Moor am Längensee; unter den Funden eine Silexpfeilspitze.
Ca. 3100 m ostnordöstlich der Kirche von Ellbach.

TK 8235; Flurkarte SO 18-02, SO 18-03.
Luftbildbefund mit unklaren Strukturen; möglicherweise verebnete vorgeschichtliche *Grabhügel.* Die Fundstelle reicht bis in Gemarkung Schaftlach (Gemeinde Waakirchen, Lkr. Miesbach).
Ca. 1300 m nördlich der Kirche von Reichersbeuern.

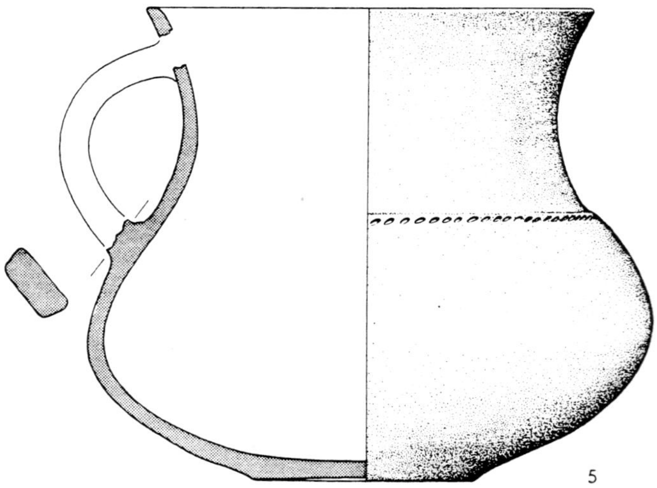

Reichersbeuern, verziertes bronzezeitliches Gefäß aus einem Grabhügel

Reichersbeuern, Daisenbergerweg 8, Getreidekasten

Reichersbeuern, Daisenbergerweg 13

Reichersbeuern, Probststraße 6

Reichersbeuern, Richtergasse 3

Reichersbeuern, Tegernseer Straße 10

Reichersbeuern, Tölzer Straße 10

Reichersbeuern, Raiffeisenstraße 23

Reichersbeuern, Trischbergerweg 5

Reichersbeuern, Bildstock

Sachsenkam, Ortsansicht von Norden

Gemeinde Sachsenkam

Baudenkmäler

Sachsenkam

Kath. Pfarrkirche St. Andreas. Spätgotisch, 1787 umgestaltet; mit Ausstattung.

Im Kern spätgotische, 1787 umgestaltete Anlage, vgl. das Chronogramm über dem Chorbogen. 1975f. restauriert. – Vierjochiger Saalbau mit eingezogenem, dreiseitig geschlossenem Chor. Gliederung des Langhauses durch flache Wandpfeiler mit vorgelegten toskanischen Halbsäulen, im Chor Pilaster; darüber Stichkappentonnen. An der Südseite des Schiffs Marienkapelle, ein schlichter, flachgedeckter Rechteckraum. Östlich anschließend der hohe, quadratische Turm mit Spitzhelm zwischen Dreiecksgiebeln.
Die 1787 von Caspar Weidinger in klassizistischen Formen gemalte Gewölbedekoration umrahmt Fresken mit Szenen aus dem Leben und der Glorie des hl. Andreas; an den Wänden Halbfiguren der Apostel. – Altäre um 1787. Hochaltarblatt des hl. Andreas (modern), darüber Krönung Mariä. Nördlicher Seitenaltar mit Figuren der Muttergottes und der hll. Agnes und Barbara; Auszugbild: Taufe Christi. Im südlichen Seitenaltar Gemälde der Muttergottes mit den hll. Joachim und Anna, im Auszug hl. Sebastian; seitlich Figuren der hll. Laurentius und Stephanus. – Kapellenaltar um 1720 mit geschnitzter Pietà. – Taufbecken bez. 1604. – Kanzelkorb Anfang 18. Jh. mit Relieffiguren Christi und der Evangelisten. Schalldeckel um 1787. – Bemerkenswertes, von Giovanni Battista Pittoni (1687-1767) beeinflußtes Gemälde mit ungewöhnlicher Darstellung der Apostelfürsten, um 1750/60, vermutlich Entwurf für ein Altarblatt. – Interessante Kreuzigungsgruppe: Kruzifix 14. Jh; Assistenzfiguren Ende 15. Jh. Hl. Katharina und hl. Georg, um 1720.

Sachsenkam, kath. Pfarrkirche St. Andreas

Sachsenkam, Pfarrkirche, Inneres nach Westen

Sachsenkam, Pfarrkirche, Inneres nach Osten

Sachsenkam, Pfarrkirche, Chorfresko

Sachsenkam, Pfarrkirche, hl.Petrus und hl.Paulus, Ölskizze um 1750/60

Sachsenkam, Pfarrkirche, Langhausfresko

Sachsenkam, Pfarrkirche, Kreuzigungsgruppe, 14./15.Jh.

Sachsenkam, Pfarrkirche, Marienkapelle

Dreifaltigkeitskapelle (ehem. Pestkapelle). 1644; mit Ausstattung; am südlichen Ortsende.

Der hohe, dreiseitig geschlossene Bau an der Ecke Tölzer Straße/Wallbergstraße wurde durch den Freiherrlich-Preisingischen Hofmarkswirt („Altwirt") Hans Dietenhauser gestiftet und am 11. November 1644 zu Ehren der Hl. Dreifaltigkeit konsekriert.

Ahornstraße 1 (Peterbauer). Bauernhaus mit Blockbau-Obergeschoß, 2. Hälfte 18. Jh.

Bergstraße 5 (Stumbeck). Bauernhaus mit Blockbau-Obergeschoß, letztes Viertel 18. Jh.

Bergstraße 6. Ehem. Bauernhaus, Massivbau mit Hochlaube, Mitte 19. Jh.

Holzkirchner Straße 4. Ehem. Kleinbauernhaus, zweigeschossiger Blockbau mit Bretterlaube und Mittertenne, 1. Hälfte 17. Jh.

Holzkirchner Straße 5 (Kirmeier). Ehem. Kleinbauernhaus, z.T. verputztes Blockbau-Obergeschoß, Kern Ende 17. Jh.

Holzkirchner Straße 7 (Sattler). Kruzifix am Wirtschaftsteil, 16./ 17. Jh.

Das Kruzifix wurde entfernt und deponiert.

Kirchbichler Straße 9 (Kistler). Ehem. Kleinbauernhaus mit verschaltem Blockbau-Obergeschoß, 2. Hälfte 18. Jh.

Raiffeisenstraße 2a (Mühlberger). Wohnteil zweigeschossiger Blockbau, 2. Hälfte 17. Jh.

Raiffeisenstraße 3 (Weiß'n). Bauernhaus, Obergeschoß-Blockbau mit Lauben, Kern 18. Jh., Dach neu.

Raiffeisenstraße 5 (Hiermann-Schneider). Wohnteil eines ehem. Bauernhauses, mit Blockbau-Obergeschoß, Mitte 17. Jh.

Schulweg 1 (Mesner). Bauernhaus mit Blockbau-Obergeschoß, 1. Hälfte 17. Jh., Dach Ende 18. Jh

Winzererstraße 1 (Heißkegel). Bauernhaus, Massivbau mit Putzgliederung und Lauben, bez.1900.

Stattlicher, straßenbeherrschender Satteldachbau mit Eckrustika und reicher Putzverzierung, 1900 durch Nikolaus und Anna Spindler errichtet; vgl. Initialen und Datum an der 1988 teilerneuerten Haustür. Auffallend die drachenförmig geschnitzten Pfetten und die Balkenköpfe unter den Lauben. Im Giebel kleine Lourdesgrotte aus der Erbauungszeit; die seitlichen Medaillons mit Fresken des Evangelisten Johannes auf Patmos und der hl. Katharina wurden später ergänzt.

Sachsenkam, Ahornstraße 1

Sachsenkam, Bergstraße 5

Sachsenkam, Bergstraße 6

Sachsenkam, Holzkirchner Straße 4

Sachsenkam, Dreifaltigkeitskapelle

Sachsenkam, Holzkirchner Straße 5

Sachsenkam, Holzkirchner Straße 7, Kruzifix

Sachsenkam, Kirchbichler Straße 9

Sachsenkam, Raiffeisenstraße 2a

Sachsenkam, Raiffeisenstraße 3

Sachsenkam, Raiffeisenstraße 5

Sachsenkam, Schulweg 1

Sachsenkam, Winzererstraße [illegible]

Ansicht von Kloster Reutberg, Kupferstich von Michael Wening, 1701

Reutberg

Am Reutberg 1. Franziskanerinnenklosterkirche Mariä Verkündigung; erbaut 1733/35; mit Ausstattung. – Franziskanerinnenkloster; Ost-, Nord- und Westtrakt 1729ff. erbaut; mit Ausstattung. – Klostergartenmauer.

Geschichte. Nach einem Besuch der Casa Santa in Loreto gründeten der Hofmarksherr von Reichersbeuern, Graf Johann Jakob Papafava, und seine Gemahlin Anna von Pienzenau 1606 auf einem eigens gerodeten Hügel (Reutberg) eine Loretokapelle, die zu den ältesten ihrer Art in Deutschland gehört. Der große Besucherstrom veranlaßte die Gräfin 1618 zum Anbau zweier Seitenkapellen, die 1619 geweiht wurden. Gleichzeitig ließ sie aufgrund eines Gelübdes daneben ein Kloster errichten, das bereits im Herbst 1618 mit Kapuzinerinnen aus dem schweizerischen Pfannergg besetzt werden konnte. Erst 1651 erreichten die Nonnen ihre statutenmäßige Verfassung als Klausurkloster und die Angliederung an die bayerische Franziskanerprovinz. Seit 1677 bestand eine bescheidene Brauerei. 1729-1735 erbaute man eine größere Klosteranlage, nachdem der Gipfel des Hügels um „24 Werkschuh" abgetragen worden war. Nach der Säkularisation 1802 Zentral- bzw. Aussterbekloster für die Schwestern des Ridler- und Püttrichklosters in München, erwarb der stark reduzierte Konvent 1835 die Gebäude wieder vom bayerischen Staat. Noch im selben Jahr genehmigte König Ludwig I. den Fortbestand des Klosters, das 1849 von Franziskanerinnen übernommen wurde. 1902-1923 lebte hier Schwester M. Fidelis Weiß, deren Grab sich in der Klosterkirche befindet.

Baugeschichte. 1733 Grundsteinlegung zum Neubau der Kirche, den der Münchener Hofkammerrat Christian Raßveldt maßgeblich finanzierte; als Architekt dürfte der Franziskanerfrater Gebhard Westermeier in Frage kommen. 1735 Weihe. 1961 Renovierung.

Äußeres. Die Kirche bildet den Südflügel der Klosteranlage. Über dem Westgiebel der 1760 errichtete, unten quadratische, oben oktogonale Turm mit geschwungener Haube. Die Südfront mit langbahnigen Rundbogenfenstern; an der Nordseite wegen des parallel verlaufenden Kreuzgangflügels nur hochsitzende Okuli.

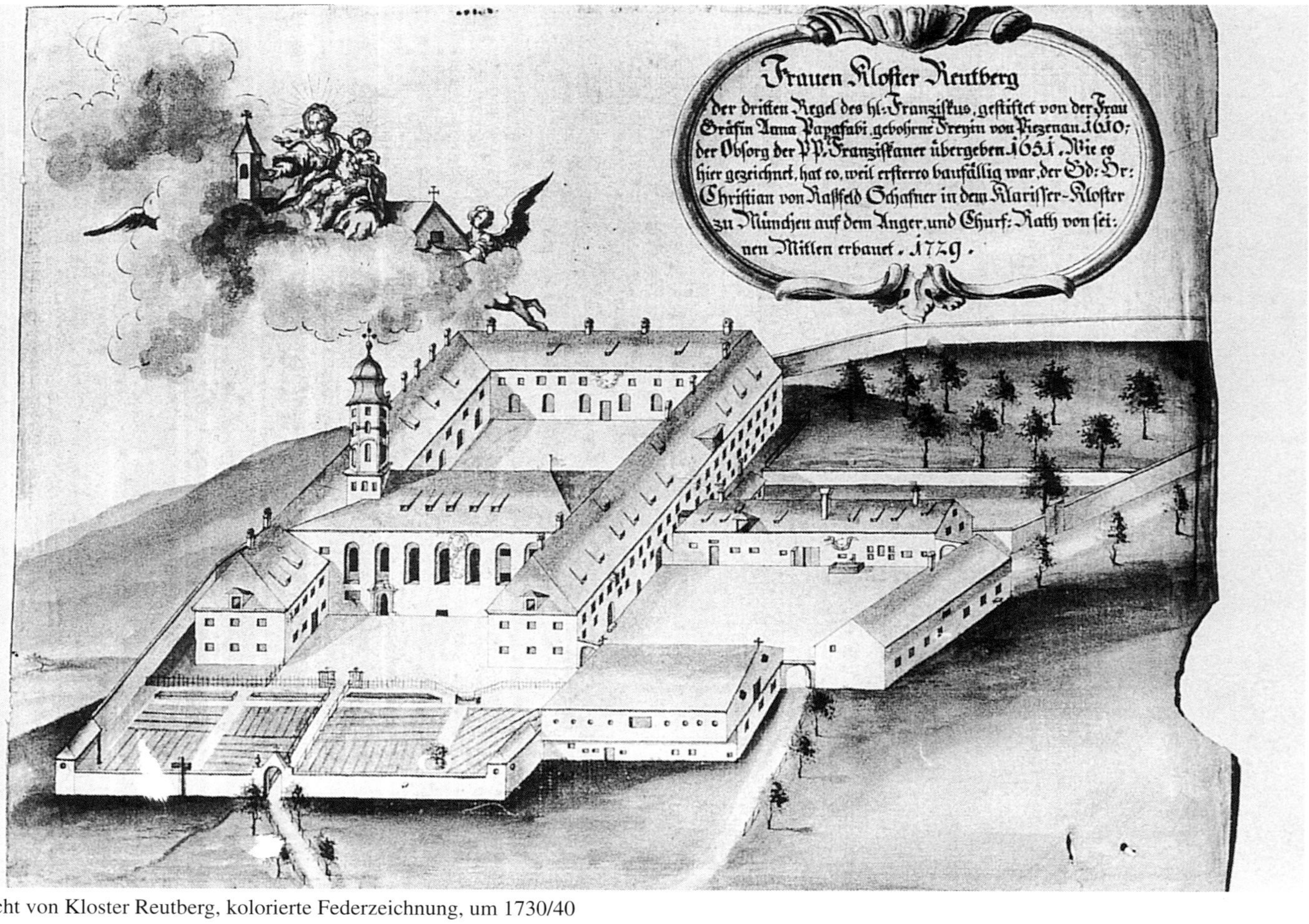

Ansicht von Kloster Reutberg, kolorierte Federzeichnung, um 1730/40

Reutberg, Luftaufnahme des Franziskanerinnenklosters von Südosten, 1981

Reutberg, Klosterkirche, Ansicht von Nordosten

Reutberg, Am Reutberg 1, Franziskanerinnenklosterkirche Mariä Verkündigung

Reutberg, Klosterkirche, Martyrium der hl.Dorothea, um 1750/60

Reutberg, Klosterkirche, Nonnenchor

Reutberg, Kloster, sog. Reutberger Jesuskind, um 1740

Reutberg, Klosterkirche, Kanzel

Reutberg, Kloster, Porträt der Klosterstifterin Anna von Papafava, geb. Pienzenau, 1570 im Alter von 13 Jahren

Inneres. Das von einer Stichkappentonne überwölbte, fünfjochige Langhaus wirkt vergleichsweise kurz und hoch, da die gesamte westliche Hälfte von der Vorhalle und dem darüberliegenden Frauenchor eingenommen wird. Der stark eingezogene, rechteckige Altarraum ist als tonnengewölbte Loretokapelle analog zu ihrem italienischen Vorbild eng und dunkel gehalten; seitlich Oratorien und Sakristei.

Die Deckenbilder des Schiffs sind in eine gemalte Stuckdekoration eingebunden. Über der Empore Verkündigung Mariä, Öl auf Leinwand, München um 1688, aus der alten Kirche übernommen. Die übrigen Darstellungen aus der Lauretanischen Litanei von unbekannter Hand (Nicephorus Vischer?) um 1735 al fresco ausgeführt: im östlichen Joch Engelsglorie, in den Kartuschen und Stichkappen Anrufungen Mariens als Königin und als Mutter. Die Wandfresken schuf der Franziskanerpater Nicephorus Vischer, der 1731/38 und 1744 in Reutberg als Kaplan und Wallfahrtsseelsorger und zugleich als Maler tätig war: über dem Chorbogen Übertragung der Casa Santa von Nazareth nach Loreto, an der Westwand kluge und törichte Jungfrauen (um das Wappen der Oberin Maria Regina Perchtoldin (1737-1742) ihre Initialen sowie die Anfangsbuchstaben N.V. des Künstlers). An der Emporenbrüstung zwölf Tafelbilder mit marianischem Festzyklus, um 1735.

Ausstattung. Auf dem mehrfach, zuletzt 1901 veränderten Hochaltar zwischen zwei Engeln eine Nachbildung der Muttergottes von Loreto; dabei handelt es sich vermutlich um jene Figur, die die Stifter aus Italien mitgebracht haben. – Die Seitenaltäre, die um 1734/35 Frater Simon Stadler ausgeführt hat, und der Kanzeldeckel tragen das Wappen des Christian Raßveldt und seiner Frau Margaretha. Gemälde des nördlichen Altars 1736 von Stephan Ziegl: hl. Sippe, im Auszug Verkündigung; seitlich Figuren der hll. Franziskus und Petrus von Alcantara. Im südlichen Altar sind Malereien und Schnitzarbeiten ikonographisch verknüpft: im Altarblatt, das um 1734/35 der Münchener Hofmaler Balthasar Augustin Albrecht geschaffen haben dürfte, beten Engel und die hl. Margaretha von Cortona die dem Bildrahmen eingepaßte plastische Gruppe des Gekreuzigten und der Schmerzhaften Muttergottes (diese im Typus des Münchener Herzogspitals) an; beide werden Johann Joachim Dietrich zugeschrieben, von dem wohl auch die Seitenfiguren der hll. Klara von Assisi und Elisabeth von Thüringen stammen; im Auszug St. Michael als Bezwinger des Teufels, vielleicht von Albrecht, die Engel mit Arma Christi schnitzte Joseph Anton Fröhlich. Am Kanzelkorb Franziskaner- und Klosterwappen, auf dem Schalldeckel bewegte Skulptur des Franziskanerbischofs Matthäus von Agrigent.

An den Langhauswänden zwei Gemälde um 1750/60 mit den Martyrien der hll. Dorothea und Hyazinth; dahinter verdeckt die Schreine mit ihren Gebeinen, ehemals im Münchener Püttrichkloster. Kreuzweg auf dem Nonnenchor, 1736 von Johann Nikolaus Müller, bez. – Weiß gefaßte Figuren der Apostelfürsten und der beiden Johannes, um 1700. Auf dem umlaufenden Chorgesims und auf den Gewölbekonsolen des Langhauses geschnitzte Putten mit den Arma Christi und Kartuschen mit Inschriften aus der Lauretanischen Litanei, um 1735. Vor dem südlichen Seitenaltar wird zu Weihnach-

Reutberg, Kloster, Porträt des Münchener Hofkammerrats Christian Raßveldt, um 1730/35

Reutberg, Klosterkirche, Inneres nach Osten

Reutberg, Klosterkirche, Inneres nach Westen

ten das Reutberger Jesuskind ausgestellt, das 1743 Pater Nicephorus Vischer aus Bethlehem mitgebracht haben soll. – Unter der Kanzeltreppe Rotmarmortafel mit den Wappen Papafava und Pienzenau und der Jahreszahl 1606.

Reutberg, Kloster, Brand des Klosters 1731

Kloster. Die 1618 errichteten Klostertrakte wurde mehrmals, so 1666, 1672, 1687 und 1689, teilweise erneuert bzw. umgestaltet. 1729-1735 Neubau durch Frater Gebhard Westermeier. – Weit in die Landschaft wirkender, zweigeschossiger Gebäudekomplex, der einen rechteckigen Hof umschließt und dessen Ost- und Westflügel um vier Fensterachsen über die südliche Horizontale der Klosterkirche ausgreift. – Im Ostflügel Hl. Stiege von 1751. – Im Nordtrakt Apotheke mit reich geschnitztem und bemaltem Schrankwerk, das dem Kloster 1688 von dem Benefiziaten Dietenhauser im Münchener Hl.-Geist-Spital geschenkt und Mitte des 18. Jhs. durch eine Stiftung von Christian Raßveldt erweitert wurde.

Bildstock-Kapelle. 1. Hälfte 18. Jh.; mit Ausstattung; südwestlich des Klosters.

In der nach Osten geöffneten Kapelle große Kreuzigungsgruppe der Erbauungszeit. 1993 restauriert.

Archäologische Denkmäler

Gemarkung Sachsenkam

TK 8135; Flurkarte SO 16-03.
Weitgehend zerstörter *Burgstall* auf einer in den verlandeten Eglsee ragenden Halbinsel. In den 70er Jahren des 19. Jahrhunderts noch bis zu 7 m hohes Kernwerk (L. 40 m), umgeben von einem Graben. Beim Abtragen des Hügels kamen Ziegel und Tuffsteine zutage. Südlich des Anwesens Hackl sind heute noch geringe Grabenspuren erkennbar.
Ca. 375 m westnordwestlich-nordwestlich der Kapelle von Sachsenkam.

TK 8135; Flurkarte SO 16-03.
Siedlungsgrube und eine bronzene Tierkopffibel aus der frühen Latènezeit.
Ca. 300 m nordnordöstlich der Kirche von Sachsenkam.

Reutberg, Kloster, östlicher Kreuzgangsflügel

Reutberg, Kloster, Hl.Stiege

Reutberg, Kloster, Betraum im Obergeschoß

Reutberg, Kloster, Muttergottes, um 1620/30 wohl von Hans Degler

Reutberg, Kloster, Apotheke im Nordflügel

Reutberg, Kloster, hl.Jakobus, 1788 von Thomas Christian Wink

Reutberg, Kloster, Jesuskind aus München, 17. Jh.

Reutberg, Kloster, Hauskapelle

Reutberg, Kloster, Ausstattungsrelikte im Depot

Reutberg, Bildstock-Kapelle

Ansicht des Klosters Schlehdorf, Stahlstich von Jobst Riegel nach einer Zeichnung von Wilhelm Scheuchzer, Mitte 19.Jh.

Gemeinde Schlehdorf

Baudenkmäler

Schlehdorf

Ensemble Schlehdorf. – *Umgrenzung: Kocheler Straße (ehem. Hauptstraße) 22,26,28,30,32,34; Karpfseestraße 2-9; Mittelstraße 2,4,5,7-14,16; Seestraße 4-26 (gerade Nrn.).* – Das Klosterdorf am Kochelsee wurde nach einem verheerenden Ortsbrand im Jahre 1846 planmäßig längs der Südseite der Hauptstraße (heute Kocheler Straße) und der beiden geradlinig nach Südwesten abzweigenden Achsen der See- und Mittelstraße, darüber hinaus auch an der diese Achsen verbindenen Karpfseestraße wiedererrichtet. Das damals maßgebliche Konzept – große Einfirsthöfe mit zweigeschossigem massiven Wohnteil und mittelsteilem vorstehenden Satteldach – veranschaulicht die Seestraße auch heute noch in hervorragender Weise: die Gebäude stehen giebelständig zur Straße, schmale Hausgärten sind ihnen vorgelagert und zwischen den Baukörpern bestehen gleiche Abstände. Während dieser Straßenzug jedoch wegen des angrenzenden Seeufers nur nordseitig bebaut ist, kann die Mittelstraße größtenteils zu beiden Seiten den einheitlichen Bautyp aufweisen; einzelne Anwesen stehen hier auch traufseitig zur Straße, wodurch die räumliche Wirkung wesentlich gesteigert wird. Die Karpfseestraße und der Mittelabschnitt der Kocheler Straße, der sich durch den stattlichen Eckbau des nach einem Brand 1982 wiedererrichteten Klostergasthofs auszeichnet, dokumentieren gleichfalls, wenn auch nicht so offensichtlich, das homogene Gepräge des Ensembles.

Schlehdorf, Luftaufnahme von Südwesten, 1983

Schlehdorf, Ensemble, Kocheler Straße von Nordosten

Schlehdorf, Ensemble, Karpfseestraße von Süden

Schlehdorf, Ensemble, Mittelstraße von Osten

Schlehdorf, Ensemble, Seestraße von Südwesten

Ansicht von Kloster Schlehdorf, Kupferstich von Anton Wilhelm Ertl, 1687

Ehem. Augustinerchorherren-Klosterkirche St. Tertulin, jetzt kath. Pfarrkirche. Begonnen 1726, nach Unterbrechungen 1780 vollendet; mit Ausstattung. – Klostergebäude 1717-25, erweitert 1926/27 durch Hans Schurr. – Gartenanlagen; Gärtnerhaus, zwei Walmdachbauten, 1912.

Geschichte. Wie in Benediktbeuern und Kochel am See gründete auch in Scharnitz die bayerische Uradelssippe der Huosi 763 ein Benediktinerkloster, das Bonifatius persönlich zu Ehren des hl. Dionysius geweiht haben soll und 769 nach Schlehdorf verlegt wurde. 772 änderte sich das Patrozinium, als Abt Atto von Papst Hadrian I. die Reliquien des römischen Priesters und Märtyrers Tertulin erhielt. Arbeo und Atto, die beiden ersten Äbte, wurden Bischöfe von Freising und damit das Stift bischöfliches Eigenkloster, von dem man allerdings bereits Mitte des 9. Jhs. nichts mehr hört. Erst 1140 von Bischof Otto I. wieder ins Leben gerufen, wurde unweit der alten, unmittelbar am See gelegenen Anlage nun im Dorf (gegenüber dem heutigen Klosterbräu) ein neues Kloster für Augustinerchorherren errichtet, das sich im 15. Jh. der Indersdorfer bzw. Raudnitzer Reform und unter Propst Bernhard Bogner (1674-1724) der Lateranensischen Kongregation anschloß. Nach der Säkularisation 1803 wurde der Gebäudekomplex veräußert. Seit 1902 im Besitz der Missionsdominikanerinnen von St. Ursula in Augsburg.

Baugeschichte. Von der romanischen, einschiffigen Kirche hat sich nichts erhalten. 1680-1684 ließ Propst Bernhard Bogner einen Neubau errichten. Als man die gesamte Klosteranlage 1717-1725 auf einen Hügel weiter nordöstlich verlegte (vgl. Klostergebäude unten), diente das dortige, den hll. Jungfrauen Einbeth, Wolbeth und Vielbeth geweihte Gotteshaus zunächst als Klosterkirche, mußte aber nach dem Einsturz einiger Stützpfeiler 1726 abgebrochen werden. Obwohl der unter Propst Constantius Schröller (1726-1735) unmittelbar darauf begonnene Neubau des Chors schon 1727

Ansicht von Kloster Schlehdorf, Kupferstich von Michael Wening, 1701

Ansicht von Kloster Schlehdorf, Kupferstich von Joseph Anton Zimmermann, 1767

Ansicht von Unterau und Schlehdorf, Aquarell von Ludwig Neureuther, um 1820/30

Schlehdorf, Luftaufnahme von Nordosten, um 1970

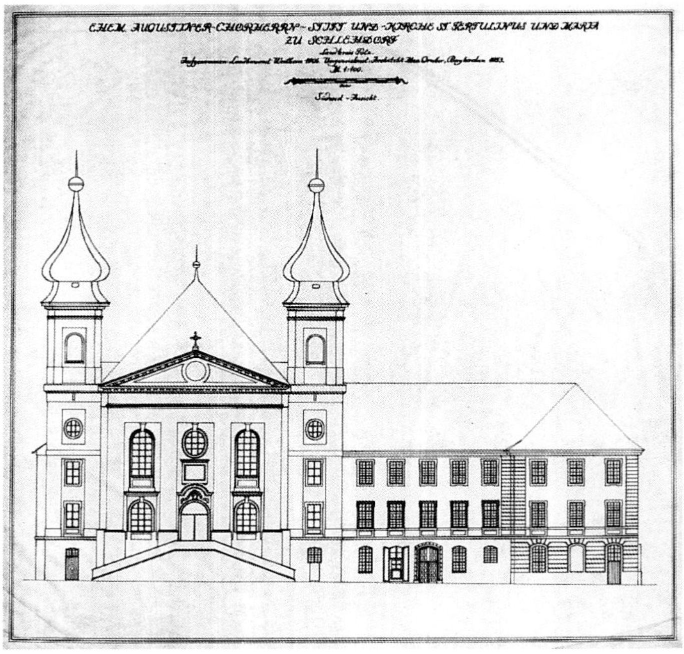

Schlehdorf, Klosterkirche, Aufriß der Fassade, 1906/53

fertiggestellt war, wurden die Arbeiten 1728 (nach Turmeinsturz) und 1732 (wegen fehlender Mittel) eingestellt. Propst Innocentius Strasser (1755-1788) nahm sie 1757 erneut auf und ließ bis 1758 das Langhaus errichten. Erst auf Initiative des Georg Melchior Honifstingl konnte das Projekt 1773ff. (vielleicht durch Balthasar Trischberger oder Matthias Krinner, beide Maurermeister in München) vollendet werden; vgl. die große Inschrifttafel über dem Eingang. Der kurfürstliche Wachsbleicher in München übernahm nicht nur die Kosten, sondern gab auch neue Pläne in Auftrag, auf die die heutige Doppelturmfassade und der daraus resultierende Verzicht auf den ursprünglich vorgesehenen Dachreiter über dem Chor zurückgehen. 1780 Weihe. Die weiter als Pfarrkirche genutzte alte Klosterkirche wurde 1784 durch Brand vernichtet.

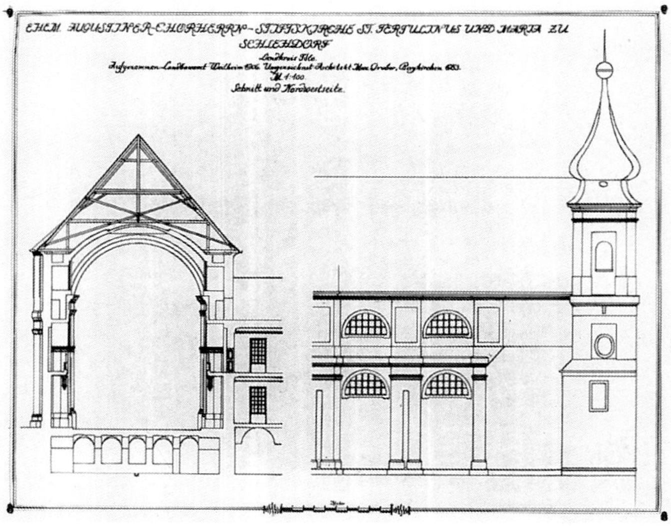

Schlehdorf, Klosterkirche, Schnitt des Langhauses und Aufriß der Nordseite, 1906/53

Äußeres. Wie in Dietramszell ist die Klosterkirche in die Mitte der Konventgebäude eingestellt und trennt deren Geviert in zwei gleiche Teile. Nach Westen tritt sie mit ihrer durchfensterten Giebelfront in Erscheinung, die von kräftigen, quadratischen Türmen mit eingeschnürten Zwiebelhauben flankiert wird. Zum Portal führt eine hohe, doppelläufige Freitreppe hinauf. In der straffen und flächigen Außengliederung gehört der streng-monumentale Bau zu den charakteristischen Beispielen des neuen Stilwollens im ausgehenden 18. Jh.

Von kühler Großartigkeit ist auch das Innere. Hier läßt sich an der unterschiedlichen Ausstattung und an der formalen Durchgestaltung von Chor und Langhaus sowohl die Bauun-

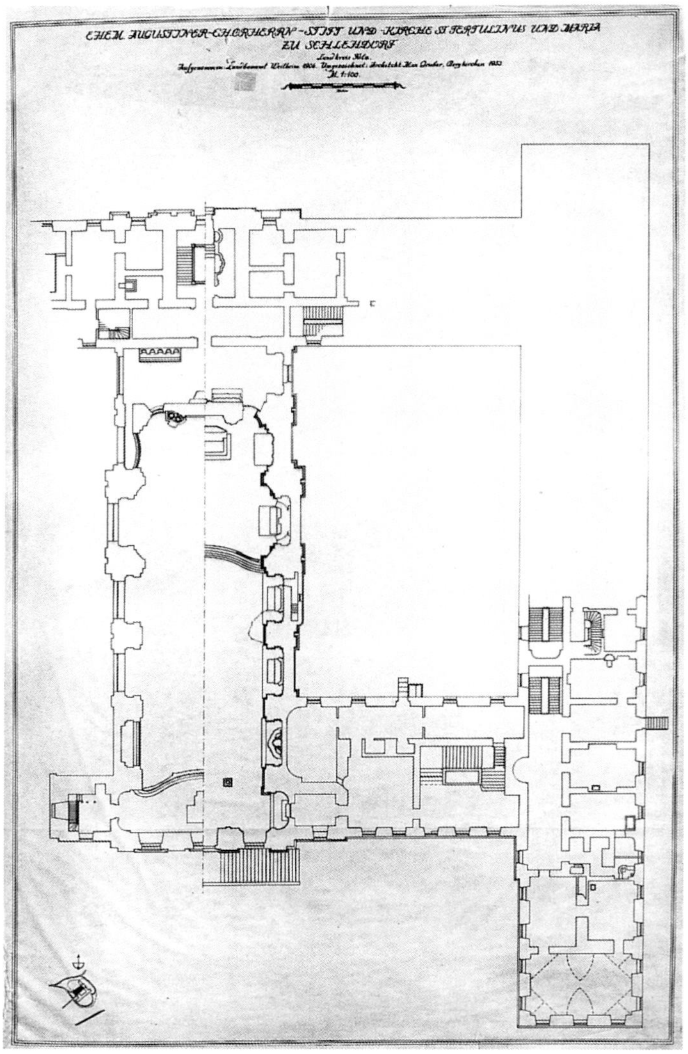

Schlehdorf, Klosterkirche, Grundriß, 1906/53

terbrechung als auch der aus der langen Bauzeit resultierende Geschmackswandel deutlich ablesen. Der gesamte Raum wirkt als durchgehende Wandpfeilerhalle mit hohen, flachen Kapellennischen beiderseits des vierjochigen Langhauses. Diese sind mit Quertonnen überwölbt und werden durch halbkreisförmige Thermenfenster belichtet. Gleiches gilt für das Tonnengewölbe des Schiffs, dessen Gurtbogen auf kämpferartig ausgebildeten Verkröpfungen der Hauptgesimse ansetzen. Die Wandpfeilerstirnen des nicht eingezogenen, in beiden Jochen flach überkuppelten Chors sind mit marmo-

Schlehdorf, ehem. Augustinerchorherren-Klosterkirche St.Tertulin

Schlehdorf, Klosterkirche, Inneres nach Osten

Schlehdorf, Klosterkirche, Inneres nach Südwesten

Schlehdorf, Klosterkirche, südliche Chorwand

rierten Pilastern besetzt, die Kapitelle, die Gurtbogen und der über den ausgerundeten Ecken des geraden Schlusses beginnende Schildbogen durch Vergoldung hervorgehoben. Die geringfügige Verbreiterung des westlichen Chorjochs soll ein Querschiff andeuten, seitlich des östlichen Jochs Oratorien mit reich geschnitzten Gittern. Über der Vorhalle im Westen Orgelempore mit geschwungener Brüstung.
Gliederung und Dekor des Langhauses sind strenger und sparsamer gehalten als im Chor. Die klassizistisch-isolierten Deckengemälde dürften zwischen 1773 und 1781 entstanden sein und stammen von vier verschiedenen Meistern: Für das Fresko der „Vierungskuppel" mit der Anbetung des Apokalyptischen Lammes sind Franz Joseph Zitter (†1777) und Joseph (Georg?) Winter überliefert. Die Glorie des hl. Tertulin im östlichen Chorjoch sowie seine Taufe und Priesterweihe, Folterung und Enthauptung in den drei östlichen Langhausjochen (Abfolge von Westen nach Osten) malte zusammen mit den Apostelmedaillons Johann Baptist Baader, der am 28.August 1780 in Schlehdorf starb und hier auch begraben wurde. Sein Werk vollendete Ignaz Baldauf mit der Bestattung römischer Märtyrer durch Tertulin über der Empore.

Ausstattung. Der schlank proportionierte Säulenaufbau des Hochaltars aus Schlehdorfer Marmor, wohl um 1775/80 von Kaspar Birkl. Gemälde der Geburt Christi, 1735 von Johann Zick, zwischen bewegten Figuren der hll. Korbinian und Benno. Tabernakel um 1740 mit Putten als Allegorien der vier Erdteile und Reliefs: Abendmahl, Opfer Abrahams und Melchisedechs. – Die Nebenaltäre im Chor von Thassilo Zöpf um 1780 in Stuckmarmor ausgeführt. Nördlich Reliquienschrein des Kirchenpatrons; darüber zierliche Muttergottes, 1684 von dem Münchener Bildhauer Tobias Bader, gefaßt von Johann Zäch, sowie zwei kleine Statuen der beiden Johannes. Südlich Figuren der drei hll. Jungfrauen Einbeth, Wolbeth und Vielbeth. – Die vier klassizistischen Altäre des Langhauses um 1780 von Johann Georg Miller aus marmoriertem Holz. Gemälde: nordöstlich hl. Augustinus, 1781 von dem Münchener Hofmaler Thomas Christian Wink; nordwestlich Johann Nepomuk vor König Wenzel, 1794 von Franz Kürzinger, vor der Predella hl. Aloisius; südöstlich Anbetung der Könige, um 1780 wohl von Joseph Anton Hettinger (Höttinger); südwestlich Tod des hl. Joseph, um 1780, Sebastian Jaud zugeschrieben, vor der Predella hl. Franz Xaver. – Kanzel um 1780 mit Reliefs: am Korb Putten als Allegorien der Ecclesia, an der Rückwand hl. Paulus. Auf dem Schalldeckel Attribute der Evangelisten. – Beichtstühle Mitte 18. Jh. mit Gemälden der hll. Büßer Petrus und Maria Magdalena. – Orgelprospekt 1783. – An der Langhausnordwand Epitaph für Georg Melchior Honifstingl (†1787); darüber bemerkenswertes Kruzifix, um 1787. – In der Sakristei Lavabo mit den Initialen von Propst Bernhard Bogner und der Jahreszahl 1684.

Schlehdorf, Klosterkirche, Chorfresken

Schlehdorf, Klosterkirche, Hochaltar

Schlehdorf, Klosterkirche, Muttergottes im nördlichen Choraltar

Schlehdorf, Klosterkirche, Mittelgruppe des südlichen Choraltars

Schlehdorf, Klosterkirche, Gemälde des nordöstlichen Langhausaltars 1781 von Thomas Christian Wink

Schlehdorf, Klosterkirche, Gemälde des nordwestlichen Langhausaltars

Schlehdorf, Klosterkirche, Gemälde des südwestlichen Langhausaltars

Schlehdorf, Klosterkirche, südliche Langhausaltäre

Schlehdorf, Klosterkirche, Gemälde des südöstlichen Langhausaltars

Schlehdorf, Klosterkirche, nördliche Langhausaltäre

Schlehdorf, Klosterkirche, Epitaph für G. Melchior Honifstingl (†1787)

Schlehdorf, Klosterkirche, Beichtstuhl

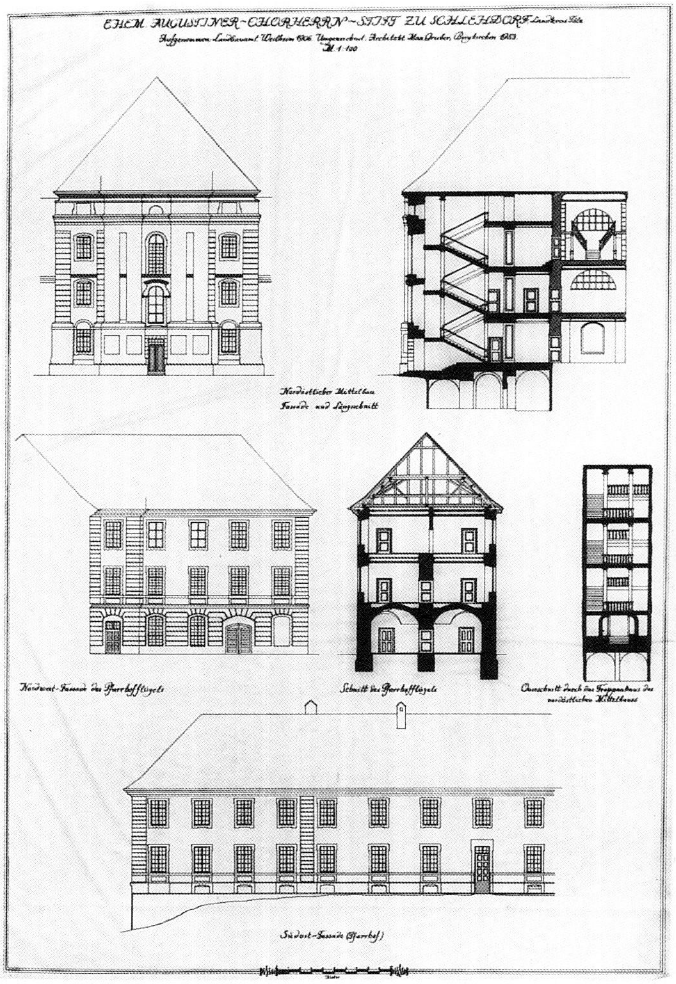

Schlehdorf, Kloster, Aufriß der Fassaden und Schnitte, 1906/53

Schlehdorf, Kloster, Luftaufnahme von Südwesten, 1986

Klostergebäude. Nachdem wiederholte Überschwemmungen irreparable Schäden an der alten, auf sumpfigen Gelände errichteten Anlage verursacht hatten, drängte der Stiftsdekan Pater Augustin Schlechten (1677-1726) Propst Bernhard Bogner zum Neubau auf dem weiter nordöstlich gelegenen Hügel, dem sog. Kirchbichl, auf dem bislang die kleine Kirche St. Einbeth, Wolbeth und Vielbeth (vgl. ehem. Klosterkirche oben) gestanden hatte. 1715 liegen erste Entwürfe von Michael Natter vor, zu denen Johann Georg Ettenhofer Gegenvorschläge ausarbeitete. 1717 Beginn der Fundamentierungsarbeiten unter der Leitung von Johann Mayr d.J. wohl nach den Plänen Ettenhofers; als Palier war Johann Michael Fischer für die sachgemäße Ausführung verantwortlich. Erst am 28. August 1718 wird offiziell der Grundstein gelegt und 1725 können die teilweise vollendeten Gebäude bezogen werden. Von den ursprünglich projektierten vier Flügeln Ettenhofers standen bis dahin der zweigeschossige Südtrakt, der südliche Abschnitt des Ostflügels bis zum Chor der Kirche und vielleicht auch schon die südliche Verbindung zur Eingangspartie der vorgesehenen Kirche. 1926/27 Erweiterung um den Nordflügel zu einer Zweihofanlage nach Plänen von Hans Schurr.
Die wichtigsten Räume liegen unmittelbar über der Sakristei hinter dem Chor der Klosterkirche. – Im 1. Obergeschoß der ehem. Psallierchor, ein flachgedeckter Rechteckraum mit

Schlehdorf, Kloster, Porträt von Propst Tertulin Salcher (1788-1803), 1791 von Franz Seraph Zwinck

Schlehdorf, Kloster, ehem. Bibliothek

Stukkaturen um 1720/25. Die Fresken entstanden zwischen 1726 und 1735 und wurden von Johann Joseph Zwinck ausgeführt: Moses vor dem brennenden Dornbusch, Opferung Isaaks und Dankpfer Noahs; in Kartuschen Wappen des Klosters und der Pröpste (von Süden nach Norden) Constantius Schröller (1726-1735), Augustin Schlechten (1724-1726) und Bernhard Bogner (1674-1724). – Im 2.Obergeschoß ehem. Bibliothek, dem Grundriß des Psallierchors darunter entsprechend. Gemalte Stuckdekoration und Fresken um 1750/60 von Zwinck: Augustinus in der Studierstube, sein Triumph über die Häretiker und seine Bekehrung (fragmentarisch); seitlich Embleme. – Im 1.Stock des Südflügels ehem. Refektorium, ein kleiner, rechteckiger Raum zu zwei Fensterachsen. An der Flachdecke Stuck um 1720/25, vgl. das Wappen von Propst Bernhard Bogner über der Eingangsnische. Fresken um 1735 von Zwinck: Pietà (weitgehend erneuert), seitlich Embleme.

Karpfseestraße 2-9. Vgl. Ensemble Schlehdorf.

Kocheler Straße 15. Kath. Friedhofskapelle Hl. Kreuz; Zentralbau, 1693; mit Ausstattung.

1693 als Votivkirche des Augustinerchorherrenstifts errichtet, vgl. Inschrifttafel über dem Eingang. Vermutlich 1784 mit der Anlage des Friedhofs und der Neubestimmung des Baus als Friedhofskirche innen umgestaltet. 1969 und 1992 restauriert. – Reizvolle, nach Westen gerichtete Vierkonchenanlage mit überkuppeltem Rundturm in der Nordostecke. Über der Vierung Pendentifkuppel auf Eckpilastern, in den Konchen Halbkuppeln. – Stuck um 1693. – Das Kuppelbild mit der Kreuzesprobe malte wohl 1784 Franz Kürzinger, der auch die Golgathadarstellung in der westlichen Konche schuf. Davor hervorragende, überlebensgroße Holzskulptur des Gekreuzigten im Viernageltypus, um 1200; am Kreuzesfuß Schmerzhafte Muttergottes, Ende 17. Jh. – In den seitlichen Konchen wandhohe Stuckaltäre aus der Erbauungszeit mit Figuren des Ecce Homo (südlich) und des Geißelchristus (nördlich) in den rundbogigen Mittelnischen. Auf den Mensen Büsten der hll. Antonius von Padua und Leonhard, 18. Jh.

Kocheler Straße 22. Am ehem. Bauernhaus neugotische Hochlaube, nach 1846.

Kocheler Straße 26. Vgl. Ensemble Schlehdorf.

Kocheler Straße 28 (Vordermoar). Bauernhaus, Wohnteil mit Putzgliederung, Hochlaube und profilierten Balkenköpfen, nach 1846.

Kocheler Straße 30/32. Vgl. Ensemble Schlehdorf.

Schlehdorf, Kloster, Deckenbild der ehem. Bibliothek

Schlehdorf, Kloster, ehem. Psallierchor

Schlehdorf, Kloster, Decke des ehem. Refektoriums

Schlehdorf, Kloster, Treppenhaus im Ostflügel

Schlehdorf, Kloster, Ostflügel

Schlehdorf, Kloster, Gärtnerhaus

Schlehdorf, Kocheler Straße 15, kath. Friedhofskapelle Hl.Kreuz

Schlehdorf, Friedhofskapelle, Inneres nach Westen

Schlehdorf, Friedhofskapelle, Kruzifix im Hochaltar

Schlehdorf, Friedhofskapelle, Deckenfresko

Schlehdorf, Friedhofskapelle, südlicher Seitenaltar

Schlehdorf, Friedhofskapelle, Geißelchristus im nördl. Seitenaltar

Schlehdorf, Kocheler Straße 22

Schlehdorf, Kocheler Straße 28

Ansicht von Schlehdorf, Zeichnung von Carl Friedrich Heinzmann, um 1830

Kocheler Straße 34. Klostergasthof; stattliche Zweiflügelanlage mit Stichbogenfenstern, nach 1846 wohl über älterem Kern erbaut, erneuert.

Der Nordabschnitt des straßenbeherrschenden Gebäudes wurde nach einem Brand 1982 wiedererrichtet. Das große Fresko über dem Eingang malte 1983 Hans Huber.

Mittelstraße 2, 4, 5, 7, 8, 9, 10. Vgl. Ensemble Schlehdorf.

Mittelstraße 11 (Draxler). Bauernhaus, Wohnteil mit Rauhputzdekor und geschnitzten Balkenköpfen, nach 1846.

Nach einem Brand im Wirtschaftsteil und Dachgeschoß 1986 wurde das Gebäude teilweise erneuert.

Mittelstraße 12, 13, 14, 16. Vgl. Ensemble Schlehdorf.

Mittelstraße 30. Villa; historisierender Bau mit Erkerturm, Quergiebelrisalit, Putzgliederungen und hölzernen Veranden, um 1900.

Seestraße 4,6. Vgl. Ensemble Schlehdorf.

Seestraße 8 (Dengg). Am Bauernhaus reich geschnitzte Füllungstür, nach 1846.

Seestraße 10-26 (gerade Nrn.). Vgl. Ensemble Schlehdorf.

Raut

Haus Nr. 15. Erdgeschossiges, quadratisches Landhaus mit zentralem Dachaufbau, errichtet 1893 von Architekt Mößmer, Weilheim.

Haus Nr. 30. Stattliches Landhaus mit horizontalem Dachabschluß, Mezzaningeschoß und Portikus, erbaut 1898 von Architekt Fritz Klingholz, Berlin; jetzt Erholungsheim.

Unterau

Haus Nr. 43. Zugehörig erdgeschossiger Getreidekasten, 2. Hälfte 17. Jh.

Unterau, Haus Nr.43, Getreidekasten

Schlehdorf, Kocheler Straße 34

Schlehdorf, Mittelstraße 11

Schlehdorf, Mittelstraße 30

Schlehdorf, Seestraße 8, Eingangstür

Raut, Haus Nr.30

Raut, Haus Nr.15

Haus Nr. 49. Kath. Filialkirche St. Andreas; im Kern spätgotisch, 1719 erhöht und umgestaltet; mit Ausstattung. – Ostzug der Friedhofsmauer mit Tuffdeckplatten, 18. Jh. – Grabdenkmal Jochner mit Hl. Grab.

Das einschiffige Langhaus und der wenig eingezogene, dreiseitig geschlossene Chor dürften größtenteils auf das 15./16. Jh. zurückgehen. Aus dieser Zeit stammt auch der quadratische Unterbau des Turms im nördlichen Winkel, dem wohl 1719 das Oktogon mit Zwiebelhaube aufgesetzt wurde. Gleichzeitig erbaute Augustin Geiger die zweigeschossige Sakristei an der Südseite, erhöhte die Außenmauern der Kirche, vergrößerte die Fenster und zog neue flache Tonnengewölbe auf kräftigen seitlichen Gesimsen ein. Johann Pföderl errichtete den Dachstuhl. Vermutlich im späten 19. oder frühen 20. Jh. fügte man im Westen die Eingangshalle mit Lourdesgrotte und „Karner" an. – Hochaltar, 1732 von einem Kistler aus Kleinweil (wohl Simon Miller), mit Figuren von Martin Dirr: seitlich die hll. Afra (?) und Anastasia (?), im Auszug Muttergottes zwischen den Wetterheiligen Johannes und Paulus; Gemälde: Verurteilung des hl. Andreas, 1728 von Johann Baptist Zimmermann (?). – Den nördlichen Seitenaltar führte 1749 Michael Ötschmann aus, der südliche befand sich ehemals im Psallierchor des Klosters Schlehdorf und wurde 1907 angekauft. – Hl. Familie, Öl auf Leinwand, 1749. Kreuzweg, 2. Hälfte 18. Jh. – Hl. Leonhard, Holz, gefaßt, um 1760/70.
Das 1902 errichtete und 1955 restaurierte, auffällige Grabdenkmal der Familie Jochner befindet sich südlich der Kirche. Inschriften zufolge unternahm sein Stifter Thomas Jochner (1843-1914) im Jahre 1868 eine Amerikareise und erlitt auf der Rückfahrt Schiffbruch. Das Gelöbnis, nach seiner Rettung ins Hl. Land zu pilgern, erfüllte er 1876. Jochner brachte zahlreiche Reliquien mit, die er in die Seitenaltäre der Kirche und später auch in das Grabmal einsetzen ließ.

Unterau, Haus Nr.49, kath. Filialkirche St.Andreas

Gemauerter **Bildstock** (Heiligenhäuschen). 18. Jh.; bei Nr. 21 an der Straße nach Schlehdorf.

Im Innern Tafelbild des Gekreuzigten, wohl aus der Erbauungszeit.

Bildstock. Gemauert, 18. Jh.; nördlich von Haus Nr. 43.

Gemauerter **Bildstock.** 18. Jh.; an der Straße nach Großweil.

Im Innern rundbogiges Gemälde der Marienkrönung, 18. Jh.

Gemauerter **Bildstock** (Heiligenhäuschen). 1610; an der Straße Schlehdorf-Großweil.

Niedriger, nach Norden gerichteter Rechteckbau mit Stichkappentonne unmittelbar östlich an der Straße.

Unterau, Haus Nr.49, Grabdenkmal Jochner

Unterau, Filialkirche, Inneres nach Osten

Unterau, Filialkirche, Inneres nach Westen

Unterau, Filialkirche, Gemälde der hl.Familie, 1749

Unterau, Filialkirche, hl.Leonhard, um 1760/70

Unterau, Haus Nr.49, Friedhofsmauer

Unterau, Bildstock an der Straße nach Schlehdorf

Unterau, Bildstock bei Haus Nr.43

Unterau, Bildstock an der Straße nach Großweil

Unterau, Bildstock an der Straße Schlehdorf-Großweil

Gemeinde Wackersberg

Baudenkmäler

Wackersberg

Kath. Pfarrkirche St. Nikolaus. Chor und Turm im Kern spätgotisch, 1829 Neubau des Langhauses und Erhöhung des Chors; mit Ausstattung.

Eine erste Kirche stand wohl schon im späten 12. Jh. auf dem Berg, „qui dicitur Wakkersperch", wird jedoch erst 1219 urkundlich erwähnt. Im 15. Jh. Errichtung einer spätgotischen Anlage, die 1688 umgestaltet wurde; dabei erweiterte man u.a. die Fenster. 1759 neuer Hochaltar von Johann Schmid und Joseph Anton Fröhlich. 1768 Ausmalung des Chorgewölbes durch Wilhelm Anton Fett. 1829 Neubau des Langhauses und Erhöhung der Chormauern durch den Tölzer Maurermeister Jakob Kramer. 1872 neuer Hochaltar nach Entwurf von Georg Schneider mit Gemälde von Ludwig Glötzle und Schnitzarbeiten von Joseph Renn. – Flachgedeckter Saalbau mit eingezogenem, dreiseitig geschlossenem Chor und Satteldachturm im nördlichen Winkel. – Fresken 1932. Chor, bez. Max Heidelmann: Pelikan, umgeben von den Evangelistensymbolen. Langhaus von Joseph Albrecht: Fürsprache des hl. Nikolaus bei der Muttergottes für den Ort. Hochaltar bez. 1674, ehemals in der kath. Pfarrkirche Mariä Himmelfahrt zu Aschau im Chiemgau, Lkr. Rosenheim, 1906 angekauft und durch Joseph Elsner überarbeitet. Gemälde des hl. Nikolaus, 1906 von Anton Ranzinger; im Auszug Trinität. Seitenfiguren der hll. Georg und Florian, wohl 1674. – Seitenaltäre um 1660/70, ehemals in Tegernsee, Lkr. Miesbach, 1829 transferiert. Figuren: nördlich Muttergottes des ausgehenden 19. Jhs.; südlich hl. Anna selbdritt zwischen den Wetterheiligen Johannes und Paulus, wohl ehemals an den Seitenaltären des Tölzer Bildhauers Georg Schmid von 1688, zugehörig vermutlich die beiden Bischöfe Wolfgang und Erasmus am Chorbogen sowie die hl. Katharina und Papst Silvester unter der doppelten Westempore. Auszugbilder 17. Jh.: nördlich hl. Franziskus, südlich hl. Antonius von Padua. – Kanzel Ende 17. Jh., 1906 durch Joseph Elsner verändert. – Kreuzweg, 1879 von Joseph Kraus.

Kath. Auferstehungskapelle. Erbaut 1706, erweitert 1712; mit Ausstattung; am nördlichen Ortsende.

1706 errichtete man am nördlichen Ortsausgang eine nach Osten offene Wegkapelle, die bereits sechs Jahre später nach dem Anbau des Schiffs als Chor diente; vgl. Inschrift über dem Chorbogen. Um 1898 Vermauerung des Ostportals und Verlegung des Eingangs auf die Westseite; gleichzeitig Nutzung als Totenhaus. Mit der Restaurierung von 1979-1983 Wiederherstellung des alten Zustands. – Ädikulagerahmtes Ostportal mit (falschem) Datum 1722. Nach Westen gerichteter, rechteckiger Raum mit eingezogenem Rechteckchor; Stichkappentonnen. – In der Altarnische stand eine ungefaßte, heute ausgelagerte Figur des auferstandenen Christus vom Ende des 15. Jhs.

Wackersberg, kath. Pfarrkirche St.Nikolaus

Wackersberg, Pfarrkirche, Inneres nach Westen

Wackersberg, Pfarrkirche, Figurengruppe im südlichen Seitenaltar

Wackersberg, Pfarrkirche, Inneres nach Osten

Wackersberg, Pfarrkirche, hl.Erasmus, um 1688

Wackersberg, Pfarrkirche, hl.Wolfgang, um 1688

Wackersberg, kath. Auferstehungskapelle

Wackersberg, Auferstehungskapelle, Inneres nach Westen

Dorfstraße 1. Gasthaus Altwirt mit Flachsatteldach und Biedermeier-Hochlaube, um 1850/60.

Dorfstraße. Wegkreuz; Kruzifix mit Schmerzhafter Muttergottes, 18. Jh.; zwischen Nr. 7 und 9.

Dorfstraße 9 (Hausjacker). Ehem. Bauernhaus mit Giebeltenne, im Kern 18. Jh., Dach später.

Dorfstraße 17 (Tiroler). Ehem. Bauernhaus mit Blockbau-Obergeschoß, 2. Hälfte 17. Jh., Dach später.

Dorfstraße 19 (Broschl). Ehem. Bauernhaus mit Blockbau-Obergeschoß, modern bez.1627, alte Sterntür; Dach später.

Dorfstraße 20 (Sigl). Stattliches Bauernhaus mit zwei Biedermeier-Lauben und mittelsteilem Satteldach, bez.1858.

Dorfstraße 21 (Weber). Ehem. Bauernhaus mit Blockbau-Obergeschoß, bez.1767, restauriert.

Dorfstraße 22 (Greisl). Ehem. Bauernhaus mit z.T. verputztem Blockbau-Obergeschoß, Kern Mitte 17. Jh., Dach später.

Dorfstraße 25. Pfarrhaus mit Satteldach, 1904.

Das Pfarrhaus wurde 1904 mit der Erhebung der bisherigen Tölzer Filiale Wackersberg zur eigenständigen Pfarrei erbaut und 1989 saniert.

Dorfstraße 27 (Schusterhansl). Wohnteil eines Bauernhauses, z.T. Ganzblockbau, 2. Hälfte 18. Jh., Dach später.

Dorfstraße. Denkmal für Eusebius Amort, Anfang 20. Jh.

Der 1692 im nahen Bibermühle geborene Eusebius Amort trat 1709 nach dem Studium der Theologie am Jesuitengymnasium in München in das Augustinerchorherrenstift Polling ein, wo er über fünfzig Jahre als Wissenschaftler und Lehrer für Philosophie, Theologie und Kirchenrecht tätig war. 1759 Gründungsmitglied der Bayerischen Akademie der Wissenschaften. Als wichtiger Vertreter der Aufklärung in Bayern starb Amort am 5.Februar 1775 in Polling. Die lebensgroße Figur des Gelehrten schuf wohl zu Anfang des 20. Jhs. ein Tölzer Bildhauer.

Kirchstraße 3 (Ostner). Bauernhaus mit Blockbau-Obergeschoß, Mitte 17. Jh., Dach später.

Kirchstraße 14 (Wagner). Bauernhaus mit Traufbundwerk, 2. Hälfte 18. Jh.

Wackersberg, Dorfstraße 1

Wackersberg, Dorfstraße 9

Wackersberg, Dorfstraße 17

Wackersberg, Dorfstraße 19

Wackersberg, Dorfstraße 20

Wackersberg, Dorfstraße 21

Wackersberg, Dorfstraße 22

Wackersberg, Dorfstraße 25, Pfarrhaus

Wackersberg, Dorfstraße, Wegkreuz

Wackersberg, Dorfstraße 27

Wackersberg, Dorfstraße, Denkmal für Eusebius Amort

Wackersberg, Kirchstraße 3

Wackersberg, Kirchstraße 14

Abberg

Haus Nr. 182 (Rixner). Wohnteil eines Bauernhauses, Blockbau-Obergeschoß 16./17. Jh., Dach später.

Haus Nr. 183 (Abberger). Wohnteil eines Bauernhauses, Blockbau-Obergeschoß bez. 1737.

Allhofen

Haus Nr. 110 (Dürrmühle). Kleinbauernhaus mit Flachsatteldach und Traufbundwerk, um 1820.

Arzbach

Kath. Filialkirche Mariä Himmelfahrt. Neubau von 1949/50; mit historischer Ausstattung.

1949/50 nach Plänen von Oskar Haßlauer inmitten des Friedhofs auf einer Anhöhe im westlichen Teil des Orts errichtet. – Geräumiger Saalbau mit eingezogenem, dreiseitig geschlossenem Chor; über Pilastergliederung Stichkappentonnen. Im nördlichen Winkel quadratischer Turm mit kurzem Oktogon und Spitzhelm. – Hinter dem Hochaltar mächtige Kreuzigungsgruppe, nach 1950 von einem Bildhauer aus der Jachenau geschnitzt. Über dem nördlichen Seitenaltar hervorragendes Gemälde der hl. Familie in der Art des Johann Ulrich Loth, Mitte 17. Jh., ehemals in der Frauenkapelle. – Kreuzweg, um 1730/40, in nur vier Gemälden zusammengefaßt.

Kath. Kapelle Unsere Liebe Frau. 1730 erbaut und 1739 erweitert; mit Ausstattung.

Die Kapelle wurde 1730 als Stiftung der Eheleute Christoph und Magdalena Riesch errichtet und bereits 1739 erweitert. 1899 restauriert und 1908 durch Joseph Elsner innen verändert. – Nach Süden gerichteter Bau. Die abgeschrägten Südecken des einschiffigen, kurzen Langhauses leiten zu dem breiten, dreiseitig geschlossenen Chor über. Im Norden kleiner, quadratischer Giebelreiter mit Oktogon und Zwiebelhaube. – An den Stichkappentonnen Rahmenstuck der Erbauungszeit. – Altar um 1730/40 mit Kopie des Innsbrucker Maria-Hilf-Bildes, das von geschnitzten Engel flankiert wird; im Auszug Gemälde des hl. Leonhard. – In den Langhausschrägen hochsitzende Muschelnischen mit den hll. Jakobus und Philippus, Holz, gefaßt, bemerkenswerte Arbeiten des ausgehenden 17. Jhs.

Angerstraße 5 (Dilchinger). Ehem. Bauernhaus mit Blockbau-Obergeschoß, bez. 1769, restauriert.

Angerstraße 7. Blockbau-Obergeschoß eines ehem. Bauernhauses, 17./18. Jh.; 1984 aus Sachsenkam transferiert und in Wohnhausneubau (Einfirsthof-Typ) integriert.

Hauptstraße 3 (Regini). Ehem. Kleinbauernhaus, Ganzblockbau, 1. Hälfte 17. Jh.; am Stall bäuerliche Malerei (hl. Johann Nepomuk), 18. Jh.

Hauptstraße 5 (Jackerl). Ehem. Kleinbauernhaus mit Blockbau-Obergeschoß, 2. Hälfte 17. Jh.

Abberg, Haus Nr. 182

Abberg, Haus Nr. 183

Allhofen, Haus Nr. 110

Arzbach, Filialkirche, Inneres nach Westen

Arzbach, kath. Filialkirche Mariä Himmelfahrt

Arzbach, Filialkirche, Inneres nach Osten

Arzbach, Filialkirche, Gemälde über dem nördlichen Seitenaltar

Arzbach, kath. Kapelle Unsere Liebe Frau

Arzbach, Kapelle, Inneres nach Süden

Arzbach, Kapelle, hl.Philippus, Ende 17.Jh.

Arzbach, Angerstraße 5

Arzbach, Angerstraße 7

Arzbach, Hauptstraße 3

Arzbach, Hauptstraße 5

Hauptstraße 8 (Schusterpeter). Bauernhaus mit geschnitzter Hochlaube und Wandfresko (übergangen), Mitte 19. Jh.

Das weitgehend erneuerte Fresko an der Straßenseite zeigt Maria Magdalena mit dem gekreuzigten Christus.

Hauptstraße 14 (Fleckerl). Ehem. Kleinbauernhaus, Ganzblockbau, 3.Viertel 17. Jh.

Hauptstraße 24 (Jachner). Kleinbauernhaus mit Blockbau-Obergeschoß und alten Fenstern, Mitte 17. Jh.

Hauptstraße 29 (Hundsbichler). Kleinbauernhaus mit Blockbau-Obergeschoß, 2. Hälfte 17. Jh.

Hauptstraße 33 (Bäck). Wohnhaus mit altem Steilsatteldach und Laube mit Brettbalustern, Sterntür, erbaut Ende 18. Jh.

Kalkofenstraße 1 (Kager). Ehem. Kleinbauernhaus mit Blockbau-Obergeschoß, z.T. massiv erneuert, 2. Hälfte 18. Jh.

Kalkofenstraße 4 (Huß). Ehem. Kleinbauernhaus mit Blockbau-Obergeschoß, 1. Hälfte 17. Jh., rückwärts ausgebaut.

Kalkofenstraße 12 (Schürfer). Kleinbauernhaus mit Blockbau-Obergeschoß, 2. Hälfte 17. Jh.

Kalkofenstraße 17 (Schreiner). Ehem. Kleinbauernhaus, zweigeschossiger Blockbau, Mitte 17. Jh., Ende 18. Jh. erhöht und ausgebaut.

Längentalstraße 6 (Adlwart). Am Bauernhaus Kreuzigungsgruppe, Ende 17. Jh.

Längentalstraße 11 (Käser). Bauernhaus mit Blockbau-Obergeschoß, 1. Hälfte 18. Jh., Wirtschaftsteil modern ausgebaut.

Längentalstraße 13 (Weni). Bauernhaus mit Putzgliederung und bemalten Pfettenköpfen, rückwärts Traufbundwerk, 1849/50.

Das Gebäude wurde 1849/50 nach einem Brand von Johann Kohlhauf errichtet, vgl. Datum und Initialen im Oberlichtgitter der Eingangstür.

Bach

Haus Nr. 1 (Bachbauer). Stattliches Bauernhaus mit Blockbau-Obergeschoß, 18. Jh., erneuert.

Arzbach, Hauptstraße 8

Arzbach, Hauptstraße 14

Arzbach, Hauptstraße 24

Arzbach, Hauptstraße 29

Arzbach, Hauptstraße 33

Arzbach, Kalkofenstraße 1

Arzbach, Längentalstraße 6, Kreuzigungsgruppe

Arzbach, Kalkofenstraße 4

Arzbach, Kalkofenstraße 12

Arzbach, Kalkofenstraße 17

Arzbach, Längentalstraße 11

Arzbach, Längentalstraße 13

Bach, Haus Nr. 1

Bibermühle

Haus Nr. 4 (Bibermüller). Bauernhaus-Wohnteil, malerischer Obergeschoß-Blockbau, 2. Hälfte 17. Jh.

Gedenkstein für Eusebius Amort. Bez. 1850; an der Straße.

An der Straße 1850 von Benedikt Buchberger errichtetes Denkmal für den Pollinger Stiftsdekan Eusebius Amort, der am 15.November 1692 in Bibermühle geboren wurde; oben Kupfermedaillon mit seinem Porträt.

Blaika

Kleiner **Bundwerkstadel** mit Flachsatteldach. 2. Hälfte 18. Jh.; ostwärts von Blaika in der Wiese.

Bocksleiten

Annaquelle. 1857 eröffnet; ca.50 m langer gewölbter Stollen und Quellfassung.

Buchberg

Haus Nr. 103 (Larl). Bauernhaus mit Blockbau-Obergeschoß, 18. Jh., Erhöhung in Fachwerk, Ende 19. Jh.

Haus Nr. 104 (Koch). Bauernhaus mit Blockbau-Obergeschoß, bez. 17..(27?); Dach später.

Haus Nr. 105 (Riesch). Bauernhaus mit Blockbau-Obergeschoß und Traufbundwerk, Kern Mitte 18. Jh.

Bildstock-Kapelle. 18. Jh.

Bürg

Haus Nr. 118 (Bürger). Bauernhaus-Wohnteil mit Hochlaube, Mitte 19. Jh.

Burger

Haus Nr. 22 (Grill). Kleinbauernhaus-Wohnteil mit Blockbau-Obergeschoß, im Kern 2. Hälfte 17. Jh.

Haus Nr. 30 (Prußer). Ehem. Bauernhaus mit Blockbau-Obergeschoß und verschaltem Vordach, Ende 18. Jh.

Buchberg, Bildstock-Kapelle

Bibermühle, Denkmal für Eusebius Amort

Buchberg, Haus Nr. 103

Buchberg, Haus Nr. 104

Buchberg, Haus Nr. 105

Bibermühle, Haus Nr.4

Blaika, Bundwerkstadel

Bürg, Haus Nr.118

Burger, Haus Nr.22

Burger, Haus Nr.30

Einbach

Wegkapelle. Bez.1690; mit Ausstattung; an der Buchener Straße.

Nach Süden gerichteter, einschiffiger Bau mit eingezogenem Rechteckchor.

Einbach, Wegkapelle

Einbach, Wegkapelle, Inneres nach Süden

Fischbach

Kath. Filialkirche St. Johannes d.T. Einheitlicher Bau von Caspar Feichtmayr, 1671/76; mit Ausstattung. – Alte Friedhofsmauer mit Eingangspfeilern, 18. Jh.

Nach Abbruch der spätgotischen(?) Vorgängerkirche 1671-1674 Neubau im Auftrag von Graf Herwarth von Hohenburg durch Caspar Feichtmayr d.Ä. und Matthias Scheifler, dat. über dem Chorbogen; ersterer errichtete auch 1676 das reich gegliederte, von einer Zwiebelhaube bekrönte Turmoktogon. Erst 1693 Weihe. Restaurierungen: innen 1968 ff., außen 1988 mit Fassung nach Befund. – Dreijochige Saalkirche mit quadratischem Westturm und eingezogenem, dreiseitig geschlossenem Chor; über Konsolen Stichkappentonnen. An der Nordseite des Chors Sakristei mit Oratorium. – Geometrische Stuckdekoration vielleicht von Feichtmayr, mit unterschiedlichen Zierleisten und stehenden Engeln am Chorgewölbe.
Die Neurenaissance-Altäre und die Kanzel Joseph Elsners von 1878/85 wurden 1961 beseitigt. Gleichzeitig erwarb man einen Nebenaltar von etwa 1760/70 aus der Wallfahrtskirche Mariä Himmelfahrt in Pürten, Stadt Waldkraiburg, Lkr. Mühldorf am Inn, und stellte ihn leicht verändert als neuen Hochaltar auf. Der Tabernakel und die Figuren gehörten zur ursprünglichen Barockausstattung der Fischbacher Kirche: in der Mitte Taufe Christi, seitlich die Apostelfürsten. – Über den Seitenaltarmensen die hll. Elisabeth und Georg, bewegte Schnitzarbeiten um 1680/90. – Kreuzweg, 1736. – Unter der Empore Relief der Beweinung Christi, bez. 1433, doch wohl erst im 1.Viertel des 16. Jhs. entstanden.

Friedhofskapelle. Ende 17. Jh.; mit Ausstattung.

Nach Norden gerichteter, dreiseitig geschlossener Bau nördlich der Johanneskirche. Im Innern Lourdesgrotte.

Fischbach, kath. Filialkirche St.Johannes d.T.

Glaswinkl

Haus Nr. 111 (Glaswinkler). Stattliches Bauernhaus mit Blockbau-Obergeschoß, 2. Hälfte 17. Jh., Dach später. – Zugehörig obergeschossiger Getreidekasten auf Bruchsteinunterbau, Ende 16. Jh.

Fischbach, Filialkirche, hl.Barbara, Mitte 18.Jh.

Fischbach, Filialkirche, Prozessionsstange, 18.Jh.

Fischbach, Filialkirche, Inneres nach Osten

Fischbach, Friedhofskapelle

Fischbach, Filialkirche, Inneres nach Westen

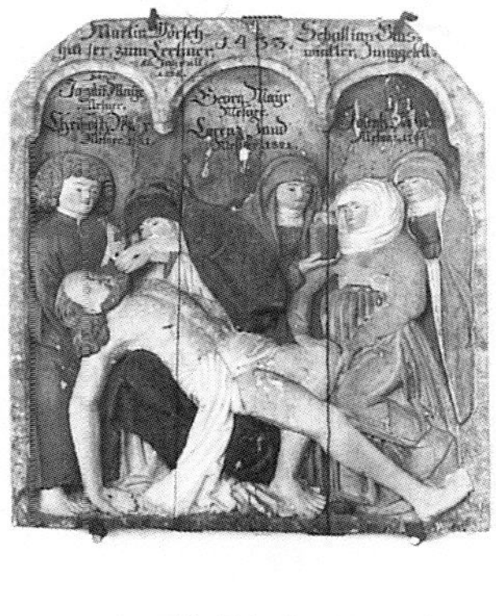

Fischbach, Filialkirche, Beweinung Christi, 1533

Fischbach, Friedhofskapelle, Inneres nach Nordwesten

Glaswinkl, Haus Nr. 111, Bauernhaus (links) und Getreidekasten (rechts)

Hahnbauer

Haus Nr. 49 (Hahnbauer). Bauernhaus mit Blockbau-Obergeschoß, bez. 1663, am Erdgeschoß zwei Fresken um 1800.

Fresken: giebelseitig Marienkrönung, südlich Muttergottes.

Wegkapelle. Bez. 1717; mit Ausstattung.

Kurzer, dreiseitig geschlossener Bau mit Stichkappentonne, bez. 1717 über dem Eingang. 1871 und 1966 restauriert. – Altar wohl aus der Erbauungszeit mit Kreuzigungsgruppe, Maria und Johannes im Relief. Seitlich Figuren der hll. Leonhard und Benedikt.

Haunleiten

Kath. Kapelle. 2. Hälfte 17. Jh.; mit Ausstattung.

Kleiner, dreiseitig geschlossener Bau in Hanglage am östlichen Ortsrand. Altar der Erbauungszeit.

Haus Nr. 117 (Fischhaber). Bauernhaus-Wohnteil mit Blockbau-Obergeschoß, modern bez. 1610, Dach später.

Heimkreit

Hofkapelle. Wohl Ende 17. Jh.; mit Ausstattung.

Nach Westen gerichteter, einschiffiger Bau mit dreiseitigem Schluß. 1993 restauriert.

Haus Nr. 156 (Heimkreiter). Zugehörig malerischer, restaurierter Getreidekasten mit altem Flachsatteldach-Überbau, Erdgeschoß Ende 16. Jh., Obergeschoß 2. Hälfte 18. Jh., z.T. Bruchsteinunterbau.

Höfen

Haus Nr. 12 (Heigl). Bauernhaus mit Flachsatteldach und Laube, 18. und 19. Jh.

Haus Nr. 16 (Hirsch). Bauernhaus mit Blockbau-Obergeschoß, 2. Hälfte 17. Jh., Dach später.

Wegkreuz. Bez. 1849.

Hoheneck

Haus Nr. 60 (Seitner). Bauernhaus mit Blockbau-Obergeschoß, bez. 1727.

Huppenberg

Kath. Filialkirche St. Margareta. 1722 erbaut; mit Ausstattung.

1722 am Ostende des Weilers errichtet und am 17. September dieses Jahres geweiht, vgl. das erneuerte Datum über dem Chorbogen. – Die Außengliederung des Langhauses durch hohe, die flachen Ädikularahmen der Fenster umschließende Rechteckblenden erinnert wie die zweizonige Anordnung der Chorfenster (unten rundbogig, oben queroval) an Bauten des Bernrieder Architekten Caspar Feichtmayr d.Ä. († um 1704/05). Über dem Westgiebel auf quadratischem Unterbau oktogonaler Dachreiter mit Zwiebelhaube. Einschiffige Anlage mit Stichkappentonnen, eingezogenem, pilastergegliedertem Chor und fünfseitigem Schluß. – Altäre und Kanzel aus der Erbauungszeit, 1856 durch Johann Graf restauriert. Hochaltarbilder von Anton Eder: hl. Margaretha (bez.), im Auszug hl. Korbinian. In den Seitenaltären Figuren: nörd-

Hahnbauer, Haus Nr. 49

Hahnbauer, Wegkapelle

Hahnbauer, Wegkapelle, Altar

Haunleiten, Haus Nr. 117

Haunleiten, kath. Kapelle

Haunleiten, Kapelle, Inneres nach Osten

Heimkreit, Hofkapelle

Heimkreit, Hofkapelle, Inneres nach Westen

Heimkreit, Haus Nr.156, Getreidekasten

Höfen, Haus Nr. 12

Höfen, Haus Nr. 16

Hoheneck, Haus Nr. 60

Huppenberg, kath. Filialkirche St. Margareta

Höfen, Wegkreuz

Huppenberg, Filialkirche, Inneres nach Osten

Huppenberg, Filialkirche, hl. Martin im nördlichen Seitenaltar

lich hl. Martin, um 1720/30, südlich Muttergottes, 1856 aus der Mayerschen Kunstanstalt in München. – Im Chor der mit Wunden übersäte Gekreuzigte, vortreffliche, derb-realistische Schnitzarbeit des mittleren 18. Jhs.; die zugehörige Schmerzhafte Muttergottes am Kreuzesfuß im Typus des 1651 von Tobias Bader für die Münchener Herzogspitalkirche geschaffenen Gnadenbildes.

Haus Nr. 154 (Kreider). Bauernhaus, Wohnteil mit Putzgliederungen, um 1900 neu erbaut, Traufbundwerk am Wirtschaftsteil (Nordseite), Ende 18. Jh.

Haus Nr. 155 (Kasparbauer). Bauernhaus, Wohnteil im Kern 2. Hälfte 18. Jh., um Mitte 19. Jh. überformt, Traufbundwerk am Wirtschaftsteil (Südseite), Mitte 19. Jh. – Zugehörig obergeschossiger Getreidekasten, verputzter Blockbau, 2. Hälfte 18. Jh.; Backhaus, Ende 19. Jh.

Kiefersau

Haus Nr. 122 (Nazibauer). Zugehörig zweigeschossiger Getreidekasten, Erdgeschoß 2. Hälfte 16. Jh., Obergeschoß 2. Hälfte 17. Jh., Überbau mit Flachsatteldach, 17./18. Jh.

Haus Nr. 123 (Moar). Bauernhaus-Wohnteil, zweigeschossiger Blockbau, 2. Hälfte 16. Jh. – Zugehörig zweigeschossiger Getreidekasten, 2. Hälfte 16. Jh., mit altem Überbau, 17./18. Jh.

Kloiber

Haus Nr. 112 (Kloiber). Bauernhaus mit verschaltem Giebel, verputzt, 2. Hälfte 18. Jh. – Zugehörig zweigeschossiger Getreidekasten, Ende 16. Jh., Überbau mit Flachsatteldach, 18./19. Jh.

Knapp

Haus Nr. 1 (Knapp). Kleinbauernhaus, verputzt, mit verschaltem Giebel und Bretterlaube, 18. Jh.

Lain

Kath. Kapelle. Zentralbau, 1899; mit Ausstattung.

Der kleine, 1985 restaurierte Bau entspricht in der Ostwestausrichtung und im oktogonalen Grundriß der Kapelle in Untermberg. Altar mit Kreuzigungsgruppe und Grabchristus, um 1899.

Huppenberg, Filialkirche, Kruzifix und Schmerzhafte Muttergottes, Mitte 18. Jh.

Huppenberg, Haus Nr. 154

Huppenberg, Haus Nr. 155

Huppenberg, Haus Nr. 155, Backhaus (links) und Getreidekasten (rechts im Hintergrund)

Kiefersau, Haus Nr. 122, Getreidekasten

Kiefersau, Haus Nr. 123

Kiefersau, Haus Nr. 123, Getreidekasten

Kloiber, Haus Nr. 112

Kloiber, Haus Nr. 112, Getreidekasten

Knapp, Haus Nr. 1

Lain, kath. Kapelle

Lain, Kapelle, Inneres nach Westen

Haus Nr. 7 (Biller). Stattliches Bauernhaus, Massivbau mit Bretterlaube, 3. Viertel 18. Jh., Dach neu.

Haus Nr. 24 (Lehnbauer). Stattliches Bauernhaus mit Blockbau-Obergeschoß, Kern 2. Hälfte 17. Jh., Dach später.

Haus Nr. 26 (Rot). Bauernhaus-Wohnteil mit Blockbau-Obergeschoß, Ende 18. Jh.

Lehen

Ehem. Pestkapelle („Lehenkirchl"). Um 1635/40; mit Ausstattung. – Umgeben vom ehem. Pestfriedhof mit Ummauerung.

Die einsam gelegende, weithin sichtbare Kirche wurde nach der Pestepidemie von 1634/35 zu Ehren des hl. Sebastian errichtet und 1981 außen restauriert. – Einschiffiger, dreiseitig geschlossener Bau unter Stichkappentonne. Im Westen hölzerner Dachreiter mit Zwiebelhaube. – Hochaltar wohl vom Ende des 18. Jhs. mit bemerkenswerter Sebastiansfigur. – Kleines Triptychon des 17. Jhs. mit Tafelbildern: in der Mitte die hll. Sebastian, Petrus und Jakobus, in der Predella Schweißtuch der hl. Veronika, auf den Flügeln der Evangelist Johannes und hl. Anna selbdritt.

Leitzing

Weilerkapelle. Wohl 1. Hälfte 19. Jh.; mit Ausstattung.

Nach Süden gerichteter Rechteckbau mit neubarockem Altar im Stil des ausgehenden 17. Jhs.

Neugotischer **Bildstock.** Holz, bemalt; neben der Kapelle.

Haus Nr. 174 (Jakerbauer). Ehem. Bauernhaus mit Blockbau-Obergeschoß, 3. Viertel 18. Jh., restauriert.

Haus Nr. 177 (Klasenbauer). Zugehörig obergeschossiger Getreidekasten, bez. 1684.

Lochen

Haus Nr. 165 (Lochner). Zugehörig erdgeschossiger Getreidekasten, 2. Hälfte 17. Jh.

Wegkreuz. In neugotischen Formen mit geschnitztem Gehäuse, 2. Hälfte 19. Jh.; bei Haus Nr. 165.

Nodern

Haus Nr. 180 (Heiß). Zugehörig obergeschossiger Getreidekasten, Ende 18. Jh.

Lain, Haus Nr. 7

Lain, Haus Nr. 24

Lain, Haus Nr. 26

Lehen, ehem. Pestkapelle („Lehenkirchl")

Lehen, Pestkapelle, hl. Sebastian im Hochaltar

Lehen, Pestkapelle, Inneres nach Osten

Lehen, Pestkapelle, Inneres nach Westen

Lehen, Pestkapelle, Triptychon, 17. Jh.

Leitzing, Weilerkapelle

Leitzing, Weilerkapelle, Inneres nach Süden

Leitzing, Bildstock

Leitzing, Haus Nr. 174

Leitzing, Haus Nr.177, Getreidekasten

Lochen, Haus Nr. 165, Getreidekasten

Lochen, Wegkreuz

Nodern, Haus Nr. 180, Getreidekasten

Prösteln

Haus Nr. 181 (Kleinpröbstl). Zugehörig zweigeschossiger Getreidekasten, 2. Hälfte 16. Jh. – Zugehörig wiederaufgestellter Getreidekasten (ursprünglich aus Schmitten, Gde. Seeshaupt), bez. 1597.

Der 1597 datierte, gut erhaltene Getreidekasten stand ursprünglich in Schmitten, Gde. Seeshaupt, Lkr. Weilheim-Schongau, und wurde 1980 nach Münsing transferiert. 1988 kam er nach Prösteln.

Haus Nr. 194 (Großpröbstl). Zugehörig zweigeschossiger Getreidekasten, 2. Hälfte 16. Jh.

Feldkapelle. Wohl 1. Hälfte 19. Jh.; südlich der beiden Höfe.

Nach Süden gerichteter, tonnengewölbter Bau mit dreiseitigem Schluß. Im wandfüllenden, spätklassizistischen Säulenaltar befand sich ehemals ein Kruzifix.

Reit

Haus Nr. 125 (Bohneberger). Alter Wirtschaftsteil eines Bauernhauses, mit Traufbundwerk, Ende 18. Jh.

Haus Nr. 126 (Reiter). Bauernhaus-Wohnteil mit Brettlaube, Obergeschoß-Blockbau, Mitte 18. Jh.

Rimslrain

Weilerkapelle. Bez. 1891; mit Ausstattung.

Nach Süden gerichteter, einschiffiger Bau mit eingezogener, halbrunder Apsis. Über Voute Flachdecken. Nördlich hoher Dachreiter mit Zwiebelhaube. – Altar im Stil des ausgehenden 17. Jhs. mit Figuren um 1710/20: in der Mitte Muttergottes, seitlich die hll. Valentin und Antonius von Padua. – Kleine Ovalbilder der 14 Nothelfer, 3. Viertel 18. Jh. – Hl. Leonhard, Holz, gefaßt, Mitte 18. Jh. – Bemerkenswertes schmiedeeisernes Trenngitter.

Haus Nr. 167 (Adam). Bauernhaus mit Traufbundwerk, 1. Drittel 19. Jh., Flachsatteldach.

Haus Nr. 168 (Sagbauer). Bauernhaus mit Traufbundwerk und Flachsatteldach, 1. Drittel 19. Jh.

Haus Nr. 169 (Simerbauer). Bauernhaus mit Flachsatteldach, Mitte 19. Jh.

Haus Nr. 171 (Friedl). Ehem. Bauernhaus mit verschaltem Blockbau-Obergeschoß, Kern 2. Hälfte 18. Jh. – Zugehörig obergeschossiger Getreidekasten, Ende 18. Jh.

Prösteln, Haus Nr. 181, Getreidekasten, 2. Hälfte 16. Jh.

Prösteln, Haus Nr. 181, Getreidekasten, 1597

Prösteln, Haus Nr. 194, Getreidekasten

Prösteln, Feldkapelle

Prösteln, Feldkapelle, Inneres nach Süden

Reit, Haus Nr. 125, Traufbundwerk

Reit, Haus Nr. 126

Rimslrain, Haus Nr. 167

Rimslrain, Haus Nr. 168

Rimslrain, Weilerkapelle

Rimslrain, Weilerkapelle, Inneres nach Süden

Rimslrain, Haus Nr. 171, Getreidekasten

Rimslrain, Haus Nr. 169

Rimslrain, Haus Nr. 171

Rothenrain

Weilerkapelle. Neugotisch, um 1870/80; mit Ausstattung.

Tonnengewölbter, einschiffiger Bau mit dreiseitigem Schluß. Im neugotischen Altar der Erbauungszeit Muttergottesfigur.

Haus Nr. 159 (Hansenbauer). Zugehörig zweigeschossiger Getreidekasten, Ende 16. Jh.

Haus Nr. 160 (Irglbauer). Zugehörig obergeschossiger Getreidekasten, bez. 1753.

Rothmühle

Haus Nr. 152 (Rothmüller). Ehem. Bauernhaus, massiv, mit Flachsatteldach und Traufbundwerk, 18./19. Jh.

Sauersberg

Haus Nr. 130 (Lindl). Bauernhaus-Wohnteil mit Blockbau-Obergeschoß, bez. 1754, Dach später. – Zugehörig obergeschossiger Getreidekasten in Verbindung mit Zuhaus, 2. Hälfte 18. Jh.

Haus Nr. 133 (Utz). Ehem. Kleinbauernhaus mit Blockbau-Obergeschoß, 18. Jh.

Bildstock. Hölzerner Schaft, bez. 1619 und 1837, mit Nischenfigur; bei Haus Nr. 127.

Sog. **Krankenheiler-Jodquellen.** Quellgebiet am Sauersberg, entdeckt und erschlossen ab 1845/46; Bernhardsquelle und Johann-Georgen-Quelle, 1848; Karlsquelle und Maximiliansquelle, 1856; Marienquelle, 1870; jeweils mit gemauerten Quellfassungen; Jod-Trink-Quelle, 1899/1900, mit gewölbtem Stollen und Quellfassung.

Schnait

Haus Nr. 6 (Vorderschnait). Breitgelagertes Bauernhaus mit Blockbau-Obergeschoß und Medaillonfresko, 1. Hälfte 18. Jh.

Am Erdgeschoß der Giebelseite Fresko der Marienkrönung.

Schwaig

Haus Nr. 115 (Schwaiger). Kruzifix, wohl noch 18. Jh.; am Wirtschaftsteil des Bauernhauses. – Zugehörig obergeschossiger Getreidekasten auf gemauertem Unterbau, bez. 1724.

Sonnershof

Haus Nr. 137 (Sondershofer). Zugehörig zweigeschossiger Getreidekasten, Anfang 17. Jh., mit altem Flachsatteldachüberbau. – Stattliche ehem. Badstube (Brechlbad), Blockbau mit Massivteil, 18. Jh.

Das sog. Brechlbad diente als Badehaus und zugleich als Flachsdörre.

Rothenrain, Weilerkapelle

Rothenrain, Weilerkapelle, Inneres nach Osten

Rothenrain, Haus Nr. 159, Getreidekasten, Tür

Rothenrain, Haus Nr. 160, Getreidekasten, Tür

Rothmühle, Haus Nr. 152

Rothmühle, Haus Nr. 152, Traufbundwerk

Sauersberg, Haus Nr. 130

Sauersberg, Haus Nr. 130, Zuhaus mit Getreidekasten

Sauersberg, Haus Nr. 133

Sauersberg, Bildstock

Schwaig, Haus Nr. 115, Kruzifix

Schnait, Haus Nr. 6

Schwaig, Haus Nr. 115, Getreidekasten

Sonnershof, Haus Nr. 137, Getreidekasten

Sonnershof, Haus Nr. 137, ehem. Brechlbad

Spiegel

Haus Nr. 187 (Lettner). Zugehöriger Getreidekasten, Erdgeschoß Ende 16. Jh., Obergeschoß 1. Hälfte 18. Jh., mit altem Flachsatteldach-Überbau, erneuert.

Haus Nr. 189. Bauernhaus, Wohnteil mit Blockbau-Obergeschoß, umlaufender Laube und verbrettertem Giebel mit Hochlaube, 18. und 19. Jh.

Stallau

Haus Nr. 149 (Kohlhauf). Bauernhaus-Wohnteil, zweigeschossiger, übertünchter Blockbau mit Brettlaube, Anfang 18. Jh.

Steinbach

Haus Nr. 34 (Ott). Zugehörig Zuhaus mit Blockbau-Obergeschoß, 1. Hälfte 18. Jh.

Haus Nr. 42 (Ott). Kleinbauernhaus mit Blockbau-Obergeschoß, Ende 17. Jh.

Ehem. Brechlbad (Niggl-Moar). 18./19. Jh.; im Feld westlich vom südlichsten Hof.

Zur Funktion des sog. Brechlbads vgl. Sonnershof.

Straß

Haus Nr. 124 (Strasser). Bauernhaus mit Blockbau-Obergeschoß und Bretterlauben, Anfang 17. Jh.; an der Nordostecke eingebaute Hauskapelle, um 1724/25; mit Ausstattung.

Die Kapelle ist ein nach Westen gerichteter Rechteckraum, der wohl um 1724/25 in das Bauernhaus eingebaut und 1901 bzw. 1991 restauriert wurde. Über dem Eingang Nische mit Figur des hl. Stephanus. An der Stichkappentonne Stuck und dekorative Malereien wohl von 1901. Die Ausstattung, darunter ein spätgotisches Kruzifix und Votivtafeln des 18./19. Jhs., wurde ausgelagert.

Thal

Haus Nr. 193 (Thaler). Bauernhaus mit Blockbau-Obergeschoß, letztes Viertel 18. Jh. – Zugehörig obergeschossiger Getreidekasten mit Flachsatteldach-Überbau, bez. 1849.

Spiegel, Haus Nr. 187, Getreidekasten

Spiegel, Haus Nr. 189

Stallau, Haus Nr. 149

Steinbach, Haus Nr. 34, Zuhaus

Steinbach, Haus Nr. 42

Steinbach, ehem. Brechlbad

Straß, Haus Nr.124

Straß, Haus Nr. 124, Hauskapelle

Straß, Haus Nr. 124, Hauskapelle, Inneres nach Westen

Thal, Haus Nr. 193

Thal, Haus Nr. 193, Getreidekasten

Untermberg

Haus Nr. 5 (Feller im Feld). Ehem. Bauernhaus mit Blockbau-Obergeschoß, 1. Hälfte 17. Jh., Dach und Lauben Ende 18. Jh.

Haus Nr. 6 (Beindl). Bauernhaus mit Blockbau-Obergeschoß, bez.1684, Dach später.

Feldkapelle. Kleiner, achteckiger Zentralbau, 1. Hälfte 18. Jh.; mit Ausstattung; südlich von Haus Nr. 6.

Nach Westen gerichteter, oktogonaler Bau, vgl. die Kapelle im nahen Lain.

Kleiner **Feldstadel.** Blockbau mit Steilsatteldach, 1. Hälfte 19. Jh.; nördlich der Brücke über den Arzbach an der Längentalstraße.

Untermberg, Haus Nr. 5

Wolfsöd

Haus Nr. 163 (Marterbauer). Traufbundwerk am Bauernhaus, Ende 18. Jh.

Wegkreuz. 18./19. Jh.; bei Haus Nr. 163.

Im Gemeindegebiet:

Ehem. Getreidekasten. Anfang 17. Jh.; auf dem Blomberg aufgestellt, ehemals in Hub, Gde. Bad Heilbrunn.

Untermberg, Haus Nr. 6

Almen

Vordere Fell (Probstbauer). Einfirstanlage, Blockbau auf Bruchsteinsockel, 18. Jh.

Als Niederleger in 920 m Höhe ist der Probstbauer ein relativ stattlicher Blockbau mit der im Landkreis für Wackersberg charakteristischen Mittertenne zwischen Hütte und Hof (= Stall). Der nach Schneebruch später aufgesteilte Bau stamm wohl aus dem 18. Jh., schriftliche Überlieferung ist seit 1752 bekannt; er besitzt zahlreiche volkskundlich interessante Inschriften in der inneren Stubenblockwand.

Gassenhofer (Bachbauer). Einfirstbau, Blockbau-Obergeschoß, wohl 1866 erbaut.

Von den zweigeschossigen Almgebäuden im Landkreis ist der Bachbauer das am klarsten symmetrisch gegliederte Beispiel mit der mittig giebelseitigen Erschließung auch für den Hof (=Stall) im Sockelgeschoß. Die sehr seltene äußere Erschließung des Hüttengeschosses über einen asymmetrisch vorgelagerten Balkon ist hier durch ein aus dem Tal transloziertes Brettbalustergeländer betont. An der inneren Blockbautrennwand zur Schlafkammer befindet sich die Datierung von 1866.

Untermberg, Feldstadel

Greilinger (Zum Greilinger). Einfirstanlage, Bruchsteinmauerwerk mit Blockbaukniestock und Giebelbundwerk, 18./19. Jh.

Das Almgebäude, das einem Talbauernhof gleicht, weist den für Wackersberg üblichen Grundriß mit Mittertenne auf; es ist aber das einzige Beispiel dieser Bauaufgabe im Landkreis mit Giebelbundwerk, an das außerdem als Hausfigur ein Kruzifix angebracht ist. Mit der aus der Mitte gerückten Hüttentür gehört der Bau trotz des aufgesteilten Daches zu den seltenen älteren Hütten des Gebiets.

Untermberg, Feldkapelle

Wolfsöd, Wegkreuz

Wolfsöd, Haus Nr. 163, Traufbundwerk

Gemeindegebiet, Getreidekasten auf dem Blomberg

Greilingeralm

Vordere Fell, Alm

Gassenhoferalm

Längenberg (Zum Wasensteiner). Einfirstanlage, stattlicher Blockbau mit Kniestock, wohl um 1900.

An dieser seit der 1. Hälfte des 14. Jhs. überlieferten alten „Hüttstatt“ an der Probstenwand wurde die Längenbergalm offenbar um 1900 neu errichtet, worauf zahlreiche eingekerbte Datierungen an der inneren Stubenblockbauwand hinweisen. Der stattliche Bau mit mittelsteilem Dach ist eine Variante des Wackersberger Grundrißtyps, als hier talseitig im Kniestock hinter dem Hüttenteil eine große Tennenöffnung zu finden ist.

Lehenbauer. Wegkapelle, offener Blockbau, um 1900; mit Ausstattung.

Die hölzerne Wegkapelle bildet mit dem Niederleger des Bachbauern eine dreiteilige Gruppe von parallel stehenden Holzbauten; die Hütte und das Stallgebäude sind jüngere Neubauten der Dreißiger Jahre des 20. Jhs.

Lexen (Zum Lexen). Einfirstanlage, Blockbau, wohl um 1800.

Die Almhütte ist ein in großer Rodung am Berghang gegenüber dem Klausenberg gelegener, für Wackersberg charakteristisch gegliederter Ganzblockbau. Die innere Blockbauwand (mit Inschriften seit ca. 1860), die Küche und Kammer trennt, ist genau in Firstlinie abgebunden, weshalb die Hüttentür asymmetrisch versetzt werden mußte.

Tiefental (Zum Brunnlocher). Einfirstanlage, Blockbau verschindelt und verbrettert, wohl Mitte 19. Jh.; zugehöriger Kälberstall, Blockbau, 18./19. Jh.

Hoch über dem Tiefental unter den Tiefentalköpfen in 1251 m Höhe gelegene und seit 1464 überlieferte Alm. Die bestehende Haupthütte mit mittelsteilem Dach dürfte in der Mitte des 19. Jhs. errichtet worden sein, während der abgerückte Kälberhof älter sein kann.

Archäologische Denkmäler

Gemarkung Fischbach

TK 8235; Flurkarte SW 17-02.
Luftbildbefund mit einer schwachen Erhebung; möglicherweise ein verebneter vorgeschichtlicher *Grabhügel.*
Ca. 700 m nordöstlich der Kirche von Fischbach.

TK 8235; Flurkarte SW 18-02.
Weitgehend verebnete vorgeschichtliche *Grabhügelgruppe* im Luftbild.
Ca. 150 m nordwestlich der Kirche von Fischbach.

Gemarkung Oberfischbach

TK 8235; Flurkarte SW 18-02.
Burgstall Hoheneck am oberen Rand der westlichen Isarterrasse auf einer nach Südosten zeigenden Zunge; kurze steile Abfälle nach Osten und Süden, flach ansteigendes Terrain im Nordwesten. Zweigliedrige Anlage mit Hauptburg im Südosten und Vorburg im Nordwesten. Trapezförmiges, etwa 40 m langes Kernwerk, das im Nordwesten mit einem stellenweise noch bis 1 m hohen Wall abschließt. In der Mitte eine etwa 6 x 6 m große quadratische Erhebung. Vor der Nordwest- und der Südost-Seite in die Tiefe gestaffelte Doppelgräben mit dazwischenliegenden Erdrücken. Vor dem nordwestlichen Grabensystem liegt die schmale, südwestlich-nordöstlich orientierte Vorburg, die gegen das Hinterland einen breitverflossenen Wall und einen fast verebneten Graben aufweist. 6-7 m hinter dem südöstlichen Grabensystem wurde ein weiterer kurzer Graben in das sich allmählich abdachende Gelände geschnitten.
Ca. 325 m nordnordöstlich der Kapelle von Einbach.

Gemarkung Unterfischbach

TK 8135; Flurkarte SW 17-02.
Körpergräber unbekannter Zeitstellung; keine Beigaben beobachtet.
In Rimslrain (beim Simmerbauer).

Gemarkung Wackersberg

TK 8235; Flurkarte SW 19-01.
Gebäudereste und ein Brunnen; möglicherweise von einer römischen *Villa rustica.*
Ca. 820 m nordnordwestlich der Kirche von Wackersberg.

Fischbach, vorgeschichtliche Grabhügel, als schwache Erhebungen unter der Schneedecke erkennbar

Längenbergalm

Lehenbauer, Gesamtansicht mit Wegkapelle, Stall und Hütte

Tiefentalalm

Lexenalm

Ansicht des Schlosses Wolfratshausen, Kupferstich von Michael Wening, 1701

Stadt Wolfratshausen

Baudenkmäler

Wolfratshausen

Der 1003 erstmals urkundlich erwähnte Ort „Wolveradeshusun" lag ursprünglich am Hang hoch über der Isar und ist mit der heutigen Nachbargemeinde Dorfen zu identifizieren. Der Name ging auf die um 1100 gegründete Burg des Grafen Otto II. aus einer Seitenlinie der Grafen von Dießen-Andechs über. Als 1157 mit Heinrich II. das Geschlecht ausstarb, fiel die Grafschaft Wolfratshausen an das Stammhaus zurück. Die Burg, die im 12. und 13. Jh. in den Auseinandersetzungen der Andechser mit dem bayerischen Herzog eine wichtige Rolle spielte, wurde 1209 geschleift und später wiederaufgebaut. Nach dem Tod Ottos II., des letzten Grafen von Andechs-Meranien, fiel sie 1248 mit dem ganzen Gebiet an die Wittelsbacher und diente seitdem nur mehr als gelegentliches Jagdschloß bzw. als Amtssitz des herzoglichen Pflegers und Landrichters. In dieser Funktion soll Hans Urmiller kurz vor seinem Tod 1534 einen Neubau des Schlosses begonnen haben, der von den Baumeistern Michael Obermair und Christoph Egkl ausgeführt wurde, doch dürfte es sich dabei um

Ansicht von Wolfratshausen, Fresko von Hans Donauer im Antiquarium der Münchener Residenz, um 1585

umfangreiche Reparaturarbeiten gehandelt haben. 1734 wurde die Anlage durch eine verheerende Pulverexplosion zerstört und danach abgetragen. Ein Großteil der Steine wurde zum Bau des Hoftheaters und der Residenz in München.

Das Dorf entwickelte sich vermutlich ab 1248 südlich der Burg als Straßensiedlung mit Zollstätte. Allerdings wird es erst 1280 deutlich als Markt bezeichnet. 1312 bzw. 1323 erhielt der Ort zahlreiche Rechte und Freiheiten, darunter die

Ansicht von Wolfratshausen, Kupferstich von Michael Wening, 1701

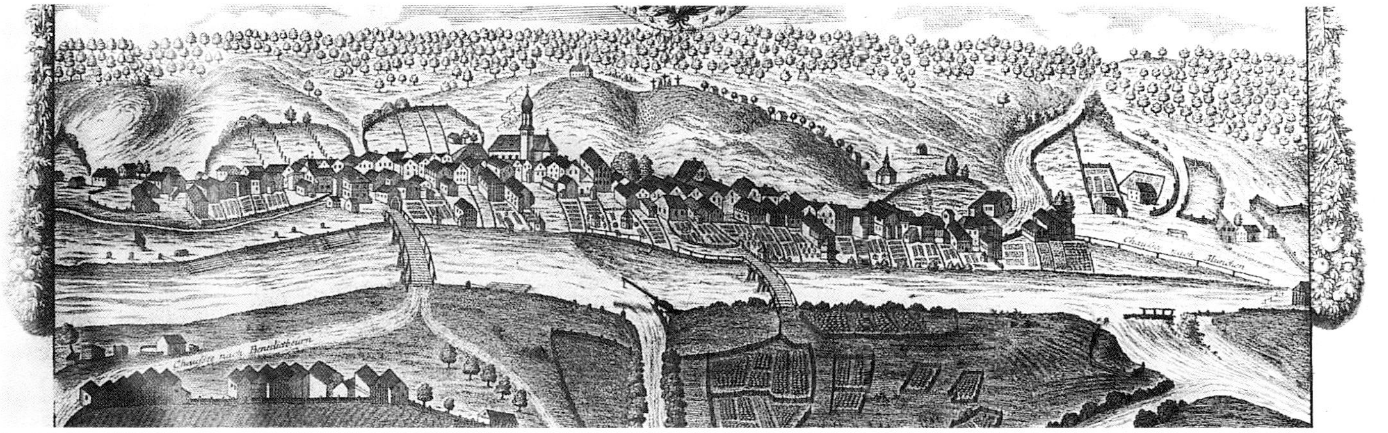

Ansicht von Wolfratshausen, Kupferstich, um 1800

Wolfratshausen, Museum, Modell des Schlosses Wolfratshausen, 1986

Wolfratshausen, Luftaufnahme von Südosten, um 1924

mittlere Gerichtsbarkeit. Für 1418 ist das sog. Obere Tor belegt, das sich im Bereich des „Schwanklecks", also an der Ecke Johannisgasse/Obermarkt, befand. Ihm entsprach ein weiteres Tor im Norden in Höhe des Anwesens Münchner Str.6. Von der mittelalterlichen Bebauung ist nach der Zerstörung durch die Schweden 1632 nichts mehr erhalten. 1961 wurde Wolfratshausen zur Stadt erhoben.

Ensemble Ortskern Wolfratshausen. – *Umgrenzung: Berggasse 1, Johannisgasse 1, Marienplatz 1-5 mit Stadtpfarrkirche St. Andreas, Obermarkt 1-60, Untermarkt 1-52,54,56-61,63, 65/67, 69/71.* – Das Ensemble erstreckt sich auf den historischen, langgezogenen Straßenmarkt zwischen dem linken Loisachufer und dem bewaldeten Steiluferhang und bestimmt durch diese topographische Situation die Gestalt der Marktsiedlung. Von den ehem. Befestigungsanlagen ist nichts erhalten; das Obere und das Untere Tor sind ebenso abgegangen wie die nördliche und südliche Befestigung des Marktes. Die älteren, meist aus dem 17./18. Jh. stammenden Häuser besitzen durch ihre giebelseitige Ausrichtung und durch die flachen Satteldächer Ähnlichkeit mit dem Tölzer Bürgerhaus. Dagegen sind die jüngeren, seit dem mittleren 19. Jh. errichteten Gebäude häufig Traufseitbauten. Die zentrale Achse, die Marktstraße, gliedert sich in Obermarkt, Marienplatz und Untermarkt. Ersterer mündet von Süden, letzterer von Norden in das kleine rechteckige Areal, das sich als Mittelpunkt der Stadt westwärts von der Hauptverkehrsader absetzt und weitgehend durch die Stadtpfarrkirche überbaut ist. Der Obermarkt ist an der Einmündung der Johannisgasse gelenkartig versetzt; im nördlichen Abschnitt zeichnet er sich durch stattliche Geschäfts- und ehem. Gasthäuser aus. Am Untermarkt bilden die Gebäude Nr. 25,27,29 und 31 eine gestaffelte Reihe von Giebelbauten mit flachen Satteldächern.

Ensemble Wohnsiedlung Alpenstraße/Schießstättstraße. – *Umgrenzung: Alpenstraße 1,2,3/3a,4,5,7/7a,8,9,10,12-30 (gerade Nrn.), Gebhardstraße 10,12,14,16, Schießstättstraße 18-56 (gerade Nrn.).* – Das Ensemble umfaßt die 1936-1938 für Angestellte der Sprengstoffwerke Geretsried/Gartenberg errichtete Wohnsiedlung. Sie erstreckt sich südöstlich des Ortskerns von Wolfratshausen entlang der Schießstättstraße und der parallel geführten Alpenstraße. Dabei wurden zwei Grundtypen von zweigeschossigen Wohnhäusern verwendet: Die einzeilige Bebauung an der Nordseite der Schießstättstraße und im westlichen Abschnitt der Alpenstraße besteht aus aneinandergereihten giebelständigen Doppelhäusern, den östlichen Teil der Alpenstraße begleiten beidseitig in größeren Abständen langgestreckte, traufständige Satteldachbauten (mit jeweils bis zu vier Wohneinheiten). Innerhalb der Giebelhauszeilen wird einer monotonen Reihung gleichartiger Baukörper durch leichtes Einschwingen der Baulinie an der Schießstättstraße sowie durch versetzte Anordnung der „Kopfbauten" (Schießstättstraße 18-28, Alpenstraße 16, 18) entgegengewirkt, während die Folge der Traufseitbauten an der Alpenstraße durch erdgeschossige Nebengebäude bzw. verbindende hölzerne Schupfen rhythmisiert ist. In gestalterischer Hinsicht ist die Adaption regionaler historischer Bauformen im Sinne eines „Alpenländischen Heimatstils" charakteristisch. Zu den einheitlichen Flachsatteldächern mit weitem Dachüberstand treten einzelne Fassadenmotive wie asymmetrisch gesetzte Erker, barockisierende Tür- und Fensterdetails oder Imitationen von Giebelbundwerk. Zum

Wolfratshausen, Luftaufnahme des Ortskerns, 1983

Wolfratshausen, Blick vom östlichen Loisachufer auf den Ortskern, Aufnahme um 1900

Wolfratshausen, Blick vom östlichen Loisachufer auf den Ortskern, Aufnahme 1993

Wolfratshausen, Ensemble Ortskern, Nordabschnitt des Obermarktes

Wolfratshausen, Ensemble Ortskern, Südabschnitt des Obermarktes

Wolfratshausen, Untermarkt, Ansicht des Südabschnitts, Aufnahme um 1870

Wolfratshausen, Ensemble Ortskern, Südabschnitt des Untermarktes

Wolfratshausen, Luftaufnahme der Wohnsiedlung Alpenstraße/Schießstättstraße von Südosten, 1994

ursprünglichen Siedlungskonzept gehören auch die Vorgärten sowie die rückwärtigen, parzellenweise getrennten Nutzgärten. Der von den Häuserreihen Schießstättstraße 14-56 und Alpenstraße 1,3/3a,5,7/7a,9 eingefaßte Gartenbereich wird durch ein Wegkreuz erschlossen, die Querachse ist straßenseitig durch einen geschweiften Torbogen (zwischen Schießstättstraße 36 und 38) akzentuiert. Innerhalb des nationalsozialistischen Wohnungs- und Siedlungsbaus entspricht das Raumangebot der hier errichteten Werkswohnhäuser einem gehobenem Standard. Die gestalterische Orientierung an traditionellen landschaftstypischen Formen, die nicht zuletzt dem in der Rüstungsindustrie tätigen Bewohner eine ländlich-kleinstädtische „Heimatlichkeit" suggerieren sollte, läßt den ideologischen Hintergrund solcher Architekturen erkennen. – Nicht zum Ensemble gehören die Häuser Alpenstraße 11-29 (ungerade Nrn.) bzw. Schießstättstraße 58-70 (gerade Nrn.), die nach dem Zweiten Weltkrieg entstanden sind, aber die Parzellenstruktur des alten Siedlungskonzeptes fortschreiben.

Kath. Stadtpfarrkirche St. Andreas. Erbaut 1484, nach Brand bis 1631 erneuert; mit Ausstattung.

Die laut Inschrifttafel neben dem südlichen Eingang 1484 vollendete Vorgängerkirche, ein einschiffiger Wandpfeilerbau mit eingezogenem Polygonalchor und Südturm, brannte 1619 bis auf die Außenmauern und die quadratischen Turmuntergeschosse nieder. Der 1621ff. durch den Münchener Hofmaurermeister Georg Graf errichtete Neubau wurde zwar

Wolfratshausen, Luftaufnahme der Wohnsiedlung Alpenstraße/Schießstättstraße von Nordosten, 1994

Wolfratshausen, Ensemble Wohnsiedlung Alpenstraße/ Schießstättstraße, Westabschnitt

Ansicht von Wolfratshausen, Kupferstich von F. X. Jungwierth nach einer Zeichnung von Ph. Guglhör, Mitte 18. Jh.

Wolfratshausen, kath. Stadtpfarrkirche St.Andreas

Wolfratshausen, Stadtpfarrkirche, Inneres nach Osten

Wolfratshausen, Stadtpfarrkirche, Inneres nach Westen

Wolfratshausen, Stadtpfarrkirche, Hochaltar

1626 geweiht, doch schloß man die Arbeiten am Turm, der um das Oktogon mit Zwiebelhaube erhöht wurde, erst 1630/31 ab. 1697 Anbau der südlichen Sakristei durch Benedikt Schafstetter, der 1724 zusammen mit Urban Gräz die Orgelempore erweiterte. 1734 Erneuerung der Turmkuppel, die durch die Explosion im Schloß beschädigt worden war. 1981f. Instandsetzung mit Errichtung einer neuen Sakristei und Verlegung des Südportals um ein Joch nach Westen.
Dreischiffige Hallenkirche zu vier Jochen mit doppelter Westempore. Die Schiffe werden durch Achtkantpfeiler mit spitzbogigen Schildbögen getrennt; die querliegenden, miteinander verschliffenen Seitenschiffgewölbe stoßen mit ihren Stichkappen in die Mittelschifftonne vor. Der ebenfalls mit einer Stichkappentonne, doch höher überwölbte, fünfseitig geschlossene Chor besitzt Mittelschiffbreite und ist wegen des südlich eindringenden Turms im westlichen Joch leicht verengt; die Oratorien wurden 1837 eingezogen. – Der ursprünglich stark reduzierte, streng geometrische Felderstuck von 1621ff. mit Rahmenleisten aus Perl- und Blattstäben wurde 1906 durch Karl Schier wesentlich bereichert; der Entwurf stammte von Joseph Elsner, der sich an der Nantweiner Stuckdekoration orientierte.
Der prunkvolle Hochaltar von 1659-1661 steht paradigmatisch für die Blüte des Wolfratshausener Kunsthandwerks im 17. Jh. Den reich vergoldeten Aufbau mit seinen leicht gewundenen, laubumrankten Säulen schuf Lukas Herle, das Gemälde der Kreuzigung des Apostels Andreas Adam Griesmann und die Skulpturen Kaspar Niederreiter: über den seitlichen Durchgängen die hll. Katharina und Petrus, im Auszug Krönung Mariens. Tabernakel 1819 von Joseph Bernhard Rämpl, dem Sohn des Wolfratshausener Bildhauers Philipp Jakob Rämpl. Spätere Veränderungen: 1865/66 Entfernung der seitlichen Altargiebel, die aber bereits 1897 durch Michael Gebhard wieder nach dem originalen Muster ergänzt wurden; 1955/56 Erneuerung der Fassung nach Befund. – Von zwei Nebenaltären, die ehemals an den Seitenwänden des breiten Chorbogens standen, sind nur mehr die al fresco gemalten Bilder Alois Dirnbergers von 1865 erhalten: nördlich die Trinität, südlich Tod der hl. Katharina. – Die im Kern wohl aus dem 17. Jh. stammenden Seitenschiffaltäre wurden mehrfach verändert: 1837 Gemälde von Johann Baptist Müller: nördlich Muttergottes über Ansicht von Wolfratshausen, südlich Pflege des hl. Sebastian. 1865 Erneuerung der Auszüge. 1901 tiefgreifende Umgestaltung durch Joseph Elsner mit neuen Auszugbildern: nördlich hl. Joseph, südlich hl. Nikolaus. – Kanzel Ende 17. Jh.; zahlreiche Ornamente 1703 durch Anton Krinner ergänzt. Das heutige Erscheinungsbild geht auf eine Umgestaltung 1824 durch Joseph Bernhard Rämpl zurück. – An der unteren Emporenbrüstung acht Leinwandbilder mit Szenen aus dem Marienleben, 1680-1686 von dem Wolfratshausener Maler und Bürgermeister Kaspar Albrecht, einem Schüler Griesmanns; die Gemälde wurden von den Zünften gestiftet, deren Wappen, teilweise mit Datum, am Stuckrahmen zu sehen sind. An der oberen Brüstung der Seitenschiffe je zwei 1865/66 gemalte Apostelmartyrien. Kreuzweg, 1859 von L. Klass, die letzte Station bez., ehemals in der Kirche von Dorfen. – Die zwölf großen Apostel an den Langhauswänden sind Arbeiten verschiedener Bildhauer zwischen 1680 und 1690; während für die hll. Petrus und Paulus Kaspar Niederreiter verantwortlich war, werden die hll. Matthias und Jakobus dem einheimischen Georg Wunderl und die übrigen Figuren Johann Krinner aus Tölz zugeschrieben. Kruzifix gegenüber der Kanzel,

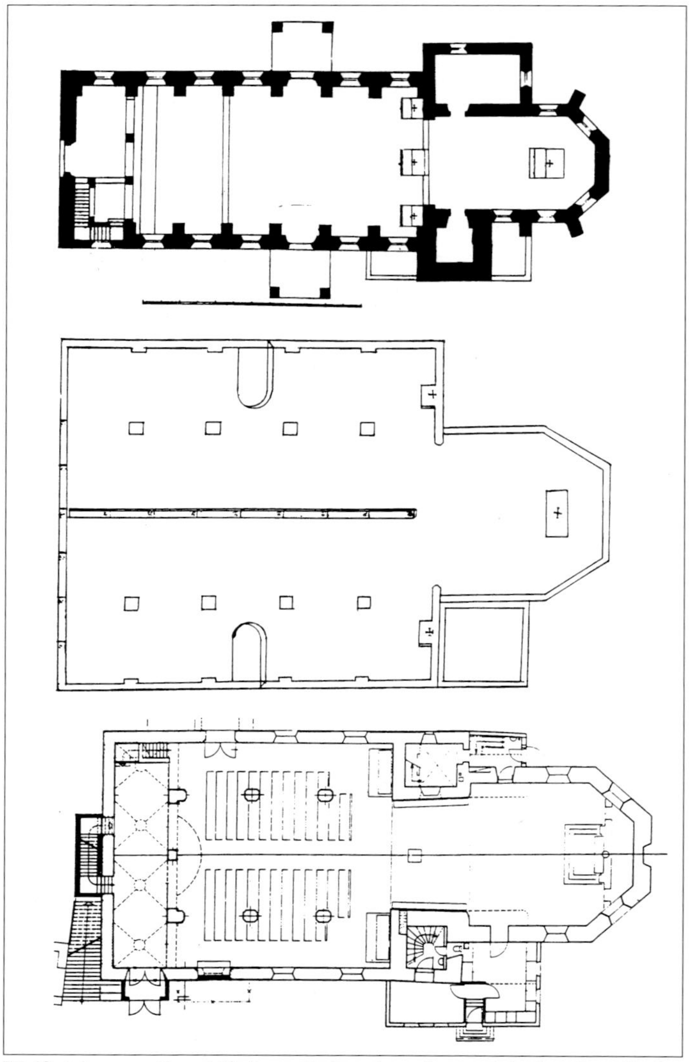

Wolfratshausen, Grundriß der gotischen, barocken und der heutigen Stadtpfarrkirche (von oben nach unten)

2. Hälfte 17. Jh.; Mater Dolorosa, 1. Viertel 18. Jh. An der südlichen Außenwand des Langhauses Kruzifix, um 1770/80, wohl von Philipp Jakob Rämpl. – Unter der Westempore Rotmarmorplatten für Konrad Spiegl (†1481) und Andreas Raab (†1618).

Kath. Dreifaltigkeitskapelle. Erbaut 1715; mit Ausstattung; westlich oberhalb der Stadt.

Die Dreifaltigkeitskapelle wurde 1715 aufgrund eines Gelübdes des Wolfratshausener Bürgermeisters und Ratsherrn Joseph Lang auf einem Absatz des westlichen Loisachhochufers errichtet. – Einschiffiger, dreiseitig geschlossener Bau mit Stichkappentonne und oben und unten eingezogen rundbogigen Fenstern; der oktogonale Dachreiter mit Spitzhelm des 19. Jhs. – Der ursprüngliche Dreifaltigkeitsaltar durch einen neueren Grabaltar verdeckt; Figuren Anton Krinner zugeschrieben.

Wolfratshausen, Stadtpfarrkirche, Altar im nördlichen Seitenschiff

Wolfratshausen Stadtpfarrkirche, Altar im südlichen Seitenschiff

Wolfratshausen, Stadtpfarrkirche, Tabernakel des Hochaltars

Wolfratshausen, Stadtpfarrkirche, Fresko des ehem. südl. Choraltars

Wolfratshausen, Stadtpfarrkirche, Kanzel

Wolfratshausen, Stadtpfarrkirche, Grabstein für A. Raab († 1618)

Wolfratshausen, Stadtpfarrkirche, Kruzifix, um 1770/80

Wolfratshausen, kath. Dreifaltigkeitskapelle

Wolfratshausen, Dreifaltigkeitskapelle, Inneres nach Osten

Kath. Frauenkapelle. Achteckiger Zentralbau von 1643, Anbau 1845; mit Ausstattung.

Die etwas nördlich unterhalb der Dreifaltigkeitskapelle stehende Anlage geht auf ein Gelöbnis des Wolfratshausener Weißgerbers Lang im Schwedenjahr 1632 zurück, das aber erst elf Jahre später von seinem Schwiegersohn durch die Errichtung eines oktogonalen Zentralbaus mit Zeltdach und Kuppelturm erfüllt werden konnte. 1845 Erweiterung um das westlich anschließende Bethaus. 1992 ff. Gesamtrestaurierung mit Erneuerung von Dach und Turm. – Am Gewölbe des Hauptraums Stuck wohl um 1670/80: an den Graten Eier- und Blattstäbe, in den Zwickeln und Stichkappen Akanthusranken, geflügelte Engelsköpfe sowie Frucht- und Tuchgehänge. Im Zentrum Gemälde Gottvaters. – Baldachinaltar von 1777 mit Marienfigur des älteren, 1649 geweihten Altars.

Wolfratshausen, kath. Frauenkapelle

Kalvarienberg. Anlage mit sechs Kapellenhäuschen, 18. Jh.; mit Ausstattung. – Kreuzigungsgruppe, 1858.

Der wohl im 18. Jh. angelegte Kalvarienberg verbindet die Dreifaltigkeits- mit der Frauenkapelle und wird von sechs Stationshäuschen mit dreiseitigem bzw. halbrundem Schluß begleitet. Darin befinden sich Figurengruppen, die mit Ausnahme der Anton Krinner um 1715 zugewiesenen Darstellung Christi am Ölberg, 1793 aufgestellt wurden; von Norden nach Süden: Abschied Christi von seiner Mutter, Ölberg, Geißelung, Dornenkrönung, Kreuztragung und Pietà. – Die gußeiserne Kreuzigung entstand 1858 in Sonthofen, Lkr. Oberallgäu.

Wolfratshausen, Frauenkapelle, Inneres des Hauptraums nach Osten

Alpenstraße 1, 2, 3/3a, 4, 5, 7/7a, 8, 9, 10, 12-30 (gerade Nrn.). Vgl. Ensemble Wohnsiedlung Alpenstraße/Schießstättstraße.

Am Gries 4/6. Kleines Doppelhaus mit verschaltem Giebel und Flachsatteldach, 1. Hälfte 18. Jh.

Am Wasen 3. Wohnhaus mit Flachsatteldach, im Kern noch 17. Jh.

Am Wasen 4. Wohnhaus mit Flachsatteldach, im Kern 18. Jh.

Am Wasen 5. Wohnhaus mit Flachsatteldach des 19. Jhs., im Kern 18. Jh.

Am Wasen 10/11. Kleines Doppelhaus mit Flachsatteldach, im Kern 18. Jh.

Wolfratshausen, Kalvarienberg, Kapellenhäuschen, Abschied Christi

Wolfratshausen, Kalvarienberg, Kapellenhäuschen, Ölberg

Bahnhofstraße 2. Evang.-Luth. Pfarrkirche; erbaut 1908/09; Turm mit Treppengiebeln als Dachreiter.

Für die evang.-luth. Pfarrkirche entwarf Theodor Fischer zwei Varianten: Die eine von 1904, gedacht für einen Bau am Fuße des Wolfratshausener Bergs, orientierte sich mit dem Zwiebelturm am Schema der oberbayerischen Dorfkirche. Die andere, durch einen Bauplatzwechsel bedingte Fassung legte in den Grundzügen die heutige Form der Kirche bereits fest, doch wurden Fischers Pläne ohne seine Zustimmung von dem Maler Hermann Neuhaus und dem Bezirkstechniker Tuffentsammer soweit umgearbeitet, daß er sich schließlich davon distanzierte. 1908 erfolgte die Grundsteinlegung, 1909 die Weihe; ausführender Baumeister war der einheimische Nikolaus Lanzinger. 1954 Erweiterung nach Norden. – Nach Süden gerichteter, einschiffiger Bau mit Tonnengewölbe und eingezogenem, halbrundem Chor, der in rundbogigen Arkaden gegen einen Umgang geöffnet ist; bemerkenswert die

Wolfratshausen, Ansicht der evang.-luth. Pfarrkirche, Aufnahme um 1909

Wolfratshausen, Kalvarienberg, Kreuzigungsgruppe

Wolfratshausen, Bahnhofstraße 2, evang.-luth. Pfarrkirche

Wolfratshausen, Am Gries 4/6

Wolfratshausen, Am Wasen 3, 4 und 5 (v.l.n.r.)

Wolfratshausen, Am Wasen 10/11

Wolfratshausen, evang.-luth. Pfarrkirche, Inneres nach Norden

Wolfratshausen, Innenansicht der evang.-luth. Pfarrkirche, Aufnahme um 1909

Wolfratshausen, evang.-luth. Pfarrkirche, Inneres nach Süden

unterschiedlich ornamentierten, würfelförmigen Kapitelle. In der nördlichen Mittelachse quadratischer Turm mit Satteldach zwischen Treppengiebeln. – Die einst reiche Ausmalung des Raums durch Hermann Neuhaus, der zu den rührigsten Förderern des Baus gehört hatte, wurde 1967 übertüncht; lediglich das 1912 ausgeführte, westliche Wandfresko der Bergpredigt blieb erhalten. Das Hochaltarbild kam ins Heimatmuseum.

Berggasse 1. Vgl. Ensemble Ortskern Wolfratshausen.

Berggasse 8. Wohnhaus mit Flachsatteldach, wohl 2. Viertel 18. Jh.

Berggasse 10. Kleinhaus mit Flachsatteldach, im Kern 18. Jh.

Berggasse 12. Breitgelagertes Wohnhaus mit Flachsatteldach, 2. Viertel 18. Jh. und 2. Hälfte 19. Jh.

Berggasse 18. Wohnhaus mit geschlepptem Flachsatteldach, im Kern 18. Jh.

Beuerberger Straße 1. Ehem. Villa Littig; barockisierender Walmdachbau mit Treppenturm, Belvederetürmchen und Eingangsnische, 1895.

Das stattliche, im Winkel von Obermarkt und Beuerberger Straße stehende Gebäude mit seinem polygonalen Ostturm und dem überkuppelten Dachreiter wurde 1895 für den Rechtsanwalt Albert Littig erbaut und dient seit 1987 als Jugendhaus.

Beuerberger Straße 2. Villa, repräsentativer Neubarockbau mit Schopfwalm- und Steilsatteldächern, Zwerchgiebeln, Zierfachwerk und Balkonen, um 1900.

Beuerberger Straße 14. Landhaus mit Giebelrisalit und Balusterbalkon, Zierfachwerk und Erker mit Jugendstilfenster, um 1905.

Wolfratshausen, Berggasse 8

Wolfratshausen, Berggasse 10

Wolfratshausen, Berggasse 12

Wolfratshausen, Berggasse 18

Wolfratshausen, Beuerberger Straße 2

Wolfratshausen, Beuerberger Straße 14

Wolfratshausen, Berggasse, Ansicht von Süden

Wolfratshausen, Beuerberger Straße 1

Beuerberger Straße 40. Landhaus mit Halbwalmdach, Rundbogenfries und Eckerker, um 1900.

Das Gebäude steht in Hanglage abseits der Straße und besitzt eine auffällige Außengliederung durch kräftige Fensterfaschen und rundbogige Friese auf kurzen Dreiviertelsäulen an den Ecken.

Gebhardstraße 10,12,14,16. Vgl. Ensemble Wohnsiedlung Alpenstraße/Schießstättstraße.

Geltinger Straße 1. Gasthaus Glashütte; Bau mit Erkerturm und Zierfachwerk, um 1900.

Das Gasthaus ging aus einer Kantine für die Arbeiter der ehemals gegenüberliegenden Glasfabrik hervor.

Johannisgasse 1. Vgl. Ensemble Ortskern Wolfratshausen.

Johannisgasse 4. Westliches Nebengebäude mit Fachwerk und Brettbaluster-Laubengang, 2. Hälfte 19. Jh., wohl über älterem Kern.

Johannisgasse 6. Wohnhaus, Fassadengliederung um 1850/60.

Johannisgasse 8. Wohnhaus mit Flachsatteldach, reicher Bemalung, Hausspruch und Jahreszahl 1804.

Breitgelagerter, vierachsiger Satteldachbau in unmittelbarer Nähe der Isarbrücke, bez. 1804 über dem stichbogigen Portal. Eines der wenigen Häuser in der Stadt, das noch (erneuerte) Fassadenmalereien mit Eckpilastern und aufwendigen Fensterrahmungen besitzt; giebelseitig bewegte Darstellung des hl. Nikolaus als Patron der Seefahrer, oben Auge Gottes, an der Ostseite hl. Johann Nepomuk.

Josef-Schnellrieder-Weg 10. Villa mit rundem Erkerturm, Altanen und Zierfachwerk, 1903.

Reizvolles Gebäude der Jahrhundertwende in Hanglage; an der Südostecke Rundturm, daneben Altane mit geschnitzter Brüstung und Zierfachwerk in Jugendstilformen.

Königsdorfer Straße 2. Gasthaus Brückenwirt; Zweiflügelbau in neubarocken Formen, mit Eckerker, Vorbau mit Balusterbrüstung und Schweifgiebelrisalit am Quertrakt, 1906.

Auffälliger, neubarocker Gruppenbau unmittelbar an der Isarbrücke, dem Datum am Eckerker zufolge 1906 errichtet.

Königsdorfer Straße 23. Wohnhaus, spätbiedermeierlich, mit Walmdach, Stichbogenfenstern und Zierfries, nach Mitte 19. Jh.

Königsdorfer Straße 25. Landhaus, Haustein-Backsteinbau in historisierenden Formen, mit Giebelrisalit, Loggia und Belvedereturm, um 1900.

Wolfratshausen, Beuerberger Straße 40

Wolfratshausen, Geltinger Straße 1

Wolfratshausen, Johannisgasse 4, Nebengebäude

Wolfratshausen, Johannisgasse 4-8 (gerade Nrn., v.r.n.l.)

Wolfratshausen, Johannisgasse 8, Fassadenmalereien

Wolfratshausen, Joseph-Schnellrieder-Weg 10

Wolfratshausen, Königsdorfer Straße 23

Wolfratshausen, Königsdorfer Straße 25

Wolfratshausen, Königsdorfer Straße 2, Ansicht von Osten

Wolfratshausen, Königsdorfer Straße 2, Ansicht von Nordwesten

Marienplatz 1. Rathaus; stattlicher Bau mit Neurenaissance-Giebel, errichtet 1805, verändert 1890.

Ein mittelalterlicher Vorgängerbau, der zugleich als Ausschank diente, wurde nach einem Brand 1640 abgebrochen und 1644 als zweigeschossiges Haus von Michael Mitlmayr neu erbaut. Das heutige, 1805 errichtete Rathaus, ein stattliches, dreigeschossiges Gebäude, bildet als Zentrum bürgerlicher Selbstverwaltung zusammen mit der schräg gegenüberliegenden kath. Stadtpfarrkirche die städtebauliche Dominante am Marienplatz. Die in reichen Neurenaissanceformen gehaltene Fassadengliederung wurde 1890 bei einer durchgreifenden Umgestaltung appliziert. Die Giebelädikula schmückt eine Figur der Immaculata, darunter befindet sich seit 1961 das bayerische und das städtische Wappen.

Marienplatz 2-5, Obermarkt 1. Vgl. Ensemble Ortskern Wolfratshausen.

Marienplatz 2. Ehem. Besenbräu, seit 1918 Friseurgeschäft. Marienplatz 3. Ehem. Schul- und Brothaus, zugleich ehemals Wohnung des Schulmeisters und Organisten. Ab 1904 Postamt.

Obermarkt 1. Dreigeschossig mit Mezzanin. Fenster in Putzrahmen; oben Inschrift Familie Kerl und Datum 1686.

Obermarkt 2. Gasthaus Humplbräu; stattliches Traufhaus, im Kern 1. Hälfte 17. Jh.

Das wohl im frühen 16. Jh. erbaute Gasthaus brannte 1619 zusammen mit dem benachbarten Schererbräu (vgl. Untermarkt 1) ab. Hans Humpl kaufte im folgenden Jahr das Anwesen und ließ einen Neubau errichten. Obwohl er die Geschicke des Marktes während des Dreißigjährigen Kriegs leitete, konnte er nicht verhindern, daß die Braustatt 1632 erneut zerstört wurde; bereits 1633 war sie jedoch wiederhergestellt. Seit 1912 Besitz der Familie Fagner.

Obermarkt 3. Haus in Traufstellung, mit Rauhputz- und Gesimsgliederung, Mitte 19. Jh.; Hausfigur Muttergottes.

Obermarkt 4-7. Vgl. Ensemble Ortskern Wolfratshausen.

Obermarkt 4. Der Inschrift über der Tür zufolge um 1700 Eisenkramerhaus.

Obermarkt 8. Walmdachhaus, Erdgeschoß mit Rauhputzgliederung, um 1874.

Obermarkt 9. Stattliches Flachsatteldachhaus, im Kern 18. Jh., Fassade 3. Viertel 19. Jh.

Obermarkt 10. Haus in Traufstellung, nach Mitte 19. Jh.

Obermarkt 11. Stattliches Eckhaus mit Flachsatteldach, rückwärts verschalter Ständerbau, im Kern 1. Hälfte 18. Jh.

Obermarkt 12. Haus in Traufstellung, Gliederung um 1874.

Ursprünglich von einem Lebzelter bewohnt, 1874 niedergebrannt und wiederaufgebaut.

Obermarkt 13. Eckhaus, im Kern 17./18. Jh., Rauhputzgliederung 3. Viertel 19. Jh.

Obermarkt 14. Gasthaus; stattlicher Bau in Traufstellung, mit Mezzaningeschoß, um 1874.

Das Bräuanwesen bestand bereits vor dem Dreißigjährigen Krieg und gehörte damals der Familie Keller, vgl. das Epitaph der Barbara Keller von 1653 in der Kirche zu Nantwein. 1717 wurde es an Johann Ziegler verkauft, der im Postbräu

Wolfratshausen, Marienplatz 1, Rathaus

Wolfratshausen, Marienplatz 2-4 und Obermarkt 1, Aufnahme um 1870

Wolfratshausen, Marienplatz 2-4 und Obermarkt 1

Wolfratshausen, Obermarkt, Westseite des Nordabschnitts

Wolfratshausen, Obermarkt, Ostseite des Nordabschnitts

Wolfratshausen, Museum, Muttergottes vom Rathausgiebel, um 1790

Wolfratshausen, Obermarkt 2

Wolfratshausen, Obermarkt 1 (links) und 3 (rechts)

Wolfratshausen, Obermarkt 2-8 (gerade Nrn., v.r.n.l.)

Wolfratshausen, Obermarkt 7-11 (ungerade Nrn., v.l.n.r.)

Wolfratshausen, Obermarkt 10-18 (gerade Nrn., v.r.n.l.)

Wolfratshausen, Obermarkt 13-19 (ungerade Nrn., v.l.n.r.)

die Posthalterei einrichtete. 1786 machte hier Johann Wolfgang von Goethe auf der Durchreise kurz Station. 1874 wurde das dreigeschossige Gebäude durch einen Brand schwer beschädigt und wiederhergestellt.

Obermarkt 15. Vgl. Ensemble Ortskern Wolfratshausen.

Obermarkt 16. Haus in Traufstellung, 3.Viertel 19. Jh.

Das zweigeschossige Gebäude war Teil des ehem. Gasthofs Alte Post, vgl. Nr. 18.

Obermarkt 17. Vgl. Ensemble Ortskern Wolfratshausen.

Obermarkt 18. Ehem. Gasthof Alte Post; stattlicher Bau mit Flachsatteldach, im Kern noch 16. Jh. und 2. Hälfte 18. Jh.; mit Hausfigur Immaculata, 18. Jh.

Das vielleicht älteste Gasthaus im Obermarkt, das keine eigene Braustatt hatte, war 1641-1676 im Besitz des Bürgermeisters Michael Mittermayr. 1810 kam die Posthalterei vom Postbräu (vgl. Obermarkt 14) in das dreigeschossige Gebäude, das seitdem Gasthof zur Post hieß und ab 1866 (nach dem Verlust der Poststation) den Namen „Zur Alten Post" erhielt.

Obermarkt 19. Vgl. Ensemble Ortskern Wolfratshausen.

Obermarkt 20. Ehem. Gasthof Bauernbräu; stattliches Flachsatteldachhaus, 1911.

Auf diesem Anwesen stand der sog. Bauernbräu, der bereits vor dem Schwedenkrieg existierte und zusammen mit dem benachbarten Gebäude Nr. 22 eine Einheit bildete. Als frühester Besitzer ist Christoph Khöbl erwähnt, der die Braustatt 1653 seinem Schwiegersohn Martin Khinast übergab. 1911 wurde der Gasthof abgebrochen und in der bestehenden Form als dreigeschossiges Eckhaus mit straßenseitigem Rechteckerker in der Mittelachse neu errichtet. Seit 1952 Marienapotheke.

Obermarkt 21-24. Vgl. Ensemble Ortskern Wolfratshausen.

Obermarkt 21. In dem Haus „beim Thorkramer" eröffnete 1887 der Buchbinder Anton Schwankl eine Druckerei und übernahm die Herausgabe der Heimatzeitung.
Obermarkt 22. Das Haus gehörte ehemals als „Zubau" zum sog. Bauernbräu (vgl. Obermarkt 20) und wurde 1661 von dem Maler Adam Griesmann ersteigert.
Obermarkt 23. Hier stand ursprünglich das Gasthaus Meislbräu (oder Mäuslbräu). Bereits 1850 wurde nicht mehr gebraut und nach 1965 erfolgte der Umbau zum Kaufhaus.

Obermarkt 25. Haus in Traufstellung, mit Rauhputzfassade und Tor, um 1840/50.

Obermarkt 26-28. Vgl. Ensemble Ortskern Wolfratshausen.

Obermarkt 29. Relief über dem Haustor, 19. Jh.

Das hochrechteckige Relief zeigt die Beweinung Christi.

Obermarkt 30. Am Haus Christusbild, 19. Jh.

Zwischen den Mittelachsen der beiden Obergeschosse stark übergangenes Gemälde Christi beim Abendmahl.

Obermarkt 31. Vgl. Ensemble Ortskern Wolfratshausen.

Obermarkt 32. Biedermeier-Haustür und Beschläge, um 1840.

Obermarkt 33. Vgl. Ensemble Ortskern Wolfratshausen.

Das wohl in der 2. Hälfte des 19.Jhs. errichtete Eckhaus prägt das sog. Schwankleck, eine gelenkartige Versetzung des Obermarkts an der Einmündung der Johannisgasse. 1899 Sitz einer Buchdruckerei, beherbergt es heute den Isar-Loisach-Boten. Während die stichbogigen Fenster und die Rustizierung des Erdgeschosses beseitigt wurden, blieben die beiden Obergeschosse mit ihren übergiebelten Fensterrahmungen unverändert erhalten. Gleiches gilt für den Eckerker, der über der Dachtraufe vom Recht- ins Achteck übergeführt und von einem 1902 erneuerten Spitzhelm bekrönt wird.

Obermarkt 34. Haus mit Flachsatteldach, im Kern 1. Hälfte 18. Jh.

Obermarkt 35-39. Vgl. Ensemble Ortskern Wolfratshausen.

Obermarkt 40. Haus mit Flachsatteldach, im Kern Mitte 18. Jh.

Obermarkt 41, 42. Vgl. Ensemble Ortskern Wolfratshausen.

Obermarkt 43. Haus mit Flachsatteldach, im Kern wohl 18. Jh., sonst 3.Viertel 19. Jh.

Hervorzuheben ist die reich geschnitzte Dachuntersicht.

Obermarkt 44. Haus mit Flachsatteldach, Anfang 19. Jh.

Am Obergeschoß rundbogige Nische mit neugotischer Muttergottesfigur.

Obermarkt 45. Haus mit Flachsatteldach, Spätrokokofresken, Hochlaube und Lüftungsgitter im Giebel, Ende 18. Jh.

Eines der letzten Gebäude der Stadt, das noch seine ursprünglichen, wenn auch später übergangenen Fassadenmalereien besitzt: zwischen den rocaillegerahmten Fenstern des 1.Obergeschosses Verehrung der wundertätigen Hostie von Hl. Kreuz in Augsburg und Gnadenbild der Muttergottes von Aufkirchen; am 2.Obergeschoß Medaillons der hll. Augustinus und Barbara.

Obermarkt 46. Kleinhaus mit Flachsatteldach, im alten Stil über älterem Kern erbaut.

Obermarkt 47,48. Vgl. Ensemble Ortskern Wolfratshausen.

Wolfratshausen, Obermarkt 16-22 (gerade Nrn., v.r.n.l.)

Wolfratshausen, Obermarkt 15-21 (ungerade Nrn., v.l.n.r.)

Wolfratshausen, Obermarkt 22-28 (gerade Nrn., v.r.n.l.)

Wolfratshausen, Obermarkt 21-27 (ungerade Nrn., v.l.n.r.)

Wolfratshausen, Obermarkt 29, Relief: Beweinung Christi

Wolfratshausen, Obermarkt 30, Christusbild

Wolfratshausen, Obermarkt 32, Haustür

Wolfratshausen, Obermarkt 33

Wolfratshausen, Obermarkt 34

Wolfratshausen, Obermarkt 38-44 (gerade Nrn., v.r.n.l.)

Wolfratshausen, Obermarkt 43 (links) und 45 (rechts)

Wolfratshausen, Obermarkt 46 (rechts) und 48 (links)

Obermarkt 49. Haus mit Flachsatteldach, verschaltem Giebel und Flugstreben, im Kern 17./18. Jh. und 2. Hälfte 19. Jh.

Im verschalten Giebel zwei Okuli mit neugotischen Ornamentschnitzereien.

Obermarkt 50-52. Vgl. Ensemble Ortskern Wolfratshausen.

Obermarkt 53. Haus mit Flachsatteldach, im Kern 2. Hälfte 18. Jh.

Obermarkt 54. Vgl. Ensemble Ortskern Wolfratshausen.

Obermarkt 55. Haus mit Flachsatteldach, modern bez.1783.

Obermarkt 56. Haus mit Flachsatteldach und reich profilierten Balkenköpfen, 1.Viertel 19. Jh.

Obermarkt 57. Stattliches Haus mit Flachsatteldach, 2. Hälfte 19. Jh., im Kern älter.

Dreigeschossiger Eckbau mit rustiziertem Erdgeschoß und reich geschnitzter Eingangstür auf der Westseite.

Obermarkt 58-60. Vgl. Ensemble Ortskern Wolfratshausen.

Sauerlacher Straße 15. Ehem. Krankenhaus; stattlicher Walmdachbau, 1823/24.

Die Grundsteinlegung erfolgte am 27.Mai 1823 und am 24.April 1824 konnte der zweigeschossige Bau seiner Bestimmung übergeben werden. Im Erdgeschoß befanden sich die Wohnung des Hausmeisters, eine Kapelle und die Leichenkammer, im 1.Stock die Krankenzimmer und die Armenanstalt. Mit der Errichtung des neuen Krankenhauses an der Gebhardstraße 1913-1915 wurde das bisherige Gebäude in ein Wohnhaus umgebaut.

Sauerlacher Straße 16. Finanzamt; dreigeschossiger Walmdachbau mit Treppenturm, modern historisierend, erbaut 1913.

Seit 1803 bestand das Rentamt Wolfratshausen, das seinen Sitz ursprünglich im Haus Untermarkt 2 hatte und 1913 in das neue Gebäude an der Sauerlacher Straße umzog. Seit 1919 Finanzamt.

Sauerlacher Straße 18. Ehem. Landratsamt, jetzt Teil des Finanzamts; dreigeschossiger Walmdachbau mit neuklassizistischem Putzdekor, 1902.

1902 bekam Wolfratshausen ein eigenes Bezirksamt, das bis zur Fertigstellung des Neubaus im Oktober 1902 im Anwesen Königsdorfer Straße 21/23 untergebracht war. Von 1939 bis zur Zusammenlegung der Landkreise Wolfratshausen und Bad Tölz 1972 Landratsamt.

Schießstättstraße 18-56. Vgl. Ensemble Wohnsiedlung Alpenstraße/Schießstättstraße.

Untermarkt 1. Vgl. Ensemble Ortskern Wolfratshausen.

Im Gasthaus Schererbräu, das zu den ältesten der Stadt gehört, brach 1619 ein Brand aus, der nicht nur neun Nachbargebäude, sondern auch die Pfarrkirche vernichtete. Nach der Einstellung des Brauereibetriebs 1851 wurde hier 1886 vorübergehend eine „Königliche Post- und Telegraphenstation" eingerichtet. Im Giebelfresko des inzwischen erneuerten Gebäudes volkstümliche Szenen.

Wolfratshausen, Hochwasser im Südabschnitt des Obermarktes, Aufnahme um 1910

Wolfratshausen, Obermarkt, Südabschnitt

Untermarkt 2. Ehem. Vermessungsamt; stattlicher Bau in Traufstellung mit nachklassizistischer Gliederung, um 1840/50.

In dem viergeschossigen Traufseitbau unmittelbar südlich im Anschluß an das Rathaus war ursprünglich das Rentamt und später das Vermessungsamt untergebracht; heute wird es von der Volkshochschule genutzt. Auffällig ist vor allem die breite, geschoßweise differierende Rahmung der teilweise zugesetzten Fenster an der Straße.

Untermarkt 3. Vgl. Ensemble Ortskern Wolfratshausen.

Ehemals Weilheimerbräu, mit Nr. 5 eine Einheit bildend. Nach 1822 wurde der Brauereibetrieb eingestellt, um 1850 in den ehem. Gasträumen ein Laden für Eisenwaren eingerichtet.

Untermarkt 4. Haus mit Flachsatteldach, im Kern 17./18. Jh.; am Rückgebäude lebensgroßes Kruzifix, um 1600.

Untermarkt 5. Vgl. Ensemble Ortskern Wolfratshausen.

Ehemals Zuhaus zum Weilheimerbräu, vgl. Untermarkt 3; die heutige Putzornamentik stammt wohl von 1967.

Wolfratshausen, Obermarkt 49

Wolfratshausen, Obermarkt 53-57 (ungerade Nrn., v.l.n.r.)

Wolfratshausen, Obermarkt 56 (rechts) und 58 (links)

Wolfratshausen, Sauerlacher Straße 15

Wolfratshausen, Sauerlacher Straße 16

Wolfratshausen, Sauerlacher Straße 18

Wolfratshausen, Sauerlacher Straße 18, Portal

Wolfratshausen, Untermarkt 1-5 (ungerade Nrn., v.l.n.r.)

Wolfratshausen, Untermarkt 2

Wolfratshausen, Untermarkt 4

Wolfratshausen, Untermarkt 4, Kruzifix am Rückgebäude

Untermarkt 6. Haus in Traufstellung mit Fassadengliederung, 3. Viertel 19. Jh.

Untermarkt 7-9. Vgl. Ensemble Ortskern Wolfratshausen.

Untermarkt 7. Ursprünglich Getreidekasten des Klosters Benediktbeuern, 1866 von der Gemeinde angekauft und 1875 mit Nr. 9 zu einem Knabenschulhaus umgebaut. 1966-1970 durch Hans Hugo zum Kaufhaus umgestaltet.
Untermarkt 8. Das nach einem Brand 1804 wiederaufgebaute, ehem. Gasthaus Nudlbräu wurde 1840 in Löwenbräu umbenannt; 1864 stellte man den Brauereibetrieb ein. 1984 wurde die Fassade instandgesetzt.
Untermarkt 9. Ehemals Lochbräu, 1809 erweitert und wenig später zu Wohnzwecken umgebaut. 1875 von der Gemeinde aufgekauft und zum Knabenschulhaus umgestaltet, vgl. Untermarkt 7. 1941ff. Berufsschule, 1970ff. Kaufhaus.

Untermarkt 10. Ehem. Schulhaus, jetzt Heimatmuseum; stattlicher Walmdachbau mit klassizistischer Gliederung, um 1804; Rückgebäude mit Steilsatteldach, wohl 18. Jh.

Zweigeschossiger, rustizierter Bau mit Krüppelwalmdach; an der Nordwestecke vierseitiger Turm unter Spitzhelm.

Untermarkt 11. Kleinhaus mit Schweifgiebel, 2. Hälfte 18. Jh.

Der ehem. Anbau zum Lochbräu (Untermarkt 9) diente einem Lebzelter bzw. Seifensieder als Wohnhaus.

Untermarkt 12. Haus mit Flachsatteldach, im Kern 18. Jh., nach Brand 1804 wiederhergestellt.

Am Obergeschoß Medaillon mit Gemälde der Muttergottes (nach Lukas Cranach).

Untermarkt 13. Breitgelagertes Haus mit Halbwalm, 1. Hälfte 19. Jh.; mit Ausleger und z.T. altem Ladestock.

1748 als Forstnerische Bräubehausung ohne Braurecht erwähnt. 1810 an den Apotheker Semmelbauer verkauft, heute Happsche Apotheke. Am Obergeschoß Fresken der hll. Cosmas und Damian.

Untermarkt 14-16. Vgl. Ensemble Ortskern Wolfratshausen.

Untermarkt 14/16. Nach der Zerstörung der Burg 1734 war in Nr. 14 die „churfürstliche Eisenfronveste", also das Gefängnis untergebracht. 1804 wurde das Gebäude durch Brand vernichtet. In Nr. 16 wohnte noch 1799 ein Gerichtsprokurator.
Untermarkt 15. Ehemals Ochsenbräu, Mitte des 17. Jhs. im Besitz der Familie Keller, vgl. Obermarkt 14. Um 1832 Einstellung des Braubetriebs. Im frühen 20. Jh. Lohnkutscher- und Stellwagengeschäft, 1914-1918 Herberge für Handwerksburschen, danach Geschäft. In den letzten Jahren abgebrochen und neu erbaut.

Untermarkt 17/19. Ehem. Posthotel Haderbräu; stattliches, zweiflügeliges Gebäude, Hauptbau im Kern von 1556 mit kreuzgratgewölbter Durchfahrt, der Südflügel von 1830; mit Hausfigur Immaculata, Mitte 18. Jh., und barockem Ausleger.

1553 kaufte der Beuerberger Propst Leonhard Mochinger das Haus, um darin eine Brauerei einzurichten, bis er die Erlaubnis erhielt, direkt im Kloster Bier zu brauen. Nach endlosen Auseinandersetzungen wurde 1696 die kurfürstliche Bewilligung erteilt. 1656ff. bewirtschaftete die Familie Graf das Anwesen, erst mit der Säkularisation 1803 kam es in deren endgültigen Besitz.

Wolfratshausen, Untermarkt, Westseite des Südabschnitts

Wolfratshausen, Untermarkt, Ostseite des Südabschnitts

Wolfratshausen, Untermarkt, Nordabschnitt

Wolfratshausen, Untermarkt 6 (rechts) und 8 (links)

Wolfratshausen, Untermarkt 5-11 (ungerade Nrn., v.l.n.r.)

Wolfratshausen, Untermarkt 10

Wolfratshausen, Untermarkt 12 (an der Ecke Bahnhofstraße) und 14 (links)

Wolfratshausen, Untermarkt 13 (links) und 15 (rechts)

Wolfratshausen, Untermarkt 12,
Maria-Hilf-Bild

Wolfratshausen, Untermarkt 13, Ladenstock

Wolfratshausen, Untermarkt 13,
Ausleger

Wolfratshausen, Untermarkt 17/19

Wolfratshausen, Untermarkt 17/19,
Ausleger

Wolfratshausen, Untermarkt 17/19,
Immaculata, Mitte 18.Jh.

Untermarkt 18, 20-24. Vgl. Ensemble Ortskern Wolfratshausen.

Untermarkt 20. Seit 1751 im Besitz der Malerfamilie Heigl. 1804 Wiederaufbau nach Brand. Die Fassadenmalerei wurde 1974 erneuert.
Untermarkt 24. Das ehem. Färberhaus wurde 1984 instandgesetzt.

Untermarkt 25. Kleinhaus mit Flachsatteldach, 2.Viertel 19. Jh.

Untermarkt 26, 27. Vgl. Ensemble Ortskern Wolfratshausen.

Untermarkt 28. Haus mit Flachsatteldach, im Kern 18. und 3.Viertel 19. Jh.

Hier befand sich ursprünglich das Benefiziatenhaus, das nach dem Umzug in das Gebäude Untermarkt 44 vermietet war und im Napoleonischen Krieg als Wachlokal und Gefängnis diente. 1816 wurde das „alte" Benefiziatenhaus verkauft.

Untermarkt 29. Haus mit Flachsatteldach, im Kern 18. und Mitte 19. Jh.

Untermarkt 30. Kleinhaus mit Flachsatteldach, im Kern 18. Jh.

Untermarkt 31, 32. Vgl. Ensemble Ortskern Wolfratshausen.

Untermarkt 33. Kleinhaus mit Flachsatteldach, im Kern 17./ 18. Jh.; Obergeschoßfenster mit farbiger Jugendstil-Verglasung.

Untermarkt 34. Vgl. Ensemble Ortskern Wolfratshausen.

Untermarkt 35. Haus mit flachgeneigtem Giebel ohne Vordach, im Kern 18. Jh.; verwittertes Fresko, 18. Jh.

Das Fresko des Guten Hirten wurde 1981 neu gemalt.

Untermarkt 36. Haus mit Flachsatteldach und Glattputzdekor, im Kern 17./18. Jh.; an der Hausecke doppelseitiger Hirschkopf.

Untermarkt 37. Haus in Traufstellung mit gesprengtem Oberteil, wohl 2.Viertel 19. Jh.

Untermarkt 38/39. Vgl. Ensemble Ortskern Wolfratshausen.

Wolfratshausen, Untermarkt 20-24 (gerade Nrn., v.r.n.l.)

Wolfratshausen, Untermarkt 26 (rechts) und 28 (links)

Wolfratshausen, Untermarkt 29-35 (ungerade Nrn., v.l.n.r.)

Wolfratshausen, Untermarkt 29, Haustür

Wolfratshausen, Untermarkt 36, doppelseitiger Hirschkopf

Wolfratshausen, Untermarkt 33

Wolfratshausen, Untermarkt 33, Obergeschoßfenster

Wolfratshausen, Untermarkt 30 (rechts) und 32 (links)

Wolfratshausen, Untermarkt 25

Wolfratshausen, Untermarkt 37, Durchgang

Wolfratshausen, Untermarkt 35-39 (ungerade Nrn., v.l.n.r.)

Wolfratshausen, Untermarkt 36-40 (gerade Nrn., v.r.n.l.)

Untermarkt 40. Stattliches Haus mit Flachsatteldach, im Kern 18. Jh.

Untermarkt 41, 42. Vgl. Ensemble Ortskern Wolfratshausen.

Untermarkt 43. Haus in Traufstellung mit Schmiede im Erdgeschoß, um 1850/60; im Hof Beschlagstand aus Eichenholz.

Untermarkt 44. Haus mit Flachsatteldach, 1. Hälfte 19. Jh. Hier wohnte ab dem frühen 19. Jh. der Benefiziat, vgl. Untermarkt 28. Das Gebäude wurde 1971 verkauft.

Untermarkt 45. Haus in Traufstellung mit profilierten Fensterrahmungen, Mitte 19. Jh.

Untermarkt 46. Haus mit Flachsatteldach, im Kern 18. Jh., Gliederung 3. Viertel 19. Jh.

Untermarkt 47. Vgl. Ensemble Ortskern Wolfratshausen.

Untermarkt 48. Haus in Traufstellung, um 1850/60.

Untermarkt 49. Haus in Traufstellung, 3. Viertel 19. Jh.; mit Hausfigur Immaculata, Mitte 18. Jh.

Untermarkt 50. Vgl. Ensemble Ortskern Wolfratshausen.

Untermarkt 51. Haus mit steilerem Satteldach und verputztem Blockbau-Obergeschoß, im Kern 17./18. Jh.

Untermarkt 52. Kleinhaus mit Flachsatteldach, im Kern Mitte 18. Jh.

Untermarkt 54. Vgl. Ensemble Ortskern Wolfratshausen.

Untermarkt 56. Haus mit Flachsatteldach, im Kern 2. Hälfte 18. Jh.

Untermarkt 57. Vgl. Ensemble Ortskern Wolfratshausen.

Untermarkt 58. Haus mit Flachsatteldach, 2. Hälfte 18. Jh., Zutaten 3. Viertel 19. Jh.

Untermarkt 59. Haus mit Flachsatteldach, im Kern 2. Hälfte 17. Jh.

Untermarkt 60. Vgl. Ensemble Ortskern Wolfratshausen.

Untermarkt 61. Kleinhaus mit Flachsatteldach, im Kern 1. Hälfte 18. Jh.

Untermarkt 63. Vgl. Ensemble Ortskern Wolfratshausen.

Untermarkt 65/67. Ehem. Amtsgericht, jetzt Landpolizei; Dreiflügelbau mit Walmdächern und Gurtgesims, 2. Viertel 19. Jh.

Untermarkt 69/71. Stattliches Doppelhaus mit Flachsatteldach, im Kern 18. Jh.

Wolfratshausen, Untermarkt 39-45 (ungerade Nrn., v.l.n.r.)

Wolfratshausen, Untermarkt 36-40 (gerade Nrn., v.r.n.l.)

Wolfratshausen, Untermarkt 46

Wolfratshausen, Untermarkt 43

Wolfratshausen, Untermarkt 47-51 (ungerade Nrn., v.l.n.r.)

Wolfratshausen, Untermarkt 57-63 (ungerade Nrn., v.l.n.r.)

Wolfratshausen, Untermarkt 52-60 (gerade Nrn., v.r.n.l.)

Wolfratshausen, Untermarkt 44-50 (gerade Nrn., v.r.n.l.)

Wolfratshausen, Untermarkt 43, Beschlagstand

Wolfratshausen, Untermarkt 65/67

Wolfratshausen, Untermarkt 69/71

Ansicht der Kirche in Nantwein, Kupferstich von 1861

Nantwein, kath. Filialkirche St.Laurentius

Nantwein

Name und Bedeutung des Orts gehen auf den Rompilger Conradus Nantovinus zurück, der nach der Legende 1286 in Wolfratshausen unschuldig verbrannt und einem Ablaßbrief Papst Bonifaz VIII. zufolge bereits 1297 als Heiliger verehrt wurde. Nachdem der Kult im späten Mittelalter zurückgegangen war, führte 1604 die Hebung der Reliquien und die Wiederentdeckung der päpstlichen Indulgentien von 1297 zu einer erneuten Belebung der Wallfahrt, die bis ins 18. Jh. blühte. In der silbergefaßten Hirnschale Nantwins wurde der Wein gereicht; das Reliquiar kam nach der Säkularisation in Privatbesitz und befindet sich seit 1927 im Münchener Stadtmuseum.

Kath. Filialkirche St. Laurentius. Im Kern spätgotisch, 1604 vergrößert; mit Ausstattung.

Bereits um 1300 wurde an der Stelle von Nantwins Märtyrertod eine Kapelle errichtet, die zunächst dem hl. Laurentius geweiht war. Die rege Wallfahrt führte 1604 zum erweiterten Neubau vermutlich durch Georg Hammerl, der den Chor und vielleicht das erste östliche Langhausjoch der spätgotischen Vorgängerkirche wiederverwendete; Weihe 1610 mit Wechsel des Hauptpatroziniums auf Nantwin, das aber später auf Laurentius zurückfiel. Restaurierung 1975 ff. mit Anbau der westlichen Eingangshalle; gleichzeitig wurde die 1766 von Johann Schmidt ausgeführte Haube des Dachreiters über dem Westgiebel durch eine Zwiebel ersetzt. – Architektonisch schlichte, einschiffige Anlage mit nicht eingezogenem Chor und fünfseitigem, außen durch Strebepfeiler verstärktem Schluß. – An den Stichkappentonnen geometrisch verteilter Stuck, um 1620/25 wohl von Münchener Meistern, mit Perl-, Blatt- und Eierstäben; in den geschwungenen Feldern Ranken, Blumengebinde, Sterne und geflügelte Engelsköpfe mit Tuchgehängen. Über dem Chorbogen Wappen des ehem. Gerichtsprokuraten Martin Greimolt und seiner Frau. Im Chor breite Rahmen mit Fruchtschalen und Voluten über den Fensterscheiteln.

Der Innenraum mit seiner qualitätvollen Altarausstattung ist in seiner Gesamtwirkung das wohl überzeugendste Beispiel für die Leistungfähigkeit der Wolfratshausener Werkstätten im 17. Jh. – Altäre Christoph Graf und Kaspar Polz zugeschrieben. Der wandartige Hochaltar vor 1619 aufgestellt, doch erst 1672 von Lukas Herle in die bestehende Form

Nantwein, Filialkirche, Inneres nach Osten

Nantwein, Filialkirche, Inneres nach Westen

Nantwein, Filialkirche, hl.Johannes am Hochaltar

Nantwein, Filialkirche, Hochaltarblatt

Nantwein, Filialkirche, hl.Paulus am Hochaltar

Nantwein, Filialkirche, hl.Anna selbdritt im nördlichen Seitenaltar

Nantwein, Filialkirche, Gnadenstuhl im südlichen Seitenaltar

gebracht. Aus dieser Zeit die beiden, von Ambrosius Degler geschnitzten Wetterheiligen Johannes und Paulus unter den seitlichen Baldachinen. Im Auszug zwischen Dachungsengeln Gottvater, um 1619. Das Gemälde mit dem Martyrium Nantwins 1632 von Leonhard Griesmann. – Die Seitenaltäre von 1613 mit Figuren: nördlich hl. Anna selbdritt, seitlich Nantwin und Kaiser Heinrich, im Auszug Muttergottes zwischen Engeln mit Schriftbändern; südlich Gnadenstuhl, seitlich die Bischöfe Emmeram und Korbinian, im Auszug Salvator Mundi zwischen Engeln mit Leidenswerkzeugen (die ursprünglichen Engel mit Schriftbändern wurden 1971 gestohlen). In der südlichen Predella Gemälde mit Martyrium des hl. Emmeram. – Kanzelkorb um 1615/20 mit Bildern der Evangelisten und des Salvator Mundi, das Datum 1702 bezieht sich wohl auf einer Restaurierung. Stiege und Schalldeckel 1977/78 ergänzt, oben Figur der knienden Maria Magdalena, um 1660. – Die doppelte Westempore bei der letzten Restaurierung erneuert; dabei wurden die 1672 von Lukas Herle geschnitzten Blendarkaden an der Brüstung wiederverwendet. – Kreuzweg, 1735/36 von Philipp Guglhör, bis 1873 in der Kirche von Gelting. – Unter der Empore wohl mittelalterliche Platte mit derb-naiver Ganzfigur des gefangenen Nantwin. Chorbogenkruzifix, Anfang 18. Jh., die blutauffangenden Engel Anfang 17. Jh. An der Südwand des Langhauses Mater Dolorosa, 1796 von Philipp Jakob Rämpl (bez.), der auch ein Jahr später den hl. Joseph (bez.) und die Apostel im Chor (Petrus bez.) schnitzte. – An der nördlichen Chorwand über dem Zugang zur Sakristei großes gemaltes Epitaph, das die Bürgermeisterswitwe Barbara Keller 1653 vermutlich bei Adam Griesmann in Auftrag gegeben hat; es zeigt die 14 Nothelfer, darüber die Marienkrönung, darunter die Anbetung der Könige zwischen der betenden Stifterfamilie und dem langen Stiftungstext.
Vor der Westseite der Kirche neugotischer Eisengußbrunnen von 1879 mit Muttergottes. – Die Ummauerung des Friedhofs erfolgte 1830.

Weidach

Äußere Münchner Straße 1. Am Ostgiebel barocke Halbfigur Gottvater.

Die Gottvaterfigur entstand wohl in der 1. Hälfte des 18. Jhs.

Äußere Münchner Straße 2. Weidachmühle; stattliches Wohn- und Nebengebäude, um 1873, 1992 teilweise abgebrochen.

Als Kastenmühle bereits 1304 erwähnt. Nach dem Brand von 1873 wiederhergestellt. 1894 an Hilarius Wimmer verkauft, der die Anlage zu einer Kunstmühle umbauen und ein Elektrizitätswerk („Loisachwerke") errichten ließ. 1992 teilweiser Abbruch der Gebäude.

Äußere Münchner Straße 4a. Kath. Kapelle; Anfang 20. Jh.; mit Ausstattung.

Nach Westen gerichtet mit Tonnengewölbe und dreiseitigem Schluß. Schlichter neubarocker Altar.

Am Hang 1. Kleinhaus mit Flachsatteldach, im Kern 18. Jh.

Nantwein, Filialkirche, Kanzel

Nantwein, Filialkirche, Platte des sel. Nantovinus

Nantwein, Filialkirche, Apostel mit der Signatur von Philipp Jakob Rämpl, 1797

Nantwein, Filialkirche, Chorbogenkruzifix, Anfang 18.Jh.

Nantwein, Filialkirche, Eisengußbrunnen, 1879

Nantwein, Filialkirche, Apostel und Epitaph für Barbara Keller

Nantwein, Filialkirche, Schmerzhafte Muttergottes und hl.Joseph, 1796/97

Weidach, Äußere Münchner Straße 1, Gottvater, 1.Hälfte 18.Jh.

Wolfratshausen, Museum, ehem. Wandbild der Weidacher Mühle

Weidach, Ansicht der Mühle, Aufnahme vor 1895

Weidach, Äußere Münchner Straße 2, Mühle

Weidach, Äußere Münchner Straße 4a, kath. Kapelle

Weidach, Kapelle, Inneres nach Westen

Weidach, Am Hang 1

Am Hang 2. Stattliches Haus mit Flachsatteldach, im Kern 18. Jh.

Hauptstraße 7a. Ehem. Kleinbauernhaus, verputzt, im Kern 18. Jh.

Schlederleiten 30. Sog. Amerikaner-Schlößl; Landhaus mit mehreren Giebeln, Erkern und Treppenturm, erbaut um 1885, erweitert 1895.

Weidach, Am Hang 2

Weidach, Hauptstraße 7a

Weidach, Schlederleiten 30

Archäologische Denkmäler

Gemarkungen Weidach u. Wolfratshausen

TK 8034; Flurkarte SW 11-05.
Burgstall auf einer nach Nordnordosten weisenden Zunge der westlichen Loisachtalterrasse, dem Schloßberg; steile Abfälle nach drei Seiten, flach ansteigendes Hinterland. Dreigliedrige Anlage mit Hauptburg im Nordnordosten und zwei Vorburgarealen, die sich im Südsüdwesten anfügen. Zungenförmiges, etwa 80 m langes Kernwerk mit stark verwühlter Oberfläche, auf der in mehreren Gruben Wandverputz, Ziegel, Mörtelbrocken und Tuffsteine zutage treten. Der nach Südwesten vorgewölbte Abschluß wird durch einen oben etwa 40 m breiten und 6-9 m tiefen Graben begrenzt, dessen 15-20 m breite Sohle sich zu den Hängen absenkt. Auf der ersten, etwa 65 x 80 m großen Vorburg liegen gewinkelte und geradlinige Wallzüge in unregelmäßiger Anordnung. An der Westseite öffnet sich ein Terraineinschnitt nach Norden, der einer alten Auffahrt als Trasse dient und ein schmales dreieckiges Vorwerk (L. 70 m) abtrennt. Das Vorwerk und die Vorburg umfährt ein 30-35 m breiter und 6-8 m tiefer Graben mit einem in der Mitte stehengebliebenen Erdrücken. Die zweite, etwa 120 x 130 m große Vorburg nimmt eine unregelmäßig viereckige Fläche ein, die durch Dämme, Rinnen und Rampen in drei von Westnordwest bis Ostsüdost verlaufende Abschnitte untergliedert wird. An der westlichen Hangkante niedrige Randwallstücke mit inseitigen Materialgruben. Den Schutz des Burgstalls gegen das Hinterland im Südsüdwesten übernahm eine das Plateau überquerende Abschnittsbefestigung aus einem steil geböschten Wall mit breiter Krone und einem vergleichsweise engen Sohlgraben (Wallabfall nach innen 3,0 m, nach außen 4,0-5,5 m).
Ca. 200 m südöstlich der Kirche von Dorfen.

Gemarkung Wolfratshausen

TK 8034; Flurkarte SW 11-06; Flur „Burgholz".
Vorgeschichtliches *Grabhügelfeld* auf dem flach einfallenden West- und Nordhang einer der östlichen Loisachtalterrasse aufgesetzten Kuppe. Mindestens zehn teils verebnete, teils obertägig noch erhaltene Hügel im Wald. Aus einem Grab hallstattzeitliche Funde.
Ca. 500 m südöstlich von Meilenberg.

TK 8034; Flurkarte SW 11-05.
Zwei frühmittelalterliche *Körpergräber*, aus einem der Gräber eine eiserne Gürtelschnalle.
Ca. 800 m südöstlich der alten Kirche in Wolfratshausen.

TK 8034; SW 05-11.
Abfallgrube einer *Töpferei* aus dem 17. Jahrhundert. Aus der Grube etwa eine Tonne Keramikscherben.
An der neuen Loisachbrücke (Johannisbrücke).

Weidach/Wolfratshausen, Burgstall auf dem Schloßberg

Register

Ortsregister

Almen

Künstlerregister

Personenregister

Anhang

Literaturverzeichnis:

Albrecht, Dieter: Das Klostergericht Benediktbeuern (= Historischer Atlas von Bayern I, H. 6), München 1953

Altmann, Lothar: Zwei Inchenhofener Künstler: Friedrich Schwerdtfiehrer und Ignaz Baldauf, in: Inchenhofen, Wallfahrt, Zisterzienser und Markt, hrsg. von Wilhelm Liebhart, Sigmaringen 1992, S. 441ff.

Aufseß, Otto von: Kurzer Abriß der Geschichte von Kochel, in: Heimatbote vom Isarwinkel 3 (1929), Nr. 8

Ausstellungskatalog: Sebastian Jaud (1751-1824), ein Wessobrunner Maler, Wessobrunn 1986

Bacher, Johann: Heimatbuch der Gemeinde Sachsenkam, Sachsenkam 1937/47

Bachter, Falk: Balthasar Augustin Albrecht 1687-1765, Ein bayerischer Hofmaler des Barock, Mittenwald 1981

Backmund, Norbert: Die Chorherrenorden und ihre Stifte in Bayern, Passau 1966

Bauer, Anton: Die Urständkapelle am langen Brunnen bei Wackersberg, in: Tölzer Kurier vom 6. Juli 1926

- *:* Zur Baugeschichte der Pfarrkirche Gaißach, in: Altheimatland 3 (1927), Nr. 45

- *:* Einsiedelei an der Pestkapelle bei Wackersberg 1685, in: Altheimatland 3 (1927), Nr. 50

- *:* Zur Haus- und Familiengeschichte der Pfarreien Gaißach und Lenggries, in: Altheimatland 4 (1927/28), Nr. 20

- *:* Wie die Pfarrkirche Gaißach zu ihrem Kuppelturm kam, in: Altheimatland 4 (1927/28), Nr. 21

- *:* Zur Baugeschichte der Filialkirche Fischbach bei Tölz, in: Altheimatland 4 (1927/28), Nr. 26

- *:* Der Beurerhof in der Gemeinde Wackersberg, in: Altheimatland 4 (1927/28), Nr. 28

- *:* Das Heilige Grab in Wackersberg, in: Altheimatland 5 (1928), Nr. 1

- *:* Regesten zur Tölzer Kunstgeschichte, in: Altheimatland 5 (1928), Nr. 6,7,9 und 11

- *:* Neues über den Friedhof auf dem Lehen bei Wackersberg, in: Altheimatland 5 (1928), Nr. 17

- *:* Die Maria-Hilf-Kapelle am Arzbach, in: Altheimatland 5 (1928), Nr. 23 und 24

- *:* Die Grundsteinlegung der Filialkirche Wackersberg am 20. Mai 1829, in: Altheimatland 6 (1929), Nr. 4

- *:* Das Geheimnis des Grundsteins der Wackersberger Kirche, in: Altheimatland 6 (1929), Nr. 9

- *:* Behelfe zur geschichtlichen Kunde über Wackersberg, in: Heimatbote vom Isarwinkel 5 (1931), Nr. 1

- *:* Wackersberg, der „Walchenberg", in: Heimatbote vom Isarwinkel 5 (1931), Nr. 14

- *:* St. Dionys im Hohenburger Schloßpark, in: Heimatbote vom Isarwinkel 5 (1931), Nr. 16

- *:* Gab es im Isarwinkel eine Burg namens „Schellenberg" oder „Schellenburg"?, in: Heimatbote vom Isarwinkel 5 (1931), Nr. 17

- *:* Pestkapelle auf dem Lehen bei Wackersberg, in: Heimatbote vom Isarwinkel 8 (1934), Nr. 10

- *:* Zur Verehrung der heiligen drei Jungfrauen Ainbeth, Gwerbeth und Fürbeth im Bistum Freising, in: Bayerisches Jahrbuch für Volkskunde 1961, S. 33ff.

- *:* Allgaukapelle und Allgauklause bei Piesenkam, in: Beiträge zur altbayerischen Kirchengeschichte 25 (1967), S. 119ff.

- *:* Wackersberger Klausner, in: Lech-Isar-Land 1969, S. 85ff.

- *:* Die Heimat des Tölzer Malers Julian Breymeyer, in: Lech-Isar-Land 1972, S. 133f.

- *:* Was der Tölzer Bildhauer und Zeichnungslehrer Franz Anton Fröhlich 1820 über seinen Werdegang berichtet, in: Lech-Isar-Land 1972, S. 154ff.

- *:* Die ehemalige Gruftkapelle am Frauenfreithof zu Tölz, in: Lech-Isar-Land 1973, S. 14ff. ; 1974, S. 154ff. ; 1975, S. 82ff.

- *:* St. Sebald in Egling bei Wolfratshausen, Zur Geschichte der Kirche und ihrer ehem. Wallfahrt, in: Oberbayerisches Archiv 97 (1973), S. 463ff.

- *:* Zum Werk des Wolfratshauser Barockbildhauers Georg Wunderl, in: Jahrbuch des Vereins für christliche Kunst 8 (1974), S. 51ff.

- *:* Vitus Benno Göbl aus Schongau, Lehrer in Wackersberg 1821 bis 1834, in: Lech-Isar-Land 1976, S. 53ff.

- *:* Aus dem Gedenkbuch der Filialkirche Wackersberg, in: Lech-Isar-Land 1977, S. 199ff.

- *:* Tiroler als Bauern und Dienstboten in und um Wackersberg in früher Zeit, in: Lech-Isar-Land 1978, S. 203ff.

- *:* Die Weiler Ertlhöfe (Pfarrei Wackersberg, Gemeinde Lenggries), in: Lech-Isar-Land 1979, S. 171ff.

- *:* Zum Werk des Wolfratshauser Barockbildhauers Georg Wunderl, in: Jahrbuch des Vereins für christliche Kunst 11 (1980), S. 87ff.

- */ Riesch, Johann:* Pfarrkirche St. Nikolaus in Wackersberg, in: Heimatbote vom Isarwinkel 9 (1936), Nr. 3,4,5

Bauer, Hermann: Das Programm der Deckenbilder im Alten Festsaal von Kloster Benediktbeuern, in: Zeitschrift für bayerische Landesgeschichte 35 (1972), S. 124ff.

- */ Rupprecht, Bernhard:* Corpus der barocken Deckenmalerei in Deutschland, Bd. 2, München 1981

- *und Anna / Mülbe, Wolf-Christian von der:* Johann Baptist und Dominikus Zimmermann, Entstehung und Vollendung des bayerischen Rokoko, Regensburg 1985

Becker, E. : Der Walchensee und die Jachenau, Innsbruck 1897

Becker, Hans Georg: Ein Rokoko-Juwel bei Dietramszell, Die Leonhardikapelle bei Dietramszell erstrahlt in neuer Pracht, in: Münchener Kath. Kirchenzeitung vom 16. Oktober 1966

Becker, Walter: Die Schicksale des Klosters Benediktbeuern, in: Bayerland 27 (1915/16), S. 361ff. und 379ff. ; Bayerland 28 (1916/17), S. 5f.

Beer, Quirin: Chronik der Stadt Wolfratshausen, Geschichte der Burg Wolfratshausen und des gleichnamigen Marktes bis zur Stadterhebung, Wolfratshausen 1986

Berger, Rupert / Brenninger, Georg: Bad Tölz (= Schnell, Kunstführer Nr. 103), München/Zürich 1987[3]

Bezold, Gustav von / Riehl, Berthold: Die Kunstdenkmale des Regierungsbezirkes Oberbayern, II. und III. Teil, München 1895 (Nachdruck München/Wien 1982)

Bibra, Marina Freiin von: Wandmalereien in Oberbayern 1320-1570 (= H. 25 der Miscellanea Bavarica Monacensia), München 1970

Biller, Max: Die Benediktbeurer Leonhardi-Wallfahrt, in: Lech-Isar-Land 1975, S. 123ff.

Biron von Curland, Kristin: Ignaz Baldauf, ein schwäbisch-bayerischer Maler des 18. Jahrhunderts Diss. masch. München 1975

Böhaimb, August: Die Pfarrkirche in Hechenberg, in: Altheimatland 6 (1929), Nr. 7

Böhm, Anton: Das alte Fall ist ausgelöscht, Besinnlicher Nachruf auf die uralte Siedlung im oberen Isartal, in: Tölzer Kurier vom 13. /14. Juni 1959

Bößl, Hans: Gabriel von Seidl, in: Oberbayerisches Archiv 88 (1966), S. 5ff.

Bogner, Joseph: Seiner Vaterstadt ein Mitgestalter, der bayerischen Heimat ein Förderer, Zum 50. Todestag Gabriel von Seidls am 27. April 1963, in: Zwiebelturm 18 (1963), H. 4, S. 78ff.

Bogyay, T. v. : Karolingisches aus Benediktbeuern, in: Beiträge zur Kunstgeschichte und Archäologie des Frühmittelalters, Köln 1962, S. 239ff.

Bosl, Karl (Hrsg.): Handbuch der historischen Stätten Deutschlands, Bd. 7: Bayern, Stuttgart 1961[3]

Braun, Placidus: Historisch-topographische Beschreibung der Diöcese Augsburg, Bd 1, Augsburg 1823

Brenninger, Georg: Orgeln in Altbayern, München 1982[2]

Buchenrieder, Fritz / Volk, Peter: Die Reliquienbüste der heiligen Anastasia in Benediktbeuern, in: Ars Bavarica 8 (1977), S. 29ff.

Burger, Georg: Königsdorfer Heimatbuch 778-1978, Königsdorf 1978

Burgey, Franz: Die Kirchen von Linden und Lochen, Ottobeuren 1993

Clementschitsch, Heide: Christian Wink, Diss. masch. Wien 1968

Codreanu-Windauer, Silvia: Der romanische Schmuckfußboden in der Klosterkirche Benediktbeuern (= Arbeitsheft 36 des Bayerischen Landesamts für Denkmalpflege), München 1988

Daehne, Paul: Die Schloßherren von Eurasburg, Leipzig 1922

Daffner, Franz: Geschichte des Klosters Benediktbeuern (740-1803), München 1893

Dehio, Georg: Handbuch der deutschen Kunstdenkmäler, Bayern IV: München und Oberbayern, bearbeitet von Ernst Götz u. a. , München/Berlin 1990

Diekmann, Herbert SDB: Kloster Benediktbeuern – Bibliographie, Ms. Benediktbeuern 1980

Dilger, Petra / Mayer, Angela und Zimmermann, Josef: Kloster Reutberg (= Schnell, Kunstführer Nr. 116), München/Zürich 1990[9]

Dischinger, Gabriele: Johann und Joseph Schmuzer, Zwei Wessobrunner Barockbaumeister, Sigmaringen 1977

- *:* Zur Baumeisterfrage des Klosters Schlehdorf, in: Beiträge zur Heimatforschung, Wilhelm Neu zum 70. Geburtstag (= Arbeitsheft 54 des Bayerischen Landesamts für Denkmalpflege), München 1991, S. 26ff.

Drews, Sibylla: Das Kloster Benediktbeuern als Königlich-Bayerische Genesungsanstalt, München 1980

Dußler, P. Hildebrand: Eine Skizze des Walchensees und seiner Umgebung aus dem Jahre 1712, in: Lech-Isar-Land 1961, S. 56ff.

Eichele, Günther: 25 Jahre Kunstmühle Weidach, Wolfratshausen 1959

Eisenberger, M. : Untergang des alten Schlosses Hohenburg, in: Tölzer Kurier vom 18. April 1886

Eisentraut, Engelhardt: Die Deckenfresken der Pfarrkirche St. Kilian in Bad Heilbrunn, Ms. Bad Tölz 1955

Eismann, Joseph: Thankirchen, ein Kleinod des späten Rokoko, in: Oberbayerischer Gebirgsbote vom 30/31. August 1952

- *:* „Wan die Kupl Praunroth wird angestrichen werden", Geschichtliches über die St. -Valentins-Kirche zu Endlhausen, in: Isar-Loisach-Bote vom 17. /18. Januar 1953

- *:* Die St. Nikolauskirche zu Deining, in: Oberbayerischer Gebirgsbote vom 9. /10. Mai 1953

- *:* Ein Meister der kirchlichen Rokokokunst, Der Bildhauer Philipp Rämpl, in: Oberbayerischer Gebirgsbote vom 4. /5. Juli 1953

- *:* Michael Pröbstl aus Greiling, in: Oberbayerischer Gebirgsbote vom 1./2. August 1953

- *:* Auf der Richtstätte des Heiligen steht eine Kirche, St. Nantwein bei Wolfratshausen, in: Isar-Loisach-Bote vom 8. /9. August 1953

- *:* Von der Kirche in Thanning, Die Baumeister Georg Lettner und Peter Reiser, in: Isar-Loisach-Bote vom 9. /10. Januar 1954

- *:* Heut' fährt man Leonhard zu Ehren, Die Wallfahrtskirche zu Schönegg hat ihren großen Tag, in: Isar-Loisach-Bote vom 24. /25. Juli 1954

- *:* Münchner Kürschnermeister stiftet Kapelle, Die Kapelle zu Attenham bei Endlhausen im Spiegel der Chronik, in: Oberbayerischer Gebirgsbote vom 3. Januar 1955

- *:* Die St. -Johann-Baptist-Kirche zu Dorfen, einst barg sie einen außerordentlich wertvollen Schatz, Mauersteine kamen aus Eurasburg, Tuffsteine aus Königsdorf, in: Isar-Loisach-Bote vom 29. /30. Januar 1955

- *:* „Ain ewig vnd täglich Meß haben gestüft . . . ", Die Kirche Unserer Lieben Frau von Ergertshausen und ihre Geschichte, in: Oberbayerischer Gebirgsbote vom 1. Februar 1955

- *:* Der Dachstuhl zu groß, das Gewölbe zu schwach. Die interessante Geschichte der Kirche von Thanning, in: Oberbayerischer Gebirgsbote vom 28. Februar 1955

- *:* Egling nach tausend Jahren wieder zur Pfarrei erhoben, in: Oberbayerischer Gebirgsbote vom 1. Juni 1955; ebenso in: Isar-Loisach-Bote vom 2. Juni 1955

- *:* Benefiziat rettet die Sebalduskapelle, Die beiden Kirchen von Egling im Laufe der Jahrhunderte, in: Oberbayerischer Gebirgsbote vom 7. Juni 1955; ebenso in: Isar-Loisach-Bote vom 10. Juni 1955

- *:* Gott dem Allmächtigen zu Lob und Ehr, Die Kapelle Unserer Lieben Frau zu Abrain und ihre Ausstattung, in: Oberbayerischer Gebirgsbote vom 15. Juni 1955; ebenso in: Tölzer Kurier vom 25. /26. Juni 1955

- *:* Die Kirche von Jasberg drei Heiligen geweiht, in: Oberbayerischer Gebirgsbote vom 2. /3. Juli 1955; ebenso in: Isar-Loisach-Bote vom 4. Juli 1955

- *:* Wolfratshauser Schnitzkunst zu Ehren St. Andreas, Das Kirchlein von Geilertshausen unterstand dem Stifte Schliersee, in: Oberbayerischer Gebirgsbote vom 9. /10. Juli 1955

- *:* Ein Kirchlein in Kriegs- und Pestnot errichtet, Die St. -Leonhard-Kapelle von Harmating und ihre Geschichte, in: Oberbayerischer Gebirgsbote vom 23. /24. Juli 1955; ebenso in: Isar-Loisach-Bote vom 4. August 1955

- *:* Das St. Kolomanskirchlein zu Weipertshausen, in: Isar-Loisach-Bote vom 17. September 1955

- *:* Spätgotisches Kunstwerk dem Verfall preisgegeben, St. Koloman von Reichertshausen, ein vergessenes Kirchlein, in: Oberbayerischer Gebirgsbote vom 29. September 1955

- *:* Die Keltensiedlung am Deininger Weiher, Unklarheit über das Alter Holzhausens, Die Kirche ist dem hl. Martin geweiht, in: Oberbayerischer Gebirgsbote vom 1. /2. Oktober 1955

- *:* Die St. -Kastulus-Kirche von Schallenkam, in: Isar-Loisach-Bote vom 3./4. bzw. 10. /11. Dezember 1955

- *:* Unbekannte Barockbaumeister: Georg Lettner und Peter Reiser, in: Unser Bayern, Beilage zur Bayerischen Staatszeitung 5 (1956), Nr. 5

- *:* Julius Breymeyer, Kirchenmaler und Bürgermeister in Tölz, in: Tölzer Kurier vom 24. /25. August 1957

- *:* Ein Jubellied des bayerischen Rokoko, Der Bau der heutigen Pfarrkirche von Dietramszell, in: Isar-Loisach-Bote vom 8. November und 18. Dezember 1962

- *:* Michael Pröbstl aus Greiling, in: Jahrbuch des Vereins für christliche Kunst 10 (1978), S. 105ff.

Els, Georg: Pfarrchronik Beuerberg, Beuerberg 1980

- *:* Beuerberg (= Schnell, Kunstführer Nr. 784), München/Zürich 19896

E. M. : Alte Pfarrbeschreibung von Endlhausen, in: Altheimatland 5 (1928), Nr. 11

Emerich, Karl: Die Gründung des Klösterls am Walchensee, in: Bayerland 19 (1908), S. 559ff. und 571ff.

- *:* Die Gotteshäuser am Walchensee, in: Kalender für katholische Christen 70-73, Sulzbach 1910-1913

- *:* St. Jakob am Walchensee, in: Kalender für katholische Christen 70, Sulzbach 1910/11, S. 52ff.

- *:* Das Gotteshaus St. Anna oder Klösterl am Walchensee, Bruchstücke seiner Vergangenheit, Sulzbach 1912

Engel, Rudolf: Land zwischen Isar und Inn, München/Zürich 1975

Fachhochschule München, Fachbereich Architektur (Hrsg.): Kapellen und Kirchen im Landkreis Bad Tölz-Wolfratshausen (Dietramszell), Baudokumentation, München 1987

Fechner, Günther: Das Marienleben von Peretshofen, Gotische Fresken schlummerten ein halbes Jahrtausend unter Gips und Kalk, in: Isar-Loisach-Bote vom 14. /15. August 1967

Festschrift zur feierlichen Einweihung der neuen Schloßkirche zu Eurasburg, o. O. o. J. (1909)

Festschrift zur 300-Jahrfeier der Kirche in Fischbach 1674-1974, Oberfischbach 1974

Festschrift zur Gründung der Gemeinde Geretsried, Wolfratshausen 1950

Festschrift zum 50jährigen Jubiläum der evang. -luth. Kirchengemeinde in Wolfratshausen, Wolfratshausen 1959

Festschrift zur Stadterhebung der Kreisstadt Wolfratshausen am 2. Dezember 1961, Wolfratshausen 1961

Festschrift: Rathaus Wolfratshausen, Umbau und Anbau 25. Mai 1970, Wolfratshausen 1970

Festschrift: 1200 Jahre Münsing, Münsing 1979

Festschrift: 100 Jahre Evangelische Kirche Bad Tölz 1880-1980, Bad Tölz 1980

Festschrift: 500-800 Jahre St. Heinrich am Starnberger See, St. Heinrich 1980

Festschrift zur Wiedereinweihung der Langenbrunnenkapelle Christi Urständ in Wackersberg am 13. Mai 1984, o. O. o. J. (1984)

Festschrift zum 75jährigen Jubiläum der evangelischen Kirche in Wolfratshausen, Wolfratshausen 1984

Feulner, Adolf: Die Kapelle in der Stallau, in: Bayerischer Heimatschutz 19 (1921), S. 100f.

Fischer OSB, P. Pius: Uraltes Staffelsee-Bistum?, in: Lech-Isar-Land 1976, S. 87ff.

Forner, Michael: Geschichte des Kalvarienberges zu Tölz und der Eremiten-Kongregation im Bistum Freising, Tölz 1897

Fränkel, Eva: Künstler und Kunsthandwerker des Isarwinkels vom 15. bis zum 19. Jahrhundert, Ms. München 1970

Fried, Pankraz: Almhütten im bayerischen und tirolischen Karwendel, Ein Beitrag zur Haus- und Sachkultur in den Alpen, Volkskundliche Studien, Zum 50. Geburtstag von Karl Ilg, in: Schlernschriften 237, Innsbruck 1964, S. 69ff.

- *:* Beiträge zur Almhauslandschaft im bayerischen und tirolischen Karwendel, in: Bayerisches Jahrbuch für Volkskunde 1970, S. 125ff.

Fuchs, Adolf: Georg Alois Gaibler, in: Kaufbeurer Geschichtsblätter 2 (1955-1958), S. 128ff.

- *:* Johann Baptist Baader, Der Lechhansl, Kaufbeuren 1959

Füssel, Evelyn: Studien zur Tölzer Marktstraße – Chronik der Häuser und Familien, Zulassungsarbeit München 1974

Fugger, Eberhard Graf von: Kloster Dietramszell, Nach Urkunden und Chroniken vom Jahre 1098-1880, München 1880

Gantner, Benno Constantin: Die Werkstätten der Wolfratshauser Altarkistler und Bildhauer im 17. Jahrhundert, unter besonderer Berücksichtigung der 2. Jahrhunderthälfte, München 1984

- *:* Kirchen und Kapellen der Pfarrei Wolfratshausen (= Schnell, Kunstführer Nr. 548), München/Zürich 1984[2]

G. B. : Die Antoniuskapelle in Wegscheid, in: Tölzer Kurier vom 21. März 1925

Gebhard, Torsten: Die volkstümliche Möbelmalerei in Altbayern mit besonderer Berücksichtigung des Tölzer Kistlerhandwerks, in: Bayerischer Heimatschutz 32 (1936), S. 1ff.

- *:* Die Röhrlmooskapelle in der Gemeinde Lenggries, in: Bayerisches Jahrbuch für Volkskunde 1976/77, S. 29ff.

Gehringer, Hans: Brunnenbach, in: Heimatbote vom Isarwinkel 8 (1934), Nr. 5

Gelting, Heimat zwischen Loisach und Isar, Beiträge zur Geschichte der Gemeinde Gelting, Geretsried 1978

Genghamer, Joseph: Zur Geschichte und Beschreibung der katholischen Pfarrei Königsdorf in Oberbayern, in: Oberbayerisches Archiv 30 (1870/71), S. 176ff.

Geretsried, Die neue Stadt im Isartal, o. O. o. J. (1975)

Gernhardt, L. : Bairawies, in: Heimatbote vom Isarwinkel 4 (1930), Nr. 7

- *:* Schloß Hohenburg, in: Heimatbote vom Isarwinkel 5 (1931), Nr. 9

Gilg, N. : Aus der Lenggrieser Gemeindechronik, in: Hochlandbote vom 5. Januar 1949

- *:* Die Bauern mußten viele Fuhren leisten, Von der alten Lenggrieser Pfarrkirche, in: Tölzer Kurier vom 22. /23. März 1958

Glaser, Friedrich: Wie das Kloster Dietramszell gegründet wurde, in: Altheimatland 1 (1925/26), S. 1f.

Götz, Ulrike: Der Münchner Hofmaler Andreas Wolff (1652-1716), Untersuchungen zu seinen Altarbildern (= Bd. 35 der Schriften aus dem Institut für Kunstgeschichte der Universität München), München 1988

Götz, Wilhelm: Geographisch-Historisches Handbuch von Bayern, München 1895

Gröber, Roland: Burgen und Schlösser am Starnberger See, in: Lech-Isar-Land 1978, S. 253ff.

Großmann, Paul: Kochel- und Walchensee, München 1973

Grotemeyer, Paul: Franz Xaver Schmädl, Ein bayerischer Bildhauer des 18. Jahrhunderts, in: Jahrbuch des Vereins für christliche Kunst, Bd. 7, München 1929

Grundler, Max: Mitteilungen über Heilbrunn und seine Adelheidsquelle, München 1886

Guggemos, Georg: Der Steinmetz und Altarbaumeister Johann Georg Guggemos in Benediktbeuern, in: Lech-Isar-Land 1979, S. 136f.

Gundersheimer, Hermann: Matthäus Günther, Die Freskomalerei im süddeutschen Kirchenbau des 18. Jahrhunderts, Augsburg 1930

Hämel-Stier, Angela: Das Kloster von der Heimsuchung Mariä zu Dietramszell 1831-1931, München 1931

Haenlein, Albrecht: Vergessene Barockbaumeister: Caspar Clässl von Reichersdorf, in: Unser Bayern, Beilage zur Bayerischen Staatszeitung 4 (1955), Nr. 10

Hartig, Hans: Die Hauskapelle beim Beham in Einöd, in: Tölzer Kurier vom 18. April 1972; ebenso in: Isar-Loisach-Bote vom 14. Mai 1972

Hartig, Michael: Die oberbayerischen Stifte, Die großen Heimstätten der Kirchenkunst, Bd. 1, München 1935

- */ Schnell, Hugo:* Dietramszell (= Schnell, Kunstführer Nr. 682), München/Zürich 1969[5]

Hauser, Rudolf: Der Abbruch des Heilbrunner Badhauses, in: Tölzer Kurier vom 8. September 1941

- *:* Die Stallauer Kapelle, ein Werk des berühmten Barockbaumeisters J. M. Fischer, in: Tölzer Kurier vom 23. und 27. März 1942

- *:* Enzenau bei Heilbrunn, Ein heimatkundlicher Baustein, in: Tölzer Kurier vom 6. März 1944

- *:* Langau bei Bad Heilbrunn, in: Hochlandbote vom 2. Februar 1946

- *:* Kiensee bei Bad Heilbrunn, in: Hochlandbote vom 23. März 1946

Hecker, A. : Der Kalvarienberg, Tölz o. J. (1928)

Heichele, Otto: Geschichte des Klosters Reutberg, in: Altheimatland 2 (1925/26), Nr. 24-29

Heilmeyer, Alexander: Das Isartal, Wanderbuch, München 1926

Heimatbuch Dorfen, Gemeinde Icking, Beiträge zur Orts- und Heimatgeschichte, Dorfen 1992

Heindl, Karin und Hannes: Ludwigs heimliche Residenzen, München 1986[2]

Heindl, Michael: Die heil. drei Jungfrauen Einbetha, Wolbetha und Vielbetha im ehemaligen Kloster regulirter Chorherren Schlehdorf am Kochelsee, in: Kalender für katholische Christen 21 (1861) S. 41f.

Heller, Barbara: 1701 ließ Andreas Humpl die St. Anna Kapelle bauen, in: Isar-Loisach-Bote vom 24. /25. Juli 1971

- *:* 1000 Jahre Endlhausen, Chronik und Häuserbuch, München 1973

Hemmerle, Joseph: Die Benediktinerklöster in Bayern, Germania Benedictina Bd. 2, Augsburg 1970

Heyl, Gerhard: Der Verkauf der Klosterbibliothek Benediktbeuern 1832-1841, in: Mitteilungen für die Archivpflege in Bayern, 24 (1978), S. 25ff.

- *:* Benediktbeuern nach der Säkularisation, in: Bayern und seine Armee, Ausstellung des Bayerischen Hauptstaatsarchivs aus den Beständen des Kriegsarchivs, München 1987, S. 297ff.

Heym, Sabine: Henrico Zuccalli (um 1642-1724), Der kurbayerische Hofbaumeister, München/Zürich 1984

Höfler, Max: Tölzer Erinnerungen an Gabriel von Seidl, in: Bayerischer Heimatschutz 12 (1914), S. 59f.

- *:* Führer durch Bad Tölz, Isarwinkel mit Kochel- und Walchensee, Bad Tölz 1924[9]

Hoffmann, Herbert: Schloßarchiv Harmating, in: Bayerische Archivinventare, H. 2, München 1955

Hoffmann, Richard: Der Altarbau im Erzbistum München-Freising, vom Ende des 15. bis zum Anfang des 19. Jahrhunderts, in: Deutingers Beiträge, Bd. 9, München 1905

- *:* Zwei aufgedeckte und restaurierte barocke Deckenmalereien von Hans Georg Asam und Julius Breymizer, in: Die christliche Kunst 21 (1925), S. 112

- *:* Das Kloster Benediktbeuern, München 1934

- *:* Das alte Stift Benediktbeuern, in: Heimgarten 12 (1934), S. 15f. , 23f. und 31f.

- *:* Führer durch Kloster Benediktbeuern, München 1935

- *:* Bayerische Altarbaukunst, München 1941

Hofmann, Sigfrid: Die Mühlfeldkirche zu Unserer Lieben Frau in Bad Tölz (= Wissenschaftliche Veröffentlichung des Heimatpflegers von Oberbayern, Reihe A, H. 1), Schongau 1954

- *:* Über den Neubau der Mühlfeldkirche in Bad Tölz, in: Lech-Isar-Land 1963, S. 100ff.

- *:* Über Orgelbauer in und aus Bad Tölz, in: Lech-Isar-Land 1964, S. 90f.

- *:* Lebensdaten des Weilheimer Bildhauers Franz Xaver Schmädl, in: Lech-Isar-Land 1977, S. 6f.

Holler, Wolfgang: Jacopo Amigonis Frühwerk in Süddeutschland (= Bd. 30 der Studien zur Kunstgeschichte), Hildesheim 1986

Holzfurtner, Ludwig: Das Landgericht Wolfratshausen (= Historischer Atlas von Bayern, Teil Altbayern, H. 13), München 1993

Huber, Andreas: Der Familienname Doll, Sein Vorkommen im Raum München-Benediktbeuern-Wessobrunn-Ammersee, sowie die mit diesem Namen verbundenen Berufe, in: Lech-Isar-Land 1981, S. 3ff.

Huber, Erhard: Dietramszell, Ottobeuren 1979[4]

Jocham, Friedrich: Geschichte der Grafschaft und des Marktes Wolfratshausen, München 1886

Jocher, Norbert: Johann Georg Üblher 1703-1763, Ein Wessobrunner Stuckator im 18. Jahrhundert, Kempten (Allgäu) 1988

Jülicher, Walter: Zwei kleine Karner in der Pfarrkirche St. Jakob in Lenggries, in: Oberbayerisches Archiv 109 (1984), S. 169ff.

Jungmann, Johann B. / Widnmann, Heinrich: Holzhausen am Starnberger See, München 1926

Katzameyer, Joseph: Namen der Heimat sind Denkmäler, Ein Beitrag zur Ortsgeschichte von Bad Heilbrunn und zum 800jährigen Quellenjubiläum, in: Tölzer Kurier vom 4. /5. Juli 1959

- *:* Am Sylvenstein entstand ein neuer See, in: Altbayerische Heimatpost vom 15. Oktober 1961

- *:* Tölzer Tote ruhen auf vielen Plätzen, Der älteste Friedhof befand sich neben der Pfarrkirche, Reiche Geschichte, in: Tölzer Kurier vom 31. Oktober/1. November 1961
- *:* Goldener Ritter wacht am Tölzer Markt, Das Winzerer-Denkmal feiert heute 75. Geburtstag, in: Tölzer Kurier vom 26. Juni 1962
- *:* „Der Marckt ist groß und wol erbaut", Ein Spaziergang durch das alte und das neue Tölz, in: Tölzer Kurier vom 31. Mai 1963
- *:* Ein Tölzer Haus erinnert an Thomas Mann, in: Tölzer Kurier vom 24. Juli 1963
- *:* Das Tölzer Kurhaus feiert 50. Geburtstag, Gabriel von Seidls Werk lobt auch heute noch seinen Meister, in: Tölzer Kurier vom 23. Juni 1964
- *:* Chronikale Geschichte der Gemeinden Gaißach, Greiling, Jachenau, Kirchbichl, Lenggries, Reichersbeuern, Sachsenkam und Wackersberg, in: Isarwinkler Adreßbuch, Bad Tölz 1977
- *:* St. Nikolaus in Greiling ist heuer 250 Jahre alt, in: Tölzer Kurier vom 9./10. Dezember 1978
- *:* Ein kleines Schatzkästlein, Die bewegte Geschichte der Kapelle Kiensee, in: Tölzer Kurier vom 19./20. Juni 1993

Keller, Erwin: Ein Frauengrab des 6. Jh. n. Chr. aus Gelting, Stadt Geretsried, Lkr. Bad Tölz-Wolfratshausen/Obb. , in: Das archäologische Jahr in Bayern, Stuttgart 1980, S. 156f.

Kirmeier, Josef / Treml, Manfred (Hrsg.): Glanz und Ende der alten Klöster, Säkularisation im bayerischen Oberland 1803, Ausst. Kat. Benediktbeuern 1991, München 1991

Knör, Günter: Der hl. Nantwin, in: Bavaria Sancta, Zeugen christlichen Glaubens in Bayern, Bd. 2, Regensburg 1971, S. 172ff.

Koch, Laurentius OSB / Buchwieser, Anneliese und Federic Grawe: Franz Seraph Zwinck, Der Lüftlmaler von Oberammergau, Oberammergau 1986

Koehn, T. : Der internationale Walchensee-Wettbewerb, in: Zeitschrift des Vereins deutscher Ingenieure 54 (1910)

Krausen, Edgar: Der Kult des heiligen Peregrinus in der Erzdiözese München und Freising, in: Beiträge zur altbayerischen Kirchengeschichte 23,3 (1963), S. 114ff.
- *:* Heilige Stiegen im bayerisch-österreichischen Raum, in: Bayerisches Jahrbuch für Volkskunde 1968, S. 45ff.
- *:* Der Kult des heiligen Dismas in Altbayern, in: Bayerisches Jahrbuch für Volkskunde 1969, S. 16ff.
- *:* Mutter Anna – nicht im Austrag, Eine Dorfgemeinde wehrt sich gegen ein barockes Altarbild, in: Unser Bayern, Beilage der Bayerischen Staatszeitung 28 (1979), Nr. 4
- *:* Künstler und Kunsthandwerker im Dienst der Augustinerchorherren von Dietramszell, in: Ars Bavarica 31/32 (1983), S. 1ff.
- *:* Das Augustinerchorherrenstift Dietramszell, erschienen in der Reihe: Germania Sacra, Historisch-statistische Beschreibung der Kirche des alten Reiches, Neue Folge 24, Die Bistümer der Kirchenprovinz Salzburg, Das Bistum Freising 1, Berlin/New York 1988

Kreitinger: Schloß Reichersbeuern, in: Tölzer Kurier vom 12. -19. Juni 1942

Kretzenbacher, Leopold: Kettenkirchen in Bayern und Österreich, München 1973

Kunstmann, Waltraud: Der Architekt Emanuel von Seidl (1856-1919), Erbauer großbürgerlicher Villen und Landhäuser, München 1993

Kupferschmied, Thomas Johannes: Der Freskant J. Martin Heigl, Arbeiten für Johann Baptist Zimmermann und selbständige Werke (= Bd. 41 der Schriften aus dem Institut für Kunstgeschichte der Universität München), München 1989
- *:* Die Chorausmalung in Gaißach: Ein Werk von Matthäus Günther – oder Christoph Anton Mayr, in: Ars Bavarica (im Druck)

Lampl, Sixtus: Die Symmetrie einer Sakrallandschaft, Städtebauliche Ensembles in Bayern (XXXVIII): Bad Tölz, in: Unser Bayern, Heimatbeilage zur Bayerischen Staatszeitung 38 (1989), Nr. 8, S. 57ff.

Langenstein, Eva: Georg Asam, Ölmaler und Freskant im barocken Altbayern, München/Zürich 1986

Laun, Rainer: Studien zur Altarbaukunst in Süddeutschland 1560-1650, München 1982

Lenggries im bayerischen Hochland, Lenggries o. J.

Lenggries, Ein Streifzug durch Vergangenheit und Gegenwart, Lenggries 1989[2] (mit ausführlichem Literaturverzeichnis)

Lieb, Norbert: Münchener Barockbaumeister, Leben und Schaffen in Stadt und Land, München 1941
- *:* Pfarrkirche Wolfratshausen (=Schnell, Kirchenführer Nr. 548), München 1951
- *:* Jachenau, Wangen im Allgäu 1974
- */ Mülbe, Wolf Christian von der:* Johann Michael Fischer, Baumeister und Raumschöpfer im späten Barock Süddeutschlands, Regensburg 1982

Liedke, Volker: Der Choraltar der Klosterkirche von Benediktbeuern, Ein verlorengegangenes Hauptwerk des Münchner Stadtmalers Jan Polack, in: Ars Bavarica 3 (1975), S. 57ff.

Lindermayr, S. : Kurze Ortsgeschichte von Jachenau, München 1869

Lins, Bernhard: Geschichte des Franziskanerklosters in Bad Tölz, Tölz 1929

Lizius, Maximilian: Die Jachenau, München 1934[2]

Löffler, Susanne: Das Chorfresko in der St. Michaelskirche in Gaißach bei Tölz, ein bislang unbekanntes Werk Matthäus Günthers?, in: Ars Bavarica 67/68 (1992), S. 98ff.

Lüers, Friedrich: Die Jachenau, Geschichtliche und sprachliche Streifzüge, in: Bayerischer Heimatschutz 19 (1921), S. 125ff.

Marschall, Horst Karl: Friedrich von Thiersch, Ein Münchner Architekt des Späthistorismus 1852-1921, München 1982

Mathäser, Hans: Reichersbeuern und der Isarwinkel, Untersuchungen und Studien über die Geschichte des Isarwinkels, Ms. masch. o. J.
- *:* Älter als das Schloß ist das Gotteshaus, Die Pfarrkirche Reichersbeuern und ihre Geschichte, in: Tölzer Kurier vom 17. /28. /29. September und vom 11. Dezember 1957

Matsche, Franz: Der Freskomaler Johann Jakob Zeiller (1708-1783), Marburg/Lahn 1970

Matthäus Günther 1705-1788, Festliches Rokoko für Kirchen, Klöster, Residenzen, München 1988

Mauthe, Willi: Zur Geschichte des Baumeisters Kaspar Feichtmayr, in: Lech-Isar-Land 1961, S. 21ff.
- *:* Der Weilheimer Maler Elias Greither d. Ä. (1569-1646), in: Lech-Isar-Land 1965, S. 5ff.

Mayer, Anton / Westermayer, Georg: Statistische Beschreibung des Erzbistums München-Freising, Bd. 3, Regensburg 1884

Mayer, M. Angela: Ein barockes Kleinod: Die Klosterapotheke von Reutberg, in: Charivari 1975, Nr. 3, S. 3ff.

Meinecke-Berg, Viktoria: Die Fresken des Melchior Steidl, Diss. masch. , München 1971

Metz, J. : Geschichte des Klosters Reutberg, in: Heimatbote vom Isarwinkel 3 (1929), Nr. 4-6

Metzler, Alexius: Hechenberg – Pfarrchronik zum 100-jährigen Jubiläum am 17. März 1937, München o. J. ; zur 1200-Jahr-Feier von Hechenberg 1976 ergänzt von G. R. Erhard Huber

Meyer, Werner: Burgen und Schlösser in Bayern (= Bd. 21 der Reihe Burgen-Schlösser-Herrensitze), Frankfurt am Main 1961

Mindera, Karl: Benediktbeuern, Das Handwerk im Dienste der Kunst auf dem Boden der Grundherrschaft Benediktbeuern, München 1939
- *:* Schäden des 30jährigen Kriegs in unserer Heimat, in: Tölzer Kurier vom 12. Oktober 1943
- *:* Das Dorf Walchensee, in: Hochlandbote vom 4. März 1947
- *:* St. Margareth am Walchensee, in: Hochlandbote vom 1. April 1947
- *:* Die Einödsiedlungen am Walchensee, in: Hochlandbote vom 28. Mai 1947
- *:* Die Frühzeit des Hans Georg Asam in Benediktbeuern und sein Erstlingswerk, in: Das Münster 3 (1950), S. 145ff.
- *:* Hier wurde einst Recht gesprochen, Die Postwirtschaft und ehemalige Klostertafern in Benediktbeuern, in: Tölzer Kurier vom 13. /14. September 1952
- *:* 200. Geburtstag der St. Georgs-Kirche in Bichl, in: Tölzer Kurier vom 2. Juni 1954
- *:* St. Bonifatius ordnete Bayern vom Huosigau aus, Die Frühgeschichte Benediktbeuerns im Licht der neueren Forschung, in: Tölzer Kurier vom 21. /22. August 1954
- *:* Der Walchensee – ein Denkmal bayerischer Siedlungsgeschichte, in: Tölzer Kurier vom 27. /28. August 1954
- *:* St. Michael seit 1200 Jahren verehrt, Wie die Kocheler Kirche zum Michaelspatrozinium kam, in: Tölzer Kurier vom 29. August 1954
- *:* Die Kirche Unserer Lieben Frau in Oberbuchen, in: Tölzer Kurier vom 8. Dezember 1954
- *:* Johann Baptist Zimmermanns Arbeiten für die ehemalige Benediktinerabtei Benediktbeuern, in: Das Münster 8 (1955), S. 16
- *:* Michael Ötschmann, Ein Handwerker des bayerischen Oberlandes in der Barockzeit, in: Der Familienforscher in Bayern, Franken und Schwaben 1 (1954), S. 67; ebenso in: Festschrift Joseph Demleitner, München 1956, S. 64ff.

- *:* Bad Heilbrunn, das 800jährige Jodbad in Oberbayern, Bad Tölz [1959]
- *:* Die Kirche am Heilbrunnen, in: Bad Heilbrunn, Sonderausgabe der Zeitschrift Bayerland 61 (1959), S. 92ff.
- *:* Siedlung des Weilers Obersteinbach, Gemeinde Bad Heilbrunn, Ldkr. Bad Tölz, in: Lech-Isar-Land 1963, S. 83ff.
- *:* Wie die Dörfer des Landkreises entstanden, Ried bei Kochel als Beispiel früher Siedlungsgeschichte, in: Tölzer Kurier vom 26. Juli 1963
- *:* Benediktbeuern, Ausgangspunkt bayerischen Barocks, in: Tölzer Kurier vom 23. /26. Dezember 1967
- *:* Die Tafernen der Klosterhofmark Benediktbeuern, in: Lech-Isar-Land 1968, S. 96ff.
- *:* Benediktbeuern, Kulturland und Kirchen (= Schnell, Großer Kunstführer Nr. 23), München/Zürich 1970[3]
- */ Weber, Leo:* Basilica Benedictoburana, Benediktbeuern/München 1973
- */ Weber, Leo:* Bad Heilbrunn (= Schnell, Kunstführer Nr. 781), München/Zürich 1986[3]

Murböck, Jakob: Die Pfarrkirche St. Jakob in Lenggries, Festschrift aus Anlaß des 200-jährigen Jubiläums, Lenggries 1922
- *:* Lenggries/Isarwinkel (= Schnell, Kunstführer Nr. 126), München/Zürich 1935
- */ Greis, Josef:* Die Pfarrei Lenggries (= Schnell, Kunstführer Nr. 126), München 1973[3]

Nerdinger, Winfried: Theodor Fischer, Architekt und Städtebauer 1862-1938, Ausst. Kat. München 1988

Neu, Wilhelm: Die Kirchtürme des Baumeisters Kaspar Feichtmayr, in: Lech-Isar-Land 1976, S. 10ff.
- *:* Franz Xaver Schmädl, der Bildhauer des Pfaffenwinkels, Eine Nachlese zu seinem Lebenswerk, in: Lech-Isar-Land 1977, S. 8ff.

Noderer, Josef: Die katholische Stadtpfarrei Bad Tölz, deren Geschichte und Kirchen, Erolzheim 1956
- *:* Der Kalvarienberg in Hohenburg bei Lenggries, in: Münchener Kath. Kirchenzeitung vom 31. Oktober 1965

O. V. : Der Kalvarienberg zu Bad Tölz, o. O. o. J.
- *:* Kirchenführer Holzhausen am Starnberger See, o. O. o. J.
- *:* Ortschronik der Benediktiner-Abtei Benediktbeuern, in: Allgemeine Bayerische Chronik oder Geschichts-Jahrbuch 2 (1843), S. 64f.
- *:* Das ehemalige Benediktinerkloster Benediktbeuern, in: Kalender für katholische Christen 6, Sulzbach 1847
- *:* Kurzgefaßte Geschichte des Klosters und der Pfarrkirche Schlehdorf am Kochelsee in Oberbayern, in: Kalender für katholische Christen 20, Sulzbach 1861
- *:* Die Kirche zu Sachsenkam, in: Tölzer Kurier vom 11. November 1874
- *:* Reutberg, in: Tölzer Kurier vom 15. November 1874
- *:* Die Sägemühle in Vorderriß, in: Tölzer Kurier vom 14. August 1902
- *:* Tölzer Hausmalereien, in: Deutsche Bauzeitung 42 (1908), Nr. 96, S. 662f.
- *:* Maria Elend bei Dietramszell, in: Altheimatland 2 (1925/26), S. 194f.
- *:* Ein dreihundertjähriges Jubiläum Sachsenkams, in: Altheimatland 8 (1926), S. 30f.
- *:* Vorderriß im Spiegel der Vergangenheit, in: Tölzer Kurier vom 7. Dezember 1927
- *:* Die Frauenkapelle in Wolfratshausen, in: Wolfratshauser Wochenblatt 1927, Nr. 116
- *:* Dietramszell, in: Altheimatland 5 (1928), S. 41ff.
- *:* Geschichtliche Reminiszenzen zum Schlehdorfer Klosterbau, in: Weilheimer Sonntagsblatt 5 (1928), Nr. 30-32
- *:* Dietramszell, in: Altheimatland 7 (1930), S. 29f.
- *:* Behelfe zur geschichtlichen Kunde über Wackersberg, in: Heimatbote vom Isarwinkel 5 (1931), Nr. 1
- *:* Kloster Schlehdorf am Kochelsee, in: Wolfratshauser Wochenblatt 1932, Nr. 17
- *:* 100 Jahre Kindswies-Kapelle bei Neufahrn rechts der Isar, in: Wolfratshauser Beobachter 1933, Nrn. 234, 246 und 252
- *:* Die Geschichte von Schloß Hohenburg, in: Hochlandbote vom 3. /5. / 10./12. November 1949
- *:* 40 Jahre evangelische Kirche in Kochel, in: Tölzer Kurier vom 19. November 1954
- *:* Greiling, in: Tölzer Kurier vom August 1957
- *:* Marienkirchlein wurde neu geweiht, Hofkapelle beim Hahnbauern schaut auf lange Vergangenheit zurück, in: Tölzer Kurier vom 29. Mai 1959
- *:* Feldkirchens Gotteshaus im neuen Glanz, in: Isar-Loisach-Bote vom 1. März 1963
- *:* Der Landkreis Wolfratshausen in Geschichte und Gegenwart, Ein Heimatbuch, München 1965

Petzet, Michael: Der Meierhof von Benediktbeuern, in: Beiträge zur Heimatforschung, Wilhelm Neu zum 70. Geburtstag (= Arbeitsheft 54 des Bayerischen Landesamts für Denkmalpflege), München 1991, S. 149ff.

Pfatrisch, Peter: Geschichte des regulierten Augustiner-Chorherren-Stiftes Beuerberg, München 1876 (Nachdruck 1980)

Pflüger, Dorothee: Der Wessobrunner Stukkator und Altarbaumeister Thassilo Zöpf, Diss. masch., München 1971
- *:* Der Wessobrunner Stukkator und Altarbaumeister Thassilo Zöpf, in: Lech-Isar-Land 1971, S. 93ff.

Pfund, Karl: Die Herwarthsche Gruft in der Kirche zu Lenggries, in: Oberbayerisches Archiv 31 (1871), S. 318ff.
- *:* Geschichtliche Erinnerungen an die Kesselbergstraße 1492-1892, in: Oberbayerisches Archiv 48 (1893/94), S. 113ff.

Probst, Christian: Der miraculose Heilbronnen bey Benedictburen, Aus der Geschichte der Adelheidquelle zur Bad Heilbrunn in Oberbayern, in: Charivari 1981, Nr. 7, S. 83ff.

Prummer, Winfried OFM: Franziskanerkirche Bad Tölz, Ottobeuren 1988[2]

Rambaldi, Karl von: Geschichte des Schlosses Eurasburg und seine Besitzer, in: Oberbayerisches Archiv 43 (1893/94), S. 1ff.

Renner, Frumentius OSB: Bonifatius und der Benediktbeurer Klosterverband, in: Studien und Mitteilungen zur Geschichte des Benediktinerordens und seiner Zweige 76 (1965), S. 118ff.

Resch, Joseph: Festschrift zur Eröffnung des neuen Kurhauses Bad Tölz, Bad Tölz 1914

Riss, Franz: Gelting, in: Bayerische Heimat 7 (1925/26), S. 356f.

Roth, Hans: Die Schimmelkapelle von Ascholding, in: Zwiebelturm 9 (1954), S. 294f.

Sandberger, Adolf: 958 Jahre vom Dorf bis zur Stadt, in: Isar-Loisach-Bote vom 1. Dezember 1951

Sauermost, Heinz-Jürgen: Die Weilheimer, Große Künstler aus dem Zentrum des Pfaffenwinkels, München 1988

Sayn-Wittgenstein, Franz Prinz zu: Schlösser in Bayern, Residenzen, Burgen und Landsitze in Altbayern und Schwaben, München 1984[3]

Schalkhaußer, Erwin: Die Münchner Schule in der Stuckdekoration des 17. Jahrhunderts, in: Oberbayerisches Archiv 81/82 (1957)

Scharnagl, Ralf: Der Wessobrunner Stukkateur Johann Michael II Feichtmayr, Münster/Hamburg 1993

Scherbaum, Walburga: Der Zimmermeister Johann Pföderl von Bernried (1667-1758), in: Lech-Isar-Land 1984, S. 205ff.

Schindele, Johann Baptist: Geschichte von Kloster Dietramszell, Ms., o. O. o. J. (um 1906)

Schlichtenmaier, Harry: Studien zum Werk Hans Rottenhammers des Älteren (1564-1625), Maler und Zeichner, mit Werkkatalog, Diss. masch. Tübingen 1988

Schlichtenmaier, Kuno: Studien zum Münchner Hofmaler Johann Andreas Wolff (1652-1716) unter besonderer Berücksichtigung seiner Handzeichnungen, Diss. masch. Tübingen 1983

Schlor, Walter: Kochel am See, Ottobeuren 1973

Schmid, Anton: Die Nachblüte der Abtei Benediktbeuern nach dem Dreißigjährigen Krieg (= Studien und Mitteilungen zur Geschichte des Benediktinerordens 42), Salzburg 1924

Schneider, Vera: Caspar Amort (1612-1675), Hofmaler und Zunftmeister in München (= Bd. 52 der Schriften aus dem Institut für Kunstgeschichte der Universität München), München 1990

Schnell, Friedrich: Der Münsinger Kirchturm erzählt seine Geschichte, Vom Wehrturm zum schönsten Turm des Landkreises, in: Isar-Loisach-Bote vom 10. Juni 1960
- *:* Über die Geschichte des Pfarrhofes in Münsing, in: Isar-Loisach-Bote vom 6. und 22. Juli 1960
- *:* Genealogische Beziehungen zwischen Münsing und Weilheim vom 12. bis 18. Jahrhundert, in: Lech-Isar-Land 1965, S. 120ff.
- *:* Orts- und Pfarrgeschichte von Münsing 740-1400, München 1966

Schnell, Hugo: Benediktbeuern (= Schnell, Kunstführer Nr. 34), München 1934
- *:* Bad Tölz (= Schnell, Kunstführer Nr. 103/104), München 1935
- */ Schedler, Uta:* Lexikon der Wessobrunner, München/Zürich 1988

Schnellrieder, Joseph. Geschichte des Marktes Wolfratshausen, Wolfratshausen 1941

Schöttl, Josef: Der Tölzer Bürgermeister Franz Paul Mathis (1717-1798) und sein Gasthaus zum „Bürgerbräu", in: Lech-Isar-Land 1976, S. 77ff.

- *:* Notizen zum Werkverzeichnis des Tölzer Malers Julian Breumayr, in: Lech-Isar-Land 1978, S. 57ff.
Schonger, Christian: Beiträge zur Geschichte der ehemaligen Hofmarken Reichersbeuern, Sachsenkam und Greiling, o. O. 1853
- *:* Sachsenkam, in: Tölzer Kurier vom 16. September – 7. Oktober 1874
Schütz, Bernhard: Die Wallfahrtskirche Maria Birnbaum und ihre beiden Baumeister, in: Kieler Kunsthistorische Studien, Bd. 4, Frankfurt/Main 1974
Schwarzenbeck, Agathe: Kleine Ortschronik von Gelting, Ms. Gelting 1951
Seidl, Oskar: Die Kirchen und Kapellen des Dekanates Tegernsee, Dießen 1913
Sepp, Johann Nepomuk: Neubau der Pfarrkirche im altdeutschen Styl, in: Tölzer Kurier vom 29. Mai 1901
- *:* Baumeister der Liebfrauenkirche zu Tölz, Hans Steinmetz, in: Tölzer Kurier vom 12. Juni 1903
Simon, Adelheid: Die Fresken Johann Baptist Baaders, Diss. masch. München 1972/73
Simon, Ludwig: Der Niggl- oder Khanturm in Bad Tölz, in: Altheimatland 4 (1927) S. 105ff.
Slotta, Rainer: Technische Denkmäler in der Bundesrepublik Deutschland II, Bochum 1977
Stadler, Josef: Pfarrkirche Schlehdorf, St. Ottilien o. J.
Stangl, Gabriele: Leonhardiwallfahrt in Bad Tölz, Bad Tölz 1977
Stutzer, Dietmar: Die Säkularisation 1803, Der Sturm auf Bayerns Kirchen und Klöster, Rosenheim 1978
Thon, Christina: Johann Baptist Zimmermann als Stukkator, München/ Zürich 1977
Trautmann, Karl: Westenrieders Inventarisation der Kunstschätze altbairischer Klöster im Jahre 1783 und ihre Ergebnisse für Beuerberg, in: Monatsschrift des historischen Vereins für Oberbayern 4-7 (1895-1898)
Türkheim, L. von: Die Entwicklung des Tölzer Stadtbildes im Wandel der Jahrhunderte, in: Bayerischer Heimatschutz 19 (1921), S. 64ff.
- *:* Burgen und Schlösser im Isarwinkel, in: Hochlandbote vom 14. und 24. Mai 1946
Uenze, Hans Peter / Katzameyer, Josef: Vor- und Frühgeschichte in den Landkreisen Bad Tölz und Miesbach, Kallmünz 1972
Utzmeier, Benno: Kurze Beschreibung der Filialkirche Gelting, Gelting 1943
Vogel, Karl von: Kurze Chronik von Ascholding, in: Oberbayerisches Archiv 8 (1847), S. 278ff.
Wagner, Helga / Pfistermeister, Ursula: Barocke Festsäle in bayerischen Schlössern und Klöstern, München 1975
Wagner-Langenstein, Eva: Georg Asam 1649-1711, Ein Beitrag zur Entwicklung der barocken Deckenmalerei in Bayern (= H. 120 der Miscellanea Bavarica Monacensia), München 1983
Weber, Leo: Bichl und seine Kirche St. Georg, Benediktbeuern o. J.
- *:* Benediktbeuern, in: Bayerland 76 (1974), S. 20ff.
- *:* Kloster Benediktbeuern, Gegenwart und Geschichte, Historisch-kunsthistorische Festschrift zum fünfzigjährigen Jubiläum der Salesianer Don Boscos in Benediktbeuern, Benediktbeuern 1981
- *:* Werke der Malerfamilie Kessler aus Brixen im Kloster Benediktbeuern, in: Jahrbuch des Vereins für christliche Kunst 14 (1984), S. 64ff.
- *:* Das Gotteshaus St. Kilian zu Bad Heilbrunn, in: Festschrift zur Instandsetzung der Pfarrkirche St. Kilian Bad Heilbrunn 1983-1985, o. O. 1985, S. 5ff.
- *:* 300 Jahre Barockkirche St. Benedikt zu Benediktbeuern 1686-1986, Benediktbeuern 1986
- *:* Das Bibliotheksgebäude des Klosters Benediktbeuern, in: Jahrbuch des Vereins für christliche Kunst 16 (1987), S. 191ff.
- *:* St. Benedikt zu Benediktbeuern als Wallfahrtsort, Benediktbeuern 1987[5]
- *:* Das 1250jährige Jubiläum des Klosters Benediktbeuern 1989, Benediktbeuern 1991
- *:* Pfarrkirche St. Benedikt und Anastasiakapelle zu Benediktbeuern, Kurzführer, Benediktbeuern 1992
- *:* Kloster Benediktbeuern (= Schnell, Kunstführer Nr. 34), München/ Zürich 1993[9]
- *(Hrsg.):* St. Benedikt zu Benediktbeuern, Benediktbeuern 1980
Westermayer, Georg: Chronik der Burg und des Marktes Tölz, Tölz 1871; zweite, erweiterte Auflage 1892; dritte Auflage 1976
Wiedemann, Anton: Die Geschichte des Tölzer Pflegerhauses, in: Tölzer Kurier vom 12. März 1954
Wild, Erwin: Thankirchen, Ottobeuren 1977
Wimmer, Ulrich: Petrus und Paulus in der Buchberger Kapelle, in: Isar-Loisach-Bote vom 29. Juni 1965
- *:* Der Weiler Buchberg, in: Wolfratshauser Wochenblatt Nr. 129 vom 5. November 1911
- *:* 700 Jahre Nantweiner Kirche, Wolfratshausen 1981
Windisch, H. : Die Kapelle in Arzbach, in: Heimatbote vom Isarwinkel 5 (1931), Nr. 18
- *:* Die Pestkirche von Oberbuchen bei Königsdorf, in: Wolfratshauser Tagblatt 1939, Nr. 210
- *:* Heilbrunn und Unterbuchen im Pestjahr 1634, in: Wolfratshauser Tagblatt vom 8. April 1942
- *:* Die Errichtung der Pfarrei, der Pfarrhof- und Schulhausbau in Bad Heilbrunn 1804-1810, in: Tölzer Kurier vom 11. /12. Juli 1959
Witt, S. : Chronik von Icking mit Holzen, Irschenhausen, Waldhausen und Walchstadt, in: Wolfratshauser Wochenblatt 1925, Nr. 159 und 163
Woeckel, Gerhard P. : Der bayerische Rokokobildhauer Philipp Jakob Rämpl (1728-1809), in: Das Münster 9 (1956), S. 305ff.
Zell, Franz: Aus Tölz, in: Süddeutsche Bauzeitung 15, Nr. 35 vom 2. September 1905, S. 277ff.
Zimmermann, Josef: Die Greilinger Bachkapelle, Reichersbeuern 1989
Zohner, Wilhelm: Bartholomäus Steinle (um 1580-1628/29), Bildhauer und „Director über den Kirchenbau zu Weilheim", Weissenhorn 1993

Kartenteil

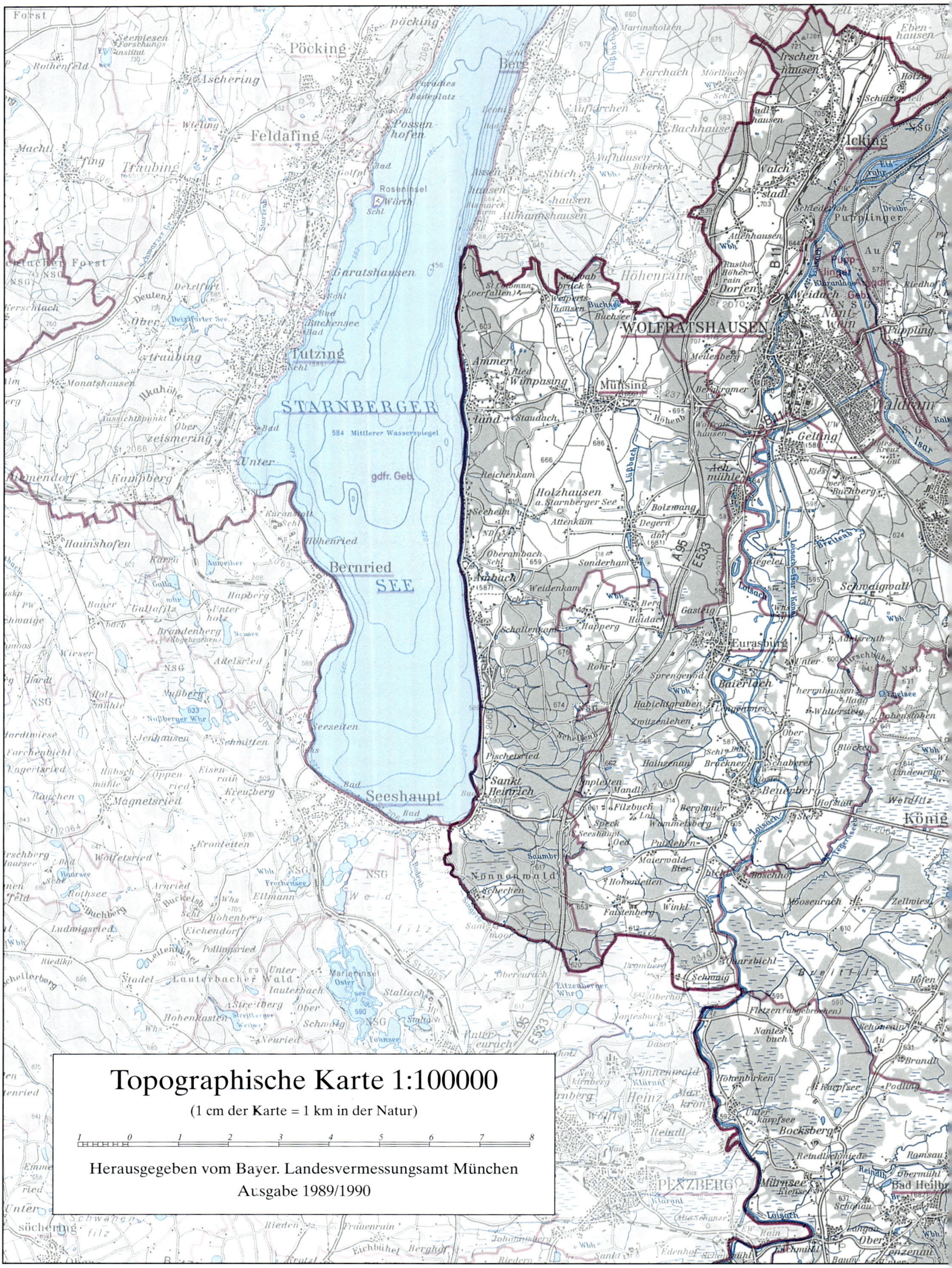
Topographische Karte 1:100000
(1 cm der Karte = 1 km in der Natur)
1 0 1 2 3 4 5 6 7 8
Herausgegeben vom Bayer. Landesvermessungsamt München
Ausgabe 1989/1990
STARNBERGER SEE
584 Mittlerer Wasserspiegel
WOLFRATSHAUSEN
Tutzing
Bernried
Seeshaupt
Feldafing
Pöcking
Icking
PENZBERG

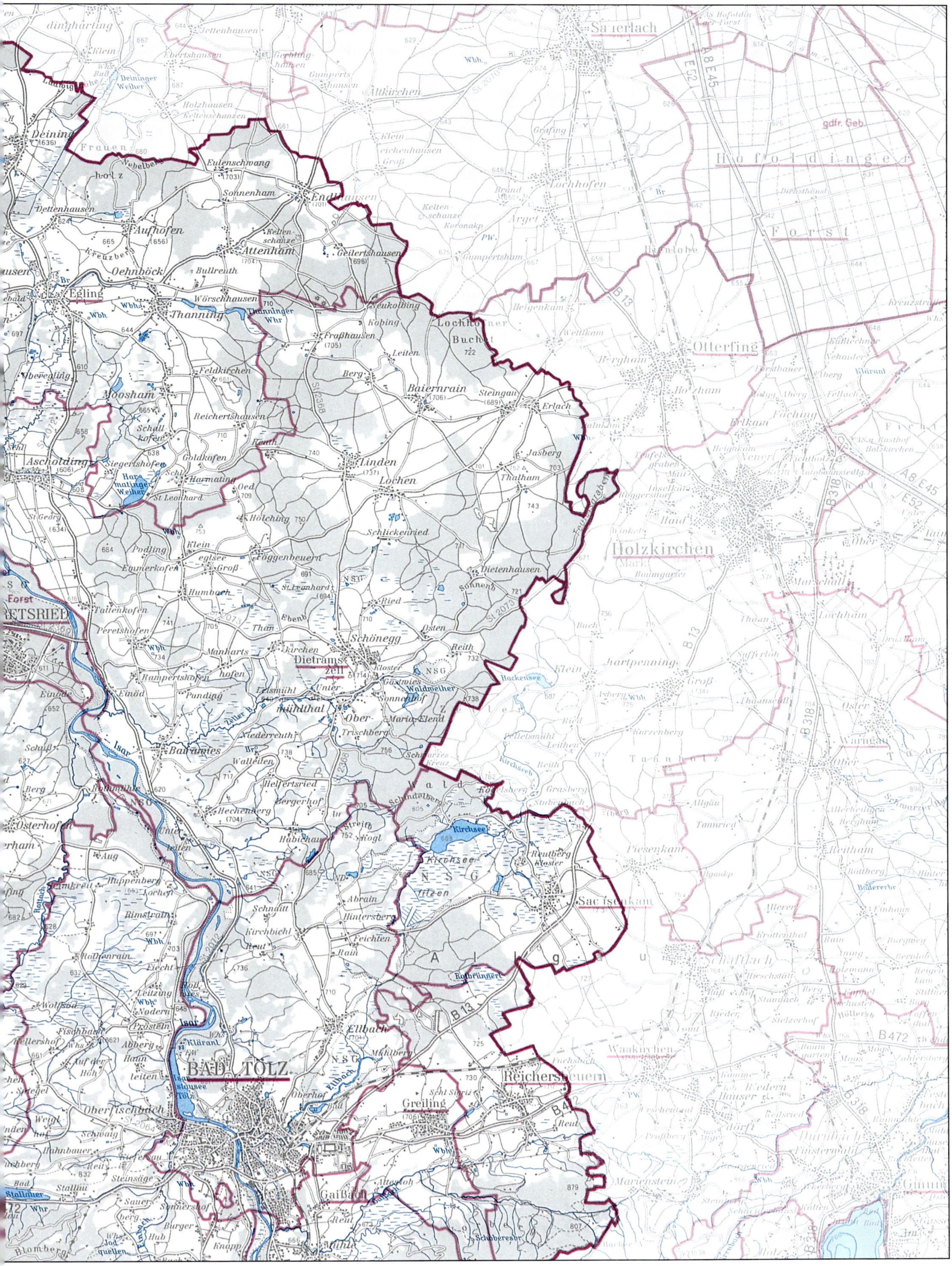

Sauerlach
Hofoldinger Forst
Deining
Egling
Thanning
Moosham
Aufhofen
Attenham
Endlhausen
Eulenschwang
Sonnenham
Oehnböck
Wörschhausen
Ascholding
Feldkirchen
Reichertshausen
Baiernrain
Linden
Lochen
Erlach
Jasberg
Thalham
Steingau
Fraßhausen
Berg
Leiten
Schlickenried
Dietenhausen
Föggenbeuern
Holzkirchen
Otterfing
Bergham
Lochhofen
Altkirchen
Gumpertshausen
Kirchsee
Dietramszell
Schönegg
Manharts
Bairawies
Hechenberg
Heigenkam
Sachsenkam
Reutberg
Abrain
Hintersberg
Schaftlach
Waakirchen
Reichersbeuern
Greiling
Ellbach
Gaißach
Bad Tölz
Oberfischbach
Stallau
Marienstein
Finsterwald
Warngau
Reitham
Isar
Zeller B.
Waldweiher
Kirchsee
B 13
B 318
B 472
A8 E45
E52
NSG
Wbh

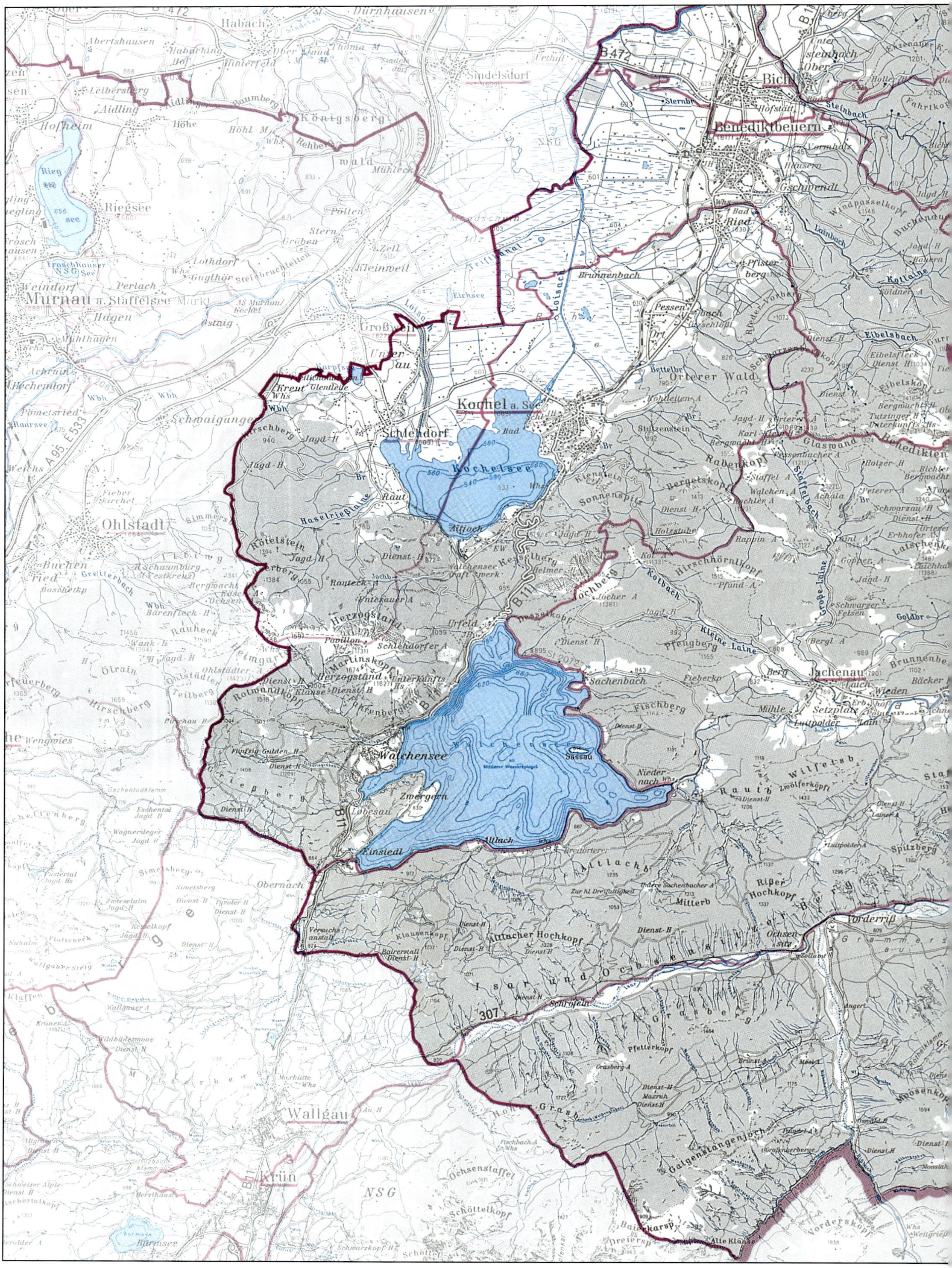

Habach
Dürnhausen
Sindelsdorf
Königsberg
Riegsee
Murnau a. Staffelsee Markt
Hagen
Großweil
Bichl
Benediktbeuern
Ried
Brunnenbach
Loisach
Orterer Wald
Kochel a. See
Schlehdorf
Kochelsee
Altjoch
Ohlstadt
Walchensee Kraftwerk
Herzogstand
Martinskopf
Urfeld
B11
Jachenau
Sachenbach
Fischberg
Walchensee
Sassau
Zwergern
Einsiedl
Altlach
Niedernach
Altlacher Hochkopf
Hochkopf
Vorderriß
Isar und Ochsenstaffel
Schröfeln
307
Wallgau
Krün
NSG
Barmsee
Schöttelkopf
Ochsenstaffel
Grasberg
Pfetterkopf
Galgenstangenjoch
Alte Klause
Simetsberg
Obernach
Rotwandkopf
Jochberg
Kesselberg
Rabenkopf
Benediktenwand
Glaswand
Spitzberg

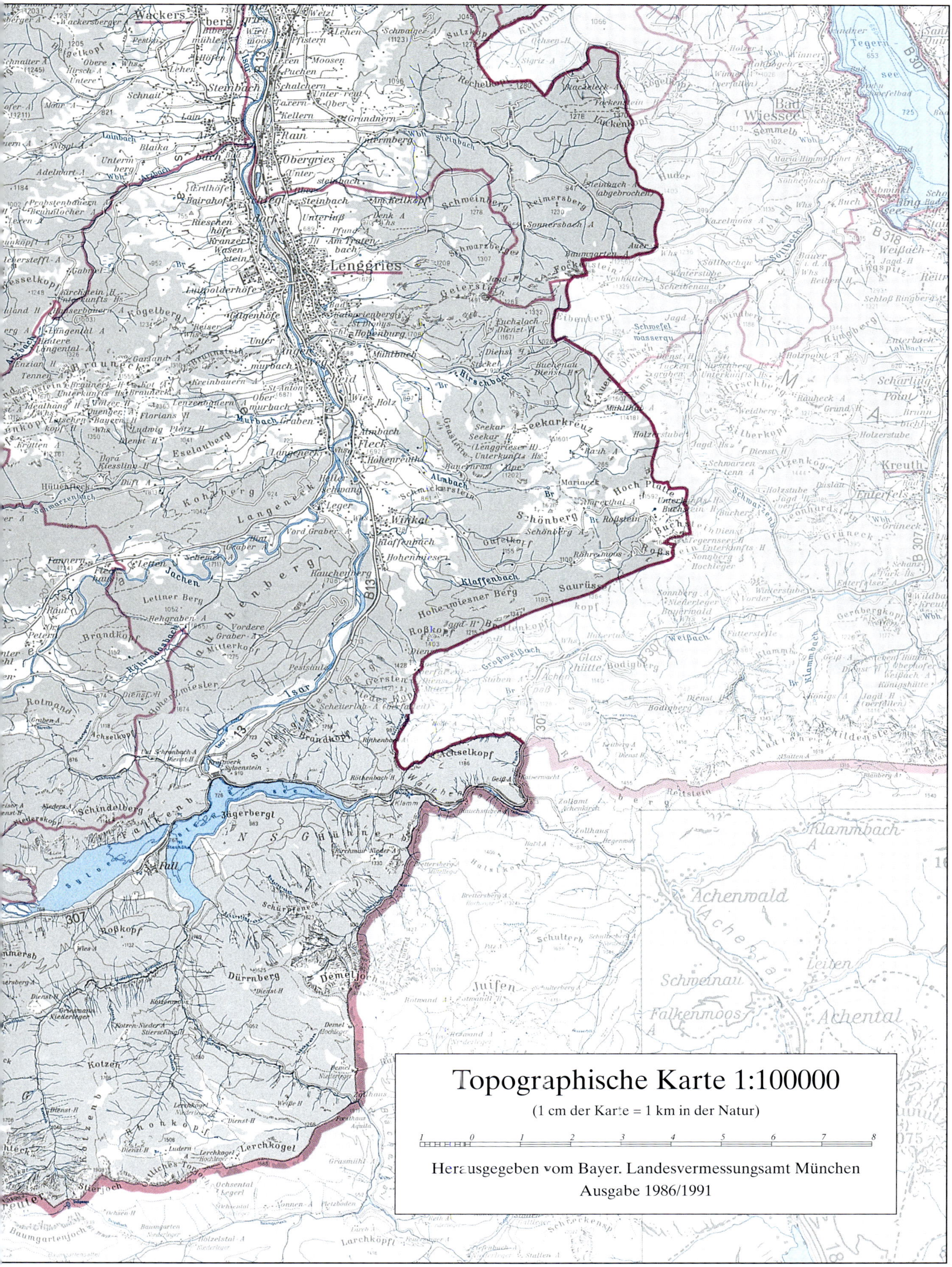
Wackersberg
Lenggries
Bad Wiessee
Tegernsee
Kreuth
Schönberg
Seekarkreuz
Hoch Platte
Roßstein
Buchstein
Jachen
Isar
Sylvensteinsee
Achselkopf
Schulterb
Juifen
Achenwald
Achental
Falkenmoos
Schweinau
Klammbach
Dürrnberg
Demeljoch
Lerchkogel
Roßkopf
Kotzen
Fall
B 13
B 307
B 318
Topographische Karte 1:100000
(1 cm der Karte = 1 km in der Natur)
1 0 1 2 3 4 5 6 7 8
Herausgegeben vom Bayer. Landesvermessungsamt München
Ausgabe 1986/1991

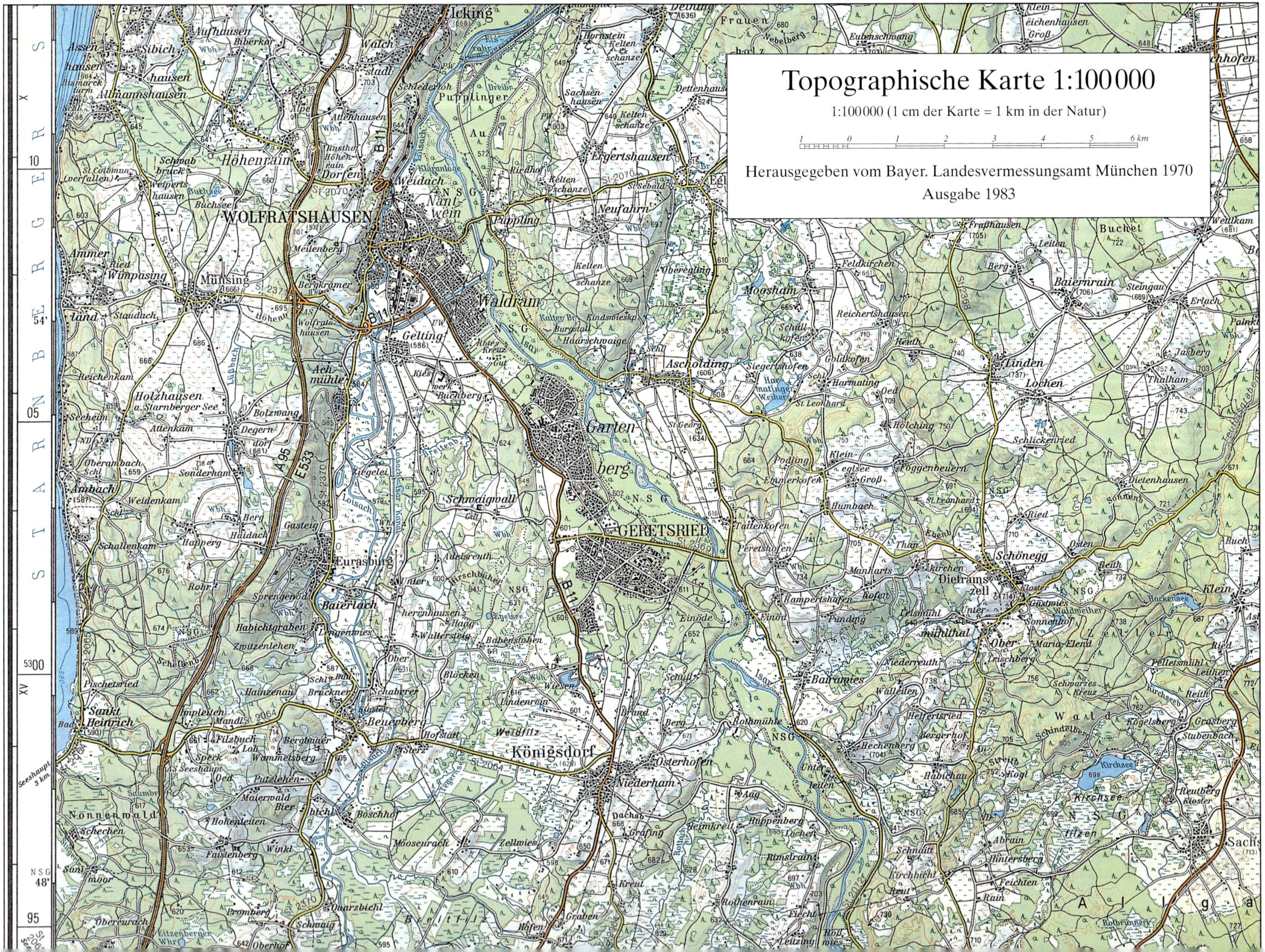
Topographische Karte 1:100000
1:100000 (1 cm der Karte = 1 km in der Natur)
Herausgegeben vom Bayer. Landesvermessungsamt München 1970
Ausgabe 1983
WOLFRATSHAUSEN
GERETSRIED
Königsdorf
Waldram
Icking
Münsing
Eurasburg
Dietramszell
S T A R N B E R G E R